Sartorius aktuell 130. EL

„Sartorius aktuell" ist ein Service der Sartorius-Redaktion, der zum einen den Inhalt der jeweiligen Ergänzungslieferung beschreibt und zum anderen in einer Vorschau wichtige gesetzgeberische Vorhaben darstellt, um bereits sehr frühzeitig eine Orientierungshilfe für die Praxis zu geben.

Inhalt der Ergänzungslieferung

Die vorliegende 130. Ergänzungslieferung bringt die Textsammlung auf den aktuellen Stand vom 6. Mai 2021. Sie beinhaltet alle seit der letzten Lieferung mit Stand vom 4. Februar 2021 bis einschließlich 4. Mai 2021 verkündeten Änderungen sowie bereits früher verkündete Änderungen, die bis einschließlich 1. Juli 2021 in Kraft treten.

Das *Gesetz zur Bekämpfung des Rechtsextremismus und der Hasskriminalität* v. 30.3.2021 (BGBl. I S. 441) wurde notifiziert gemäß der Richtlinie (EU) 2015/1535 des Europäischen Parlaments und des Rates vom 9. September 2015 über ein Informationsverfahren auf dem Gebiet der technischen Vorschriften und der Vorschriften für die Dienste der Informationsgesellschaft (ABl. L 241 vom 17.9.2015, S. 1) und *aufgehoben* durch das **Gesetz zur Anpassung der Regelungen über die Bestandsdatenauskunft an die Vorgaben aus der Entscheidung des Bundesverfassungsgerichts vom 27. Mai 2020** v. 30.3.2021 (BGBl. I S. 448). Dieses Gesetz ändert das Artikel-10-Gesetz (Nr. **7**), das Bundesverfassungsschutzgesetz (Nr. **80**), das Bundespolizeigesetz (Nr. **90**), das Bundesmeldegesetz (Nr. **256**) und das Bundeskriminalamtgesetz (Nr. **450**).
Das Gesetz schafft entsprechend dem Beschluss des Verfassungsgerichts sowohl für die Übermittlung der Bestandsdaten durch die Telekommunikationsanbieter als auch für den Abruf dieser Daten durch die Behörden Rechtsgrundlagen. So sind insbesondere Auskünfte zu Nutzungsdaten nur für die Verfolgung von Straftaten, nicht jedoch für die Verfolgung von Ordnungswidrigkeiten möglich. Außerdem wird klargestellt, dass nur bei Vorliegen einer bestimmten besonders schweren Straftat eine Passwortherausgabe in Betracht kommt.

Bei verschiedenen Störungen der Ordnung im Reichstagsgebäude in der jüngeren Vergangenheit hat sich gezeigt, dass diese Störungen erst durch Mitglieder des Bundestages ermöglicht wurden. Durch das **Zweiunddreißigste Gesetz zur Änderung des Abgeordnetengesetzes - Einführung eines Ordnungsgeldes** v. 9.4.2021 (BGBl. I S. 741) wird im Abgeordnetengesetz (Nr. **48**) ein Ordnungsgeld in Höhe von 1000 Euro, im Wiederholungsfall von 2000 Euro, als neue Ordnungsmaßnahme eingeführt, das vom Präsidenten bzw. der Präsidentin bei einer nicht nur geringfügigen Verletzung der Hausordnung des Bundestages festgesetzt werden kann.

Durch das **Zweite Gesetz zur Änderung des Bundesmeldegesetzes (2. BMGÄndG)** v. 15.1.2021 (BGBl. I S. 530) werden u.a. das Personalausweisgesetz (Nr. **255**) und das Bundesmeldegesetz (Nr. **256**) geändert.
Mit dem 2. BMGÄndG werden die notwendigen Rechtsänderungen für die Umsetzung des Onlinezugangsgesetzes im Meldewesen geschaffen, durch die melderechtliche Prozesse vereinfacht, länderübergreifende Datenabrufe und die Datenqualität sowie -verfügbarkeit verbessert werden sollen. Ziel ist es, bis zum 31. Dezember 2022 den Bürgerinnen und Bürgern sowie den Behörden gleichermaßen nutzerfreundliche und effiziente Verwaltungsverfahren und -leistungen anzubieten. Breits ab April ist für Bürgerinnen und Bürger nach einem Um-

zug eine elektronische Anmeldung möglich. Künftig können sie auch ihre Meldedaten selbst über ein Verwaltungsportal aus dem Melderegister abrufen und für verschiedene Zwecke nutzen oder statt einer schriftlichen eine elektronische Meldebescheinigung beantragen.
Kleinere Änderungen im Bundesmeldegesetz (Nr. **256**) gab es auch durch das **Gesetz zur Stärkung der Sicherheit im Pass-, Ausweis- und ausländerrechtlichen Dokumentenwesen** v. 3.12.2020 (BGBl. I S. 2744), das **Gesetz zur Erprobung weiterer elektronischer Verfahren zur Erfüllung der besonderen Meldepflicht in Beherbergungsstätten** v. 10.3.2021 (BGBl. I S. 332) und das **Gesetz zur Bekämpfung des Rechtsextremismus und der Hasskriminalität** v. 30.3.2021 (BGBl. I S. 441), geänd. durch G v. 30.3.2021 (BGBl. I S. 448).

Mit dem **Zweiten Gesetz zur Änderung des Jugendschutzgesetzes** (Nr. **400**) v. 9.4.2021 (BGBl. I S. 742) wird der gesetzliche Kinder- und Jugendmedienschutz, der im Kern aus dem Jahr 2002 stammt, modernisiert und auf die heutige digitale Medienrealität von Kindern und Jugendlichen ausgerichtet. Ziel ist, einen effektiven Schutz von Kindern und Jugendlichen in Bezug auf digitale Medien, verlässliche Orientierung für Eltern und Fachkräfte und die Rechtsdurchsetzung auch gegenüber ausländischen Anbietern zu gewährleisten. Anbieter sollen zu Voreinstellungen verpflichtet werden, die Kinder und Jugendliche insbesondere vor Mobbing, sexualisierter Ansprache („Cybergrooming"), Hassrede, Tracking und Kostenfallen schützen. Sie sollen sicherstellen, dass Kinder und Jugendliche etwa bei Spielen oder in sozialen Netzwerken von Fremden nicht mehr einfach gefunden und angesprochen werden können. Weitere Punkte beziehen sich auf die Einführung einfacher, leicht erreichbarer und verständlicher Hilfs- und Beschwerdesysteme sowie bessere Möglichkeiten für Eltern, die Mediennutzung ihrer Kinder zu begleiten und zu steuern.

Mit dem **Zweiten Gesetz zur Verbesserung der Registrierung und des Datenaustausches zu aufenthalts- und asylrechtlichen Zwecken (Zweites Datenaustauschverbesserungsgesetz - 2. DAVG)** v. 4.8.2019 (BGBl. I S. 1131) werden die Nutzungsmöglichkeiten des Ausländerzentralregisters (AZR) weiterentwickelt, um die Aufgaben, die nach der Verteilung von Asyl- und Schutzsuchenden auf die Länder und Kommunen bestehen, effizienter organisieren und steuern zu können. Daneben werden Maßnahmen zur Erhöhung der Sicherheit sowie zur besseren Steuerung der freiwilligen Ausreise und Rückführung umgesetzt. Das Gesetz, enthält auch Regelungen zur Verbesserung der Registrierung von unbegleiteten minderjährigen Ausländern und ändert u.a. das Aufenthaltsgesetz (Nr. **565**) und das Asylgesetz (Nr. **567**).

Das **Gesetz zur Änderung des Bundesbedarfsplangesetzes und anderer Vorschriften** v. 25.2.2021 (BGBl. I S. 298), ändert u.a. das Energiewirtschaftsgesetz (Nr. **830**). Der Bundesbedarfsplan ist das zentrale Instrument für den Ausbau der Stromnetze auf Übertragungsebene und als Anlage im Bundesbedarfsplangesetz enthalten. Mit dem Netzentwicklungsplan 2019-2030 (NEP) haben die Übertragungsnetzbetreiber ermittelt, welcher Netzausbaubedarf bis zum Jahr 2030 besteht, unter anderem um das Klimaziel der Bundesregierung von 65 Prozent Erneuerbaren Energien im Jahr 2030 zu erreichen.
Die Anpassungen u.a. im EnWG betreffen insbesondere Vereinfachungen bei der Planfeststellung von Leerrohren und mitverlegten Erdkabeln, Nachbeteiligungsverfahren, Bestimmungen zu Geheimhaltung, Datenschutz und Barrierefreiheit sowie die erstinstanzliche Zuständigkeit des Bundesverwaltungsgerichts. Es wird klargestellt, dass kunststoffisolierte

Erdkabel mit einer Nennspannung von mehr als 320 kV bis zu 525 kV die Anforderungen an die technische Sicherheit im Sinne des § 49 EnWG erfüllen.

Kleinere Änderungen gab es
- im Artikel 10-Gesetz (Nr. **7**), im Antiterrordateigesetz (Nr. **82**), Bundesbesoldungsgesetz (Nr. **230**) durch das **Gesetz zur Neustrukturierung des Zollfahndungsdienstgesetzes** v. 30.3.2021 (BGBl. I S. 402),
- in der Geschäftsordnung Bundestag (Nr. **35**) durch die **Bekanntmachung zur Änderung der Geschäftsordnung des Deutschen Bundestages** v. 25.3.2021 (BGBl. I S. 734),
- in der Geschäftsordnung Bundesrat (Nr. **37**) durch die **Bekanntmachung der Änderung der Geschäftsordnung des Bundesrates** v. 26.3.2021 (BGBl. I S. 797),
- im Antiterrordateigesetz (Nr. **82**) durch die **Entscheidung des Bundesverfassungsgerichts** (zu § 6a Absatz 2 Satz 1 des Antiterrordateigesetzes) – Bek v. 10.11.2020 (BGBl. 2021 I S. 217) und durch das **Gesetz zur Neustrukturierung des Zollfahndungsdienstgesetzes** v. 30.3.2021 (BGBl. I S. 402),
- im Bundesbeamtengesetz (Nr. **160**) durch das **Gesetz zur Verlängerung der Geltungsdauer des Planungssicherstellungsgesetzes und der Geltungsdauer dienstrechtlicher Vorschriften** v. 18.3.2021 (BGBl. I S. 353),
- in der Bundeslaufbahnverordnung (Nr. **180**) durch die **Vierte Verordnung zur Änderung der Bundeslaufbahnverordnung** v. 3.2.2021 (BGBl. I S. 148),
- im Bundesbesoldungsgesetz (Nr. **230**) durch das **Gesetz zur Neustrukturierung des Zollfahndungsdienstgesetzes** v. 30.3.2021 (BGBl. I S. 402) und durch das **Siebte Gesetz zur Änderung von Verbrauchsteuergesetzen** v. 30.3.2021 (BGBl. I S. 607),
- im Bundespersonalvertretungsgesetz (Nr. **240**) durch **das Zweite Gesetz zur Änderung. des BPersVG und weiterer dienstrechtlicher Vorschriften aus Anlass der COVID-19-Pandemie** v. 25.5.2020 (BGBl. I S. 1063, geänd. durch G v. 18.3.2021, BGBl. I S. 353) und durch das **Gesetz zur Verlängerung der Geltungsdauer des Planungssicherstellungsgesetzes** vom 20. Mai 2020 (BGBl. I S. 1041), das durch Artikel 7 des Gesetzes vom 3. Dezember 2020 (BGBl. I S. 2694) geändert worden ist,
- im Umwelt-Rechtsbehelfsgesetz (Nr. **293**), Umweltinformationsgesetz (Nr. **294**) und im Bundes-Bodenschutzgesetz (Nr. **299**) durch das **Gesetz zur Änderung des Umweltschadensgesetzes, des Umweltinformationsgesetzes und weiterer umweltrechtlicher Vorschriften** v. 25.2.2021 (BGBl. I S. 306),
- in der Verordnung über genehmigungsbedürftige Anlagen – 4. BImSchV (Nr. **296a**) durch die **Erste Verordnung zur Änderung der Verordnung über genehmigungsbedürftige Anlagen** v. 12.1.2021 (BGBl. I S. 69),
- im Raumordnungsgesetz (Nr. **340**) und in der Raumordnungsverordnung (Nr. **340a**) durch das **Gesetz zur Beschleunigung von Investitionen** v. 3.12.2020 (BGBl. I S. 2694),
- im Atomgesetz (Nr. **835**) durch das **Gesetz zur Anpassung des Medizinprodukterechts an die Verordnung (EU) 2017/745 und die Verordnung (EU) 2017/746 (Medizinprodukte-EU-Anpassungsgesetz - MPEUAnpG)** v. 28.4.2020 (BGBl. I S. 960), zuletzt geänd. durch G v. 19.5.2020 (BGBl. I S. 1018),
- in der Gewerbeordnung (Nr. **800**) durch das **Gesetz zur Verbesserung der strafrechtlichen Bekämpfung der Geldwäsche** v. 9.3.2021 (BGBl. I S. 327).

Berichtigt wurden
- die Datenschutz-Grundverordnung (Nr. **246**) durch die **Berichtigung** der Verordnung (EU) 2016/679 des Europäischen Parlaments und des Rates vom 27. April 2016 zum

Schutz natürlicher Personen bei der Verarbeitung personenbezogener Daten, zum freien Datenverkehr und zur Aufhebung der Richtlinie 95/46/EG (Datenschutz-Grundverordnung) v. 4.3.2021 (ABl. L 74 S. 35).

Neu gefasst wurden:
- das Namensänderungsgesetz (Nr. **265**) durch die Bekanntmachung der **Neufassung** des Namensänderungsgesetzes v. 26.3.2021 (BGBl. I S. 738),
- das Gesetz über die Umweltverträglichkeitsprüfung (Nr. **295**) durch die Bekanntmachung der **Neufassung** des Gesetzes über die Umweltverträglichkeitsprüfung v. 18.3.2021 (BGBl. I S. 540).

Vorschau

Die kommende 131. Ergänzungslieferung wird sämtliche Änderungen enthalten, die nach dem 5. Mai 2021 verkündet und bis zum Erscheinungstermin der 131. EL in Kraft treten werden.

Bereits **zugestimmt** hat der Bundesrat dem **Gesetz über den wasserwirtschaftlichen Ausbau an Bundeswasserstraßen zur Erreichung der Bewirtschaftungsziele der Wasserrahmenrichtlinie**, das das Wasserhaushaltsgesetz (Nr. **845**) und das Bundeswasserstraßengesetz (Nr. **971**) ändert.
Kurzbeschreibung:
Effizienzsteigerung bei Umsetzung der Wasserrahmenrichtlinie durch Übertragung der Zuständigkeit für den wasserwirtschaftlichen Ausbau der Bundeswasserstraßen auf die Wasser- und Schifffahrtsverwaltung des Bundes; Evaluierung der Gesetzeswirkungen und Berichterstattung innerhalb von 5 Jahren nach Inkrafttreten;

Zugestimmt hat der Bundesrat auch dem **Gesetz zur Änderung des Bundesfernstraßengesetzes und dem Gesetz über Kreuzungen von Eisenbahnen und Straßen**, das das Bundesfernstraßengesetz (Nr. **932**) und das Eisenbahnkreuzungsgesetz (Nr. **936**) neu fasst.
Kurzbeschreibung:
Verbesserung von Investitionsbedingungen insb. für den Ausbau kommunaler Radwege durch Entlastung der Kommunen von Finanzierungsbeiträgen nach dem Bundesfernstraßengesetz und dem Eisenbahnkreuzungsgesetz, Vereinfachung der Verwaltungsabläufe bei der Abwicklung von Baumaßnahmen an Eisenbahnkreuzungen.

Ebenfalls **zugestimmt** hat der Bundesrat dem **Gesetz zur Regelung des Erscheinungsbilds von Beamtinnen und Beamten sowie zur Änderung weiterer dienstrechtlicher Vorschriften**, das das Beamtenstatusgesetz (Nr. **150**), das Beamtenversorgungsgesetz (Nr. **155**), das Bundesbeamtengesetz (Nr. **160**), die Bundeslaufbahnverordnung (Nr. **180**), das Bundespolizeibeamtengesetz (Nr. **200**), das Bundesbesoldungsgesetz (Nr. **230**), das Bundesreisekostengesetz (Nr. **235**) und das Wehrpflichtgesetz (Nr. **620**) ändert.
Kurzbeschreibung:
Durch die Neufassung des § 61 Absatz 2 BBG und des § 34 Absatz 2 BeamtStG werden hinreichend bestimmte Ermächtigungsgrundlagen zur Regelung des Erscheinungsbilds von Beamtinnen und Beamten geschaffen. Wesentliche Fragen des Eingriffs in die Grundrechte von Beamtinnen und Beamten werden damit in einer Leitentscheidung des parlamentarischen

Gesetzgebers geregelt. Das Bundesministerium des Innern, für Bau und Heimat wird ermächtigt, Einzelheiten zum äußeren Erscheinungsbild durch Rechtsverordnungen zu regeln.
Mit den neuen Ermächtigungsgrundlagen korrespondierend werden in § 7 Absatz 1 Nummer 4 BBG und in § 7 Absatz 1 Nummer 4 BeamtStG Regelungen eingefügt, wonach es einer Berufung in das Beamtenverhältnis entgegensteht, wenn unveränderliche Merkmale des selbst gewählten Erscheinungsbilds der zu ernennenden Person gegen § 34 Absatz 2 BeamtStG oder § 61 Absatz 2 BBG verstoßen.

Zugestimmt hat der Bundesrat auch dem **Gesetz zur Verbesserung des Schutzes von Gerichtsvollziehern vor Gewalt sowie zur Änderung weiterer zwangsvollstreckungsrechtlicher Vorschriften (Gerichtsvollzieherschutzgesetz - GvSchuG)**, das das Verwaltungs-Vollstreckungsgesetz (Nr. **112**) ändert.
Kurzbeschreibung:
Es soll eine rechtliche Grundlage geschaffen werden, die es Gerichtsvollziehern ermöglicht, bei der Polizei Auskunft darüber einzuholen, ob nach polizeilicher Einschätzung eine Gefahr für Leib oder Leben des Gerichtsvollziehers oder einer weiteren an der Vollstreckungshandlung beteiligten Person besteht, und gegebenenfalls um Unterstützung durch die polizeilichen Vollzugsorgane nachzusuchen. Zudem soll eine rechtliche Grundlage geschaffen werden, die es Gerichtsvollziehern über die Fälle des § 758 Absatz 3 ZPO hinaus ermöglicht, auch ohne vorheriges Auskunftsersuchen um Unterstützung durch die polizeilichen Vollzugsorgane nachzusuchen.
Die Voraussetzungen, unter denen Gerichtsvollzieher Auskünfte Dritter nach § 802l ZPO einholen können, sollen erleichtert werden. Zukünftig sollen diese Auskünfte auch eingeholt werden können, wenn eine Zustellung der Ladung zum Termin zur Abgabe der Vermögensauskunft wegen unbekannten Aufenthalts des Schuldners nicht möglich ist.

Der Bundesrat hat **keinen Einspruch eingelegt** gegen das **Gesetz zur Änderung des Außenwirtschaftsgesetzes und des Gesetzes über die Kontrolle von Kriegswaffen** (Nr. **823**).
Kurzbeschreibung:
Verlängerung der Verpflichtung des Bundeswirtschaftsministeriums zum Erlass einer Besonderen Gebührenverordnung für individuell zurechenbare öffentliche Leistungen im Bereich der Exportkontrolle und der Investitionsprüfung bis zum 1. Januar 2023, Weitergeltung bestehender Straf- und Bußgeldvorschriften im Außenwirtschaftsgesetz für Verstöße gegen außer Kraft tretende Vorschriften in EG- bzw. EU-Rechtsakten, Behandlung Nordirlands als Teil des Zollgebiets der Europäischen Union, Anpassungen von Regelungen an die EU-Screening-Verordnung zu ausländischen Direktinvestitionen; Möglichkeit der Anpassung innerstaatlicher Vorschriften an Änderungen von EG- bzw. EU-Rechtsakten.

Ebenfalls **keinen Einspruch** gab es gegen das **Gesetz zur Änderung des Medizinprodukterecht-Durchführungsgesetzes und weiterer Gesetze,** das u.a. das Atomgesetz (Nr. **835**) ändert:
Kurzbeschreibung:
Die Übergangsvorschriften des Medizinprodukterecht-Durchführungsgesetzes (MPDG) mit Bezugnahmen auf das Medizinproduktegesetz in der bis einschließlich 25. Mai 2020 geltenden Fassung werden an die Verschiebung des Geltungsbeginns der Verordnung (EU) 2017/745 vom 26. Mai 2020 um ein Jahr auf den 26. Mai 2021 und die damit verbundene Verschiebung des Außerkrafttretens des Medizinproduktegesetzes angepasst.

Keinen Einspruch gab es auch gegen das **Gesetz zur Bekämpfung sexualisierter Gewalt gegen Kinder**, das das Asylgesetz ändert (Nr. **567**).
Kurzbeschreibung:
Zum Schutz von Kindern vor sexualisierter Gewalt sind schärfere Strafen eine effektivere Strafverfolgung und Verbesserung bei der Prävention vorgesehen.

Ebenfalls **keinen Einspruch** gab es gegen das **Gesetz zur Umsetzung der Richtlinie (EU) 2019/2034 über die Beaufsichtigung von Wertpapierinstituten**, das u.a. das Bundesverfassungsschutzgesetz (Nr. **80**) und die Gewerbeordnung (Nr. **800**) ändert.
Kurzbeschreibung:
Das Gesetz dient im Wesentlichen der Umsetzung der Richtlinie (EU) 2019/2034 des EP und des Rates vom 27. November 2019 über die Beaufsichtigung von Wertpapierfirmen und zur Änderung der Richtlinien 2002/87/EG, 2009/65/EG, 2011/61/EU, 2013/36/EU, 2014/59/EU und 2014/65/EU. Die Richtlinie (EU) 2019/2034 muss bis zum 26. Juni 2021 umgesetzt sein. Mit dem Gesetz werden die aufsichtsrechtlichen Anforderungen an die Wertpapierfirmen im Hinblick auf die von ihnen eingegangenen Risiken, die Eigenmittelanforderungen, ihre Geschäftsorganisation sowie die Anforderungen an die Geschäftsleitung und die Aufsichtsorgane geregelt.

Keinen Einspruch gab es gegen das **Gesetz zur Verbesserung des Verbraucherschutzes im Inkassorecht und zur Änderung weiterer Vorschriften**, das u.a. die Gewerbeordnung (Nr. **800**) ändert.
Kurzbeschreibung:
Hauptsächlich sollen die Geschäfts- und die Einigungsgebühr nach den Nummern 2300 und 1000 des Vergütungsverzeichnisses zum RVG so angepasst werden, dass einerseits für die Schuldner keine unnötigen Belastungen entstehen, andererseits aber Inkassodienstleistungen nach wie vor wirtschaftlich erbracht werden können. Dabei sollen Schuldner vor allem in den Fällen entlastet werden, in denen sie die Forderungen auf ein erstes Mahnschreiben hin begleichen oder in denen Forderungen von bis zu 50 Euro eingezogen werden. Die Ersatzfähigkeit der Kosten, die im Fall einer Doppelbeauftragung von einerseits Inkassodienstleistern und andererseits Rechtsanwältinnen oder Rechtsanwälten entstehen, soll auf die seltenen Fälle beschränkt werden, in denen eine solche Doppelbeauftragung aus besonderen Gründen sachgerecht war. Schuldner sollen über die beim Abschluss von Zahlungsvereinbarungen entstehenden Kosten und die Rechtsfolgen von Schuldanerkenntnissen aufgeklärt werden müssen.

Keinen Einspruch gab es auch gegen das **Zweite Gesetz zur Erhöhung der Sicherheit informationstechnischer Systeme,** das u.a. das Energiewirtschaftsgesetz (Nr. **830**) ändert.
Kurzbeschreibung:
Mit dem Gesetz soll ein zentraler Baustein der am 20. August 2014 beschlossenen Digitalen Agenda umgesetzt werden. Ziel ist es, signifikante Verbesserungen der Sicherheit informationstechnischer Systeme und kritischer Infrastrukturen diverser Sektoren, wie z. B. Energie und Telekommunikation, zu erreichen.
Im Energiewirtschaftsgesetz soll Betreibern von Energieanlagen neben einer Meldepflicht für den Fall erheblicher Störungen von IT-Systemen aufgegeben werden, einen angemessenen Schutz gegen Bedrohungen für Telekommunikations- und elektronische Datenverarbeitungssysteme zu gewährleisten.

Keine Einwendungen des Bundesrats gab es gegen das **Fünfte Gesetz zur Änderung der Handwerksordnung und handwerksrechtlicher Vorschriften**, das die Handwerksordnung (Nr. **815**) ändert.

Kurzbeschreibung:
Durch das Gesetz werden notwendige Folgeänderungen der Neufassung der Anlagen A und B der Handwerksordnung in handwerksrechtlichen Vorschriften vorgenommen. Entwicklungen im Handwerksrecht werden nachvollzogen, insbesondere indem in der Handwerksordnung Begriffe zum Buchführungsverfahren und in den Anlagen A und B angepasst werden und bestehende Vorschriften in der Handwerksordnung und anderen handwerksrechtlichen Vorschriften ergänzt werden.
Zudem werden die Änderungen im Prüfungswesen für Gesellenprüfungen durch das Gesetz zur Modernisierung und Stärkung der beruflichen Bildung auch im Meisterprüfungsverfahrensrecht nachvollzogen. Schließlich soll im Gesetz die Bedeutung der Innung und ihrer Innungsverbände als Tarifvertragspartner stärker hervorgehoben werden.

Das **Gesetz zur Anpassung der Bundesbesoldung und -versorgung für 2021/2022 und zur Änderung weiterer dienstrechtlicher Vorschriften (BBVAnpÄndG 2021/2022),** ändert das Bundesbesoldungsgesetz (Nr. **230**).
Kurzbeschreibung:
Nach § 14 Absatz 1 des Bundesbesoldungsgesetzes (BBesG) und § 70 des Beamtenversorgungsgesetzes (BeamtVG) sind die Bezüge der Besoldungsempfängerinnen und -empfänger sowie der Versorgungsempfängerinnen und -empfänger regelmäßig an die Entwicklung der allgemeinen wirtschaftlichen und finanziellen Verhältnisse anzupassen.

Bereits mit Änderungen zugestimmt hat der Bundesrat der **Verordnung zur Einführung einer Ersatzbaustoffverordnung, zur Neufassung der Bundes-Bodenschutz- und Altlastenverordnung und zur Änderung der Deponieverordnung und der Gewerbeabfallverordnung**, die u. a. die Neufassung der Bundes-Bodenschutz- und Altlastenverordnung – (BBodSchV) (Nr. **299a**) enthält.
Kurzbeschreibung:
Einführung einer Verordnung zu Anforderungen betr. Einbau mineralischer Ersatzbaustoffe (Recycling-Baustoffe, Schlacken aus Metallerzeugung, Aschen aus thermischen Prozessen) in technische Bauwerke sowie Änderung von Verordnungen des Abfall- und Bodenschutzrechts: Regelung der Verwertung oder Beseitigung mineralischer Abfälle gem. Abfallhierarchie Kreislaufwirtschaftsgesetz sowie Gewährleistung des Bodenschutzes durch Vermeidung des Eindringens von Schadstoffen in den Boden, Evaluierung der Auswirkungen auf Stoffströme mineralischer Abfälle 4 Jahre nach Inkrafttreten.

Bei dieser Gelegenheit wollen wir uns für die Anregungen und Fehlerhinweise durch unsere Bezieher bedanken, die uns auf diese Weise eine wertvolle Hilfestellung bei der Gestaltung der Textsammlung leisten. Zudem möchten wir darauf aufmerksam machen, dass wir unter der eigens für diese Textsammlung eingerichteten E-Mail-Adresse sartorius.redaktion@beck.de erreichbar sind; die Adresse ist auch auf der Rückseite des Titelblattes vermerkt.

Verlag C.H.BECK

Sartorius

Verfassungs- und Verwaltungsgesetze

Einordnungsanweisung für die 130. Ergänzungslieferung Mai 2021

Herauszunehmen:		Zahl der Blätter:	Einzufügen:		Zahl der Blätter:
Titelblatt		1	Titelblatt		1
Geleitwort zur 129. EL „Sartorius aktuell"		4	Geleitwort zur 130. EL „Sartorius aktuell"*		4
7	1–6	3	**7**	1–6a	4
15	1/2	1	**15**	1/2	1
35	1/1a	1	**35**	1/1a	1
	32/32a	1		32/32a	1
37	1–18	9	**37**	1–20	10
48	1/2	1	**48**	1/2	1
	20–22a	2		20–22a	3
80	1–12	6	**80**	1–12	6
81	1/2	1	**81**	1/2	1
82	1–8	4	**82**	1–8	4
90	1/2	1	**90**	1/2	1
	15/15a	1		15–15c	2
112	7/8	1	**112**	7/8	1
160	1/2	1	**160**	1/2	1
	27–30	2		27–30	2
	39–41a	3		39–41a	2
171	1/2	1	**171**	1/2	1
180	1/2	1	**180**	1/2	1
	13–16	2		13–16a	3
230	1/2	1	**230**	1/2	1
	59/60	1		59/60	1
	79/80	1		79/80	1
240	1–2a	2	**240**	1/2	1
	8–13	3		8–13	3
	40/41	1		40/41	1
246	1/1a	1	**246**	1/1a	1
	25–30	3		25–30	3
250	1/2	1	**250**	1/2	1
	15–18	2		15–18	2
255	1–**260** 6	37	**255**	1–**260** 6	36
Übertrag:		100	Übertrag:		102

* Aus technischen Gründen liegt das Geleitwort zur 130. EL „Sartorius aktuell" am Anfang der Lieferung, bitte ordnen Sie es wie gewohnt anstelle des Geleitworts zur 129. EL hinter dem Vorwort in die Textsammlung ein.

Herauszunehmen:		Zahl der Blätter:
Übertrag:		100
260	23–26	2
261	1–4	2
	19–33	8
265	1–4	2
293	1–4	2
294	1–**295** 70	42
296a	1/2	1
	29–34	3
299	1/2	1
	9/10	1
340	1/2	1
	15–18	2
340a	1–4	2
400	1–20	11
450	1/2	1
	9–12	2
	33–36	2
	59–62	2
565	1–4	2
	89–92	2
	187/188	1
566	1/2	1
	41–50	6
567	1/2	1
	18/19	1
	49/49a	1
800	1/2	1
	37–40a	3
	75/76	1
810	1/2	1
815	1/2	1
818	1/2	1
830	1–8	4
	43–44a	2
	97b–99a	5
	108/108a	1
	123/124	1
	150/150a	1
835	1/2	1
	46/47	1
880	1/2	1
950	1/2–4	1
Insgesamt herauszunehmen:		228

Einzufügen:		Zahl der Blätter:
Übertrag:		102
260	23–26	2
261	1–4	2
	19–33a	8
265	1/2	1
293	1–4	2
294	1–**295** 64	36
296a	1/2	1
	29–32	2
299	1/2	1
	9/10	1
340	1/2	1
	15–18a	3
340a	1/2	1
400	1–26	13
450	1–2a	2
	9–12a	3
	33–36	2
	59–62a	4
565	1–4	2
	89–92	2
	187/188	1
566	1/2	1
	41–50a	6
567	1/2	1
	18/19	1
	49/49a	1
800	1/2	1
	37–40a	3
	75/76	1
810	1/2	1
815	1/2	1
818	1/2	1
830	1–8	4
	43–44a	2
	97b–99a	4
	108–108c	2
	123/124	1
	150–150c	2
835	1/2	1
	46/47	1
880	1/2	1
950	1–4	2
Insgesamt einzufügen:		230

SARTORIUS

Verfassungs- und Verwaltungsgesetze

Textausgabe

Begründet von Dr. Carl Sartorius

Stand: 6. Mai 2021
(130. Ergänzungslieferung)

C.H.BECK

Dieses Titelblatt entstammt der 130. Ergänzungslieferung Mai 2021
(Anschluss an die 129. Ergänzungslieferung Februar 2021)
ISBN 978 3 406 76356 4

Redaktioneller Hinweis:

Paragraphenüberschriften in eckigen Klammern sind nicht amtlich. Sie sind ebenso wie die Fußnoten urheber- und wettbewerbsgeschützt. Die Angaben zum Stand der Sammlung auf dem Titelblatt beziehen sich auf das Verkündungsdatum der maßgebenden Gesetzes-, Verordnungs- und Amtsblätter.
Anregungen und Hinweise zur Gestaltung der Textsammlung bitte an den Verlag oder an

sartorius.redaktion@beck.de

www.beck.de

ISBN 978 3 406 45645 9 (Grundwerk zur Fortsetzung für 12 Monate)
ISBN 978 3 406 63600 4 (Grundwerk ohne Fortsetzung)

Wilhelmstraße 9, 80801 München
Satz, Druck und Bindung: Druckerei C. H. Beck Nördlingen
(Adresse wie Verlag)

Gedruckt auf säurefreiem, alterungsbeständigem Papier
(hergestellt aus chlorfrei gebleichtem Zellstoff)

7. Gesetz zur Beschränkung des Brief-, Post- und Fernmeldegeheimnisses (Artikel 10-Gesetz – G 10)[1) 2) 3)]

Vom 26. Juni 2001

(BGBl. I S. 1254, ber. S. 2298, 2017 S. 154)

FNA 190-4

geänd. durch Art. 4 TerrorismusbekämpfungsG v. 9.1.2002 (BGBl. I S. 361, ber. S. 3142, geänd. 2007 I S. 2), Art. 11 Nr. 5 ZuwanderungsG v. 20.6.2002 (BGBl. I S. 1946, nichtig gem. Urt. des BVerfG v. 18.12.2002 – 2 BvF 1/02 –), Art. 5 Abs. 1 34. StrafrechtsÄndG v. 22.8.2002 (BGBl. I S. 3390), Art. 4 G zur Umsetzung des Rahmenbeschlusses des Rates vom 13. Juni 2002 zur Terrorismusbekämpfung und zur Änd. anderer Gesetze v. 22.12.2003 (BGBl. I S. 2836), Art. 4 Abs. 6 KostenrechtsmodernisierungsG v. 5.5.2004 (BGBl. I S. 718), § 151 Abs. 2 TelekommunikationsG v. 22.6.2004 (BGBl. I S. 1190), Art. 11 Nr. 5 ZuwanderungsG v. 30.7.2004 (BGBl. I S. 1950), Art. 3 Abs. 1 37. StrafrechtsÄndG v. 11.2.2005 (BGBl. I S. 239), Art. 5 und 10 Abs. 4 TerrorismusbekämpfungsergänzungsG v. 5.1.2007 (BGBl. I S. 2, Art. 10 Abs. 4 aufgeh. durch G v. 3.12.2020, BGBl. I S. 2667), Art. 1 G zur Änd. telekommunikationsrechtlicher Vorschriften v. 18.2.2007 (BGBl. I S. 106), Art. 78 Abs. 1 Zweites G über die Bereinigung von Bundesrecht im Zuständigkeitsbereich des BMJ v. 23.11.2007 (BGBl. I S. 2614), Art. 5 Telekommunikationsüberwachung-NeuregelungsG v. 21.12.2007 (BGBl. I S. 3198), Art. 2 TK-Entschädigungs-NeuordnungsG v. 29.4.2009 (BGBl. I S. 994), Art. 3 Abs. 1 G zur Fortentwicklung der parlamentarischen

---

[1)] Verkündet als Art. 1 Artikel 10-NeuregelungsG v. 26.6.2001 (BGBl. I S. 1254, ber. S. 2298, 2017 S. 154); Inkrafttreten gem. Art. 5 Satz 1 dieses G am 29.6.2001.

[2)] Ua haben folgende Länder Durch- bzw. Ausführungsbestimmungen zum Artikel 10-Gesetz erlassen:

- **Baden-Württemberg:** Gesetz zur Ausführung des Artikel 10-Gesetzes (Ausführungsgesetz zum Artikel 10-Gesetz – AG G10) v. 13.5.1969 (GBl. S. 79), zuletzt geänd. durch G v. 18.12.2018 (GBl. S. 1552),
- **Bayern:** Gesetz über die Aufgaben der G10-Kommission im Bayerischen Landtag und zur Ausführung des Art. 10-Gesetzes (Ausführungsgesetz Art. 10-Gesetz – AGG 10) v. 11.12.1984 (GVBl. S. 522), zuletzt geänd. durch V v. 26.3.2019 (GVBl. S. 98),
- **Berlin:** Gesetz zur Ausführung des Artikel 10-Gesetzes (AG G 10) idF der Bek. v. 25.6.2001 (GVBl. S. 251), zuletzt geänd. durch G v. 5.12.2003 (GVBl. S. 571),
- **Brandenburg:** Gesetz zur Ausführung des Artikel 10-Gesetzes v. 14.12.1995 (GVBl. I S. 286), zuletzt geänd. durch G v. 27.2.2020 (GVBl. I Nr. 4),
- **Bremen:** Gesetz zur Ausführung des Gesetzes zur Beschränkung des Brief-, Post- und Fernmeldegeheimnisses v. 14.10.1969 (Brem.GBl. S. 131), zuletzt geänd. durch G v. 11.4.2017 (Brem.GBl. S. 157),
- **Hamburg:** Gesetz zur Ausführung des Artikel 10-Gesetzes v. 17.1.1969 (HmbGVBl. S. 5), zuletzt geänd. durch G v. 24.1.2020 (HmbGVBl. S. 99, 123),
- **Hessen:** Hessisches Ausführungsgesetz zum Artikel 10-Gesetz v. 16.12.1969 (GVBl. I S. 303), zuletzt geänd. durch G v. 23.6.2020 (GVBl. S. 430),
- **Mecklenburg-Vorpommern:** Gesetz zur Ausführung des Artikel 10-Gesetzes v. 17.7.1992 (GVOBl. M-V S. 486), zuletzt geänd. durch G v. 30.7.2007 (GVOBl. M-V S. 278),
- **Niedersachsen:** Niedersächsisches Gesetz zur Ausführung des Artikel 10-Gesetzes v. 27.1.2004 (Nds. GVBl. S. 38), zuletzt geänd. durch G v. 15.9.2016 (Nds. GVBl. S. 194),
- **Rheinland-Pfalz:** Landesgesetz zur parlamentarischen Kontrolle von Beschränkungen des Brief-, Post- und Fernmeldegeheimnisses v. 16.12.2002 (GVBl. S. 477), zuletzt geänd. durch G v. 22.12.2015 (GVBl. S. 461),
- **Saarland:** Gesetz zur Durchführung des Artikel 10-Gesetzes (G 10-Durchführungsgesetz) v. 19.3.2003 (Amtsbl. S. 1350), zuletzt geänd. durch G v. 18.4.2018 (Amtsbl. I S. 332),
- **Sachsen:** Gesetz zur Ausführung des Artikel 10-Gesetzes im Freistaat Sachsen (SächsAG G 10) v. 16.10. 1992 (SächsGVBl. S. 464), zuletzt geänd. durch G v. 3.5.2019 (SächsGVBl. S. 312)
- **Sachsen-Anhalt:** Gesetz zur Ausführung des Artikel 10-Gesetzes (AG G 10-LSA) v. 26.1.2006 (GVBl. LSA S. 25), zuletzt geänd. durch G v. 21.10.2020 (GVBl. LSA S. 596),
- **Thüringen:** Thüringer Gesetz zur Ausführung des Artikel 10-Gesetzes v. 16.7.2008 (GVBl. S. 245), zuletzt geänd. durch G v. 6.6.2018 (GVBl. S. 229).

[3)] Die Änderungen durch G v. 19.4.2021 (BGBl. I S. 771) treten erst **mWv 1.1.2022** in Kraft und sind im Text noch nicht berücksichtigt.

Kontrolle der Nachrichtendienste des Bundes v. 29.7.2009 (BGBl. I S. 2346), Art. 4 Abs. 1 G zur Verfolgung der Vorbereitung von schweren staatsgefährdenden Gewalttaten v. 30.7.2009 (BGBl. I S. 2437), Art. 1 Erstes G zur Änd. des Artikel 10-G v. 31.7.2009 (BGBl. I S. 2499), Art. 5 G zur Änd. des BundesverfassungsschutzG v. 7.12.2011 (BGBl. I S. 2576), Art. 2 Abs. 4 G zur Modernisierung des Außenwirtschaftsrechts v. 6.6.2013 (BGBl. I S. 1482), Art. 2 Abs. 1 GVVG-ÄnderungsG v. 12.6.2015 (BGBl. I S. 926), Art. 6 G zur Verbesserung der Zusammenarbeit im Bereich des Verfassungsschutzes v. 17.11.2015 (BGBl. I S. 1938), Art. 5 G zum besseren Informationsaustausch bei der Bekämpfung des internationalen Terrorismus v. 26.7.2016 (BGBl. I S. 1818), Art. 2 G zur weiteren Fortentwicklung der parlamentarischen Kontrolle der Nachrichtendienste des Bundes v. 30.11.2016 (BGBl. I S. 2746), Art. 2 Abs. 1 G zur Änd. des Völkerstrafgesetzbuches v. 22.12.2016 (BGBl. I S. 3150), Art. 3 Abs. 3 G zur Ausland-Ausland-Fernmeldeaufklärung des Bundesnachrichtendienstes v. 23.12.2016 (BGBl. I S. 3346), Art. 2 Abs. 2 Erstes G zur Änd. des SicherheitsüberprüfungsG v. 16.6.2017 (BGBl. I S. 1634), Art. 6 Datenschutz-Anpassungs- und -UmsetzungsG EU v. 30.6.2017 (BGBl. I S. 2097), Art. 12 G zur effektiveren und praxistauglicheren Ausgestaltung des Strafverfahrens v. 17.8.2017 (BGBl. I S. 3202), Art. 38 Elfte ZuständigkeitsanpassungsVO v. 19.6.2020 (BGBl. I S. 1328), Art. 2 Abs. 3 G zur Neustrukturierung des Zollfahndungsdienstgesetzes v. 30.3.2021 (BGBl. I S. 402), Art. 5 G zur Anpassung der Regelungen über die Bestandsdatenauskunft an die Vorgaben aus der Entscheidung des BVerfG v. 27.5.2020 v. 30.3. 2021 (BGBl. I S. 448) und Art. 2 G zur Änd. des BND-G zur Umsetzung der Vorgaben des Bundesverfassungsgerichts sowie des Bundesverwaltungsgerichts v. 19.4.2021 (BGBl. I S. 771)

Der Bundestag hat das folgende Gesetz beschlossen:

Abschnitt 1. Allgemeine Bestimmungen

§ 1[1)] Gegenstand des Gesetzes. (1) Es sind

1. die Verfassungsschutzbehörden des Bundes und der Länder, der Militärische Abschirmdienst und der Bundesnachrichtendienst zur Abwehr von drohenden Gefahren für die freiheitliche demokratische Grundordnung oder den Bestand oder die Sicherheit des Bundes oder eines Landes einschließlich der Sicherheit der in der Bundesrepublik Deutschland stationierten Truppen der nichtdeutschen Vertragsstaaten des Nordatlantikvertrages,
2. der Bundesnachrichtendienst im Rahmen seiner Aufgaben nach § 1 Abs. 2 des BND-Gesetzes[2)] auch zu den in § 5 Abs. 1 Satz 3 Nr. 2 bis 8 und § 8 Abs. 1 Satz 1 bestimmten Zwecken

berechtigt, die Telekommunikation zu überwachen und aufzuzeichnen, in den Fällen der Nummer 1 auch die dem Brief- oder Postgeheimnis unterliegenden Sendungen zu öffnen und einzusehen.

(2) Soweit Maßnahmen nach Absatz 1 von Behörden des Bundes durchgeführt werden, unterliegen sie der Kontrolle durch das Parlamentarische Kontrollgremium und durch eine besondere Kommission (G 10-Kommission).

§ 2[3)] Pflichten der Anbieter von Post- und Telekommunikationsdiensten.

(1) [1] Wer geschäftsmäßig Postdienste erbringt oder an der Erbringung solcher Dienste mitwirkt, hat der berechtigten Stelle auf Anordnung Auskunft über die näheren Umstände des Postverkehrs zu erteilen und Sendungen, die ihm zum

---

[1)] § 1 Abs. 1 Nr. 2 geänd. mWv 5.8.2009 durch G v. 31.7.2009 (BGBl. I S. 2499); Abs. 1 Nr. 2 geänd. mWv 21.11.2015 durch G v. 17.11.2015 (BGBl. I S. 1938).

[2)] **Sartorius III Nr. 805.**

[3)] § 2 Abs. 1 Satz 4 geänd. mWv 26.6.2004 durch G v. 22.6.2004 (BGBl. I S. 1190); Abs. 1 Satz 4 eingef., bish. Satz 4 wird Satz 5 mWv 11.1.2007 durch G v. 5.1.2007 (BGBl. I S. 2); Abs. 1 Satz 4 geänd., Abs. 2 Satz 1 neu gef., Satz 3 eingef., bish. Satz 3 wird Satz 4, Abs. 3 Satz 1 geänd. mWv 5.8.2009 durch G v. 31.7.2009 (BGBl. I S. 2499); Abs. 1 Satz 4 geänd. mWv 10.1.2012 durch G v. 7.12.2011 (BGBl. I S. 2576); Abs. 2 Satz 3 geänd. mWv 21.11.2015 durch G v. 17.11.2015 (BGBl. I S. 1938); Abs. 1 Satz 4 geänd. mWv 31.12.2016 durch G v. 23.12.2016 (BGBl. I S. 3346); Abs. 2 Satz 4 neu gef. mWv 21.6.2017 durch G v. 16.6.2017 (BGBl. I S. 1634); Abs. 2 Satz 3 und Abs. 3 Satz 3 geänd. mWv 27.6.2020 durch →

Einsammeln, Weiterleiten oder Ausliefern anvertraut sind, auszuhändigen. [2]Der nach Satz 1 Verpflichtete hat der berechtigten Stelle auf Verlangen die zur Vorbereitung einer Anordnung erforderlichen Auskünfte zu Postfächern zu erteilen, ohne dass es hierzu einer gesonderten Anordnung bedarf. [3]Wer geschäftsmäßig Telekommunikationsdienste erbringt oder an der Erbringung solcher Dienste mitwirkt, hat der berechtigten Stelle auf Anordnung Auskunft über die näheren Umstände der nach Wirksamwerden der Anordnung durchgeführten Telekommunikation zu erteilen, Sendungen, die ihm zur Übermittlung auf dem Telekommunikationsweg anvertraut sind, auszuhändigen sowie die Überwachung und Aufzeichnung der Telekommunikation zu ermöglichen. [4]§ 8a Absatz 1 Satz 1 Nummer 4 des Bundesverfassungsschutzgesetzes[1)], § 4a des MAD-Gesetzes[2)] und § 3 des BND-Gesetzes[3)] bleiben unberührt. [5]Ob und in welchem Umfang der nach Satz 3 Verpflichtete Vorkehrungen für die technische und organisatorische Umsetzung der Überwachungsmaßnahme zu treffen hat, bestimmt sich nach § 110 des Telekommunikationsgesetzes[4)] und der dazu erlassenen Rechtsverordnung.

(2) [1]Der nach Absatz 1 Satz 1 oder 3 Verpflichtete hat vor Durchführung einer beabsichtigten Beschränkungsmaßnahme unverzüglich die Personen, die mit der Durchführung der Maßnahme betraut werden sollen,

1. auszuwählen,
2. einer einfachen Sicherheitsüberprüfung unterziehen zu lassen und
3. über Mitteilungsverbote nach § 17 sowie die Strafbarkeit eines Verstoßes nach § 18 zu belehren; die Belehrung ist aktenkundig zu machen.

[2]Mit der Durchführung einer Beschränkungsmaßnahme dürfen nur Personen betraut werden, die nach Maßgabe des Satzes 1 überprüft und belehrt worden sind. [3]Nach Zustimmung des Bundesministeriums des Innern, für Bau und Heimat, bei Beschränkungsmaßnahmen einer Landesbehörde des zuständigen Landesministeriums, kann der Behördenleiter der berechtigten Stelle oder dessen Stellvertreter die nach Absatz 1 Satz 1 oder 3 Verpflichteten schriftlich auffordern, die Beschränkungsmaßnahme bereits vor Abschluss der Sicherheitsüberprüfung durchzuführen. [4]Der nach Absatz 1 Satz 1 oder Satz 3 Verpflichtete hat sicherzustellen, dass die Geheimschutzmaßnahmen zum Schutz als VS-NUR FÜR DEN DIENSTGEBRAUCH eingestufter Informationen gemäß der nach § 35 Absatz 1 des Sicherheitsüberprüfungsgesetzes[5)] zu erlassenden allgemeinen Verwaltungsvorschrift zum materiellen Geheimschutz in der jeweils geltenden Fassung getroffen werden.

(3) [1]Die Sicherheitsüberprüfung nach Absatz 2 Satz 1 Nr. 2 ist entsprechend dem Sicherheitsüberprüfungsgesetz durchzuführen. [2]Für Beschränkungsmaßnahmen einer Landesbehörde gilt dies nicht, soweit Rechtsvorschriften des Landes vergleichbare Bestimmungen enthalten; in diesem Fall sind die Rechtsvorschriften des Landes entsprechend anzuwenden. [3]Zuständig ist bei Beschränkungsmaßnahmen von Bundesbehörden das Bundesministerium des Innern, für Bau und Hei-

---

(Fortsetzung der Anm. von voriger Seite)
VO v. 19.6.2020 (BGBl. I S. 1328); Abs. 1 Satz 4 geänd. mWv 2.4.2021 durch G v. 30.3.2021 (BGBl. I S. 448).

[1)] Nr. **80**.
[2)] **Sartorius III Nr. 806.**
[3)] **Sartorius III Nr. 805.**
[4)] **Sartorius ErgBd. Nr. 920.**
[5)] **Sartorius III Nr. 810.**

mat; im Übrigen sind die nach Landesrecht bestimmten Behörden zuständig. [4]Soll mit der Durchführung einer Beschränkungsmaßnahme eine Person betraut werden, für die innerhalb der letzten fünf Jahre bereits eine gleich- oder höherwertige Sicherheitsüberprüfung nach Bundes- oder Landesrecht durchgeführt worden ist, soll von einer erneuten Sicherheitsüberprüfung abgesehen werden.

Abschnitt 2. Beschränkungen in Einzelfällen

§ 3[1)] **Voraussetzungen.** (1) [1]Beschränkungen nach § 1 Abs. 1 Nr. 1 dürfen unter den dort bezeichneten Voraussetzungen angeordnet werden, wenn tatsächliche Anhaltspunkte für den Verdacht bestehen, dass jemand

1. Straftaten des Friedensverrats oder des Hochverrats (§§ 80a bis 83 des Strafgesetzbuches[2)]),
2. Straftaten der Gefährdung des demokratischen Rechtsstaates (§§ 84 bis 86, 87 bis 89b, 89c Absatz 1 bis 4 des Strafgesetzbuches, § 20 Abs. 1 Nr. 1 bis 4 des Vereinsgesetzes[3)]),
3. Straftaten des Landesverrats und der Gefährdung der äußeren Sicherheit (§§ 94 bis 96, 97a bis 100a des Strafgesetzbuches),
4. Straftaten gegen die Landesverteidigung (§§ 109e bis 109g des Strafgesetzbuches),
5. Straftaten gegen die Sicherheit der in der Bundesrepublik Deutschland stationierten Truppen der nichtdeutschen Vertragsstaaten des Nordatlantikvertrages (§§ 87, 89, 94 bis 96, 98 bis 100, 109e bis 109g des Strafgesetzbuches in Verbindung mit § 1 des NATO-Truppen-Schutzgesetzes),
6. Straftaten nach
   a) den §§ 129a bis 130 des Strafgesetzbuches sowie
   b) den §§ 211, 212, 239a, 239b, 306 bis 306c, 308 Abs. 1 bis 3, § 315 Abs. 3, § 316b Abs. 3 und § 316c Abs. 1 und 3 des Strafgesetzbuches, soweit diese sich gegen die freiheitliche demokratische Grundordnung, den Bestand oder die Sicherheit des Bundes oder eines Landes richten,
7. Straftaten nach § 95 Abs. 1 Nr. 8 des Aufenthaltsgesetzes[4)],
8. Straftaten nach den §§ 202a, 202b und 303a, 303b des Strafgesetzbuches, soweit sich die Straftat gegen die innere oder äußere Sicherheit der Bundesrepublik Deutschland, insbesondere gegen sicherheitsempfindliche Stellen von lebenswichtigen Einrichtungen richtet, oder
9. Straftaten nach § 13 des Völkerstrafgesetzbuches[5)]

plant, begeht oder begangen hat. [2]Gleiches gilt, wenn tatsächliche Anhaltspunkte für den Verdacht bestehen, dass jemand Mitglied einer Vereinigung ist, deren

---

[1)] § 3 Abs. 1 Satz 1 Nr. 6 Buchst. a geänd. mWv 30.8.2002 durch G v. 22.8.2002 (BGBl. I S. 3390); Abs. 1 Satz 1 Nr. 7 geänd. mWv 1.1.2005 durch G v. 30.7.2004 (BGBl. I S. 1950); Abs. 1 Satz 1 Nr. 5 geänd. mWv 30.11.2007 durch G v. 23.11.2007 (BGBl. I S. 2614); Abs. 1 Satz 1 Nr. 2 geänd. mWv 4.8.2009 durch G v. 30.7.2009 (BGBl. I S. 2437); Abs. 1a eingef. mWv 5.8.2009 durch G v. 31.7.2009 (BGBl. I S. 2499); Abs. 1 Satz 1 Nr. 2 geänd. mWv 20.6.2015 durch G v. 12.6.2015 (BGBl. I S. 926); Abs. 1 Satz 1 Nr. 6 Buchst. b und Nr. 7 geänd., Nr. 8 angef. mWv 21.11.2015 durch G v. 17.11.2015 (BGBl. I S. 1938); Abs. 1 Satz 1 Nr. 1, 7 und 8 geänd., Nr. 9 angef. mWv 1.1.2017 durch G v. 22.12.2016 (BGBl. I S. 3150); Abs. 1a geänd. mWv 2.4.2021 durch G v. 30.3.2021 (BGBl. I S. 402).

[2)] **Schönfelder Nr. 85.**

[3)] Nr. **425**.

[4)] Nr. **565**.

[5)] **Schönfelder ErgBd. Nr. 85g.**

Zwecke oder deren Tätigkeit darauf gerichtet sind, Straftaten zu begehen, die gegen die freiheitliche demokratische Grundordnung, den Bestand oder die Sicherheit des Bundes oder eines Landes gerichtet sind.

(1a) Beschränkungen nach § 1 Abs. 1 Nr. 1 dürfen unter den dort bezeichneten Voraussetzungen für den Bundesnachrichtendienst auch für Telekommunikationsanschlüsse, die sich an Bord deutscher Schiffe außerhalb deutscher Hoheitsgewässer befinden, angeordnet werden, wenn tatsächliche Anhaltspunkte bestehen, dass jemand eine der in § 72 Absatz 1 und 3 des Zollfahndungsdienstgesetzes genannten Straftaten plant, begeht oder begangen hat.

(2) [1] Die Anordnung ist nur zulässig, wenn die Erforschung des Sachverhalts auf andere Weise aussichtslos oder wesentlich erschwert wäre. [2] Sie darf sich nur gegen den Verdächtigen oder gegen Personen richten, von denen auf Grund bestimmter Tatsachen anzunehmen ist, dass sie für den Verdächtigen bestimmte oder von ihm herrührende Mitteilungen entgegennehmen oder weitergeben oder dass der Verdächtige ihren Anschluss benutzt. [3] Maßnahmen, die sich auf Sendungen beziehen, sind nur hinsichtlich solcher Sendungen zulässig, bei denen Tatsachen die Annahme rechtfertigen, dass sie von dem, gegen den sich die Anordnung richtet, herrühren oder für ihn bestimmt sind. [4] Abgeordnetenpost von Mitgliedern des Deutschen Bundestages und der Parlamente der Länder darf nicht in eine Maßnahme einbezogen werden, die sich gegen einen Dritten richtet.

§ 3a[1)] Schutz des Kernbereichs privater Lebensgestaltung. [1] Beschränkungen nach § 1 Abs. 1 Nr. 1 sind unzulässig, soweit tatsächliche Anhaltspunkte für die Annahme vorliegen, dass durch sie allein Erkenntnisse aus dem Kernbereich privater Lebensgestaltung erfasst würden. [2] Soweit im Rahmen von Beschränkungen nach § 1 Abs. 1 Nr. 1 neben einer automatischen Aufzeichnung eine unmittelbare Kenntnisnahme erfolgt, ist die Maßnahme unverzüglich zu unterbrechen, soweit sich während der Überwachung tatsächliche Anhaltspunkte dafür ergeben, dass Inhalte, die dem Kernbereich privater Lebensgestaltung zuzurechnen sind, erfasst werden. [3] Bestehen insoweit Zweifel, darf nur eine automatische Aufzeichnung fortgesetzt werden. [4] Automatische Aufzeichnungen nach Satz 3 sind unverzüglich einem bestimmten Mitglied der G10-Kommission oder seinem Stellvertreter zur Entscheidung über die Verwertbarkeit oder Löschung der Daten vorzulegen. [5] Das Nähere regelt die Geschäftsordnung. [6] Die Entscheidung des Mitglieds der Kommission, dass eine Verwertung erfolgen darf, ist unverzüglich durch die Kommission zu bestätigen. [7] Ist die Maßnahme nach Satz 2 unterbrochen worden, so darf sie für den Fall, dass sie nicht nach Satz 1 unzulässig ist, fortgeführt werden. [8] Erkenntnisse aus dem Kernbereich privater Lebensgestaltung, die durch eine Beschränkung nach § 1 Abs. 1 Nr. 1 erlangt worden sind, dürfen nicht verwertet werden. [9] Aufzeichnungen hierüber sind unverzüglich zu löschen. [10] Die Tatsachen der Erfassung der Daten und der Löschung sind zu dokumentieren. [11] Die Dokumentation darf ausschließlich für Zwecke der Datenschutzkontrolle verwendet werden. [12] Sie ist zu löschen, wenn sie für diese Zwecke nicht mehr erforderlich ist, spätestens jedoch am Ende des Kalenderjahres, das dem Jahr der Dokumentation folgt.

§ 3b[1)] Schutz zeugnisverweigerungsberechtigter Personen. (1) [1] Maßnahmen nach § 1 Abs. 1 Nr. 1, die sich gegen eine in § 53 Abs. 1 Satz 1 Nr. 1, 2 oder Nr. 4 der Strafprozessordnung[2)] genannte Person richten und voraussichtlich

---

[1)] §§ 3a, 3b eingef. mWv 5.8.2009 durch G v. 31.7.2009 (BGBl. I S. 2499).
[2)] Schönfelder Nr. 90.

Erkenntnisse erbringen würden, über die diese Person das Zeugnis verweigern dürfte, sind unzulässig. [2]Dennoch erlangte Erkenntnisse dürfen nicht verwertet werden. [3]Aufzeichnungen hierüber sind unverzüglich zu löschen. [4]Die Tatsache ihrer Erlangung und Löschung ist zu dokumentieren. [5]Die Sätze 2 bis 3 gelten entsprechend, wenn durch eine Maßnahme, die sich nicht gegen eine in § 53 Abs. 1 Satz 1 Nr. 1, 2 oder Nr. 4 der Strafprozessordnung genannte Person richtet, von einer dort genannten Person Erkenntnisse erlangt werden, über die sie das Zeugnis verweigern dürfte.

(2) [1]Soweit durch eine Beschränkung eine in § 53 Abs. 1 Satz 1 Nr. 3 bis 3b oder Nr. 5 der Strafprozessordnung genannte Person betroffen wäre und dadurch voraussichtlich Erkenntnisse erlangt würden, über die diese Person das Zeugnis verweigern dürfte, ist dies im Rahmen der Prüfung der Verhältnismäßigkeit unter Würdigung des öffentlichen Interesses an den von dieser Person wahrgenommenen Aufgaben und des Interesses an der Geheimhaltung der dieser Person anvertrauten oder bekannt gewordenen Tatsachen besonders zu berücksichtigen. [2]Soweit hiernach geboten, ist die Maßnahme zu unterlassen oder, soweit dies nach der Art der Maßnahme möglich ist, zu beschränken.

(3) Die Absätze 1 und 2 gelten entsprechend, soweit die in § 53a der Strafprozessordnung Genannten das Zeugnis verweigern dürften.

(4) Die Absätze 1 bis 3 gelten nicht, sofern die zeugnisverweigerungsberechtigte Person Verdächtiger im Sinne des § 3 Abs. 2 Satz 2 ist oder tatsächliche Anhaltspunkte den Verdacht begründen, dass sie dessen in § 3 Abs. 1 bezeichnete Bestrebungen durch Entgegennahme oder Weitergabe von Mitteilungen bewusst unterstützt.

§ 4[1)] Prüf-, Kennzeichnungs- und Löschungspflichten, Übermittlungen, Zweckbindung. (1) [1]Die erhebende Stelle prüft unverzüglich und sodann in Abständen von höchstens sechs Monaten, ob die erhobenen personenbezogenen Daten im Rahmen ihrer Aufgaben allein oder zusammen mit bereits vorliegenden Daten für die in § 1 Abs. 1 Nr. 1 bestimmten Zwecke erforderlich sind. [2]Soweit die Daten für diese Zwecke nicht erforderlich sind und nicht für eine Übermittlung an andere Stellen benötigt werden, sind sie unverzüglich unter Aufsicht eines Bediensteten, der die Befähigung zum Richteramt hat, zu löschen. [3]Die Löschung ist zu protokollieren. [4]Die Protokolldaten dürfen ausschließlich zur Durchführung der Datenschutzkontrolle verwendet werden. [5]Die Protokolldaten sind am Ende des Kalenderjahres, das dem Jahr der Protokollierung folgt, zu löschen. [6]Die Löschung der Daten unterbleibt, soweit die Daten für eine Mitteilung nach § 12 Abs. 1 oder für eine gerichtliche Nachprüfung der Rechtmäßigkeit der Beschränkungsmaßnahme von Bedeutung sein können. [7]In diesem Fall ist die Verarbeitung der Daten einzuschränken; sie dürfen nur zu diesen Zwecken verwendet werden.

(2) [1]Die verbleibenden Daten sind zu kennzeichnen. [2]Nach einer Übermittlung ist die Kennzeichnung durch den Empfänger aufrechtzuerhalten. [3]Die Daten dürfen nur zu den in § 1 Abs. 1 Nr. 1 und den in Absatz 4 genannten Zwecken verwendet werden.

(3) [1]Der Behördenleiter oder sein Stellvertreter kann anordnen, dass bei der Übermittlung auf die Kennzeichnung verzichtet wird, wenn dies unerlässlich ist, um die Geheimhaltung einer Beschränkungsmaßnahme nicht zu gefährden, und

[1)] § 4 Abs. 1 Sätze 4 und 5 eingef., bish. Sätze 4 und 5 werden Sätze 6 und 7, neuer Satz 6 geänd., Abs. 4 Nr. 1 Buchst. a geänd. mWv 5.8.2009 durch G v. 31.7.2009 (BGBl. I S. 2499); Abs. 1 Satz 7 neu gef., Abs. 4 Satz 1 einl. Satzteil geänd., Satz 2 angef. mWv 25.5.2018 durch G v. 30.6.2017 (BGBl. I S. 2097).

die G 10-Kommission oder, soweit es sich um die Übermittlung durch eine Landesbehörde handelt, die nach Landesrecht zuständige Stelle zugestimmt hat. [2] Bei Gefahr im Verzuge kann die Anordnung bereits vor der Zustimmung getroffen werden. [3] Wird die Zustimmung versagt, ist die Kennzeichnung durch den Übermittlungsempfänger unverzüglich nachzuholen; die übermittelnde Behörde hat ihn hiervon zu unterrichten.

(Fortsetzung nächstes Blatt)

15. Staatsangehörigkeitsgesetz (StAG)[1) 2) 3)]

Vom 22. Juli 1913
(RGBl. I S. 583)

FNA 102-1

geänd. durch Art. 1 ÄndG v. 8.9.1969 (BGBl. I S. 1581), Art. 1 KostenermächtigungsÄndG v. 23.6.1970 (BGBl. I S. 805), BVerfG Beschluss v. 21.5.1974 (BGBl. I S. 1933), Art. 1 RustAÄndG 1974 v. 20.12. 1974 (BGBl. I S. 3714), Art. 1 ZuständigkeitslockerungsG v. 10.3.1975 (BGBl. I S. 685), Art. 9 AdoptionsG v. 2.7.1976 (BGBl. I S. 1749), Art. 4 G zur Verminderung der Staatenlosigkeit v. 29.6.1977 (BGBl. I S. 1101), Art. 9 § 2 G zur Neuregelung des Rechts der elterlichen Sorge v. 18.7.1979 (BGBl. I S. 1061), Art. 6 § 5 G zur Neuregelung des Internat. Privatrechts v. 25.7.1986 (BGBl. I S. 1142), Art. 4 G zur Änd. asylverfahrensrechtl., ausländer- und staatsangehörigkeitsrechtl. Vorschriften v. 30.6.1993 (BGBl. I S. 1062), Art. 2 JuMiG v. 18.6.1997 (BGBl. I S. 1430), Art. 5 § 1 BeistandschaftsG v. 4.12.1997 (BGBl. I S. 2846), Art. 2 KindschaftsrechtsreformG v. 16.12.1997 (BGBl. I S. 2942), Art. 1 StaatsangehörigkeitsreformG v. 15.7.1999 (BGBl. I S. 1618), Art. 3 § 1 LebenspartnerschaftsG v. 16.2.2001 (BGBl. I S. 266), Art. 18 Sechstes Euro-EinführungsG v. 3.12.2001 (BGBl. I S. 3306), Art. 5 ZuwanderungsG v. 20.6.2002 (BGBl. I S. 1946, nichtig gem. Urt. des BVerfG v. 18.12.2002 – 2 BvF 1/02 –), Art. 5 Drittes Verwaltungsverfahrensrechts-ÄndG v. 21.8.2002 (BGBl. I S. 3322), Art. 5 ZuwanderungsG v. 30.7.2004 (BGBl. I S. 1950), Art. 6 Nr. 9 G zur Änd. des AufenthaltsG und weiterer G v. 14.3.2005 (BGBl. I S. 721), Art. 2 Abs. 1 PersonenstandsrechtsreformG v. 19.2.2007 (BGBl. I S. 122), Art. 5 EU-Aufenthalts- und AsylrechtsRL-UmsetzungsG v. 19.8.2007 (BGBl. I S. 1970), Art. 3 FGG-ReformG v. 17.12.2008 (BGBl. I S. 2586), Art. 1 ÄndG v. 5.2.2009 (BGBl. I S. 158), Art. 1 Bundesrecht-BereinigungsG v. 8.12.2010 (BGBl. I S. 1864), Art. 2 G zur Umsetzung aufenthaltsrechtl. RL der EU und zur Anp. nationaler Rechtsvorschr. an den EU-Visakodex v. 22.11.2011 (BGBl. I S. 2258), Art. 2 G zur Ums. der HochqualifiziertenRL der EU v. 1.6.2012 (BGBl. I S. 1224), Art. 1 G zum Ausbau der Hilfen für Schwangere und zur Regelung der vertraulichen Geburt v. 28.8.2013 (BGBl. I S. 3458), Art. 1 Zweites ÄndG v. 13.11.2014 (BGBl. I S. 1714), Art. 5 G zur Neubestimmung des Bleiberechts und der Aufenthaltsbeendigung v. 27.7.2015 (BGBl. I S. 1386), Art. 3 Gesetz zur Verbesserung der Unterbringung, Versorgung und Betreuung ausländischer Kinder und Jugendlicher v. 28.10.2015 (BGBl. I S. 1802), Art. 3 Erstes G zur Änd. des BundesmeldeG und weiterer Vorschriften v. 11.10.2016 (BGBl. I S. 2218), Art. 1 Drittes ÄndG v. 4.8.2019 (BGBl. I S. 1124), Art. 44 FachkräfteeinwanderungsG v. 15.8.2019 (BGBl. I S. 1307), Art. 1 Zweites Datenschutz-Anpassungs- und UmsetzungsG EU v. 20.11.2019 (BGBl. I S. 1626), Art. 4 Elfte ZuständigkeitsanpassungsVO v. 19.6.2020 (BGBl. I S. 1328) und Art. 10 Registermodernisierungsgesetz v. 28.3.2021 (BGBl. I S. 591)

§ 1[4)] **[„Deutscher"]** Deutscher im Sinne dieses Gesetzes ist, wer die deutsche Staatsangehörigkeit besitzt.

[1)] Titel neu gef. mWv 1.1.2000 durch G v. 15.7.1999 (BGBl. I S. 1618).

[2)] Beachte hierzu die Übergangsregelung zur Einbürgerung britischer und deutscher Staatsangehöriger in Art. 3 des Brexit-Übergangsgesetzes v. 8.4.2019 (BGBl. I S. 418), geänd. durch G v. 14.12.2019 (BGBl. I S. 2789):

„(1) Bei britischen Staatsangehörigen, die vor dem Tag, an dem der Austritt des Vereinigten Königreichs Großbritannien und Nordirland aus der Europäischen Union wirksam wird, sofern bis zu diesem Zeitpunkt kein Austrittsabkommen im Sinne von Artikel 50 Absatz 2 Satz 2 des Vertrages über die Europäische Union in Kraft getreten ist (Tag des Austritts), einen Antrag auf Einbürgerung in Deutschland gestellt haben, wird von einem sonst nach dem Staatsangehörigkeitsgesetz erforderlichen Ausscheiden aus der britischen Staatsangehörigkeit abgesehen, sofern alle weiteren Einbürgerungsvoraussetzungen vor dem Tag des Austritts erfüllt waren und bei Einbürgerung weiterhin erfüllt sind.

(2) Deutsche, die vor dem Tag des Austritts einen Antrag auf Einbürgerung im Vereinigten Königreich Großbritannien und Nordirland gestellt haben, verlieren ihre deutsche Staatsangehörigkeit nicht nach § 25 Absatz 1 Satz 1 des Staatsangehörigkeitsgesetzes, auch wenn der Erwerb der britischen Staatsangehörigkeit erst nach Ablauf des Tages vor dem Tag des Austritts erfolgt."

[3)] Die Änderungen durch G v. 28.3.2021 (BGBl. I S. 591) treten gem. Art. 22 Satz 3 dieses G an dem Tag in Kraft, an dem das Bundesministerium des Innern, für Bau und Heimat im Bundesgesetzblatt jeweils bekannt gibt, dass die technischen Voraussetzungen für die Verarbeitung der Identifikationsnummer nach § 139b der Abgabenordnung nach den jeweils geänderten Gesetzen vorliegen.

[4)] § 1 neu gef. mWv 1.1.2005 durch G v. 30.7.2004 (BGBl. I S. 1950).

§ 2[1)] *(aufgehoben)*

§ 3[2)] **[Erwerb der Staatsangehörigkeit]** (1) Die Staatsangehörigkeit wird erworben

1. durch Geburt (§ 4),
2. durch Erklärung nach § 5,
3. durch Annahme als Kind (§ 6),
4. durch Ausstellung der Bescheinigung gemäß § 15 Abs. 1 oder 2 des Bundesvertriebenengesetzes[3)] (§ 7),

4a. durch Überleitung als Deutscher ohne deutsche Staatsangehörigkeit im Sinne des Artikels 116 Abs. 1 des Grundgesetzes[4)] (§ 40a),

5.[5)] für einen Ausländer durch Einbürgerung (§§ 8 bis 16, 40b und 40c).

(2) [1] Die Staatsangehörigkeit erwirbt auch, wer seit zwölf Jahren von deutschen Stellen als deutscher Staatsangehöriger behandelt worden ist und dies nicht zu vertreten hat. [2] Als deutscher Staatsangehöriger wird insbesondere behandelt, wem ein Staatsangehörigkeitsausweis, Reisepass oder Personalausweis ausgestellt wurde. [3] Der Erwerb der Staatsangehörigkeit wirkt auf den Zeitpunkt zurück, zu dem bei Behandlung als Staatsangehöriger der Erwerb der Staatsangehörigkeit angenommen wurde. [4] Er erstreckt sich auf Abkömmlinge, die seither ihre Staatsangehörigkeit von dem nach Satz 1 Begünstigten ableiten.

§ 4[6)] **[Geburt]** (1) [1] Durch die Geburt erwirbt ein Kind die deutsche Staatsangehörigkeit, wenn ein Elternteil die deutsche Staatsangehörigkeit besitzt. [2] Ist bei der Geburt des Kindes nur der Vater deutscher Staatsangehöriger und ist zur Begründung der Abstammung nach den deutschen Gesetzen die Anerkennung oder Feststellung der Vaterschaft erforderlich, so bedarf es zur Geltendmachung des Erwerbs einer nach den deutschen Gesetzen wirksamen Anerkennung oder Feststellung der Vaterschaft; die Anerkennungserklärung muß abgegeben oder das Feststellungsverfahren muß eingeleitet sein, bevor das Kind das 23. Lebensjahr vollendet hat.

(2) [1] Ein Kind, das im Inland aufgefunden wird (Findelkind), gilt bis zum Beweis des Gegenteils als Kind eines Deutschen. [2] Satz 1 ist auf ein vertraulich geborenes Kind nach § 25 Absatz 1 des Schwangerschaftskonfliktgesetzes[7)] entsprechend anzuwenden.

[1)] § 2 aufgeh. mWv 28.8.2007 durch G v. 19.8.2007 (BGBl. I S. 1970).

[2)] § 3 Nr. 3 aufgeh. durch G v. 8.9.1969 (BGBl. I S. 1581); neu eingef. durch G v. 2.7.1976 (BGBl. I S. 1749); Nr. 2 neu gef. durch G v. 16.12.1997 (BGBl. I S. 2942); Nr. 4 neu gef., Nr. 4a eingef. mWv 1.8.1999, Nr. 5 geänd. mWv 1.1.2000 durch G v. 15.7.1999 (BGBl. I S. 1618); einl. Satzteil und Nr. 5 geänd. mWv 1.1.2005 durch G v. 30.7.2004 (BGBl. I S. 1950); Abs. 2 angef., bish. Wortlaut wird Abs. 1 mWv 28.8.2007 durch G v. 19.8.2007 (BGBl. I S. 1970).

[3)] **Aichberger, SGB Nr. 6/51.**

[4)] Nr. **1**.

[5)] Siehe auch Art. 16 und 116 GG (Nr. **1**).

[6)] § 4 Abs. 1 neu gef. durch G v. 30.6.1993 (BGBl. I S. 1062); Abs. 1 Satz 2 neu gef. durch G v. 16.12.1997 (BGBl. I S. 2942); Abs. 3 und 4 angef. mWv. 1.1.2000, Abs. 3 Satz 3 mWv 24.7.1999 durch G v. 15.7.1999 (BGBl. I S. 1618); Abs. 2, Abs. 3 Satz 1 Nr. 2 neu gef. mWv 1.1.2005 durch G v. 30.7.2004 (BGBl. I S. 1950); Abs. 3 Satz 1 Nr. 2 neu gef. mWv 18.3.2005 durch G v. 14.3.2005 (BGBl. I S. 721); Abs. 3 Satz 2 neu gef. mWv 1.1.2009 durch G v. 19.2.2007 (BGBl. I S. 122); Abs. 3 Satz 1 Nr. 2 neu gef. mWv 28.8.2007 durch G v. 19.8.2007 (BGBl. I S. 1970); Abs. 4 Satz 2 geänd. mWv 15.12.2010 durch G v. 8.12.2010 (BGBl. I S. 1864); Abs. 2 Satz 2 angef. mWv 1.5.2014 durch G v. 28.8.2013 (BGBl. I S. 3458); Abs. 3 Satz 3 geänd. mWv 27.6.2020 durch VO v. 19.6.2020 (BGBl. I S. 1328).

[7)] **Schönfelder ErgBd. Nr. 85e.**

35. Geschäftsordnung des Deutschen Bundestages

In der Fassung der Bekanntmachung vom 2. Juli 1980[1)]

(BGBl. I S. 1237)

FNA 1101-1

geänd. durch Bek. v. 17.3.1982 (BGBl. I S. 400), Bek. v. 18.12.1986 (BGBl. 1987 I S. 147), Bek. v. 9.12.1987 (BGBl. I S. 2677), Bek. v. 28.6.1988 (BGBl. I S. 1009), Bek. v. 18.12.1989 (BGBl. I S. 2442), Bek. v. 12.11.1990 (BGBl. I S. 2555), Bek. v. 16.12.1994 (BGBl. 1995 I S. 11), Bek. v. 30.9.1995 (BGBl. I S. 1246), Bek. v. 17.3.1997 (BGBl. I S. 747), Bek. v. 12.2.1998 (BGBl. I S. 428), Bek. v. 30.5.2001 (BGBl. I S. 1203), Bek. v. 15.7.2002 (BGBl. I S. 3012), Bek. v. 17.9.2002 (BGBl. I S. 3759), Bek. v. 28.2.2005 (BGBl. I S. 668), Bek. v. 21.4.2005 (BGBl. I S. 1230), Bek. v. 12.7.2005 (BGBl. I S. 2512), Bek. v. 21.10.2005 (BGBl. I S. 3094), Bek. v. 26.9.2006 (BGBl. I S. 2210), Bek. v. 29.7.2008 (BGBl. I S. 1712), Bek. v. 6.7.2009 (BGBl. I S. 2128), Bek. v. 16.7.2010 (BGBl. I S. 1041), Bek. v. 17.12.2010 (BGBl. I S. 2199), Bek. v. 24.11.2011 (BGBl. I S. 2454), Bek. v. 7.5.2012 (BGBl. I S. 1119), Bek. v. 12.3.2013 (BGBl. I S. 548), Bek. v. 18.6.2013 (BGBl. I S. 1644), Beschl. v. 6.6.2013 (BGBl. I S. 2167), Beschl. v. 3.4.2014 (BGBl. I S. 534), Beschl. v. 1.6.2017 (BGBl. I S. 1877), Beschl. v. 1.3.2019 (BGBl. I S. 197), Beschl. v. 25.3.2020 (BGBl. I S. 764), Beschl. v. 17.9.2020 (BGBl. I S. 2067), Beschl. v. 7.10.2020 (BGBl. I S. 2563 iVm Bek. v. 1.12.2020, BGBl. I S. 2988), Beschl. v. 17.12.2020 (BGBl. 2021 I S. 97) und Beschl. v. 25.3.2021 (BGBl. I S. 734)

Nichtamtliche Gliederungsübersicht

I. Wahl des Präsidenten, der Stellvertreter und Schriftführer

§ 1[2)] Konstituierung (1) Der neugewählte Bundestag wird zu seiner ersten Sitzung vom bisherigen Präsidenten spätestens zum dreißigsten Tage nach der Wahl (Artikel 39 des Grundgesetzes[3)]) einberufen.

[1)] Neubekanntmachung der GeschäftsO des Deutschen Bundestages idF der Bek. v. 22.5.1970 (BGBl. I S. 628) in der ab 1.10.1980 geltenden Fassung.

[2)] § 1 Abs. 2 neu gef. mWv 1.6.2017 durch Beschl. v. 1.6.2017 (BGBl. I S. 1877).

[3)] Nr. **1**.

(2) Bis der neugewählte Präsident oder einer seiner Stellvertreter das Amt übernimmt, führt das am längsten dem Bundestag angehörende Mitglied, das hierzu bereit ist, den Vorsitz (Alterspräsident); bei gleicher Dauer der Zugehörigkeit zum Bundestag entscheidet das höhere Lebensalter.

(3) [1]Der Alterspräsident ernennt Mitglieder des Bundestages zu vorläufigen Schriftführern. [2]Hierauf erfolgt der Namensaufruf der Mitglieder des Bundestages.

(4) Nach Feststellung der Beschlußfähigkeit wird die Wahl des Präsidenten, der Stellvertreter und der Schriftführer vorgenommen.

§ 2[1)] Wahl des Präsidenten und der Stellvertreter. (1) [1]Der Bundestag wählt mit verdeckten Stimmzetteln (§ 49) in besonderen Wahlhandlungen den Präsidenten und seine Stellvertreter für die Dauer der Wahlperiode. [2]Jede Fraktion des Deutschen Bundestages ist durch mindestens einen Vizepräsidenten oder eine Vizepräsidentin im Präsidium vertreten.

(2) [1]Gewählt ist, wer die Stimmen der Mehrheit der Mitglieder des Bundestages erhält. [2]Ergibt sich im ersten Wahlgang keine Mehrheit, so können für einen zweiten Wahlgang neue Bewerber vorgeschlagen werden. [3]Ergibt sich auch dann keine Mehrheit der Stimmen der Mitglieder des Bundestages, findet ein dritter Wahlgang statt. [4]Bei nur einem Bewerber ist dieser gewählt, wenn er die Mehrheit der abgegebenen Stimmen auf sich vereinigt. [5]Bei mehreren Bewerbern kommen die beiden Bewerber mit den höchsten Stimmenzahlen in die engere Wahl; gewählt ist, wer die meisten Stimmen auf sich vereinigt. [6]Bei Stimmengleichheit entscheidet das Los durch die Hand des amtierenden Präsidenten.

(3) [1]Weitere Wahlgänge mit einem im dritten Wahlgang erfolglosen Bewerber sind nur nach Vereinbarung im Ältestenrat zulässig. [2]Werden nach erfolglosem Ablauf des Verfahrens nach Absatz 2 neue Bewerber vorgeschlagen, ist neu in das Wahlverfahren gemäß Absatz 2 einzutreten.

§ 3 Wahl der Schriftführer. [1]Der Bundestag beschließt die Zahl der Schriftführer. [2]Sie können gemeinsam auf Grund eines Vorschlages der Fraktionen gewählt werden. [3]Bei der Festlegung der Zahl der Schriftführer und ihrer Verteilung auf die Fraktionen ist § 12 zu beachten.

II. Wahl des Bundeskanzlers

§ 4 Wahl des Bundeskanzlers. [1]Die Wahl des Bundeskanzlers (Artikel 63 des Grundgesetzes[2)]) erfolgt mit verdeckten Stimmzetteln (§ 49). [2]Wahlvorschläge zu den Wahlgängen gemäß Artikel 63 Abs. 3 und 4 des Grundgesetzes sind von einem Viertel der Mitglieder des Bundestages oder einer Fraktion, die mindestens ein Viertel der Mitglieder des Bundestages umfaßt, zu unterzeichnen.

[1)] § 2 Abs. 1 Satz 2 angef. durch Bek. v. 16.12.1994 (BGBl. 1995 I S. 11); Abs. 2 neu gef. und Abs. 3 angef. mWv 26.9.2006 durch Bek. v. 26.9.2006 (BGBl. I S. 2210).

[2)] Nr. **1**.

lung als Mitglieder des Bundesrates und der Landesregierungen und den Zeitpunkt des Erlöschens ihrer Mitgliedschaft mit.

§ 2 Inkompatibilität. [1]Die Mitglieder des Bundesrates dürfen nicht gleichzeitig dem Bundestag angehören. [2]Wird ein Mitglied des Bundesrates in den Bundestag gewählt, so muß es dem Präsidenten des Bundesrates in angemessener Frist mitteilen, welches der beiden Ämter es niederlegt.

§ 3 Geschäftsjahr. Das Geschäftsjahr des Bundesrates beginnt am 1. November eines jeden Jahres und endet am 31. Oktober des folgenden Jahres.

§ 4[1)] Ausweise, Fahrkarten. (1) [1]Jedes Mitglied erhält vom Bundesrat einen Ausweis über seine Eigenschaft als Bundesratsmitglied. [2]Die Mitglieder des Bundesrates erhalten außerdem Fahrkarten für die Deutsche Bahn AG.

(2) Ausweise und Fahrkarten sind eine Woche nach Erlöschen der Mitgliedschaft zurückzugeben.

II. Organe und Einrichtungen des Bundesrates

***Artikel 52 Abs. 1 GG*[2)]**

Der Bundesrat wählt seinen Präsidenten auf ein Jahr.

§ 5[3)] Wahl des Präsidenten und der Vizepräsidenten. (1) Der Bundesrat wählt ohne Aussprache für ein Jahr aus seinen Mitgliedern einen Präsidenten und zwei Vizepräsidenten.

(2) Endet das Amt des Präsidenten oder eines Vizepräsidenten vorzeitig, so soll innerhalb von vier Wochen eine Nachwahl stattfinden.

§ 6[4)] Stellung des Präsidenten. (1) [1]Der Präsident vertritt die Bundesrepublik Deutschland in allen Angelegenheiten des Bundesrates. [2]Er ist oberste Dienstbehörde für die Beamten des Bundesrates.

(2) Beamte des höheren Dienstes werden mit vorheriger Zustimmung des Ständigen Beirats, der Direktor und Stellvertretende Direktor mit vorheriger Zustimmung des Bundesrates vom Präsidenten eingestellt, befördert, entlassen und in den Ruhestand versetzt; gleiches gilt für die Einstellung, Höhergruppierung und Entlassung der Angestellten von Vergütungsgruppe BAT IIa an aufwärts.

(3) Der Präsident übt das Hausrecht[5)] für die der Verwaltung des Bundesrates unterstehenden Gebäude, Gebäudeteile und Grundstücke aus.

§ 7[6)] Stellung der Vizepräsidenten. (1) [1]Die Vizepräsidenten vertreten den Präsidenten im Falle seiner Verhinderung oder bei vorzeitiger Beendigung seines Amtes nach Maßgabe ihrer Reihenfolge. [2]Ein Fall der Verhinderung liegt auch vor, solange der Präsident des Bundesrates nach Artikel 57 des Grundgesetzes[2)] die Befugnisse des Bundespräsidenten wahrnimmt.

---

1) § 4 Abs. 1 Satz 2 geänd. mWv 26.3.2021 durch GeschO v. 26.3.2021 (BGBl. I S. 797).
2) Nr. **1**.
3) § 5 Abs. 1 geänd. mWv 12.10.2007 durch Bek. v. 8.6.2007 (BGBl. I S. 1057).
4) § 6 Abs. 2 neu gef. durch Bek. v. 25.11.1994 (BGBl. I S. 3736).
5) Siehe die HausO des Bundesrates v. 2.10.2002 (BGBl. I S. 3964).
6) § 7 Abs. 2 geänd. mWv 12.10.2007 durch Bek. v. 8.6.2007 (BGBl. I S. 1057).

(2) Die Vizepräsidenten beraten und unterstützen den Präsidenten bei der Erledigung seiner Aufgaben.

§ 8[1] **Präsidium.** (1) Der Präsident und die Vizepräsidenten bilden das Präsidium.

(2) [1]Das Präsidium stellt nach Beratung im Ständigen Beirat den Entwurf des Haushaltsplanes für den Bundesrat auf. [2]Es entscheidet über die inneren Angelegenheiten des Bundesrates, soweit die Befugnis zur Entscheidung weder dem Bundesrat vorbehalten ist noch dem Präsidenten obliegt. [3]Der Bundesrat kann das Präsidium mit der Ausführung seiner Beschlüsse beauftragen.

(3) [1]Der Präsident beruft das Präsidium ein und leitet dessen Sitzungen. [2]Er hat das Präsidium einzuberufen, wenn ein Vizepräsident es verlangt.

(4) In dringenden Fällen kann der Präsident Beschlüsse des Präsidiums im Wege der Umfrage herbeiführen.

(5) [1]Über jede Sitzung des Präsidiums ist eine Niederschrift zu fertigen. [2]Diese muß mindestens die Namen der Teilnehmer, die Anträge, das Ergebnis der Beratungen und bei Beschlüssen das Stimmverhältnis enthalten.

§ 9[2] **Ständiger Beirat.** (1) [1]Beim Präsidium besteht ein Ständiger Beirat. [2]Ihm gehören die Bevollmächtigten der Länder an. [3]Er tritt in der Regel einmal wöchentlich zusammen.

(2) [1]Der Ständige Beirat berät und unterstützt den Präsidenten und das Präsidium bei der Vorbereitung der Sitzungen und der Führung der Verwaltungsgeschäfte des Bundesrates. [2]Er entscheidet in den in § 6 Abs. 2 genannten Personalangelegenheiten. [3]Seine Beschlüsse werden in eine Niederschrift aufgenommen.

(3) [1]Der Ständige Beirat wirkt bei der Aufrechterhaltung der laufenden Verbindung zwischen Bundesrat und Bundesregierung mit. [2]Der für die Angelegenheiten des Bundesrates und der Länder zuständige Bundesminister kann insoweit an den Sitzungen des Ständigen Beirates teilnehmen und muß jederzeit gehört werden.

(4) Der Direktor des Bundesrates nimmt an den Sitzungen des Ständigen Beirates teil.

(5) Der Vorsitz im Ständigen Beirat steht in folgender Reihenfolge zu:
1. einem Mitglied des Präsidiums,
2. dem Bevollmächtigten, der zugleich Mitglied des Bundesrates ist,
3. jedem anderen Bevollmächtigten.

(6) Kommen nach Absatz 5 Nr. 2 oder 3 mehrere Personen als Vorsitzende in Betracht, so führt das Mitglied des Ständigen Beirates den Vorsitz, das ihm ohne Unterbrechung am längsten angehört.

§ 10 Schriftführer. (1) Der Bundesrat wählt aus seinen Mitgliedern für jedes Geschäftsjahr zwei Schriftführer.

(2) [1]Ein Schriftführer unterstützt den Präsidenten in der Sitzung. [2]Sind beide Schriftführer zu einer Sitzung des Bundesrates nicht erschienen, so bestellt der Präsident ein anderes Mitglied des Bundesrates für diese Sitzung zum Schriftführer.

---

[1] § 8 Abs. 4 aufgeh., bish. Abs. 5 und 6 werden Abs. 4 und 5 mWv 12.10.2007 durch Bek. v. 8.6.2007 (BGBl. I S. 1057).
[2] § 9 Abs. 2 neu gef. durch Bek. v. 25.11.1994 (BGBl. I S. 3736).

Artikel 52 Abs. 4 GG[1]

Den Ausschüssen des Bundesrates können andere Mitglieder oder Beauftragte der Regierungen der Länder angehören.

§ 11[2] **Ausschüsse.** (1) [1]Der Bundesrat bildet ständige Ausschüsse. [2]Er kann für besondere Angelegenheiten weitere Ausschüsse einsetzen.

(2) Die Länder sind in jedem Ausschuss durch ein oder mehrere Mitglieder des Bundesrates oder Beauftragte ihrer Regierung vertreten.

(3) [1]Die Regierungen der Länder teilen dem Präsidenten den Zeitpunkt der Bestellung und Abberufung der Ausschußmitglieder schriftlich mit. [2]Diese Mitteilungen werden den Ausschüssen bekanntgegeben.

(4) [1]Absatz 3 Satz 1 gilt auch für die Entsendung der Mitglieder des Vermittlungsausschusses. [2]Der Präsident oder in seinem Auftrag der Direktor des Bundesrates teilt die Namen der Mitglieder und der Stellvertreter dem Vorsitzenden des Vermittlungsausschusses mit.

§ 12 Wahl der Vorsitzenden der Ausschüsse. (1) [1]Der Bundesrat wählt für jedes Geschäftsjahr die Vorsitzenden der Ausschüsse aus deren Mitgliedern. [2]Die Ausschüsse sollen vor der Wahl gehört werden.

(2) Die Ausschüsse wählen aus ihren Mitgliedern stellvertretende Vorsitzende.

(3) Endet das Amt eines Vorsitzenden oder eines stellvertretenden Vorsitzenden vorzeitig, so soll für den Rest seiner Amtszeit ein Nachfolger gewählt werden.

§ 13 Vertreter des Bundesrates in anderen Organen. Bestellt der Bundesrat Mitglieder von Organen einer juristischen Person des öffentlichen oder des privaten Rechts, von Beiräten einer Dienststelle der Bundesregierung, von Verwaltungsräten oder ähnlichen Einrichtungen, so können der Bundesrat oder seine Ausschüsse verlangen, daß diese Mitglieder über ihre Tätigkeit berichten.

§ 14[3] **Sekretariat.** (1) Beim Bundesrat besteht ein Sekretariat, dem alle Bediensteten des Bundesrates angehören.

(2) [1]Der Direktor des Bundesrates leitet das Sekretariat im Auftrag des Präsidenten mit Unterstützung des Stellvertretenden Direktors. [2]Der Direktor unterstützt den Präsidenten bei der Führung seiner Amtsgeschäfte.

III. Die Sitzungen des Bundesrates

1. Vorbereitung der Sitzungen

Artikel 52 Abs. 2 GG[1]

Der Präsident beruft den Bundesrat ein. Er hat ihn einzuberufen, wenn die Vertreter von mindestens zwei Ländern oder die Bundesregierung es verlangen.

§ 15[4] **Einberufung und Bekanntgabe.** (1) Der Präsident hat den Bundesrat unverzüglich einzuberufen, wenn ein Land oder die Bundesregierung es verlangt.

---

[1] Nr. 1.

[2] § 11 Abs. 2 neu gef. mWv 26.3.2021 durch GeschO v. 26.3.2021 (BGBl. I S. 797).

[3] § 14 Abs. 2 neu gef. mWv 31.5.2002 durch Bek. v. 31.5.2002 (BGBl. I S. 1908).

[4] § 15 Abs. 4 aufgeh., bish. Abs. 5 wird Abs. 4 und Satz 2 geänd. mWv 26.3.2021 durch GeschO v. 26.3.2021 (BGBl. I S. 797).

(2) [1]Der Präsident bereitet die Sitzungen vor. [2]Zur Vorbereitung der Sitzungen werden die zu beratenden Vorlagen in vorläufigen Tagesordnungen zusammengestellt.

(3) Die vorläufige Tagesordnung, die Vorlagen sowie die Niederschriften und Empfehlungen der Ausschüsse sollen den Vertretungen der Länder so früh wie möglich zugestellt werden.

(4) [1]Ort, Zeit und die vorläufige Tagesordnung jeder Sitzung werden der Bundesregierung mitgeteilt. [2]Die Sitzungen des Bundesrates werden durch Veröffentlichung auf der Internetseite des Bundesrates bekanntgegeben.

§ 16 Anwesenheitsliste. Für jede Sitzung des Bundesrates wird eine Anwesenheitsliste ausgelegt, in die sich die Teilnehmer der Sitzung eintragen.

2. Allgemeine Verfahrensgrundsätze

Artikel 52 Abs. 3 Satz 3 GG[1)]

Er (der Bundesrat) verhandelt öffentlich. Die Öffentlichkeit kann ausgeschlossen werden.

§ 17 Ausschluß der Öffentlichkeit. (1) [1]Über den Ausschluß der Öffentlichkeit für einen Beratungsgegenstand wird in nichtöffentlicher Sitzung beraten und beschlossen. [2]Die Wiederherstellung der Öffentlichkeit ist bekanntzugeben.

(2) Die Verhandlungen in nichtöffentlicher Sitzung sind vertraulich, soweit der Bundesrat nichts anderes beschließt.

Artikel 53 Satz 1 und 2 GG[1)]

Die Mitglieder der Bundesregierung haben das Recht und auf Verlangen die Pflicht, an den Verhandlungen des Bundesrates und seiner Ausschüsse teilzunehmen. Sie müssen jederzeit gehört werden.

§ 18 Teilnahme an den Verhandlungen. (1) An den Verhandlungen des Bundesrates können auch die Berichterstatter des Vermittlungsausschusses und die Staatssekretäre des Bundes teilnehmen; andere Personen nur, wenn der Präsident dies zuläßt.

(2) Zur Unterstützung der Mitglieder des Bundesrates und der Bundesregierung sowie der anderen Teilnehmer an den Verhandlungen können Beauftragte der Länder und des Bundes zugezogen werden.

Artikel 53 Satz 3 GG[1)]

Der Bundesrat ist von der Bundesregierung über die Führung der Geschäfte auf dem laufenden zu halten.

§ 19 Fragerecht. (1) Jedes Mitglied des Bundesrates kann in der Sitzung zu den Gegenständen der Tagesordnung Fragen an die Bundesregierung oder deren Mitglieder richten.

(2) [1]Jedes Land kann außerdem an die Bundesregierung Fragen stellen, die nicht im Zusammenhang mit einem Gegenstand der Tagesordnung stehen. [2]Diese Fragen sind dem Präsidenten spätestens zwei Wochen vor der Sitzung, in der sie beantwortet werden sollen, schriftlich mitzuteilen. [3]Der Präsident leitet sie an die Bundesregierung weiter und setzt sie auf die Tagesordnung.

[1)] Nr. **1**.

(3) [1]Die Fragen nach Absatz 2 sollen zu Beginn der dafür vorgesehenen Sitzung behandelt werden. [2]Das fragestellende Land kann seine Frage mündlich begründen. [3]Auf Antrag des fragestellenden Landes stellt der Präsident fest, ob die Frage von der Mehrheit des Bundesrates übernommen wird.

(4) [1]Bezieht sich die Frage auf einen Gegenstand, hinsichtlich dessen die Bundesregierung nach Artikel 53 Satz 3 des Grundgesetzes[1)] verpflichtet ist, den Bundesrat auf dem laufenden zu halten, so ist auf Verlangen der Bundesregierung die Öffentlichkeit für die Dauer der Behandlung der Frage auszuschließen. [2]§ 17 findet entsprechende Anwendung.

(5) [1]Die Behandlung einer Frage in der Sitzung unterbleibt, wenn sich das fragestellende Land mit schriftlicher Beantwortung einverstanden erklärt hat. [2]Die Antwort der Bundesregierung ist allen Ländern mitzuteilen.

§ 20 Leitung der Sitzung. (1) Der Präsident leitet die Sitzungen des Bundesrates.

(2) Sind Präsident und Vizepräsidenten gleichzeitig verhindert, eine Sitzung zu leiten, so übernimmt der dem Lebensalter nach älteste Regierungschef die Leitung der Sitzung.

§ 21 Beteiligung des Präsidenten an den Verhandlungen. Beabsichtigt der Präsident, sich als Redner an den Verhandlungen zu beteiligen, so gibt er für diese Zeit die Leitung der Sitzung ab.

§ 22[2)] Ordnungsbefugnis der Präsidentin oder des Präsidenten.

(1) Sitzungsteilnehmer, die nicht Mitglieder des Bundesrates sind, und Zuhörer unterstehen der Ordnungsbefugnis der Präsidentin oder des Präsidenten.

(2) [1]Wer auf den Tribünen Beifall oder Mißbilligung äußert oder die Ordnung oder die Würde des Bundesrates verletzt, kann auf Anordnung der Präsidentin oder des Präsidenten sofort entfernt werden. [2]Die Präsidentin oder der Präsident kann die Tribüne wegen störender Unruhe räumen lassen.

§ 22a[3)] Dauer der Rede. (1) Sofern der Bundesrat nichts anderes beschließt, beträgt die Regelredezeit für Rednerinnen und Redner je Beratungsgegenstand fünf Minuten; die maximale Redezeit von 15 Minuten soll nicht überschritten werden.

(2) Die Präsidentin oder der Präsident kann die Redezeiten verlängern, wenn der Beratungsgegenstand oder der Verlauf der Verhandlungen dies nahelegt.

§ 22b[3)] Sachruf. Die Präsidentin oder der Präsident kann eine Rednerin oder einen Redner, die oder der vom Beratungsgegenstand abschweift, zur Sache verweisen.

§ 22c[3)] Ordnungsruf. (1) [1]Die Präsidentin oder der Präsident kann ein Mitglied des Bundesrates, das die Ordnung oder die Würde des Bundesrates verletzt, unter Nennung des Namens zur Ordnung rufen. [2]Dies kann auch in der nächstfolgenden Sitzung geschehen.

[1)] Nr. 1.

[2)] § 22 Überschrift neu gef., Abs. 2 Sätze 1 und 2 geänd. mWv 26.3.2021 durch GeschO v. 26.3.2021 (BGBl. I S. 797).

[3)] §§ 22a–22c eingef. mWv 26.3.2021 durch GeschO v. 26.3.2021 (BGBl. I S. 797).

(2) Der Ordnungsruf oder der Anlass hierzu dürfen in den folgenden Redebeiträgen nicht zum Gegenstand von Erörterungen gemacht werden.

§ 22d[1)] Entziehung des Wortes. (1) Überschreitet ein Mitglied des Bundesrates die maximal festgesetzte Redezeit, so kann ihm die Präsidentin oder der Präsident nach zweimaliger Mahnung das Wort entziehen.

(2) Ist ein Mitglied des Bundesrates während einer Rede dreimal zur Sache oder zur Ordnung gerufen und beim zweiten Mal auf die Folgen eines dritten Rufes zur Sache oder zur Ordnung hingewiesen worden, so hat die Präsidentin oder der Präsident ihm das Wort zu entziehen.

(3) Bei einer schwerwiegenden Verletzung der Ordnung oder der Würde des Bundesrates kann die Präsidentin oder der Präsident einem Mitglied das Wort sofort entziehen.

(4) [1] Das Wort darf dem Mitglied zu demselben Beratungsgegenstand in derselben Sitzung nicht wieder erteilt werden. [2] Ausführungen nach Entziehung des Wortes werden in den Stenografischen Sitzungsbericht nicht aufgenommen.

§ 22e[1)] Ausschluss von Mitgliedern des Bundesrates. (1) [1] Wegen einer schwerwiegenden Verletzung der Ordnung oder der Würde des Bundesrates kann die Präsidentin oder der Präsident, auch ohne dass ein Sach- oder Ordnungsruf ergangen ist, ein Mitglied des Bundesrates von der Sitzung ausschließen. [2] Das Gleiche gilt, wenn ein Mitglied in derselben Sitzung dreimal zur Sache oder zur Ordnung gerufen und beim zweiten Mal auf die Folgen eines dritten Rufes hingewiesen worden ist. [3] Bis zum Schluss der Sitzung muss die Präsidentin oder der Präsident bekanntgeben, für wie viele Sitzungen das betroffene Mitglied ausgeschlossen wird. [4] Ein Mitglied des Bundesrates kann von bis zu fünf Plenarsitzungen ausgeschlossen werden.

(2) [1] Ein Sitzungsausschluss kann auch nachträglich, spätestens in der auf die schwerwiegende Verletzung der Ordnung oder der Würde des Bundesrates folgenden Sitzung ausgesprochen werden, wenn die Präsidentin oder der Präsident während der Sitzung ausdrücklich eine Verletzung der Ordnung oder der Würde des Hauses festgestellt und sich einen nachträglichen Sitzungsausschluss vorbehalten hat. [2] Ein bereits erteilter Ordnungsruf schließt einen nachträglichen Sitzungsausschluss nicht aus. [3] Absatz 1 Satz 3 und 4 gilt entsprechend.

(3) [1] Das ausgeschlossene Mitglied hat den Sitzungssaal sofort zu verlassen. [2] Kommt das Mitglied dieser Aufforderung nicht nach, so unterbricht die Präsidentin oder der Präsident die Sitzung. [3] Das Mitglied ist damit ohne Weiteres von den nächsten drei Sitzungen ausgeschlossen. [4] Die Präsidentin oder der Präsident stellt dies nach Wiedereintritt in die Sitzung fest.

(4) Die Präsidentin oder der Präsident stellt dies nach Wiedereintritt in die Sitzung fest.

§ 22f[1)] Einspruch gegen Ordnungsmaßnahmen. [1] Gegen den Sachruf nach § 22b, den Ordnungsruf nach § 22c sowie den Sitzungsausschluss nach § 22e kann das betroffene Mitglied des Bundesrates binnen drei Werktagen schriftlich begründeten Einspruch bei der Präsidentin oder dem Präsidenten einlegen. [2] Der Einspruch hat keine aufschiebende Wirkung. [3] Er ist auf die Tagesordnung der nächsten Sitzung zu setzen. [4] Über den Einspruch entscheidet der Bundesrat mit der Mehrheit seiner Stimmen in dieser Sitzung ohne Beratung.

[1)] §§ 22d–22f eingef. mWv 26.3.2021 durch GeschO v. 26.3.2021 (BGBl. I S. 797).

§ 22g[1)] Unterbrechung der Sitzung. [1]Wenn im Bundesrat störende Unruhe entsteht, kann die Präsidentin oder der Präsident die Sitzung unterbrechen. Kann sich die Präsidentin oder der Präsident kein Gehör verschaffen, verlässt sie oder er den Präsidentenstuhl. [2]Hierdurch wird die Sitzung für eine halbe Stunde unterbrochen.

3. Der Geschäftsgang im Bundesrat

§ 23 Feststellung und Durchführung der Tagesordnung. (1) Der Präsident gibt zu Beginn der Sitzung Änderungen in der Zusammensetzung des Bundesrates bekannt.

(2) [1]Vor Eintritt in die Verhandlungen stellt der Bundesrat durch Beschluß die Tagesordnung fest. [2]§ 19 Abs. 2 Satz 3 bleibt unberührt.

(3) Hat ein Land unter Berufung auf seine Rechte aus § 15 Abs. 1 spätestens zwei Wochen vor der Sitzung verlangt, daß ein Beratungsgegenstand auf die Tagesordnung gesetzt wird, so muß diesem Verlangen entsprochen werden, wenn das Land nicht auf die Behandlung in dieser Sitzung verzichtet.

(4) Sind die Vorlage, die vorläufige Tagesordnung oder die Empfehlungen der Ausschüsse bezüglich eines Gegenstandes nicht spätestens am sechsten Tag vor der Sitzung gemäß § 15 Abs. 3 zugestellt worden, so darf dieser Gegenstand nicht auf die Tagesordnung gesetzt werden, wenn ein Land widerspricht, es sei denn, daß eine für die Beschlußfassung des Bundesrates vorgesehene gesetzliche Frist in weniger als sieben Tagen abläuft oder daß es sich um einen Eilfall gemäß § 45d Abs. 1 handelt.

(5) Über Gegenstände, die nicht auf der Tagesordnung stehen, darf nicht verhandelt oder beschlossen werden, wenn ein Land widerspricht.

§ 24[2)] Redebeiträge. [1]Die Redebeiträge sind grundsätzlich in freiem Vortrag vom Rednerpult aus zu halten. [2]Es können Aufzeichnungen benutzt werden.

§ 25[3)] *(aufgehoben)*

§ 26 Anträge und Empfehlungen. (1) Jedes Land hat das Recht, im Bundesrat Anträge zu stellen.

(2) Das Präsidium kann Anträge zu den inneren Angelegenheiten des Bundesrates stellen.

(3) [1]Die Ausschüsse legen dem Bundesrat zu den ihnen überwiesenen Beratungsgegenständen Empfehlungen vor. [2]Empfiehlt ein Ausschuß dem Bundesrat die Änderung oder Ablehnung einer Vorlage, so hat er eine Begründung mit vorzulegen.

Artikel 51 Abs. 2 GG[4)]

Jedes Land hat mindestens drei Stimmen, Länder mit mehr als zwei Millionen Einwohnern haben vier, Länder mit mehr als sechs Millionen Einwohnern fünf, Länder mit mehr als sieben Millionen Einwohnern sechs Stimmen.

[1)] § 22g eingef. mWv 26.3.2021 durch GeschO v. 26.3.2021 (BGBl. I S. 797).
[2)] § 24 neu gef. mWv 26.3.2021 durch GeschO v. 26.3.2021 (BGBl. I S. 797).
[3)] § 25 aufgeh. mWv 26.3.2021 durch GeschO v. 26.3.2021 (BGBl. I S. 797).
[4)] Nr. **1**.

§ 27 Anzahl der Stimmen. Die Anzahl der Stimmen, die dem Land nach Artikel 51 Abs. 2 des Grundgesetzes[1)] zusteht, bemißt sich nach den Ergebnissen der amtlichen Bevölkerungsfortschreibung, sofern nicht die Ergebnisse einer amtlichen Volkszählung vorliegen.

Artikel 52 Abs. 3 Satz 1 GG[1)]

Der Bundesrat faßt seine Beschlüsse mit mindestens der Mehrheit seiner Stimmen.

§ 28 Beschlußfähigkeit. (1) Der Bundesrat ist beschlußfähig, wenn die Mehrheit seiner Stimmen vertreten ist.

(2) Bei Beschlußunfähigkeit hat der Präsident die Sitzung aufzuheben und den Zeitpunkt der nächsten Sitzung bekanntzugeben.

(3) Bei der Beschlußfassung des Bundesrates gemäß Artikel 37, Artikel 84 Abs. 3 und 4 und Artikel 91 Abs. 2 des Grundgesetzes[1)] ist das betroffene Land stimmberechtigt.

Artikel 51 Abs. 3 Satz 2 GG[1)]

Die Stimmen eines Landes können nur einheitlich und nur durch anwesende Mitglieder oder deren Vertreter abgegeben werden.

§ 29 Abstimmung. (1) [1]Abgestimmt wird durch Handaufheben. [2]Auf Verlangen eines Landes wird durch Aufruf der Länder abgestimmt. [3]Die Länder werden in alphabetischer Reihenfolge aufgerufen.

(2) [1]Soweit eine Abstimmung über die Empfehlungen der Ausschüsse nicht beantragt ist und keine einander widersprechenden Empfehlungen, keine Anträge oder Wortmeldungen vorliegen, kann der Präsident feststellen, daß der Bundesrat gemäß den Empfehlungen der Ausschüsse beschlossen hat; er kann die Abstimmung über mehrere Beratungsgegenstände zusammenfassen. [2]Satz 1 gilt für die Feststellung der Tagesordnung nach § 23 Abs. 2 entsprechend.

(3) [1]Der Präsident kann die Abstimmung über einen Gegenstand der Tagesordnung oder dazu vorliegende Anträge bis spätestens zum Schluß der Sitzung zurückstellen. [2]Die Abstimmung muß zurückgestellt werden, wenn mindestens zwei Länder es verlangen.

§ 30 Abstimmungsregeln. (1) [1]Im Gesetzgebungsverfahren nach den Artikeln 76 bis 78 des Grundgesetzes[1)] sind die Abstimmungsfragen so zu fassen, daß sich aus der Abstimmung zweifelsfrei ergibt, ob der Bundesrat mit der Mehrheit seiner Stimmen beschlossen hat, eine Gesetzesvorlage beim Bundestag einzubringen (Artikel 76 Abs. 1 des Grundgesetzes), zu einer Gesetzesvorlage der Bundesregierung Stellung zu nehmen und welchen Inhalt diese Stellungnahme hat (Artikel 76 Abs. 2 des Grundgesetzes), einem vom Bundestag beschlossenen Gesetz zuzustimmen (Artikel 78 des Grundgesetzes), wegen eines vom Bundestag beschlossenen Gesetzes die Einberufung des Vermittlungsausschusses zu verlangen (Artikel 77 Abs. 2 Satz 1 des Grundgesetzes), gegen ein vom Bundestag beschlossenes Gesetz Einspruch einzulegen oder ihn zurückzunehmen (Artikel 77 Abs. 3 Satz 1 und Artikel 78 des Grundgesetzes). [2]Auch in allen anderen Fällen, in denen eine Zustimmung des Bundesrates erforderlich ist, muß die Abstimmung eindeutig ergeben, ob der Bundesrat mit der Mehrheit seiner Stimmen die Zustimmung

[1)] Nr. **1**.

erteilt. [3]Mit der Abstimmung über die Erteilung der Zustimmung wird über Anträge, die Zustimmung zu verweigern, mitentschieden.

(2) [1]Sind zu demselben Gegenstand mehrere Anträge gestellt, so ist über den weitestgehenden Antrag zuerst abzustimmen. [2]Entscheidend ist der Grad der Abweichung von der Vorlage. [3]In Zweifelsfällen entscheidet der Bundesrat. [4]Bei zustimmungsbedürftigen Gesetzen ist über einen Antrag gemäß Artikel 77 Abs. 2 Satz 1 des Grundgesetzes vor der Beschlußfassung über die Zustimmung abzustimmen.

(3) Absatz 1 Satz 3 und Absatz 2 gelten für die Empfehlungen der Ausschüsse entsprechend.

§ 31 Verfahren bei Beschlüssen nach Artikel 77 Abs. 2 Satz 1 des Grundgesetzes. [1]Im Verfahren nach Artikel 77 Abs. 2 Satz 1 des Grundgesetzes[1)] stellt der Präsident, sofern über mehrere Anrufungsgründe zu einem Gesetz abzustimmen ist, zunächst allgemein fest, ob eine Mehrheit für die Anrufung des Vermittlungsausschusses vorhanden ist. [2]Ist dies der Fall, so läßt er über die Einzelanträge beraten und abstimmen. [3]Anschließend kann er nach erneuter Beratung darüber abstimmen lassen, ob der Vermittlungsausschuß unter Zugrundelegung aller gefaßten Einzelbeschlüsse angerufen werden soll; er hat abstimmen zu lassen, wenn ein Land es verlangt.

§ 32 Wirksamwerden der Beschlüsse. [1]Die Beschlüsse des Bundesrates werden mit dem Ende der Sitzung wirksam. [2]Über Gegenstände, deren Behandlung abgeschlossen ist, darf nicht erneut beraten und abgestimmt werden, wenn ein Land widerspricht.

Artikel 43 Abs. 2 GG[1)]

Die Mitglieder des Bundesrates und der Bundesregierung sowie ihre Beauftragten haben zu allen Sitzungen des Bundestages und seiner Ausschüsse Zutritt. Sie müssen jederzeit gehört werden.

§ 33 Teilnahme an den Verhandlungen des Bundestages. [1]Der Bundesrat kann seine Mitglieder beauftragen, seine Beschlüsse im Bundestag und in dessen Ausschüssen zu vertreten. [2]Die Ausschüsse können Vorschläge hierzu machen.

§ 34 Sitzungsbericht. (1) Über die Sitzungen des Bundesrates wird ein wörtlicher Bericht aufgenommen.

(2) [1]Der Bericht ist vertraulich, soweit die Verhandlungen vertraulich sind (§ 17 Abs. 2). [2]Der Bundesrat kann bestimmen, daß über eine nichtöffentliche Sitzung ein Bericht nicht aufgenommen wird.

(3) [1]Der Bericht gilt als genehmigt, wenn nicht innerhalb von zwei Wochen nach seiner Ausgabe Einspruch beim Präsidenten eingelegt wird. [2]Gibt der Präsident dem Einspruch nicht statt, so entscheidet der Bundesrat.

§ 35 Vereinfachtes Verfahren. Bei Vorlagen, die dem Bundesrat lediglich zur Kenntnisnahme zugeleitet werden, gelten die Empfehlungen der zuständigen Ausschüsse, der Bundesrat möge von der Vorlage Kenntnis nehmen oder gegen die Vorlage keine Bedenken erheben, als Stellungnahme des Bundesrates, sofern bis zur nächsten Sitzung des Bundesrates kein Land den Antrag auf Behandlung dieser Vorlage stellt.

[1)] Nr. 1.

IV. Das Verfahren in den Ausschüssen

§ 36 Zuweisung der Vorlagen. (1) [1]Der Präsident weist die Vorlagen den zuständigen Ausschüssen zu und bestimmt den federführenden Ausschuß. [2]Die Beteiligung mehrerer Ausschüsse an der Beratung einer Vorlage soll möglichst beschränkt werden. [3]Der Präsident kann den Direktor des Bundesrates mit der Zuweisung der Vorlagen und der Bestimmung des federführenden Ausschusses beauftragen.

(2) Der Präsident hat Vorlagen eines Landes auf dessen Verlangen unmittelbar auf die vorläufige Tagesordnung des Bundesrates zu setzen.

§ 37[1)] Tagungsort, Öffentlichkeit, Anwesenheitsliste. (1) [1]Die Ausschüsse tagen am Sitz des Bundesrates. [2]Ausnahmen bedürfen der vorherigen Zustimmung des Präsidenten. [3]Für die Bekanntgabe der Sitzungen gilt § 15 Absatz 4 entsprechend.

(2) [1]Die Sitzungen der Ausschüsse sind nicht öffentlich. [2]Die Verhandlungen sind vertraulich, soweit der Ausschuß nichts anderes beschließt.

(3) Für jede Ausschußsitzung wird eine Anwesenheitsliste ausgelegt, in die sich die Teilnehmer der Sitzung eintragen.

§ 38 Einberufung, Leitung, Tagesordnung. (1) [1]Der Vorsitzende beruft den Ausschuß ein. [2]Er hat ihn unverzüglich einzuberufen, wenn ein Ausschußmitglied es verlangt. [3]Der Vorsitzende bereitet die Sitzungen des Ausschusses vor und leitet sie.

(2) [1]Die Tagesordnung wird den Vertretungen der Länder so früh wie möglich, spätestens am sechsten Tag vor der Sitzung zugestellt. [2]Kann diese Frist nicht eingehalten werden, so ist die Tagesordnung den Vertretungen der Länder und gleichzeitig fernschriftlich den Mitgliedern des Ausschusses mitzuteilen.

(3) Soweit der Ausschuß nicht federführend ist, soll die Tagesordnung den Zweck der Beratung der einzelnen Gegenstände angeben.

§ 39 Beratung. (1) Die Ausschüsse bereiten die Beschlußfassung des Bundesrates vor.

(2) Der Präsident kann die Ausschüsse mit der Ausarbeitung gutachtlicher Stellungnahmen beauftragen.

(3) [1]Mehrere Ausschüsse können gemeinsam beraten. [2]Ist ein Beratungsgegenstand für die Fachgebiete mehrerer Ausschüsse von gleicher Bedeutung, so kann der Präsident gemeinsame Beratung anordnen.

(4) Die Ausschüsse können Unterausschüsse einsetzen.

(5) Die Ausschüsse sollen ihre Beratungen am achten Tag vor der nächsten Sitzung des Bundesrates abgeschlossen haben.

Artikel 53 Satz 1 und 2 GG[2)]

Die Mitglieder der Bundesregierung haben das Recht und auf Verlangen die Pflicht, an den Verhandlungen des Bundesrates und seiner Ausschüsse teilzunehmen. Sie müssen jederzeit gehört werden.

[1)] § 37 Abs. 1 Satz 3 geänd. mWv 26.3.2021 durch GeschO v. 26.3.2021 (BGBl. I S. 797).

[2)] Nr. **1**.

§ 40[1] Teilnahme und Fragerecht. (1) Mitglieder des Bundesrates und Beauftragte der Landesregierungen sowie Mitglieder und Beauftragte der Bundesregierung können an den Verhandlungen der Ausschüsse und Unterausschüsse teilnehmen.

(2) In den Sitzungen können die Mitglieder der Ausschüsse sowie die Beauftragten der Landesregierungen an die Mitglieder der Bundesregierung und deren Beauftragte Fragen stellen.

(3) Die Ausschüsse können Sachverständige oder andere Personen, deren Teilnahme sie für erforderlich halten, anhören.

§ 41 Berichterstattung im Ausschuß. [1]Der Ausschuß bestellt, soweit dies für seine Beratungen erforderlich ist, für die einzelnen Beratungsgegenstände Berichterstatter. [2]Die Berichte werden mündlich erstattet, soweit der Ausschuß nichts anderes beschließt.

§ 42[2] Beschlüsse, Stimmberechtigung. (1) Die Ausschüsse sind beschlußfähig, wenn mehr als die Hälfte der Länder vertreten ist.

(2) Jedes Land hat in den Ausschüssen eine Stimme.

(3) Die Ausschüsse fassen ihre Beschlüsse mit einfacher Mehrheit.

(4) [1]Stimmberechtigt sind die an der Sitzung teilnehmenden Mitglieder des Bundesrates und Beauftragten der Landesregierungen. [2]Sind mehrere stimmberechtigte Personen eines Landes anwesend, regelt das Land die Stimmabgabe intern.

§ 43 Umfrageverfahren. [1]Hält der Vorsitzende die mündliche Beratung einer Vorlage für entbehrlich, so kann die Stellungnahme der Mitglieder des Ausschusses im Wege der Umfrage eingeholt werden. [2]Die Umfrage soll so frühzeitig erfolgen, daß auf Antrag eines Landes noch rechtzeitig eine Sitzung einberufen werden kann.

§ 44 Sitzungsniederschrift. (1) [1]Über jede Sitzung eines Ausschusses fertigt der Sekretär eine Niederschrift. [2]Diese muß mindestens die Namen der Teilnehmer, die Anträge, das Ergebnis der Beratungen und bei Beschlüssen das Stimmverhältnis sowie das Abstimmungsergebnis nach Ländern enthalten. [3]Die Aufschlüsselung des Abstimmungsergebnisses nach Ländern in einer Niederschrift über eine Sitzung eines Unterausschusses kann unterbleiben, wenn der Unterausschuß im Einzelfall entsprechend beschließt.

(2) Die Niederschrift ist vertraulich, soweit nicht der Ausschuß gemäß § 37 Abs. 2 Satz 2 die Vertraulichkeit der Verhandlungen aufgehoben hat.

(3) Der Wortlaut der von einem Ausschuß gefaßten Beschlüsse und die dazu formulierten Begründungen können der Öffentlichkeit zugänglich gemacht werden, soweit der Ausschuß nichts anderes beschließt.

§ 45 Mitteilung der Empfehlungen der Ausschüsse. Der Sekretär des federführenden Ausschusses stellt die Empfehlungen der Ausschüsse zu jeder Vorlage zusammen und leitet sie den Vertretungen der Länder zu.

---

[1] § 40 Abs. 1 neu gef. mWv 26.3.2021 durch GeschO v. 26.3.2021 (BGBl. I S. 797).

[2] § 42 Überschrift neu gef., Abs. 4 angef. mWv 26.3.2021 durch GeschO v. 26.3.2021 (BGBl. I S. 797).

IVa. Das Verfahren in Angelegenheiten der Europäischen Union

Artikel 23 Abs. 2, 4 bis 6 GG[1]

(2) In Angelegenheiten der Europäischen Union wirken der Bundestag und durch den Bundesrat die Länder mit. Die Bundesregierung hat den Bundestag und den Bundesrat umfassend und zum frühestmöglichen Zeitpunkt zu unterrichten.

(4) Der Bundesrat ist an der Willensbildung des Bundes zu beteiligen, soweit er an einer entsprechenden innerstaatlichen Maßnahme mitzuwirken hätte oder soweit die Länder innerstaatlich zuständig wären.

(5) Soweit in einem Bereich ausschließlicher Zuständigkeiten des Bundes Interessen der Länder berührt sind oder soweit im übrigen der Bund das Recht zur Gesetzgebung hat, berücksichtigt die Bundesregierung die Stellungnahme des Bundesrates. Wenn im Schwerpunkt Gesetzgebungsbefugnisse der Länder, die Einrichtung ihrer Behörden oder ihre Verwaltungsverfahren betroffen sind, ist bei der Willensbildung des Bundes insoweit die Auffassung des Bundesrates maßgeblich zu berücksichtigen; dabei ist die gesamtstaatliche Verantwortung des Bundes zu wahren. In Angelegenheiten, die zu Ausgabenerhöhungen oder Einnahmeminderungen für den Bund führen können, ist die Zustimmung der Bundesregierung erforderlich.

(6) Wenn im Schwerpunkt ausschließliche Gesetzgebungsbefugnisse der Länder betroffen sind, soll die Wahrnehmung der Rechte, die der Bundesrepublik Deutschland als Mitgliedstaat der Europäischen Union zustehen, vom Bund auf einen vom Bundesrat benannten Vertreter der Länder übertragen werden. Die Wahrnehmung der Rechte erfolgt unter Beteiligung und in Abstimmung mit der Bundesregierung; dabei ist die gesamtstaatliche Verantwortung des Bundes zu wahren.

§ 2 EUZBLG[2]

(1) Die Bundesregierung unterrichtet den Bundesrat unbeschadet des Artikels 2 des Gesetzes zu den Verträgen vom 25. März 1957 zur Gründung der Europäischen Wirtschaftsgemeinschaft und der Europäischen Atomgemeinschaft vom 27. Juli 1957 (BGBl. II S. 753) umfassend und zum frühestmöglichen Zeitpunkt über alle Vorhaben im Rahmen der Europäischen Union, die für die Länder von Interesse sein könnten.

§ 45a Zuweisung von Unterrichtungen über Vorhaben im Rahmen der Europäischen Union an die Ausschüsse. (1) [1]Der Präsident wählt aus den Unterrichtungen über Vorhaben im Rahmen der Europäischen Union diejenigen aus, welche für eine Beratung im Bundesrat in Betracht kommen, und weist sie den Ausschüssen zu. [2]Der Präsident kann den Direktor mit der Auswahl und der Zuweisung der Unterrichtungen beauftragen. [3]Jedes Land und jeder Ausschuß können verlangen, daß weitere Unterrichtungen den Ausschüssen zugewiesen werden.

(2) [1]Die Beteiligung mehrerer Ausschüsse an der Beratung einer Unterrichtung soll möglichst beschränkt werden. [2]Dies gilt insbesondere für Unterrichtungen, deren Eilbedürftigkeit (§ 45d Abs. 2) bereits zum Zeitpunkt der Zuweisung absehbar ist.

(3) [1]Die Zuweisung wirkt bis zum Abschluß des Vorhabens in der Europäischen Union. [2]Sind mehrere Ausschüsse beteiligt, so sollen diese ihre Beratungen über

---

[1] Nr. 1.
[2] Nr. 97.

Empfehlungen an den Bundesrat oder die Europakammer zeitlich abgestimmt durchführen, soweit dies möglich ist.

(4) Die beteiligten Ausschüsse haben während des Entscheidungsverfahrens in den Gremien der Europäischen Union die Aufgabe, die Vertreter der Länder fachlich zu begleiten, zu den Stellungnahmen des Bundesrates die Erfolgskontrolle durchzuführen und dem Bundesrat etwa notwendige Folgebeschlüsse vorzuschlagen.

Artikel 52 Abs. 3a GG

Für Angelegenheiten der Europäischen Union kann der Bundesrat eine Europakammer bilden, deren Beschlüsse als Beschlüsse des Bundesrates gelten; Artikel 51 Abs. 2 und 3 Satz 2 gilt entsprechend.

§ 45b[1] Europakammer. (1) Der Bundesrat bildet eine Europakammer, deren Beschlüsse als Beschlüsse des Bundesrates gelten.

(2) [1] Jedes Land entsendet ein Mitglied oder ein stellvertretendes Mitglied des Bundesrates als Mitglied in die Europakammer. [2] Seine weiteren Mitglieder und stellvertretenden Mitglieder des Bundesrates sind stellvertretende Mitglieder der Europakammer.

(3) [1] Die Regierungen der Länder teilen dem Präsidenten den Zeitpunkt der Bestellung und Abberufung des Mitgliedes der Europakammer schriftlich mit. [2] Die Mitteilung wird der Europakammer bekanntgegeben.

§ 45c[2] Vorsitzende der Europakammer. (1) Der Bundesrat wählt ohne Aussprache den Vorsitzenden, den ersten und den zweiten stellvertretenden Vorsitzenden der Europakammer für ein Jahr aus der Mitte der Mitglieder der Europakammer.

(2) Endet das Amt eines Vorsitzenden oder eines stellvertretenden Vorsitzenden vorzeitig, so soll für den Rest seiner Amtszeit ein Nachfolger gewählt werden.

§ 3 EUZBLG[3]

Vor der Festlegung der Verhandlungsposition zu einem Vorhaben der Europäischen Union gibt die Bundesregierung dem Bundesrat rechtzeitig Gelegenheit zur Stellungnahme binnen angemessener Frist, soweit Interessen der Länder berührt sind.

§ 4 Abs. 1 EUZBLG[3]

Soweit der Bundesrat an einer entsprechenden innerstaatlichen Maßnahme mitzuwirken hätte oder soweit die Länder innerstaatlich zuständig wären, beteiligt die Bundesregierung vom Bundesrat benannte Vertreter der Länder an Beratungen zur Festlegung der Verhandlungsposition zu dem Vorhaben.

§ 5 EUZBLG[3]

(1) Soweit in einem Bereich ausschließlicher Zuständigkeiten des Bundes Interessen der Länder berührt sind oder soweit im übrigen der Bund das Recht zur Gesetzgebung hat, berücksichtigt die Bundesregierung die Stellungnahme des Bundesrates bei der Festlegung der Verhandlungsposition zu dem Vorhaben.

---

[1] § 45b Abs. 1 Satz 2 aufgeh., bish. Satz 1 wird alleiniger Wortlaut mWv 22.9.2006 durch Bek. v. 22.9. 2006 (BGBl. I S. 2176).
[2] § 45c Abs. 1 geänd. mWv 12.10.2007 durch Bek. v. 8.6.2007 (BGBl. I S. 1057).
[3] Nr. **97**.

(2) Wenn bei einem Vorhaben im Schwerpunkt Gesetzgebungsbefugnisse der Länder betroffen sind und der Bund kein Recht zur Gesetzgebung hat oder ein Vorhaben im Schwerpunkt die Einrichtung der Behörden der Länder oder ihre Verwaltungsverfahren betrifft, ist insoweit bei Festlegung der Verhandlungsposition durch die Bundesregierung die Stellungnahme des Bundesrates maßgeblich zu berücksichtigen; im übrigen gilt Absatz 1. Die gesamtstaatliche Verantwortung des Bundes, einschließlich außen-, verteidigungs- und integrationspolitisch zu bewertender Fragen, ist zu wahren. Stimmt die Auffassung der Bundesregierung nicht mit der Stellungnahme des Bundesrates überein, ist ein Einvernehmen anzustreben. Zur Herbeiführung dieses Einvernehmens erfolgt erneute Beratung der Bundesregierung mit Vertretern der Länder. Kommt ein Einvernehmen nicht zustande und bestätigt der Bundesrat daraufhin seine Auffassung mit einem mit zwei Dritteln seiner Stimmen gefaßten Beschluß, so ist die Auffassung des Bundesrates maßgebend. Die Zustimmung der Bundesregierung ist erforderlich, wenn Entscheidungen zu Ausgabenerhöhungen oder Einnahmeminderungen für den Bund führen können.

(3) Vor der Zustimmung zu Vorhaben, die auf Artikel 308 EG-Vertrag gestützt werden, stellt die Bundesregierung das Einvernehmen mit dem Bundesrat her, soweit dessen Zustimmung nach innerstaatlichem Recht erforderlich wäre oder soweit die Länder innerstaatlich zuständig wären.

§ 6 Abs. 1 Satz 1 und Abs. 2 Satz 1 und 2 EUZBLG[1]

(1) Bei einem Vorhaben, bei dem der Bundesrat an einer entsprechenden innerstaatlichen Maßnahme mitzuwirken hätte oder bei dem die Länder innerstaatlich zuständig wären oder das sonst wesentliche Interessen der Länder berührt, zieht die Bundesregierung auf Verlangen Vertreter der Länder zu den Verhandlungen in den Beratungsgremien der Kommission und des Rates hinzu, soweit ihr dies möglich ist.

(2) Bei einem Vorhaben, das im Schwerpunkt ausschließliche Gesetzgebungsbefugnisse der Länder betrifft, soll die Bundesregierung die Verhandlungsführung in den Beratungsgremien der Kommission und des Rates und bei Ratstagungen in der Zusammensetzung der Minister auf einen Vertreter der Länder übertragen. Für diese Ratstagungen kann vom Bundesrat nur ein Mitglied einer Landesregierung im Ministerrang benannt werden.

§ 7 EUZBLG[1]

(1) Die Bundesregierung macht auf Verlangen des Bundesrates unbeschadet eigener Klagerechte der Länder von dem im Vertrag über die Europäische Union vorgesehenen Klagemöglichkeiten Gebrauch, soweit die Länder durch ein Handeln oder Unterlassen von Organen der Union in Bereichen ihrer Gesetzgebungsbefugnisse betroffen sind und der Bund kein Recht zur Gesetzgebung hat. Dabei ist die gesamtstaatliche Verantwortung des Bundes, einschließlich außen-, verteidigungs- und integrationspolitisch zu bewertender Fragen, zu wahren.

(2) Absatz 1 gilt entsprechend, wenn die Bundesregierung im Verfahren vor dem Europäischen Gerichtshof Gelegenheit zur Stellungnahme hat.

(3) Hinsichtlich der Prozeßführung vor dem Europäischen Gerichtshof stellt die Bundesregierung in den in den Absätzen 1 und 2 genannten Fällen sowie für Vertragsverletzungsverfahren, in denen die Bundesrepublik Deutschland Partei ist, mit dem Bundesrat Einvernehmen her, soweit Gesetzgebungsbefugnisse der Länder betroffen sind und der Bund kein Recht zur Gesetzgebung hat.

§ 45d Zuständigkeit der Europakammer. (1) Die Europakammer ist in Eilfällen oder bei zu wahrender Vertraulichkeit nach Zuweisung eines Beratungs-

[1] Nr. **97**.

gegenstandes zuständig für die Wahrnehmung der Mitwirkungsrechte des Bundesrates in Angelegenheiten der Europäischen Union.

(2) Ein Eilfall liegt vor, wenn die Beschlußfassung des Bundesrates im Hinblick auf den Beratungsstand in den Gremien der Europäischen Union keinen Aufschub bis zur nächsten bereits einberufenen Sitzung des Bundesrates duldet.

(3) Ein Fall, in dem die Vertraulichkeit zu wahren ist, kann insbesondere vorliegen, wenn

1. dies in einschlägigen Vorschriften der Europäischen Union vorgesehen ist;
2. die Bundesregierung die vertrauliche Behandlung des Beratungsgegenstandes für erforderlich erklärt;
3. ein Land oder ein Ausschuß die vertrauliche Behandlung eines Beratungsgegenstandes anregen.

(4) [1] Stellt der Präsident fest, daß die Zuständigkeit der Europakammer gegeben ist, weist er dieser den betreffenden Beratungsgegenstand zu, wenn er nicht den Bundesrat einberuft. [2] Der Präsident kann den Direktor damit beauftragen, im Einvernehmen mit dem Vorsitzenden des Ausschusses für Fragen der Europäischen Union Beratungsgegenstände der Europakammer zuzuweisen.

(5) Die Zuweisung eines Beratungsgegenstandes an die Europakammer steht bis zu deren Beschlußfassung der Beratung in den Ausschüssen und der Verhandlung und Beschlußfassung durch den Bundesrat nicht entgegen.

§ 45e Vorbereitung der Sitzungen der Europakammer. (1) Die Sitzungen der Europakammer sollen durch die Ausschüsse vorbereitet werden, soweit dies zeitlich möglich ist.

(2) [1] Der Vorsitzende beruft die Europakammer ein, wenn ihr Zusammentreffen erforderlich wird. [2] Jedes Land kann die Einberufung der Europakammer zu einer ihr zugewiesenen Vorlage verlangen.

(3) [1] Die Einberufungsfrist beträgt einer Woche. [2] Sie kann in Eilfällen so verkürzt werden, wie es der Beratungsstand erfordert. [3] Die Einberufung erfolgt durch Übermittlung der vorläufigen Tagesordnung.

§ 45f Öffentlichkeit. (1) [1] Die Europakammer verhandelt öffentlich. [2] Die Öffentlichkeit kann ausgeschlossen werden. [3] Soweit die Zuständigkeit der Europakammer auf der Wahrung der Vertraulichkeit beruht, beschließt sie über den Ausschluß der Öffentlichkeit. [4] Im übrigen ist § 17 entsprechend anzuwenden.

(2) Die Beschlüsse der Europakammer und ihre Begründungen werden veröffentlicht, soweit die Europakammer nichts anderes beschließt.

§ 45g Teilnahme an den Verhandlungen. An den Verhandlungen der Europakammer können auch Mitglieder und Beauftragte der Bundesregierung und Beauftragte der Landesregierungen teilnehmen; andere Personen nur, soweit der Vorsitzende dies zuläßt.

§ 45h[1] Beschlussfassung. (1) Zur Stimmabgabe in der Europakammer sind die Mitglieder und stellvertretenden Mitglieder der Europakammer berechtigt.

[1] § 45h Überschrift neu gef., Abs. 1 Sätze 1 und 2 aufgeh., bish. Satz 3 wird alleiniger Wortlaut und neu gef. mWv 22.9.2006 durch Bek. v. 22.9.2006 (BGBl. I S. 2176).

(2) [1]Die Europakammer ist beschlußfähig, wenn die Mehrheit ihrer Stimmen vertreten ist. [2]Bei Beschlußunfähigkeit hat der Vorsitzende die Sitzung aufzuheben.

(3) Die Europakammer faßt ihre Beschlüsse mit mindestens der Mehrheit ihrer Stimmen.

§ 45i[1]) Umfrageverfahren. (1) [1]Hält der Vorsitzende die mündliche Beratung einer EU-Vorlage für entbehrlich, kann die Beschlussfassung im Wege der Umfrage herbeigeführt werden. [2]Über die Umfrage ist ein Bericht zu fertigen.

(2) Wird die Sitzung der Europakammer wegen Beschlussunfähigkeit aufgehoben, leitet der Vorsitzende ein Umfrageverfahren ein.

(3) Außer im Fall des Absatzes 2 kann jedes Land der Beschlussfassung im Umfrageverfahren widersprechen.

§ 45j Sitzungsbericht. [1]Über die Sitzungen der Europakammer ist eine Niederschrift zu fertigen. [2]Diese muß mindestens die Namen der Teilnehmer, die Anträge und das Ergebnis der Beratungen enthalten. [3]Der Bericht ist vertraulich, soweit die Verhandlungen vertraulich sind (§ 45f Abs. 1 Satz 2 bis 4).

§ 45k[2]) Anwendung von Verfahrensvorschriften. § 15 Absatz 3 und 4, §§ 16, 18 Abs. 2, § 19 Abs. 1, §§ 22, 23 Abs. 2 Satz 1 und Abs. 5, § 26 Abs. 3, §§ 29, 30 und 32 sind entsprechend anzuwenden.

§ 45l[3]) Vertreter der Länder. (1) [1]Benennt der Bundesrat Vertreter zu Verhandlungen über Vorhaben im Rahmen der Europäischen Union, so sind diese Vertreter an Beschlüsse des Bundesrates gebunden. [2]Das den Vertreter stellende Land soll auf weitere Beschlüsse hinwirken, sofern im Hinblick auf den Fortgang der Verhandlungen hierzu Anlaß besteht. [3]Auch jedes andere Land kann weitere Beschlüsse beantragen. [4]Das gleiche kann ein Ausschuß empfehlen, dem der entsprechende Beratungsgegenstand zugewiesen ist.

(2) [1]Die Vertreter berichten unverzüglich im Anschluß an eine Sitzung des jeweiligen Gremiums über die die Länder insbesondere interessierenden Gesichtspunkte. [2]Die Berichte werden in der Regel schriftlich erstattet. [3]Die Vertreter berichten darüber hinaus, wenn im Hinblick auf die Verhandlungen erneuter Beratungsbedarf besteht, oder wenn ein Land oder ein beteiligter Ausschuß dies verlangen.

V. Schlußbestimmungen

Artikel 51 Abs. 1 GG[4])

Der Bundesrat besteht aus Mitgliedern der Regierungen der Länder, die sie bestellen und abberufen. Sie können durch andere Mitglieder ihrer Regierungen vertreten werden.

Artikel 52 Abs. 4 GG[4])

Den Ausschüssen des Bundesrates können andere Mitglieder oder Beauftragte der Regierungen der Länder angehören.

---

[1]) § 45i eingef. mWv 22.9.2006 durch Bek. v. 22.9.2006 (BGBl. I S. 2176).
[2]) § 45k geänd. mWv 26.3.2021 durch GeschO v. 26.3.2021 (BGBl. I S. 797).
[3]) Bish. § 45i wird § 45l mWv 22.9.2006 durch Bek. v. 22.9.2006 (BGBl. I S. 2176).
[4]) Nr. **1**.

§ 46 Stellvertreter. Mitglieder des Bundesrates und seiner Ausschüsse im Sinne dieser Geschäftsordnung sind auch die stellvertretenden Mitglieder.

§ 47 Auslegung der Geschäftsordnung. (1) Während einer Sitzung entscheidet der Präsident Meinungsverschiedenheiten über die Auslegung der Geschäftsordnung für diese Sitzung.

(2) Im übrigen entscheidet auf Verlangen des Präsidenten oder eines Landes der Bundesrat.

§ 48 Abweichung von der Geschäftsordnung. Will der Bundesrat im einzelnen Fall von der Geschäftsordnung abweichen, so bedarf es eines einstimmigen Beschlusses.

§ 49 Inkrafttreten[1]. [1] Diese Geschäftsordnung tritt am 1. Oktober 1966 in Kraft. [2] Gleichzeitig tritt die Geschäftsordnung des Bundesrates vom 31. Juli 1953 (Bundesgesetzbl. II S. 527) außer Kraft.

---

[1] **Amtl. Anm.:** Diese Vorschrift betrifft das Inkrafttreten der Geschäftsordnung in der damals gültigen Fassung.

48. Gesetz über die Rechtsverhältnisse der Mitglieder des Deutschen Bundestages (Abgeordnetengesetz – AbgG)

In der Fassung der Bekanntmachung vom 21. Februar 1996[1)]

(BGBl. I S. 326)

FNA 1101-8

geänd. durch Art. 4 G zum Inkraftsetzen der 2. Stufe der Pflegeversicherung v. 31.5.1996 (BGBl. I S. 718), Art. 1 20. ÄndG v. 19.6.1996 (BGBl. I S. 843), Art. 18 RentenreformG 1999 v. 16.12.1997 (BGBl. I S. 2998, aufgeh. durch Art. 22 G v. 20.12.2000, BGBl. I S. 1827), Art. 1 20. ÄndG v. 20.7.2000 (BGBl. I S. 1037, ber. 2002 I S. 4029), Art. 1 22. ÄndG v. 19.12.2000 (BGBl. I S. 1754), Art. 13 G zur Reform der Renten wegen verminderter Erwerbsfähigkeit v. 20.12.2000 (BGBl. I S. 1827), Art. 3 § 2 Lebenspartnerschafts-EinführungsG v. 16.2.2001 (BGBl. I S. 266), Art. 1 23. ÄndG v. 10.11.2001 (BGBl. I S. 2990, ber. 2002 I S. 4029), Art. 4 Fünftes HochschulrahmenG-ÄndG v. 16.2.2002 (BGBl. I S. 693, nichtig gem. Urt. des BVerfG v. 27.7.2004 – 2 BvF 2/02 –), Art. 1 24. ÄndG v. 25.3.2004 (BGBl. I S. 459), Art. 12 G zur Organisationsreform in der gesetzlichen Rentenversicherung v. 9.12.2004 (BGBl. I S. 3242), Art. 5 Abs. 1 G zur Überarbeitung des Lebenspartnerschaftsrechts v. 15.12.2004 (BGBl. I S. 3396), Art. 1 25. ÄndG v. 21.12.2004 (BGBl. I S. 3590), Art. 4 G zur Änd. dienst- und arbeitsrechtlicher Vorschriften im Hochschulbereich v. 27.12.2004 (BGBl. I S. 3835), Art. 1 26. ÄndG v. 22.8.2005 (BGBl. I S. 2482, 3007), Art. 1 27. ÄndG v. 22.12.2007 (BGBl. I S. 3212), Art. 3 G zur Änd. des Wahl- und Abgeordnetenrechts v. 17.3.2008 (BGBl. I S. 394), Art. 2 22. G zur Änd. des EuAbgG und 28. G zur Änd. des AbgG v. 23.10.2008 (BGBl. I S. 2020), Art. 12a DienstrechtsneuordnungsG v. 5.2.2009 (BGBl. I S. 160), Art. 7 G zur Strukturreform des Versorgungsausgleichs v. 3.4.2009 (BGBl. I S. 700), Art. 2 G zur Änd. des ParteienG und des AbgeordnetenG v. 23.8.2011 (BGBl. I S. 1748, ber. S. 3141), 29. ÄndG v. 8.11.2011 (BGBl. I S. 2218), Art. 1 30. G zur Änd. des AbgeordnetenG und 23. G zur Änd. des Europaabgeordneten G v. 11.7.2014 (BGBl. I S. 906 iVm Bek. v. 26.10.2017, BGBl. I S. 3737), Art. 12 G zur Änd. des VersorgungsrücklageG und weiterer dienstrechtlicher Vorschriften v. 5.1.2017 (BGBl. I S. 17), Art. 2 AnpassungsverfahrensaussetzungsG 2020 v. 27.5.2020 (BGBl. I S. 1161), Art. 1 31. ÄndG v. 14.11.2020 (BGBl. I S. 2394) und Art. 1 32. ÄndG – Einführung eines Ordnungsgeldes v. 9.4.2021 (BGBl. I S. 741)

Erster Abschnitt. Erwerb und Verlust der Mitgliedschaft im Bundestag

§ 1[2)] Erwerb und Verlust der Mitgliedschaft im Bundestag. Erwerb und Verlust der Mitgliedschaft im Bundestag regeln sich nach den Vorschriften des Bundeswahlgesetzes[3)].

Zweiter Abschnitt. Mitgliedschaft im Bundestag und Beruf

§ 2[4)] Schutz der freien Mandatsausübung. (1) Niemand darf gehindert werden, sich um ein Mandat im Bundestag zu bewerben, es zu erwerben, anzunehmen oder auszuüben.

(2) Benachteiligungen am Arbeitsplatz im Zusammenhang mit der Bewerbung um ein Mandat sowie dem Erwerb, der Annahme und Ausübung eines Mandats sind unzulässig.

(3) [1] Eine Kündigung oder Entlassung wegen des Erwerbs, der Annahme oder Ausübung des Mandats ist unzulässig. [2] Eine Kündigung ist im übrigen nur aus

---

[1)] Neubekanntmachung des AbgG v. 18.2.1977 (BGBl. I S. 297) in der ab 22.12.1995 geltenden Fassung.

[2)] § 1 neu gef. durch G v. 19.6.1996 (BGBl. I S. 843).

[3)] Nr. **30**.

[4)] § 2 Abs. 1, 2 und Abs. 3 Satz 1 geänd. mWv 21.3.2008 durch G v. 17.3.2008 (BGBl. I S. 394).

wichtigem Grunde zulässig. [3]Der Kündigungsschutz beginnt mit der Aufstellung des Bewerbers durch das dafür zuständige Organ der Partei oder mit der Einreichung des Wahlvorschlags. [4]Er gilt ein Jahr nach Beendigung des Mandats fort.

§ 3 Wahlvorbereitungsurlaub. [1]Einem Bewerber um einen Sitz im Bundestag ist zur Vorbereitung seiner Wahl innerhalb der letzten zwei Monate vor dem Wahltag auf Antrag Urlaub von bis zu zwei Monaten zu gewähren. [2]Ein Anspruch auf Fortzahlung seiner Bezüge besteht für die Dauer der Beurlaubung nicht.

§ 4[1)] Berufs- und Betriebszeiten. (1) Die Zeit der Mitgliedschaft im Bundestag ist nach Beendigung des Mandats auf die Berufs- und Betriebszugehörigkeit anzurechnen.

(2) Im Rahmen einer bestehenden betrieblichen oder überbetrieblichen Altersversorgung wird die Anrechnung nach Absatz 1 nur im Hinblick auf die Erfüllung der Unverfallbarkeitsfristen des § 1 des Gesetzes zur Verbesserung der betrieblichen Altersversorgung[2)] vorgenommen.

Dritter Abschnitt. Rechtsstellung der in den Bundestag gewählten Angehörigen des öffentlichen Dienstes

§ 5[3)] Ruhen der Rechte und Pflichten aus einem öffentlich-rechtlichen Dienstverhältnis. (1) [1]Die Rechte und Pflichten aus dem Dienstverhältnis eines in den Bundestag gewählten Beamten mit Dienstbezügen ruhen vom Tage der Feststellung des Bundeswahlausschusses (§ 42 Abs. 2 Satz 1 des Bundeswahlgesetzes[4)]) oder der Annahme des Mandats für die Dauer der Mitgliedschaft mit Ausnahme der Pflicht zur Amtsverschwiegenheit und des Verbots der Annahme von Belohnungen und Geschenken. [2]Das gleiche gilt, wenn ein Mitglied des Bundestages in ein solches Dienstverhältnis berufen wird, von dem Tage an, mit dem seine Ernennung wirksam wird. [3]Der Beamte hat das Recht, seine Amts- oder Dienstbezeichnung mit dem Zusatz „außer Dienst" („a.D.") zu führen. [4]Bei unfallverletzten Beamten bleiben die Ansprüche auf das Heilverfahren und einen Unfallausgleich unberührt. [5]Satz 1 gilt längstens bis zum Eintritt oder bis zur Versetzung in den Ruhestand.

(2) Für den in den einstweiligen Ruhestand versetzten Beamten gilt Absatz 1 längstens bis zum Eintritt oder bis zur Versetzung in den dauernden Ruhestand sinngemäß.

(3) [1]Einem in den Bundestag gewählten Beamten auf Widerruf im Vorbereitungsdienst ist auf seinen Antrag Urlaub ohne Anwärterbezüge zu gewähren. [2]Wird der Beamte nach Bestehen der Laufbahnprüfung zum Beamten auf Probe ernannt, so ruhen seine Rechte und Pflichten aus diesem Dienstverhältnis nach Absatz 1 von dem Tage an, mit dem die Ernennung wirksam wird.

§ 6 Wiederverwendung nach Beendigung des Mandats. (1) [1]Nach der Beendigung der Mitgliedschaft im Bundestag ruhen die in dem Dienstverhältnis eines Beamten begründeten Rechte und Pflichten für längstens weitere sechs Monate. [2]Der Beamte ist auf seinen Antrag, der binnen drei Monaten seit der Beendigung

---

1) § 4 Abs. 2 neu gef. durch G v. 19.6.1996 (BGBl. I S. 843); Abs. 2 geänd. mWv 26.7.2000 durch G v. 20.7.2000 (BGBl. I S. 1037).

2) **Nipperdey I, Arbeitsrecht Nr. 180.**

3) § 5 Abs. 1 Satz 1 geänd. mWv 21.3.2008 durch G v. 17.3.2008 (BGBl. I S. 394).

4) Nr. **30**.

dieses Gesetzes ausgeschieden ist, und seine Hinterbliebenen erhalten Versorgung nach dem Diätengesetz 1968.

(2) Ein Mitglied des Bundestages, das dem Bundestag bereits vor Inkrafttreten dieses Gesetzes angehört hat und erst nach seinem Inkrafttreten aus dem Bundestag ausscheidet, erhält Altersentschädigung nach diesem Gesetz; dabei wird die Zeit der Mitgliedschaft vor Inkrafttreten dieses Gesetzes berücksichtigt.

(3) [1] Anstelle der Altersentschädigung nach Absatz 2 werden auf Antrag die nach § 4 des Diätengesetzes 1968 geleisteten eigenen Beiträge zur Alters- und Hinterbliebenenversorgung zinslos erstattet. [2] In diesem Falle bleiben die Zeiten der Mitgliedschaft im Bundestag vor Inkrafttreten dieses Gesetzes bei der Festsetzung der Altersentschädigung nach diesem Gesetz unberücksichtigt. [3] Im Falle des § 23 wird nur die halbe Versorgungsabfindung gezahlt.

(4) [1] Anstelle der Altersentschädigung nach Absatz 2 erhält ein Mitglied des Bundestages, das die Voraussetzungen des § 5 Abs. 1 und des § 7a Abs. 1 des Diätengesetzes 1968 erfüllt, für die Zeit der Mitgliedschaft im Bundestag vor Inkrafttreten dieses Gesetzes auf Antrag Ruhegeld nach dem Diätengesetz 1968; für die Zeit nach Inkrafttreten dieses Gesetzes wird Altersentschädigung nach diesem Gesetz mit der Maßgabe gewährt, daß für jedes Jahr der Mitgliedschaft 5 vom Hundert der Entschädigung nach § 11 Abs. 1 gezahlt werden. [2] Die anrechenbaren Zeiten vor und nach Inkrafttreten dieses Gesetzes dürfen 16 Jahre nicht übersteigen. [3] Das gleiche gilt für Hinterbliebene.

(5) Der Antrag gemäß den Absätzen 3 und 4 ist innerhalb von sechs Monaten nach Inkrafttreten dieses Gesetzes beim Präsidenten des Bundestages zu stellen.

§ 38a [Versorgung vor 1977 ausgeschiedener Mitglieder] (1) [1] Versorgungsempfänger nach den §§ 37 und 38 Abs. 1 erhalten anstelle ihrer bisherigen Versorgung auf Antrag Versorgung nach dem Fünften Abschnitt. [2] Das gleiche gilt für ehemalige Mitglieder, die dem Bundestag vor Inkrafttreten dieses Gesetzes mindestens sechs Jahre angehört haben und ihre Hinterbliebenen. [3] § 18 Abs. 1 letzter Satz gilt entsprechend.

(2) [1] Für ehemalige Mitglieder, die vor dem 1. April 1977 aus dem Bundestag ausgeschieden sind und danach wieder eintreten, gilt § 38 Abs. 4 entsprechend. [2] Der Antrag ist innerhalb von sechs Monaten nach dem Wiedereintritt in den Deutschen Bundestag beim Präsidenten des Bundestages zu stellen. [3] Das gleiche gilt für Hinterbliebene.

§ 38b Hinterbliebenenversorgung bei Tod während der Mitgliedschaft im Bundestag. Hinterbliebene nach § 25 Abs. 4, deren Versorgungsfall in der Zeit vom 1. April 1977 bis zum Inkrafttreten des Siebten Änderungsgesetzes eingetreten ist, erhalten auf Antrag vom Ersten des Monats der Antragstellung an Versorgung nach § 25 Abs. 4.

§ 39 Anrechnung früherer Versorgungsbezüge. (1) Versorgungsbezüge nach dem Diätengesetz 1968 werden gemäß § 10 Diätengesetz 1968 nicht in die Anrechnung nach § 29 Abs. 3 und 4 einbezogen.

(2) [1] Versorgungsbezüge nach dem Diätengesetz 1968 werden neben einer Entschädigung oder einer Versorgung aus der Mitgliedschaft in einem Landtag (§ 29 Abs. 5 und 6) nur mit dem Teil in die Anrechnung einbezogen, der nicht auf eigenen Beiträgen beruht. [2] Angerechnete Zeiten nach § 21 des Diätengesetzes 1968 gelten als Beitragszeiten.

§ 44d[1] Verschwiegenheitspflicht und Aussagegenehmigung. (1) Die Abgeordneten des Deutschen Bundestages dürfen, auch nach Beendigung ihres Mandats, ohne Genehmigung weder vor Gericht noch außergerichtlich Aussagen oder Erklärungen abgeben über Angelegenheiten, die auf Grund eines Gesetzes oder nach den Bestimmungen der Geschäftsordnung des Deutschen Bundestages[2] der Verschwiegenheit unterliegen.

(2) [1]Die Genehmigung erteilt der Präsident des Deutschen Bundestages. [2]Sind Stellen außerhalb des Deutschen Bundestages an der Entstehung der geheimzuhaltenden Angelegenheiten beteiligt gewesen, kann die Genehmigung nur im Einvernehmen mit ihnen erteilt werden.

(3) Die Genehmigung darf nur versagt werden, wenn die Aussage oder Erklärung dem Wohl des Bundes oder eines Landes Nachteile bereiten oder die Erfüllung öffentlicher Aufgaben ernstlich gefährden oder erheblich erschweren würde.

§ 44e[3] Ordnungsmaßnahmen gegen Mitglieder. (1) [1]Wegen einer nicht nur geringfügigen Verletzung der Ordnung oder der Würde des Bundestages bei dessen Sitzungen kann der Präsident gegen ein Mitglied des Bundestages ein Ordnungsgeld in Höhe von 1 000 Euro festsetzen. [2]Im Wiederholungsfall erhöht sich das Ordnungsgeld auf 2 000 Euro. [3]Bei gröblicher Verletzung der Ordnung oder der Würde des Bundestages kann das Mitglied für die Dauer der Sitzung aus dem Saal verwiesen und bis zu 30 Sitzungstage von der Teilnahme an Sitzungen des Bundestages und seiner Gremien ausgeschlossen werden. [4]Das Nähere regelt die Geschäftsordnung des Bundestages[2].

(2) [1]Wegen einer nicht nur geringfügigen Verletzung der Hausordnung des Bundestages kann der Präsident gegen ein Mitglied des Bundestages ein Ordnungsgeld in Höhe von 1 000 Euro festsetzen. [2]Im Wiederholungsfall erhöht sich das Ordnungsgeld auf 2 000 Euro; ein Wiederholungsfall liegt in der Regel vor, wenn das betroffene Mitglied innerhalb von sechs Monaten erneut Anlass für die Festsetzung eines Ordnungsgeldes wegen einer nicht nur geringfügigen Verletzung der Hausordnung gegeben hat.

(3) Zuständiges Gericht für Streitigkeiten über Maßnahmen und Entscheidungen nach den Absätzen 1 und 2 ist das Bundesverfassungsgericht.

Elfter Abschnitt. Fraktionen

§ 45 Fraktionsbildung. (1) Mitglieder des Bundestages können sich zu Fraktionen zusammenschließen.

(2) Das Nähere regelt die Geschäftsordnung des Deutschen Bundestages[2].

§ 46 Rechtsstellung. (1) Die Fraktionen sind rechtsfähige Vereinigungen von Abgeordneten im Deutschen Bundestag.

(2) Die Fraktionen können klagen und verklagt werden.

(3) Die Fraktionen sind nicht Teil der öffentlichen Verwaltung; sie üben keine öffentliche Gewalt aus.

[1] Bish. § 44c wird § 44d mWv 18.10.2005 durch G v. 22.8.2005 (BGBl. I S. 2482).
[2] Nr. **35**.
[3] § 44e eingef. mWv 16.4.2021 durch G v. 9.4.2021 (BGBl. I S. 741).

§ 47 Aufgaben. (1) Die Fraktionen wirken an der Erfüllung der Aufgaben des Deutschen Bundestages mit.

(2) Die Fraktionen können mit Fraktionen anderer Parlamente und parlamentarischen Einrichtungen national und international zusammenarbeiten.

(3) Die Fraktionen und ihre Mitglieder können die Öffentlichkeit über ihre Tätigkeit unterrichten.

§ 48 Organisation. (1) Die Fraktionen sind verpflichtet, ihre Organisation und Arbeitsweise auf den Grundsätzen der parlamentarischen Demokratie aufzubauen und an diesen auszurichten.

(2) Die Fraktionen geben sich eine eigene Geschäftsordnung.

(Fortsetzung nächstes Blatt)

80. Gesetz über die Zusammenarbeit des Bundes und der Länder in Angelegenheiten des Verfassungsschutzes und über das Bundesamt für Verfassungsschutz (Bundesverfassungsschutzgesetz – BVerfSchG)[1)]

Vom 20. Dezember 1990

(BGBl. I S. 2954)

FNA 12-4

geänd. durch § 38 Abs. 2 SicherheitsüberprüfungsG v. 20.4.1994 (BGBl. I S. 867), Art. 4 G zur Änd. von Vorschr. über parlamentarische Gremien v. 17.6.1999 (BGBl. I S. 1334), Art. 11 StrafverfahrensÄndG 1999 v. 2.8.2000 (BGBl. I S. 1253), Art. 2 G zur Änd. des BundesdatenschutzG und anderer G v. 18.5.2001 (BGBl. I S. 904), Art. 3 Abs. 2 G zur Neuregelung von Beschränkungen des Brief-, Post- und Fernmeldegeheimnisses v. 26.6.2001 (BGBl. I S. 1254, ber. S. 2298), Art. 1 G zur Bekämpfung des internationalen Terrorismus v. 9.1.2002 (BGBl. I S. 361), Art. 9 ZollfahndungsneuregelungsG v. 16.8.2002 (BGBl. I S. 3202), Art. 2 G zur Umbenennung des Bundesgrenzschutzes in Bundespolizei v. 21.6.2005 (BGBl. I S. 1818), Art. 2 Gemeinsame-Dateien-G v. 22.12.2006 (BGBl. I S. 3409), Art. 1 und Art. 10 Abs. 1 TerrorismusbekämpfungsergänzungsG v. 5.1.2007 (BGBl. I S. 2, Art. 10 Abs. 1 aufgeh. durch G v. 3.12.2020, BGBl. I S. 2667), Art. 6 Abs. 1 G zur Umsetzung aufenthalts- und asylrechtl. Richtlinien der EU v. 19.8.2007 (BGBl. I S. 1970), § 32 SatellitendatensicherheitsG v. 23.11.2007 (BGBl. I S. 2590), Art. 6 FGG-ReformG v. 17.12.2008 (BGBl. I S. 2586), Art. 3 SIS-II-G v. 6.6.2009[2)] (BGBl. I S. 1226), Art. 3 Abs. 2 G zur Fortentwicklung der parlamentarischen Kontrolle der Nachrichtendienste des Bundes v. 29.7.2009 (BGBl. I S. 2346), Art. 1a Erstes G zur Änd. des Artikel 10-Gs v. 31.7.2009 (BGBl. I S. 2499), Art. 1 G zur Änd. des BundesverfassungsschutzG v. 7.12.2011 (BGBl. I S. 2576), Art. 2 G zur Verbesserung der Bekämpfung des Rechtsextremismus v. 20.8.2012 (BGBl. I S. 1798), Art. 6 G zur Änd. des TelekommunikationsG und zur Neuregelung der Bestandsdatenauskunft v. 20.6.2013 (BGBl. I S. 1602), Art. 1 G zur Verbesserung der Zusammenarbeit im Bereich des Verfassungsschutzes v. 17.11.2015 (BGBl. I S. 1938), Art. 1 G zum besseren Informationsaustausch bei der Bekämpfung des internationalen Terrorismus v. 26.7.2016 (BGBl. I S. 1818), Art. 4 Digitale Hochgeschwindigkeitsnetze-Gesetz v. 4.11.2016 (BGBl. I S. 2473), Art. 2 Abs. 1 Erstes G zur Änd. des SicherheitsüberprüfungsG v. 16.6.2017 (BGBl. I S. 1634), Art. 2 Datenschutz-Anpassungs- und -Umsetzungsgesetz EU v. 30.6.2017 (BGBl. I S. 2097), Art. 16 Elfte ZuständigkeitsanpassungsVO v. 19.6.2020 (BGBl. I S. 1328), Beschluss des BVerfG – 1 BvR 1873/13, 1 BvR 2618/13 – v. 27.5.2020 (BGBl. I S. 1931) und Art. 1 G zur Anpassung der Regelungen über die Bestandsdatenauskunft an die Vorgaben aus der Entscheidung des BVerfG v. 27.5.2020 v. 30.3.2021 (BGBl. I S. 448)

Erster Abschnitt. Zusammenarbeit, Aufgaben der Verfassungsschutzbehörden

§ 1 Zusammenarbeitspflicht. (1) Der Verfassungsschutz dient dem Schutz der freiheitlichen demokratischen Grundordnung, des Bestandes und der Sicherheit des Bundes und der Länder.

(2) Der Bund und die Länder sind verpflichtet, in Angelegenheiten des Verfassungsschutzes zusammenzuarbeiten.

(3) Die Zusammenarbeit besteht auch in gegenseitiger Unterstützung und Hilfeleistung.

[1)] Verkündet als Art. 2 des G zur Fortentwicklung der Datenverarbeitung und des Datenschutzes v. 20.12.1990 (BGBl. I S. 2954); Inkrafttreten gem. Art. 6 Abs. 1 dieses G am 30.12.1990.

[2)] Zum Inkrafttreten der Änderung siehe die Bekanntmachung über das Inkrafttreten von Teilen des SIS-II-Gesetzes v. 2.4.2013 (BGBl. I S. 727).

§ 2[1] **Verfassungsschutzbehörden.** (1) [1]Für die Zusammenarbeit des Bundes mit den Ländern unterhält der Bund ein Bundesamt für Verfassungsschutz als Bundesoberbehörde. [2]Es untersteht dem Bundesministerium des Innern, für Bau und Heimat. [3]Das Bundesamt für Verfassungsschutz darf einer polizeilichen Dienststelle nicht angegliedert werden.

(2) [1]Für die Zusammenarbeit der Länder mit dem Bund und der Länder untereinander unterhält jedes Land eine Behörde zur Bearbeitung von Angelegenheiten des Verfassungsschutzes. [2]Mehrere Länder können eine gemeinsame Behörde unterhalten.

§ 3[2] **Aufgaben der Verfassungsschutzbehörden.** (1) Aufgabe der Verfassungsschutzbehörden des Bundes und der Länder ist die Sammlung und Auswertung von Informationen, insbesondere von sach- und personenbezogenen Auskünften, Nachrichten und Unterlagen, über

1. Bestrebungen, die gegen die freiheitliche demokratische Grundordnung, den Bestand oder die Sicherheit des Bundes oder eines Landes gerichtet sind oder eine ungesetzliche Beeinträchtigung der Amtsführung der Verfassungsorgane des Bundes oder eines Landes oder ihrer Mitglieder zum Ziele haben,
2. sicherheitsgefährdende oder geheimdienstliche Tätigkeiten im Geltungsbereich dieses Gesetzes für eine fremde Macht,
3. Bestrebungen im Geltungsbereich dieses Gesetzes, die durch Anwendung von Gewalt oder darauf gerichtete Vorbereitungshandlungen auswärtige Belange der Bundesrepublik Deutschland gefährden,
4. Bestrebungen im Geltungsbereich dieses Gesetzes, die gegen den Gedanken der Völkerverständigung (Artikel 9 Abs. 2 des Grundgesetzes[3]), insbesondere gegen das friedliche Zusammenleben der Völker (Artikel 26 Abs. 1 des Grundgesetzes) gerichtet sind.

(2) [1]Die Verfassungsschutzbehörden des Bundes und der Länder wirken mit

1. bei der Sicherheitsüberprüfung von Personen, denen im öffentlichen Interesse geheimhaltungsbedürftige Tatsachen, Gegenstände oder Erkenntnisse anvertraut werden, die Zugang dazu erhalten sollen oder ihn sich verschaffen können,
2. bei der Sicherheitsüberprüfung von Personen, die an sicherheitsempfindlichen Stellen von lebens- oder verteidigungswichtigen Einrichtungen beschäftigt sind oder werden sollen,
3. bei technischen Sicherheitsmaßnahmen zum Schutz von im öffentlichen Interesse geheimhaltungsbedürftigen Tatsachen, Gegenständen oder Erkenntnissen gegen die Kenntnisnahme durch Unbefugte,
4. bei der Überprüfung von Personen in sonstigen gesetzlich bestimmten Fällen,
5. bei der Geheimschutzbetreuung von nichtöffentlichen Stellen durch den Bund oder durch ein Land.

---

[1] § 2 Abs. 1 Satz 2 geänd. mWv 11.1.2007 durch G v. 5.1.2007 (BGBl. I S. 2); Abs. 2 Satz 2 angef. mWv 21.11.2015 durch G v. 17.11.2015 (BGBl. I S. 1938); Abs. 1 Satz 2 geänd. mWv 27.6.2020 durch VO v. 19.6.2020 (BGBl. I S. 1328).

[2] § 3 Abs. 2 Satz 2 neu gef., Sätze 3 und 4 aufgeh. durch G v. 20.4.1994 (BGBl. I S. 867); Abs. 1 Nr. 3 und Abs. 2 Satz 2 geänd., Abs. 1 Nr. 4 angef. mWv 1.1.2002 durch G v. 9.1.2002 (BGBl. I S. 361); Abs. 2 Satz 1 Nr. 3 und Satz 2 geänd., Satz 1 Nr. 4 angef. mWv 1.12.2007 durch G v. 23.11.2007 (BGBl. I S. 2590); Abs. 2 Satz 1 Nr. 4 geänd., Nr. 5 sowie Sätze 3 und 4 angef. mWv 21.6.2017 durch G v. 16.6.2017 (BGBl. I S. 1634).

[3] Nr. **1**.

[2] Die Befugnisse des Bundesamtes für Verfassungsschutz bei der Mitwirkung nach Satz 1 Nr. 1, 2 und 4 sind im Sicherheitsüberprüfungsgesetz[1)] vom 20. April 1994 (BGBl. I S. 867) geregelt. [3] Bei der Mitwirkung nach Satz 1 Nummer 5 ist das Bundesamt für Verfassungsschutz zur sicherheitsmäßigen Bewertung der Angaben der nichtöffentlichen Stelle unter Berücksichtigung der Erkenntnisse der Verfassungsschutzbehörden des Bundes und der Länder befugt. [4] Sofern es im Einzelfall erforderlich erscheint, können bei der Mitwirkung nach Satz 1 Nummer 5 zusätzlich die Nachrichtendienste des Bundes sowie ausländische öffentliche Stellen um Übermittlung und Bewertung vorhandener Erkenntnisse und um Bewertung übermittelter Erkenntnisse ersucht werden.

(3) Die Verfassungsschutzbehörden sind an die allgemeinen Rechtsvorschriften gebunden (Artikel 20 des Grundgesetzes).

§ 4 Begriffsbestimmungen. (1) [1] Im Sinne dieses Gesetzes sind

a) Bestrebungen gegen den Bestand des Bundes oder eines Landes solche politisch bestimmten, ziel- und zweckgerichteten Verhaltensweisen in einem oder für einen Personenzusammenschluß, der darauf gerichtet ist, die Freiheit des Bundes oder eines Landes von fremder Herrschaft aufzuheben, ihre staatliche Einheit zu beseitigen oder ein zu ihm gehörendes Gebiet abzutrennen;
b) Bestrebungen gegen die Sicherheit des Bundes oder eines Landes solche politisch bestimmten, ziel- und zweckgerichteten Verhaltensweisen in einem oder für einen Personenzusammenschluß, der darauf gerichtet ist, den Bund, Länder oder deren Einrichtungen in ihrer Funktionsfähigkeit erheblich zu beeinträchtigen;
c) Bestrebungen gegen die freiheitliche demokratische Grundordnung solche politisch bestimmten, ziel- und zweckgerichteten Verhaltensweisen in einem oder für einen Personenzusammenschluß, der darauf gerichtet ist, einen der in Absatz 2 genannten Verfassungsgrundsätze zu beseitigen oder außer Geltung zu setzen.

[2] Für einen Personenzusammenschluß handelt, wer ihn in seinen Bestrebungen nachdrücklich unterstützt. [3] Voraussetzung für die Sammlung und Auswertung von Informationen im Sinne des § 3 Abs. 1 ist das Vorliegen tatsächlicher Anhaltspunkte. [4] Verhaltensweisen von Einzelpersonen, die nicht in einem oder für einen Personenzusammenschluß handeln, sind Bestrebungen im Sinne dieses Gesetzes, wenn sie auf Anwendung von Gewalt gerichtet sind oder aufgrund ihrer Wirkungsweise geeignet sind, ein Schutzgut dieses Gesetzes erheblich zu beschädigen.

(2) Zur freiheitlichen demokratischen Grundordnung im Sinne dieses Gesetzes zählen:

a) das Recht des Volkes, die Staatsgewalt in Wahlen und Abstimmungen und durch besondere Organe der Gesetzgebung, der vollziehenden Gewalt und der Rechtsprechung auszuüben und die Volksvertretung in allgemeiner, unmittelbarer, freier, gleicher und geheimer Wahl zu wählen,
b) die Bindung der Gesetzgebung an die verfassungsmäßige Ordnung und die Bindung der vollziehenden Gewalt und der Rechtsprechung an Gesetz und Recht,
c) das Recht auf Bildung und Ausübung einer parlamentarischen Opposition,
d) die Ablösbarkeit der Regierung und ihre Verantwortlichkeit gegenüber der Volksvertretung,
e) die Unabhängigkeit der Gerichte,

[1)] **Sartorius III Nr. 810.**

f) der Ausschluß jeder Gewalt- und Willkürherrschaft und
g) die im Grundgesetz[1)] konkretisierten Menschenrechte.

§ 5[2)] Zuständigkeiten des Bundesamtes für Verfassungsschutz. (1) [1]Das Bundesamt für Verfassungsschutz darf in einem Lande im Benehmen mit der Landesbehörde für Verfassungsschutz Informationen, Auskünfte, Nachrichten und Unterlagen im Sinne des § 3 sammeln. [2]Bei Bestrebungen und Tätigkeiten im Sinne des § 3 Abs. 1 Nr. 1 bis 4 ist Voraussetzung, daß

1. sie sich ganz oder teilweise gegen den Bund richten,
2. sie darauf gerichtet sind, Gewalt anzuwenden, Gewaltanwendung vorzubereiten, zu unterstützen oder zu befürworten,
3. sie sich über den Bereich eines Landes hinaus erstrecken,
4. sie auswärtige Belange der Bundesrepublik Deutschland berühren oder
5. eine Landesbehörde für Verfassungsschutz das Bundesamt für Verfassungsschutz um ein Tätigwerden ersucht.

[3]Das Benehmen kann für eine Reihe gleichgelagerter Fälle hergestellt werden.

(2) [1]Das Bundesamt für Verfassungsschutz wertet unbeschadet der Auswertungsverpflichtungen der Landesbehörden für Verfassungsschutz zentral alle Erkenntnisse über Bestrebungen und Tätigkeiten im Sinne des § 3 Absatz 1 aus. [2]Es unterrichtet die Landesbehörden für Verfassungsschutz nach § 6 Absatz 1, insbesondere durch Querschnittsauswertungen in Form von Struktur- und Methodikberichten sowie regelmäßig durch bundesweite Lageberichte zu den wesentlichen Phänomenbereichen unter Berücksichtigung der entsprechenden Landeslageberichte.

(3) [1]Das Bundesamt für Verfassungsschutz koordiniert die Zusammenarbeit der Verfassungsschutzbehörden. [2]Die Koordinierung schließt insbesondere die Vereinbarung von

1. einheitlichen Vorschriften zur Gewährleistung der Zusammenarbeitsfähigkeit,
2. allgemeinen Arbeitsschwerpunkten und arbeitsteiliger Durchführung der Aufgaben sowie
3. Relevanzkriterien für Übermittlungen nach § 6 Absatz 1

ein.

(4) Das Bundesamt für Verfassungsschutz unterstützt als Zentralstelle die Landesbehörden für Verfassungsschutz bei der Erfüllung ihrer Aufgaben nach § 3 insbesondere durch

1. Bereitstellung des nachrichtendienstlichen Informationssystems (§ 6 Absatz 2),
2. zentrale Einrichtungen im Bereich besonderer technischer und fachlicher Fähigkeiten,
3. Erforschung und Entwicklung von Methoden und Arbeitsweisen im Verfassungsschutz und
4. Fortbildung in speziellen Arbeitsbereichen.

(5) [1]Dem Bundesamt für Verfassungsschutz obliegt der für Aufgaben nach § 3 erforderliche Dienstverkehr mit zuständigen öffentlichen Stellen anderer Staaten. [2]Die Landesbehörden für Verfassungsschutz können solchen Dienstverkehr führen

[1)] Nr. **1**.

[2)] § 5 Abs. 2 Satz 2 geänd. mWv 1.1.2002 durch G v. 9.1.2002 (BGBl. I S. 361); Überschrift neu gef., Abs. 1 aufgeh., bish. Abs. 2 wird Abs. 1 und Satz 2 Nr. 2 eingef., bish. Nr. 2–4 werden Nr. 3–5, Abs. 2 eingef., Abs. 3 neu gef., Abs. 4 und 5 angef. mWv 21.11.2015 durch G v. 17.11.2015 (BGBl. I S. 1938).

1. mit den Dienststellen der in der Bundesrepublik Deutschland stationierten Streitkräfte,
2. mit den Nachrichtendiensten angrenzender Nachbarstaaten in regionalen Angelegenheiten oder
3. im Einvernehmen mit dem Bundesamt für Verfassungsschutz.

§ 6[1] Gegenseitige Unterrichtung der Verfassungsschutzbehörden.

(1) [1] Die Landesbehörden für Verfassungsschutz und das Bundesamt für Verfassungsschutz übermitteln sich unverzüglich die für ihre Aufgaben relevanten Informationen, einschließlich der Erkenntnisse ihrer Auswertungen. [2] Wenn eine übermittelnde Behörde sich dies vorbehält, dürfen die übermittelten Daten nur mit ihrer Zustimmung an Stellen außerhalb der Behörden für Verfassungsschutz übermittelt werden.

(2) [1] Die Verfassungsschutzbehörden sind verpflichtet, beim Bundesamt für Verfassungsschutz zur Erfüllung der Unterrichtungspflichten nach Absatz 1 gemeinsame Dateien zu führen, die sie im automatisierten Verfahren nutzen. [2] Die Speicherung personenbezogener Daten ist nur unter den Voraussetzungen der §§ 10 und 11 zulässig. [3] Der Abruf im automatisierten Verfahren durch andere Stellen ist nicht zulässig; § 3 Absatz 3 Satz 2 des MAD-Gesetzes[2] bleibt unberührt. [4] Die Verantwortung einer speichernden Stelle im Sinne der allgemeinen Vorschriften des Datenschutzrechts trägt jede Verfassungsschutzbehörde nur für die von ihr eingegebenen Daten; nur sie darf diese Daten verändern, die Verarbeitung einschränken oder löschen. [5] Die eingebende Stelle muss feststellbar sein. [6] Eine Abfrage von Daten ist nur zulässig, soweit dies zur Erfüllung von Aufgaben, mit denen der Abfragende unmittelbar betraut ist, erforderlich ist. [7] Die Zugriffsberechtigung auf Daten, die nicht zum Auffinden von Akten und der dazu notwendigen Identifizierung von Personen erforderlich sind, ist auf Personen zu beschränken, die mit der Erfassung von Daten oder Analysen betraut sind. [8] Die Zugriffsberechtigung auf Unterlagen, die gespeicherte Angaben belegen, ist zudem auf Personen zu beschränken, die unmittelbar mit Arbeiten in diesem Anwendungsgebiet betraut sind.

(3) [1] Das Bundesamt für Verfassungsschutz trifft für die gemeinsamen Dateien die technischen und organisatorischen Maßnahmen entsprechend § 64 des Bundesdatenschutzgesetzes[3]. [2] Es hat bei jedem Zugriff für Zwecke der Datenschutzkontrolle den Zeitpunkt, die Angaben, die die Feststellung der abgefragten Datensätze ermöglichen, sowie die abfragende Stelle zu protokollieren. [3] Die Auswertung der Protokolldaten ist nach dem Stand der Technik zu gewährleisten. [4] Die protokollierten Daten dürfen nur für Zwecke der Datenschutzkontrolle, der Datensicherung oder zur Sicherstellung eines ordnungsgemäßen Betriebs der Datenverarbeitungsanlage verwendet werden. [5] Die Protokolldaten sind am Ende des Kalenderjahres, das dem Jahr der Protokollierung folgt, zu löschen.

§ 7 Weisungsrechte des Bundes. Die Bundesregierung kann, wenn ein Angriff auf die verfassungsmäßige Ordnung des Bundes erfolgt, den obersten Landesbehörden die für die Zusammenarbeit der Länder mit dem Bund auf dem Gebiete des Verfassungsschutzes erforderlichen Weisungen erteilen.

---

[1] § 6 neu gef. mWv 21.11.2015 durch G v. 17.11.2015 (BGBl. I S. 1938); Abs. 2 Satz 4, Abs. 3 Satz 1 geänd. mWv 25.5.2018 durch G v. 30.6.2017 (BGBl. I S. 2097).

[2] **Sartorius III Nr. 806.**

[3] Nr. **245**.

Zweiter Abschnitt. Bundesamt für Verfassungsschutz

§ 8[1] Befugnisse des Bundesamtes für Verfassungsschutz. (1) [1] Das Bundesamt für Verfassungsschutz darf die zur Erfüllung seiner Aufgaben erforderlichen Informationen einschließlich personenbezogener Daten verarbeiten, soweit nicht die anzuwendenden Bestimmungen des Bundesdatenschutzgesetzes[2] oder besondere Regelungen in diesem Gesetz entgegenstehen; die Verarbeitung ist auch zulässig, wenn der Betroffene eingewilligt hat. [2] Ein Ersuchen des Bundesamtes für Verfassungsschutz um Übermittlung personenbezogener Daten darf nur diejenigen personenbezogenen Daten enthalten, die für die Erteilung der Auskunft unerlässlich sind. [3] Schutzwürdige Interessen des Betroffenen dürfen nur in unvermeidbarem Umfang beeinträchtigt werden.

(2) [1] Das Bundesamt für Verfassungsschutz darf Methoden, Gegenstände und Instrumente zur heimlichen Informationsbeschaffung, wie den Einsatz von Vertrauensleuten und Gewährspersonen, Observationen, Bild- und Tonaufzeichnungen, Tarnpapiere und Tarnkennzeichen anwenden. [2] In Individualrechte darf nur nach Maßgabe besonderer Befugnisse eingegriffen werden. [3] Im Übrigen darf die Anwendung eines Mittels gemäß Satz 1 keinen Nachteil herbeiführen, der erkennbar außer Verhältnis zur Bedeutung des aufzuklärenden Sachverhalts steht. [4] Die Mittel nach Satz 1 sind in einer Dienstvorschrift zu benennen, die auch die Zuständigkeit für die Anordnung solcher Informationsbeschaffungen und das Nähere zu Satz 3 regelt. [5] Die Dienstvorschrift bedarf der Zustimmung des Bundesministeriums des Innern, für Bau und Heimat, das das Parlamentarische Kontrollgremium unterrichtet.

(3) Polizeiliche Befugnisse oder Weisungsbefugnisse stehen dem Bundesamt für Verfassungsschutz nicht zu; es darf die Polizei auch nicht im Wege der Amtshilfe um Maßnahmen ersuchen, zu denen es selbst nicht befugt ist.

(4) [1] Werden personenbezogene Daten beim Betroffenen mit seiner Kenntnis erhoben, so ist der Erhebungszweck anzugeben. [2] Der Betroffene ist auf die Freiwilligkeit seiner Angaben hinzuweisen.

(5) [1] Von mehreren geeigneten Maßnahmen hat das Bundesamt für Verfassungsschutz diejenige zu wählen, die den Betroffenen voraussichtlich am wenigsten beeinträchtigt. [2] Eine Maßnahme darf keinen Nachteil herbeiführen, der erkennbar außer Verhältnis zu dem beabsichtigten Erfolg steht.

§ 8a[3] Besondere Auskunftsverlangen. (1) [1] Das Bundesamt für Verfassungsschutz darf im Einzelfall Auskunft einholen bei

---

[1] § 8 Abs. 4 Satz 2 neu gef. durch G v. 20.4.1994 (BGBl. I S. 867); Abs. 2 Satz 3 geänd. durch G v. 17.6. 1999 (BGBl. I S. 1334); Abs. 1 Sätze 2 und 3 angef., bish. Wortlaut wird Satz 1 sowie Abs. 5–12 angef., bish. Abs. 5 wird Abs. 13 mWv 1.1.2002 durch G v. 9.1.2002 (BGBl. I S. 361); Abs. 2 Satz 3 geänd. und Abs. 5–12 aufgeh., bish. Abs. 13 wird Abs. 5 mWv 11.1.2007 durch G v. 5.1.2007 (BGBl. I S. 2); Abs. 2 Sätze 2 und 3 eingef., bish. Sätze 2 und 3 werden Sätze 4 und 5 und neuer Satz 4 neu gef., neuer Satz 5 geänd. mWv 21.11.2015 durch G v. 17.11.2015 (BGBl. I S. 1938); Abs. 1 Satz 1 neu gef. mWv 25.5.2018 durch G v. 30.6.2017 (BGBl. I S. 2097); Abs. 2 Satz 5 geänd. mWv 27.6.2020 durch VO v. 19.6.2020 (BGBl. I S. 1328).

[2] Nr. **245**.

[3] § 8a eingef. mWv 11.1.2007 durch G v. 5.1.2007 (BGBl. I S. 2); Abs. 6 Satz 2 Halbs. 2 geänd. mWv 4.8.2009 durch G v. 29.7.2009 (BGBl. I S. 2346); Abs. 1, Abs. 2 Satz 1 Nr. 1 und abschl. Satzteil geänd., Nr. 3 aufgeh., Abs. 2a eingef., Abs. 3 einl. Satzteil, Nr. 1 und Nr. 2 Buchst. a und b geänd., Abs. 4–9 aufgeh. mWv 10.1.2012 durch G v. 7.12.2011 (BGBl. I S. 2576); Abs. 1 aufgeh., bish. Abs. 2 und 2a werden Abs. 1 und 2, Abs. 3 einl. Satzteil, Nr. 2 Buchst. a und b geänd. mWv 2.4.2021 durch G v. 30.3.2021 (BGBl. I S. 448).

1. Luftfahrtunternehmen sowie Betreibern von Computerreservierungssystemen und Globalen Distributionssystemen für Flüge zu Namen und Anschriften des Kunden sowie zur Inanspruchnahme und den Umständen von Transportleistungen, insbesondere zum Zeitpunkt von Abfertigung und Abflug und zum Buchungsweg,
2. Kreditinstituten, Finanzdienstleistungsinstituten und Finanzunternehmen zu Konten, Konteninhabern und sonstigen Berechtigten sowie weiteren am Zahlungsverkehr Beteiligten und zu Geldbewegungen und Geldanlagen, insbesondere über Kontostand und Zahlungsein- und -ausgänge,
3. *(aufgehoben)*
4. denjenigen, die geschäftsmäßig Telekommunikationsdienste erbringen oder daran mitwirken, zu Verkehrsdaten nach § 96 Abs. 1 Nr. 1 bis 4 des Telekommunikationsgesetzes[1] und sonstigen zum Aufbau und zur Aufrechterhaltung der Telekommunikation notwendigen Verkehrsdaten und
5. denjenigen, die geschäftsmäßig Teledienste erbringen oder daran mitwirken, zu
   a) Merkmalen zur Identifikation des Nutzers eines Teledienstes,
   b) Angaben über Beginn und Ende sowie über den Umfang der jeweiligen Nutzung und
   c) Angaben über die vom Nutzer in Anspruch genommenen Teledienste,

soweit dies zur Sammlung und Auswertung von Informationen erforderlich ist und Tatsachen die Annahme rechtfertigen, dass schwerwiegende Gefahren für die in § 3 Abs. 1 genannten Schutzgüter vorliegen. [2] Im Falle des § 3 Abs. 1 Nr. 1 gilt dies nur für Bestrebungen, die bezwecken oder auf Grund ihrer Wirkungsweise geeignet sind,

1. zu Hass oder Willkürmaßnahmen gegen Teile der Bevölkerung aufzustacheln oder deren Menschenwürde durch Beschimpfen, böswilliges Verächtlichmachen oder Verleumden anzugreifen und dadurch die Bereitschaft zur Anwendung von Gewalt zu fördern und den öffentlichen Frieden zu stören oder
2. Gewalt anzuwenden oder vorzubereiten, einschließlich dem Befürworten, Hervorrufen oder Unterstützen von Gewaltanwendung, auch durch Unterstützen von Vereinigungen, die Anschläge gegen Personen oder Sachen veranlassen, befürworten oder androhen.

(2) [1] Soweit dies zur Sammlung und Auswertung von Informationen erforderlich ist und Tatsachen die Annahme rechtfertigen, dass schwerwiegende Gefahren für die in § 3 Absatz 1 genannten Schutzgüter vorliegen, darf das Bundesamt für Verfassungsschutz im Einzelfall das Bundeszentralamt für Steuern ersuchen, bei den Kreditinstituten die in § 93b Absatz 1 der Abgabenordnung bezeichneten Daten abzurufen. [2] § 93 Absatz 9 der Abgabenordnung findet keine Anwendung.

(3) Anordnungen nach den Absätzen 1 und 2 dürfen sich nur gegen Personen richten, bei denen

1. tatsächliche Anhaltspunkte dafür vorliegen, dass sie die schwerwiegenden Gefahren nach den Absätzen 1 und 2 nachdrücklich fördern, oder
2. auf Grund bestimmter Tatsachen anzunehmen ist
   a) bei Auskünften nach Absatz 1 Satz 1 Nummer 1, 2 und 5 sowie nach Absatz 2, dass sie die Leistung für eine Person nach Nummer 1 in Anspruch nehmen, oder

---

[1] **Sartorius ErgBd. Nr. 920.**

b) bei Auskünften nach Absatz 1 Satz 1 Nummer 4, dass sie für eine Person nach Nummer 1 bestimmte oder von ihr herrührende Mitteilungen entgegennehmen oder weitergeben, oder dass eine Person nach Nummer 1 ihren Anschluss benutzt.

§ 8b[1)] Verfahrensregelungen zu besonderen Auskunftsverlangen.

(1) [1] Anordnungen nach § 8a Absatz 1 und 2 werden vom Behördenleiter oder seinem Vertreter beantragt; der Antrag ist schriftlich zu stellen und zu begründen. [2] Zuständig für die Anordnungen ist das Bundesministerium des Innern, für Bau und Heimat. [3] Die Anordnung einer Auskunft über künftig anfallende Daten ist auf höchstens drei Monate zu befristen. [4] Die Verlängerung dieser Anordnung um jeweils nicht mehr als drei Monate ist auf Antrag zulässig, soweit die Voraussetzungen der Anordnung fortbestehen. [5] Auf die Anordnung der Verlängerung finden die Sätze 1 und 2 Anwendung.

(2) [1] Über Anordnungen nach § 8a Absatz 1 und 2 unterrichtet das Bundesministerium des Innern, für Bau und Heimat monatlich die G 10-Kommission (§ 1 Absatz 2 des Artikel 10-Gesetzes[2)]) vor deren Vollzug. [2] Bei Gefahr im Verzug kann es den Vollzug der Entscheidung auch bereits vor der Unterrichtung der G 10-Kommission anordnen. [3] Die G 10-Kommission prüft von Amts wegen oder auf Grund von Beschwerden die Zulässigkeit und Notwendigkeit der Einholung von Auskünften. [4] § 15 Absatz 5 des Artikel 10-Gesetzes ist mit der Maßgabe entsprechend anzuwenden, dass die Kontrollbefugnis der Kommission sich auf die gesamte Verarbeitung der nach § 8a Absatz 1 und 2 erlangten personenbezogenen Daten erstreckt. [5] Entscheidungen über Auskünfte, welche die G 10-Kommission für unzulässig oder nicht notwendig erklärt, hat das Bundesministerium des Innern, für Bau und Heimat unverzüglich aufzuheben. [6] Die Daten unterliegen in diesem Falle einem absoluten Verwendungsverbot und sind unverzüglich zu löschen. [7] Für die Verarbeitung der nach § 8a Absatz 1 und 2 erhobenen Daten ist § 4 des Artikel 10-Gesetzes entsprechend anzuwenden.

(3) [1] Das Bundesministerium des Innern, für Bau und Heimat unterrichtet im Abstand von höchstens sechs Monaten das Parlamentarische Kontrollgremium über Anordnungen nach § 8a Absatz 1 und 2; dabei ist insbesondere ein Überblick über Anlass, Umfang, Dauer, Ergebnis und Kosten der im Berichtszeitraum durchgeführten Maßnahmen zu geben. [2] Das Gremium erstattet dem Deutschen Bundestag jährlich einen Bericht über die Durchführung sowie Art, Umfang und Anordnungsgründe der Maßnahmen; dabei sind die Grundsätze des § 10 Absatz 1 des Kontrollgremiumgesetzes[3)] zu beachten.

(4) [1] Anordnungen sind dem Verpflichteten insoweit schriftlich mitzuteilen, als dies erforderlich ist, um ihm die Erfüllung seiner Verpflichtung zu ermöglichen. [2] Anordnungen und übermittelte Daten dürfen dem Betroffenen oder Dritten vom Verpflichteten nicht mitgeteilt werden.

(5) [1] Dem Verpflichteten ist es verboten, allein auf Grund einer Anordnung nach § 8a Absatz 1 einseitige Handlungen vorzunehmen, die für den Betroffenen nach-

---

[1)] § 8b eingef. mWv 10.1.2012 durch G v. 7.12.2011 (BGBl. I S. 2576); Abs. 8 Satz 1 geänd. mWv 10.11. 2016 durch G v. 4.11.2016 (BGBl. I S. 2473); Abs. 2 Satz 4 geänd. mWv 25.5.2018 durch G v. 30.6.2017 (BGBl. I S. 2097); Abs. 1 Satz 2, Abs. 2 Sätze 1 und 5, Abs. 3 Satz 1 und Abs. 8 Satz 1 geänd. mWv 27.6. 2020 durch VO v. 19.6.2020 (BGBl. I S. 1328); Abs. 1 Satz 1, Abs. 2 Sätze 1, 4 und 7, Abs. 3 Satz 1, Abs. 5 Satz 1, Abs. 6, Abs. 8 Sätze 1 und 4, Abs. 9, Abs. 10 Sätze 1 und 2 geänd. mWv 2.4.2021 durch G v. 30.3. 2021 (BGBl. I S. 448).

[2)] Nr. **7**.

[3)] Nr. **81**.

teilig sind und die über die Erteilung der Auskunft hinausgehen, insbesondere bestehende Verträge oder Geschäftsverbindungen zu beenden, ihren Umfang zu beschränken oder ein Entgelt zu erheben oder zu erhöhen. [2] Die Anordnung ist mit dem ausdrücklichen Hinweis auf dieses Verbot und darauf zu verbinden, dass das Auskunftsersuchen nicht die Aussage beinhaltet, dass sich die betroffene Person rechtswidrig verhalten hat oder ein darauf gerichteter Verdacht bestehen müsse.

(6) Die in § 8a Absatz 1 Satz 1 genannten Stellen sind verpflichtet, die Auskunft unverzüglich und vollständig und in dem Format zu erteilen, das durch die auf Grund von Absatz 8 Satz 1 bis 3 erlassene Rechtsverordnung oder in den in Absatz 8 Satz 4 und 5 bezeichneten Rechtsvorschriften vorgeschrieben ist.

(7) [1] Für Anordnungen nach § 8a findet § 12 Absatz 1 des Artikel 10-Gesetzes entsprechende Anwendung, mit der Maßgabe, dass § 12 Absatz 1 Satz 5 des Artikel 10-Gesetzes nur für Maßnahmen nach § 8a Absatz 1 und 2 Satz 1 Nummer 4 und 5 Anwendung findet. [2] Wurden personenbezogene Daten an eine andere Stelle übermittelt, erfolgt die Mitteilung im Benehmen mit dieser.

(8) [1] Das Bundesministerium des Innern, für Bau und Heimat wird ermächtigt, durch Rechtsverordnung im Einvernehmen mit dem Bundeskanzleramt, dem Bundesministerium für Wirtschaft und Energie, dem Bundesministerium für Verkehr und digitale Infrastruktur, dem Bundesministerium der Justiz und für Verbraucherschutz und dem Bundesministerium der Verteidigung ohne Zustimmung des Bundesrates zu bestimmen, dass Auskünfte nach § 8a Absatz 1 mit Ausnahme der Auskünfte nach § 8a Absatz 1 Satz 1 Nummer 4, auch soweit andere Vorschriften hierauf verweisen, ganz oder teilweise auf maschinell verwertbaren Datenträgern oder durch Datenfernübertragung übermittelt werden müssen. [2] Dabei können insbesondere geregelt werden

1. die Voraussetzungen für die Anwendung des Verfahrens,
2. das Nähere über Form, Inhalt, Verarbeitung und Sicherung der zu übermittelnden Daten,
3. die Art und Weise der Übermittlung der Daten,
4. die Zuständigkeit für die Entgegennahme der zu übermittelnden Daten,
5. der Umfang und die Form der für dieses Verfahren erforderlichen besonderen Erklärungspflichten des Auskunftspflichtigen und
6. Tatbestände und Bemessung einer auf Grund der Auskunftserteilung an Verpflichtete zu leistenden Aufwandsentschädigung.

[3] Zur Regelung der Datenübermittlung kann in der Rechtsverordnung auf Veröffentlichungen sachverständiger Stellen verwiesen werden; hierbei sind das Datum der Veröffentlichung, die Bezugsquelle und eine Stelle zu bezeichnen, bei der die Veröffentlichung archivmäßig gesichert niedergelegt ist. [4] Die Vorgaben für die Erteilung von Auskünften nach § 8a Absatz 1 Satz 1 Nummer 4, insbesondere ob und in welchem Umfang die Verpflichteten hierfür Vorkehrungen für die technische und organisatorische Umsetzung der Auskunftsverpflichtung zu treffen haben, bestimmen sich nach § 110 des Telekommunikationsgesetzes[1)] und der dazu erlassenen Rechtsverordnung. [5] Die technischen Einzelheiten, die zur Auskunftserteilung sowie zur Gestaltung des Übergabepunktes zu den berechtigten Stellen erforderlich sind, insbesondere das technische Format für die Übermittlung derartiger Auskunftsverlangen an die Verpflichteten und die Rückübermittlung der zugehörigen

---

[1)] **Sartorius ErgBd. Nr. 920.**

Auskünfte an die berechtigten Stellen, richten sich nach den Festlegungen in der Technischen Richtlinie nach § 110 Absatz 3 des Telekommunikationsgesetzes.

(9) Für die Erteilung von Auskünften nach § 8a Absatz 1 Satz 1 Nummer 4 hat der Verpflichtete Anspruch auf Entschädigung entsprechend § 23 des Justizvergütungs- und -entschädigungsgesetzes[1].

(10) [1] Die Befugnisse nach § 8a Absatz 1 Satz 1 Nummer 4 und 5 stehen den Verfassungsschutzbehörden der Länder nur dann zu, wenn das Verfahren sowie die Beteiligung der G 10-Kommission, die Verarbeitung der erhobenen Daten und die Mitteilung an den Betroffenen gleichwertig wie in Absatz 2 und ferner eine Absatz 3 gleichwertige parlamentarische Kontrolle sowie eine Verpflichtung zur Berichterstattung über die durchgeführten Maßnahmen an das Parlamentarische Kontrollgremium des Bundes unter entsprechender Anwendung des Absatzes 3 Satz 1 zweiter Halbsatz für dessen Berichte nach Absatz 3 Satz 2 durch den Landesgesetzgeber geregelt ist. [2] Die Verpflichtungen zur gleichwertigen parlamentarischen Kontrolle nach Absatz 3 gelten auch für die Befugnisse nach § 8a Absatz 1 Satz 1 Nummer 1 und 2. [3] Landesrecht kann für Auskünfte an die jeweilige Verfassungsschutzbehörde des Landes Regelungen vorsehen, die dem Absatz 5 entsprechen, und die auf Grund von Absatz 8 Satz 1 bis 3 erlassene Rechtsverordnung sowie die Vorgaben nach Absatz 8 Satz 4 und 5 für solche Auskünfte für anwendbar erklären.

§ 8c[2] Einschränkungen eines Grundrechts. Das Grundrecht des Fernmeldegeheimnisses (Artikel 10 des Grundgesetzes[3]) wird nach Maßgabe des § 8a Absatz 1 Satz 1 Nummer 4 und 5 und Absatz 3 sowie des § 8b Absatz 1, 2, 4 bis 8 und 10 eingeschränkt.

§ 8d[4] Besondere Auskunftsverlangen zu Bestandsdaten. (1) [1] Soweit dies auf Grund tatsächlicher Anhaltspunkte im Einzelfall zur Aufklärung bestimmter Bestrebungen oder Tätigkeiten nach § 3 Absatz 1 erforderlich ist, darf das Bundesamt für Verfassungsschutz Auskunft verlangen von demjenigen, der geschäftsmäßig

1. Telekommunikationsdienste erbringt oder daran mitwirkt, über Bestandsdaten nach den §§ 95 und 111 des Telekommunikationsgesetzes[5],
2. Telemediendienste erbringt oder daran mitwirkt, über Bestandsdaten nach § 14 Absatz 1 des Telemediengesetzes[6].

[2] Zur Auskunft sind Unternehmen verpflichtet, die in Deutschland

1. eine Niederlassung haben oder
2. den Dienst erbringen oder daran mitwirken.

(2) [1] Die Auskunft darf auch verlangt werden anhand einer zu einem bestimmten Zeitpunkt zugewiesenen Internetprotokoll-Adresse. [2] Die Rechtsgrundlage und die tatsächlichen Anhaltspunkte, die das Auskunftsverlangen veranlassen, sind aktenkundig zu machen.

(3) [1] Die Auskunft zu Daten, mittels derer der Zugriff auf Endgeräte oder auf Speichereinrichtungen, die in diesen Endgeräten oder hiervon räumlich getrennt eingesetzt werden, geschützt wird, darf nur im Falle des Absatzes 1 Satz 1 Nummer 1

[1] **Schönfelder Nr. 116.**
[2] § 8c eingef. mWv 10.1.2012 durch G v. 7.12.2011 (BGBl. I S. 2576); geänd. mWv 2.4.2021 durch G v. 30.3.2021 (BGBl. I S. 448).
[3] Nr. **1.**
[4] § 8d neu gef. mWv 2.4.2021 durch G v. 30.3.2021 (BGBl. I S. 448).
[5] **Sartorius ErgBd. Nr. 920.**
[6] **Sartorius ErgBd. Nr. 922.**

verlangt werden und nur dann verlangt werden, wenn die gesetzlichen Voraussetzungen für die Nutzung der Daten vorliegen. [2] Für diese Auskunftsverlangen gilt § 8b Absatz 1 Satz 1 und 2 und Absatz 2 entsprechend.

(4) [1] Die betroffene Person ist in den Fällen der Absätze 2 und 3 über die Auskunftserteilung zu benachrichtigen. [2] Die Benachrichtigung erfolgt, soweit und sobald eine Gefährdung des Zwecks der Auskunft und der Eintritt übergreifender Nachteile für das Wohl des Bundes oder eines Landes ausgeschlossen werden können. [3] Die Benachrichtigung unterbleibt, wenn ihr überwiegende schutzwürdige Belange Dritter oder der betroffenen Person selbst entgegenstehen. [4] Wird die Benachrichtigung nach Satz 2 zurückgestellt oder nach Satz 3 von ihr abgesehen, sind die Gründe aktenkundig zu machen.

(5) Der auf Grund eines Auskunftsverlangens Verpflichtete hat die zur Auskunftserteilung erforderlichen Daten unverzüglich und vollständig zu übermitteln.

(6) [1] Das Bundesamt für Verfassungsschutz hat den Verpflichteten für ihm erteilte Auskünfte eine Entschädigung zu gewähren. [2] Der Umfang der Entschädigung bemisst sich nach § 23 und Anlage 3 des Justizvergütungs- und -entschädigungsgesetzes[1)]; die Vorschriften über die Verjährung in § 2 Absatz 1 und 4 des Justizvergütungs- und -entschädigungsgesetzes finden entsprechend Anwendung.

(7) Das Fernmeldegeheimnis (Artikel 10 des Grundgesetzes[2)]) wird nach Maßgabe des Absatzes 2 Satz 1 eingeschränkt.

§ 9[3)] Besondere Formen der Datenerhebung. (1) [1] Das Bundesamt für Verfassungsschutz darf Informationen, insbesondere personenbezogene Daten, mit den Mitteln gemäß § 8 Abs. 2 erheben, wenn Tatsachen die Annahme rechtfertigen, daß

1. auf diese Weise Erkenntnisse über Bestrebungen oder Tätigkeiten nach § 3 Abs. 1 oder die zur Erforschung solcher Erkenntnisse erforderlichen Quellen gewonnen werden können oder
2. dies zum Schutz der Mitarbeiter, Einrichtungen, Gegenstände und Quellen des Bundesamtes für Verfassungsschutz gegen sicherheitsgefährdende oder geheimdienstliche Tätigkeiten erforderlich ist.

[2] Die Erhebung nach Satz 1 ist unzulässig, wenn die Erforschung des Sachverhalts auf andere, den Betroffenen weniger beeinträchtigende Weise möglich ist; eine geringere Beeinträchtigung ist in der Regel anzunehmen, wenn die Information aus allgemein zugänglichen Quellen oder durch eine Auskunft nach § 18 Abs. 3 gewonnen werden kann. [3] Die Anwendung eines Mittels gemäß § 8 Abs. 2 darf nicht erkennbar außer Verhältnis zur Bedeutung des aufzuklärenden Sachverhaltes stehen. [4] Die Maßnahme ist unverzüglich zu beenden, wenn ihr Zweck erreicht ist oder sich Anhaltspunkte dafür ergeben, daß er nicht oder nicht auf diese Weise erreicht werden kann.

(2) [1] Das in einer Wohnung nicht öffentlich gesprochene Wort darf mit technischen Mitteln nur heimlich mitgehört oder aufgezeichnet werden, wenn es im

---

1) **Schönfelder Nr. 116.**

2) Nr. **1**.

3) § 9 Abs. 3 Satz 1 Nr. 2 geänd. durch G v. 17.6.1999 (BGBl. I S. 1334); Abs. 2 Sätze 3–6 angef. mWv 1.11.2000 durch G v. 2.8.2000 (BGBl. I S. 1253); Abs. 3 Satz 2 geänd. mWv 29.6.2001 durch G v. 26.6. 2001 (BGBl. I S. 1254); Abs. 2 Sätze 7–13 angef., Abs. 3 Satz 2 aufgeh. und Abs. 4 eingef. mWv 1.1.2002 durch G v. 9.1.2002 (BGBl. I S. 361); Abs. 4 neu gef. mWv 11.1.2007 durch G v. 5.1.2007 (BGBl. I S. 2); Abs. 2 Satz 6 geänd. mWv 1.9.2009 durch G v. 17.12.2008 (BGBl. I S. 2586); Abs. 2 Sätze 8–11 aufgeh., bish. Sätze 12 und 13 werden Sätze 8 und 9, Abs. 4 Satz 7 neu gef., Satz 8 aufgeh. mWv 10.1.2012 durch G v. 7.12.2011 (BGBl. I S. 2576); Abs. 4 Satz 1 geänd. mWv 2.4.2021 durch G v. 30.3.2021 (BGBl. I S. 448).

Einzelfall zur Abwehr einer gegenwärtigen gemeinen Gefahr oder einer gegenwärtigen Lebensgefahr für einzelne Personen unerläßlich ist und geeignete polizeiliche Hilfe für das bedrohte Rechtsgut nicht rechtzeitig erlangt werden kann. [2] Satz 1 gilt entsprechend für einen verdeckten Einsatz technischer Mittel zur Anfertigung von Bildaufnahmen und Bildaufzeichnungen. [3] Maßnahmen nach den Sätzen 1 und 2 werden durch den Präsidenten des Bundesamtes für Verfassungsschutz oder seinen Vertreter angeordnet, wenn eine richterliche Entscheidung nicht rechtzeitig herbeigeführt werden kann. [4] Die richterliche Entscheidung ist unverzüglich nachzuholen. [5] Zuständig ist das Amtsgericht, in dessen Bezirk das Bundesamt für Verfassungsschutz seinen Sitz hat. [6] Für das Verfahren gelten die Vorschriften des Gesetzes über das Verfahren in Familiensachen und in den Angelegenheiten der freiwilligen Gerichtsbarkeit[1)] entsprechend. [7] Die erhobenen Informationen dürfen nur nach Maßgabe des § 4 Abs. 4 des Artikel 10-Gesetzes[2)] verwendet werden. [8] § 4 Abs. 6 des Artikel 10-Gesetzes gilt entsprechend. [9] Das Grundrecht der Unverletzlichkeit der Wohnung (Artikel 13 des Grundgesetzes[3)]) wird insoweit eingeschränkt.

(3) Bei Erhebungen nach Absatz 2 und solchen nach Absatz 1, die in ihrer Art und Schwere einer Beschränkung des Brief-, Post- und Fernmeldegeheimnisses gleichkommen, wozu insbesondere das Abhören und Aufzeichnen des nicht öffentlich gesprochenen Wortes mit dem verdeckten Einsatz technischer Mittel gehören, ist

1. der Eingriff nach seiner Beendigung dem Betroffenen mitzuteilen, sobald eine Gefährdung des Zweckes des Eingriffs ausgeschlossen werden kann, und
2. das Parlamentarische Kontrollgremium zu unterrichten.

(4) [1] Das Bundesamt für Verfassungsschutz darf unter den Voraussetzungen des § 8a Absatz 1 technische Mittel zur Ermittlung des Standortes eines aktiv geschalteten Mobilfunkendgerätes oder zur Ermittlung der Geräte- oder Kartennummer einsetzen. [2] Die Maßnahme ist nur zulässig, wenn ohne Einsatz technischer Mittel nach Satz 1 die Ermittlung des Standortes oder die Ermittlung der Geräte- oder Kartennummer aussichtslos oder wesentlich erschwert ist. [3] Sie darf sich nur gegen die in § 8a Abs. 3 Nr. 1 und 2 Buchstabe b bezeichneten Personen richten. [4] Für die Verarbeitung der Daten ist § 4 des Artikel 10-Gesetzes entsprechend anzuwenden. [5] Personenbezogene Daten eines Dritten dürfen anlässlich solcher Maßnahmen nur erhoben werden, wenn dies aus technischen Gründen zur Erreichung des Zweckes nach Satz 1 unvermeidbar ist. [6] Sie unterliegen einem absoluten Verwendungsverbot und sind nach Beendigung der Maßnahme unverzüglich zu löschen. [7] § 8b Absatz 1 bis 3 und 7 Satz 1 gilt entsprechend.

(Fortsetzung nächstes Blatt)

[1)] **Schönfelder Nr. 112.**
[2)] Nr. 7.
[3)] Nr. 1.

81. Gesetz über die parlamentarische Kontrolle nachrichtendienstlicher Tätigkeit des Bundes (Kontrollgremiumgesetz – PKGrG)[1) 2)]

Vom 29. Juli 2009
(BGBl. I S. 2346)

FNA 12-12

geänd. durch Art. 1 G zur weiteren Fortentwicklung der parlamentarischen Kontrolle der Nachrichtendienste des Bundes v. 30.11.2016 (BGBl. I S. 2746), Art. 13 G zur Änd. des VersorgungsrücklageG und weiterer dienstrechtlicher Vorschriften v. 5.1.2017 (BGBl. I S. 17), Art. 13b Besoldungsstrukturenmodernisierungsgesetz v. 9.12.2019 (BGBl. I S. 2053) und Art. 10 G zur Änd. des BND-G zur Umsetzung der Vorgaben des Bundesverfassungsgerichts sowie des Bundesverwaltungsgerichts v. 19.4.2021 (BGBl. I S. 771)

§ 1 Kontrollrahmen. (1) Die Bundesregierung unterliegt hinsichtlich der Tätigkeit des Bundesamtes für Verfassungsschutz, des Militärischen Abschirmdienstes und des Bundesnachrichtendienstes der Kontrolle durch das Parlamentarische Kontrollgremium.

(2) Die Rechte des Deutschen Bundestages, seiner Ausschüsse und der Kommission nach dem Artikel 10-Gesetz[3)] bleiben unberührt.

§ 2[4)] Mitgliedschaft. (1) Der Deutsche Bundestag wählt zu Beginn jeder Wahlperiode die Mitglieder des Parlamentarischen Kontrollgremiums aus seiner Mitte.

(2) Er bestimmt die Zahl der Mitglieder, die Zusammensetzung und die Arbeitsweise des Parlamentarischen Kontrollgremiums.

(3) Gewählt ist, wer die Stimmen der Mehrheit der Mitglieder des Deutschen Bundestages auf sich vereint.

(4) [1] Scheidet ein Mitglied aus dem Deutschen Bundestag oder seiner Fraktion aus oder wird es Mitglied der Bundesregierung oder Parlamentarischer Staatssekretär, so verliert es seine Mitgliedschaft im Parlamentarischen Kontrollgremium; § 3 Absatz 4 bleibt unberührt. [2] Für dieses Mitglied ist unverzüglich ein neues Mitglied zu wählen; das Gleiche gilt, wenn ein Mitglied aus dem Parlamentarischen Kontrollgremium ausscheidet.

§ 3[5)] Zusammentritt. (1) [1] Das Parlamentarische Kontrollgremium tritt mindestens einmal im Vierteljahr zusammen. [2] Es wählt eine Vorsitzende oder einen Vorsitzenden und deren oder dessen Stellvertreterin oder Stellvertreter. [3] Es gibt sich eine Geschäftsordnung.

(2) Jedes Mitglied kann die Einberufung und die Unterrichtung des Parlamentarischen Kontrollgremiums verlangen.

(3) [1] Beschlüsse des Parlamentarischen Kontrollgremiums können außerhalb der Sitzungen im schriftlichen oder elektronischen Umlaufverfahren gefasst werden,

---

[1)] Verkündet als Art. 1 des G zur Fortentwicklung der parlamentarischen Kontrolle der Nachrichtendienste des Bundes v. 29.7.2009 (BGBl. I S. 2346); Inkrafttreten gem. Art. 4 Satz 1 dieses G am 4.8.2009.

[2)] Die Änderungen durch G v. 19.4.2021 (BGBl. I S. 771) treten erst **mWv 1.1.2022** in Kraft und sind im Text noch nicht berücksichtigt.

[3)] Nr. 7.

[4)] § 2 Abs. 4 Satz 1 geänd. mWv 1.1.2020 durch G v. 9.12.2019 (BGBl. I S. 2053).

[5)] § 3 Abs. 1 Satz 2 eingef., bish. Satz 2 wird Satz 3, Abs. 3 eingef., bish. Abs. 3 wird Abs. 4 mWv 7.12. 2016 durch G v. 30.11.2016 (BGBl. I S. 2746).

sofern keine geheimhaltungsbedürftigen Sachverhalte betroffen sind. [2] Einzelheiten regelt die Geschäftsordnung.

(4) Das Parlamentarische Kontrollgremium übt seine Tätigkeit auch über das Ende einer Wahlperiode des Deutschen Bundestages hinaus so lange aus, bis der nachfolgende Deutsche Bundestag gemäß § 2 entschieden hat.

§ 4[1)] Pflicht der Bundesregierung zur Unterrichtung. (1) [1] Die Bundesregierung unterrichtet das Parlamentarische Kontrollgremium umfassend über die allgemeine Tätigkeit der in § 1 Absatz 1 genannten Behörden und über Vorgänge von besonderer Bedeutung. [2] Vorgänge von besonderer Bedeutung sind insbesondere

1. wesentliche Änderungen im Lagebild der äußeren und inneren Sicherheit,
2. behördeninterne Vorgänge mit erheblichen Auswirkungen auf die Aufgabenerfüllung,
3. Einzelvorkommnisse, die Gegenstand politischer Diskussionen oder öffentlicher Berichterstattung sind.

[3] Auf Verlangen des Parlamentarischen Kontrollgremiums hat die Bundesregierung auch über sonstige Vorgänge zu berichten.

(2) Die politische Verantwortung der Bundesregierung für die in § 1 genannten Behörden bleibt unberührt.

§ 5[2)] Befugnisse des Kontrollgremiums, Amtshilfe. (1) [1] Soweit sein Recht auf Kontrolle reicht, kann das Parlamentarische Kontrollgremium von der Bundesregierung und den in § 1 genannten Behörden verlangen, Akten oder andere in amtlicher Verwahrung befindliche Schriftstücke, gegebenenfalls auch im Original, herauszugeben und in Dateien gespeicherte Daten zu übermitteln. [2] Ihm ist jederzeit Zutritt zu sämtlichen Dienststellen der in § 1 genannten Behörden zu gewähren.

(2) [1] Es kann Angehörige der Nachrichtendienste, Mitarbeiter und Mitglieder der Bundesregierung sowie Beschäftigte anderer Bundesbehörden nach Unterrichtung der Bundesregierung befragen oder von ihnen schriftliche Auskünfte einholen. [2] Die anzuhörenden Personen sind verpflichtet, vollständige und wahrheitsgemäße Angaben zu machen.

(3) Den Verlangen des Parlamentarischen Kontrollgremiums hat die Bundesregierung unverzüglich zu entsprechen.

(4) [1] Gerichte und Behörden sind zur Rechts- und Amtshilfe, insbesondere zur Vorlage von Akten und Übermittlung von Dateien, verpflichtet. [2] Soweit personenbezogene Daten betroffen sind, dürfen diese nur für Zwecke des Parlamentarischen Kontrollgremiums übermittelt und genutzt werden.

§ 5a[3)] Ständiger Bevollmächtigter. (1) Das Parlamentarische Kontrollgremium wird durch regelmäßige und einzelfallbezogene Untersuchungen einer

---

[1)] § 4 Abs. 1 Satz 2 eingef., bish. Satz 2 wird Satz 3 mWv 7.12.2016 durch G v. 30.11.2016 (BGBl. I S. 2746).

[2)] § 5 Abs. 1 Satz 1 geänd., Satz 2 angef. mWv 7.12.2016 durch G v. 30.11.2016 (BGBl. I S. 2746).

[3)] § 5a eingef. mWv 7.12.2016 durch G v. 30.11.2016 (BGBl. I S. 2746).

82. Gesetz zur Errichtung einer standardisierten zentralen Antiterrordatei von Polizeibehörden und Nachrichtendiensten von Bund und Ländern (Antiterrordateigesetz – ATDG)[1)]

Vom 22. Dezember 2006

(BGBl. I S. 3409)

FNA 12-11

geänd. durch Art. 5 G zur Änd. des BundespolizeiG und anderer G v. 26.2.2008 (BGBl. I S. 215), Nr. 1, Nr. 2 und Nr. 3 BVerfG, Entsch. v. 24.4.2013 – 1 BvR 1215/07 – v. 24.4.2013 (BGBl. I S. 1270), Art. 1 G zur Änd. des AntiterrordateiG und anderer Gesetze v. 18.12.2014 (BGBl. I S. 2318, ber. BGBl. I 2016, S. 48), Art. 3 G zur Neustrukturierung des BundeskriminalamtG v. 1.6.2017 (BGBl. I S. 1354), Art. 10 G zur effektiveren und praxistauglicheren Ausgestaltung des Strafverfahrens v. 17.8.2017 (BGBl. I S. 3202), Art. 4 Zweites Datenschutz-Anpassungs- und UmsetzungsG EU v. 20.11.2019 (BGBl. I S. 1626), Art. 22 Elfte ZuständigkeitsanpassungsVO v. 19.6.2020 (BGBl. I S. 1328), Beschl. des BVerfG – 1 BvR 3214/15 v. 10.11.2020 (BGBl. 2021 I S. 217) und Art. 2 Abs. 1 G zur Neustrukturierung des Zollfahndungsdienstgesetzes v. 30.3.2021 (BGBl. I S. 402)

§ 1[2)] Antiterrordatei. (1) Das Bundeskriminalamt, die in der Rechtsverordnung nach § 58 Abs. 1 des Bundespolizeigesetzes bestimmte Bundespolizeibehörde, die Landeskriminalämter, die Verfassungsschutzbehörden des Bundes und der Länder, der Militärische Abschirmdienst, der Bundesnachrichtendienst und das Zollkriminalamt (beteiligte Behörden) führen beim Bundeskriminalamt zur Erfüllung ihrer jeweiligen gesetzlichen Aufgaben zur Aufklärung oder Bekämpfung des internationalen Terrorismus mit Bezug zur Bundesrepublik Deutschland eine gemeinsame standardisierte zentrale Antiterrordatei (Antiterrordatei).

(2) Der Bundesminister des Innern, für Bau und Heimat kann, bei Landesbehörden auf Ersuchen des jeweils zuständigen Landes, durch Rechtsverordnung weitere Polizeivollzugsbehörden als beteiligte Behörden zur Teilnahme an der Antiterrordatei berechtigen, soweit

1. diesen Aufgaben zur Bekämpfung des internationalen Terrorismus mit Bezug zur Bundesrepublik Deutschland nicht nur im Einzelfall besonders zugewiesen sind und
2. ihr Zugriff auf die Antiterrordatei für die Wahrnehmung der Aufgaben nach Nummer 1 erforderlich und dies unter Berücksichtigung der schutzwürdigen Interessen der Betroffenen und der Sicherheitsinteressen der beteiligten Behörden angemessen ist.

§ 2[3)] Inhalt der Antiterrordatei und Speicherungspflicht. [1]Die beteiligten Behörden sind verpflichtet, bereits erhobene Daten nach § 3 Abs. 1 in der Antiterrordatei zu speichern, wenn sie gemäß den für sie geltenden Rechtsvorschriften über polizeiliche oder nachrichtendienstliche Erkenntnisse (Erkenntnisse)

[1)] Verkündet als Art. 1 G zur Errichtung gemeinsamer Dateien von Polizeibehörden und Nachrichtendiensten des Bundes und der Länder (Gemeinsame-Dateien-Gesetz) v. 22.12.2006 (BGBl. I S. 3409, geänd. durch G v. 18.12.2014, BGBl. I S. 2318); Inkrafttreten gem. Art. 5 Abs. 1 dieses G am 31.12.2006.

[2)] § 1 Abs. 1 geänd. mWv 1.3.2008 durch G v. 26.2.2008 (BGBl. I S. 215); Abs. 2 neu gef. mWv 1.1.2015 durch G v. 18.12.2014 (BGBl. I S. 2318); Abs. 2 einl. Satzteil geänd. mWv 27.6.2020 durch VO v. 19.6.2020 (BGBl. I S. 1328).

[3)] § 2 Satz 1 Nr. 1 neu gef., Nr. 2 geänd., Nr. 3 aufgeh., bish. Nr. 4 wird Nr. 3 mWv 1.1.2015 durch G v. 18.12.2014 (BGBl. I S. 2318).

verfügen, aus denen sich tatsächliche Anhaltspunkte dafür ergeben, dass die Daten sich beziehen auf

1. Personen, die
   a) einer terroristischen Vereinigung nach § 129a des Strafgesetzbuchs[1)], die einen internationalen Bezug aufweist, oder einer terroristischen Vereinigung nach § 129a in Verbindung mit § 129b Absatz 1 Satz 1 des Strafgesetzbuchs mit Bezug zur Bundesrepublik Deutschland angehören oder diese unterstützen,
   b) einer Gruppierung, die eine Vereinigung nach Buchstabe a unterstützt, angehören oder
   c) eine Gruppierung nach Buchstabe b willentlich in Kenntnis der den Terrorismus unterstützenden Aktivität der Gruppierung unterstützen,
2. Personen, die rechtswidrig Gewalt als Mittel zur Durchsetzung international ausgerichteter politischer oder religiöser Belange anwenden oder eine solche Gewaltanwendung unterstützen, vorbereiten oder durch ihre Tätigkeiten, insbesondere durch Befürworten solcher Gewaltanwendungen, vorsätzlich hervorrufen, oder
3. a) Vereinigungen, Gruppierungen, Stiftungen oder Unternehmen,
   b) Sachen, Bankverbindungen, Anschriften, Telekommunikationsanschlüsse, Telekommunikationsendgeräte, Internetseiten oder Adressen für elektronische Post,

   bei denen tatsächliche Anhaltspunkte die Annahme begründen, dass sie im Zusammenhang mit einer Person nach Nummer 1 oder Nummer 2 stehen und durch sie Hinweise für die Aufklärung oder Bekämpfung des internationalen Terrorismus gewonnen werden können,

und die Kenntnis der Daten für die Aufklärung oder Bekämpfung des internationalen Terrorismus mit Bezug zur Bundesrepublik Deutschland erforderlich ist. [2] Satz 1 gilt nur für Daten, die die beteiligten Behörden nach den für sie geltenden Rechtsvorschriften automatisiert verarbeiten dürfen.

§ 3[2)] Zu speichernde Datenarten. (1) In der Antiterrordatei werden, soweit vorhanden, folgende Datenarten gespeichert:

1. zu Personen nach § 2 Satz 1 Nummer 1 und 2
   a) der Familienname, die Vornamen, frühere Namen, andere Namen, Aliaspersonalien, abweichende Namensschreibweisen, das Geschlecht, das Geburtsdatum, der Geburtsort, der Geburtsstaat, aktuelle und frühere Staatsangehörigkeiten, gegenwärtige und frühere Anschriften, besondere körperliche Merkmale, Sprachen, Dialekte, Lichtbilder, die Bezeichnung der Fallgruppe nach § 2 und, soweit keine anderen gesetzlichen Bestimmungen entgegenstehen und dies zur Identifizierung einer Person erforderlich ist, Angaben zu Identitätspapieren (Grunddaten),
   b) folgende weitere Datenarten (erweiterte Grunddaten):
      aa) eigene oder von ihnen genutzte Telekommunikationsanschlüsse und Telekommunikationsendgeräte,

---

[1)] **Schönfelder Nr. 85.**

[2)] § 3 Abs. 1 Nr. 1 einl. Satzteil, Buchst. a, Buchst. b einl. Satzteil und Doppelbuchst. oo, qq und rr geänd., Doppelbuchst. ss angef., Abs. 1 Nr. 2 geänd., Abs. 2 eingef., bish. Abs. 2 wird Abs. 3, Abs. 4 angef. mWv 1.1.2015 durch G v. 18.12.2014 (BGBl. I S. 2318); Abs. 1 Nr. 1 Buchst. b, Doppelbuchst. rr geänd. mWv 26.11.2019 durch G v. 20.11.2019 (BGBl. I S. 1626).

bb) Adressen für elektronische Post,
cc) Bankverbindungen,
dd) Schließfächer,
ee) auf die Person zugelassene oder von ihr genutzte Fahrzeuge,
ff) Familienstand,
gg) Volkszugehörigkeit,
hh) Angaben zur Religionszugehörigkeit, soweit diese im Einzelfall zur Aufklärung oder Bekämpfung des internationalen Terrorismus erforderlich sind,
ii) besondere Fähigkeiten, die nach den auf bestimmten Tatsachen beruhenden Erkenntnissen der beteiligten Behörden der Vorbereitung und Durchführung terroristischer Straftaten nach § 129a Abs. 1 und 2 des Strafgesetzbuchs[1] dienen können, insbesondere besondere Kenntnisse und Fertigkeiten in der Herstellung oder im Umgang mit Sprengstoffen oder Waffen,
jj) Angaben zum Schulabschluss, zur berufsqualifizierenden Ausbildung und zum ausgeübten Beruf,
kk) Angaben zu einer gegenwärtigen oder früheren Tätigkeit in einer lebenswichtigen Einrichtung im Sinne des § 1 Abs. 5 des Sicherheitsüberprüfungsgesetzes[2] oder einer Verkehrs- oder Versorgungsanlage oder -einrichtung, einem öffentlichen Verkehrsmittel oder Amtsgebäude,
ll) Angaben zur Gefährlichkeit, insbesondere Waffenbesitz oder zur Gewaltbereitschaft der Person,
mm) Fahr- und Flugerlaubnisse,
nn) besuchte Orte oder Gebiete, an oder in denen sich in § 2 Satz 1 Nr. 1 und 2 genannte Personen treffen,
oo) Kontaktpersonen zu den jeweiligen Personen nach § 2 Satz 1 Nr. 1 Buchstabe a oder Nr. 2,
pp) die Bezeichnung der konkreten Vereinigung oder Gruppierung nach § 2 Satz 1 Nr. 1 Buchstabe a oder b,
qq) der Tag, an dem das letzte Ereignis eingetreten ist, das die Speicherung der Erkenntnisse begründet,
rr) auf tatsächlichen Anhaltspunkten beruhende zusammenfassende besondere Bemerkungen, ergänzende Hinweise und Bewertungen zu Grunddaten und erweiterten Grunddaten, die bereits in Dateisystemen der beteiligten Behörden gespeichert sind, sofern dies im Einzelfall nach pflichtgemäßem Ermessen geboten und zur Aufklärung oder Bekämpfung des internationalen Terrorismus unerlässlich ist, und
ss) von der Person betriebene oder maßgeblich zum Zweck ihrer Aktivitäten nach § 2 Satz 1 Nummer 1 oder Nummer 2 genutzte Internetseiten,

2. Angaben zur Identifizierung der in § 2 Satz 1 Nummer 3 genannten Vereinigungen, Gruppierungen, Stiftungen, Unternehmen, Sachen, Bankverbindungen, Anschriften, Telekommunikationsanschlüsse, Telekommunikationsendgeräte, Internetseiten oder Adressen für elektronische Post, mit Ausnahme weiterer personenbezogener Daten, und

---

[1] **Schönfelder Nr. 85.**
[2] **Sartorius III Nr. 810.**

3. zu den jeweiligen Daten nach den Nummern 1 und 2 die Angabe der Behörde, die über die Erkenntnisse verfügt, sowie das zugehörige Aktenzeichen oder sonstige Geschäftszeichen und, soweit vorhanden, die jeweilige Einstufung als Verschlusssache.

(2) [1] Kontaktpersonen nach Absatz 1 Nummer 1 Buchstabe b Doppelbuchstabe oo sind Personen, bei denen tatsächliche Anhaltspunkte vorliegen, dass sie mit den in § 2 Satz 1 Nummer 1 Buchstabe a oder Nummer 2 genannten Personen nicht nur flüchtig oder in zufälligem Kontakt in Verbindung stehen und durch sie weiterführende Hinweise für die Aufklärung oder Bekämpfung des internationalen Terrorismus zu erwarten sind. [2] Angaben zu Kontaktpersonen dürfen ausschließlich als erweiterte Grunddaten nach Absatz 1 Nummer 1 Buchstabe b Doppelbuchstabe oo mit folgenden Datenarten zur Identifizierung und Kontaktaufnahme gespeichert werden: der Familienname, die Vornamen, frühere Namen, andere Namen, Aliaspersonalien, abweichende Namensschreibweisen, das Geschlecht, das Geburtsdatum, der Geburtsort, der Geburtsstaat, die aktuelle Staatsangehörigkeit, die gegenwärtige Anschrift, Lichtbilder, eigene oder von ihnen genutzte Telekommunikationsanschlüsse sowie Adressen für elektronische Post, sonstige Angaben zur beruflichen Erreichbarkeit.

(3) Soweit zu speichernde Daten aufgrund einer anderen Rechtsvorschrift zu kennzeichnen sind, ist diese Kennzeichnung bei der Speicherung der Daten in der Antiterrordatei aufrechtzuerhalten.

(4) [1] Das Bundeskriminalamt legt die Kriterien und Kategorien für die zu speichernden Datenarten in den Fällen des Absatzes 1 Nummer 1 Buchstabe b Doppelbuchstabe gg, hh, ii, kk und nn in einer Verwaltungsvorschrift fest. [2] Diese ist in der jeweils aktuellen Fassung im Bundesanzeiger zu veröffentlichen. [3] Das Bundeskriminalamt kann Kriterien für die zu speichernden Datenarten in den weiteren Fällen des Absatzes 1 in derselben Verwaltungsvorschrift vorsehen.

§ 4[1)] Beschränkte und verdeckte Speicherung. (1) [1] Soweit besondere Geheimhaltungsinteressen oder besonders schutzwürdige Interessen des Betroffenen dies ausnahmsweise erfordern, darf eine beteiligte Behörde entweder von einer Speicherung der in § 3 Abs. 1 Nr. 1 Buchstabe b genannten erweiterten Grunddaten ganz oder teilweise absehen (beschränkte Speicherung) oder alle jeweiligen Daten zu in § 2 genannten Personen, Vereinigungen, Gruppierungen, Stiftungen, Unternehmen, Sachen, Bankverbindungen, Anschriften, Telekommunikationsanschlüssen, Telekommunikationsendgeräte, Internetseiten oder Adressen für elektronische Post in der Weise eingeben, dass die anderen beteiligten Behörden im Falle einer Abfrage die Speicherung der Daten nicht erkennen und keinen Zugriff auf die gespeicherten Daten erhalten (verdeckte Speicherung). [2] Über beschränkte und verdeckte Speicherungen entscheidet der jeweilige Behördenleiter oder ein von ihm besonders beauftragter Beamter des höheren Dienstes.

(2) [1] Sind Daten, auf die sich eine Abfrage bezieht, verdeckt gespeichert, wird die Behörde, die die Daten eingegeben hat, automatisiert durch Übermittlung aller Anfragedaten über die Abfrage unterrichtet und hat unverzüglich mit der abfragenden Behörde Kontakt aufzunehmen, um zu klären, ob Erkenntnisse nach § 7 übermittelt werden können. [2] Die Behörde, die die Daten eingegeben hat, sieht

[1)] § 4 Abs. 3 angef. mWv 1.1.2015 durch G v. 18.12.2014 (BGBl. I S. 2318, ber. 2016 S. 48); Abs. 3 Satz 1 Nr. 1, 2, 4 und 5 geänd. mWv 25.5.2018 durch G v. 1.6.2017 (BGBl. I S. 1354); Abs. 3 Satz 1 Nr. 2 geänd. mWv 24.8.2017 durch G v. 17.8.2017 (BGBl. I S. 3202); Abs. 3 Satz 1 Nr. 8 neu gef., Nr. 9 geänd. mWv 2.4.2021 durch G v. 30.3.2021 (BGBl. I S. 402).

von einer Kontaktaufnahme nur ab, wenn Geheimhaltungsinteressen auch nach den Umständen des Einzelfalls überwiegen. [3]Die wesentlichen Gründe für die Entscheidung nach Satz 2 sind zu dokumentieren. [4]Die übermittelten Anfragedaten sowie die Dokumentation nach Satz 3 sind spätestens zu löschen oder zu vernichten, wenn die verdeckt gespeicherten Daten zu löschen sind.

(3) [1]Personenbezogene Daten, die durch

1. Maßnahmen nach § 100a der Strafprozessordnung[1)] oder § 51 des Bundeskriminalamtgesetzes,
2. Maßnahmen nach den §§ 100b und 100c der Strafprozessordnung oder § 46 des Bundeskriminalamtgesetzes,
3. Maßnahmen nach § 99 der Strafprozessordnung,
4. Maßnahmen nach § 49 des Bundeskriminalamtgesetzes,
5. Maßnahmen innerhalb von Wohnungen nach § 34 des Bundeskriminalamtgesetzes,
6. Beschränkungen nach § 1 Absatz 1 des Artikel 10-Gesetzes[2)],
7. Maßnahmen nach § 9 Absatz 2 des Bundesverfassungsschutzgesetzes[3)],
8. Maßnahmen innerhalb von Wohnungen nach § 62 Absatz 2 des Zollfahndungsdienstgesetzes,
9. Maßnahmen nach § 72 des Zollfahndungsdienstgesetzes oder

durch Maßnahmen nach entsprechenden landesrechtlichen Regelungen erlangt wurden, sind verdeckt zu speichern. [2]Sofern zu einer Person nach § 2 Satz 1 Nummer 1 und 2 oder einer Angabe nach § 2 Satz 1 Nummer 3 sowohl Daten nach Satz 1 als auch andere Daten zu speichern sind, müssen nur die Daten nach Satz 1 verdeckt gespeichert werden oder kann die einstellende Behörde von der Speicherung der Daten nach Satz 1 absehen (beschränkte Speicherung).

§ 5[4)] Zugriff auf die Daten. (1) [1]Die beteiligten Behörden dürfen die in der Antiterrordatei gespeicherten Daten im automatisierten Verfahren nutzen, soweit dies zur Erfüllung der jeweiligen Aufgaben zur Aufklärung oder Bekämpfung des internationalen Terrorismus erforderlich ist. [2]Im Falle eines Treffers erhält die abfragende Behörde Zugriff

1. a) bei einer Abfrage zu Personen auf die zu ihnen gespeicherten Grunddaten oder
   b) bei einer Abfrage zu Vereinigungen, Gruppierungen, Stiftungen, Unternehmen, Sachen, Bankverbindungen, Anschriften, Telekommunikationsanschlüssen, Telekommunikationsendgeräten, Internetseiten oder Adressen für elektronische Post nach § 2 Satz 1 Nummer 3 auf die dazu gespeicherten Daten, und
2. auf die Daten nach § 3 Abs. 1 Nr. 3.

[3]Auf die zu Personen gespeicherten erweiterten Grunddaten kann die abfragende Behörde im Falle eines Treffers Zugriff erhalten, wenn die Behörde, die die Daten eingegeben hat, dies im Einzelfall auf Ersuchen gewährt. [4]Die Entscheidung hierüber richtet sich nach den jeweils geltenden Übermittlungsvorschriften.

---

1) **Schönfelder Nr. 90.**
2) Nr. **7**.
3) Nr. **80**.
4) § 5 Abs. 1 Satz 2 Nr. 1 Buchst. b geänd., Sätze 5 und 6 angef. mWv 1.1.2015 durch G v. 18.12.2014 (BGBl. I S. 2318); Abs. 2 Satz 7 geänd. mWv 26.11.2019 durch G v. 20.11.2019 (BGBl. I S. 1626).

[5] Wenn die abfragende Behörde ohne Angabe eines Namens nach § 3 Absatz 1 Nummer 1 Buchstabe a mittels Angaben in den erweiterten Grunddaten sucht, erhält sie im Falle eines Treffers lediglich Zugriff auf die Daten nach § 3 Absatz 1 Nummer 3. [6] Satz 5 gilt entsprechend, wenn die Suche trotz Angabe eines Namens mehrere Treffer erzeugt.

(2) [1] Die abfragende Behörde darf im Falle eines Treffers unmittelbar auf die erweiterten Grunddaten zugreifen, wenn dies aufgrund bestimmter Tatsachen zur Abwehr einer gegenwärtigen Gefahr für Leib, Leben, Gesundheit oder Freiheit einer Person oder für Sachen von erheblichem Wert, deren Erhaltung im öffentlichen Interesse geboten ist, unerlässlich ist und die Datenübermittlung aufgrund eines Ersuchens nicht rechtzeitig erfolgen kann (Eilfall). [2] Ob ein Eilfall vorliegt, entscheidet der Behördenleiter oder ein von ihm besonders beauftragter Beamter des höheren Dienstes. [3] Die Entscheidung und ihre Gründe sind zu dokumentieren. [4] Der Zugriff ist unter Hinweis auf die Entscheidung nach Satz 3 zu protokollieren. [5] Die Behörde, die die Daten eingegeben hat, muss unverzüglich um nachträgliche Zustimmung ersucht werden. [6] Wird die nachträgliche Zustimmung verweigert, ist die weitere Verwendung dieser Daten unzulässig. [7] Die abfragende Behörde hat die Daten unverzüglich zu löschen oder nach § 11 Abs. 3 in ihrer Verarbeitung einzuschränken. [8] Sind die Daten einem Dritten übermittelt worden, ist dieser unverzüglich darauf hinzuweisen, dass die weitere Verwendung der Daten unzulässig ist.

(3) Innerhalb der beteiligten Behörden erhalten ausschließlich hierzu ermächtigte Personen Zugriff auf die Antiterrordatei.

(4) Bei jeder Abfrage müssen der Zweck und die Dringlichkeit angegeben und dokumentiert werden und erkennbar sein.

§ 6[1)] Weitere Verwendung der Daten. (1) [1] Die abfragende Behörde darf die Daten, auf die sie Zugriff erhalten hat, nur zur Prüfung, ob der Treffer der gesuchten Person oder der gesuchten Angabe nach § 2 Satz 1 Nummer 3 zuzuordnen ist, für ein Ersuchen um Übermittlung von Erkenntnissen zur Wahrnehmung ihrer jeweiligen Aufgabe zur Aufklärung oder Bekämpfung des internationalen Terrorismus und zu den Zwecken nach § 6a verwenden. [2] Eine Verwendung zu einem anderen Zweck als zur Wahrnehmung ihrer jeweiligen Aufgabe zur Aufklärung oder Bekämpfung des internationalen Terrorismus ist nur zulässig, soweit

1. dies zur Verfolgung einer besonders schweren Straftat oder zur Abwehr einer Gefahr für Leib, Leben, Gesundheit oder Freiheit einer Person erforderlich ist, und
2. die Behörde, die die Daten eingegeben hat, der Verwendung zustimmt.

(2) Im Eilfall darf die abfragende Behörde die Daten, auf die sie Zugriff erhalten hat, nur verwenden, soweit dies zur Abwehr der gegenwärtigen Gefahr nach § 5 Abs. 2 Satz 1 im Zusammenhang mit der Bekämpfung des internationalen Terrorismus unerlässlich ist.

(3) [1] Im Falle einer Verwendung nach Absatz 1 Satz 2 oder Absatz 2 sind die Daten zu kennzeichnen. [2] Nach einer Übermittlung ist die Kennzeichnung durch den Empfänger aufrechtzuerhalten; Gleiches gilt für Kennzeichnungen nach § 3 Absatz 3.

[1)] § 6 Abs. 1 Satz 1 und Abs. 3 Satz 2 geänd. mWv 1.1.2015 durch G v. 18.12.2014 (BGBl. I S. 2318).

(4) [1] Soweit das Bundeskriminalamt und die Landeskriminalämter auf Ersuchen oder im Auftrag des Generalbundesanwalts die Antiterrordatei nutzen, übermitteln sie die Daten, auf die sie Zugriff erhalten haben, dem Generalbundesanwalt für die Zwecke der Strafverfolgung. [2] Der Generalbundesanwalt darf die Daten für Ersuchen nach Absatz 1 Satz 1 verwenden. [3] § 487 Abs. 3 der Strafprozessordnung[1)] gilt entsprechend.

§ 6a[2)] Erweiterte projektbezogene Datennutzung. (1) Eine beteiligte Behörde des Bundes darf zur Erfüllung ihrer gesetzlichen Aufgaben die in der Datei nach § 3 gespeicherten Datenarten mit Ausnahme der nach § 4 verdeckt gespeicherten Daten erweitert nutzen, soweit dies im Rahmen eines bestimmten einzelfallbezogenen Projekts zur Sammlung und Auswertung von Informationen über eine internationale terroristische Bestrebung, bei der bestimmte Tatsachen die Annahme rechtfertigen, dass Straftaten des internationalen Terrorismus nach den §§ 129a, 129b und 211 des Strafgesetzbuchs[3)] begangen werden sollen und dadurch Gefahren für Leib, Leben oder Freiheit von Personen drohen, im Einzelfall erforderlich ist, um weitere Zusammenhänge des Einzelfalls aufzuklären.

(2) [1] *Eine beteiligte Behörde des Bundes darf zur Erfüllung ihrer gesetzlichen Aufgaben die in der Datei nach § 3 gespeicherten Datenarten mit Ausnahme der nach § 4 verdeckt gespeicherten Daten erweitert nutzen, soweit dies im Rahmen eines bestimmten einzelfallbezogenen Projekts für die Verfolgung qualifizierter Straftaten des internationalen Terrorismus im Einzelfall erforderlich ist, um weitere Zusammenhänge des Einzelfalls aufzuklären.*[4)] [2] Qualifizierte Straftaten des internationalen Terrorismus sind Taten des internationalen Terrorismus, die einen Straftatbestand nach den §§ 89a, 89b, 91, 102, 129a, 129b, 211 oder 212 des Strafgesetzbuchs erfüllen.

(3) [1] Eine beteiligte Behörde des Bundes darf zur Erfüllung ihrer gesetzlichen Aufgaben die in der Datei nach § 3 gespeicherten Datenarten mit Ausnahme der nach § 4 verdeckt gespeicherten Daten erweitert nutzen, soweit dies im Rahmen eines bestimmten einzelfallbezogenen Projekts für die Verhinderung von qualifizierten Straftaten des internationalen Terrorismus erforderlich ist, um weitere Zusammenhänge des Einzelfalls aufzuklären, und Tatsachen die Annahme rechtfertigen, dass eine solche Straftat begangen werden soll. [2] Absatz 2 Satz 2 gilt entsprechend.

(4) Ein Projekt ist eine gegenständlich abgrenzbare und auf bestimmte Zeiträume bezogene Aufgabe, der durch die Gefahr oder den drohenden Schaden, die am Sachverhalt beteiligten Personen, die Zielsetzung der Aufgabe oder deren Folgewirkungen eine besondere Bedeutung zukommt.

(5) [1] Eine erweiterte Nutzung sind das Herstellen von Zusammenhängen zwischen Personen, Personengruppierungen, Institutionen, Objekten und Sachen, der Ausschluss von unbedeutenden Informationen und Erkenntnissen, die Zuordnung eingehender Informationen zu bekannten Sachverhalten sowie die statistische Auswertung der gespeicherten Daten. [2] Hierzu dürfen die beteiligten Behörden des Bundes Daten auch mittels

1. phonetischer oder unvollständiger Daten,
2. der Suche über eine Mehrzahl von Datenfeldern,

---

1) **Schönfelder Nr. 90.**

2) § 6a eingef. mWv 1.1.2015 durch G v. 18.12.2014 (BGBl. I S. 2318).

3) **Schönfelder Nr. 85.**

4) § 6a Abs. 2 Satz 1 ist gem. Beschluss des BVerfG v. 10.11.2020 (BGBl. 2021 I S. 217) mit Art. 2 Abs. 1 iVm Art. 1 Abs. 1 GG unvereinbar und nichtig.

3. der Verknüpfung von Personen, Institutionen, Organisationen, Sachen oder
4. der zeitlichen Eingrenzung der Suchkriterien

aus der Datei abfragen sowie räumliche und sonstige Beziehungen zwischen Personen und Zusammenhänge zwischen Personen, Personengruppierungen, Institutionen, Objekten und Sachen darstellen sowie die Suchkriterien gewichten.

(6) [1] Die Zugriffsberechtigung ist im Rahmen der projektbezogenen erweiterten Nutzung auf die Personen zu beschränken, die unmittelbar mit Arbeiten auf diesem Anwendungsgebiet betraut sind. [2] Die projektbezogene erweiterte Nutzung der Datei ist auf höchstens zwei Jahre zu befristen. [3] Die Frist kann zweimalig um jeweils bis zu einem Jahr verlängert werden, wenn die Voraussetzungen für die projektbezogene erweiterte Datennutzung fortbestehen und sich aus den mit dem Projekt gewonnenen Erkenntnissen das Bedürfnis für eine Fortführung des Projekts ergibt.

(7) [1] Projektbezogene Datennutzungen dürfen nur auf Antrag angeordnet werden. [2] Der Antrag ist durch den Behördenleiter oder seinen Stellvertreter schriftlich zu stellen und zu begründen. [3] Er muss alle für die Anordnung erforderlichen Angaben enthalten. [4] Zuständig für die Anordnung ist die die Fachaufsicht über die antragstellende Behörde führende oberste Bundesbehörde. [5] Die Anordnung ergeht schriftlich. [6] In ihr sind der Grund der Anordnung, die für die projektbezogene erweiterte Datennutzung erforderlichen Datenarten nach § 3, der Funktionsumfang und die Dauer der projektbezogenen erweiterten Datennutzung anzugeben. [7] Der Funktionsumfang der projektbezogenen erweiterten Datennutzung ist auf das zur Erreichung des Projektziels erforderliche Maß zu beschränken. [8] Die Anordnung ist zu begründen. [9] Aus der Begründung müssen sich die in den Absätzen 1 bis 3 genannten Voraussetzungen ergeben, insbesondere, dass die projektbezogene erweiterte Nutzung erforderlich ist, um weitere Zusammenhänge aufzuklären. [10] Die anordnende Behörde hält Antrag und Anordnung für datenschutzrechtliche Kontrollzwecke zwei Jahre, mindestens jedoch für die Dauer der projektbezogenen erweiterten Nutzung vor.

(Fortsetzung nächstes Blatt)

90. Gesetz über die Bundespolizei (Bundespolizeigesetz – BPolG)[1) 2)]

Vom 19. Oktober 1994
(BGBl. I S. 2978)

FNA 13-7-2

geänd. durch Art. 3 BundeskriminalamtG v. 7.7.1997 (BGBl. I S. 1650), Art. 1 Erstes ÄndG v. 25.8.1998 (BGBl. I S. 2486, geänd.2003 I S. 2770 und 2007 I S. 1142), Art. 4 Abs. 3 G zur Änd. von Vorschr. über parlamentar. Gremien v. 17.6.1999 (BGBl. I S. 1334), Art. 1 HaushaltssanierungsG v. 22.12.1999 (BGBl. I S. 2534), Art. 6 BundesdatenschutzG-ÄndG v. 18.5.2001 (BGBl. I S. 904), Art. 6 TerrorismusbekämpfungsG v. 9.1.2002 (BGBl. I S. 361), Art. 11 Nr. 3 ZuwanderungsG v. 20.6.2002 (BGBl. I S. 1946, nichtig gem. Urt. des BVerfG v. 18.12.2002 – 2 BvF 1/02 –), Art. 10 Abs. 1 Zweites Schadensersatzrechts-ÄndG v. 19.7.2002 (BGBl. I S. 2674), Art. 4 Abs. 2 KostenrechtsmodernisierungsG v. 5.5. 2004 (BGBl. I S. 718), Art. 11 Nr. 3 ZuwanderungsG v. 30.7.2004 (BGBl. I S. 1950), Art. 12g Abs. 1 Erstes JustizmodernisierungsG v. 24.8.2004 (BGBl. I S. 2198), Art. 3 Luftsicherheitsaufgaben-NeuregelungsG v. 11.1.2005 (BGBl. I S. 78), Art. 1 G zur Umbenennung des Bundesgrenzschutzes in Bundespolizei v. 21.6.2005 (BGBl. I S. 1818), Art. 8 Neunte ZuständigkeitsanpassungsVO v. 31.10.2006 (BGBl. I S. 2407), Art. 3 Zweites G zur Änd. des FinanzverwaltungsG und anderer G v. 13.12.2007 (BGBl. I S. 2897), Art. 1 Drittes ÄndG v. 22.12.2007 (BGBl. I S. 3214, geänd. 2008 I S. 215), Art. 1 G zur Änd. des Bundespolizeigesetzes und anderer Gesetze v. 26.2.2008 (BGBl. I S. 215), Art. 7 FGG-ReformG v. 17.12.2008 (BGBl. I S. 2586), Art. 2 G zur Umsetzung des Beschlusses des Rates 2008/615/ JI vom 23. Juni 2008 zur Vertiefung der grenzüberschreitenden Zusammenarbeit, insbesondere zur Bekämpfung des Terrorismus und der grenzüberschreitenden Kriminalität v. 31.7.2009 (BGBl. I S. 2507), Art. 4 G über die Vereinfachung des Austauschs von Informationen und Erkenntnissen zwischen den Strafverfolgungsbehörden der Mitgliedstaaten der EU v. 21.7.2012 (BGBl. I S. 1566), Art. 4 G zur Änd. des TelekommunikationsG und zur Neuregelung der Bestandsdatenauskunft v. 20.6.2013 (BGBl. I S. 1602), Art. 14 Zehnte ZuständigkeitsanpassungsVO v. 31.8.2015 (BGBl. I S. 1474), Art. 14 Nr. 9 AsylverfahrensbeschleunigungsG v. 20.10.2015 (BGBl. I S. 1722), Art. 3 G zum besseren Informationsaustausch bei der Bekämpfung des internationalen Terrorismus v. 26.7.2016 (BGBl. I S. 1818), Art. 2 Erstes G zur Änd. des LuftsicherheitsG v. 23.2.2017 (BGBl. I S. 298), Art. 5 Abs. 1 G zur Neuregelung des Bundesarchivrechts v. 10.3.2017 (BGBl. I S. 410), Art. 2 G zur Einbeziehung der Bundespolizei in den Anwendungsbereich des BundesgebührenG v. 10.3.2017 (BGBl. I S. 417), Art. 1 G zur Verbesserung der Fahndung bei besonderen Gefahrenlagen und zum Schutz von Beamtinnen und Beamten der Bundespolizei durch den Einsatz von mobiler Videotechnik v. 5.5.2017 (BGBl. I S. 1066), Art. 26 Abs. 1 G zur Umsetzung der RL (EU) 2016/680 im Strafverfahren sowie zur Anp. datenschutzrechtl. Bestimmungen an die VO (EU) 2016/679 v. 20.11.2019 (BGBl. I S. 1724), Art. 26 Elfte ZuständigkeitsanpassungsVO v. 19.6.2020 (BGBl. I S. 1328), Beschluss des BVerfG – 1 BvR 1873/13, 1 BvR 2618/13 – v. 27.5.2020 (BGBl. I S. 1931) und Art. 6 G zur Anpassung der Regelungen über die Bestandsdatenauskunft an die Vorgaben aus der Entscheidung des BVerfG v. 27.5.2020 v. 30.3.2021 (BGBl. I S. 448)

Inhaltsübersicht[3)]

Abschnitt 1. Aufgaben und Verwendungen

---

1) Verkündet als Art. 1 BundesgrenzschutzneuregelungsG v. 19.10.1994 (BGBl. I S. 2978); Inkrafttreten gem. Art. 3 Abs. 1 Satz 1 dieses G am 1.11.1994.

2) Titel neu gef. mWv 1.7.2005 durch G v. 21.6.2005 (BGBl. I S. 1818); bis 30.6.2005: „Gesetz über den Bundesgrenzschutz (Bundesgrenzschutzgesetz – BGSG)".

3) Inhaltsübersicht geänd. mWv 1.7.2005 durch G v. 21.6.2005 (BGBl. I S. 1818); geänd. mWv 26.7. 2012 durch G v. 21.7.2012 (BGBl. I S. 1566); geänd. mWv 16.5.2017 durch G v. 5.5.2017 (BGBl. I S. 1066); geänd. mWv 2.4.2021 durch G v. 30.3.2021 (BGBl. I S. 448).

Die Inhaltsübersicht wurde redaktionell an die Änderungen durch G v. 9.1.2002 (BGBl. I S. 361), G v. 22.12.2007 (BGBl. I S. 3214), G v. 20.6.2013 (BGBl. I S. 1602), G v. 26.7.2016 (BGBl. I S. 1818) und G v. 10.3.2017 (BGBl. I S. 417) angepasst.

(4) [1] § 136a der Strafprozeßordnung gilt entsprechend. [2] § 12 des Verwaltungsvollstreckungsgesetzes[1)] findet keine Anwendung.

§ 22a[2)] Bestandsdatenauskunft. (1) [1] Die Bundespolizei darf Auskunft verlangen

1. über die nach den §§ 95 und 111 des Telekommunikationsgesetzes[3)] erhobenen Daten (§ 113 Absatz 1 Satz 1 des Telekommunikationsgesetzes) von demjenigen, der geschäftsmäßig Telekommunikationsdienste erbringt oder daran mitwirkt, und
2. über die nach § 14 des Telemediengesetzes[4)] erhobenen Daten (§ 15a Absatz 1 Satz 1 und § 15b Absatz 1 Satz 1 des Telemediengesetzes) von demjenigen, der geschäftsmäßig eigene oder fremde Telemedien zur Nutzung bereithält oder den Zugang zur Nutzung vermittelt.

[2] Die Auskunft nach Satz 1 darf nur verlangt werden, soweit die zu erhebenden Daten im Einzelfall erforderlich sind

1. zur Abwehr einer Gefahr für die öffentliche Sicherheit oder
2. zum Schutz von Leib, Leben, Freiheit sowie sexueller Selbstbestimmung der Person, dem Bestand und der Sicherheit des Bundes oder eines Landes, der freiheitlich demokratischen Grundordnung, Gütern der Allgemeinheit, deren Bedrohung die Grundlagen der Existenz der Menschen berührt sowie nicht unerheblichen Sachwerten, wenn Tatsachen den Schluss auf ein wenigstens seiner Art nach konkretisiertes und zeitlich absehbares Geschehen zulassen, an dem bestimmte Personen beteiligt sein werden, oder
3. zum Schutz von Leib, Leben, Freiheit sowie sexueller Selbstbestimmung der Person, dem Bestand und der Sicherheit des Bundes oder eines Landes, der freiheitlich demokratischen Grundordnung sowie Gütern der Allgemeinheit, deren Bedrohung die Grundlagen der Existenz der Menschen berührt, wenn das individuelle Verhalten einer Person die konkrete Wahrscheinlichkeit begründet, dass sie eine Straftat gegen ein solches Rechtsgut in einem übersehbaren Zeitraum begehen wird.

(2) [1] Bezieht sich das Auskunftsverlangen nach Absatz 1 auf Daten nach § 113 Absatz 1 Satz 2 des Telekommunikationsgesetzes, mittels derer der Zugriff auf Endgeräte oder auf Speichereinrichtungen, die in diesen Endgeräten oder hiervon räumlich getrennt eingesetzt werden, geschützt wird, darf die Auskunft nur verlangt werden, wenn im Einzelfall die gesetzlichen Voraussetzungen für die Nutzung der Daten vorliegen. [2] Bezieht sich das Auskunftsverlangen nach Absatz 1 auf nach § 14 Absatz 1 des Telemediengesetzes erhobene Passwörter oder auf andere Daten, mittels derer der Zugriff auf Endgeräte oder auf Speichereinrichtungen, die in diesen Endgeräten oder hiervon räumlich getrennt eingesetzt werden, geschützt wird (§ 15b Absatz 1 Satz 1 des Telemediengesetzes), darf die Auskunft nur verlangt werden zur Abwehr einer konkreten Gefahr für Leib, Leben, Freiheit oder die sexuelle Selbstbestimmung einer Person oder für den Bestand des Bundes oder eines Landes sowie Güter der Allgemeinheit, deren Bedrohung die Grundlagen der Existenz der Menschen berührt, und wenn die gesetzlichen Voraussetzungen für die Nutzung der Daten vorliegen. [3] Auskunftsverlangen nach den Sätzen 1

[1)] Nr. **112**.

[2)] § 22a neu gef. mWv 2.4.2021 durch G v. 30.3.2021 (BGBl. I S. 448).

[3)] **Sartorius ErgBd. Nr. 920.**

[4)] **Sartorius ErgBd. Nr. 922.**

und 2 dürfen nur auf Antrag des Präsidenten des Bundespolizeipräsidiums, seines Vertreters oder des Leiters einer Abteilung des Bundespolizeipräsidiums durch das Gericht angeordnet werden. [4] In den Fällen des Satzes 1 ist Satz 3 nicht anzuwenden, wenn

1. die betroffene Person vom Auskunftsverlangen bereits Kenntnis hat oder haben muss oder
2. die Verarbeitung der Daten bereits durch eine gerichtliche Entscheidung gestattet wird.

[5] Das Vorliegen der Voraussetzungen nach Satz 4 ist aktenkundig zu machen. [6] Zuständig ist das Amtsgericht, in dessen Bezirk das Bundespolizeipräsidium seinen Sitz hat. [7] Für das Verfahren gelten die Vorschriften des Gesetzes über das Verfahren in Familiensachen und in den Angelegenheiten der freiwilligen Gerichtsbarkeit entsprechend. [8] Werden der Bundespolizei aufgrund eines Auskunftsersuchens nach Satz 2 Passwörter oder andere Daten unverschlüsselt beauskunftet, so informiert die Bundespolizei hierüber die jeweils zuständige Datenschutzaufsichtsbehörde.

(3) [1] Die Auskunft nach den Absätzen 1 und 2 darf auch anhand einer zu einem bestimmten Zeitpunkt zugewiesenen Internetprotokoll-Adresse verlangt werden (§ 113 Absatz 1 Satz 3, § 113c Absatz 1 Nummer 3 des Telekommunikationsgesetzes und § 15a Absatz 1 Satz 3 und 4 des Telemediengesetzes) in den Fällen von

1. Absatz 1 Satz 2 Nummer 1 zum Schutz von Leib, Leben, Freiheit oder sexueller Selbstbestimmung der Person, dem Bestand und der Sicherheit des Bundes und der Länder, der freiheitlich demokratischen Grundordnung, Gütern der Allgemeinheit, deren Bedrohung die Grundlagen der Existenz der Menschen berührt, sowie nicht unerheblicher Sachwerte oder zur Verhütung einer Straftat oder
2. Absatz 1 Satz 2 Nummer 2 und 3 zum Schutz von Leib, Leben, Freiheit oder sexueller Selbstbestimmung der Person, dem Bestand und der Sicherheit des Bundes und der Länder, der freiheitlich demokratischen Grundordnung sowie Gütern der Allgemeinheit, deren Bedrohung die Grundlagen der Existenz der Menschen berührt.

[2] Absatz 2 Satz 2 bleibt unberührt. [3] Die Auskunft nach den Absätzen 1 und 2 anhand einer zu einem bestimmten Zeitpunkt zugewiesenen Internetprotokoll-Adresse nach § 15a Absatz 1 Satz 3 und 4 des Telemediengesetzes darf darüber hinaus nur verlangt werden, wenn tatsächliche Anhaltspunkte dafür vorliegen, dass die betroffene Person Nutzer des Telemediendienstes ist, bei dem die Daten erhoben werden sollen. [4] Die rechtlichen und tatsächlichen Grundlagen des Auskunftsverlangens sind aktenkundig zu machen.

(4) [1] Die betroffene Person ist in den Fällen der Absätze 2 und 3 über die Auskunftserteilung zu benachrichtigen. [2] Die Benachrichtigung erfolgt, soweit und sobald hierdurch der Zweck der Auskunft nicht vereitelt wird. [3] Die Benachrichtigung unterbleibt, wenn ihr überwiegende schutzwürdige Belange Dritter oder der betroffenen Person selbst entgegenstehen. [4] Wird die Benachrichtigung nach Satz 2 zurückgestellt oder nach Satz 3 von ihr abgesehen, sind die Gründe *aktenkundig zu machen.*

(5) Der auf Grund eines Auskunftsverlangens Verpflichtete hat die zur Auskunftserteilung erforderlichen Daten unverzüglich und vollständig zu übermitteln.

(6) [1]Die Bundespolizei hat den Verpflichteten für ihr erteilte Auskünfte eine Entschädigung zu gewähren. [2]Der Umfang der Entschädigung bemisst sich nach § 23 und Anlage 3 des Justizvergütungs- und -entschädigungsgesetzes[1]; die Vorschriften über die Verjährung in § 2 Absatz 1 und 4 des Justizvergütungs- und -entschädigungsgesetzes finden entsprechend Anwendung.

§ 23[2] Identitätsfeststellung und Prüfung von Berechtigungsscheinen.

(1) Die Bundespolizei kann die Identität einer Person feststellen

1. zur Abwehr einer Gefahr,
2. zur polizeilichen Kontrolle des grenzüberschreitenden Verkehrs,
3. im Grenzgebiet bis zu einer Tiefe von dreißig Kilometern zur Verhinderung oder Unterbindung unerlaubter Einreise in das Bundesgebiet oder zur Verhütung von Straftaten im Sinne des § 12 Abs. 1 Nr. 1 bis 4,
4. wenn die Person sich in einer Einrichtung der Bundespolizei (§ 1 Abs. 3), einer Anlage oder Einrichtung der Eisenbahnen des Bundes (§ 3), einer dem Luftverkehr dienenden Anlage oder Einrichtung eines Verkehrsflughafens (§ 4), dem Amtssitz eines Verfassungsorgans oder eines Bundesministeriums (§ 5) oder an einer Grenzübergangsstelle (§ 61) oder in unmittelbarer Nähe hiervon aufhält und Tatsachen die Annahme rechtfertigen, daß dort Straftaten begangen werden sollen, durch die in oder an diesen Objekten befindliche Personen oder diese Objekte selbst unmittelbar gefährdet sind, und die Feststellung der Identität auf Grund der Gefährdungslage oder auf die Person bezogener Anhaltspunkte erforderlich ist, oder
5. zum Schutz privater Rechte.

(1a) Das in Absatz 1 Nr. 3 genannte Grenzgebiet erstreckt sich im Küstengebiet von der seewärtigen Begrenzung an bis zu einer Tiefe von 50 Kilometern; darüber hinaus nur nach Maßgabe der Rechtsverordnung zu § 2 Abs. 2 Satz 2

(2) Zur Erfüllung der Aufgaben nach § 7 kann die Bundespolizei ferner die Identität einer Person feststellen, wenn sie

1. sich an einem Ort aufhält, in bezug auf den Tatsachen die Annahme rechtfertigen, daß dort
   a) Personen Straftaten verabreden, vorbereiten oder verüben oder
   b) sich Straftäter verbergen,
2. sich in einer Verkehrs- oder Versorgungsanlage oder -einrichtung, einem öffentlichen Verkehrsmittel, Amtsgebäude oder einem anderen besonders gefährdeten Objekt oder in unmittelbarer Nähe hiervon aufhält und Tatsachen die Annahme rechtfertigen, daß dort Straftaten begangen werden sollen, durch die in oder an diesen Objekten befindliche Personen oder diese Objekte selbst unmittelbar gefährdet sind, und die Feststellung der Identität auf Grund der Gefährdungslage oder auf die Person bezogener Anhaltspunkte erforderlich ist, oder
3. an einer Kontrollstelle angetroffen wird, die von der Bundespolizei eingerichtet worden ist, um
   a) Straftaten von erheblicher Bedeutung oder

---

[1] **Schönfelder Nr. 116.**

[2] § 23 Abs. 1 neu gef. durch G v. 25.8.1998 (BGBl. I S. 2486); Abs. 1a eingef. mWv 1.1.2002 durch G v. 9.1.2002 (BGBl. I S. 361); Abs. 1 einl. Satzteil und Nr. 4, Abs. 2 einl. Satzteil und Nr. 3 einl. Satzteil, Abs. 3 Sätze 1–3, Abs. 4 sowie Abs. 5 Satz 1 geänd. mWv 1.7.2005 durch G v. 21.6.2005 (BGBl. I S. 1818).

b) Straftaten im Sinne des § 27 des Versammlungsgesetzes[1)]

zu verhindern, für deren Begehung Tatsachen sprechen.

(Fortsetzung nächstes Blatt)

[1)] Nr. **435**.

§ 18 Rechtsmittel. (1) [1] Gegen die Androhung eines Zwangsmittels sind die Rechtsmittel gegeben, die gegen den Verwaltungsakt zulässig sind, dessen Durchsetzung erzwungen werden soll. [2] Ist die Androhung mit dem zugrunde liegenden Verwaltungsakt verbunden, so erstreckt sich das Rechtsmittel zugleich auf den Verwaltungsakt, soweit er nicht bereits Gegenstand eines Rechtsmittel- oder gerichtlichen Verfahrens ist. [3] Ist die Androhung nicht mit dem zugrunde liegenden Verwaltungsakt verbunden und ist dieser unanfechtbar geworden, so kann die Androhung nur insoweit angefochten werden, als eine Rechtsverletzung durch die Androhung selbst behauptet wird.

(2) Wird ein Zwangsmittel ohne vorausgehenden Verwaltungsakt angewendet (§ 6 Abs. 2), so sind hiergegen die Rechtsmittel zulässig, die gegen Verwaltungsakte allgemein gegeben sind.

Dritter Abschnitt. Kosten

§ 19[1)] Kosten. (1) [1] Für Amtshandlungen nach diesem Gesetz werden Kosten (Gebühren und Auslagen) gemäß § 337 Abs. 1, §§ 338 bis 346 der Abgabenordnung erhoben. [2] Für die Gewährung einer Entschädigung an Auskunftspflichtige, Sachverständige und Treuhänder, gelten §§ 107 und 318 Abs. 5 der Abgabenordnung.

(2) [1] Für die Mahnung nach § 3 Abs. 3 wird eine Mahngebühr erhoben. [2] Sie beträgt ein halbes Prozent des Mahnbetrages, mindestens jedoch 5 Euro und höchstens 150 Euro. [3] Die Mahngebühr wird auf volle Euro aufgerundet.

(3) Soweit die Bundespolizei nach diesem Gesetz tätig wird, werden Gebühren und Auslagen nach dem Bundesgebührengesetz[2)] erhoben.

§ 19a[3)] Vollstreckungspauschale, Verordnungsermächtigung. (1) [1] Bundesunmittelbare Körperschaften und Anstalten des öffentlichen Rechts, die den Vollstreckungsbehörden der Bundesfinanzverwaltung nach § 4 Buchstabe b Vollstreckungsanordnungen übermitteln, sind verpflichtet, für jede ab dem 1. Juli 2014 übermittelte Vollstreckungsanordnung einen Pauschalbetrag für bei den Vollstreckungsschuldnern uneinbringliche Gebühren und Auslagen (Vollstreckungspauschale) zu zahlen. [2] Dies gilt nicht für Vollstreckungsanordnungen wegen Geldforderungen nach dem Bundeskindergeldgesetz[4)].

(2) Die Vollstreckungspauschale bemisst sich nach dem Gesamtbetrag der im Berechnungszeitraum auf Grund von Vollstreckungsanordnungen der juristischen Personen nach Absatz 1 festgesetzten Gebühren und Auslagen, die bei den Vollstreckungsschuldnern nicht beigetrieben werden konnten, geteilt durch die Anzahl aller in diesem Zeitraum von diesen Anordnungsbehörden übermittelten Vollstreckungsanordnungen.

(3) Das Bundesministerium der Finanzen wird ermächtigt, im Einvernehmen mit dem Bundesministerium für Arbeit und Soziales und dem Bundesministerium für Gesundheit durch Rechtsverordnung, die nicht der Zustimmung des Bundesrates bedarf, die Höhe der Vollstreckungspauschale zu bestimmen sowie den

---

[1)] § 19 Abs. 1 neu gef. durch G v. 14.12.1976 (BGBl. I S. 3341); Abs. 2 Satz 2 neu gef., Satz 3 geänd. mWv 29.11.2014 durch G v. 25.11.2014 (BGBl. I S. 1770); Abs. 3 angef. mWv 1.10.2019 durch G v. 10.3.2017 (BGBl. I S. 417).

[2)] Nr. **120**.

[3)] § 19a eingef. mWv 1.7.2014 durch G v. 25.11.2014 (BGBl. I S. 1770).

[4)] **Schönfelder ErgBd. Nr. 45b.**

Berechnungszeitraum, die Entstehung und die Fälligkeit der Vollstreckungspauschale, den Abrechnungszeitraum, das Abrechnungsverfahren und die abrechnende Stelle zu regeln.

(4) Die Höhe der Vollstreckungspauschale ist durch das Bundesministerium der Finanzen nach Maßgabe des Absatzes 2 alle drei Jahre zu überprüfen und durch Rechtsverordnung nach Absatz 3 anzupassen, wenn die nach Maßgabe des Absatzes 2 berechnete Vollstreckungspauschale um mehr als 20 Prozent von der Vollstreckungspauschale in der geltenden Fassung abweicht.

(5) Die juristischen Personen nach Absatz 1 sind nicht berechtigt, den Vollstreckungsschuldner mit der Vollstreckungspauschale zu belasten.

Vierter Abschnitt. Übergangs- und Schlußvorschriften

§ 20 Außerkrafttreten früherer Bestimmungen. Soweit die Vollstreckung in Bundesgesetzen abweichend von diesem Gesetz geregelt ist, sind für Bundesbehörden und bundesunmittelbare juristische Personen des öffentlichen Rechts die Bestimmungen dieses Gesetzes anzuwenden; § 1 Abs. 3 bleibt unberührt.

§ 21[1] *(aufgehoben)*

§ 22 Inkrafttreten. Dieses Gesetz tritt am 1. Mai 1953 in Kraft.

[1] § 21 aufgeh. mWv 6.7.2017 durch G v. 30.6.2017 (BGBl. I S. 2094).

160. Bundesbeamtengesetz (BBG)[1)]

Vom 5. Februar 2009

(BGBl. I S. 160)

FNA 2030-2-30

geänd. durch Art. 11 Bundesbesoldungs- und -versorgungsanpassungsG 2010/2011 v. 19.11.2010 (BGBl. I S. 1552), Art. 13 G zur Einführung eines Bundesfreiwilligendienstes v. 28.4.2011 (BGBl. I S. 687), Art. 1 G zur Übertragung ehebezogener Regelungen im öffentl. Dienstrecht auf Lebenspartnerschaften v. 14.11.2011 (BGBl. I S. 2219), Art. 7 G zur Verbesserung der Feststellung und Anerkennung im Ausland erworbener Berufsqualifikationen v. 6.12.2011 (BGBl. I S. 2515), Art. 2 G zur Unterstützung der Fachkräftegewinnung im Bund und zur Änd. weiterer dienstrechtl. Vorschriften v. 15.3.2012 (BGBl. I S. 462), Art. 4 Bundeswehrreform-BegleitG v. 21.7.2012 (BGBl. I S. 1583), Art. 1 G zur Familienpflegezeit und zum flexibleren Eintritt in den Ruhestand für Beamtinnen und Beamte des Bundes v. 3.7.2013 (BGBl. I S. 1978), Art. 2 Abs. 8, Art. 3 Abs. 4 G zur Strukturreform des Gebührenrechts des Bundes v. 7.8.2013 (BGBl. I S. 3154, geänd. durch G v. 18.7.2016 BGBl. I S. 1666), Art. 2 G über die Gewährung eines Altersgelds für freiwillig aus dem Bundesdienst ausscheidende Beamte, Richter und Soldaten v. 28.8.2013 (BGBl. I S. 3386), Art. 1 G zur Änderung des BundesbeamtenG und weiterer dienstrechtlicher Vorschriften v. 6.3.2015 (BGBl. I S. 250), Art. 7 G zur Verbesserung der Zusammenarbeit im Bereich des Verfassungsschutzes v. 17.11.2015 (BGBl. I S. 1938), Art. 2 G zur Neuorganisation der Zollverwaltung v. 3.12.2015 (BGBl. I S. 2178), Art. 3 Abs. 3 G zur Aktualisierung der Strukturreform des Gebührenrechts des Bundes v. 18.7.2016 (BGBl. I S. 1666), Art. 1 G zur besseren Vereinbarkeit von Familie, Pflege und Beruf für Beamtinnen und Beamte des Bundes und Soldatinnen und Soldaten sowie zur Änd. weiterer dienstrechtlicher Vorschriften v. 19.10.2016 (BGBl. I S. 2362), Art. 5 Bundesbesoldungs- und -versorgungsanpassungsG 2016/2017 v. 21.11.2016 (BGBl. I S. 2570), Art. 5 Abs. 2 G zur Neuregelung des Bundesarchivrechts v. 10.3.2017 (BGBl. I S. 410), Art. 9 G zum Abbau verzichtbarer Anordnungen der Schriftform im Verwaltungsrecht des Bundes v. 29.3.2017 (BGBl. I S. 626), Art. 6 Abs. 4 G zur Reform der strafrechtlichen Vermögensabschöpfung v. 13.4.2017 (BGBl. I S. 872), Art. 2 G zur Neuregelung des Mutterschutzrechts v. 23.5.2017 (BGBl. I S. 1228), Art. 1 G zu bereichsspezifischen Regelungen der Gesichtsverhüllung und zur Änd. weiterer dienstrechtlicher Vorschriften v. 8.6.2017 (BGBl. I S. 1570), Art. 8 Bundesbesoldungs- und -versorgungsanpassungsG 2018/2019/2020 v. 8.11. 2018 (BGBl. I S. 1810), Art. 2 G zur Änd. des BeamtenstatusG und des BundesbeamtenG sowie weiterer dienstrechtlicher Vorschriften v. 29.11.2018 (BGBl. I S. 2232), Art. 11 Zweites Datenschutz-Anpassungs- und UmsetzungsG EU v. 20.11.2019 (BGBl. I S. 1626) und Art. 2 G zur Verlängerung der Geltungsdauer des PlanungssicherstellungsG und der Geltungsdauer dienstrechtl. Vorschriften v. 18.3.2021 (BGBl. I S. 353)

Inhaltsübersicht[2)]

Abschnitt 1. Allgemeine Vorschriften

Abschnitt 2. Beamtenverhältnis

[1)] Verkündet als Art. 1 DienstrechtsneuordnungsG v. 5.2.2009 (BGBl. I S. 160); Inkrafttreten gem. Art. 17 Abs. 11 dieses G am 12.2.2009.

[2)] Inhaltsübersicht geänd. mWv 1.4.2012 durch G v. 6.12.2011 (BGBl. I S. 2515); geänd. mWv 11.7. 2013 durch G v. 3.7.2013 (BGBl. I S. 1978); geänd. mWv 14.3.2015 durch G v. 6.3.2015 (BGBl. I S. 250); geänd. mWv 28.10.2016 durch G v. 19.10.2016 (BGBl. I S. 2362); geänd. mWv 26.11.2019 durch G v. 20.11.2019 (BGBl. I S. 1626).

[2] Für Beamtinnen auf Lebenszeit und Beamte auf Lebenszeit, die schwerbehindert im Sinne des § 2 Abs. 2 des Neunten Buches Sozialgesetzbuch sind und nach dem 31. Dezember 1951 geboren sind, wird die Altersgrenze wie folgt angehoben:

Geburtsjahr Geburtsmonat	Anhebung um Monate	Altersgrenze	
		Jahr	Monat
1952			
Januar	1	60	1
Februar	2	60	2
März	3	60	3
April	4	60	4
Mai	5	60	5
Juni–Dezember	6	60	6
1953	7	60	7
1954	8	60	8
1955	9	60	9
1956	10	60	10
1957	11	60	11
1958	12	61	0
1959	14	61	2
1960	16	61	4
1961	18	61	6
1962	20	61	8
1963	22	61	10

(3) Beamtinnen auf Lebenszeit und Beamte auf Lebenszeit können auf ihren Antrag in den Ruhestand versetzt werden, wenn sie das 63. Lebensjahr vollendet haben.

§ 53[1)] Hinausschieben des Eintritts in den Ruhestand. (1) [1] Auf Antrag der Beamtin oder des Beamten kann der Eintritt in den Ruhestand bis zu drei Jahre hinausgeschoben werden, wenn

1. dies im dienstlichen Interesse liegt und
2. die Arbeitszeit mindestens die Hälfte der regelmäßigen wöchentlichen Arbeitszeit beträgt.

[2] Der Antrag ist spätestens sechs Monate vor dem Eintritt in den Ruhestand zu stellen. [3] Unter den gleichen Voraussetzungen kann der Eintritt in den Ruhestand bei einer besonderen Altersgrenze um bis zu drei Jahre hinausgeschoben werden.

(1a) [1] Dem Antrag nach Absatz 1 ist zu entsprechen, wenn

1. die Beamtin oder der Beamte familienbedingt

[1)] § 53 Abs. 4 bis 6 angef. mWv 1.1.2011 durch G v. 19.11.2010 (BGBl. I S. 1552); Überschr., Abs. 1 und 2 neu gef., Abs. 1a und b eingef. mWv 11.7.2013 durch G v. 3.7.2013 (BGBl. I S. 1978); Abs. 1a Nr. 2 geänd., Abs. 2 Satz 1 neu gef. mWv 14.3.2015 durch G v. 6.3.2015 (BGBl. I S. 250); Abs. 1a Satz 1 Nr. 1 neu gef., Nr. 2 und Satz 2 geänd. mWv 28.10.2016 durch G v. 19.10.2016 (BGBl. I S. 2362); Abs. 4 Satz 4 geänd. mWv 1.3.2016 durch G v. 21.11.2016 (BGBl. I S. 2570); Abs. 4 Satz 4 geänd. mWv 1.1.2019 durch G v. 8.11.2018 (BGBl. I S. 1810); Abs. 4 Satz 4 geänd. mWv 25.3.2021 durch G v. 18.3.2021 (BGBl. I S. 353).

a) teilzeitbeschäftigt oder beurlaubt nach § 92 gewesen ist,

b) Familienpflegezeit nach § 92a in Anspruch genommen hat oder

c) Pflegezeit nach § 92b in Anspruch genommen hat,

2. das Ruhegehalt, das sie oder er bei Eintritt in den Ruhestand wegen Erreichens der Altersgrenze erhalten würde, nicht die Höchstgrenze erreicht,
3. die Arbeitszeit mindestens die Hälfte der regelmäßigen wöchentlichen Arbeitszeit beträgt und
4. dienstliche Belange einem Hinausschieben nicht entgegenstehen.

[2] Den familienbedingten Abwesenheitszeiten nach Satz 1 Nummer 1 stehen entsprechende Zeiten im Beamten- oder Richterverhältnis oder als Tarifbeschäftigte beim Bund oder bei einem anderen Dienstherrn oder bei einem öffentlichen Arbeitgeber gleich. [3] Der Eintritt in den Ruhestand kann höchstens um die Dauer der familienbedingten Teilzeitbeschäftigung oder Beurlaubung oder Familienpflegezeit hinausgeschoben werden.

(1b) Dienstliche Belange stehen einem Hinausschieben des Eintritts in den Ruhestand insbesondere dann entgegen, wenn

1. die bisher wahrgenommenen Aufgaben wegfallen,
2. Planstellen eingespart werden sollen,
3. die Beamtin oder der Beamte in einem Planstellenabbaubereich beschäftigt ist,
4. die Aufgabe, die die Beamtin oder der Beamte wahrnimmt, einem festen Rotationsprinzip unterliegt,
5. andere personalwirtschaftliche Gründe gegen eine Weiterbeschäftigung sprechen oder
6. zu erwarten ist, dass sie oder er den Anforderungen des Dienstes nicht mehr gewachsen ist.

(2) [1] Der Eintritt in den Ruhestand kann im Einzelfall mit Zustimmung der Beamtin oder des Beamten um höchstens drei Jahre hinausgeschoben werden, wenn

1. die Dienstgeschäfte nur durch diese Beamtin oder diesen Beamten fortgeführt werden können und
2. die Arbeitszeit der Beamtin oder des Beamten mindestens die Hälfte der regelmäßigen Arbeitszeit beträgt.

[2] Das Gleiche gilt bei einer besonderen Altersgrenze.

(3) Die Absätze 1 und 2 gelten im Beamtenverhältnis auf Probe nach § 24 entsprechend.

(4) [1] Auf Antrag der Beamtin oder des Beamten kann der Eintritt in den Ruhestand bei Vorliegen eines dienstlichen Interesses um höchstens zwei Jahre hinausgeschoben werden. [2] Das gilt nur, wenn für einen Zeitraum von höchstens zwei Jahren vor Beginn des Monats, in dem die jeweils geltende Regelaltersgrenze oder die besondere Altersgrenze erreicht wird, und höchstens zwei Jahre danach Teilzeitbeschäftigung mit der Hälfte der regelmäßigen Arbeitszeit bewilligt wird. [3] Die Zeiträume vor und nach der jeweils geltenden Regelaltersgrenze oder der besonderen Altersgrenze müssen gleich lang sein. [4] Sie muss vor dem 1. Januar 2023 beginnen. [5] Eine Bewilligung nach § 9 Absatz 2 der Arbeitszeitverordnung[1)]

[1)] Nr. **170**.

ist nicht möglich. [6]Der Antrag ist spätestens sechs Monate vor dem Zeitpunkt zu stellen, zu dem die Teilzeitbeschäftigung beginnen soll.

(5) [1]Dem Antrag nach Absatz 4 darf nur entsprochen werden, wenn die Beamtin oder der Beamte sich verpflichtet, während des Bewilligungszeitraumes berufliche Verpflichtungen außerhalb des Beamtenverhältnisses nur in dem Umfang einzugehen, in dem Vollzeitbeschäftigten die Ausübung von Nebentätigkeiten gestattet ist. [2]Ausnahmen hiervon sind nur zulässig, soweit dies mit dem Beamtenverhältnis vereinbar ist. [3]Dabei ist von der regelmäßigen wöchentlichen Arbeitszeit für Vollzeitbeschäftigte auszugehen. [4]Wird der Verpflichtung nach Satz 1 schuldhaft nicht nachgekommen, soll die Bewilligung mit Wirkung für die Zukunft widerrufen werden.

(6) [1]Die Bewilligung nach Absatz 4 darf außer in den Fällen des Absatzes 5 Satz 4 mit Wirkung für die Zukunft nur widerrufen werden, wenn der Beamtin oder dem Beamten die Teilzeitbeschäftigung nicht mehr zugemutet werden kann. [2]Wird die Bewilligung widerrufen, nach dem die Regelaltersgrenze oder die besondere Altersgrenze erreicht worden ist, tritt die Beamtin oder der Beamte mit dem Ende des Monats in den Ruhestand, in dem der Widerruf bekannt gegeben worden ist. [3]Die Vorschriften über die Beendigung des Beamtenverhältnisses wegen Dienstunfähigkeit und die Feststellung der begrenzten Dienstfähigkeit bleiben unberührt.

§ 54[1)] Einstweiliger Ruhestand. (1) Die Bundespräsidentin oder der Bundespräsident kann jederzeit die nachfolgend genannten politischen Beamtinnen und politischen Beamten in den einstweiligen Ruhestand versetzen, wenn sie Beamtinnen auf Lebenszeit oder Beamte auf Lebenszeit sind:

1. Staatssekretärinnen und Staatssekretäre sowie Ministerialdirektorinnen und Ministerialdirektoren,
2. sonstige Beamtinnen und Beamte des höheren Dienstes im auswärtigen Dienst von der Besoldungsgruppe B 3 an aufwärts sowie Botschafterinnen und Botschafter in der Besoldungsgruppe A 16,
3. Beamtinnen und Beamte des höheren Dienstes des Militärischen Abschirmdienstes, des Bundesamtes für Verfassungsschutz und des Bundesnachrichtendienstes von der Besoldungsgruppe B 6 an aufwärts,
4. die Chefin oder den Chef des Presse- und Informationsamtes der Bundesregierung, deren oder dessen Stellvertretung und die Stellvertretende Sprecherin oder den Stellvertretenden Sprecher der Bundesregierung,
5. die Generalbundesanwältin oder den Generalbundesanwalt beim Bundesgerichtshof,
6. *(aufgehoben)*
7. die Präsidentin oder den Präsidenten des Bundeskriminalamtes,
8. die Präsidentin oder den Präsidenten des Bundespolizeipräsidiums,
9. die Präsidentin oder den Präsidenten des Bundesamtes für das Personalmanagement der Bundeswehr
10. die Präsidentin oder den Präsidenten des Bundesamtes für Ausrüstung, Informationstechnik und Nutzung der Bundeswehr,

[1)] § 54 Abs. 1 Nr. 6 aufgeh. mWv 3.5.2011 durch G v. 28.4.2011 (BGBl. I S. 687); Abs. 1 Nr. 7 und 8 geänd., Nr. 9–11 angef. mWv 26.7.2012 durch G v. 21.7.2012 (BGBl. I S. 1583); Abs. 1 Nr. 3 geänd. mWv 21.11.2015 durch G v. 17.11.2015 (BGBl. I S. 1938); Abs. 1 Nr. 10 und 11 geänd., Nr. 12 angef. mWv 1.1.2016 durch G v. 3.12.2015 (BGBl. I S. 2178).

11. die Präsidentin oder den Präsidenten des Bundesamtes für Infrastruktur, Umweltschutz und Dienstleistungen der Bundeswehr und
12. die Präsidentin oder den Präsidenten der Generalzolldirektion.

(2) Gesetzliche Vorschriften, nach denen andere politische Beamtinnen und politische Beamte in den einstweiligen Ruhestand versetzt werden können, bleiben unberührt.

§ 55 Einstweiliger Ruhestand bei organisatorischen Veränderungen.

[1] Im Fall der Auflösung oder einer wesentlichen Änderung des Aufbaus oder der Aufgaben einer Behörde oder der Verschmelzung von Behörden können Beamtinnen auf Lebenszeit und Beamte auf Lebenszeit, deren Aufgabengebiet davon betroffen ist und die ein Amt der Bundesbesoldungsordnung B[1)] wahrnehmen, in den einstweiligen Ruhestand versetzt werden, wenn durch die organisatorische Änderung eine ihrem Amt entsprechende Planstelle eingespart wird und eine Versetzung nicht möglich ist. [2] Frei werdende Planstellen sollen den in den einstweiligen Ruhestand versetzten Beamtinnen und Beamten, die dafür geeignet sind, vorbehalten werden.

§ 56 Beginn des einstweiligen Ruhestands. [1] Wenn nicht im Einzelfall ausdrücklich ein späterer Zeitpunkt festgesetzt wird, beginnt der einstweilige Ruhestand mit dem Zeitpunkt, zu dem die Versetzung in den einstweiligen Ruhestand der Beamtin oder dem Beamten bekannt gegeben wird, spätestens jedoch mit dem Ende des dritten Monats, der auf den Monat der Bekanntgabe folgt. [2] Die Verfügung kann bis zum Beginn des Ruhestands zurückgenommen werden.

§ 57 Erneute Berufung. Die in den einstweiligen Ruhestand versetzten Beamtinnen und Beamten sind verpflichtet, einer erneuten Berufung in das Beamtenverhältnis auf Lebenszeit Folge zu leisten, wenn ihnen im Dienstbereich ihres früheren Dienstherrn ein Amt mit mindestens demselben Endgrundgehalt verliehen werden soll.

§ 58 Ende des einstweiligen Ruhestands. (1) Der einstweilige Ruhestand endet bei erneuter Berufung in das Beamtenverhältnis auf Lebenszeit.

(2) Die in den einstweiligen Ruhestand versetzten Beamtinnen und Beamten gelten mit Erreichen der Regelaltersgrenze als dauernd in den Ruhestand versetzt.

(Fortsetzung nächstes Blatt)

[1)] Nr. **230**.

Dienstbefreiung nach Ende der Beurlaubung. [4]Die Dauer der bezahlten Dienstbefreiung richtet sich nach der Dauer der Fortbildung. [5]Mit den Beurlaubten sind rechtzeitig vor Ablauf einer Beurlaubung Beratungsgespräche zu führen, in denen sie über die Möglichkeiten ihrer Beschäftigung nach der Beurlaubung informiert werden.

§ 92a[1)] Familienpflegezeit mit Vorschuss. (1) Beamtinnen und Beamten, die Anspruch auf Besoldung haben, wird auf Antrag für längstens 24 Monate Teilzeitbeschäftigung mit einer regelmäßigen wöchentlichen Arbeitszeit von mindestens 15 Stunden als Familienpflegezeit bewilligt, wenn

1. sie eine nahe Angehörige oder einen nahen Angehörigen nach § 7 Absatz 3 des Pflegezeitgesetzes[2)] tatsächlich betreuen oder pflegen, die oder der pflegebedürftig ist nach einer Bescheinigung der Pflegekasse oder des Medizinischen Dienstes der Krankenversicherung, einer entsprechenden Bescheinigung einer privaten Pflegeversicherung oder einem ärztlichen Gutachten oder an einer Erkrankung nach § 3 Absatz 6 Satz 1 des Pflegezeitgesetzes leidet, und
2. keine dringenden dienstlichen Belange entgegenstehen.

(2) Ist die Familienpflegezeit für weniger als 24 Monate bewilligt worden, kann sie nachträglich bis zur Dauer von 24 Monaten verlängert werden.

(3) Familienpflegezeit und Pflegezeit dürfen zusammen nicht länger als 24 Monate je pflegebedürftigen nahen Angehörigen dauern.

(4) Die Beamtin oder der Beamte hat jede Änderung der Tatsachen mitzuteilen, die für die Bewilligung maßgeblich sind.

(5) Liegen die Voraussetzungen für die Bewilligung der Familienpflegezeit nicht mehr vor, so ist die Bewilligung zu widerrufen, und zwar mit Ablauf des zweiten Monats, der auf den Wegfall der Voraussetzungen folgt.

(6) Ist der Beamtin oder dem Beamten die Teilzeitbeschäftigung im bisherigen Umfang nicht mehr zumutbar, ist die Bewilligung zu widerrufen, wenn keine dringenden dienstlichen Belange entgegenstehen.

§ 92b[3)] Pflegezeit mit Vorschuss. (1) Unter den Voraussetzungen des § 92a Absatz 1 wird auf Antrag für längstens sechs Monate Teilzeitbeschäftigung mit einer regelmäßigen wöchentlichen Arbeitszeit von weniger als 15 Stunden oder Urlaub ohne Besoldung als Pflegezeit bewilligt.

(2) Ist die Pflegezeit für weniger als sechs Monate bewilligt worden, kann sie nachträglich bis zur Dauer von sechs Monaten verlängert werden.

(3) § 92 Absatz 5 und § 92a Absatz 3 bis 6 gelten entsprechend.

§ 93[4)] Altersteilzeit. (1) Beamtinnen und Beamten, die Anspruch auf Besoldung haben, kann auf Antrag, der sich auf die Zeit bis zum Beginn des Ruhestands erstrecken muss, Teilzeitbeschäftigung als Altersteilzeit mit der Hälfte der bisheri-

---

[1)] § 92a neu gef. mWv 28.10.2016 durch G v. 19.10.2016 (BGBl. I S. 2362).

[2)] **Aichberger, SGB Nr. 11/10.**

[3)] § 92b eingef. mWv 28.10.2016 durch G v. 19.10.2016 (BGBl. I S. 2362).

[4)] § 93 Abs. 3–5 eingef., bish. Abs. 3 und 4 werden Abs. 6 und 7 mWv 1.1.2011 durch G v. 19.11.2010 (BGBl. I S. 1552); Abs. 2 Satz 1 Nr. 1 geänd., Satz 2 neu gef. mWv 11.7.2013 durch G v. 3.7.2013 (BGBl. I S. 1978); Abs. 2 Satz 1 Nr. 1 geänd. mWv 28.10.2016 durch G v. 19.10.2016 (BGBl. I S. 2362); Abs. 3 Satz 1 Nr. 3 geänd. mWv 1.3.2016 durch G v. 21.11.2016 (BGBl. I S. 2570); Abs. 3 Satz 1 Nr. 3 geänd. mWv 1.1.2019 durch G v. 8.11.2018 (BGBl. I S. 1810); Abs. 5 geänd. mWv 7.12.2018 durch G v. 29.11.2018 (BGBl. I S. 2232); Abs. 3 Satz 1 Nr. 3 geänd. mWv 25.3.2021 durch G v. 18.3.2021 (BGBl. I S. 353).

gen Arbeitszeit, höchstens der Hälfte der in den letzten zwei Jahren vor Beginn der Altersteilzeit durchschnittlich zu leistenden Arbeitszeit, bewilligt werden, wenn

1. a) sie das 60. Lebensjahr vollendet haben,
   b) das 55. Lebensjahr vollendet haben und zum Zeitpunkt der Antragstellung schwerbehindert im Sinne des § 2 Abs. 2 des Neunten Buches Sozialgesetzbuch sind oder
   c) das 55. Lebensjahr vollendet haben und in einem besonders festgelegten Stellenabbaubereich beschäftigt sind

und

2. sie in den letzten fünf Jahren vor Beginn der Altersteilzeit drei Jahre mindestens teilzeitbeschäftigt waren,
3. die Altersteilzeit vor dem 1. Januar 2010 beginnt und
4. dringende dienstliche Belange dem nicht entgegenstehen.

(2) [1] Beamtinnen und Beamten kann Altersteilzeit in Form der Blockbildung im Sinne des § 9 der Arbeitszeitverordnung[1)] nach Maßgabe des Absatzes 1 bewilligt werden, wenn sie

1. das 60. Lebensjahr vollendet haben und bei vorheriger Teilzeitbeschäftigung die Zeiten der Freistellung von der Arbeit in der Weise zusammengefasst werden, dass zuvor mit mindestens der Hälfte der regelmäßigen Arbeitszeit, im Fall des § 92 Abs. 1, der §§ 92a, 92b oder bei Teilzeitbeschäftigung während der Elternzeit mindestens im Umfang der bisherigen Teilzeitbeschäftigung Dienst geleistet wird, wobei geringfügige Unterschreitungen des notwendigen Umfangs der Arbeitszeit unberücksichtigt bleiben, oder
2. die Voraussetzungen des Absatzes 1 Nr. 1 Buchstabe c vorliegen.

[2] Beamtinnen auf Lebenszeit und Beamte auf Lebenszeit, denen vor dem 1. Januar 2010 Altersteilzeitbeschäftigung in Form der Blockbildung im Sinne des § 9 der Arbeitszeitverordnung bewilligt worden ist, erreichen die Altersgrenze mit Vollendung des 65. Lebensjahres. [3] Beim Ruhestand auf Antrag nach § 52 bleibt es bei der Altersgrenze nach § 42 Abs. 4 des Bundesbeamtengesetzes in der bis zum 11. Februar 2009 geltenden Fassung.

(3) [1] Beamtinnen und Beamten, die Anspruch auf Besoldung haben, kann auf Antrag, Teilzeitbeschäftigung als Altersteilzeit mit der Hälfte der bisherigen Arbeitszeit, höchstens der Hälfte der in den letzten zwei Jahren vor Beginn der Altersteilzeit durchschnittlich zu leistenden Arbeitszeit bewilligt werden, wenn

1. sie bei Beginn der Altersteilzeit das 60. Lebensjahr vollendet haben,
2. sie in den letzten fünf Jahren vor Beginn der Altersteilzeit drei Jahre mindestens teilzeitbeschäftigt waren,
3. die Altersteilzeit vor dem 1. Januar 2023 beginnt,
4. sie in einem festgelegten Restrukturierungs- oder Stellenabbaubereich beschäftigt sind und
5. dienstliche Belange dem nicht entgegenstehen.

[2] Der Antrag muss sich auf die gesamte Zeit bis zum Eintritt in den Ruhestand erstrecken. [3] Altersteilzeit nach Satz 1 kann auch im Blockmodell nach § 9 Absatz 2 der Arbeitszeitverordnung bewilligt werden.

---

1) Nr. **170**.

(4) [1]Beamtinnen und Beamten ist unter den Voraussetzungen des Absatzes 3 Satz 1 mit Ausnahme des Satzes 1 Nummer 4 und 5 Altersteilzeit im Rahmen einer Quote von 2,5 Prozent der Beamtinnen und Beamten der obersten Dienstbehörden einschließlich ihrer Geschäftsbereiche zu bewilligen. [2]Die Bewilligung von Altersteilzeit ist ausgeschlossen, wenn diese Quote durch die Altersteilzeitverhältnisse nach Satz 1 und den Absätzen 1 bis 3 ausgeschöpft ist oder der Bewilligung dienstliche Belange entgegenstehen.

(5) Das Bundesministerium des Innern, für Bau und Heimat regelt im Einvernehmen mit dem Bundesministerium der Finanzen durch Rechtsverordnung[1)] die Einzelheiten der Altersteilzeitbewilligung, insbesondere die Festlegung der Restrukturierungs- und Stellenabbaubereiche nach Absatz 3 Satz 1 Nummer 4 und die Verteilung der Quote nach Absatz 4.

(6) Änderungen der regelmäßigen wöchentlichen Arbeitszeit nach den Arbeitszeitregelungen gelten für die zu leistende Arbeitszeit entsprechend.

(7) § 91 Abs. 2 gilt entsprechend.

§ 94 Hinweispflicht. Wird eine Verkürzung der Arbeitszeit oder eine langfristige Beurlaubung beantragt, sind die Beamtinnen und Beamten auf die Folgen verkürzter Arbeitszeit oder langfristiger Beurlaubungen hinzuweisen, insbesondere auf die Folgen für Ansprüche aufgrund beamtenrechtlicher Regelungen sowie auf die Möglichkeit einer Befristung mit Verlängerung und deren Folgen.

§ 95[2)] Beurlaubung ohne Besoldung. (1) Beamtinnen und Beamten, die Anspruch auf Besoldung haben, kann in Bereichen, in denen wegen der Arbeitsmarktsituation ein außergewöhnlicher Überhang an Bewerberinnen und Bewerbern besteht und deshalb ein dringendes öffentliches Interesse daran besteht, verstärkt Bewerberinnen und Bewerber im öffentlichen Dienst zu beschäftigen, auf Antrag Urlaub ohne Besoldung

1. bis zur Dauer von insgesamt sechs Jahren oder
2. für einen Zeitraum, der sich bis zum Beginn des Ruhestands erstrecken muss

bewilligt werden, wenn dienstliche Belange dem nicht entgegenstehen.

(2) Beamtinnen und Beamten, die Anspruch auf Besoldung haben, kann in Bereichen, in denen ein Stellenüberhang abgebaut werden soll, auf Antrag Urlaub ohne Besoldung bewilligt werden, wenn dienstliche Belange dem nicht entgegenstehen.

(3) [1]Dem Antrag nach den Absätzen 1 und 2 darf nur entsprochen werden, wenn die Beamtinnen und Beamten erklären, während der Dauer des Bewilligungszeitraums auf die Ausübung genehmigungspflichtiger Nebentätigkeiten zu verzichten und nicht genehmigungspflichtige Nebentätigkeiten nur in dem Umfang auszuüben, wie sie bei Vollzeitbeschäftigung ohne Verletzung dienstlicher Pflichten ausgeübt werden könnten. [2]Wird diese Verpflichtung schuldhaft verletzt, soll die Bewilligung widerrufen werden. [3]Die zuständige Dienstbehörde darf trotz der Erklärung der Beamtinnen oder Beamten nach Satz 1 Nebentätigkeiten genehmigen, soweit sie dem Zweck der Bewilligung des Urlaubs nicht zuwiderlaufen. [4]Sie kann eine Rückkehr aus dem Urlaub zulassen, wenn der Beamtin oder dem Beamten die Fortsetzung des Urlaubs nicht zugemutet werden kann und dienstliche Belange dem nicht entgegenstehen.

---

1) Siehe die BeamtenaltersteilzeitVO **(Bundesbeamtengesetze Nr. 63)** sowie die Durchführungshinweise des BMI **(Bundesbeamtengesetze Nr. 63.1)**.

2) § 95 Abs. 4 Satz 1 geänd. mWv 22.3.2012 durch G v. 15.3.2012 (BGBl. I S. 462).

(4) [1]Urlaub nach den Absätzen 1 und 2 darf, auch im Zusammenhang mit Urlaub oder Teilzeitbeschäftigung mit weniger als der Hälfte der regelmäßigen Arbeitszeit nach § 92 Abs. 1, die Dauer von 15 Jahren nicht überschreiten. [2]Bei Beamtinnen im Schul- und Hochschuldienst und Beamten im Schul- und Hochschuldienst kann der Bewilligungszeitraum bis zum Ende des laufenden Schulhalbjahres oder Semesters ausgedehnt werden. [3]In den Fällen des Absatzes 1 Nr. 2 ist Satz 1 nicht anzuwenden, wenn es den Beamtinnen und Beamten nicht mehr zuzumuten ist, zur Voll- oder Teilzeitbeschäftigung zurückzukehren.

(5) In den Fällen, in denen nach § 72e Abs. 1 Nr. 2 und Abs. 4 des Bundesbeamtengesetzes in der bis zum 11. Februar 2009 geltenden Fassung Urlaub ohne Dienstbezüge bis zum Beginn des Ruhestands bewilligt worden ist, gilt § 93 Abs. 2 Satz 2 entsprechend.

§ 96 Fernbleiben vom Dienst. (1) [1]Beamtinnen und Beamte dürfen dem Dienst nicht ohne Genehmigung ihrer Dienstvorgesetzten fernbleiben. [2]Dienstunfähigkeit infolge von Krankheit ist auf Verlangen nachzuweisen.[1)]

(2) Verliert die Beamtin oder der Beamte wegen unentschuldigten Fernbleibens vom Dienst nach dem Bundesbesoldungsgesetz[2)] den Anspruch auf Besoldung, wird dadurch die Durchführung eines Disziplinarverfahrens nicht ausgeschlossen.

Unterabschnitt 3. Nebentätigkeit

§ 97 Begriffsbestimmungen. (1) Nebentätigkeit ist die Wahrnehmung eines Nebenamtes oder die Ausübung einer Nebenbeschäftigung.

(2) Nebenamt ist ein nicht zu einem Hauptamt gehörender Kreis von Aufgaben, der aufgrund eines öffentlich-rechtlichen Dienst- oder Amtsverhältnisses wahrgenommen wird.

(3) Nebenbeschäftigung ist jede sonstige, nicht zu einem Hauptamt gehörende Tätigkeit innerhalb oder außerhalb des öffentlichen Dienstes.

(4) Als Nebentätigkeit gilt nicht die Wahrnehmung öffentlicher Ehrenämter sowie einer unentgeltlichen Vormundschaft, Betreuung oder Pflegschaft.

§ 98 Nebentätigkeit im öffentlichen Dienst. Beamtinnen und Beamte sind verpflichtet, auf Verlangen ihrer Dienstbehörde eine Nebentätigkeit im öffentlichen Dienst auszuüben, sofern diese Tätigkeit ihrer Vorbildung oder Berufsausbildung entspricht und sie nicht über Gebühr in Anspruch nimmt.

(Fortsetzung nächstes Blatt)

[1)] Siehe hierzu das Rundschreiben des BMI – D1 – 210 173/3 – **(Bundesbeamtengesetze Nr. 1.4)**.
[2)] Nr. **230**.

171. Verordnung über den Mutterschutz für Beamtinnen des Bundes und die Elternzeit für Beamtinnen und Beamte des Bundes (Mutterschutz- und Elternzeitverordnung – MuSchEltZV)[1) 2)]

Vom 12. Februar 2009
(BGBl. I S. 320)

FNA 2030-2-30-2

geänd. durch Art. 9 Abs. 1 G zur Neuregelung der Professorenbesoldung und zur Änd. weiterer dienstrechtlicher Vorschriften v. 11.6.2013 (BGBl. I S. 1514), Art. 3 G zur Einführung des Elterngeld Plus mit Partnerschaftsbonus und einer flexibleren Elternzeit im BEEG v. 18.12.2014 (BGBl. I S. 2325), Art. 9 G zur besseren Vereinbarkeit von Familie, Pflege und Beruf für Beamtinnen und Beamte des Bundes und Soldatinnen und Soldaten sowie zur Änd. weiterer dienstrechtlicher Vorschriften v. 19.10.2016 (BGBl. I S. 2362), Art. 1 ÄndVO v. 9.2.2018 (BGBl. I S. 198), Art. 2 G für Maßnahmen im Elterngeld aus Anlass der COVID-19-Pandemie v. 20.5.2020 (BGBl. I S. 1061) und Art. 6 Zweites G zur Änd. des Bundeselterngeld- und ElternzeitG v. 15.2.2021 (BGBl. I S. 239)

Abschnitt 1.[3)] Mutterschutz

§ 1[3)] Allgemeines. Für den Mutterschutz von Personen in einem Beamtenverhältnis beim Bund sowie bei bundesunmittelbaren Körperschaften, Anstalten und Stiftungen des öffentlichen Rechts gelten die §§ 2 bis 5.

§ 2[3)] Anwendung des Mutterschutzgesetzes. (1) [1]Die folgenden Vorschriften des Mutterschutzgesetzes[4)] sind entsprechend anzuwenden:

1. zu Begriffsbestimmungen (§ 2 Absatz 1 Satz 1, Absatz 3 Satz 1 und Absatz 4 des Mutterschutzgesetzes),
2. zur Gestaltung der Arbeitsbedingungen (§§ 9, 10 Absatz 1 und 2, §§ 11, 12, 13 Absatz 1 Nummer 1 des Mutterschutzgesetzes),
3. zum Arbeitsplatzwechsel (§ 13 Absatz 1 Nummer 2 des Mutterschutzgesetzes),
4. zur Dokumentation und Information durch den Arbeitgeber (§ 14 des Mutterschutzgesetzes),
5. zu Beschäftigungsverboten (§§ 3 bis 6, 10 Absatz 3, § 13 Absatz 1 Nummer 3 und § 16 des Mutterschutzgesetzes),
6. zu Mitteilungen und Nachweisen über die Schwangerschaft und das Stillen (§ 15 des Mutterschutzgesetzes),
7. zur Freistellung für Untersuchungen und zum Stillen (§ 7 des Mutterschutzgesetzes),
8. zu den Mitteilungs- und Aufbewahrungspflichten des Arbeitgebers (§ 27 Absatz 1 bis 5 des Mutterschutzgesetzes) sowie

---

[1)] Verkündet als Art. 1 VO v. 12.2.2009 (BGBl. I S. 320); Inkrafttreten gem. Art. 4 dieser VO am 14.2.2009. Die VO wurde erlassen auf Grund des § 79 Abs. 1 Satz 1 BBG (Nr. **160**) iVm § 46 DRiG **(Schönfelder ErgBd. Nr. 97)**.

[2)] Die Änderung durch G v. 15.2.2021 (BGBl. I S. 239) tritt erst **mWv 1.9.2021** in Kraft und ist im Text noch nicht berücksichtigt.

[3)] Abschnitt 1 (§§ 1–5) neu gef. mWv 1.1.2018 durch VO v. 9.2.2018 (BGBl. I S. 198).

[4)] **Schönfelder ErgBd. Nr. 79.**

9. zum behördlichen Genehmigungsverfahren für eine Beschäftigung zwischen 20 und 22 Uhr (§ 28 des Mutterschutzgesetzes).

2 Andere Arbeitsschutzvorschriften bleiben unberührt.

(2) In jeder Dienststelle, bei der regelmäßig mehr als drei Personen tätig sind, sind ein Abdruck des Mutterschutzgesetzes sowie ein Abdruck dieser Verordnung an geeigneter Stelle zur Einsicht auszulegen, auszuhändigen oder in einem elektronischen Informationssystem jederzeit zugänglich zu machen.

§ 3[1)] Besoldung bei Beschäftigungsverbot, Untersuchungen und Stillen.

(1) 1 Durch die mutterschutzrechtlichen Beschäftigungsverbote wird die Zahlung der Dienst- und Anwärterbezüge, mit Ausnahme des Verbots der Mehrarbeit, nicht berührt (§§ 3 bis 6, 10 Absatz 3, § 13 Absatz 1 Nummer 3 und § 16 des Mutterschutzgesetzes). 2 Dies gilt auch für das Dienstversäumnis wegen ärztlicher Untersuchungen bei Schwangerschaft und Mutterschaft sowie während des Stillens (§ 7 des Mutterschutzgesetzes).

(2) Im Fall der vorzeitigen Beendigung einer Elternzeit nach § 16 Absatz 3 Satz 3 des Bundeselterngeld- und Elternzeitgesetzes[2)] richtet sich die Höhe der Dienst- und Anwärterbezüge nach dem Beschäftigungsumfang vor der Elternzeit oder während der Elternzeit, wobei die höheren Bezüge maßgeblich sind.

(3) Bemessungsgrundlage für die Zahlung von Erschwerniszulagen nach der Erschwerniszulagenverordnung[3)] sowie für die Vergütung nach der Vollstreckungsvergütungsverordnung[4)] in der Fassung der Bekanntmachung vom 6. Januar 2003 (BGBl. I S. 8) in der jeweils geltenden Fassung ist der Durchschnitt der Zulagen und der Vergütungen der letzten drei Monate vor Beginn des Monats, in dem die Schwangerschaft eingetreten ist.

§ 4[5)] Entlassung während der Schwangerschaft, nach einer Fehlgeburt und nach der Entbindung. (1) 1 Während der Schwangerschaft, bis zum Ablauf von vier Monaten nach einer Fehlgeburt nach der zwölften Schwangerschaftswoche und bis zum Ende der Schutzfrist nach der Entbindung, mindestens bis zum Ablauf von vier Monaten nach der Entbindung, darf die Entlassung von Beamtinnen auf Probe und von Beamtinnen auf Widerruf gegen ihren Willen nicht ausgesprochen werden, wenn der oder dem Dienstvorgesetzten die Schwangerschaft, die Fehlgeburt nach der zwölften Schwangerschaftswoche oder die Entbindung bekannt ist. 2 Eine ohne diese Kenntnis ergangene Entlassungsverfügung ist zurückzunehmen, wenn innerhalb von zwei Wochen nach ihrer Zustellung der oder dem Dienstvorgesetzten die Schwangerschaft, die Fehlgeburt nach der zwölften Schwangerschaftswoche oder die Entbindung mitgeteilt wird. 3 Das Überschreiten dieser Frist ist unbeachtlich, wenn dies auf einem von der Beamtin nicht zu vertretenden Grund beruht und die Mitteilung über die Schwangerschaft, die Fehlgeburt oder die Entbindung unverzüglich nachgeholt wird. 4 Die Sätze 1 bis 3 gelten entsprechend für Vorbereitungsmaßnahmen des Dienstherrn, die er im Hinblick auf eine Entlassung einer Beamtin trifft.

---

1) Abschnitt 1 (§§ 1–5) neu gef. mWv 1.1.2018 durch VO v. 9.2.2018 (BGBl. I S. 198).

2) **Schönfelder ErgBd. Nr. 45e.**

3) **Bundesbeamtengesetze Nr. 53a.**

4) **Bundesbeamtengesetze Nr. 53g.**

5) § 4 neu gef. mWv 1.1.2018, Abs. 2 und 3 angef. mWv 16.2.2018 durch VO v. 9.2.2018 (BGBl. I S. 198).

180. Verordnung über die Laufbahnen der Bundesbeamtinnen und Bundesbeamten (Bundeslaufbahnverordnung – BLV)[1]

Vom 12. Februar 2009
(BGBl. I S. 284)

FNA 2030-7-3-1

geänd. durch Art. 1 Erste ÄndVO v. 20.2.2013 (BGBl. I S. 316), Art. 16 Abs. 16 Bundesunfallkassen-NeuorganisationsG v. 19.10.2013 (BGBl. I S. 3836), Art. 3 HaushaltsbegleitG 2014 v. 11.8.2014 (BGBl. I S. 1346), Art. 38 Zehnte ZuständigkeitsanpassungsVO v. 31.8.2015 (BGBl. I S. 1474), Art. 1 WSV-ZuständigkeitsanpassungsVO v. 2.6.2016 (BGBl. I S. 1257), Art. 1 Zweite ÄndVO v. 15.8.2016 (BGBl. I S. 1981), Art. 7 G zur besseren Vereinbarkeit von Familie, Pflege und Beruf für Beamtinnen und Beamte des Bundes und Soldatinnen und Soldaten sowie zur Änd. weiterer dienstrechtlicher Vorschriften v. 19.10. 2016 (BGBl. I S. 2362), Art. 1 VO zur Änd. der BundeslaufbahnVO und anderer laufbahnrechtlicher Vorschriften v. 18.1.2017 (BGBl. I S. 89, ber. S. 406), Art. 2 VO zur Änd. dienstrechtl. Verordnungen aus Anlass des BesoldungsstrukturenmodernisierungsG v. 8.1.2020 (BGBl. I S. 27), Art. 56 Elfte ZuständigkeitsanpassungsVO v. 19.6.2020 (BGBl. I S. 1328), Art. 1 Dritte ÄndVO v. 15.9.2020 (BGBl. I S. 1990) und Art. 1 Vierte ÄndVO v. 3.2.2021 (BGBl. I S. 148)

Auf Grund des § 8 Absatz 1 Satz 3, § 11 Absatz 1 Satz 5, § 17 Absatz 7, § 20 Satz 2, § 21 Satz 2, § 22 Absatz 5 Satz 2 und des § 26 des Bundesbeamtengesetzes[2] vom 5. Februar 2009 (BGBl. I S. 160) verordnet die Bundesregierung:

Inhaltsübersicht[3]

---

[1] Siehe hierzu auch die Allgemeine Verwaltungsvorschrift des BMI **(Bundesbeamtengesetze Nr. 12.1)**.

[2] Nr. **160**.

[3] Inhaltsübersicht geänd. mWv 23.8.2016 durch VO v. 15.8.2016 (BGBl. I S. 1981); geänd. mWv 27.1.2017 durch VO v. 18.1.2017 (BGBl. I S. 89).

2. bei Lebensmittelchemikerinnen und Lebensmittelchemikern Zeiten der zusätzlich vorgeschriebenen Ausbildung und
3. bei Wissenschaftlerinnen und Wissenschaftlern Zeiten einer Habilitation

anerkannt werden.

(7) Abweichend von § 17 Absatz 5 des Bundesbeamtengesetzes können Beamtinnen und Beamte, die die Voraussetzungen des § 17 Absatz 4 des Bundesbeamtengesetzes erfüllen,

1. im Schulaufsichtsdienst der Bundeswehrfachschulen bis zur Besoldungsgruppe A 15 der Bundesbesoldungsordnung A und
2. als Lehrerinnen und Lehrer an Bundeswehrfachschulen bis zur Besoldungsgruppe A 14 der Bundesbesoldungsordnung A

für die Laufbahn des höheren sprach- und kulturwissenschaftlichen Dienstes zugelassen werden.

(8) Abweichend von § 17 des Bundesbeamtengesetzes können bei Personen, die berufsmäßigen Wehrdienst geleistet haben, anstelle des Vorbereitungsdienstes inhaltlich den Anforderungen eines Vorbereitungsdienstes entsprechende Qualifizierungen berücksichtigt werden.

§ 24[1)] Zulassung zur höheren Laufbahn bei Besitz einer Berufsausbildung oder einer Hochschulausbildung. (1) Abweichend von § 17 Absatz 2 bis 5 des Bundesbeamtengesetzes[2)] können Beamtinnen und Beamte, die die für eine höhere Laufbahn erforderliche Berufsausbildung oder Hochschulausbildung besitzen, für eine höhere Laufbahn zugelassen werden, wenn sie an einem für Regelbewerberinnen und Regelbewerber vorgesehenen Auswahlverfahren erfolgreich teilgenommen haben.

(2) Sie verbleiben in ihrem bisherigen beamtenrechtlichen Status, bis sie

1. folgende Voraussetzungen erfüllen:
   a) im mittleren Dienst die sonstigen Voraussetzungen nach § 17 Absatz 3 Nummer 2 des Bundesbeamtengesetzes,
   b) im gehobenen Dienst die sonstigen Voraussetzungen nach § 17 Absatz 4 Nummer 2 des Bundesbeamtengesetzes und
   c) im höheren Dienst die sonstigen Voraussetzungen nach § 17 Absatz 5 Nummer 2 des Bundesbeamtengesetzes und
2. sich nach Erlangung der Befähigung sechs Monate in der neuen Laufbahn bewährt haben.

(3) [1] Nach der Bewährung wird den Beamtinnen und Beamten im Rahmen der besetzbaren Planstellen ein Amt der höheren Laufbahn verliehen. [2] Das erste Beförderungsamt darf frühestens nach Ablauf einer Dienstzeit von einem Jahr seit der ersten Verleihung eines Amtes der höheren Laufbahngruppe verliehen werden.

§ 25[3)] Einstellung in ein höheres Amt als das Eingangsamt. (1) [1] Beamtinnen und Beamte können in ein höheres Amt als das Eingangsamt eingestellt werden, wenn die beruflichen Erfahrungen, die zusätzlich zu den Abschlüssen und beruflichen Erfahrungen, die für die Anerkennung der Laufbahnbefähigung er-

---

1) § 24 Überschrift neu gef., Abs. 1 geänd., Abs. 2 Nr. 1 neu gef., Abs. 3 angef. mWv 27.1.2017 durch VO v. 18.1.2017 (BGBl. I S. 89).

2) Nr. **160**.

3) § 25 neu gef. mWv 23.8.2016 durch VO v. 15.8.2016 (BGBl. I S. 1981).

forderlich sind, ihrer Art und Bedeutung nach dem angestrebten Amt gleichwertig sind. [2] Liegen gleichwertige berufliche Erfahrungen nicht vor, muss die besondere Befähigung für das angestrebte Amt der betreffenden Laufbahn durch förderliche Zusatzqualifikationen nachgewiesen werden. [3] Das Beförderungsamt muss nach dem individuellen fiktiven Werdegang erreichbar sein.

(2) Soweit Zeiten nach Absatz 1 auf den Vorbereitungsdienst angerechnet worden sind, können sie nicht berücksichtigt werden.

§ 26 Übernahme von Richterinnen und Richtern. (1) [1] Abweichend von § 25 kann Richterinnen und Richtern, die in die Laufbahn des höheren nichttechnischen Verwaltungsdienstes wechseln, ein Amt der Besoldungsgruppe A 14 der Bundesbesoldungsordnung A nach einem Jahr, ein Amt der Besoldungsgruppe A 15 nach zwei Jahren seit der Ernennung zur Richterin oder zum Richter auf Lebenszeit übertragen werden. [2] Einer Richterin oder einem Richter der Besoldungsgruppe R 2 der Bundesbesoldungsordnung R kann ein Amt der Besoldungsgruppe A 16 der Bundesbesoldungsordnung A übertragen werden.

(2) Absatz 1 gilt für Staatsanwältinnen und Staatsanwälte entsprechend.

§ 27[1)] Ausnahmen für besonders leistungsstarke Beamtinnen und Beamte. (1) [1] Abweichend von § 17 Absatz 3 bis 5 des Bundesbeamtengesetzes[2)] können geeignete Dienstposten nach entsprechender Ausschreibung auch mit Beamtinnen und Beamten besetzt werden, die

1. seit mindestens drei Jahren das Endamt ihrer bisherigen Laufbahn erreicht haben,
2. sich in mindestens zwei Verwendungen bewährt haben,
3. in den letzten zwei dienstlichen Beurteilungen mit der höchsten oder zweithöchsten Note ihrer Besoldungsgruppe oder ihrer Funktionsebene beurteilt worden sind und
4. ein Auswahlverfahren nach Absatz 3 erfolgreich durchlaufen haben.

[2] Abweichend von Satz 1 Nummer 1 können die obersten Dienstbehörden für ihren nachgeordneten Geschäftsbereich anstelle des Erreichens des Endamtes der bisherigen Laufbahn das Erreichen des vorletzten Amtes als Voraussetzung festlegen.

(2) [1] Geeignet sind Dienstposten bis zum zweiten Beförderungsamt der höheren Laufbahn, bei denen eine lange berufliche Erfahrung ein wesentliches Merkmal des Anforderungsprofils ist. [2] In obersten Dienstbehörden können im Einzelfall auch Dienstposten des dritten Beförderungsamtes der höheren Laufbahn geeignet sein, wenn neben der langen beruflichen Erfahrung eines der beiden folgenden Merkmale wesentliches Merkmal des Anforderungsprofils ist:

1. eine dreijährige Verwendung auf Dienstposten nach Satz 1 oder
2. eine gleichwertige berufliche Erfahrung, die erworben worden ist, nachdem das derzeitige Amt nach Absatz 4 Satz 1 oder Satz 2 Nummer 1 oder 2 verliehen worden ist.

[3] Die obersten Dienstbehörden können über die Anforderungen nach den Sätzen 1 und 2 hinausgehende Anforderungen an die Eignung der Dienstposten bestimmen.

[1)] § 27 Abs. 1, 2 und 4 Satz 2 neu gef. mWv 9.2.2021 durch VO v. 3.2.2021 (BGBl. I S. 148).
[2)] Nr. **160**.

(3) [1] Die obersten Dienstbehörden bestimmen Auswahlkommissionen, die die Auswahlverfahren durchführen. [2] Sie bestehen in der Regel aus vier Mitgliedern und sollen zu gleichen Teilen mit Frauen und Männern besetzt sein. [3] Die Mitglieder müssen einer höheren Laufbahn als die Bewerberinnen und Bewerber angehören. [4] Sie sind unabhängig und an Weisungen nicht gebunden. [5] In dem Auswahlverfahren wird, gemessen an den Anforderungen des zu besetzenden Dienstpostens, die Eignung und Befähigung der Beamtinnen und Beamten überprüft. [6] Eignung und Befähigung sind in einer Vorstellung vor einer Auswahlkommission nachzuweisen, die einen schriftlichen und mündlichen Teil umfasst. [7] Die Auswahlkommission bewertet die Ergebnisse und macht einen Vorschlag für die Besetzung des Dienstpostens. [8] Die obersten Dienstbehörden können ihre Befugnisse auf andere Behörden übertragen.

(4) [1] Den in Absatz 1 genannten Beamtinnen und Beamten wird im Rahmen der besetzbaren Planstellen das Eingangsamt der höheren Laufbahn verliehen. [2] Für die Verleihung von Beförderungsämtern gilt, dass

1. das erste Beförderungsamt frühestens ein Jahr nach der ersten Verleihung eines Amtes der höheren Laufbahn verliehen werden darf,
2. das zweite Beförderungsamt frühestens ein Jahr nach der Verleihung des ersten Beförderungsamtes verliehen werden darf und
3. das dritte Beförderungsamt frühestens zwei Jahre nach der Verleihung des zweiten Beförderungsamtes verliehen werden darf.

[3] Weitere Beförderungen sind ausgeschlossen.

(5) Beamtinnen und Beamte, die nach den Absätzen 1 bis 4 ein Amt einer höheren Laufbahn verliehen bekommen haben, können auch auf anderen geeigneten Dienstposten im Sinne des Absatzes 2 eingesetzt werden.

Abschnitt 3. Berufliche Entwicklung

Unterabschnitt 1. Probezeit

§ 28 Dauer der Probezeit und Feststellung der Bewährung. (1) Die regelmäßige Probezeit dauert drei Jahre.

(2) Die Beamtinnen und Beamten haben sich in der Probezeit in vollem Umfang bewährt, wenn sie nach Eignung, Befähigung und fachlicher Leistung wechselnde Anforderungen ihrer Laufbahn erfüllen können.

(3) Die Beamtinnen und Beamten sind während der Probezeit in mindestens zwei Verwendungsbereichen einzusetzen, wenn nicht dienstliche Gründe entgegenstehen.

(4) [1] Eignung, Befähigung und fachliche Leistung der Beamtinnen und Beamten sind spätestens nach der Hälfte der Probezeit erstmals und vor Ablauf der Probezeit mindestens ein zweites Mal zu beurteilen. [2] Auf besondere Eignungen und auf bestehende Mängel ist in der Beurteilung hinzuweisen.

(5) Kann die Bewährung wegen besonderer Umstände des Einzelfalls bis zum Ablauf der regelmäßigen Probezeit nicht abschließend festgestellt werden, kann die Probezeit verlängert werden.

(6) Beamtinnen und Beamte, die sich in der Probezeit nicht in vollem Umfang bewährt haben, werden spätestens mit Ablauf der Probezeit entlassen.

§ 29[1] Anrechnung hauptberuflicher Tätigkeiten. (1) Hauptberufliche Tätigkeiten, die nach Art und Schwierigkeit mindestens der Tätigkeit in einem Amt der betreffenden Laufbahn entsprechen, können auf die Probezeit angerechnet werden.

(2) Nicht anzurechnen sind hauptberufliche Tätigkeiten,

1. die auf den Vorbereitungsdienst angerechnet worden sind,
2. deren Ausübung Voraussetzung für die Zulassung zur Laufbahn ist oder
3. die nach § 20 des Bundesbeamtengesetzes[2] berücksichtigt worden sind.

(3) § 19 Absatz 4 gilt entsprechend.

§ 30[3] Verlängerung der Probezeit. (1) [1] Die Probezeit verlängert sich um die Zeit einer Beurlaubung ohne Besoldung. [2] Dies gilt nicht, wenn die Probezeit wegen einer dienstlichen oder öffentlichen Belangen dienenden Beurlaubung unterbrochen wurde und das Vorliegen dieser Voraussetzung bei Gewährung des Urlaubs von der obersten Dienstbehörde festgestellt worden ist. [3] Die obersten Dienstbehörden bestimmen im Einvernehmen mit dem Bundesministerium des Innern, für Bau und Heimat, unter welchen Voraussetzungen dienstliche oder öffentliche Belange anerkannt werden können.

(2) [1] Die Probezeit wird nicht verlängert durch Zeiten

1. des Mutterschutzes,
2. einer Teilzeitbeschäftigung,
3. einer Kinderbetreuung bis zu drei Jahren pro Kind,
4. der tatsächlichen Pflege von nach ärztlichem Gutachten pflegebedürftigen nahen Angehörigen im Sinne des § 7 Absatz 3 des Pflegezeitgesetzes[4] bis zu drei Jahren pro Angehöriger oder Angehörigem sowie
5. einer Beurlaubung nach § 24 Absatz 2 des Gesetzes über den Auswärtigen Dienst[5] bis zu drei Jahren.

[2] § 19 Absatz 4 gilt entsprechend.

§ 31 Mindestprobezeit. (1) Unabhängig von den §§ 29 und 30 muss jede Beamtin oder jeder Beamte die Mindestprobezeit von einem Jahr leisten.

(2) Die Probezeit einschließlich der Mindestprobezeit kann ganz oder teilweise entfallen, wenn die nach § 29 anrechenbare Tätigkeit

1. im berufsmäßigen Wehrdienst,
2. in der für die Bewährungsfeststellung zuständigen obersten Dienstbehörde oder deren Dienstbereich oder
3. in einem Beamtenverhältnis der Besoldungsgruppe W oder C

ausgeübt worden ist.

---

[1] § 29 neu gef. mWv 26.2.2013 durch VO v. 20.2.2013 (BGBl. I S. 316).

[2] Nr. **160**.

[3] *§ 30 Abs. 2 Satz 1 Nr. 4 geänd.* mWv 27.1.2017 durch VO v. 18.1.2017 (BGBl. I S. 89); Abs. 1 Satz 3 geänd. mWv 27.6.2020 durch VO v. 19.6.2020 (BGBl. I S. 1328).

[4] **Aichberger, SGB Nr. 11/10.**

[5] **Bundesbeamtengesetze Nr. 130.**

Unterabschnitt 2. Beförderung

§ 32 Voraussetzungen einer Beförderung. Eine Beamtin oder ein Beamter kann befördert werden, wenn

1. sie oder er nach Eignung, Befähigung und fachlicher Leistung ausgewählt worden ist,
2. im Fall der Übertragung einer höherwertigen Funktion die Eignung in einer Erprobungszeit nachgewiesen wurde und
3. kein Beförderungsverbot vorliegt.

(Fortsetzung nächstes Blatt)

230. Bundesbesoldungsgesetz[1)] [2)]

In der Fassung der Bekanntmachung vom 19. Juni 2009[3)]

(BGBl. I S. 1434)

FNA 2032-1

geänd. durch Art. 2, 2a DienstrechtsneuordnungsG v. 5.2.2009 (BGBl. I S. 160; Art. 2a geänd. durch G v. 19.11.2010, BGBl. I S. 1552, aufgeh. durch G v. 20.12.2011, BGBl. I S. 2842), Art. 8 G zur Änd. des SGB IV, zur Errichtung einer Versorgungsausgleichskasse und anderer Gesetze v. 15.7.2009 (BGBl. I S. 1939), Art. 2 G zur Änd. arzneimittelrechtl. und anderer Vorschriften v. 17.7.2009 (BGBl. I S. 1990), Art. 2 Nr. 2 Erstes G zur Änd. des G zur Regelung der Rechtsverhältnisse der Helfer der Bundesanstalt Technisches Hilfswerk v. 29.7.2009 (BGBl. I S. 2350), Art. 4 G zur Errichtung eines Bundesaufsichtsamtes für Flugsicherung und zur Änd. und Anpassung weiterer Vorschriften v. 29.7.2009 (BGBl. I S. 2424), Art. 2 Abs. 7 G zur Weiterentwicklung der Organisation der Grundsicherung für Arbeitsuchende v. 3.8. 2010 (BGBl. I S. 1112), Art. 1–4 BBVAnpG 2010/2011 v. 19.11.2010 (BGBl. I S. 1552), Art. 11 Wehrrechtsänderungsgesetz 2011 v. 28.4.2011 (BGBl. I S. 678), Art. 15 G zur Einführung eines Bundesfreiwilligendienstes v. 28.4.2011 (BGBl. I S. 687), Art. 4 G zur Übertragung ehebezogener Regelungen im öffentl. Dienstrecht auf Lebenspartnerschaften v. 14.11.2011 (BGBl. I S. 2219), Art. 9a G zur Umsetzung der RL 2010/78/EU im Hinblick auf die Errichtung des Europäischen Finanzaufsichtssystems v. 4.12. 2011 (BGBl. I S. 2427), Art. 1, 5 G zur Wiedergewährung der Sonderzahlung v. 20.12.2011 (BGBl. I S. 2842), Art. 28 G zur Verbesserung der Eingliederungschancen am Arbeitsmarkt v. 20.12.2011 (BGBl. I S. 2854), Urt. des BVerfG – 2 BvL 4/10 – v. 14.2.2012 (BGBl. I S. 459), Art. 1 G zur Unterstützung der Fachkräftegewinnung im Bund und zur Änd. weiterer dienstrechtl. Vorschriften v. 15.3.2012 (BGBl. I S. 462, ber. S. 1489), Art. 7 Bundeswehrreform-BegleitG v. 21.7.2012 (BGBl. I S. 1583), Art. 1–3 BBVAnpG 2012/2013 v. 15.8.2012 (BGBl. I S. 1670), Beschl. des BVerfG – 2 BvR 1397/09 – v. 19.6. 2012 (BGBl. I S. 1770), Art. 1 G zur Neuregelung der Professorenbesoldung und zur Änd. weiterer dienstrechtlicher Vorschriften v. 11.6.2013 (BGBl. I S. 1514), Art. 2 G zur Familienpflegezeit und zum flexibleren Eintritt in den Ruhestand für Beamtinnen und Beamte des Bundes v. 3.7.2013 (BGBl. I S. 1978), Art. 5 Abs. 3 G zur Suche und Auswahl eines Standortes für ein Endlager für Wärme entwickelnde radioaktive Abfälle und zur Änd. anderer Gesetze v. 23.7.2013 (BGBl. I S. 2553), Art. 13–13c Bundesunfallkassen-NeuorganisationsG v. 19.10.2013 (BGBl. I S. 3836), Art. 1, 2 BBVAnpG 2014/ 2015 v. 25.11.2014 (BGBl. I S. 1772), Art. 2–5 G zur Änderung des BundesbeamtenG und weiterer dienstrechtlicher Vorschriften v. 6.3.2015 (BGBl. I S. 250), Art. 2 Bundeswehr-AttraktivitätssteigerungsG v. 13.5.2015 (BGBl. I S. 706), Art. 6 IT-Sicherheitsgesetz v. 17.7.2015 (BGBl. I S. 1324), Art. 43 Zehnte ZuständigkeitsanpassungsVO v. 31.8.2015 (BGBl. I S. 1474), Art. 8 G zur Verbesserung der Zusammenarbeit im Bereich des Verfassungsschutzes v. 17.11.2015 (BGBl. I S. 1938), Art. 1 Siebtes BesoldungsänderungsG v. 3.12.2015 (BGBl. I S. 2163), Art. 3 G zur Neuorganisation der Zollverwaltung v. 3.12. 2015 (BGBl. I S. 2178), Art. 26 WSV-ZuständigkeitsanpassungsG v. 24.5.2016 (BGBl. I S. 1217), Art. 2 G zur besseren Vereinbarkeit von Familie, Pflege und Beruf für Beamtinnen und Beamte des Bundes und Soldatinnen und Soldaten sowie zur Änd. weiterer dienstrechtlicher Vorschriften v. 19.10.2016 (BGBl. I S. 2362), Art. 1, 2 Bundesbesoldungs- und -versorgungsanpassungsG 2016/2017 v. 21.11.2016 (BGBl. I S. 2570), Art. 6 G zur Änd. des VersorgungsrücklageG und weiterer dienstrechtlicher Vorschriften v. 5.1. 2017 (BGBl. I S. 17), Art. 4 Branntweinmonopolverwaltung-AuflösungsG v. 10.3.2017 (BGBl. I S. 420), Art. 33 G zum Abbau verzichtbarer Anordnungen der Schriftform im Verwaltungsrecht des Bundes v. 29.3.2017 (BGBl. I S. 626), Art. 13–15 G zu bereichsspezifischen Regelungen der Gesichtsverhüllung und zur Änd. weiterer dienstrechtlicher Vorschriften v. 8.6.2017 (BGBl. I S. 1570), Art. 12 G zur Umsetzung der 4. EU-GeldwäscheRL, zur Ausführung der EU-GeldtransferVO und zur Neuorganisation der Zentralstelle für Finanztransaktionsuntersuchungen v. 23.6.2017 (BGBl. I S. 1822), Art. 1–4 Bundesbesoldungs- und -versorgungsanpassungsG 2018/2019/2020 v. 8.11.2018 (BGBl. I S. 1810), Art. 3 G zur Änd. des ZensusvorbereitungsG 2021 und Zweiten Dopingopfer-HilfeG sowie BundesbesoldungsG v. 27.11.2018 (BGBl. I S. 2010), Art. 4 G zur Änd. des BeamtenstatusG und des BundesbeamtenG sowie weiterer dienstrechtlicher Vorschriften v. 29.11.2018 (BGBl. I S. 2232), Art. 1, 2 BesoldungsstrukturenmodernisierungsG v. 9.12.2019 (BGBl. I S. 2053), Art. 3 G zur Modernisierung des Versicherungsteuerrechts und zur Änd. dienstrechtlicher Vorschriften v. 3.12.2020 (BGBl. I S. 2659), Art. 2 G über die

---

[1)] Zur Anwendung in den Ländern siehe § 85.

[2)] Siehe auch die hierzu erlassene Allgemeine Verwaltungsvorschrift **(Bundesbeamtengesetze Nr. 52.1)**.

[3)] Neubekanntmachung des Bundesbesoldungsgesetzes idF der Bek. v. 6.8.2002 (BGBl. I S. 3020) in der ab 1.7.2009 geltenden Fassung.

Umwandlung des Informationstechnikzentrums Bund in eine nichtrechtsfähige Anstalt des öffentl. Rechts und zur Änd. weiterer Vorschriften v. 7.12.2020 (BGBl. I S. 2756), Art. 1 G über eine einmalige Sonderzahlung aus Anlass der COVID-19-Pandemie an Besoldungs- und Wehrsoldempfänger v. 21.12. 2020 (BGBl. I S. 3136), Art. 2 Abs. 5 G zur Neustrukturierung des ZollfahndungsdienstG v. 30.3.2021 (BGBl. I S. 402) und Art. 9 Siebtes G zur Änd. von Verbrauchsteuergesetzen v. 30.3.2021 (BGBl. I S. 607)

Inhaltsübersicht[1]

---

[1] Inhaltsübersicht neu gef. mWv 1.8.2013 durch G v. 11.6.2013 (BGBl. I S. 1514); geänd. mWv 11.7. 2013 durch G v. 3.7.2013 (BGBl. I S. 1978); geänd. mWv 14.3.2015 durch G v. 6.3.2015 (BGBl. I S. 250); geänd. *mWv 23. 5.2015*, *mWv 1. 12.2015* und mWv 1.5.2018 durch G v. 13.5.2015 (BGBl. I S. 706); geänd. mWv 1.1.2016 durch G v. 3.12.2015 (BGBl. I S. 2163); geänd. mWv 28.10.2016 durch G v. 19.10.2016 (BGBl. I S. 2362); geänd. mWv 1.6.2017 und mWv 1.1.2020 durch G v. 8.6.2017 (BGBl. I S. 1570); geänd. mWv 1.1.2020 durch G v. 9.12.2019 (BGBl. I S. 2053); teilweise redaktionell angepasst.

§ 85[1] Anwendungsbereich in den Ländern. Für die Beamten und Richter der Länder, der Gemeinden, der Gemeindeverbände sowie der sonstigen der Aufsicht eines Landes unterstehenden Körperschaften, Anstalten und Stiftungen des öffentlichen Rechts gilt das Bundesbesoldungsgesetz in der bis zum 31. August 2006 geltenden Fassung, soweit nichts Anderes bestimmt ist.[2]

---

[1] § 85 aufgeh., bish. § 86 wird § 85 mWv 1.8.2013 durch G v. 11.6.2013 (BGBl. I S. 1514).

[2] Siehe die besoldungsrechtlichen Regelungen der Länder:

- **Baden-Württemberg:** LandesbesoldungsG v. 9.11.2010 (GBl. S. 793, 826), zuletzt geänd. durch G v. 4.2.2021 (GBl. S. 182)
- **Bayern:** Bayerisches BesoldungsG v. 5.8.2010 (GVBl. S. 410, 764), zuletzt geänd. durch G v. 9.4.2021 (GVBl. S. 150)
- **Berlin:** vgl. § 1b LandesbesoldungsG v. 9.4.1996 (GVBl. S. 160, ber. S. 463), zuletzt geänd. durch G v. 9.2.2021 (GVBl. S. 146)
- **Brandenburg:** Brandenburgisches BesoldungsG v. 20.11.2013 (GVBl. I Nr. 32, 2, ber. Nr. 34), zuletzt geänd. durch Bek. v. 25.6.2019 (GVBl. I Nr. 46, ber. Nr 47, Nr. 48)
- **Bremen:** Bremisches BesoldungsG v. 20.12.2016 (Brem.GBl. S. 924), zuletzt geänd. durch Bek. v. 20.10.2020 (Brem.GBl. S. 1172)
- **Hamburg:** Hamburgisches BesoldungsG v. 26.1.2010 (HmbGVBl. S. 23), zuletzt geänd. durch G v. 3.2.2021 (HmbGVBl. S. 59)
- **Hessen:** Hessisches BesoldungsG v. 27.5.2013 (GVBl. S. 218, 256, ber. S. 508), zuletzt geänd. durch G v. 23.6.2020 (GVBl. S. 430)
- **Mecklenburg-Vorpommern:** BesoldungsüberleitungsG v. 4.7.2011 (GVOBl. M-V S. 376) iVm Bek. v. 12.3.2013 (GVOBl. M-V S. 182)
- **Niedersachsen:** Niedersächsisches BesoldungsG v. 20.12.2016 (Nds. GVBl. S. 308, ber. 2017 S. 64), zuletzt geänd. durch G v. 10.12.2020 (Nds. GVBl. S. 496)
- **Nordrhein-Westfalen:** LandesbesoldungsG v. 14.6.2016 (GV. NRW. S. 310, 339), zuletzt geänd. durch G v. 25.3.2021 (GV. NRW. S. 331)
- **Rheinland-Pfalz:** LandesbesoldungsG v. 18.6.2013 (GVBl. S. 157, 158), zuletzt geänd. durch G v. 23.9.2020 (GVBl. S. 535)
- **Saarland:** vgl. § 1 Abs. 2 Saarländisches BesoldungsG idF der Bek. v. 10.1.1989 (Amtsbl. S. 301), zuletzt geänd. durch G v. 20.11.2019 (Amtsbl. I S. 1055)
- **Sachsen:** Sächsisches BesoldungsG v. 18.12.2013 (SächsGVBl. S. 970, 1005), zuletzt geänd. durch G v. 20.8.2019 (SächsGVBl. S. 662)
- **Sachsen-Anhalt:** LandesbesoldungsG v. 8.2.2011 (GVBl. LSA S. 68), zuletzt geänd. durch G v. 2.7.2020 (GVBl. LSA S. 334)
- **Schleswig-Holstein:** BesoldungsG Schleswig-Holstein v. 26.1.2012 (GVOBl. Schl.-H. S. 153), zuletzt geänd. durch G v. 18.3.2021 (GVOBl. Schl.-H. S. 309)
- **Thüringen:** Thüringer BesoldungsG idF der Bek. v. 18.1.2016 (GVBl. S. 1, ber. S. 166, 202), zuletzt geänd. durch G v. 21.12.2020 (GVBl. S. 655)

Anlage I[1)]
(zu § 20 Absatz 2 Satz 1)

Bundesbesoldungsordnungen A und B

Vorbemerkungen[2)]

I. Allgemeine Vorbemerkungen

1.[3)] Amtsbezeichnungen

(1) Weibliche Beamte führen die Amtsbezeichnung soweit möglich in der weiblichen Form.

(2) [1]Die in den Bundesbesoldungsordnungen A und B gesperrt gedruckten Amtsbezeichnungen sind Grundamtsbezeichnungen. [2]Den Grundamtsbezeichnungen können Zusätze beigefügt werden, die hinweisen auf

1. den Dienstherrn oder den Verwaltungsbereich,
2. die Laufbahn,
3. die Fachrichtung.

[3]Die Grundamtsbezeichnungen „Rat", „Oberrat", „Direktor", „Leitender Direktor", „Direktor und Professor", „Erster Direktor", „Oberdirektor", „Präsident" und „Präsident und Professor" dürfen nur in Verbindung mit einem Zusatz nach Satz 2 verliehen werden.

(3) [1]Über die Beifügung der Zusätze zu den Grundamtsbezeichnungen entscheidet das Bundesministerium des Innern, für Bau und Heimat im Einvernehmen mit dem Bundesministerium der Finanzen. [2]Das Bundesministerium des Innern, für Bau und Heimat macht die Zusätze zu den Grundamtsbezeichnungen jährlich zum 1. März im Gemeinsamen Ministerialblatt bekannt.

(4) [1]Die Regelungen in der Bundesbesoldungsordnung A für Ämter des mittleren, gehobenen und höheren Polizeivollzugsdienstes – mit Ausnahme des kriminalpolizeilichen Vollzugsdienstes – gelten auch für die Polizeivollzugsbeamten beim Deutschen Bundestag. [2]Diese führen die Amtsbezeichnungen des Polizeivollzugsdienstes mit dem Zusatz „beim Deutschen Bundestag".

2. „Direktor und Professor" in den Besoldungsgruppen B 1, B 2 und B 3

[1]Die Ämter „Direktor und Professor" in den Besoldungsgruppen B 1, B 2 und B 3 dürfen nur an Beamte verliehen werden, denen in wissenschaftlichen Forschungseinrichtungen oder in Dienststellen und Einrichtungen mit eigenen wissenschaftlichen Forschungsbereichen überwiegend wissenschaftliche Forschungsaufgaben obliegen. [2]Dienststellen und Einrichtungen mit eigenen wissenschaftlichen Forschungsbereichen sind:

[1)] Anl. I neu gef. mWv 1.8.2013 durch G v. 11.6.2013 (BGBl. I S. 1514).

[2)] Vorbemerkung Nr. 6 und Nr. 11 geänd. mWv 1.1.2015, Nr. 4 neu gef. mWv 1.6.2015 durch G v. 13.5.2015 (BGBl. I S. 706); Nr. 5, 6, 6a, 8a, 9, 9a und 11 geänd., Nr. 8c eingef. mWv 1.1.2016 durch G v. 3.12.2015 (BGBl. I S. 2163); Nr. 6a geänd. mWv 11.1.2017 durch G v. 5.1.2017 (BGBl. I S. 17); Nr. 13 geänd. mWv 26.6.2017 durch G v. 23.6.2017 (BGBl. I S. 1822); Nr. 8c geänd. mWv 1.1.2019 durch G v. *29.11.2018 (BGBl. I S. 2232); Nr. 1, 2,* 2a, 5a, 6, 6a, 7, 8, 8a, 8b, 9, 10, 13 geänd., Nr. 4, 9a, 11, 15–17 neu gef., Nr. 18 und 19 angef., Nr. 3a aufgeh. mWv 1.1.2020 durch G v. 9.12.2019 (BGBl. I S. 2053).

[3)] Siehe hierzu auch das BMI-Rundschreiben – D3 – 30200/101#6 – **(Bundesbeamtengesetze Nr. 52.7)**.

*2) **Amtl. Anm.:** Soweit nicht in den Besoldungsgruppen B 1, B 3, B 5, B 6.

*3) **Amtl. Anm.:** Der Amtsbezeichnung kann ein Zusatz beigefügt werden, der auf die Dienststelle oder sonstige Einrichtung hinweist, der der Amtsinhaber angehört. Der Zusatz „und Professor" darf beigefügt werden, wenn der Leiter der Dienststelle oder sonstigen Einrichtung diesen Zusatz in der Amtsbezeichnung führt.

*4) **Amtl. Anm.:** Soweit nicht in den Besoldungsgruppen A 16, B 3.

Besoldungsgruppe B 3[1) 2)]

Abteilungsdirektor, Abteilungspräsident
– als der ständige Vertreter eines Direktionspräsidenten bei der Generalzolldirektion –
– als Leiter der Zentralabteilung des Bundesinstituts für Berufsbildung –
– beim Bundesamt für den Militärischen Abschirmdienst –
– beim Informationstechnikzentrum Bund –
– beim Bundeszentralamt für Steuern –
– als Leiter einer großen Abteilung bei einer wissenschaftlichen Forschungseinrichtung, wenn der Leiter mindestens in die Besoldungsgruppe B 7 eingestuft ist –

Abteilungsdirektor bei der Deutschen Rentenversicherung Bund
– als Leiter einer besonders großen und besonders bedeutenden Abteilung –
Abteilungsdirektor bei der Deutschen Rentenversicherung Knappschaft-Bahn-See
– als Leiter einer besonders großen und besonders bedeutenden Abteilung –
Abteilungspräsident beim Bundesversicherungsamt
– als Leiter einer besonders großen und besonders bedeutenden Abteilung –
Botschafter[*1)]
Bundesbankdirektor[*2)]
D i r e k t o r[*3)]
D i r e k t o r u n d P r o f e s s o r[*4)]
Generalkonsul[*5)]
Gesandter[*5)]
Kurator der Museumsstiftung Post und Telekommunikation
Leitender Postdirektor
– bei der Bundesanstalt für Post und Telekommunikation Deutsche Bundespost –
– bei der Deutschen Post AG –
– bei der DB Privat- und Firmenkundenbank AG –
– bei der Deutschen Telekom AG –
Ministerialrat
– bei einer obersten Bundesbehörde oder beim Bundeseisenbahnvermögen –[*6) *7)]
– als Mitglied des Bundesrechnungshofes –

1) Die durch G v. 30.3.2021 (BGBl. I S. 402) mWv 2.4.2021 angeordnete Änderung der BesGr. B 3 [*In der Gliederungseinheit „Besoldungsgruppe B 3" […], wird nach der Angabe „Leitender Postdirektor" die Angabe „– bei der Deutsche Postbank AG –" durch die Angabe „– bei der DB Privat- und Firmenkundenbank AG –" ersetzt*], ist nicht umsetzbar.

2) BesGr. B 3 geänd. mWv 1.4.2021 durch G v. 30.3.2021 (BGBl. I S. 607).

Vizepräsident
– bei einer Dienststelle oder sonstigen Einrichtung, wenn der Leiter in die Besoldungsgruppe B 6 eingestuft ist –*8)

Vortragender Legationsrat Erster Klasse*6)

Oberst*9)

Kapitän zur See*9)

Oberstapotheker*9)

Flottenapotheker*9)

Oberstarzt*9)

Flottenarzt*9)

Oberstveterinär*9)

---

*1) **Amtl. Anm.:** Soweit nicht in den Besoldungsgruppen A 15, A 16, B 6, B 9.

*2) **Amtl. Anm.:** Soweit nicht in den Besoldungsgruppen A 15, A 16, B 5, B 6, B 9.

*3) **Amtl. Anm.:** Soweit nicht in den Besoldungsgruppen A 15, A 16, B 2, B 4, B 5, B 6, B 7, B 8, B 9.

*4) **Amtl. Anm.:** Soweit nicht in den Besoldungsgruppen B 1, B 2, B 5, B 6.

*5) **Amtl. Anm.:** Soweit nicht in den Besoldungsgruppen A 15, A 16, B 6.

*6) **Amtl. Anm.:** Soweit nicht in der Besoldungsgruppe A 16.

*7) **Amtl. Anm.:** Der Leiter des Präsidialbüros des Präsidenten des Deutschen Bundestages erhält eine Stellenzulage in Höhe des Unterschiedsbetrages zwischen dem Grundgehalt der Besoldungsgruppe B 3 und dem Grundgehalt der Besoldungsgruppe B 6.

*8) **Amtl. Anm.:** Der Amtsbezeichnung kann ein Zusatz beigefügt werden, der auf die Dienststelle oder sonstige Einrichtung hinweist, der der Amtsinhaber angehört. Der Zusatz „und Professor" darf beigefügt werden, wenn der Leiter der Dienststelle oder sonstigen Einrichtung diesen Zusatz in der Amtsbezeichnung führt.

*9) **Amtl. Anm.:** Soweit nicht in den Besoldungsgruppen A 16, B 2.

Besoldungsgruppe B 4

Direktor*1)

Erster Direktor*2)

Leitender Direktor des Marinearsenals

Präsident*3)

Vizepräsident
– bei einer Dienststelle oder sonstigen Einrichtung, wenn der Leiter in die Besoldungsgruppe B 7 eingestuft ist –*4)

---

*1) **Amtl. Anm.:** Soweit nicht in den Besoldungsgruppen A 15, A 16, B 2, B 3, B 6, B 7, B 8, B 9.

*2) **Amtl. Anm.:** Soweit nicht in den Besoldungsgruppen B 5, B 6.

*3) **Amtl. Anm.:** Soweit nicht in den Besoldungsgruppen B 5, B 6, B 7, B 8, B 9.

*4) **Amtl. Anm.:** Der Amtsbezeichnung kann ein Zusatz beigefügt werden, der auf die Dienststelle oder sonstige Einrichtung hinweist, der der Amtsinhaber angehört. Der Zusatz „und Professor" darf beigefügt werden, wenn der Leiter der Dienststelle oder sonstigen Einrichtung diesen Zusatz in der Amtsbezeichnung führt.

Besoldungsgruppe B 5

Bundesbankdirektor*1)

Direktor*2)

*Direktor und Professor**3)

240. Bundespersonalvertretungsgesetz (BPersVG)

Vom 15. März 1974

(BGBl. I S. 693)

FNA 2035-4

geänd. durch Art. 287 Nr. 4 StGB-EinführungsG v. 2.3.1974 (BGBl. I S. 469), Art. 3 G zur Änd. des SoldatenG und des Vertrauensmänner-WahlG v. 25.4.1975 (BGBl. I S. 1005), Art. 5 Drittes G zur Änd. dienstrechtlicher Vorschriften v. 10.5.1980 (BGBl. I S. 561), Art. 5 Fünftes G zur Änd. dienstrechtlicher Vorschriften v. 25.7.1984 (BGBl. I S. 998), Art. 4 Erstes SchwerbehindertenG-ÄndG v. 24.7.1986 (BGBl. I S. 1110), Art. 1 ÄndG v. 18.12.1987 (BGBl. I S. 2746), Art. 1 G zur Bildung von Jugend- und Auszubildendenvertretungen in den Verwaltungen v. 13.7.1988 (BGBl. I S. 1037), Art. 4 Abs. 2 PoststrukturG v. 8.6.1989 (BGBl. I S. 1026), Art. 1 ÄndG v. 10.7.1989 (BGBl. I S. 1380, ber. S. 1473), Art. 4 Fünftes G zur Änd. besoldungsrechtlicher Vorschriften v. 28.5.1990 (BGBl. I S. 967), Art. 3 Nr. 5 BeteiligungsG v. 16.1.1991 (BGBl. I S. 47), Art. 3 Zehntes G zur Änd. dienstrechtlicher Vorschriften v. 20.12.1993 (BGBl. I S. 2136), Art. 6 Abs. 20 EisenbahnneuordnungsG v. 27.12.1993 (BGBl. I S. 2378), Art. 6 Zweites GleichberechtigungsG v. 24.6.1994 (BGBl. I S. 1406), Art. 12 Abs. 13 PostneuordnungsG v. 14.9.1994 (BGBl. I S. 2325), Art. 2 § 3 BundesgrenzschutzneuregelungsG v. 19.10.1994 (BGBl. I S. 2978), Art. 9 Unfallversicherungs-EinordnungsG v. 7.8.1996 (BGBl. I S. 1254), Art. 2 Abs. 2 Erstes SoldatenbeteiligungsG-ÄndG v. 20.2.1997 (BGBl. I S. 298), Art. 12 Abs. 2 ReformG v. 24.2.1997 (BGBl. I S. 322), Art. 2 § 1 G über den deutschen Auslandsrundfunk v. 16.12.1997 (BGBl. I S. 3094), Art. 9 Bundesdisziplinarrechts-NeuordnungsG v. 9.7.2001 (BGBl. I S. 1510), Art. 17 Drittes G für moderne Dienstleistungen am Arbeitsmarkt v. 23.12.2003 (BGBl. I S. 2848), Art. 3a G zur wirkungsgleichen Übertragung von Regelungen der sozialen Pflegeversicherung in das Dienstrecht und zur Änd. sonstiger dienstrechtl. Vorschriften v. 4.11.2004 (BGBl. I S. 2686), Art. 5 G zur Reform des Reisekostenrechts v. 26.5.2005 (BGBl. I S. 1418), Art. 11 G zur Umbenennung des Bundesgrenzschutzes in Bundespolizei v. 21.6.2005 (BGBl. I S. 1818), Art. 8 G zur Reorganisation der Bundesanstalt für Post und Telekommunikation Deutsche Bundespost und zur Änd. anderer G v. 14.9.2005 (BGBl. I S. 2746), Art. 3 Abs. 4 G zur Umsetzung europäischer RLn zur Verwirklichung des Grundsatzes der Gleichbehandlung v. 14.8.2006 (BGBl. I S. 1897), Art. 7 DienstrechtsneuordnungsG v. 5.2.2009 (BGBl. I S. 160), Art. 3 Abs. 2 G zur Familienpflegezeit und zum flexibleren Eintritt in den Ruhestand für Beamtinnen und Beamte des Bundes v. 3.7.2013 (BGBl. I S. 1978), Art. 2 G zur Änd. soldatenbeteiligungs- und personalvertretungsrechtlicher Vorschriften v. 29.8.2016 (BGBl. I S. 2065), Art. 10 Abs. 2 G zur besseren Vereinbarkeit von Familie, Pflege und Beruf für Beamtinnen und Beamte des Bundes und Soldatinnen und Soldaten sowie zur Änd. weiterer dienstrechtlicher Vorschriften v. 19.10.2016 (BGBl. I S. 2362), Art. 7 PflegeberufereformG v. 17.7.2017 (BGBl. I S. 2581) und Art. 1, 2 Zweites G zur Änd. des BPersVG und weiterer dienstrechtl. Vorschriften aus Anlass der COVID-19-Pandemie v. 25.5.2020 (BGBl. I S. 1063, geänd. durch G v. 18.3.2021, BGBl. I S. 353)

Inhaltsübersicht

Erster Teil. Personalvertretungen im Bundesdienst[1]

Erstes Kapitel. Allgemeine Vorschriften

§ 1 [Errichtung von Personalvertretungen] [1] In den Verwaltungen des Bundes und der bundesunmittelbaren Körperschaften, Anstalten und Stiftungen des öffentlichen Rechts sowie in den Gerichten des Bundes werden Personalvertretungen gebildet. [2] Zu den Verwaltungen im Sinne dieses Gesetzes gehören auch die Betriebsverwaltungen.

§ 2 [Stellung der Gewerkschaften und Vereinigungen der Arbeitgeber]

(1) Dienststelle und Personalvertretung arbeiten unter Beachtung der Gesetze und Tarifverträge vertrauensvoll und im Zusammenwirken mit den in der Dienststelle vertretenen Gewerkschaften und Arbeitgebervereinigungen zum Wohle der Beschäftigten und zur Erfüllung der der Dienststelle obliegenden Aufgaben zusammen.

(2) Zur Wahrnehmung der in diesem Gesetz genannten Aufgaben und Befugnisse der in der Dienststelle vertretenen Gewerkschaften ist deren Beauftragten nach Unterrichtung des Dienststellenleiters oder seines Vertreters Zugang zu der Dienststelle zu gewähren, soweit dem nicht unumgängliche Notwendigkeiten des Dienstablaufs, zwingende Sicherheitsvorschriften oder der Schutz von Dienstgeheimnissen entgegenstehen.

(3) Die Aufgaben der Gewerkschaften und der Vereinigungen der Arbeitgeber, insbesondere die Wahrnehmung der Interessen ihrer Mitglieder, werden durch dieses Gesetz nicht berührt.

§ 3 [Unabdingbarkeit des Personalvertretungsrechts] Durch Tarifvertrag kann das Personalvertretungsrecht nicht abweichend von diesem Gesetz geregelt werden.

§ 4[2] [Begriff des Beschäftigten im öffentlichen Dienst] (1) Beschäftigte im öffentlichen Dienst im Sinne dieses Gesetzes sind die Beamten und Arbeitnehmer einschließlich der zu ihrer Berufsausbildung Beschäftigten sowie Richter, die an eine der in § 1 genannten Verwaltungen oder zur Wahrnehmung einer nichtrichterlichen Tätigkeit an ein Gericht des Bundes abgeordnet sind.

(2) Wer Beamter ist, bestimmen die Beamtengesetze.

(3) [1] Arbeitnehmer im Sinne dieses Gesetzes sind Beschäftigte, die nach dem für die Dienststelle maßgebenden Tarifvertrag oder nach der Dienstordnung Arbeitnehmer sind oder die als übertarifliche Arbeitnehmer beschäftigt werden. [2] Als

[1] Für den Bereich der Bundeswehr siehe § 91 SoldatenG **(Sartorius III Nr. 850)**.
[2] § 4 Abs. 1 und Abs. 3 Sätze 1 und 2 geänd., Abs. 4 aufgeh. mWv 1.10.2005 durch G v. 14.9.2005 (BGBl. I S. 2746).

(2) [1] Unverzüglich nach Abschluß der Wahl nimmt der Wahlvorstand öffentlich die Auszählung der Stimmen vor, stellt deren Ergebnis in einer Niederschrift fest und gibt es den Angehörigen der Dienststelle durch Aushang bekannt. [2] Dem Dienststellenleiter und den in der Dienststelle vertretenen Gewerkschaften ist eine Abschrift der Niederschrift zu übersenden.

§ 24 [Wahlschutz und Wahlkosten] (1) [1] Niemand darf die Wahl des Personalrates behindern oder in einer gegen die guten Sitten verstoßenden Weise beeinflussen. [2] Insbesondere darf kein Wahlberechtigter in der Ausübung des aktiven und passiven Wahlrechts beschränkt werden. [3] § 47 Abs. 1, 2 Satz 1 und 2 gilt für Mitglieder des Wahlvorstandes und Wahlbewerber entsprechend.

(2) [1] Die Kosten der Wahl trägt die Dienststelle. [2] Notwendige Versäumnis von Arbeitszeit infolge der Ausübung des Wahlrechts, der Teilnahme an den in den §§ 20 bis 23 genannten Personalversammlungen oder der Betätigung im Wahlvorstand hat keine Minderung der Dienstbezüge oder des Arbeitsentgeltes zur Folge. [3] Für die Mitglieder des Wahlvorstandes gelten § 44 Abs. 1 Satz 2 und § 46 Abs. 2 Satz 2 entsprechend.

§ 25 [Wahlanfechtung] Mindestens drei Wahlberechtigte, jede in der Dienststelle vertretene Gewerkschaft oder der Leiter der Dienststelle können binnen einer Frist von zwölf Arbeitstagen, vom Tage der Bekanntgabe des Wahlergebnisses an gerechnet, die Wahl beim Verwaltungsgericht anfechten, wenn gegen wesentliche Vorschriften über das Wahlrecht, die Wählbarkeit oder das Wahlverfahren verstoßen worden und eine Berichtigung nicht erfolgt ist, es sei denn, daß durch den Verstoß das Wahlergebnis nicht geändert oder beeinflußt werden konnte.

Zweiter Abschnitt. Amtszeit des Personalrates

§ 26[1) 2)] [Amtszeit] [1] Die regelmäßige Amtszeit des Personalrates beträgt vier Jahre. [2] Die Amtszeit beginnt mit dem Tage der Wahl oder, wenn zu diesem Zeitpunkt noch ein Personalrat besteht, mit dem Ablauf seiner Amtszeit. [3] Sie endet spätestens am 31. Mai des Jahres, in dem nach § 27 Abs. 1 die regelmäßigen Personalratswahlen stattfinden.

§ 26a[3)] *(aufgehoben)*

§ 27[4) 2)] [Zeitpunkt der Personalratswahl] (1) Die regelmäßigen Personalratswahlen finden alle vier Jahre in der Zeit vom 1. März bis 31. Mai statt.

(2) Außerhalb dieser Zeit ist der Personalrat zu wählen, wenn

1. mit Ablauf von vierundzwanzig Monaten, vom Tage der Wahl gerechnet, die Zahl der regelmäßig Beschäftigten um die Hälfte, mindestens aber um 50 gestiegen oder gesunken ist oder
2. die Gesamtzahl der Mitglieder des Personalrates auch nach Eintreten sämtlicher Ersatzmitglieder um mehr als ein Viertel der vorgeschriebenen Zahl gesunken ist oder

---

[1)] § 26 Satz 1 geänd. durch G v. 10.7.1989 (BGBl. I S. 1380).

[2)] Beachte hierzu auch § 116b.

[3)] § 26a aufgeh. mWv 1.7.2021 durch G v. 25.5.2020 (BGBl. I S. 1063, geänd. durch G v. 18.3.2021, BGBl. I S. 353).

[4)] § 27 Abs. 1 und Abs. 2 Nr. 1 geänd. durch G v. 10.7.1989 (BGBl. I S. 1380).

3. der Personalrat mit der Mehrheit seiner Mitglieder seinen Rücktritt beschlossen hat oder
4. der Personalrat durch gerichtliche Entscheidung aufgelöst ist oder
5. in der Dienststelle kein Personalrat besteht.

(3) In den Fällen des Absatzes 2 Nr. 1 bis 3 führt der Personalrat die Geschäfte weiter, bis der neue Personalrat gewählt ist.

(4) Ist eine in der Dienststelle vorhandene Gruppe, die bisher im Personalrat vertreten war, durch kein Mitglied des Personalrates mehr vertreten, so wählt diese Gruppe neue Mitglieder.

(5) [1] Hat außerhalb des für die regelmäßigen Personalratswahlen festgelegten Zeitraumes eine Personalratswahl stattgefunden, so ist der Personalrat in dem auf die Wahl folgenden nächsten Zeitraum der regelmäßigen Personalratswahlen neu zu wählen. [2] Hat die Amtszeit des Personalrates zu Beginn des für die regelmäßigen Personalratswahlen festgelegten Zeitraumes noch nicht ein Jahr betragen, so ist der Personalrat in dem übernächsten Zeitraum der regelmäßigen Personalratswahlen neu zu wählen.

§ 28 [Ausschluss eines Personalratsmitgliedes, Auflösung des Personalrats] (1) [1] Auf Antrag eines Viertels der Wahlberechtigten oder einer in der Dienststelle vertretenen Gewerkschaft kann das Verwaltungsgericht den Ausschluß eines Mitgliedes aus dem Personalrat oder die Auflösung des Personalrates wegen grober Vernachlässigung seiner gesetzlichen Befugnisse oder wegen grober Verletzung seiner gesetzlichen Pflichten beschließen. [2] Der Personalrat kann aus den gleichen Gründen den Ausschluß eines Mitgliedes beantragen. [3] Der Leiter der Dienststelle kann den Ausschluß eines Mitgliedes aus dem Personalrat oder die Auflösung des Personalrates wegen grober Verletzung seiner gesetzlichen Pflichten beantragen.

(2) [1] Ist der Personalrat aufgelöst, so setzt der Vorsitzende der Fachkammer des Verwaltungsgerichtes einen Wahlvorstand ein. [2] Dieser hat unverzüglich eine Neuwahl einzuleiten. [3] Bis zur Neuwahl nimmt der Wahlvorstand die dem Personalrat nach diesem Gesetz zustehenden Befugnisse und Pflichten wahr.

§ 29[1)] [Erlöschen der Mitgliedschaft] (1) Die Mitgliedschaft im Personalrat erlischt durch

1. Ablauf der Amtszeit,
2. Niederlegung des Amtes,
3. Beendigung des Dienstverhältnisses,
4. Ausscheiden aus der Dienststelle,
5. Verlust der Wählbarkeit mit Ausnahme der Fälle des § 14 Abs. 2 Satz 1,
6. gerichtliche Entscheidung nach § 28,
7. Feststellung nach Ablauf der in § 25 bezeichneten Frist, daß der Gewählte nicht wählbar war.

(2) Die Mitgliedschaft im Personalrat wird durch einen Wechsel der Gruppenzugehörigkeit eines Mitgliedes nicht berührt; dieses bleibt Vertreter der Gruppe, *die es gewählt hat.*

---

1) § 29 Abs. 1 Nr. 5 neu gef. durch G v. 24.6.1994 (BGBl. I S. 1406).

§ 30 [Ruhen der Mitgliedschaft] Die Mitgliedschaft eines Beamten im Personalrat ruht, solange ihm die Führung der Dienstgeschäfte verboten oder er wegen eines gegen ihn schwebenden Disziplinarverfahrens vorläufig des Dienstes enthoben ist.

§ 31 [Nachrücken von Ersatzmitgliedern] (1) [1] Scheidet ein Mitglied aus dem Personalrat aus, so tritt ein Ersatzmitglied ein. [2] Das gleiche gilt, wenn ein Mitglied des Personalrates zeitweilig verhindert ist.

(2) [1] Die Ersatzmitglieder werden der Reihe nach aus den nicht gewählten Beschäftigten derjenigen Vorschlagslisten entnommen, denen die zu ersetzenden Mitglieder angehören. [2] Ist das ausgeschiedene oder verhinderte Mitglied mit einfacher Stimmenmehrheit gewählt, so tritt der nicht gewählte Beschäftigte mit der nächsthöheren Stimmenzahl als Ersatzmitglied ein.

(3) § 29 Abs. 2 gilt entsprechend bei einem Wechsel der Gruppenzugehörigkeit vor dem Eintritt des Ersatzmitgliedes in den Personalrat.

(4) Im Falle des § 27 Abs. 2 Nr. 4 treten Ersatzmitglieder nicht ein.

Dritter Abschnitt. Geschäftsführung des Personalrates

§ 32 [Vorsitzender] (1) [1] Der Personalrat bildet aus seiner Mitte den Vorstand. [2] Diesem muß ein Mitglied jeder im Personalrat vertretenen Gruppe angehören. [3] Die Vertreter jeder Gruppe wählen das auf sie entfallende Vorstandsmitglied. [4] Der Vorstand führt die laufenden Geschäfte.

(2) [1] Der Personalrat bestimmt mit einfacher Mehrheit, welches Vorstandsmitglied den Vorsitz übernimmt. [2] Er bestimmt zugleich die Vertretung des Vorsitzenden durch seine Stellvertreter. [3] Dabei sind die Gruppen zu berücksichtigen, denen der Vorsitzende nicht angehört, es sei denn, daß die Vertreter dieser Gruppen darauf verzichten.

(3) [1] Der Vorsitzende vertritt den Personalrat im Rahmen der von diesem gefaßten Beschlüsse. [2] In Angelegenheiten, die nur eine Gruppe betreffen, vertritt der Vorsitzende, wenn er nicht selbst dieser Gruppe angehört, gemeinsam mit einem der Gruppe angehörenden Vorstandsmitglied den Personalrat.

§ 33 [Wahl von weiteren Personalratsmitgliedern] [1] Hat der Personalrat elf oder mehr Mitglieder, so wählt er aus seiner Mitte mit einfacher Stimmenmehrheit zwei weitere Mitglieder in den Vorstand. [2] Sind Mitglieder des Personalrates aus Wahlvorschlagslisten mit verschiedenen Bezeichnungen gewählt worden und sind im Vorstand Mitglieder aus derjenigen Liste nicht vertreten, die die zweitgrößte Anzahl, mindestens jedoch ein Drittel aller von den Angehörigen der Dienststelle abgegebenen Stimmen erhalten hat, so ist eines der weiteren Vorstandsmitglieder aus dieser Liste zu wählen.

§ 34[1)] [Frist für die vorgeschriebenen Wahlen] (1) Spätestens sechs Arbeitstage *nach dem* Wahltage hat der Wahlvorstand die Mitglieder des Personalrates zur Vornahme der vorgeschriebenen Wahlen einzuberufen und die Sitzung zu leiten, bis der Personalrat aus seiner Mitte einen Wahlleiter bestellt hat.

(2) [1] Die weiteren Sitzungen beraumt der Vorsitzende des Personalrates an. [2] Er setzt die Tagesordnung fest und leitet die Verhandlung. [3] Der Vorsitzende hat die Mitglieder des Personalrates zu den Sitzungen rechtzeitig unter Mitteilung der

[1)] § 34 Abs. 2 Satz 4 geänd. durch G v. 24.7.1986 (BGBl. I S. 1110); Abs. 2 Satz 4 und Abs. 3 geänd. durch G v. 13.7.1988 (BGBl. I S. 1037).

Tagesordnung zu laden. [4] Satz 3 gilt auch für die Ladung der Schwerbehindertenvertretung, der Mitglieder der Jugend- und Auszubildendenvertretung und der Vertreter der nichtständig Beschäftigten, soweit sie ein Recht auf Teilnahme an der Sitzung haben.

(3) Auf Antrag eines Viertels der Mitglieder des Personalrates, der Mehrheit der Vertreter einer Gruppe, des Leiters der Dienststelle, in Angelegenheiten, die besonders schwerbeschädigte Beschäftigte betreffen, des Vertrauensmannes der Schwerbeschädigten oder in Angelegenheiten, die besonders die in § 57 genannten Beschäftigten betreffen, der Mehrheit der Mitglieder der Jugend- und Auszubildendenvertretung hat der Vorsitzende eine Sitzung anzuberaumen und den Gegenstand, dessen Beratung beantragt ist, auf die Tagesordnung zu setzen.

(4) Der Leiter der Dienststelle nimmt an den Sitzungen, die auf sein Verlangen anberaumt sind, und an den Sitzungen, zu denen er ausdrücklich eingeladen ist, teil.

§ 35 [Personalratssitzungen] [1] Die Sitzungen des Personalrates sind nicht öffentlich; sie finden in der Regel während der Arbeitszeit statt. [2] Der Personalrat hat bei der Anberaumung seiner Sitzungen auf die dienstlichen Erfordernisse Rücksicht zu nehmen. [3] Der Leiter der Dienststelle ist vom Zeitpunkt der Sitzung vorher zu verständigen.

§ 36 [Teilnahme von Gewerkschaften] Auf Antrag von einem Viertel der Mitglieder oder der Mehrheit einer Gruppe des Personalrates kann ein Beauftragter einer im Personalrat vertretenen Gewerkschaft an den Sitzungen beratend teilnehmen; in diesem Falle sind der Zeitpunkt der Sitzung und die Tagesordnung der Gewerkschaft rechtzeitig mitzuteilen.

§ 37[1)] [Beschlüsse des Personalrats] (1) [1] Die Beschlüsse des Personalrates werden mit einfacher Stimmenmehrheit der anwesenden Mitglieder gefaßt. [2] Stimmenthaltung gilt als Ablehnung. [3] Bei Stimmengleichheit ist ein Antrag abgelehnt.

(2) Der Personalrat ist nur beschlußfähig, wenn mindestens die Hälfte seiner Mitglieder anwesend ist; Stellvertretung durch Ersatzmitglieder ist zulässig.

§ 38[2)] [Angelegenheiten der einzelnen Gruppen] (1) Über die gemeinsamen Angelegenheiten der Beamten und Arbeitnehmer wird vom Personalrat gemeinsam beraten und beschlossen.

(2) [1] In Angelegenheiten, die lediglich die Angehörigen einer Gruppe betreffen, sind nach gemeinsamer Beratung im Personalrat nur die Vertreter dieser Gruppe zur Beschlußfassung berufen. [2] Dies gilt nicht für eine Gruppe, die im Personalrat nicht vertreten ist.

(3) Absatz 2 gilt entsprechend für Angelegenheiten, die lediglich die Angehörigen zweier Gruppen betreffen.

§ 39[3)] [Aussetzung von Personalratsbeschlüssen] (1) [1] Erachtet die Mehrheit der Vertreter einer Gruppe oder der Jugend- und Auszubildendenvertretung einen

---

[1)] § 37 Abs. 3 angef. mWv 1.3.2020 und aufgeh. mWv 1.7.2021 durch G v. 25.5.2020 (BGBl. I S. 1063, geänd. durch G v. *18.3.2021, BGBl. I S.* 353).

[2)] § 38 Abs. 1 geänd. mWv 1.10.2005 durch G v. 14.9.2005 (BGBl. I S. 2746).

[3)] § 39 Abs. 3 geänd. durch G v. 24.7.1986 (BGBl. I S. 1110); Abs. 1 Sätze 1 und 2 geänd. durch G v. 13.7.1988 (BGBl. I S. 1037).

Beschluß des Personalrates als eine erhebliche Beeinträchtigung wichtiger Interessen der durch sie vertretenen Beschäftigten, so ist auf ihren Antrag der Beschluß auf die Dauer von sechs Arbeitstagen vom Zeitpunkt der Beschlußfassung an auszusetzen. 2 In dieser Frist soll, gegebenenfalls mit Hilfe der unter den Mitgliedern des Personalrates oder der Jugend- und Auszubildendenvertretung vertretenen Gewerkschaften, eine Verständigung versucht werden. 3 Die Aussetzung eines Beschlusses nach Satz 1 hat keine Verlängerung einer Frist zur Folge.

(2) 1 Nach Ablauf der Frist ist über die Angelegenheit neu zu beschließen. 2 Wird der erste Beschluß bestätigt, so kann der Antrag auf Aussetzung nicht wiederholt werden.

(3) Die Absätze 1 und 2 gelten entsprechend, wenn die Schwerbehindertenvertretung einen Beschluß des Personalrates als eine erhebliche Beeinträchtigung wichtiger Interessen des Schwerbeschädigten erachtet.

§ 40[1)] [Teilnahme der Jugend- und Auszubildendenvertreter, der Schwerbehindertenvertretung und der Vertreter der nicht ständig Beschäftigten] (1) 1 Ein Vertreter der Jugend- und Auszubildendenvertretung, der von dieser benannt wird, und die Schwerbehindertenvertretung können an allen Sitzungen des Personalrates beratend teilnehmen. 2 An der Behandlung von Angelegenheiten, die besonders die in § 57 genannten Beschäftigten betreffen, kann die gesamte Jugend- und Auszubildendenvertretung beratend teilnehmen. 3 Bei Beschlüssen des Personalrates, die überwiegend die in § 57 genannten Beschäftigten betreffen, haben die Jugend- und Auszubildendenvertreter Stimmrecht.

(2) An der Behandlung von Angelegenheiten, die besonders die nichtständig Beschäftigten betreffen, können die in § 65 Abs. 1 bezeichneten Vertreter mit beratender Stimme teilnehmen.

§ 41 [Sitzungsprotokoll] (1) 1 Über jede Verhandlung des Personalrates ist eine Niederschrift aufzunehmen, die mindestens den Wortlaut der Beschlüsse und die Stimmenmehrheit, mit der sie gefaßt sind, enthält. 2 Die Niederschrift ist von dem Vorsitzenden und einem weiteren Mitglied zu unterzeichnen. 3 Der Niederschrift ist eine Anwesenheitsliste beizufügen, in die sich jeder Teilnehmer eigenhändig einzutragen hat.

(2) 1 Haben der Leiter der Dienststelle oder Beauftragte von Gewerkschaften an der Sitzung teilgenommen, so ist ihnen der entsprechende Teil der Niederschrift abschriftlich zuzuleiten. 2 Einwendungen gegen die Niederschrift sind unverzüglich schriftlich zu erheben und der Niederschrift beizufügen.

§ 42 [Geschäftsordnung] Sonstige Bestimmungen über die Geschäftsführung können in einer Geschäftsordnung getroffen werden, die der Personalrat mit der Mehrheit der Stimmen seiner Mitglieder beschließt.

§ 43[2)] [Sprechstunden des Personalrats] 1 Der Personalrat kann Sprechstunden während der Arbeitszeit einrichten. 2 Zeit und Ort bestimmt er im Einvernehmen mit dem Leiter der Dienststelle.

---

1) § 40 Abs. 1 Satz 1 geänd. durch G v. 24.7.1986 (BGBl. I S. 1110); Abs. 1 Sätze 1 bis 3 geänd. durch G v. 13.7.1988 (BGBl. I S. 1037).

2) § 43 Abs. 2 angef. mWv 1.3.2020 und aufgeh. mWv 1.7.2021 durch G v. 25.5.2020 (BGBl. I S. 1063, geänd. durch G v. 18.3.2021, BGBl. I S. 353).

§ 44[1)] [Kosten und Sachaufwand des Personalrats] (1) [1] Die durch die Tätigkeit des Personalrates entstehenden Kosten trägt die Dienststelle. [2] Mitglieder des Personalrates erhalten bei Reisen, die zur Erfüllung ihrer Aufgaben notwendig sind, Reisekostenvergütungen nach dem Bundesreisekostengesetz[2)].

(2) Für die Sitzungen, die Sprechstunden und die laufende Geschäftsführung hat die Dienststelle in erforderlichem Umfang Räume, den Geschäftsbedarf und Büropersonal zur Verfügung zu stellen.

(3) Dem Personalrat werden in allen Dienststellen geeignete Plätze für Bekanntmachungen und Anschläge zur Verfügung gestellt.

(Fortsetzung nächstes Blatt)

[1)] § 44 Abs. 1 Satz 2 geänd. mWv 1.9.2005 durch G v. 26.5.2005 (BGBl. I S. 1418).
[2)] Nr. **235**.

der Jugend- und Auszubildendenvertretungen, der Wahlvorstände sowie von Wahlbewerbern, die in einem Arbeitsverhältnis stehen, bedarf der Zustimmung der zuständigen Personalvertretung. [2] Verweigert die zuständige Personalvertretung ihre Zustimmung oder äußert sie sich nicht innerhalb von drei Arbeitstagen nach Eingang des Antrags, so kann das Verwaltungsgericht sie auf Antrag des Dienststellenleiters ersetzen, wenn die außerordentliche Kündigung unter Berücksichtigung aller Umstände gerechtfertigt ist. [3] In dem Verfahren vor dem Verwaltungsgericht ist der betroffene Arbeitnehmer Beteiligter.

(2) Eine durch den Arbeitgeber ausgesprochene Kündigung des Arbeitsverhältnisses eines Beschäftigten ist unwirksam, wenn die Personalvertretung nicht beteiligt worden ist.

§ 109 [Unfall in Wahrnehmung dieses Gesetzes] Erleidet ein Beamter anläßlich der Wahrnehmung von Rechten oder Erfüllung von Pflichten nach dem Personalvertretungsrecht einen Unfall, der im Sinne der beamtenrechtlichen Unfallfürsorgevorschriften ein Dienstunfall wäre, so finden diese Vorschriften entsprechende Anwendung.

Dritter Teil.[1] Strafvorschriften

§§ 110, 111[2] (aufgehoben)

Vierter Teil. Schlußvorschriften

§ 112 [Geltung für Religionsgemeinschaften] Dieses Gesetz findet keine Anwendung auf Religionsgemeinschaften und ihre karitativen und erzieherischen Einrichtungen ohne Rücksicht auf ihre Rechtsform; ihnen bleibt die selbständige Ordnung eines Personalvertretungsrechtes überlassen.

§ 113[3] *(aufgehoben)*

§ 114 *(nicht wiedergegebene Änderungsvorschrift)*

§ 115[4] **[Ermächtigung zum Erlass von Wahlordnungen]** Die Bundesregierung wird ermächtigt, zur Durchführung der in den §§ 12 bis 25, 55 bis 57, 64, 65, 85 Abs. 2 sowie den §§ 86, 89a und 91 bezeichneten Wahlen durch Rechtsverordnung[5], die nicht der Zustimmung des Bundesrates bedarf, Vorschriften zu erlassen über

1. die Vorbereitung der Wahl, insbesondere die Aufstellung der Wählerlisten und die Errechnung der Vertreterzahl,
2. die Frist für die Einsichtnahme in die Wählerlisten und die Erhebung von Einsprüchen,
3. die Vorschlagslisten und die Frist für ihre Einreichung,
4. das Wahlausschreiben und die Fristen für seine Bekanntmachung,

---

[1] Dritter Teil (§§ 110 und 111) aufgeh. durch G v. 2.3.1974 (BGBl. I S. 469).

[2] §§ 110 und 111 aufgeh. durch G v. 2.3.1974 (BGBl. I S. 469).

[3] § 113 aufgeh. mWv 1.7.2021 durch G v. 25.5.2020 (BGBl. I S. 1063, geänd. durch G v. 18.3.2021, BGBl. I S. 353).

[4] § 115 neu gef. durch G v. 13.7.1988 (BGBl. I S. 1037); einl. Satzteil geänd. durch G v. 10.7.1989 (BGBl. I S. 1380).

[5] Siehe die WahlO zum BPersVG **(Bundesbeamtengesetze Nr. 65a)**.

5. die Stimmabgabe,
6. die Feststellung des Wahlergebnisses und die Fristen für seine Bekanntmachung,
7. die Aufbewahrung der Wahlakten.

§ 116 [Erstmalige Wahlen nach diesem Gesetz] (1) [1]Die ersten Personalratswahlen nach § 27 Abs. 1 und die ersten Wahlen der Jugendvertretung nach § 60 Abs. 2 finden im Jahre 1976 statt. [2]Unbeschadet des Satzes 1 finden im Oktober 1974 Personalratswahlen in den Dienststellen des Bundes im Ausland, im Bundesnachrichtendienst und Wahlen der Jugendvertretungen statt.

(2) [1]Personalvertretungen und Jugendvertretungen, die beim Inkrafttreten dieses Gesetzes bestehen, bleiben bis zur Neuwahl nach Absatz 1, längstens jedoch in den Fällen des Absatzes 1 Satz 1 bis zum 31. Mai 1976, in den Fällen des Absatzes 1 Satz 2 bis zum 31. Oktober 1974 im Amt; § 27 Abs. 2 bis 5 bleibt unberührt. [2]Satz 1 gilt sinngemäß für Obmänner in Dienststellen des Bundes im Ausland und Vertrauensmänner im Bundesnachrichtendienst.

(3) Vertrauensmänner im Bundesgrenzschutz, die beim Inkrafttreten dieses Gesetzes im Amt sind, bleiben bis zur Neuwahl nach § 85 Abs. 2, längstens bis zum 31. Oktober 1974 im Amt.

§ 116a[1)] [Erstmalige Wahlen zu den Jugend- und Auszubildendenvertretungen] (1) [1]Die erstmaligen Wahlen zu den Jugend- und Auszubildendenvertretungen, die an die Stelle der in § 57 in der Fassung des Gesetzes vom 15. März 1974 (BGBl. I S. 693) bezeichneten Jugendvertretungen treten, finden abweichend von § 60 Abs. 2 Satz 3 in der Zeit vom 1. Oktober bis 30. November 1988 statt. [2]Sie finden unabhängig davon statt, seit wann zum Zeitpunkt dieser Wahlen die bestehenden in Satz 1 genannten Jugendvertretungen im Amt sind; § 27 Abs. 5 findet keine entsprechende Anwen-

(Fortsetzung nächstes Blatt)

[1)] § 116a eingef. durch G v. 13.7.1988 (BGBl. I S. 1037).

246. Verordnung (EU) 2016/679 des Europäischen Parlaments und des Rates vom 27. April 2016 zum Schutz natürlicher Personen bei der Verarbeitung personenbezogener Daten, zum freien Datenverkehr und zur Aufhebung der Richtlinie 95/46/EG (Datenschutz-Grundverordnung)[1]

(Text von Bedeutung für den EWR)

(ABl. L 119 S. 1, ber. L 314 S. 72, 2018 L 127 S. 2 und 2021 L 74 S. 35)

Celex-Nr. 3 2016 R 0679

DAS EUROPÄISCHE PARLAMENT UND DER RAT DER EUROPÄISCHEN UNION –

gestützt auf den Vertrag über die Arbeitsweise der Europäischen Union[2], insbesondere auf Artikel 16,

auf Vorschlag der Europäischen Kommission,

nach Zuleitung des Entwurfs des Gesetzgebungsakts an die nationalen Parlamente,

nach Stellungnahme des Europäischen Wirtschafts- und Sozialausschusses[3],

nach Stellungnahme des Ausschusses der Regionen[4],

gemäß dem ordentlichen Gesetzgebungsverfahren[5],

in Erwägung nachstehender Gründe:

---

[1] Zur Datenschutz-Grundverordnung haben der Bund und die Länder u.a. folgende Vorschriften erlassen:
- **Bund:** Bundesdatenschutzgesetz – BDSG (Nr. **245**);
- **Bayern:** Bayerisches Datenschutzgesetz – BayDSG v. 15.5.2018 (GVBl. S. 230), geänd. durch G v. 18.5. 2018 (GVBl. S. 301);
- **Baden-Württemberg:** Landesdatenschutzgesetz – LDSG v. 12.6.2018 (GBl. S. 173), geänd. durch G v. 18.12.2018 (GBl. S. 1549);
- **Berlin:** Berliner Datenschutzgesetz – BlnDSG v. 13.6.2018 (GVBl. S. 418), geänd. durch G v. 12.10. 2020 (GVBl. S. 807);
- **Brandenburg:** Brandenburgisches Datenschutzgesetz – BbgDSG v. 8.5.2018 (GVBl. I Nr. 7), geänd. durch G v. 19.6.2019 (GVBl. I Nr. 43);
- **Bremen:** Bremisches Ausführungsgesetz zur EU-Datenschutz-Grundverordnung – BremDSGVOAG v. 8.5.2018 (Brem.GBl. S. 131);
- **Hamburg:** Hamburgisches Datenschutzgesetz – HmbDSG v. 18.5.2018 (HmbGVBl. S. 145); Hamburgisches Justizvollzugsdatenschutzgesetz – HmbJVollzDSG v. 18.5.2018 (HmbGVBl. S. 158);
- **Hessen:** Hessisches Datenschutz- und Informationsfreiheitsgesetz – HDSIG v. 3.5.2018 (GVBl. S. 82), geänd. durch G v. 12.9.2018 (GVBl. S. 570);
- **Mecklenburg-Vorpommern:** Landesdatenschutzgesetz – DSG M-V v. 22.5.2018 (GVOBl. M-V S. 193, 194);
- **Niedersachsen:** Niedersächsisches Datenschutzgesetz – NDSG v. 16.5.2018 (Nds. GVBl. S. 66, 67);
- **Nordrhein-Westfalen:** Datenschutzgesetz Nordrhein-Westfalen – DSG NRW v. 17.5.2018 (GV. NRW. S. 244, ber. S. 404);
- **Rheinland-Pfalz:** Landesdatenschutzgesetz – LDSG v. 8.5.2018 (GVBl. S. 93);
- **Saarland:** Saarländisches Datenschutzgesetz v. 16.5.2018 (Amtsbl. I S. 254);
- **Sachsen:** Sächsisches Datenschutzdurchführungsgesetz – SächsDSDG v. 26.4.2018 (SächsGVBl. S. 198, 199), geänd. durch G v. 5.4.2019 (SächsGVBl. S. 245);
- **Schleswig-Holstein:** Landesdatenschutzgesetz – LDSG v. 2.5.2018 (GVOBl. Schl.-H. S. 162);
- **Thüringen:** Thüringer Datenschutzgesetz – ThürDSG v. 6.6.2018 (GVBl. S. 229).

[2] Nr. **1001**.

[3] **Amtl. Anm.:** ABl. C 229 vom 31.7.2012, S. 90.

[4] **Amtl. Anm.:** ABl. C 391 vom 18.12.2012, S. 127.

[5] **Amtl. Anm.:** Standpunkt des Europäischen Parlaments vom 12. März 2014 (noch nicht im Amtsblatt veröffentlicht) und Standpunkt des Rates in erster Lesung vom 8. April 2016 (noch nicht im Amtsblatt veröffentlicht). Standpunkt des Europäischen Parlaments vom 14. April 2016.

(1) Der Schutz natürlicher Personen bei der Verarbeitung personenbezogener Daten ist ein Grundrecht. Gemäß Artikel 8 Absatz 1 der Charta der Grundrechte der Europäischen Union[1] (im Folgenden „Charta") sowie Artikel 16 Absatz 1 des Vertrags über die Arbeitsweise der Europäischen Union[2] (AEUV) hat jede Person das Recht auf Schutz der sie betreffenden personenbezogenen Daten.

(2) Die Grundsätze und Vorschriften zum Schutz natürlicher Personen bei der Verarbeitung ihrer personenbezogenen Daten sollten gewährleisten, dass ihre Grundrechte und Grundfreiheiten und insbesondere ihr Recht auf Schutz personenbezogener Daten ungeachtet ihrer Staatsangehörigkeit oder ihres Aufenthaltsorts gewahrt bleiben. Diese Verordnung soll zur Vollendung eines Raums der Freiheit, der Sicherheit und des Rechts und einer Wirtschaftsunion, zum wirtschaftlichen und sozialen Fortschritt, zur Stärkung und zum Zusammenwachsen der Volkswirtschaften innerhalb des Binnenmarkts sowie zum Wohlergehen natürlicher Personen beitragen.

(3) Zweck der Richtlinie 95/46/EG des Europäischen Parlaments und des Rates[3] ist die Harmonisierung der Vorschriften zum Schutz der Grundrechte und Grundfreiheiten natürlicher Personen bei der Datenverarbeitung sowie die Gewährleistung des freien Verkehrs personenbezogener Daten zwischen den Mitgliedstaaten.

(4) Die Verarbeitung personenbezogener Daten sollte im Dienste der Menschheit stehen. Das Recht auf Schutz der personenbezogenen Daten ist kein uneingeschränktes Recht; es muss im Hinblick auf seine gesellschaftliche Funktion gesehen und unter Wahrung des Verhältnismäßigkeitsprinzips gegen andere Grundrechte abgewogen werden. Diese Verordnung steht im Einklang mit allen Grundrechten und achtet alle Freiheiten und Grundsätze, die mit der Charta anerkannt wurden und in den Europäischen Verträgen verankert sind, insbesondere Achtung des Privat- und Familienlebens, der Wohnung und der Kommunikation, Schutz personenbezogener Daten, Gedanken-, Gewissens- und Religionsfreiheit, Freiheit der Meinungsäußerung und Informationsfreiheit, unternehmerische Freiheit, Recht auf einen wirksamen Rechtsbehelf und ein faires Verfahren und Vielfalt der Kulturen, Religionen und Sprachen.

(5) Die wirtschaftliche und soziale Integration als Folge eines funktionierenden Binnenmarkts hat zu einem deutlichen Anstieg des grenzüberschreitenden Verkehrs personenbezogener Daten geführt. Der unionsweite Austausch personenbezogener Daten zwischen öffentlichen und privaten Akteuren einschließlich natürlichen Personen, Vereinigungen und Unternehmen hat zugenommen. Das Unionsrecht verpflichtet die Verwaltungen der Mitgliedstaaten, zusammenzuarbeiten und personenbezogene Daten auszutauschen, damit sie ihren Pflichten nachkommen oder für eine Behörde eines anderen Mitgliedstaats Aufgaben durchführen können.

(6) Rasche technologische Entwicklungen und die Globalisierung haben den Datenschutz vor neue Herausforderungen gestellt. Das Ausmaß der Erhebung und des Austauschs personenbezogener Daten hat eindrucksvoll zugenommen. Die Technik macht es möglich, dass private Unternehmen und Behörden im Rahmen ihrer Tätigkeiten in einem noch nie dagewesenen Umfang auf personenbezogene Daten zurückgreifen. Zunehmend machen auch natürliche Personen Informationen öffentlich weltweit zugänglich. Die Technik hat das wirtschaftliche und gesellschaftliche Leben verändert und dürfte den Verkehr personenbezogener Daten innerhalb der Union sowie die Datenübermittlung an Drittländer und internationale Organisationen noch weiter erleichtern, wobei ein hohes Datenschutzniveau zu gewährleisten ist.

(7) Diese Entwicklungen erfordern einen soliden, kohärenteren und klar durchsetzbaren Rechtsrahmen im Bereich des Datenschutzes in der Union, da es von großer Wichtigkeit ist, eine Vertrauensbasis zu schaffen, die die digitale Wirtschaft dringend benötigt, um im Binnenmarkt weiter wachsen zu können. Natürliche Personen sollten die Kontrolle über ihre eigenen Daten besitzen. Natürliche Personen, Wirtschaft und Staat sollten in rechtlicher und praktischer Hinsicht über mehr Sicherheit verfügen.

(8) Wenn in dieser Verordnung Präzisierungen oder Einschränkungen ihrer Vorschriften durch das Recht der Mitgliedstaaten vorgesehen sind, können die Mitgliedstaaten Teile dieser Verordnung in ihr nationales Recht aufnehmen, soweit dies erforderlich ist, um die Kohärenz zu wahren und die nationalen Rechtsvorschriften für die Personen, für die sie gelten, verständlicher zu machen.

(9) Die Ziele und Grundsätze der Richtlinie 95/46/EG besitzen nach wie vor Gültigkeit, doch hat die Richtlinie nicht verhindern können, dass der Datenschutz in der Union unterschiedlich

---

[1] Nr. **1002**.
[2] Nr. **1001**.
[3] **Amtl. Anm.:** Richtlinie 95/46/EG des Europäischen Parlaments und des Rates vom 24. Oktober 1995 zum Schutz natürlicher Personen bei der Verarbeitung personenbezogener Daten und zum freien Datenverkehr (ABl. L 281 vom 23.11.1995, S. 31).

e) angesichts der Art der Verarbeitung den Verantwortlichen nach Möglichkeit mit geeigneten technischen und organisatorischen Maßnahmen dabei unterstützt, seiner Pflicht zur Beantwortung von Anträgen auf Wahrnehmung der in Kapitel III genannten Rechte der betroffenen Person nachzukommen;

f) unter Berücksichtigung der Art der Verarbeitung und der ihm zur Verfügung stehenden Informationen den Verantwortlichen bei der Einhaltung der in den Artikeln 32 bis 36 genannten Pflichten unterstützt;

g) nach Abschluss der Erbringung der Verarbeitungsleistungen alle personenbezogenen Daten nach Wahl des Verantwortlichen entweder löscht oder zurückgibt und die vorhandenen Kopien löscht, sofern nicht nach dem Unionsrecht oder dem Recht der Mitgliedstaaten eine Verpflichtung zur Speicherung der personenbezogenen Daten besteht;

h) dem Verantwortlichen alle erforderlichen Informationen zum Nachweis der Einhaltung der in diesem Artikel niedergelegten Pflichten zur Verfügung stellt und Überprüfungen – einschließlich Inspektionen –, die vom Verantwortlichen oder einem anderen von diesem beauftragten Prüfer durchgeführt werden, ermöglicht und dazu beiträgt.

[2] Mit Blick auf Unterabsatz 1 Buchstabe h informiert der Auftragsverarbeiter den Verantwortlichen unverzüglich, falls er der Auffassung ist, dass eine Weisung gegen diese Verordnung oder gegen andere Datenschutzbestimmungen der Union oder der Mitgliedstaaten verstößt.

(4) [1] Nimmt der Auftragsverarbeiter die Dienste eines weiteren Auftragsverarbeiters in Anspruch, um bestimmte Verarbeitungstätigkeiten im Namen des Verantwortlichen auszuführen, so werden diesem weiteren Auftragsverarbeiter im Wege eines Vertrags oder eines anderen Rechtsinstruments nach dem Unionsrecht oder dem Recht des betreffenden Mitgliedstaats dieselben Datenschutzpflichten auferlegt, die in dem Vertrag oder anderen Rechtsinstrument zwischen dem Verantwortlichen und dem Auftragsverarbeiter gemäß Absatz 3 festgelegt sind, wobei insbesondere hinreichende Garantien dafür geboten werden muss, dass die geeigneten technischen und organisatorischen Maßnahmen so durchgeführt werden, dass die Verarbeitung entsprechend den Anforderungen dieser Verordnung erfolgt. [2] Kommt der weitere Auftragsverarbeiter seinen Datenschutzpflichten nicht nach, so haftet der erste Auftragsverarbeiter gegenüber dem Verantwortlichen für die Einhaltung der Pflichten jenes anderen Auftragsverarbeiters.

(5) Die Einhaltung genehmigter Verhaltensregeln gemäß Artikel 40 oder eines genehmigten Zertifizierungsverfahrens gemäß Artikel 42 durch einen Auftragsverarbeiter kann als Faktor herangezogen werden, um hinreichende Garantien im Sinne der Absätze 1 und 4 des vorliegenden Artikels nachzuweisen.

(6) Unbeschadet eines individuellen Vertrags zwischen dem Verantwortlichen und dem Auftragsverarbeiter kann der Vertrag oder das andere Rechtsinstrument *im Sinne der Absätze 3 und* 4 des vorliegenden Artikels ganz oder teilweise auf den in den Absätzen 7 und 8 des vorliegenden Artikels genannten Standardvertragsklauseln beruhen, auch wenn diese Bestandteil einer dem Verantwortlichen oder dem Auftragsverarbeiter gemäß den Artikeln 42 und 43 erteilten Zertifizierung sind.

(7) Die Kommission kann im Einklang mit dem Prüfverfahren gemäß Artikel 93 Absatz 2 Standardvertragsklauseln zur Regelung der in den Absätzen 3 und 4 des vorliegenden Artikels genannten Fragen festlegen.

(8) Eine Aufsichtsbehörde kann im Einklang mit dem Kohärenzverfahren gemäß Artikel 63 Standardvertragsklauseln zur Regelung der in den Absätzen 3 und 4 des vorliegenden Artikels genannten Fragen festlegen.

(9) Der Vertrag oder das andere Rechtsinstrument im Sinne der Absätze 3 und 4 ist schriftlich abzufassen, was auch in einem elektronischen Format erfolgen kann.

(10) Unbeschadet der Artikel 82, 83 und 84 gilt ein Auftragsverarbeiter, der unter Verstoß gegen diese Verordnung die Zwecke und Mittel der Verarbeitung bestimmt, in Bezug auf diese Verarbeitung als Verantwortlicher.

Art. 29 Verarbeitung unter der Aufsicht des Verantwortlichen oder des Auftragsverarbeiters. Der Auftragsverarbeiter und jede dem Verantwortlichen oder dem Auftragsverarbeiter unterstellte Person, die Zugang zu personenbezogenen Daten hat, dürfen diese Daten ausschließlich auf Weisung des Verantwortlichen verarbeiten, es sei denn, dass sie nach dem Unionsrecht oder dem Recht der Mitgliedstaaten zur Verarbeitung verpflichtet sind.

Art. 30[1] Verzeichnis von Verarbeitungstätigkeiten. (1) [1] Jeder Verantwortliche und gegebenenfalls sein Vertreter führen ein Verzeichnis aller Verarbeitungstätigkeiten, die ihrer Zuständigkeit unterliegen. [2] Dieses Verzeichnis enthält sämtliche folgenden Angaben:

a) den Namen und die Kontaktdaten des Verantwortlichen und gegebenenfalls des gemeinsam mit ihm Verantwortlichen, des Vertreters des Verantwortlichen sowie eines etwaigen Datenschutzbeauftragten;
b) die Zwecke der Verarbeitung;
c) eine Beschreibung der Kategorien betroffener Personen und der Kategorien personenbezogener Daten;
d) die Kategorien von Empfängern, gegenüber denen die personenbezogenen Daten offengelegt worden sind oder noch offengelegt werden, einschließlich Empfänger in Drittländern oder internationalen Organisationen;
e) gegebenenfalls Übermittlungen von personenbezogenen Daten an ein Drittland oder an eine internationale Organisation, einschließlich der Angabe des betreffenden Drittlands oder der betreffenden internationalen Organisation, sowie bei den in Artikel 49 Absatz 1 Unterabsatz 2 genannten Datenübermittlungen die Dokumentierung geeigneter Garantien;
f) wenn möglich, die vorgesehenen Fristen für die Löschung der verschiedenen Datenkategorien;
g) wenn möglich, eine allgemeine Beschreibung der technischen und organisatorischen Maßnahmen gemäß Artikel 32 Absatz 1.

(2) Jeder Auftragsverarbeiter und gegebenenfalls sein Vertreter führen ein Verzeichnis zu allen Kategorien von im Auftrag eines Verantwortlichen durchgeführten Tätigkeiten der Verarbeitung, das Folgendes enthält:

a) den Namen und die Kontaktdaten des Auftragsverarbeiters oder der Auftragsverarbeiter und jedes Verantwortlichen, in dessen Auftrag der Auftragsverarbeiter tätig ist, sowie gegebenenfalls des Vertreters des Verantwortlichen oder des Auftragsverarbeiters und eines etwaigen Datenschutzbeauftragten;

---

[1] Art. 30 Abs. 5 ber. ABl. 2016 L 314 S. 72; Abs. 2 ber. ABl. 2021 L 74 S. 35.

b) die Kategorien von Verarbeitungen, die im Auftrag jedes Verantwortlichen durchgeführt werden;
c) gegebenenfalls Übermittlungen von personenbezogenen Daten an ein Drittland oder an eine internationale Organisation, einschließlich der Angabe des betreffenden Drittlands oder der betreffenden internationalen Organisation, sowie bei den in Artikel 49 Absatz 1 Unterabsatz 2 genannten Datenübermittlungen die Dokumentierung geeigneter Garantien;
d) wenn möglich, eine allgemeine Beschreibung der technischen und organisatorischen Maßnahmen gemäß Artikel 32 Absatz 1.

(3) Das in den Absätzen 1 und 2 genannte Verzeichnis ist schriftlich zu führen, was auch in einem elektronischen Format erfolgen kann.

(4) Der Verantwortliche oder der Auftragsverarbeiter sowie gegebenenfalls der Vertreter des Verantwortlichen oder des Auftragsverarbeiters stellen der Aufsichtsbehörde das Verzeichnis auf Anfrage zur Verfügung.

(5) Die in den Absätzen 1 und 2 genannten Pflichten gelten nicht für Unternehmen oder Einrichtungen, die weniger als 250 Mitarbeiter beschäftigen, es sei denn, die von ihnen vorgenommene Verarbeitung birgt ein Risiko für die Rechte und Freiheiten der betroffenen Personen, die Verarbeitung erfolgt nicht nur gelegentlich oder es erfolgt eine Verarbeitung besonderer Datenkategorien gemäß Artikel 9 Absatz 1 bzw. die Verarbeitung von personenbezogenen Daten über strafrechtliche Verurteilungen und Straftaten im Sinne des Artikels 10.

Art. 31 Zusammenarbeit mit der Aufsichtsbehörde. Der Verantwortliche und der Auftragsverarbeiter und gegebenenfalls deren Vertreter arbeiten auf Anfrage mit der Aufsichtsbehörde bei der Erfüllung ihrer Aufgaben zusammen.

Abschnitt 2. Sicherheit personenbezogener Daten

Art. 32[1] Sicherheit der Verarbeitung. (1) Unter Berücksichtigung des Stands der Technik, der Implementierungskosten und der Art, des Umfangs, der Umstände und der Zwecke der Verarbeitung sowie der unterschiedlichen Eintrittswahrscheinlichkeit und Schwere des Risikos für die Rechte und Freiheiten natürlicher Personen treffen der Verantwortliche und der Auftragsverarbeiter geeignete technische und organisatorische Maßnahmen, um ein dem Risiko angemessenes Schutzniveau zu gewährleisten; diese Maßnahmen schließen gegebenenfalls unter anderem Folgendes ein:
a) die Pseudonymisierung und Verschlüsselung personenbezogener Daten;
b) die Fähigkeit, die Vertraulichkeit, Integrität, Verfügbarkeit und Belastbarkeit der Systeme und Dienste im Zusammenhang mit der Verarbeitung auf Dauer sicherzustellen;
c) die Fähigkeit, die Verfügbarkeit der personenbezogenen Daten und den Zugang zu ihnen bei einem physischen oder technischen Zwischenfall rasch wiederherzustellen;
d) ein Verfahren zur regelmäßigen Überprüfung, Bewertung und Evaluierung der Wirksamkeit der technischen und organisatorischen Maßnahmen zur Gewährleistung der Sicherheit der Verarbeitung.

(2) Bei der Beurteilung des angemessenen Schutzniveaus sind insbesondere die Risiken zu berücksichtigen, die mit der Verarbeitung verbunden sind, insbesonde-

[1] Art. 32 Abs. 1 einl. Satzteil ber. ABl. 2018 L 127 S. 2.

re durch – ob unbeabsichtigt oder unrechtmäßig – Vernichtung, Verlust, Veränderung oder unbefugte Offenlegung von beziehungsweise unbefugten Zugang zu personenbezogenen Daten, die übermittelt, gespeichert oder auf andere Weise verarbeitet wurden.

(3) Die Einhaltung genehmigter Verhaltensregeln gemäß Artikel 40 oder eines genehmigten Zertifizierungsverfahrens gemäß Artikel 42 kann als Faktor herangezogen werden, um die Erfüllung der in Absatz 1 des vorliegenden Artikels genannten Anforderungen nachzuweisen.

(4) Der Verantwortliche und der Auftragsverarbeiter unternehmen Schritte, um sicherzustellen, dass ihnen unterstellte natürliche Personen, die Zugang zu personenbezogenen Daten haben, diese nur auf Anweisung des Verantwortlichen verarbeiten, es sei denn, sie sind nach dem Recht der Union oder der Mitgliedstaaten zur Verarbeitung verpflichtet.

Art. 33[1)] **Meldung von Verletzungen des Schutzes personenbezogener Daten an die Aufsichtsbehörde.** (1) [1] Im Falle einer Verletzung des Schutzes personenbezogener Daten meldet der Verantwortliche unverzüglich und möglichst binnen 72 Stunden, nachdem ihm die Verletzung bekannt wurde, diese der gemäß Artikel 55 zuständigen Aufsichtsbehörde, es sei denn, dass die Verletzung des Schutzes personenbezogener Daten voraussichtlich nicht zu einem Risiko für die Rechte und Freiheiten natürlicher Personen führt. [2] Erfolgt die Meldung an die Aufsichtsbehörde nicht binnen 72 Stunden, so ist ihr eine Begründung für die Verzögerung beizufügen.

(2) Wenn dem Auftragsverarbeiter eine Verletzung des Schutzes personenbezogener Daten bekannt wird, meldet er diese dem Verantwortlichen unverzüglich.

(3) Die Meldung gemäß Absatz 1 enthält zumindest folgende Informationen:

a) eine Beschreibung der Art der Verletzung des Schutzes personenbezogener Daten, soweit möglich mit Angabe der Kategorien und der ungefähren Zahl der betroffenen Personen, der betroffenen Kategorien und der ungefähren Zahl der betroffenen personenbezogenen Datensätze;
b) den Namen und die Kontaktdaten des Datenschutzbeauftragten oder einer sonstigen Anlaufstelle für weitere Informationen;
c) eine Beschreibung der wahrscheinlichen Folgen der Verletzung des Schutzes personenbezogener Daten;
d) eine Beschreibung der von dem Verantwortlichen ergriffenen oder vorgeschlagenen Maßnahmen zur Behebung der Verletzung des Schutzes personenbezogener Daten und gegebenenfalls Maßnahmen zur Abmilderung ihrer möglichen nachteiligen Auswirkungen.

(4) Wenn und soweit die Informationen nicht zur gleichen Zeit bereitgestellt werden können, kann der Verantwortliche diese Informationen ohne unangemessene weitere Verzögerung schrittweise zur Verfügung stellen.

(5) [1] Der Verantwortliche dokumentiert Verletzungen des Schutzes personenbezogener Daten einschließlich aller im Zusammenhang mit der Verletzung des Schutzes personenbezogener Daten stehenden Fakten, ihrer Auswirkungen und der ergriffenen Abhilfemaßnahmen. [2] Diese Dokumentation muss der Aufsichtsbehörde die Überprüfung der Einhaltung der Bestimmungen dieses Artikels ermöglichen.

[1)] Art. 33 Abs. 1 Satz 1 ber. ABl. 2016 L 314 S. 72; Abs. 5 Satz 1 ber. ABl. 2021 L 74 S. 35.

Art. 34[1)] Benachrichtigung der von einer Verletzung des Schutzes personenbezogener Daten betroffenen Person. (1) Hat die Verletzung des Schutzes personenbezogener Daten voraussichtlich ein hohes Risiko für die persönlichen Rechte und Freiheiten natürlicher Personen zur Folge, so benachrichtigt der Verantwortliche die betroffene Person unverzüglich von der Verletzung.

(2) Die in Absatz 1 genannte Benachrichtigung der betroffenen Person beschreibt in klarer und einfacher Sprache die Art der Verletzung des Schutzes personenbezogener Daten und enthält zumindest die in Artikel 33 Absatz 3 Buchstaben b, c und d genannten Informationen und Maßnahmen.

(3) Die Benachrichtigung der betroffenen Person gemäß Absatz 1 ist nicht erforderlich, wenn eine der folgenden Bedingungen erfüllt ist:

a) der Verantwortliche hat geeignete technische und organisatorische Sicherheitsvorkehrungen getroffen und diese Vorkehrungen wurden auf die von der Verletzung betroffenen personenbezogenen Daten angewandt, insbesondere solche, durch die die personenbezogenen Daten für alle Personen, die nicht zum Zugang zu den personenbezogenen Daten befugt sind, unzugänglich gemacht werden, etwa durch Verschlüsselung;

b) der Verantwortliche hat durch nachfolgende Maßnahmen sichergestellt, dass das hohe Risiko für die Rechte und Freiheiten der betroffenen Personen gemäß Absatz 1 aller Wahrscheinlichkeit nach nicht mehr besteht;

c) die Benachrichtigung wäre mit einem unverhältnismäßigen Aufwand verbunden. In diesem Fall hat stattdessen eine öffentliche Bekanntmachung oder eine ähnliche Maßnahme zu erfolgen, durch die die betroffenen Personen vergleichbar wirksam informiert werden.

(4) Wenn der Verantwortliche die betroffene Person nicht bereits über die Verletzung des Schutzes personenbezogener Daten benachrichtigt hat, kann die Aufsichtsbehörde unter Berücksichtigung der Wahrscheinlichkeit, mit der die Verletzung des Schutzes personenbezogener Daten zu einem hohen Risiko führt, von dem Verantwortlichen verlangen, dies nachzuholen, oder sie kann mit einem Beschluss feststellen, dass bestimmte der in Absatz 3 genannten Voraussetzungen erfüllt sind.

Abschnitt 3. Datenschutz-Folgenabschätzung und vorherige Konsultation

Art. 35 Datenschutz-Folgenabschätzung. (1) [1] Hat eine Form der Verarbeitung, insbesondere bei Verwendung neuer Technologien, aufgrund der Art, des Umfangs, der Umstände und der Zwecke der Verarbeitung voraussichtlich ein hohes Risiko für die Rechte und Freiheiten natürlicher Personen zur Folge, so führt der Verantwortliche vorab eine Abschätzung der Folgen der vorgesehenen Verarbeitungsvorgänge für den Schutz personenbezogener Daten durch. [2] Für die Untersuchung mehrerer ähnlicher Verarbeitungsvorgänge mit ähnlich hohen Risiken kann eine einzige Abschätzung vorgenommen werden.

(2) Der Verantwortliche holt bei der Durchführung einer Datenschutz-Folgenabschätzung den Rat des Datenschutzbeauftragten, sofern ein solcher benannt wurde, ein.

(3) Eine Datenschutz-Folgenabschätzung gemäß Absatz 1 ist insbesondere in folgenden Fällen erforderlich:

---

1) Art. 34 Abs. 3 Buchst. a–c ber. ABl. 2021 L 74 S. 35.

a) systematische und umfassende Bewertung persönlicher Aspekte natürlicher Personen, die sich auf automatisierte Verarbeitung einschließlich Profiling gründet und die ihrerseits als Grundlage für Entscheidungen dient, die Rechtswirkung gegenüber natürlichen Personen entfalten oder diese in ähnlich erheblicher Weise beeinträchtigen;

b) umfangreiche Verarbeitung besonderer Kategorien von personenbezogenen Daten gemäß Artikel 9 Absatz 1 oder von personenbezogenen Daten über strafrechtliche Verurteilungen und Straftaten gemäß Artikel 10 oder

c) systematische umfangreiche Überwachung öffentlich zugänglicher Bereiche.

(4) [1] Die Aufsichtsbehörde erstellt eine Liste der Verarbeitungsvorgänge, für die gemäß Absatz 1 eine Datenschutz-Folgenabschätzung durchzuführen ist, und veröffentlicht diese. [2] Die Aufsichtsbehörde übermittelt diese Listen dem in Artikel 68 genannten Ausschuss.

(5) [1] Die Aufsichtsbehörde kann des Weiteren eine Liste der Arten von Verarbeitungsvorgängen erstellen und veröffentlichen, für die keine Datenschutz-Folgenabschätzung erforderlich ist. [2] Die Aufsichtsbehörde übermittelt diese Listen dem Ausschuss.

(6) Vor Festlegung der in den Absätzen 4 und 5 genannten Listen wendet die zuständige Aufsichtsbehörde das Kohärenzverfahren gemäß Artikel 63 an, wenn solche Listen Verarbeitungstätigkeiten umfassen, die mit dem Angebot von Waren oder Dienstleistungen für betroffene Personen oder der Beobachtung des Verhaltens dieser Personen in mehreren Mitgliedstaaten im Zusammenhang stehen oder die den freien Verkehr personenbezogener Daten innerhalb der Union erheblich beeinträchtigen könnten.

(7) Die Folgenabschätzung enthält zumindest Folgendes:

a) eine systematische Beschreibung der geplanten Verarbeitungsvorgänge und der Zwecke der Verarbeitung, gegebenenfalls einschließlich der von dem Verantwortlichen verfolgten berechtigten Interessen;

b) eine Bewertung der Notwendigkeit und Verhältnismäßigkeit der Verarbeitungsvorgänge in Bezug auf den Zweck;

c) eine Bewertung der Risiken für die Rechte und Freiheiten der betroffenen Personen gemäß Absatz 1 und

(Fortsetzung nächstes Blatt)

250. Paßgesetz (PaßG)[1) 2) 3)]

Vom 19. April 1986
(BGBl. I S. 537)

FNA 210-5

geänd. durch Art. 7 BetreuungsG v. 12.9.1990 (BGBl. I S. 2002), Art. 2 G zur Änd. des G über Personalausweise und des PaßG v. 30.7.1996 (BGBl. I S. 1182), Art. 2 G zur Reform des Staatsangehörigkeitsrechts v. 15.7.1999 (BGBl. I S. 1618), Art. 1 G zur Änd. des Pass- und Personalausweisrechts v. 1.5.2000 (BGBl. I S. 626), Art. 25 Sechstes Euro-EinführungsG v. 3.12.2001 (BGBl. I S. 3306), Art. 7 TerrorismusbekämpfungsG v. 9.1.2002 (BGBl. I S. 361), Art. 4 MelderechtsrahmenG-ÄndG v. 25.3.2002 (BGBl. I S. 1186), Art. 13 Drittes VerwaltungsverfahrensrechtsÄndG v. 21.8.2002 (BGBl. I S. 3322), Art. 13 G zur Umbenennung des Bundesgrenzschutzes in Bundespolizei v. 21.6.2005 (BGBl. I S. 1818), Art. 7b TerrorismusbekämpfungsergänzungsG v. 5.1.2007 (BGBl. I S. 2), Art. 1 ÄndG v. 20.7.2007 (BGBl. I S. 1566, ber. S. 2317), Art. 11 G zur Änd. des BundespolizeiG und anderer Gesetze v. 26.2.2008 (BGBl. I S. 215), Art. 2 G über Personalausweise und den elektronischen Identitätsnachweis sowie zur Änd. weiterer Vorschriften v. 18.6.2009 (BGBl. I S. 1346), Art. 4 Abs. 2 G zur Verfolgung der Vorbereitung von schweren staatsgefährdenden Gewalttaten v. 30.7.2009 (BGBl. I S. 2437), Art. 2 Abs. 4 G zur Fortentwicklung des Meldewesens v. 3.5.2013 (BGBl. I S. 1084, geänd. durch G v. 20.11.2014, BGBl. I S. 1738), Art. 8 G zur Förderung der elektronischen Verwaltung sowie zur Änd. weiterer Vorschriften v. 25.7.2013 (BGBl. I S. 2749), Art. 2 G zur Änd. des PersonalausweisG zur Einführung eines Ersatz-Personalausweises und zur Änd. des PassG v. 20.6.2015 (BGBl. I S. 970), Art. 3 G zur Förderung des elektronischen Identitätsnachweises v. 7.7.2017 (BGBl. I S. 2310), Art. 4 G zur Einführung einer Karte für Unionsbürger und Angehörige des Europäischen Wirtschaftsraums mit Funktion zum elektronischen Identitätsnachweis sowie zur Änd. des PersonalausweisG und weiterer Vorschriften v. 21.6.2019 (BGBl. I S. 846), Art. 78 Elfte ZuständigkeitsanpassungsVO v. 19.6.2020 (BGBl. I S. 1328), Art. 1, Art. 12 G zur Stärkung der Sicherheit im Pass-, Ausweis- und ausländerrechtlichen Dokumentenwesen v. 3.12.2020 (BGBl. I S. 2744) und Art. 7 RegistermodernisierungsG[4)] v. 28.3.2021 (BGBl. I S. 591)

Der Bundestag hat mit Zustimmung des Bundesrates das folgende Gesetz beschlossen:

Erster Abschnitt. Paßvorschriften

§ 1[5)] Passpflicht. (1) [1]Deutsche im Sinne des Artikels 116 Abs. 1 des Grundgesetzes[6)], die aus dem Geltungsbereich dieses Gesetzes aus- oder in ihn einreisen, sind verpflichtet, einen gültigen Pass mitzuführen und sich damit über ihre Person auszuweisen. [2]Der Passpflicht wird durch Vorlage eines Passes der Bundesrepublik Deutschland im Sinne des Absatzes 2 genügt.

(2) Als Pass im Sinne dieses Gesetzes gelten:

[1)] Verkündet als Art. 1 PassG und G zur Änd. der StrafprozessO v. 19.4.1986 (BGBl. I S. 537); Inkrafttreten gem. Art. 4 Abs. 1 Satz 1 dieses G am 1.1.1988.

[2)] Siehe hierzu auch die AVwV über die Ausstellung amtl. Pässe der Bundesrepublik Deutschland v. 11.11.2003 (BAnz. Nr. 229 S. 25181), aufgeh. durch VwV v. 27.6.2014 (BAnz AT 14.07.2014 B1). Für Ausländer siehe das AufenthaltsG (Nr. **565**) und die AufenthaltsVO (Nr. **566**).

[3)] *Die Änderungen durch* G v. 3.12.2020 (BGBl. I S. 2744) treten teilweise erst **mWv 1.5.2025**, die Änderungen durch G v. 28.3.2021 (BGBl. I S. 591) treten teilweise erst **mit noch unbestimmtem Datum** in Kraft und sind insoweit im Text noch nicht berücksichtigt.

[4)] Die Änderungen durch Art. 7 Nr. 1 und 2 RegistermodernisierungsG treten gem. Art. 22 Satz 3 dieses Gesetzes „an dem Tag in Kraft, an dem das Bundesministerium des Innern, für Bau und Heimat im Bundesgesetzblatt [...] bekannt gibt, dass die technischen Voraussetzungen für die Verarbeitung der Identifikationsnummer nach § 139b der Abgabenordnung [...] vorliegen".

[5)] § 1 neu gef. mWv 1.11.2007 durch G v. 20.7.2007 (BGBl. I S. 1566); Abs. 5 geänd. mWv 27.6.2020 durch VO v. 19.6.2020 (BGBl. I S. 1328); Abs. 5 neu gef. mWv 12.12.2020 durch G v. 3.12.2020 (BGBl. I S. 2744).

[6)] Nr. **1**.

1. Reisepass,
2. Kinderreisepass,
3. vorläufiger Reisepass,
4. amtlicher Pass
   a) Dienstpass,
   b) Diplomatenpass,
   c) vorläufiger Dienstpass,
   d) vorläufiger Diplomatenpass.

(3) Niemand darf mehrere Pässe der Bundesrepublik Deutschland besitzen, sofern nicht ein berechtigtes Interesse an der Ausstellung mehrerer Pässe nachgewiesen wird.

(4) [1] Der Pass darf nur Deutschen im Sinne des Artikels 116 Abs. 1 des Grundgesetzes ausgestellt werden; er ist Eigentum der Bundesrepublik Deutschland. [2] Der amtliche Pass kann auch

1. Diplomaten im Sinne des Wiener Übereinkommens über diplomatische Beziehungen vom 18. April 1961 (BGBl. 1964 II S. 959) und Konsularbeamten im Sinne des Wiener Übereinkommens über konsularische Beziehungen vom 24. April 1963 (BGBl. 1969 II S. 1587) und deren Familienangehörigen sowie
2. sonstigen Personen, die im amtlichen Auftrag der Bundesrepublik Deutschland im Ausland tätig sind und deren Familienangehörigen, ausgestellt werden,

wenn diese nicht Deutsche im Sinne des Artikels 116 Abs. 1 des Grundgesetzes sind.

(5) [1] Das Bundesministerium des Innern, für Bau und Heimat bestimmt den Passhersteller sowie den Lieferanten von Geräten zur Aufnahme und elektronischen Erfassung von Lichtbildern, sofern diese durch die Passbehörde gefertigt werden, und von Fingerabdrücken und macht deren Namen im Bundesanzeiger bekannt. [2] Dies gilt nicht für Geräte zur Aufnahme und elektronischen Erfassung von Lichtbildern, die im Rahmen einer Antragstellung beim Auswärtigen Amt gefertigt werden.

§ 2[1)] Befreiung von der Paßpflicht. (1) Das Bundesministerium des Innern, für Bau und Heimat kann durch Rechtsverordnung[2)] mit Zustimmung des Bundesrates

1. Deutsche zur Erleichterung des Grenzübertritts in besonderen Fällen sowie im Verkehr mit einzelnen ausländischen Staaten von der Paßpflicht befreien,
2. andere amtliche Ausweise als Paßersatz einführen oder zulassen.

(2) Die für die polizeiliche Kontrolle des grenzüberschreitenden Verkehrs zuständigen Behörden können in Einzelfällen, insbesondere aus humanitären Gründen, Ausnahmen von der Paßpflicht zulassen.

§ 3 Grenzübertritt. Das Überschreiten der Auslandsgrenze ist nur an zugelassenen Grenzübergangsstellen und innerhalb der festgesetzten Verkehrsstunden zulässig, sofern nicht auf Grund anderer Rechtsvorschriften oder zwischenstaatlicher Vereinbarungen Ausnahmen zugelassen sind.

[1)] § 2 Abs. 1 einl. Satzteil geänd. mWv 1.11.2007 durch G v. 20.7.2007 (BGBl. I S. 1566); Abs. 1 einl. Satzteil geänd. mWv 27.6.2020 durch VO v. 19.6.2020 (BGBl. I S. 1328).

[2)] Siehe die PassVO (Nr. **251**).

(5) Die zuständige Passbehörde führt den Nachweis über Pässe, für die sie eine Ermächtigung gemäß § 19 Abs. 4 Satz 2 erteilt hat.

§ 22[1] Verarbeitung und Nutzung der Daten im Paßregister. (1) Die Paßbehörden dürfen personenbezogene Daten nur nach Maßgabe dieses Gesetzes, anderer Gesetze oder Rechtsverordnungen erheben, verarbeiten oder nutzen.

(2) [1] Die Paßbehörden dürfen anderen Behörden auf deren Ersuchen Daten aus dem Paßregister übermitteln. [2] Voraussetzung ist, daß

1. die ersuchende Behörde auf Grund von Gesetzen oder Rechtsverordnungen berechtigt ist, solche Daten zu erhalten,
2. die ersuchende Behörde ohne Kenntnis der Daten nicht in der Lage wäre, eine ihr obliegende Aufgabe zu erfüllen und
3. die Daten bei dem Betroffenen nicht oder nur mit unverhältnismäßig hohem Aufwand erhoben werden können oder nach der Art der Aufgabe, zu deren Erfüllung die Daten erforderlich sind, von einer solchen Datenerhebung abgesehen werden muß.

[3] Hinsichtlich der Daten, die auch im Melderegister enthalten sind, finden außerdem die im Bundesmeldegesetz[2] enthaltenen Beschränkungen Anwendung.

(3) [1] Die ersuchende Behörde trägt die Verantwortung dafür, daß die Voraussetzungen des Absatzes 2 vorliegen. [2] Ein Ersuchen nach Absatz 2 darf nur von Bediensteten gestellt werden, die vom Behördenleiter dafür besonders ermächtigt sind. [3] Die ersuchende Behörde hat den Anlaß des Ersuchens und die Herkunft der übermittelten Daten und Unterlagen aktenkundig zu machen. [4] Wird die Passbehörde von dem Bundesamt für Verfassungsschutz, den Landesbehörden für Verfassungsschutz, dem Militärischen Abschirmdienst, dem Bundesnachrichtendienst, dem Bundeskriminalamt oder dem Generalbundesanwalt oder der Generalbundesanwältin um die Übermittlung von Daten ersucht, so hat die ersuchende Behörde den Familiennamen, die Vornamen und die Anschrift des Betroffenen unter Hinweis auf den Anlass der Übermittlung aufzuzeichnen. [5] Die Aufzeichnungen sind gesondert aufzubewahren, durch technische und organisatorische Maßnahmen zu sichern und am Ende des Kalenderjahres, das dem Jahr der Übermittlung folgt, zu vernichten.

(4) Die Daten des Paßregisters und des Melderegisters dürfen zur Berichtigung des jeweils anderen Registers verwandt werden.

(5) [1] Passbehörden, die Kenntnis von dem Abhandenkommen eines Passes erlangen, haben die zuständige Passbehörde, die ausstellende Passbehörde und eine Polizeibehörde unverzüglich in Kenntnis zu setzen; eine Polizeibehörde, die anderweitig Kenntnis vom Abhandenkommen eines Passes erlangt, hat die zuständige und die ausstellende Passbehörde unverzüglich zu unterrichten. [2] Dabei sollen Angaben zum Familiennamen und den Vornamen des Inhabers, zur Seriennummer, zur ausstellenden Behörde, zum Ausstellungsdatum und zur Gültigkeitsdauer des Passes übermittelt werden. [3] Die Polizeibehörde hat die Einstellung in die polizeiliche Sachfahndung vorzunehmen.

(6) Stellt eine nicht zuständige Passbehörde nach § 19 Abs. 4 einen Pass aus, so hat sie der zuständigen Passbehörde den Familiennamen, die Vornamen, den Tag

---

[1] § 22 Abs. 1 geänd., Abs. 3 Satz 4 neu gef., Abs. 5 und 6 angef. mWv 1.11.2010 durch G v. 18.6.2009 (BGBl. I S. 1346); Abs. 2 Satz 3 geänd. mWv 1.11.2015 durch G v. 3.5.2013 (BGBl. I S. 1084, geänd. durch G v. 20.11.2014, BGBl. I S. 1738).

[2] Nr. **256**.

und Ort der Geburt, die ausstellende Passbehörde, das Ausstellungsdatum, die Gültigkeitsdauer und die Seriennummer des Passes zu übermitteln.

§ 22a[1] Datenübertragung und automatisierter Abruf von Lichtbildern.

(1) [1] In den Fällen des § 22 Abs. 2 kann die Übermittlung auch durch Datenübertragung erfolgen. [2] § 6a Abs. 1 Satz 3 gilt entsprechend.

(2) [1] Im Fall der Übermittlung von Lichtbildern durch Passbehörden nach § 19 Absatz 1 Satz 1 an die Ordnungsbehörden im Rahmen der Verfolgung von Verkehrsordnungswidrigkeiten kann der Abruf des Lichtbildes im automatisierten Verfahren erfolgen. [2] Der Abruf ist nur zulässig, wenn die Passbehörde nicht erreichbar ist und ein weiteres Abwarten den Ermittlungszweck gefährden würde. [3] Zuständig für den Abruf sind die Polizeivollzugsbehörden auf Ebene der Landkreise und kreisfreien Städte, die durch Landesrecht bestimmt werden. [4] Die abrufende Behörde trägt die Verantwortung dafür, dass die Voraussetzungen der Absätze 1 und 2 Satz 2 vorliegen. [5] Die Polizeibehörden des Bundes und der Länder, der Militärische Abschirmdienst, der Bundesnachrichtendienst, die Verfassungsschutzbehörden des Bundes und der Länder, Steuerfahndungsdienststellen der Länder, der Zollfahndungsdienst und die Hauptzollämter dürfen das Lichtbild zur Erfüllung ihrer Aufgaben im automatisierten Verfahren abrufen. [6] Ferner dürfen die zur Ausstellung

1. des Führerscheins,
2. des Fahrerqualifizierungsnachweises oder
3. der Fahrerkarte

zuständigen Behörden das Lichtbild sowie die Unterschrift der antragstellenden Person im automatisierten Verfahren abrufen, wenn die antragstellende Person zuvor im Rahmen der Online-Beantragung in die elektronische Übermittlung eingewilligt hat. [7] Die abrufende Behörde trägt die Verantwortung dafür, dass die Voraussetzungen des Absatzes 1 vorliegen. [8] Über alle Abrufe sind von den beteiligten Behörden Aufzeichnungen zu fertigen, die eine Kontrolle der Zulässigkeit der Abrufe ermöglichen. [9] Abrufe nach den Sätzen 5 und 6 werden nur von der abrufenden Behörde protokolliert. [10] Die Aufzeichnungen enthalten:

1. Vor- und Familiennamen sowie Tag und Ort der Geburt der Person, deren Lichtbild abgerufen wurde,
2. Tag und Uhrzeit des Abrufs,
3. die Bezeichnung der am Abruf beteiligten Stellen,
4. die Angabe der abrufenden und verantwortlichen Person sowie
5. das Aktenzeichen.

[11] § 22 Abs. 3 Satz 5 gilt entsprechend.

§ 23[2] Weisungsbefugnis. (1) Die Bundesregierung kann Einzelweisungen zur Ausführung dieses Gesetzes und der hierzu erlassenen Rechtsverordnungen er-

[1] § 22a eingef. mWv 1.11.2007 durch G v. 20.7.2007 (BGBl. I S. 1566); Abs. 2 Satz 1 geänd. mWv 1.11.2010 durch G v. 18.6.2009 (BGBl. I S. 1346); Abs. 2 Satz 1 neu gef., Sätze 5 und 6 eingef., bish. Satz 5 wird Satz 7, Satz 8 eingef., bish. Sätze 6 und 7 werden Sätze 9 und 10 mWv 15.7.2017 durch G v. 7.7.2017 (BGBl. I S. 2310); Abs. 2 Satz 6 eingef., bish. Sätze 6, 7 werden Sätze 7, 8, bish. Satz 8 wird Satz 9 und geänd., bish. Sätze 9, 10 werden Sätze 10, 11 mWv 7.4.2021 durch G v. 28.3.2021 (BGBl. I S. 591).

[2] § 23 Abs. 2 aufgeh. mWv 11.5.2000 durch G v. 1.5.2000 (BGBl. I S. 626).

teilen, wenn die innere oder äußere Sicherheit oder sonstige erhebliche Belange der Bundesrepublik Deutschland es erfordern.

Zweiter Abschnitt. Straf- und Bußgeldvorschriften

§ 24[1)] **Straftaten.** (1) Mit Freiheitsstrafe bis zu einem Jahr oder mit Geldstrafe wird bestraft, wer als Deutscher im Sinne des Artikels 116 Abs. 1 des Grundgesetzes[2)]

1. aus dem Geltungsbereich dieses Gesetzes über eine Auslandsgrenze ausreist, obwohl ihm ein Paß versagt oder vollziehbar entzogen worden ist oder gegen ihn eine vollziehbare Anordnung nach § 7 Abs. 2 dieses Gesetzes oder nach § 6 Abs. 7 des Personalausweisgesetzes[3)] ergangen ist oder
2. aus dem Geltungsbereich dieses Gesetzes über eine Auslandsgrenze ausreist, obwohl ihm von einer für die polizeiliche Kontrolle des grenzüberschreitenden Verkehrs zuständigen Behörde nach § 10 Abs. 1 Satz 2 oder 3 die Ausreise untersagt worden ist.

(2) Der Versuch ist strafbar.

§ 25[4)] **Ordnungswidrigkeiten.** (1) Ordnungswidrig handelt, wer fahrlässig eine der in § 24 Abs.1 Nr. 1 bezeichneten Handlungen begeht.

(2) Ordnungswidrig handelt auch, wer

1. entgegen § 6 Abs. 2 Satz 1 eine Angabe nicht richtig macht,
2. durch unrichtige Angaben die Ausstellung eines weiteren Passes bewirkt,
3. sich der polizeilichen Kontrolle des grenzüberschreitenden Verkehrs über eine Auslandsgrenze entzieht,
4. entgegen § 15 Nr. 3, 4 oder 5 eine Anzeige nicht oder nicht rechtzeitig erstattet oder
5. entgegen § 18 Absatz 3 Satz 2 eine Kopie weitergibt.

(3) Ordnungswidrig handelt auch, wer vorsätzlich oder fahrlässig

1. entgegen § 1 Abs. 1 Satz 1, auch in Verbindung mit einer Rechtsverordnung nach § 2 Abs. 1 Nr. 2, einen Pass oder Passersatz nicht mitführt oder sich nicht oder nicht rechtzeitig ausweist oder
2. entgegen § 3 eine Auslandsgrenze außerhalb der zugelassenen Grenzübergangsstellen oder der festgesetzten Verkehrsstunden überschreitet.

(4) Die Ordnungswidrigkeit kann in den Fällen des Absatzes 1 und des Absatzes 2 Nummer 5 mit einer Geldbuße bis zu dreißigtausend Euro und in den übrigen Fällen mit einer Geldbuße bis zu fünftausend Euro geahndet werden.

---

1) § 24 *Abs. 1 Nr. 1* geänd. mWv 11.5.2000 durch G v. 1.5.2000 (BGBl. I S. 626); Abs. 1 Nr. 1 geänd. mWv 1.11.2010 durch G v. 18.6.2009 (BGBl. I S. 1346).

2) Nr. **1**.

3) Nr. **255**.

4) § 25 Abs. 4 geänd. mWv 1.1.2002 durch G v. 3.12.2001 (BGBl. I S. 3306); Abs. 2 Nr. 3 und Abs. 3 Nr. 1 neu gef., Abs. 2 Nr. 4 und Abs. 4 geänd. sowie Abs. 2 Nr. 5 angef. mWv 1.11.2007 durch G v. 20.7. 2007 (BGBl. I S. 1566); Abs. 2 Nr.1 eingef., bish. Nr. 1–5 werden Nr. 2–6 und Abs. 4 neu gef. mWv 1.11.2010 durch G v. 18.6.2009 (BGBl. I S. 1346); Abs. 4 und 6 geänd. mWv 1.8.2013 durch G v. 25.7. 2013 (BGBl. I S. 2749); Abs. 2 Nr. 5 neu gef., Nr. 5a und 5b eingef., Abs. 4 geänd. mWv 15.7.2017 durch G v. 7.7.2017 (BGBl. I S. 2310); Abs. 2 Nr. 4 geänd., Nr. 5, 5b und 6 aufgeh., bish. Nr. 5a wird Nr. 5 und geänd., Abs. 4 neu gef. mWv 5.8.2019 durch G v. 21.6.2019 (BGBl. I S. 846).

(5) In den Fällen der Absätze 2 und 3 kann der Versuch der Ordnungswidrigkeit geahndet werden.

(6) In den Fällen des Absatzes 2 Nummer 2 und 4 kann die Tat auch dann geahndet werden, wenn sie im Ausland begangen wird.

§ 26[1)] Bußgeldbehörden. Verwaltungsbehörden im Sinne des § 36 Abs. 1 Nr. 1 des Gesetzes über Ordnungswidrigkeiten[2)] sind

1. für die Auslandsvertretungen der Bundesrepublik Deutschland das Auswärtige Amt oder die vom Auswärtigen Amt im Benehmen mit dem Bundesministerium des Innern, für Bau und Heimat durch Rechtsverordnung bestimmte Behörde des Bundes; die Rechtsverordnung bedarf nicht der Zustimmung des Bundesrates;
2. die in der Rechtsverordnung nach § 58 Abs. 1 des Bundespolizeigesetzes[3)] bestimmten Bundespolizeibehörden, soweit nicht die Länder im Einvernehmen mit dem Bund Aufgaben des grenzpolizeilichen Einzeldienstes mit eigenen Kräften wahrnehmen.

Dritter Abschnitt. Schlußvorschriften

§ 27[4)] Allgemeine Verwaltungsvorschriften. Das Auswärtige Amt erlässt im Benehmen mit dem Bundesministerium des Innern, für Bau und Heimat allgemeine Verwaltungsvorschriften über das Ausstellen amtlicher Pässe.

§ 28[5)] Übergangsregelungen. (1) [1] Als Pass im Sinne dieses Gesetzes gelten auch Kinderreisepässe, die vor dem 1. November 2007 auf Grund einer Rechtsverordnung nach § 2 Abs. 1 Nr. 2 als Passersatz ausgestellt worden sind, wenn diese maschinenlesbar und mit einem digitalen Lichtbild versehen sind. [2] Abweichend von § 1 Abs. 3 ist der Besitz eines Kinderreisepasses im Sinne des Satzes 1 neben einem Reisepass zulässig, soweit der Reisepass vor Inkrafttreten dieses Gesetzes ausgestellt wurde.

(2) [1] Liegen bei der Passbehörde die technischen Voraussetzungen für die Datenübertragung noch nicht vor, ist bis zum 30. Juni 2008 abweichend von § 6a Abs. 1 Satz 1 und 2 die Datenübermittlung zwischen Passbehörden und Vermittlungsstellen statt durch Datenübertragung auch auf automatisiert verarbeitbaren Datenträgern zulässig. [2] § 6a Abs. 1 Satz 3 erster Halbsatz gilt entsprechend.

(3) [1] Für Kinderpässe, die vor dem 1. Januar 2021 beantragt worden sind, ist § 5 Absatz 2 in der bis einschließlich 31. Dezember 2020 geltenden Fassung weiterhin anzuwenden. [2] Für deren Verlängerung gilt § 5 Absatz 4 Satz 2 und 3 in der ab dem 1. Januar 2021 geltenden Fassung.

---

1) § 26 Nr. 2 geänd. mWv 1.7.2005 durch G v. 21.6.2005 (BGBl. I S. 1818); Nr. 1 geänd. mWv 1.11.2007 durch G v. 20.7.2007 (BGBl. I S. 1566); Nr. 2 geänd. mWv 1.3.2008 durch G v. 26.2.2008 (BGBl. I S. 215); Nr. 1 geänd. mWv 27.6.2020 durch VO v. 19.6.2020 (BGBl. I S. 1328).

2) **Schönfelder Nr. 94.**

3) *Nr. 90.*

4) § 27 neu gef. mWv 11.5.2000 durch G v. 1.5.2000 (BGBl. I S. 626); geänd. mWv 1.11.2007 durch G v. 20.7.2007 (BGBl. I S. 1566); geänd. mWv 27.6.2020 durch VO v. 19.6.2020 (BGBl. I S. 1328).

5) § 28 angef. mWv 1.11.2007 durch G v. 20.7.2007 (BGBl. I S. 1566); Abs. 3 angef. mWv 12.12.2020 durch G v. 3.12.2020 (BGBl. I S. 2744).

255. Gesetz über Personalausweise und den elektronischen Identitätsnachweis (Personalausweisgesetz – PAuswG)[1) 2)]

Vom 18. Juni 2009

(BGBl. I S. 1346)

FNA 210-6

geänd. durch Art. 4 G zur Optimierung der Geldwäscheprävention v. 22.12.2011 (BGBl. I S. 2959), Art. 2 Abs. 5 G zur Fortentwicklung des Meldewesens v. 3.5.2013 (BGBl. I S. 1084, geänd. durch G v. 20.11. 2014, BGBl. I S. 1738), Art. 9 G zur Förderung der elektronischen Verwaltung sowie zur Änd. weiterer Vorschriften v. 25.7.2013 (BGBl. I S. 2749), Art. 2 Abs. 13, Art. 4 Abs. 1 G zur Strukturreform des Gebührenrechts des Bundes v. 7.8.2013 (BGBl. I S. 3154, Art. 4 Abs. 1 dieses G aufgeh. durch Art. 2 G v. 18.7.2016, BGBl. I S. 1666), Art. 1 G zur Änd. des PersonalausweisG zur Einführung eines Ersatz-Personalausweises und zur Änd. des PassG v. 20.6.2015 (BGBl. I S. 970), Art. 4 Abs. 1 G zur Aktualisierung der Strukturreform des Gebührenrechts des Bundes v. 18.7.2016 (BGBl. I S. 1666), Art. 6 G zu bereichsspezifischen Regelungen der Gesichtsverhüllung und zur Änd. weiterer dienstrechtlicher Vorschriften v. 8.6.2017 (BGBl. I S. 1570), Art. 1, 2 G zur Förderung des elektronischen Identitätsnachweises v. 7.7.2017 (BGBl. I S. 2310), Art. 4 eIDAS-DurchführungsG v. 18.7.2017 (BGBl. I S. 2745), Art. 2, 3 G zur Einführung einer Karte für Unionsbürger und Angehörige des Europäischen Wirtschaftsraums mit Funktion zum elektronischen Identitätsnachweis sowie zur Änd. des PersonalausweisG und weiterer Vorschriften v. 21.6.2019 (BGBl. I S. 846), Art. 80 Elfte ZuständigkeitsanpassungsVO v. 19.6.2020 (BGBl. I S. 1328), Art. 2, 11, 13 G zur Stärkung der Sicherheit im Pass-, Ausweis- und ausländerrechtlichen Dokumentenwesen v. 3.12.2020 (BGBl. I S. 2744), Art. 2 Zweites G zur Änd. des BundesmeldeG v. 15.1.2021 (BGBl. I S. 530) und Art. 8 RegistermodernisierungsG v. 28.3.2021 (BGBl. I S. 591)

Inhaltsübersicht[3)]

[1)] Verkündet als Art. 1 G über Personalausweise und den elektronischen Identitätsnachweis sowie zur Änderung weiterer Vorschriften v. 18.6.2009 (GVBl. S. 1346); Inkrafttreten gem. Art. 7 dieses G am 1.11. 2010.

[2)] Die Änderungen durch G v. 3.12.2020 (BGBl. I S. 2744) treten teilweise erst **mWv 1.5.2025** bzw. **mWv 2.8.2021**, die Änderungen durch G v. 15.1.2021 (BGBl. I S. 530) treten teilweise erst **mWv 2.8. 2021**, die Änderungen durch G v. 28.3.2021 (BGBl. I S. 591) treten teilweise erst **mit noch unbestimmtem Datum** in Kraft und sind insoweit im Text noch nicht berücksichtigt.

[3)] Inhaltsübersicht geänd. mWv 30.6.2015 durch G v. 20.6.2015 (BGBl. I S. 970); geänd. mWv 15.7. 2017 durch G v. 7.7.2017 (BGBl. I S. 2310); geänd. mWv 1.7.2021 durch G v. 15.1.2021 (BGBl. I S. 530).

Abschnitt 1. Allgemeine Vorschriften

§ 1[1)] Ausweispflicht; Ausweisrecht. (1) [1] Deutsche im Sinne des Artikels 116 Abs. 1 des Grundgesetzes[2)] sind verpflichtet, einen gültigen Ausweis zu besitzen, sobald sie 16 Jahre alt sind und der allgemeinen Meldepflicht unterliegen oder, ohne ihr zu unterliegen, sich überwiegend in Deutschland aufhalten. [2] Sie müssen ihn auf Verlangen einer zur Feststellung der Identität berechtigten Behörde vorlegen und es ihr ermöglichen, ihr Gesicht mit dem Lichtbild des Ausweises abzugleichen. [3] Vom Ausweisinhaber darf nicht verlangt werden, den Personalausweis zu hinterlegen oder in sonstiger Weise den Gewahrsam aufzugeben. [4] Dies gilt nicht für zur Identitätsfeststellung berechtigte Behörden sowie in den Fällen der Einziehung und Sicherstellung.

[1)] § 1 Abs. 2 Satz 1 geänd. mWv 1.11.2015 durch G v. 3.5.2013 (BGBl. I S. 1084, geänd. durch G v. 20.11.2014, BGBl. I S. 1738); Abs. 1 Satz 2 geänd., Abs. 2 Satz 3 neu gef. mWv 15.6.2017 durch G v. 8.6. 2017 (BGBl. I S. 1570); Abs. 1 Satz 1 geänd. mWv 15.7.2017 durch G v. 7.7.2017 (BGBl. I S. 2310); Abs. 2 Satz 2 geänd. mWv 12.12.2020 durch G v. 3.12.2020 (BGBl. I S. 2744).
[2)] Nr. **1**.

(2) [1] Die Ausweispflicht gilt auch für Personen, die als Binnenschiffer oder Seeleute nach dem Bundesmeldegesetz[1)] einer besonderen Meldepflicht unterliegen. [2] Sie gilt nicht für Personen, gegen die eine Freiheitsstrafe vollzogen wird, wenn deren Vollzug noch länger als drei Monate andauert. [3] Die Ausweispflicht nach Absatz 1 Satz 1 und 2 erfüllt auch, wer einen gültigen Pass im Sinne des § 1 Absatz 2 des Passgesetzes[2)] besitzt, ihn auf Verlangen vorlegt und den Lichtbildabgleich ermöglicht.

(3) Die zuständige Personalausweisbehörde nach § 7 Abs. 1 und 2 kann Personen von der Ausweispflicht befreien,

1. für die ein Betreuer oder eine Betreuerin nicht nur durch einstweilige Anordnung bestellt ist oder die handlungs- oder einwilligungsunfähig sind und von einem oder von einer mit öffentlich beglaubigter Vollmacht Bevollmächtigten vertreten werden,
2. die voraussichtlich dauerhaft in einem Krankenhaus, einem Pflegeheim oder einer ähnlichen Einrichtung untergebracht sind oder
3. die sich wegen einer dauerhaften Behinderung nicht allein in der Öffentlichkeit bewegen können.

(4) Auf Antrag ist ein Ausweis auch auszustellen, wenn Personen

1. noch nicht 16 Jahre alt sind oder
2. Deutsche im Sinne des Artikels 116 Abs. 1 des Grundgesetzes sind, die der Meldepflicht deswegen nicht unterliegen, weil sie keine Wohnung in Deutschland haben.

§ 2[3)] Begriffsbestimmungen. (1) Ausweise im Sinne dieses Gesetzes sind der Personalausweis, der vorläufige Personalausweis und der Ersatz-Personalausweis.

(2) Zur Identitätsfeststellung berechtigte Behörden im Sinne dieses Gesetzes sind öffentliche Stellen, die befugt sind, zur Erfüllung ihrer gesetzlichen Aufgaben als hoheitliche Maßnahme die Identität von Personen festzustellen.

(3) Diensteanbieter sind natürliche und juristische Personen, die zur Wahrnehmung von Aufgaben der öffentlichen Verwaltung oder zur Erfüllung eigener Geschäftszwecke den Nachweis der Identität oder einzelner Identitätsmerkmale des Ausweisinhabers benötigen und ihren Wohn-, Geschäfts- oder Dienstsitz innerhalb der Europäischen Union sowie in Staaten, in denen ein vergleichbarer Datenschutzstandard besteht, haben.

(3a) Identifizierungsdiensteanbieter sind Diensteanbieter, deren Dienst darin besteht, für einen Dritten eine einzelfallbezogene Identifizierungsdienstleistung mittels des elektronischen Identitätsnachweises nach § 18 zu erbringen.

(4) Ein Berechtigungszertifikat ist eine elektronische Bescheinigung, die es einem Diensteanbieter ermöglicht,

1. seine Identität dem Personalausweisinhaber nachzuweisen und
2. die *Übermittlung personen-* und ausweisbezogener Daten aus dem Personalausweis anzufragen.

[1)] Nr. **256**.

[2)] Nr. **250**.

[3)] § 2 Abs. 6a eingef. mWv 1.8.2013 durch G v. 25.7.2013 (BGBl. I S. 2749); Abs. 1 und 8 Satz 3 geänd. mWv 30.6.2015 durch G v. 20.6.2015 (BGBl. I S. 970); Abs. 3a eingef., Abs. 6 neu gef. mWv 15.7.2017 durch G v. 7.7.2017 (BGBl. I S. 2310); Abs. 3 geänd., Abs. 4 Satz 4 angef. mWv 5.8.2019 durch G v. 21.6.2019 (BGBl. I S. 846); Abs. 4 Sätze 2–4 aufgeh. mWv 1.7.2021 durch G v. 15.1.2021 (BGBl. I S. 530).

(5) [1] Ein dienste- und kartenspezifisches Kennzeichen ist eine Zeichenfolge, die im Speicher- und Verarbeitungsmedium des Personalausweises berechnet wird. [2] Es dient der eindeutigen elektronischen Wiedererkennung eines Personalausweises durch den Diensteanbieter, für den es errechnet wurde, ohne dass weitere personenbezogene Daten übermittelt werden müssen.

(6) Das Sperrkennwort ist eine Zeichenfolge, die ausschließlich der Sperrung von Personalausweisen mit elektronischem Identitätsnachweis dient.

(6a) [1] Die Sperrsumme ist ein eindeutiges Merkmal, das aus dem Sperrkennwort, dem Familiennamen, den Vornamen und dem Tag der Geburt eines Ausweisinhabers errechnet wird. [2] Es dient der Übermittlung einer Sperrung vom Sperrnotruf oder einer Personalausweisbehörde an den Sperrlistenbetreiber. [3] Mithilfe der Sperrsumme ermittelt der Sperrlistenbetreiber anhand der Referenzliste den Sperrschlüssel eines zu sperrenden elektronischen Identitätsnachweises.

(7) Sperrmerkmale eines Personalausweises sind dienste- und kartenspezifische Zeichenfolgen, die ausschließlich der Erkennung abhandengekommener Personalausweise durch den Diensteanbieter dienen, für den sie errechnet wurden.

(8) [1] Jeder Ausweis erhält eine neue Seriennummer. [2] Die Seriennummer eines Personalausweises setzt sich aus einer vierstelligen Behördenkennzahl und einer fünfstelligen, zufällig vergebenen Nummer zusammen und kann Ziffern und Buchstaben enthalten. [3] Die Seriennummer des vorläufigen Personalausweises und des Ersatz-Personalausweises besteht aus einem Buchstaben und sieben Ziffern.

(9) Die Prüfziffern werden aus den Daten des maschinenlesbaren Bereichs errechnet und dienen zur Feststellung seiner Unversehrtheit.

(10) Die Geheimnummer besteht aus einer sechsstelligen Ziffernfolge und dient der Freigabe der Datenübermittlung aus dem Personalausweis im Rahmen des elektronischen Identitätsnachweises.

(11) Die Zugangsnummer ist eine zufällig erzeugte, ausschließlich auf der Karte sichtbar aufgebrachte sechsstellige Ziffernfolge, die zur Absicherung gegen unberechtigten Zugriff auf die Kommunikation zwischen Personalausweis und Lesegeräten dient.

(12) Die Entsperrnummer ist eine zufällig erzeugte Ziffernfolge, die die Freischaltung der Geheimnummer ermöglicht, wenn diese nach dreimaliger Fehleingabe gesperrt worden ist.

§ 3 Vorläufiger Personalausweis. (1) Macht die antragstellende Person glaubhaft, dass sie sofort einen Ausweis benötigt, ist ihr ein vorläufiger Personalausweis auszustellen.

(2) Hierfür sind ausschließlich die in § 7 Abs. 1 genannten Behörden zuständig.

§ 4[1)] Eigentum am Ausweis; Ausweishersteller; Vergabestelle für Berechtigungszertifikate. (1) Niemand darf mehr als einen auf seine Person ausgestellten gültigen Ausweis der Bundesrepublik Deutschland besitzen.

(2) Ausweise sind Eigentum der Bundesrepublik Deutschland.

(3) [1] Das Bundesministerium des Innern, für Bau und Heimat bestimmt

1. den Ausweishersteller,

[1)] § 4 Abs. 3 geänd. mWv 27.6.2020 durch VO v. 19.6.2020 (BGBl. I S. 1328); Abs. 3 neu gef. mWv 12.12.2020 durch G v. 3.12.2020 (BGBl. I S. 2744).

2. den Lieferanten von Geräten zur Aufnahme und elektronischen Erfassung von Lichtbildern, sofern diese durch die Personalausweisbehörde gefertigt werden, und von Fingerabdrücken,
3. die Vergabestelle für Berechtigungszertifikate sowie
4. den Sperrlistenbetreiber

und macht deren Namen jeweils im Bundesanzeiger bekannt. [2]Dies gilt nicht für Geräte zur Aufnahme und elektronischen Erfassung von Lichtbildern nach Satz 1 Nummer 2, die im Rahmen einer Antragstellung beim Auswärtigen Amt gefertigt werden.

§ 5[1)] Ausweismuster; gespeicherte Daten. (1) Ausweise sind nach einheitlichen Mustern auszustellen.

(2) Der Personalausweis enthält neben der Angabe der ausstellenden Behörde, dem Tag der Ausstellung, dem letzten Tag der Gültigkeitsdauer, der Zugangsnummer und den in Absatz 4 Satz 2 genannten Daten ausschließlich folgende sichtbar aufgebrachte Angaben über den Ausweisinhaber:

1. Familienname und Geburtsname,
2. Vornamen,
3. Doktorgrad,
4. Tag und Ort der Geburt,
5. Lichtbild,
6. Unterschrift,
7. Größe,
8. Farbe der Augen,
9. Anschrift; hat der Ausweisinhaber keine Wohnung in Deutschland, kann die Angabe „keine Wohnung in Deutschland" eingetragen werden,
10. Staatsangehörigkeit,
11. Seriennummer und
12. Ordensname, Künstlername.

(3) Der vorläufige Personalausweis enthält die in Absatz 2 Nr. 1 bis 12 und die in Absatz 4 Satz 2 genannten Angaben sowie die Angabe der ausstellenden Behörde, den Tag der Ausstellung und den letzten Tag der Gültigkeitsdauer.

(3a) [1]Der Ersatz-Personalausweis enthält die in Absatz 2 Nummer 1 bis 12 und die in Absatz 4 Satz 2 genannten Angaben sowie die Angabe der ausstellenden Behörde, den Tag der Ausstellung, den letzten Tag der Gültigkeitsdauer und den Vermerk, dass der Ersatz-Personalausweis nicht zum Verlassen Deutschlands berechtigt. [2]Abweichend von Absatz 2 Nummer 9 ist die Eintragung „keine Wohnung in Deutschland" nicht zulässig.

(4) [1]Ausweise haben einen Bereich für das automatisierte Auslesen. [2]Dieser darf *ausschließlich die folgenden* sichtbar aufgedruckten Angaben enthalten:

1. Abkürzungen
   a) „IDD" für Personalausweis der Bundesrepublik Deutschland,
   b) „ITD" für vorläufigen Personalausweis der Bundesrepublik Deutschland oder

---

[1)] § 5 Abs. 3 geänd., Abs. 3a eingef., Abs. 4 Satz 2 Nr. 1 Buchst. a und b geänd., Buchst. c angef. mWv 30.6.2015 durch G v. 20.6.2015 (BGBl. I S. 970); Abs. 2 Nr. 9 geänd. mWv 15.5.2018 durch G v. 7.7. 2017 (BGBl. I S. 2310); Abs. 2 Nr. 9 neu gef. mWv 1.11.2019 durch G v. 21.6.2019 (BGBl. I S. 846); Abs. 3a Satz 2 geänd. mWv 12.12.2020 durch G v. 3.12.2020 (BGBl. I S. 2744).

c) „IXD" für Ersatz-Personalausweis der Bundesrepublik Deutschland,
2. Familienname,
3. Vornamen,
4. Seriennummer,
5. Abkürzung „D" für deutsche Staatsangehörigkeit,
6. Tag der Geburt,
7. letzter Tag der Gültigkeitsdauer,
8. Prüfziffern und
9. Leerstellen.

[3] Bei einer Identitätsüberprüfung nach § 17 darf auch die aufgedruckte Zugangsnummer automatisiert gelesen werden.

(5) Der Personalausweis enthält ein elektronisches Speicher- und Verarbeitungsmedium, auf dem folgende Daten gespeichert werden:
1. die Daten nach Absatz 2 Nr. 1 bis 5, 9 und 12,
2. die Daten des maschinenlesbaren Bereichs nach Absatz 4 Satz 2 und
3. die Fingerabdrücke nach Absatz 9, die Bezeichnung der erfassten Finger, die Angaben zur Qualität der Abdrücke.

(6) Die gespeicherten Daten sind gegen unbefugtes Verändern, Löschen und Auslesen zu sichern.

(7) Abweichend von Absatz 5 erhalten Kinder, solange sie noch nicht sechs Jahre alt sind, einen Personalausweis mit einem elektronischen Speicher- und Verarbeitungsmedium, auf dem nur das Lichtbild und die Daten des maschinenlesbaren Bereichs nach Absatz 4 Satz 2 gespeichert sind.

(8) Die Seriennummer, die Prüfziffern, das Sperrkennwort und Sperrmerkmale dürfen keine Daten über die Person des Ausweisinhabers oder Hinweise auf solche Daten enthalten.

(9) [1] Fingerabdrücke werden nur auf Antrag der antragstellenden Person gespeichert. [2] Die Fingerabdrücke der antragstellenden Person werden in Form des flachen Abdrucks des linken und rechten Zeigefingers im elektronischen Speicher- und Verarbeitungsmedium des Personalausweises gespeichert. [3] Bei Fehlen eines Zeigefingers, ungenügender Qualität des Fingerabdrucks oder Verletzungen der Fingerkuppe wird ersatzweise der flache Abdruck entweder des Daumens, des Mittelfingers oder des Ringfingers gespeichert. [4] Fingerabdrücke sind nicht zu speichern, wenn die Abnahme der Fingerabdrücke aus medizinischen Gründen, die nicht nur vorübergehender Art sind, unmöglich ist.

(10) Die im elektronischen Speicher- und Verarbeitungsmedium gespeicherten Daten ermöglichen auch die Funktion des elektronischen Identitätsnachweises nach § 18.

§ 6[1)] Gültigkeitsdauer; vorzeitige Beantragung; räumliche Beschränkungen. (1) Personalausweise werden für eine Gültigkeitsdauer von zehn Jahren ausgestellt.

(2) Vor Ablauf der Gültigkeit eines Personalausweises kann ein neuer Personalausweis beantragt werden, wenn ein berechtigtes Interesse an der Neuausstellung dargelegt wird.

[1)] § 6 Abs. 4a eingef. mWv 30.6.2015 durch G v. 20.6.2015 (BGBl. I S. 970).

(3) Bei Personen, die noch nicht 24 Jahre alt sind, beträgt die Gültigkeitsdauer des Personalausweises sechs Jahre.

(4) Die Gültigkeitsdauer eines vorläufigen Personalausweises ist unter Berücksichtigung des Nutzungszwecks festzulegen; sie darf einen Zeitraum von drei Monaten nicht überschreiten.

(4a) Die Gültigkeitsdauer des Ersatz-Personalausweises ist auf den Zeitraum zu beschränken, der für das Erreichen des Zweckes nach § 6a erforderlich ist; sie darf einen Zeitraum von drei Jahren nicht überschreiten.

(5) Eine Verlängerung der Gültigkeitsdauer ist nicht zulässig.

(6) Die Gültigkeitsdauer eines Ausweises darf in den Fällen des § 29 des Staatsangehörigkeitsgesetzes[1)] den Zeitpunkt der Vollendung des 23. Lebensjahres des Inhabers so lange nicht überschreiten, bis die zuständige Behörde den Fortbestand der deutschen Staatsangehörigkeit festgestellt hat.

(7) Unter den Voraussetzungen des § 7 Abs. 1 des Passgesetzes[2)] kann die zuständige Behörde im Einzelfall anordnen, dass der Ausweis nicht zum Verlassen Deutschlands berechtigt.

(8) Anordnungen nach Absatz 7 dürfen im polizeilichen Grenzfahndungsbestand gespeichert werden.

§ 6a[3)] Versagung und Entziehung; Ersatz-Personalausweis. (1) [1] Ein Personalausweis oder ein vorläufiger Personalausweis kann unter den Voraussetzungen des § 7 Absatz 1 Nummer 1 oder Nummer 10 des Passgesetzes[2)] versagt werden. [2] Im Falle des § 7 Absatz 1 Nummer 1 des Passgesetzes gilt dies nur, wenn die Gefährdung darin besteht, dass bestimmte Tatsachen die Annahme begründen, dass der Ausweisbewerber

1. einer terroristischen Vereinigung nach § 129a des Strafgesetzbuchs[4)] oder einer terroristischen Vereinigung nach § 129a in Verbindung mit § 129b Absatz 1 Satz 1 des Strafgesetzbuchs mit Bezug zur Bundesrepublik Deutschland angehört oder diese unterstützt oder
2. rechtswidrig Gewalt gegen Leib oder Leben als Mittel zur Durchsetzung international ausgerichteter politischer oder religiöser Belange anwendet oder eine solche Gewaltanwendung unterstützt oder vorsätzlich hervorruft.

(2) [1] Dem Ausweisinhaber kann ein Personalausweis oder ein vorläufiger Personalausweis entzogen werden, wenn gegen ihn eine vollziehbare Anordnung nach § 6 Absatz 7 in Verbindung mit § 7 Absatz 1 Nummer 1 oder Nummer 10 des Passgesetzes besteht. [2] Im Falle einer Anordnung nach § 6 Absatz 7 in Verbindung mit § 7 Absatz 1 Nummer 1 des Passgesetzes gilt dies nur, wenn die Gefährdung darin besteht, dass bestimmte Tatsachen die Annahme begründen, dass der Ausweisinhaber

1. einer terroristischen Vereinigung nach § 129a des Strafgesetzbuchs oder einer terroristischen Vereinigung nach § 129a in Verbindung mit § 129b Absatz 1 Satz 1 des Strafgesetzbuchs mit Bezug zur Bundesrepublik Deutschland angehört oder diese unterstützt oder

---

1) Nr. **15**.
2) Nr. **250**.
3) § 6a eingef. mWv 30.6.2015 durch G v. 20.6.2015 (BGBl. I S. 970).
4) **Schönfelder Nr. 85.**

2. rechtswidrig Gewalt gegen Leib oder Leben als Mittel zur Durchsetzung international ausgerichteter politischer oder religiöser Belange anwendet oder eine solche Gewaltanwendung unterstützt oder vorsätzlich hervorruft.

(3) Ist ein Personalausweis oder vorläufiger Personalausweis versagt oder entzogen worden, ist ein Ersatz-Personalausweis auszustellen.

(4) Liegen die Voraussetzungen des Absatzes 1 oder des Absatzes 2 nicht mehr vor, ist dies dem Inhaber eines Ersatz-Personalausweises unverzüglich mitzuteilen und ihm auf Antrag ein Personalausweis oder ein vorläufiger Personalausweis auszustellen.

(5) Für Maßnahmen nach den Absätzen 1 bis 3 sowie Mitteilungen nach Absatz 4 sind ausschließlich die in § 7 Absatz 1 genannten Behörden zuständig.

§ 7[1] Sachliche Zuständigkeit. (1) Für Ausweisangelegenheiten in Deutschland sind die von den Ländern bestimmten Behörden zuständig (Personalausweisbehörden).

(2) Für Personalausweisangelegenheiten im Ausland ist das Auswärtige Amt mit den von ihm bestimmten Auslandsvertretungen zuständig (Personalausweisbehörde).

(3) Für die Einziehung nach § 29 Abs. 1 und die Sicherstellung nach § 29 Abs. 2 sind die Personalausweisbehörden, die Auslandsvertretungen und die zur hoheitlichen Identitätsfeststellung berechtigten Behörden zuständig.

(3a) Für das elektronisch beantragte Neusetzen der Geheimnummer sowie für die elektronische Beantragung des nachträglichen Einschaltens der Funktion zum elektronischen Identitätsnachweis ist der Ausweishersteller zuständig.

(4) [1] Für die Erteilung und Aufhebung von Berechtigungen nach § 21 ist die Vergabestelle für Berechtigungszertifikate nach § 4 Abs. 3 zuständig. [2] Für das Führen einer Sperrliste nach § 10 Abs. 4 Satz 1 ist der Sperrlistenbetreiber nach § 4 Abs. 3 zuständig.

(5) [1] Für Diensteanbieter in Deutschland sind die für die Einhaltung der Vorgaben des Datenschutzes zuständigen Stellen zuständig. [2] Haben Diensteanbieter ihren Wohn-, Geschäfts- oder Dienstsitz nicht in Deutschland, so ist der Bundesbeauftragte für den Datenschutz und die Informationsfreiheit zuständige Datenschutzaufsichtsbehörde im Sinne des § 21 Absatz 4 Satz 3.

§ 8 Örtliche Zuständigkeit; Tätigwerden bei örtlicher Unzuständigkeit. (1) [1] In Deutschland ist die Personalausweisbehörde zuständig, in deren Bezirk die antragstellende Person oder der Ausweisinhaber für seine Wohnung, bei mehreren Wohnungen für seine Hauptwohnung, meldepflichtig ist. [2] Hat die antragstellende Person keine Wohnung, so ist die Personalausweisbehörde zuständig, in deren Bezirk sie sich vorübergehend aufhält.

(2) [1] Im Ausland sind die vom Auswärtigen Amt bestimmten Auslandsvertretungen zuständig, in deren Bezirk sich die antragstellende Person oder der Ausweisinhaber gewöhnlich aufhält. [2] Der Ausweisinhaber hat den Nachweis über den gewöhnlichen Aufenthaltsort zu erbringen.

(3) Für Binnenschiffer, die keine Wohnung in Deutschland haben, ist die Personalausweisbehörde am Heimatort des Binnenschiffes, für Seeleute, die keine

[1] § 7 Abs. 5 Satz 2 geänd. mWv 5.8.2019 durch G v. 21.6.2019 (BGBl. I S. 846); Abs. 3a eingef. mWv 1.7.2021 durch G v. 15.1.2021 (BGBl. I S. 530).

Wohnung in Deutschland haben, die Personalausweisbehörde am Sitz des Reeders zuständig.

(4) [1]Der Antrag auf Ausstellung eines Ausweises muss auch von einer örtlich nicht zuständigen Personalausweisbehörde bearbeitet werden, wenn ein wichtiger Grund dargelegt wird. [2]Ein Ausweis darf nur mit Ermächtigung der örtlich zuständigen Personalausweisbehörde ausgestellt werden.

Abschnitt 2. Ausstellung und Sperrung des Ausweises

§ 9[1)] Ausstellung des Ausweises. (1) [1]Personalausweise und vorläufige Personalausweise werden auf Antrag für Deutsche im Sinne des Artikels 116 Abs. 1 des Grundgesetzes[2)] ausgestellt. [2]§ 3a Abs. 1 des Verwaltungsverfahrensgesetzes[3)] ist nicht anzuwenden. [3]Im Antragsverfahren nachzureichende Erklärungen können mittels Datenübertragung abgegeben werden. [4]Die antragstellende Person und ihr gesetzlicher Vertreter können sich bei der Stellung des Antrags nicht durch einen Bevollmächtigten vertreten lassen. [5]Dies gilt nicht für eine handlungs- oder einwilligungsunfähige antragstellende Person, wenn eine für diesen Fall erteilte, öffentlich beglaubigte oder beurkundete Vollmacht vorliegt. [6]Die antragstellende Person und ihr gesetzlicher oder bevollmächtigter Vertreter sollen persönlich erscheinen.

(2) [1]Für Minderjährige, die noch nicht 16 Jahre alt sind, und für Personen, die geschäftsunfähig sind und sich nicht nach Absatz 1 Satz 5 durch einen Bevollmächtigten vertreten lassen, kann nur diejenige Person den Antrag stellen, die sorgeberechtigt ist oder als Betreuer ihren Aufenthalt bestimmen darf. [2]Sie ist verpflichtet, für Jugendliche, die 16, aber noch nicht 18 Jahre alt sind, innerhalb von sechs Wochen, nachdem der Jugendliche 16 Jahre alt geworden ist, den Antrag auf Ausstellung eines Ausweises zu stellen, falls dies der Jugendliche unterlässt. [3]Jugendliche, die mindestens 16 Jahre alt sind, dürfen Verfahrenshandlungen nach diesem Gesetz vornehmen.

(3) [1]In dem Antrag sind alle Tatsachen anzugeben, die zur Feststellung der Person des Antragstellers und seiner Eigenschaft als Deutscher notwendig sind. [2]Die Angaben zum Doktorgrad und zu den Ordens- und Künstlernamen sind freiwillig. [3]Die antragstellende Person hat die erforderlichen Nachweise zu erbringen. [4]Sie hat bei Beantragung zu erklären, ob ihre Fingerabdrücke im Speicher- und Verarbeitungsmedium des Personalausweises gespeichert werden sollen. [5]Entscheidet sich die antragstellende Person gegen die Aufnahme der Fingerabdrücke, so dürfen ihr daraus keine rechtlichen oder tatsächlichen Nachteile entstehen mit der Ausnahme, dass Verfahren zur Identitätsprüfung mit Fingerabdruckvergleich nicht genutzt werden können. [6]Die antragstellende Person ist hierüber und über die Freiwilligkeit der Aufnahme der Fingerabdrücke zu informieren. [7]Soweit in den Personalausweis Fingerabdrücke aufzunehmen sind, sind diese der antragstellenden Person abzunehmen und nach Maßgabe von § 5 Abs. 9 elektronisch zu *erfassen.* [8]*Fingerabdrücke* von Kindern sind nicht abzunehmen, solange die Kinder noch nicht sechs Jahre alt sind.

(4) [1]Bestehen Zweifel über die Person des Antragstellers, sind die zur Feststellung seiner Identität erforderlichen Maßnahmen zu treffen. [2]Die Personalaus-

---

[1)] § 9 Abs. 3 Sätze 4 und 6 geänd. mWv 1.8.2013 durch G v. 25.7.2013 (BGBl. I S. 2749); Abs. 1 Satz 1 geänd., Abs. 6 angef. mWv 30.6.2015 durch G v. 20.6.2015 (BGBl. I S. 970).

[2)] Nr. **1**.

[3)] Nr. **100**.

weisbehörde kann die Durchführung erkennungsdienstlicher Maßnahmen veranlassen, wenn die Identität der antragstellenden Person auf andere Weise nicht oder nur unter erheblichen Schwierigkeiten festgestellt werden kann. [3]Ist die Identität festgestellt, so sind die im Zusammenhang mit der Feststellung angefallenen Unterlagen zu vernichten. [4]Die Vernichtung ist zu protokollieren.

(5) Die Unterschrift durch ein Kind ist zu leisten, wenn es zum Zeitpunkt der Beantragung des Ausweises zehn Jahre oder älter ist.

(6) [1]Für Deutsche im Sinne des Artikels 116 Absatz 1 des Grundgesetzes werden nach Maßgabe des § 6a Ersatz-Personalausweise von Amts wegen ausgestellt. [2]Absatz 1 Satz 2 bis 6, Absatz 2 Satz 3, Absatz 3 Satz 1 bis 3 sowie die Absätze 4 und 5 gelten entsprechend.

§ 10[1)] Einschaltung, Sperrung und Entsperrung der Funktion des elektronischen Identitätsnachweises. (1) Der Personalausweis wird mit einer Funktion zum elektronischen Identitätsnachweis nach § 18 ausgegeben.

(2) Der Ausweishersteller schaltet die Funktion aus, wenn die antragstellende Person zum Zeitpunkt der Antragstellung noch nicht 16 Jahre alt ist.

(3) Auf Antrag des Ausweisinhabers und unter Vorlage des Personalausweises kann ein ausgeschalteter elektronischer Identitätsnachweis während der Gültigkeitsdauer des Personalausweises eingeschaltet werden, wenn der Ausweisinhaber zum Zeitpunkt der Antragstellung bereits 16 Jahre alt ist.

(4) [1]Der Sperrlistenbetreiber nach § 7 Abs. 4 Satz 2 stellt jedem Diensteanbieter über jederzeit öffentlich erreichbare Kommunikationsverbindungen eine für ihn errechnete, aktuelle Liste bereit, die ausschließlich die Sperrmerkmale von Personalausweisen mit gesperrtem elektronischen Identitätsnachweis enthält (Sperrliste). [2]Die Diensteanbieter rufen die für sie errechnete Sperrliste regelmäßig ab und gleichen sie im Rahmen des elektronischen Identitätsnachweises lokal mit zu akzeptierenden Personalausweisen ab.

(5) Die zuständige Personalausweisbehörde hat unverzüglich zur Aktualisierung der Sperrliste die Sperrsumme des Personalausweises an den Sperrlistenbetreiber nach § 7 Absatz 4 Satz 2 zu übermitteln, wenn sie Kenntnis erlangt von

1. dem Abhandenkommen eines Personalausweises mit elektronischem Identitätsnachweis,
2. dem Versterben eines Ausweisinhabers oder
3. der Ungültigkeit eines nicht im Besitz der Behörde befindlichen Ausweises nach § 28 Absatz 1 oder Absatz 2.

(6) [1]Der Personalausweisinhaber kann durch Mitteilung des Sperrkennworts an den Sperrlistenbetreiber nach § 7 Abs. 4 Satz 2 eine sofortige Sperrung des elektronischen Identitätsnachweises veranlassen. [2]Davon unberührt bleibt die Pflicht, den Verlust oder das Abhandenkommen des Personalausweises der Personalausweisbehörde nach § 27 Abs. 1 Nr. 3 anzuzeigen.

(7) Der Sperrlistenbetreiber nach § 7 Abs. 4 Satz 2 stellt den Personalausweisbehörden für die Fälle nach Absatz 5 und den Personalausweisinhabern für die Fälle nach Absatz 6 einen Sperrdienst über jederzeit öffentlich erreichbare Kommunikationsverbindungen zur Verfügung.

---

1) § 10 Abs. 1 Sätze 1 und 2, Abs. 5 abschl. Satzteil geänd. mWv 1.8.2013 durch G v. 25.7.2013 (BGBl. I S. 2749); Überschrift geänd., Abs. 1 neu gef., Abs. 2 Satz 1 geänd., Satz 2 aufgeh., Abs. 3 Satz 2 aufgeh., Abs. 4 Satz 1, Abs. 5 Nr. 1, Abs. 6 Satz 1 geänd., Abs. 8 Satz 1 neu gef. mWv 15.7.2017 durch G v. 7.7.2017 (BGBl. I S. 2310); Abs. 5 neu gef. mWv 5.8.2019 durch G v. 21.6.2019 (BGBl. I S. 846).

(8) [1] Teilt nach erfolgter Sperrung nach Absatz 5 der Personalausweisinhaber das Wiederauffinden seines Personalausweises unter den Voraussetzungen des § 9 Absatz 1 Satz 6 und unter Vorlage seines Personalausweises mit oder bittet er nach einer Sperrung nach Absatz 6 unter den Voraussetzungen des § 9 Absatz 1 Satz 6 und unter Vorlage seines Personalausweises um Entsperrung, so ersucht die Personalausweisbehörde den Sperrlistenbetreiber nach § 7 Absatz 4 Satz 2 um Löschung des Sperreintrags zu diesem Personalausweis. [2] Die Pflicht des Personalausweisinhabers, den Ausweis bei Wiederauffinden nach § 27 Abs. 1 Nr. 3 vorzulegen, bleibt hiervon unberührt.

(9) Der Zeitpunkt der Meldung des Abhandenkommens eines Ausweises ist von der Personalausweisbehörde oder Polizeibehörde zu dokumentieren und der ausstellenden Personalausweisbehörde mitzuteilen.

§ 11[1)] Informationspflichten. (1) Auf Verlangen des Personalausweisinhabers hat die Personalausweisbehörde ihm Einsicht in die im elektronischen Speicher- und Verarbeitungsmedium gespeicherten auslesbaren Daten zu gewähren.

(2) *(aufgehoben)*

(3) [1] Die Personalausweisbehörde hat die antragstellende Person bei Antragstellung über den elektronischen Identitätsnachweis nach § 18 und das Vor-Ort-Auslesen nach § 18a sowie über Maßnahmen zu unterrichten, die erforderlich sind, um die Sicherheit der Nutzung des elektronischen Identitätsnachweises zu gewährleisten. [2] Sie hat der antragstellenden Person die Übergabe von entsprechendem Informationsmaterial anzubieten, in dem auch auf die Möglichkeit einer Sperrung nach § 10 Absatz 6 hingewiesen wird.

(4) *(aufgehoben)*

(5) [1] Personalausweisbehörden, die Kenntnis von dem Abhandenkommen eines Ausweises erlangen, haben die zuständige Personalausweisbehörde, die ausstellende Personalausweisbehörde und eine Polizeibehörde unverzüglich in Kenntnis zu setzen; eine Polizeibehörde, die anderweitig Kenntnis vom Abhandenkommen eines Ausweises erlangt, hat die zuständige und die ausstellende Personalausweisbehörde unverzüglich zu unterrichten. [2] Dabei sollen Angaben zum Familiennamen, den Vornamen, zur Seriennummer, zur ausstellenden Personalausweisbehörde, zum Ausstellungsdatum und zur Gültigkeitsdauer des Ausweises übermittelt werden. [3] Die Polizeibehörde hat die Einstellung in die polizeiliche Sachfahndung vorzunehmen.

(6) Stellt eine nicht zuständige Personalausweisbehörde nach § 8 Abs. 4 einen Ausweis aus, so hat sie der zuständigen Personalausweisbehörde den Familiennamen, die Vornamen, den Tag und Ort der Geburt, die ausstellende Personalausweisbehörde, das Ausstellungsdatum, die Gültigkeitsdauer und die Seriennummer des Ausweises zu übermitteln.

*(7) [1] Schalt*et eine Personalausweisbehörde den elektronischen Identitätsnachweis eines Personalausweises ein, so hat sie unverzüglich die ausstellende Personalausweisbehörde davon in Kenntnis zu setzen. [2] Das Gleiche gilt für den Ausweishersteller im Falle der elektronischen Beantragung des nachträglichen Einschaltens der Funktion zum elektronischen Identitätsnachweis.

[1)] § 11 Abs. 2 geänd., Abs. 4 aufgeh. mWv 1.8.2013 durch G v. 25.7.2013 (BGBl. I S. 2749); Abs. 2 aufgeh., Abs. 3 neu gef., Abs. 7 geänd. mWv 15.7.2017 durch G v. 7.7.2017 (BGBl. I S. 2310); Abs. 7 Satz 2 angef. mWv 1.7.2021 durch G v. 15.1.2021 (BGBl. I S. 530).

§ 12[1)] Form und Verfahren der Datenerfassung, -prüfung und -übermittlung. (1) [1]Die Datenübermittlung von den Personalausweisbehörden an den Ausweishersteller zum Zweck der Ausweisherstellung, insbesondere die Übermittlung sämtlicher Ausweisantragsdaten, erfolgt durch Datenübertragung. [2]Die Datenübertragung kann auch über Vermittlungsstellen erfolgen. [3]Die beteiligten Stellen haben dem jeweiligen Stand der Technik entsprechende Maßnahmen zur Sicherstellung von Datenschutz und Datensicherheit zu treffen, die insbesondere die Vertraulichkeit und Unversehrtheit der Daten sowie die Feststellbarkeit der übermittelnden Stelle gewährleisten; im Falle der Nutzung allgemein zugänglicher Netze sind Verschlüsselungsverfahren anzuwenden, die dem jeweiligen Stand der Technik entsprechen.

(2) [1]Zur elektronischen Erfassung, Echtheitsbewertung und Qualitätssicherung des Lichtbildes und der Fingerabdrücke sowie zur Übermittlung der Ausweisdaten von der Personalausweisbehörde an den Ausweishersteller dürfen ausschließlich solche technischen Systeme und Bestandteile eingesetzt werden, die den Anforderungen der Rechtsverordnung nach § 34 Nr. 3 entsprechen. [2]Die Einhaltung der Anforderungen ist vom Bundesamt für Sicherheit in der Informationstechnik gemäß der Rechtsverordnung nach § 34 Nr. 4 festzustellen.

§ 13 Übermittlung von Geheimnummer, Entsperrnummer und Sperrkennwort. [1]Der Ausweishersteller übersendet antragstellenden Personen zum Zweck der Verwendung, Sperrung und Entsperrung des elektronischen Identitätsnachweises die Geheimnummer, die Entsperrnummer und das Sperrkennwort des Personalausweises. [2]Die Geheimnummer wird auf einer von den sonstigen Unterlagen gesonderten Seite übermittelt. [3]Soweit die antragstellende Person berechtigte Gründe darlegt, werden die Unterlagen nach Satz 1 an die Personalausweisbehörde übersandt, die den Personalausweis aushändigt. [4]Diese stellt dem Ausweisinhaber die Unterlagen zur Verfügung. [5]Die Personalausweisbehörde hat den Ausweisinhaber bei Antragstellung auf die Risiken dieses Verfahrens hinzuweisen.

Abschnitt 3. Umgang mit personenbezogenen Daten

§ 14 Erhebung und Verwendung personenbezogener Daten. Die Erhebung und Verwendung personenbezogener Daten aus dem Ausweis oder mithilfe des Ausweises darf ausschließlich erfolgen durch

1. zur Identitätsfeststellung berechtigte Behörden nach Maßgabe der §§ 15 bis 17,
2. öffentliche Stellen und nichtöffentliche Stellen nach Maßgabe der §§ 18 bis 20.

§ 15 Automatisierter Abruf und automatisierte Speicherung durch zur Identitätsfeststellung berechtigte Behörden. (1) [1]Zur Identitätsfeststellung berechtigte Behörden dürfen den Ausweis nicht zum automatisierten Abruf personenbezogener Daten verwenden. [2]Abweichend von Satz 1 dürfen Polizeibehörden und -dienststellen des Bundes und der Länder, die Behörden der Zollverwaltung sowie die Steuerfahndungsstellen der Länder den Ausweis im Rahmen ihrer Aufgaben und Befugnisse zum automatisierten Abruf personenbezogener Daten verwenden, die zu folgenden Zwecken im polizeilichen Fahndungsbestand gespeichert sind:

1. Grenzkontrolle,

[1)] § 12 Abs. 2 Satz 1 geänd. mWv 5.8.2019 durch G v. 21.6.2019 (BGBl. I S. 846).

2. Fahndung oder Aufenthaltsfeststellung zum Zweck der Strafverfolgung, Strafvollstreckung oder der Abwehr von Gefahren für die öffentliche Sicherheit oder
3. der zollamtlichen Überwachung im Rahmen der polizeilichen Beobachtung.

[3] Über Abrufe, die zu keiner Feststellung geführt haben, dürfen, vorbehaltlich gesetzlicher Regelungen, die gemäß Absatz 2 erlassen werden, keine personenbezogenen Aufzeichnungen gefertigt werden.

(2) In den Fällen des Absatzes 1 dürfen personenbezogene Daten, soweit gesetzlich nichts anderes bestimmt ist, beim automatisierten Lesen des Ausweises nicht in Dateien gespeichert werden; dies gilt auch für Abrufe aus dem polizeilichen Fahndungsbestand, die zu einer Feststellung geführt haben.

§ 16[1] *(aufgehoben)*

§ 17 Identitätsüberprüfung anhand der im elektronischen Speicher- und Verarbeitungsmedium gespeicherten Daten durch zur Identitätsfeststellung berechtigte Behörden. [1] Zur Identitätsfeststellung berechtigte Behörden dürfen die im elektronischen Speicher- und Verarbeitungsmedium des Personalausweises gespeicherten Daten nur zum Zweck der Überprüfung der Echtheit des Dokumentes oder der Identität des Ausweisinhabers und nur nach Maßgabe der Sätze 3 und 4 auslesen und verwenden. [2] Echtheits- oder Identitätskontrollen über öffentliche Kommunikationswege sind unzulässig. [3] Soweit die Polizeivollzugsbehörden, die Zollverwaltung, die Steuerfahndungsstellen der Länder sowie die Personalausweis-, Pass- und Meldebehörden die Echtheit des Personalausweises oder die Identität des Inhabers überprüfen dürfen, sind sie befugt, die auf dem elektronischen Speicher- und Verarbeitungsmedium des Personalausweises gespeicherten biometrischen und sonstigen Daten auszulesen, die benötigten biometrischen Daten beim Personalausweisinhaber zu erheben und die biometrischen Daten miteinander zu vergleichen. [4] Die nach Satz 3 erhobenen Daten sind unverzüglich zu löschen, wenn die Prüfung der Echtheit des Personalausweises oder der Identität des Inhabers beendet ist.

§ 18[2] **Elektronischer Identitätsnachweis.** (1) [1] Der Personalausweisinhaber, der mindestens 16 Jahre alt ist, kann seinen Personalausweis dazu verwenden, seine Identität gegenüber öffentlichen und nichtöffentlichen Stellen elektronisch nachzuweisen. [2] Dies gilt auch dann, wenn er für eine andere Person, ein Unternehmen oder eine Behörde handelt. [3] Abweichend von Satz 1 ist der elektronische Identitätsnachweis ausgeschlossen, wenn die Voraussetzungen des § 3a Abs. 1 des Verwaltungsverfahrensgesetzes[3], des § 87a Abs. 1 Satz 1 der Abgabenordnung oder des § 36a Abs. 1 des Ersten Buches Sozialgesetzbuch[4] nicht vorliegen.

(2) [1] Der elektronische Identitätsnachweis erfolgt durch Übermittlung von Daten aus dem elektronischen Speicher- und Verarbeitungsmedium des Personalausweises. [2] Dabei sind dem jeweiligen Stand der Technik entsprechende Maßnahmen zur Sicherstellung von Datenschutz und Datensicherheit zu treffen, die insbeson-

[1] § 16 aufgeh. mWv 12.12.2020 durch G v. 3.12.2020 (BGBl. I S. 2744).

[2] § 18 Abs. 3 Satz 2 Nr. 1a eingef. mWv 1.8.2013 durch G v. 25.7.2013 (BGBl. I S. 2749); Abs. 3 Satz 2 Nr. 7a eingef., Abs. 4 Satz 2 einl. Satzteil geänd., Nr. 3, Abs. 5 Satz 2 aufgeh. mWv 15.7.2017 durch G v. 7.7.2017 (BGBl. I S. 2310); Abs. 1 Satz 2 eingef., bish. Satz 2 wird Satz 3, Abs. 3 Satz 2 Nr. 6a eingef. mWv 5.8.2019 durch G v. 21.6.2019 (BGBl. I S. 846); Abs. 6 angef. mWv 1.7.2021 durch G v. 15.1.2021 (BGBl. I S. 530).

[3] Nr. **100**.

[4] **Sartorius ErgBd. Nr. 401.**

dere die Vertraulichkeit und Unversehrtheit der Daten gewährleisten. [3] Im Falle der Nutzung allgemein zugänglicher Netze sind Verschlüsselungsverfahren anzuwenden. [4] Die Nutzung des elektronischen Identitätsnachweises durch eine andere Person als den Personalausweisinhaber ist unzulässig.

(3) [1] Das Sperrmerkmal und die Angabe, ob der Personalausweis gültig ist, sind zur Überprüfung, ob ein gesperrter oder abgelaufener Personalausweis vorliegt, immer zu übermitteln. [2] Folgende weitere Daten können übermittelt werden:

1. Familienname,
1a. Geburtsname,
2. Vornamen,
3. Doktorgrad,
4. Tag der Geburt,
5. Ort der Geburt,
6. Anschrift,
6a. Staatsangehörigkeit,
7. Dokumentenart,
7a. letzter Tag der Gültigkeitsdauer,
8. dienste- und kartenspezifisches Kennzeichen,
9. Abkürzung „D" für Bundesrepublik Deutschland,
10. Angabe, ob ein bestimmtes Alter über- oder unterschritten wird,
11. Angabe, ob ein Wohnort dem abgefragten Wohnort entspricht, und
12. Ordensname, Künstlername.

(4) [1] Die Daten werden nur übermittelt, wenn der Diensteanbieter ein gültiges Berechtigungszertifikat an den Personalausweisinhaber übermittelt und dieser in der Folge seine Geheimnummer eingibt. [2] Vor Eingabe der Geheimnummer durch den Personalausweisinhaber muss der Diensteanbieter dem Ausweisinhaber die Gelegenheit bieten, die folgenden Daten einzusehen:

1. Name, Anschrift und E-Mail-Adresse des Diensteanbieters,
2. Kategorien der zu übermittelnden Daten nach Absatz 3 Satz 2,
3. *(aufgehoben)*
4. Hinweis auf die für den Diensteanbieter zuständigen Stellen, die die Einhaltung der Vorschriften zum Datenschutz kontrollieren,
5. letzter Tag der Gültigkeitsdauer des Berechtigungszertifikats.

(5) Die Übermittlung ist auf die im Berechtigungszertifikat genannten Datenkategorien beschränkt.

(6) Personalausweisbehörden dürfen im Rahmen der Änderung der Anschrift auf dem elektronischen Speicher- und Verarbeitungsmedium nach einer elektronischen Anmeldung gemäß § 23a des Bundesmeldegesetzes[1] einen elektronischen Identitätsnachweis durchführen und hierzu ein hoheitliches Berechtigungszertifikat verwenden.

[1] Nr. **256**.

§ 18a[1] Vor-Ort-Auslesen von Ausweisdaten unter Anwesenden.

(1) Der Ausweisinhaber kann seinen Personalausweis ferner dazu verwenden, die in § 18 Absatz 3 Satz 2 genannten Daten zum Zwecke der medienbruchfreien Übernahme von Formulardaten unter Anwesenden zu übermitteln.

(2) [1] Vor dem Vor-Ort-Auslesen der Daten ist der Vor-Ort-Diensteanbieter verpflichtet, anhand des Personalausweises per Lichtbildabgleich zu prüfen, ob die den Personalausweis vorlegende Person der Ausweisinhaber ist. [2] Die Daten werden nur übermittelt, wenn der Vor-Ort-Anbieter mit Einverständnis des Ausweisinhabers die Zugangsnummer ausliest und diese zusammen mit einem gültigen Vor-Ort-Zertifikat an das Speicher- und Verarbeitungsmedium des Personalausweises übermittelt.

§ 19[2] Speicherung im Rahmen des elektronischen Identitätsnachweises.

(1) Die Speicherung eines Sperrmerkmals ist ausschließlich zulässig

1. in der Sperrliste nach § 10 Abs. 4 Satz 1 oder
2. vorübergehend beim Diensteanbieter zur Prüfung, ob der Personalausweis in den Sperrlisten nach § 10 Abs. 4 Satz 1 aufgeführt ist; die Daten sind nach der Prüfung unverzüglich zu löschen. Zur Ermöglichung auch wiederholter Prüfungen, ob der Personalausweis in den Sperrlisten nach § 10 Absatz 4 Satz 1 aufgeführt ist, erfolgt bei einem Diensteanbieter, der eine Identifizierung nach dem Geldwäschegesetz[3], der Verordnung (EU) Nr. 910/2014[4] des Europäischen Parlaments und des Rates vom 23. Juli 2014 über elektronische Identifizierung und Vertrauensdienste für elektronische Transaktionen im Binnenmarkt und zur Aufhebung der Richtlinie 1999/93/EG (ABl. L 257 vom 28.8.2014, S. 73), dem Vertrauensdienstegesetz[5] oder dem Telekommunikationsgesetz[6] durchführt, abweichend hiervon die Löschung eines gespeicherten Sperrmerkmals erst nach Ablauf einer Frist von einer Woche ab dem Speicherbeginn.

(2) Eine Speicherung des Sperrkennworts und der Sperrsumme ist ausschließlich im Personalausweisregister nach § 23 Abs. 3 Nr. 12 und im Melderegister zulässig.

(3) Eine zentrale, alle Sperrkennwörter oder alle Sperrmerkmale umfassende Speicherung ist unzulässig.

(4) [1] Daten, die im Rahmen der Durchführung des elektronischen Identitätsnachweises aus technischen Gründen oder zum Abgleich mit der Sperrliste an den Diensteanbieter übermittelt werden, dürfen nur für den Zeitraum der Übermittlung gespeichert werden. [2] Die Verarbeitung der Daten nach § 18 Abs. 3 Satz 2 bleibt hiervon unberührt.

(5) Die Speicherung der nach § 18 Absatz 3 Satz 2 oder nach § 18a übermittelten Daten ist zulässig zum Zwecke der Anlegung oder Änderung eines elektronischen Benutzerkontos.

---

[1] § 18a eingef. mWv 15.7.2017 durch G v. 7.7.2017 (BGBl. I S. 2310).

[2] § 19 Abs. 1 Nr. 2 Satz 2 angef. mWv 29.12.2011 durch G v. 22.12.2011 (BGBl. I S. 2959); Abs. 2 geänd. mWv 1.11.2015 durch G v. 3.5.2013 (BGBl. I S. 1084, geänd. durch G v. 20.11.2014, BGBl. I S. 1738); Abs. 2 geänd. mWv 1.8.2013 durch G v. 25.7.2013 (BGBl. I S. 2749); Abs. 1 Nr. 1 geänd., Abs. 5 und 6 angef. mWv 15.7.2017 durch G v. 7.7.2017 (BGBl. I S. 2310); Abs. 1 Nr. 2 geänd. mWv 29.7.2017 durch G v. 18.7.2017 (BGBl. I S. 2745).

[3] **Schönfelder ErgBd. Nr. 88a.**

[4] **Sartorius III Nr. 741.**

[5] **Sartorius ErgBd. Nr. 924.**

[6] **Sartorius ErgBd. Nr. 920.**

(6) [1]Die Übernahme der nach § 18 Absatz 3 Satz 2 oder nach § 18a übermittelten Daten in ein elektronisches Formular und deren Speicherung sind zulässig, soweit und solange die Speicherung zur Wahrnehmung der Geschäftszwecke des Diensteanbieters erforderlich ist. [2]Zulässig ist auch, das Formular mit einem dauerhaften elektronischen Vermerk des Inhalts zu versehen, dass sich der Ausweisinhaber beim Ausfüllen des Formulars nach § 18 oder nach § 18a identifiziert hat.

§ 19a[1)] Speicherung durch Identifizierungsdiensteanbieter. (1) [1]Ein Identifizierungsdiensteanbieter darf die personenbezogenen Daten des Ausweisinhabers ausschließlich zum Zwecke der bei ihm in Auftrag gegebenen Identifizierung sowie nach § 19 Absatz 6 zum Ausfüllen eines elektronischen Formulars verwenden, das ihm hierfür von seinem Auftraggeber zur Verfügung gestellt wurde. [2]Das Anbringen eines elektronischen Vermerks nach § 19 Absatz 6 Satz 2 ist zulässig. [3]Gesetzliche Aufzeichnungspflichten bleiben unberührt.

(2) Der Identifizierungsdiensteanbieter hat die personenbezogenen Daten des Ausweisinhabers zu löschen, sobald die Identifizierung abgeschlossen und gegebenenfalls das elektronische Formular sowie die auf Grund gesetzlicher Aufzeichnungspflichten aufgezeichneten Daten an den Auftraggeber übermittelt wurden.

§ 20[2)] Verwendung durch öffentliche und nichtöffentliche Stellen.

(1) Der Inhaber kann den Ausweis bei öffentlichen und nichtöffentlichen Stellen als Identitätsnachweis und Legitimationspapier verwenden.

(2) [1]Der Ausweis darf nur vom Ausweisinhaber oder von anderen Personen mit Zustimmung des Ausweisinhabers in der Weise abgelichtet werden, dass die Ablichtung eindeutig und dauerhaft als Kopie erkennbar ist. [2]Andere Personen als der Ausweisinhaber dürfen die Kopie nicht an Dritte weitergeben. [3]Werden durch Ablichtung personenbezogene Daten aus dem Personalausweis erhoben oder verarbeitet, so darf die datenerhebende oder -verarbeitende Stelle dies nur mit Einwilligung des Ausweisinhabers tun. [4]Die Vorschriften des allgemeinen Datenschutzrechts über die Erhebung und Verwendung personenbezogener Daten bleiben unberührt.

(3) [1]Die Seriennummern dürfen nicht mit Hilfe automatisierter Verfahren zum Abruf oder zur Verknüpfung personenbezogener Daten verwendet werden. [2]Abweichend hiervon dürfen die Seriennummern mit Hilfe automatisierter Verfahren zum Abruf verwenden

1. die Personalausweisbehörden zur Erfüllung ihrer Aufgaben,
2. die Polizeibehörden des Bundes und der Länder, der Militärische Abschirmdienst, der Bundesnachrichtendienst, die Verfassungsschutzbehörden des Bundes und der Länder, die Steuerfahndungsdienststellen der Länder, der Zollfahndungsdienst und die Hauptzollämter zur Klärung,
   a) wer Inhaber des Personalausweises ist für den Fall, dass eine ausländische öffentliche Stelle die Seriennummer des Personalausweises übermittelt hat und anhand der übrigen von der ausländischen Stelle übermittelten Daten eine Feststellung des Ausweisinhabers nicht möglich ist,
   b) ob der Personalausweis durch einen Nichtberechtigten genutzt wird oder

---

[1)] § 19a eingef. mWv *15.7.2017 durch* G v. 7.7.2017 (BGBl. I S. 2310).

[2)] § 20 Abs. 4 angef. mWv 30.6.2015 durch G v. 20.6.2015 (BGBl. I S. 970); Abs. 2 neu gef., Abs. 5 angef. mWv 15.7.2017 durch G v. 7.7.2017 (BGBl. I S. 2310); Abs. 3 neu gef. mWv 12.12.2020 durch G v. 3.12.2020 (BGBl. I S. 2744).

c) ob der Personalausweis für ungültig erklärt oder abhandengekommen ist.

[3] Der Ausweishersteller hat öffentlichen Stellen auf deren Verlangen die ausstellende Behörde mitzuteilen. [4] Nichtöffentliche Stellen dürfen die Seriennummern, die Sperrkennwörter und die Sperrmerkmale nicht so verwenden, dass mit ihrer Hilfe ein automatisierter Abruf personenbezogener Daten oder eine Verknüpfung von Dateien möglich ist. [5] Dies gilt nicht für den Abgleich von Sperrmerkmalen durch Diensteanbieter zum Zweck der Überprüfung, ob ein elektronischer Identitätsnachweis gesperrt ist.

(4) [1] Beförderungsunternehmen dürfen personenbezogene Daten aus der maschinenlesbaren Zone des Personalausweises elektronisch nur auslesen und verarbeiten, soweit sie auf Grund internationaler Abkommen oder Einreisebestimmungen zur Mitwirkung an Kontrolltätigkeiten im internationalen Reiseverkehr und zur Übermittlung personenbezogener Daten verpflichtet sind. [2] Biometrische Daten dürfen nicht ausgelesen werden. [3] Die Daten sind unverzüglich zu löschen, wenn sie für die Erfüllung dieser Pflichten nicht mehr erforderlich sind.

(5) [1] Zum Zwecke des Jugendschutzes und mit Einwilligung des Ausweisinhabers dürfen die in § 5 Absatz 4 Satz 2 Nummer 6 und 7 genannten Daten aus der maschinenlesbaren Zone des Personalausweises erhoben werden, um das Alter des Ausweisinhabers und die Gültigkeit des Ausweises zu überprüfen. [2] Eine Speicherung der Daten ist unzulässig.

Abschnitt 4.[1)] Hoheitliche Berechtigungszertifikate; Berechtigungen; elektronische Signaturen

§ 20a[2)] Hoheitliche Berechtigungszertifikate. (1) Zur Identitätsfeststellung berechtigte Behörden erhalten hoheitliche Berechtigungszertifikate, die ausschließlich für die hoheitliche Tätigkeit der Identitätsfeststellung zu verwenden sind.

(2) [1] Personalausweisbehörden und der Ausweishersteller erhalten hoheitliche Berechtigungszertifikate. [2] Umfang und Inhalt der in Satz 1 genannten hoheitlichen Berechtigungszertifikate bestimmen sich durch die auf Grund dieses Gesetzes den Personalausweisbehörden und dem Ausweishersteller jeweils zugewiesenen Zuständigkeiten.

(3) Das Bundesamt für Sicherheit in der Informationstechnik erhält hoheitliche Berechtigungszertifikate zur Qualitätssicherung anhand von Testausweisen.

§ 21[3)] Berechtigungen für Diensteanbieter. (1) [1] Um Daten im Wege des elektronischen Identitätsnachweises anzufragen, benötigen Diensteanbieter eine Berechtigung. [2] Die Berechtigung lässt datenschutzrechtliche Vorschriften unberührt. [3] Das Vorliegen einer Berechtigung ist durch die Vergabe von Berechtigungszertifikaten technisch abzusichern.

(2) [1] Die Berechtigung wird auf Antrag erteilt. [2] Die antragstellende Person muss die Daten nach § 18 Absatz 4 Satz 2 Nummer 1, 2 und 4 angeben. [3] Die Berechtigung ist zu erteilen, wenn

---

[1)] Abschnitt 4 Überschrift neu gef. mWv 1.7.2021 durch G v. 15.1.2021 (BGBl. I S. 530).

[2)] § 20a eingef. mWv 1.7.2021 durch G v. 15.1.2021 (BGBl. I S. 530).

[3)] § 21 Abs. 2 Satz 1 Nr. 2a eingef. mWv 1.8.2013 durch G v. 25.7.2013 (BGBl. I S. 2749); Überschrift geänd., Abs. 1 und 2 neu gef., Abs. 3 Satz 3 geänd., Satz 4 neu gef., Abs. 4 aufgeh., bish. Abs. 5 und 6 werden Abs. 4 und 5, Abs. 6–8 angef. mWv 15.7.2017 durch G v. 7.7.2017 (BGBl. I S. 2310).

1. der Diensteanbieter seine Identität gegenüber der Vergabestelle für Berechtigungszertifikate nachweist,
2. der Diensteanbieter das dem Antrag zu Grunde liegende Interesse an einer Berechtigung, insbesondere zur geplanten organisationsbezogenen Nutzung, darlegt,
3. der Diensteanbieter die Einhaltung des betrieblichen Datenschutzes versichert und
4. der Vergabestelle für Berechtigungszertifikate keine Anhaltspunkte für eine missbräuchliche Verwendung der Daten vorliegen.

(3) [1] Die Berechtigung ist zu befristen. [2] Die Gültigkeitsdauer darf einen Zeitraum von drei Jahren nicht überschreiten. [3] Die Berechtigung darf nur von dem im Berechtigungszertifikat angegebenen Diensteanbieter verwendet werden. [4] Sie wird auf Antrag wiederholt erteilt.

(4) [1] Die Berechtigung ist zurückzunehmen, wenn der Diensteanbieter diese durch Angaben erwirkt hat, die in wesentlicher Beziehung unrichtig oder unvollständig waren. [2] Sie ist zu widerrufen, wenn sie nicht oder nicht im gleichen Umfang hätte erteilt werden dürfen. [3] Die Berechtigung soll zurückgenommen oder widerrufen werden, wenn die für den Diensteanbieter zuständige Datenschutzaufsichtsbehörde die Rücknahme oder den Widerruf verlangt, weil Tatsachen die Annahme rechtfertigen, dass der Diensteanbieter die auf Grund der Nutzung des Berechtigungszertifikates erhaltenen personenbezogenen Daten in unzulässiger Weise verarbeitet oder nutzt.

(5) [1] Mit Bekanntgabe der Rücknahme oder des Widerrufs der Berechtigung darf der Diensteanbieter vorhandene Berechtigungszertifikate nicht mehr verwenden. [2] Dies gilt nicht, solange und soweit die sofortige Vollziehung (§ 30) ausgesetzt worden ist.

(6) Der Diensteanbieter hat Änderungen der Angaben nach § 18 Absatz 4 Satz 2 Nummer 1 und 4 der Vergabestelle für Berechtigungszertifikate unverzüglich mitzuteilen.

(7) Öffentliche Stellen anderer Mitgliedstaaten der Europäischen Union sind berechtigt, Daten im Wege des elektronischen Identitätsnachweises anzufragen.

(8) Die Vergabestelle für Berechtigungszertifikate führt ein Register über die erteilten Berechtigungen.

§ 21a[1)] Vor-Ort-Berechtigung für Vor-Ort-Diensteanbieter. [1] Um Ausweisdaten nach § 18a unter Anwesenden vor Ort auslesen zu dürfen, benötigen Vor-Ort-Diensteanbieter eine Vor-Ort-Berechtigung einschließlich eines Vor-Ort-Zertifikats. [2] § 21 gilt hierfür entsprechend.

§ 21b[2)] Berechtigung für Identifizierungsdiensteanbieter. (1) Wer als Identifizierungsdiensteanbieter die Funktion des elektronischen Identitätsnachweises nach § 18 Absatz 2 Satz 1 in Verbindung mit § 19 Absatz 6 nutzen möchte, um Identifizierungsdienstleistungen für Dritte zu erbringen, bedarf einer Berechtigung.

(2) [1] Die Berechtigung ist zu erteilen, wenn der Identifizierungsdiensteanbieter

1. durch technisch-organisatorische Maßnahmen die Einhaltung der in § 19a enthaltenen Vorgaben gewährleistet und

---

[1)] § 21a eingef. mWv 15.7.2017 durch G v. 7.7.2017 (BGBl. I S. 2310).
[2)] § 21b eingef. mWv 15.7.2017 durch G v. 7.7.2017 (BGBl. I S. 2310).

2. die weiteren Anforderungen an Datenschutz und Datensicherheit nach der Rechtsverordnung nach § 34 Nummer 7 erfüllt.

[2] Im Übrigen gilt § 21 entsprechend.

§ 22[1)] Elektronische Signatur. [1] Der Personalausweis kann als qualifizierte elektronische Signaturerstellungseinheit im Sinne des Artikels 3 Nummer 23 der Verordnung (EU) Nr. 910/2014[2)] ausgestaltet werden. [2] Die Zertifizierung nach Artikel 30 der Verordnung (EU) Nr. 910/2014 erfolgt durch das Bundesamt für Sicherheit in der Informationstechnik. [3] Die Vorschriften des Vertrauensdienstegesetzes[3)] bleiben unberührt.

Abschnitt 5. Personalausweisregister; Speicherungsvorschriften

§ 23[4)] Personalausweisregister. (1) Die Personalausweisbehörden führen Personalausweisregister.

(2) Das Personalausweisregister dient der Durchführung dieses Gesetzes, insbesondere

1. der Ausstellung der Ausweise und der Feststellung ihrer Echtheit und
2. der Identitätsfeststellung der Person, die den Ausweis besitzt oder für die er ausgestellt ist.

(3) Das Personalausweisregister darf neben dem Lichtbild, der Unterschrift des Ausweisinhabers und verfahrensbedingten Bearbeitungsvermerken ausschließlich folgende Daten enthalten:

1. Familienname und Geburtsname,
2. Vornamen,
3. Doktorgrad,
4. Tag der Geburt,
5. Ort der Geburt,
6. Größe,
7. Farbe der Augen,
8. Anschrift,
9. Staatsangehörigkeit,
10. Familienname, Vornamen, Tag der Geburt und Unterschrift des gesetzlichen Vertreters,
11. Seriennummer,
12. Sperrkennwort und Sperrsumme,
13. letzter Tag der Gültigkeitsdauer,
14. ausstellende Behörde,
15. Vermerke über Anordnungen nach § 6 Absatz 7 und Maßnahmen nach § 6a Absatz 1 bis 3,
16. Angaben zur Erklärungspflicht des Ausweisinhabers nach § 29 des Staatsangehörigkeitsgesetzes[5)],

---

1) § 22 neu gef. mWv 29.7.2017 durch G v. 18.7.2017 (BGBl. I S. 2745).
2) **Sartorius III Nr. 741.**
3) **Sartorius ErgBd. Nr. 924.**
4) § 23 Abs. 3 Nr. 12 geänd. mWv 1.8.2013 durch G v. 25.7.2013 (BGBl. I S. 2749); Abs. 3 Nr. 15 neu gef. mWv 15.7.2017 durch G v. 7.7.2017 (BGBl. I S. 2310).
5) Nr. **15**.

17. die Tatsache, dass die Funktion des Personalausweises zum elektronischen Identitätsnachweis ausgeschaltet wurde oder der Personalausweis in die Sperrliste eingetragen ist,
18. Ordensname, Künstlername und
19. den Nachweis über eine erteilte Ermächtigung nach § 8 Abs. 4 Satz 2.

(4) [1] Personenbezogene Daten im Personalausweisregister sind mindestens bis zur Ausstellung eines neuen Ausweises, höchstens jedoch bis zu fünf Jahre nach dem Ablauf der Gültigkeit des Ausweises, auf den sie sich beziehen, zu speichern und dann zu löschen. [2] Für die Personalausweisbehörde nach § 7 Abs. 2 bei der Wahrnehmung konsularischer Aufgaben beträgt die Frist 30 Jahre.

(5) Die zuständige Personalausweisbehörde führt den Nachweis über Personalausweise, für die sie eine Ermächtigung nach § 8 Abs. 4 Satz 2 erteilt hat.

§ 24[1)] Verwendung im Personalausweisregister gespeicherter Daten.

(1) Die Personalausweisbehörden dürfen personenbezogene Daten nur nach Maßgabe dieses Gesetzes, anderer Gesetze oder Rechtsverordnungen erheben oder verwenden.

(2) [1] Die Personalausweisbehörden dürfen anderen Behörden auf deren Ersuchen Daten aus dem Personalausweisregister übermitteln, wenn

1. die ersuchende Behörde auf Grund von Gesetzen oder Rechtsverordnungen berechtigt ist, solche Daten zu erhalten,
2. die ersuchende Behörde ohne Kenntnis der Daten nicht in der Lage wäre, eine ihr obliegende Aufgabe zu erfüllen, und
3. die ersuchende Behörde die Daten bei dem Betroffenen nicht oder nur mit unverhältnismäßig hohem Aufwand erheben kann oder wenn nach der Art der Aufgabe, zu deren Erfüllung die Daten erforderlich sind, von einer solchen Datenerhebung abgesehen werden muss.

[2] Hinsichtlich der Daten, die auch im Melderegister gespeichert sind, müssen die im Bundesmeldegesetz[2)] enthaltenen Beschränkungen beachtet werden.

(3) [1] Die ersuchende Behörde trägt die Verantwortung dafür, dass die Voraussetzungen des Absatzes 2 vorliegen. [2] Ein Ersuchen nach Absatz 2 darf nur von Bediensteten gestellt werden, die vom Behördenleiter dazu besonders ermächtigt sind. [3] Die ersuchende Behörde hat den Anlass des Ersuchens und die Herkunft der übermittelten Daten und Unterlagen zu dokumentieren. [4] Wird die Personalausweisbehörde vom Bundesamt für Verfassungsschutz, den Landesbehörden für Verfassungsschutz, dem Militärischen Abschirmdienst, dem Bundesnachrichtendienst, dem Bundeskriminalamt oder dem Generalbundesanwalt oder der Generalbundesanwältin um die Übermittlung von Daten ersucht, so hat die ersuchende Behörde den Familiennamen, die Vornamen und die Anschrift des Betroffenen unter Hinweis auf den Anlass der Übermittlung aufzuzeichnen. [5] Die Aufzeichnungen sind gesondert aufzubewahren, durch technische und organisatorische Maßnahmen zu sichern und am Ende des Kalenderjahres, das dem Jahr der Übermittlung folgt, zu vernichten.

(4) Die Daten des Personalausweisregisters und des Melderegisters dürfen zur Berichtigung des jeweils anderen Registers verwendet werden.

[1)] § 24 Abs. 2 Satz 2 geänd. mWv 1.11.2015 durch G v. 3.5.2013 (BGBl. I S. 1084, geänd. durch G v. 20.11.2014, BGBl. I S. 1738).

[2)] Nr. **256**.

§ 25[1)] Datenübertragung und automatisierter Abruf von Lichtbildern.

(1) [1] In den Fällen des § 24 Abs. 2 dürfen personenbezogene Daten auch durch Datenübertragung übermittelt werden. [2] § 12 Abs. 1 Satz 3 gilt entsprechend.

(2) [1] Die Ordnungsbehörden dürfen das Lichtbild zum Zweck der Verfolgung von Verkehrsordnungswidrigkeiten im automatisierten Verfahren abrufen, wenn die Personalausweisbehörde auf andere Weise nicht erreichbar ist und ein weiteres Abwarten den Ermittlungszweck gefährden würde. [2] Zuständig für den Abruf sind die Polizeivollzugsbehörden auf Ebene der Landkreise und kreisfreien Städte, die durch Landesrecht bestimmt werden. [3] Die abrufende Behörde trägt die Verantwortung dafür, dass die Voraussetzungen der Absätze 1 und 2 Satz 1 vorliegen. [4] Die Polizeibehörden des Bundes und der Länder, der Militärische Abschirmdienst, der Bundesnachrichtendienst, die Verfassungsschutzbehörden des Bundes und der Länder, Steuerfahndungsdienststellen der Länder, der Zollfahndungsdienst und die Hauptzollämter dürfen das Lichtbild zur Erfüllung ihrer Aufgaben im automatisierten Verfahren abrufen. [5] Ferner dürfen die zur Ausstellung

1. des Führerscheins,
2. des Fahrerqualifizierungsnachweises oder
3. der Fahrerkarte

zuständigen Behörden das Lichtbild sowie die Unterschrift der antragstellenden Person im automatisierten Verfahren abrufen, wenn die antragstellende Person zuvor im Rahmen der Online-Beantragung in die elektronische Übermittlung eingewilligt hat. [6] Die abrufende Behörde trägt die Verantwortung dafür, dass die Voraussetzungen des Absatzes 1 vorliegen. [7] Alle Abrufe sind von den beteiligten Behörden so zu protokollieren, dass eine Kontrolle der Zulässigkeit der Abrufe möglich ist. [8] Abrufe nach den Sätzen 4 und 5 werden nur von der abrufenden Behörde protokolliert. [9] Die Protokolle enthalten:

1. Familienname, Vornamen sowie Tag und Ort der Geburt der Person, deren Lichtbild abgerufen wurde,
2. Tag und Uhrzeit des Abrufs,
3. die Bezeichnung der am Abruf beteiligten Stellen,
4. die Angabe der abrufenden und der den Abruf anordnenden Person sowie
5. das Aktenzeichen.

[10] § 24 Abs. 3 Satz 5 gilt entsprechend.

§ 26 Sonstige Speicherung personenbezogener Daten. (1) [1] Beantragung, Ausstellung und Aushändigung von Ausweisen dürfen nicht zum Anlass genommen werden, die dafür erforderlichen Angaben und biometrischen Merkmale außer bei den ausstellenden Personalausweisbehörden nach § 7 Abs. 1 und 2 nach den Vorgaben der §§ 23 bis 25 zu speichern. [2] Entsprechendes gilt für die zur Ausstellung des Ausweises erforderlichen Antragsunterlagen sowie für personenbezogene Datenträger.

(2) Die bei der Personalausweisbehörde gespeicherten Fingerabdrücke sind spätestens nach Aushändigung des Personalausweises an die antragstellende Person zu löschen.

[1)] § 25 Abs. 2 Satz 1 geänd., Sätze 4 und 5 eingef., bish. Satz 4 wird Satz 6, Satz 7 eingef., bish. Sätze 5 und 6 werden Sätze 8 und 9 mWv 15.7.2017 durch G v. 7.7.2017 (BGBl. I S. 2310); Abs. 2 Satz 5 eingef., bish. Sätze 5–9 werden Sätze 6–10, neuer Satz 8 geänd. mWv 7.4.2021 durch G v. 28.3.2021 (BGBl. I S. 591).

(3) [1]Eine zentrale, alle Seriennummern umfassende Speicherung darf nur bei dem Ausweishersteller und ausschließlich zum Nachweis des Verbleibs der Ausweise erfolgen. [2]Die Speicherung sonstiger personenbezogener Daten der antragstellenden Person bei dem Ausweishersteller ist unzulässig, soweit sie nicht ausschließlich und vorübergehend der Herstellung des Ausweises dient; die Angaben sind anschließend zu löschen.

(4) Eine bundesweite Datenbank der biometrischen Merkmale wird nicht errichtet.

Abschnitt 6. Pflichten des Ausweisinhabers; Ungültigkeit und Entziehung des Ausweises

§ 27[1)] Pflichten des Ausweisinhabers. (1) Der Ausweisinhaber ist verpflichtet, der Personalausweisbehörde unverzüglich

1. den Ausweis vorzulegen, wenn eine Eintragung unrichtig ist,
2. auf Verlangen den alten Ausweis beim Empfang eines neuen Ausweises abzugeben,
3. den Verlust des Ausweises und sein Wiederauffinden anzuzeigen und im Falle des Wiederauffindens diesen vorzulegen,
4. den Erwerb einer ausländischen Staatsangehörigkeit anzuzeigen und
5. anzuzeigen, wenn er auf Grund freiwilliger Verpflichtung in die Streitkräfte oder einen vergleichbaren bewaffneten Verband eines ausländischen Staates, dessen Staatsangehörigkeit er besitzt, eingetreten ist.

(2) [1]Der Personalausweisinhaber hat zumutbare Maßnahmen zu treffen, damit keine andere Person Kenntnis von der Geheimnummer erlangt. [2]Die Geheimnummer darf insbesondere nicht auf dem Personalausweis vermerkt oder in anderer Weise zusammen mit diesem aufbewahrt werden. [3]Ist dem Personalausweisinhaber bekannt, dass die Geheimnummer Dritten zur Kenntnis gelangt ist, soll er diese unverzüglich ändern oder die Funktion des elektronischen Identitätsnachweises sperren lassen.

(3) [1]Der Personalausweisinhaber soll durch technische und organisatorische Maßnahmen gewährleisten, dass der elektronische Identitätsnachweis gemäß § 18 nur in einer Umgebung eingesetzt wird, die nach dem jeweiligen Stand der Technik als sicher anzusehen ist. [2]Dabei soll er insbesondere solche technischen Systeme und Bestandteile einsetzen, die vom Bundesamt für Sicherheit in der Informationstechnik als für diesen Einsatzzweck sicher bewertet werden.

§ 28[2)] Ungültigkeit. (1) Ein Ausweis ist ungültig, wenn

1. er eine einwandfreie Feststellung der Identität des Ausweisinhabers nicht zulässt oder verändert worden ist,
2. Eintragungen nach diesem Gesetz fehlen oder – mit Ausnahme der Angaben über die Anschrift oder Größe – unzutreffend sind,
3. die Gültigkeitsdauer abgelaufen ist oder
4. gegen den Ausweisinhaber eine Anordnung im Sinne des § 6a Absatz 2 ergangen ist und er den Geltungsbereich dieses Gesetzes verlassen hat.

---

1) § 27 Abs. 1 Nr. 3, Abs. 2 Satz 3 geänd. mWv 15.7.2017 durch G v. 7.7.2017 (BGBl. I S. 2310).
2) § 28 Abs. 1 Nr. 2 und 3 geänd., Nr. 4 angef. mWv 30.6.2015 durch G v. 20.6.2015 (BGBl. I S. 970).

(2) Eine Personalausweisbehörde hat einen Ausweis für ungültig zu erklären, wenn die Voraussetzungen für seine Erteilung nicht vorgelegen haben oder nachträglich weggefallen sind.

(3) Störungen der Funktionsfähigkeit des elektronischen Speicher- und Verarbeitungsmediums berühren nicht die Gültigkeit des Personalausweises.

§ 29[1)] Sicherstellung und Einziehung. (1) Ein nach § 28 Abs. 1 oder Abs. 2 ungültiger Ausweis kann eingezogen werden.

(2) Ein Ausweis kann sichergestellt werden, wenn

1. eine Person ihn unberechtigt besitzt oder
2. Tatsachen die Annahme rechtfertigen, dass die Voraussetzungen für eine Einziehung nach Absatz 1 vorliegen, oder
3. eine Entziehung im Sinne des § 6a Absatz 2 ergangen ist oder Tatsachen die Annahme rechtfertigen, dass ein Entziehungsgrund im Sinne des § 6a Absatz 2 vorliegt.

(3) Eine Sicherstellung oder Einziehung ist schriftlich zu bestätigen.

§ 30[2)] Sofortige Vollziehung. Widerspruch und Anfechtungsklage gegen die Anordnung, dass der Ausweis nicht zum Verlassen Deutschlands berechtigt (§ 6 Abs. 7), gegen die Entziehung des Ausweises und die Ausstellung eines Ersatz-Personalausweises (§ 6a), gegen die Aufhebung der Berechtigung (§ 21 Abs. 5), gegen die Einziehung (§ 29 Abs. 1) und gegen die Sicherstellung des Ausweises (§ 29 Abs. 2) haben keine aufschiebende Wirkung.

Abschnitt 7. Gebühren und Auslagen; Bußgeldvorschriften

§ 31[3)] Gebühren und Auslagen; Verordnungsermächtigung. (1) Für individuell zurechenbare öffentliche Leistungen nach diesem Gesetz und den auf diesem Gesetz beruhenden Rechtsverordnungen erheben die Personalausweisbehörden Gebühren und Auslagen nach den Absätzen 2 und 3.

(2) [1]Die Gebühr soll die mit der individuell zurechenbaren öffentlichen Leistung verbundenen Kosten aller an der Leistung Beteiligten decken. [2]In die Gebühr sind die mit der Leistung regelmäßig verbundenen Auslagen einzubeziehen. [3]Zur Ermittlung der Gebühr sind die Kosten, die nach betriebswirtschaftlichen Grundsätzen als Einzel- und Gemeinkosten zurechenbar und ansatzfähig sind, insbesondere Personal- und Sachkosten sowie kalkulatorische Kosten, zu Grunde zu legen. [4]Zu den Gemeinkosten zählen auch die Kosten der Rechts- und Fachaufsicht. [5]Grundlage der Gebührenermittlung nach den Sätzen 1 bis 4 sind Kosten, die in der Gesamtheit der Länder mit der jeweiligen Leistung verbundenen sind. [6]§ 3 Absatz 1 und 2, die §§ 5 bis 7, 9 Absatz 3 bis 6 und die §§ 10 bis 12 des Bundesgebührengesetzes[4)] gelten entsprechend.

(3) Das Bundes*ministerium des Innern*, für Bau und Heimat wird ermächtigt, für den Bereich der Landesverwaltung durch Rechtsverordnung mit Zustimmung des Bundesrates die gebührenpflichtigen Tatbestände, die Gebührenhöhe und die Auslagenerstattung näher zu bestimmen.

[1)] § 29 Abs. 2 Nr. 2 geänd., Nr. 3 angef. mWv 30.6.2015 durch G v. 20.6.2015 (BGBl. I S. 970).

[2)] § 30 geänd. mWv 30.6.2015 durch G v. 20.6.2015 (BGBl. I S. 970).

[3)] § 31 neu gef. mWv 15.7.2017 durch G v. 7.7.2017 (BGBl. I S. 2310); Abs. 3 geänd. mWv 27.6.2020 durch VO v. 19.6.2020 (BGBl. I S. 1328).

[4)] Nr. **120**.

(4) [1] Durch Besondere Gebührenverordnung des Auswärtigen Amts nach § 22 Absatz 4 des Bundesgebührengesetzes kann bestimmt werden, dass von den Auslandsvertretungen der Bundesrepublik Deutschland für individuell zurechenbare öffentliche Leistungen nach diesem Gesetz und den auf diesem Gesetz beruhenden Rechtsverordnungen zum Ausgleich von Kaufkraftunterschieden ein Zuschlag erhoben wird. [2] Der Zuschlag kann bis zu 300 Prozent der Gebühren betragen.

§ 32[1)] Bußgeldvorschriften. (1) Ordnungswidrig handelt, wer

1. entgegen § 1 Abs. 1 Satz 1, auch in Verbindung mit Abs. 2 Satz 1, einen Ausweis nicht besitzt,
2. entgegen § 1 Abs. 1 Satz 2, auch in Verbindung mit Abs. 2 Satz 1, einen Ausweis nicht oder nicht rechtzeitig vorlegt oder einen Abgleich mit dem Lichtbild nicht oder nicht rechtzeitig ermöglicht,
3. entgegen § 9 Abs. 2 Satz 2 einen dort genannten Antrag nicht oder nicht rechtzeitig stellt,
4. entgegen § 9 Abs. 3 Satz 1, auch in Verbindung mit Absatz 6 Satz 2, eine Angabe nicht richtig macht,
5. entgegen § 18 Abs. 2 Satz 4 einen elektronischen Identitätsnachweis nutzt,
6. entgegen § 20 Absatz 2 Satz 2 eine Kopie weitergibt oder
7. entgegen § 27 Abs. 1 Nr. 3, 4 oder Nr. 5 eine Anzeige nicht oder nicht rechtzeitig erstattet.

(2) Ordnungswidrig handelt, wer vorsätzlich oder fahrlässig

1. ohne Berechtigung nach § 21 Absatz 1 Satz 1 Daten anfragt,
2. entgegen § 21 Absatz 2 Satz 2, auch in Verbindung mit § 21a Satz 2 oder § 21b Absatz 2 Satz 2, eine Angabe nicht richtig macht,
3. entgegen § 21 Absatz 3 Satz 3 oder Absatz 5 Satz 1, jeweils auch in Verbindung mit § 21a Satz 2 oder § 21b Absatz 2 Satz 2, eine Berechtigung oder ein Berechtigungszertifikat verwendet,
4. entgegen § 21 Absatz 6, auch in Verbindung mit § 21a Satz 2 oder § 21b Absatz 2 Satz 2, eine Mitteilung nicht, nicht richtig, nicht vollständig oder nicht rechtzeitig macht oder
5. ohne Berechtigung nach § 21b Absatz 1 eine dort genannte Funktion nutzt.

(3) Die Ordnungswidrigkeit kann in den Fällen des Absatzes 1 Nummer 5 sowie des Absatzes 2 Nummer 1, 2, 3 und 5 mit einer Geldbuße bis zu dreißigtausend Euro und in den übrigen Fällen mit einer Geldbuße bis zu dreitausend Euro geahndet werden.

§ 33[2)] Bußgeldbehörden. Verwaltungsbehörden im Sinne des § 36 Abs. 1 Nr. 1 des Gesetzes über Ordnungswidrigkeiten[3)]§ 36 Abs. 1 Nr. 1 des Gesetzes über

---

[1)] § 32 Abs. 3 geänd. mWv 1.8.2013 durch G v. 25.7.2013 (BGBl. I S. 2749); Abs. 1 Nr. 4 und 8 geänd., Nr. 9 und 10 eingef., bish. Nr. 9 wird Nr. 11, Abs. 3 geänd. mWv 30.6.2015 durch G v. 20.6. 2015 (BGBl. I S. 970); Abs. 1 Nr. 2, Abs. 3 geänd. mWv 15.6.2017 durch G v. 8.6.2017 (BGBl. I S. 1570); Abs. 1 Nr. 6a und 6b eingef., Nr. 7 neu gef., Nr 7a eingef., Abs. 2 Nr. 1 neu gef., bish. Nr. 1–3 werden Nr. 2–4 und neu gef., Nr. 5 und 6 angef., Abs. 3 neu gef. mWv 15.7.2017 durch G v. 7.7.2017 (BGBl. I S. 2310); Abs. 1 Nr. 6–6b aufgeh., bish. Nr. 7 wird Nr. 6 und geänd., Nr. 7a–10 aufgeh., bish. Nr. 11 wird Nr. 7, Abs. 2 Nr. 4 geänd., Nr. 5 aufgeh., bish. Nr. 6 wird Nr. 5, Abs. 3 neu gef. mWv 5.8.2019 durch G v. 21.6.2019 *(BGBl. I S. 846)*.

[2)] § 33 Nr. 1 geänd., Nr. 2 aufgeh., bish. Nr. 3 wird Nr. 2 und geänd., bish. Nr. 4 wird Nr. 3 mWv 5.8. 2019 durch G v. 21.6.2019 (BGBl. I S. 846).

[3)] **Schönfelder Nr. 94.**

Ordnungswidrigkeiten sind, soweit dieses Gesetz von Bundesbehörden ausgeführt wird,

1. in den Fällen des § 32 Absatz 1 Nummer 2 und 5 die Bundespolizeibehörden jeweils für ihren Geschäftsbereich,
2. in den Fällen des § 32 Abs. 1 Nr. 4 das Auswärtige Amt für Ausweisangelegenheiten im Ausland,
3. in den Fällen des § 32 Abs. 2 Nr. 1 bis 4 die Vergabestelle für Berechtigungszertifikate nach § 7 Abs. 4 Satz 1.

Abschnitt 8. Verordnungsermächtigung; Übergangsvorschrift

§ 34[1)] Verordnungsermächtigung. [1] Das Bundesministerium des Innern, für Bau und Heimat wird ermächtigt, mit Zustimmung des Bundesrates durch Rechtsverordnung

1. die Muster der Ausweise zu bestimmen,
2. die Einzelheiten der technischen Anforderungen an die Speicherung des Lichtbildes und der Fingerabdrücke sowie den Zugriffsschutz auf die im elektronischen Speicher- und Verarbeitungsmedium abgelegten Daten zu regeln,
3. die Einzelheiten zu regeln
   a) über das Verfahren und die technischen Anforderungen für die Aufnahme, die elektronische Erfassung, die Echtheitsbewertung und die Qualitätssicherung des Lichtbilds,
   b) zur sicheren Übermittlung des Lichtbilds an die Personalausweisbehörde sowie zu einer Registrierung und Zertifizierung von Dienstleistern, welche Lichtbilder für die Personalausweisproduktion an die Personalausweisbehörde übermitteln,
   c) über das Verfahren und die technischen Anforderungen für die Aufnahme, die elektronische Erfassung, die Echtheitsbewertung und Qualitätssicherung der Fingerabdrücke, die Reihenfolge der zu speichernden Fingerabdrücke bei Fehlen eines Zeigefingers, ungenügender Qualität des Fingerabdrucks oder Verletzungen der Fingerkuppe und
   d) über die Form und die Einzelheiten für das Verfahren der Übermittlung sämtlicher Ausweisantragsdaten von den Personalausweisbehörden an den Ausweishersteller,
4. die Einzelheiten des Prüfverfahrens nach § 12 Absatz 2 Satz 2 zu regeln,
5. die Herstellung des Personalausweises und die Übermittlung von Geheimnummer, Entsperrnummer und Sperrkennwort zu regeln,
6. die Einzelheiten der Aushändigung und den Versand des Personalausweises zu regeln,

6a. die Einzelheiten zum Einschalten der Funktion zum elektronischen Identitätsnachweis, einschließlich des Verfahrens des nachträglichen Einschaltens der Funktion zum elektronischen Identitätsnachweis durch den Ausweishersteller nach elektronisch gestellter Beantragung, zu regeln,

---

[1)] § 34 neu gef. mWv 5.8.2019 durch G v. 21.6.2019 (BGBl. I S. 846); Satz 1 einl. Satzteil geänd., Nr. 3 neu gef., Nr. 10, 11 geänd., Nr. 12 und Satz 2 angef. mWv 12.12.2020 durch G v. 3.12.2020 (BGBl. I S. 2744); Satz 1 Nr. 6a eingef., Nr. 7 und 9 Buchst. a geänd. mWv 7.4.2021 durch G v. 15.1.2021 (BGBl. I S. 530).

7. die Änderung von Daten des Personalausweises wie den Namen oder die Anschrift, einschließlich des Verfahrens der Änderung der Anschrift auf dem elektronischen Speicher- und Verarbeitungsmedium nach einer elektronischen Anmeldung gemäß § 23a des Bundesmeldegesetzes[1], zu regeln,
8. die Einzelheiten zur Nutzung des elektronischen Identitätsnachweises und des Vor-Ort-Auslesens zu regeln,
9. die Einzelheiten
   a) der Geheimnummer, einschließlich des Verfahrens des Neusetzens der Geheimnummer durch den Ausweishersteller nach elektronisch gestelltem Antrag,
   b) der Sperrung und Entsperrung des elektronischen Identitätsnachweises durch den Ausweisinhaber sowie
   c) der Speicherung und Löschung der Sperrmerkmale und des Sperrkennworts

   festzulegen,
10. die sicherheitstechnischen Rahmenbedingungen festzulegen, die vorliegen müssen, damit öffentliche und private Stellen ein Benutzerkonto nach § 19 Absatz 5 anlegen und betreiben dürfen,
11. die Einzelheiten der Vergabe der Berechtigungen und Berechtigungszertifikate festzulegen und
12. die Einzelheiten zur Durchführung von automatisierten Abrufen nach § 25 sowie zur Form und zum Inhalt der zu übermittelnden Daten zu regeln.

[2] Rechtsverordnungen nach Satz 1 ergehen im Benehmen mit dem Auswärtigen Amt, Rechtsverordnungen nach Satz 1 Nummer 3 Buchstabe b zusätzlich im Benehmen mit dem Bundesministerium für Wirtschaft und Energie.

§ 35 Übergangsvorschrift. Abweichend von § 7 Abs. 2, § 8 Abs. 2, § 10 Abs. 1 Satz 4 und Abs. 2 Satz 2, § 23 Abs. 4 Satz 2 sowie § 31 Abs. 2 ist bis zum 31. Dezember 2012 für Deutsche mit Hauptwohnung im Ausland die Personalausweisbehörde nach § 7 Abs. 1 zuständig, in deren Bezirk er oder sie sich vorübergehend aufhält.

[1] Nr. **256**.

256. Bundesmeldegesetz (BMG)[1) 2) 3)]

Vom 3. Mai 2013

(BGBl. I S. 1084)

FNA 210-7

geänd. durch Art. 1 Nr. 1 G zur Änd. des G zur Fortentwicklung des Meldewesens v. 20.11.2014 (BGBl. I S. 1738), Art. 3a Bundeswehr-AttraktivitätssteigerungsG v. 13.5.2015 (BGBl. I S. 706), Art. 2a G zur Änd. des PersonalausweisG zur Einführung eines Ersatz-Personalausweises und zur Änd. des PassG v. 20.6. 2015 (BGBl. I S. 970), Art. 4 AsylverfahrensbeschleunigungsG v. 20.10.2015 (BGBl. I S. 1722), Art. 8, 9 DatenaustauschverbesserungsG v. 2.2.2016 (BGBl. I S. 130), Art. 1, 2 Erstes G zur Änd. des BundesmeldeG und weiterer Vorschriften v. 11.10.2016 (BGBl. I S. 2218), Art. 11 Abs. 4 eIDAS-DurchführungsG v. 18.7.2017 (BGBl. I S. 2745), Art. 5 Abs. 2 G zur Einführung einer Karte für Unionsbürger und Angehörige des Europäischen Wirtschaftsraums mit Funktion zum elektronischen Identitätsnachweis sowie zur Änd. des PersonalausweisG und weiterer Vorschriften[4)] v. 21.6.2019 (BGBl. I S. 846), Art. 8 Zweites DatenaustauschverbesserungsG v. 4.8.2019 (BGBl. I S. 1131), Art. 16 Zweites Datenschutz-Anpassungs- und UmsetzungsG EU v. 20.11.2019 (BGBl. I S. 1626), Art. 1 Drittes BürokratieentlastungsG v. 22.11.2019 (BGBl. I S. 1746), Art. 4 Drittes WaffenrechtsänderungsG v. 17.2.2020 (BGBl. I S. 166), Art. 82 Elfte ZuständigkeitsanpassungsVO v. 19.6.2020 (BGBl. I S. 1328), Art. 3, 9 G zur Stärkung der Sicherheit im Pass-, Ausweis- und ausländerrechtlichen Dokumentenwesen v. 3.12.2020 (BGBl. I S. 2744), Art. 5 ArbeitsschutzkontrollG v. 22.12.2020 (BGBl. I S. 3334), Art. 1 G zur Erprobung weiterer elektronischer Verfahren zur Erfüllung der besonderen Meldepflicht in Beherbergungsstätten v. 10.3.2021 (BGBl. I S. 332), Art. 4 Rechtsextremismus-BekämpfungsG v. 30.3.2021 (BGBl. I S. 441, geänd. durch G v. 30.3.2021 BGBl. I S. 448), Art. 1, 5, 7 Zweites G zur Änd. des BundesmeldeG v. 15.1. 2021 (BGBl. I S. 530) und Art. 4 RegistermodernisierungsG[5)] v. 28.3.2021 (BGBl. I S. 591)

[1)] Verkündet als Art. 1 G v. 3.5.2013 (BGBl. I S. 1084, geänd. durch G v. 20.11.2014, BGBl. I S. 1738); Inkrafttreten gem. Art. 4 Satz 1 dieses G am 1.11.2015, mit Ausnahme der §§ 55–57, die gem. Art. 4 Satz 2 dieses G bereits am 26.11.2014 in Kraft getreten sind.

[2)] Die Änderungen durch G v. 15.1.2021 (BGBl. I S. 530) treten teilweise erst **mWv 1.5.2022** bzw. **mWv 1.5.2023**, die Änderungen durch G v. 28.3.2021 (BGBl. I S. 591) treten teilweise erst **mit noch unbestimmtem Datum** in Kraft und sind insoweit im Text noch nicht berücksichtigt.

[3)] Zur Ausführung und Durchführung des BMG haben die Länder ua folgende Vorschriften erlassen:
- **Baden-Württemberg:** Bundesmeldegesetz-AusführungsG v. 12.5.2015 (GBl. S. 320), geänd. durch G v. 12.6.2018 (GBl. S. 173)
- **Bayern:** Bundesmeldegesetz-AusführungsG v. 23.6.2015 (GVBl. S. 178), zuletzt geänd. durch V v. 26.3.2019 (GVBl. S. 98)
- **Berlin:** Bundesmeldegesetz-AusführungsG v. 7.7.2016 (GVBl. S. 430), geänd. durch G v. 12.10.2020 (GVBl. S. 807)
- **Bremen:** Bundesmeldegesetz-AusführungsG v. 24.3.2015 (Brem.GBl. S. 135), zuletzt geänd. durch G v. 8.5.2018 (Brem.GBl. S. 149)
- **Hamburg:** Bundesmeldegesetz-AusführungsG v. 15.7.2015 (HmbGVBl. S. 193), geänd. durch G v. 18.5.2018 (HmbGVBl. S. 145)
- **Hessen:** Bundesmeldegesetz-AusführungsG v. 28.9.2015 (GVBl. S. 346), geänd. durch G v. 12.11.2020 (GVBl. S. 762)
- **Niedersachsen:** Bundesmeldegesetz-AusführungsG v. 17.9.2015 (Nds. GVBl. S. 186), zuletzt geänd. durch G v. 17.2.2021 (Nds. GVBl. S. 64)
- **Rheinland-Pfalz:** Bundesmeldegesetz-AusführungsG v. 21.10.2015 (GVBl. S. 365), geänd. durch G v. 19.12.2018 (GVBl. S. 448)
- **Saarland:** Bundesmeldegesetz-AusführungsG v. 13.10.2015 (Amtsbl. I S. 712), geänd. durch G v. 22.8. 2018 (Amtsbl. I S. 674)
- **Sachsen:** Bundesmeldegesetz-AusführungsG v. 9.7.2014 (SächsGVBl. S. 376), zuletzt geänd. durch G v. 5.4.2019 (SächsGVBl. S. 245)
- **Sachsen-Anhalt:** Bundesmeldegesetz-AusführungsG v. 21.7.2015 (GVBl. LSA S. 369), zuletzt geänd. durch G v. 18.2.2020 (GVBl. LSA S. 25)
- **Schleswig-Holstein:** LandesmeldeG v. 20.10.2015 (GVOBl. Schl.-H. S. 344), geänd. durch G v. 17.5. 2016 (GVOBl. Schl.-H. S. 127)
- **Thüringen:** Bundesmeldegesetz-AusführungsG v. 23.9.2015 (GVBl. S. 131)

[4)] Die Änd. des Inkrafttretens dieses G durch Art. 154a G v. 20.11.2019 (BGBl. I S. 1626) ist unbeachtlich, da das G bei Erlass des ÄndG bereits in Kraft getreten war.

Inhaltsübersicht[1)]

[5)] Die Änderungen durch Art. 4 Nr. 1, 2, 3, 4, 5 Buchst. b, Nr. 6 und 7 RegistermodernisierungsG *treten gem.* Art. 22 Satz 3 dieses Gesetzes „an dem Tag in Kraft, an dem das Bundesministerium des Innern, für Bau und Heimat *im Bundesgesetzblatt* [...] bekannt gibt, dass die technischen Voraussetzungen für die Verarbeitung der Identifikationsnummer nach § 139b der Abgabenordnung [...] vorliegen".

[1)] Inhaltsübersicht geänd. mWv 26.11.2019 durch G v. 20.11.2019 (BGBl. I S. 1626); geänd. mWv 7.4. 2021 durch G v. 15.1.2021 (BGBl. I S. 530).

Abschnitt 1. Allgemeine Bestimmungen

§ 1 Meldebehörden. Meldebehörden sind die durch Landesrecht dazu bestimmten Behörden.

§ 2[1] Aufgaben und Befugnisse der Meldebehörden. (1) Die Meldebehörden haben die in ihrem Zuständigkeitsbereich wohnhaften Personen (Einwohner) zu registrieren, um deren Identität und deren Wohnungen feststellen und nachweisen zu können.

(2) [1] Die Meldebehörden führen zur Erfüllung ihrer Aufgaben Melderegister. [2] Diese enthalten Daten, die bei der betroffenen Person erhoben, von öffentlichen Stellen übermittelt oder sonst amtlich bekannt werden.

(3) Die Meldebehörden erteilen Melderegisterauskünfte, wirken nach Maßgabe dieses Gesetzes oder sonstiger Rechtsvorschriften bei der Durchführung von Aufgaben anderer öffentlicher Stellen mit und übermitteln Daten.

(4) [1] Die Meldebehörden dürfen personenbezogene Daten, die im Melderegister gespeichert werden, nur nach Maßgabe dieses Gesetzes oder sonstiger Rechtsvorschriften verarbeiten. [2] Daten nicht meldepflichtiger Personen dürfen nur verarbeitet werden, wenn die betroffene Person in die Datenverarbeitung eingewilligt hat.

§ 3[2] Speicherung von Daten. (1) Zur Erfüllung ihrer Aufgaben nach § 2 Absatz 1 und 3 speichern die Meldebehörden folgende Daten sowie die zum Nachweis ihrer Richtigkeit erforderlichen Hinweise im Melderegister:

---

[1] § 2 Abs. 4 Satz 1 geänd., Satz 2 neu gef. mWv 26.11.2019 durch G v. 20.11.2019 (BGBl. I S. 1626).

[2] § 3 Abs. 2 Nr. 2 Buchst. c und d Doppelbuchst. aa geänd. durch G v. 20.11.2014 (BGBl. I S. 1738); Abs. 1 Nr. 17 geänd., Abs. 2 Nr. 4 neu gef. durch G v. 20.6.2015 (BGBl. I S. 970); Abs. 1 Nr. 17a eingef. mWv 5.2.2016 durch G v. 2.2.2016 (BGBl. I S. 130); Abs. 1 Nr. 9 Buchst. h, Nr. 15 Buchst. i, Nr. 16 Buchst. g geänd., Abs. 2 Nr. 5 neu gef., Nr. 10 geänd. mWv 1.11.2016 durch G v. 11.10.2016 (BGBl. I S. 2218); Abs. 1 Nr. 17a neu gef. mWv 1.11.2019 durch G v. 4.8.2019 (BGBl. I S. 1131); Abs. 2 Nr. 7 neu gef. mWv 1.5.2020 durch G v. 17.2.2020 (BGBl. I S. 166); Abs. 1 Nr. 17 geänd. mWv 12.12.2020 und mWv 1.5.2021 durch G v. 3.12.2020 (BGBl. I S. 2744); Abs. 1 Nr. 14 geänd., Abs. 2 Nr. 1 Buchst. c aufgeh. mWv 7.4.2021 durch G v. 15.1.2021 (BGBl. I S. 530).

1. Familienname,
2. frühere Namen,
3. Vornamen unter Kennzeichnung des gebräuchlichen Vornamens,
4. Doktorgrad,
5. Ordensname, Künstlername,
6. Geburtsdatum und Geburtsort sowie bei Geburt im Ausland auch den Staat,
7. Geschlecht,
8. keine Eintragung,
9. zum gesetzlichen Vertreter
   a) Familienname,
   b) Vornamen,
   c) Doktorgrad,
   d) Anschrift,
   e) Geburtsdatum,
   f) Geschlecht,
   g) Sterbedatum sowie
   h) Auskunftssperren nach § 51 und bedingte Sperrvermerke nach § 52,
10. derzeitige Staatsangehörigkeiten,
11. rechtliche Zugehörigkeit zu einer öffentlich-rechtlichen Religionsgesellschaft,
12. derzeitige Anschriften, frühere Anschriften im Zuständigkeitsbereich der Meldebehörde sowie Anschrift der letzten alleinigen Wohnung oder Hauptwohnung und der letzten Nebenwohnungen außerhalb des Zuständigkeitsbereichs der Meldebehörde, gekennzeichnet nach Haupt- und Nebenwohnung, bei Zuzug aus dem Ausland auch den Staat und die letzte Anschrift im Inland, bei Wegzug in das Ausland auch die Zuzugsanschrift im Ausland und den Staat,
13. Einzugsdatum, Auszugsdatum, Datum des letzten Wegzugs aus einer Wohnung im Inland sowie Datum des letzten Zuzugs aus dem Ausland,
14. Familienstand, bei Verheirateten oder Lebenspartnern zusätzlich Datum und Ort der Eheschließung oder der Begründung der Lebenspartnerschaft sowie bei Eheschließung oder Begründung der Lebenspartnerschaft im Ausland auch den Staat,
15. zum Ehegatten oder Lebenspartner
   a) Familienname,
   b) Vornamen,
   c) Geburtsname,
   d) Doktorgrad,
   e) Geburtsdatum,
   f) Geschlecht,
   g) derzeitige Anschriften im Zuständigkeitsbereich der Meldebehörde sowie Anschrift der letzten alleinigen Wohnung oder Hauptwohnung außerhalb des Zuständigkeitsbereichs der Meldebehörde,
   h) Sterbedatum sowie
   i) Auskunftssperren nach § 51 und bedingte Sperrvermerke nach § 52,
16. zu minderjährigen Kindern
   a) Familienname,

b) Vornamen,
c) Geburtsdatum,
d) Geschlecht,
e) Anschrift im Inland,
f) Sterbedatum,
g) Auskunftssperren nach § 51 und bedingte Sperrvermerke nach § 52,

17. Ausstellungsbehörde, Ausstellungsdatum, letzter Tag der Gültigkeitsdauer und Seriennummer des Personalausweises, vorläufigen Personalausweises oder Ersatz-Personalausweises, des anerkannten Passes oder Passersatzpapiers, Ausstellungsbehörde, letzter Tag der Gültigkeitsdauer und Seriennummer der eID-Karte sowie Sperrkennwort und Sperrsumme des Personalausweises und der eID-Karte,

17a. die AZR-Nummer in den Fällen und nach Maßgabe des § 10 Absatz 4 Satz 2 Nummer 4 des AZR-Gesetzes[1], übergangsweise die Seriennummer des Ankunftsnachweises nach § 63a Absatz 1 Nummer 10 des Asylgesetzes[2],

18. Auskunfts- und Übermittlungssperren,

19. Sterbedatum und Sterbeort sowie bei Versterben im Ausland auch den Staat.

(2) Über die in Absatz 1 genannten Daten hinaus speichern die Meldebehörden folgende Daten sowie die zum Nachweis ihrer Richtigkeit erforderlichen Hinweise im Melderegister:

1. für die Vorbereitung und Durchführung von Wahlen und Abstimmungen auf staatlicher und kommunaler Ebene die Tatsache, dass die betroffene Person
   a) von der Wahlberechtigung oder der Wählbarkeit ausgeschlossen ist,
   b) als Unionsbürger (§ 6 Absatz 3 Satz 1 des Europawahlgesetzes) bei der Wahl des Europäischen Parlaments von Amts wegen in ein Wählerverzeichnis im Inland einzutragen ist; ebenfalls zu speichern ist die Gebietskörperschaft oder der Wahlkreis im Herkunftsmitgliedstaat, wo die betroffene Person zuletzt in ein Wählerverzeichnis eingetragen war,

2. für das Verfahren zur Bildung und Anwendung der elektronischen Lohnsteuerabzugsmerkmale nach § 39e Absatz 2 Satz 2 und 3 des Einkommensteuergesetzes
   a) die Zugehörigkeit zu einer steuererhebenden Religionsgesellschaft sowie das Datum des Eintritts und Austritts,
   b) den Familienstand,
   c) das Datum der Begründung oder Auflösung der Ehe oder Lebenspartnerschaft sowie
   d) die Identifikationsnummern oder die Vorläufigen Bearbeitungsmerkmale
      aa) des Ehegatten oder Lebenspartners,
      bb) der minderjährigen Kinder, die ihre alleinige Wohnung oder ihre *Hauptwohnung* im Zuständigkeitsbereich derselben Meldebehörde haben,

3. für Zwecke nach § 139b Absatz 2 der Abgabenordnung
die Identifikationsnummer nach § 139b der Abgabenordnung und bis zu deren Speicherung im Melderegister das Vorläufige Bearbeitungsmerkmal nach § 139b Absatz 6 Satz 2 der Abgabenordnung,

---

[1] **Sartorius ErgBd. Nr. 569.**
[2] Nr. **567**.

4. für die Ausstellung von Pässen und Ausweisen
die Tatsache, dass Passversagungsgründe vorliegen, ein Pass versagt oder entzogen oder eine Anordnung nach § 6 Absatz 7, § 6a Absatz 1 oder § 6a Absatz 2 des Personalausweisgesetzes[1] getroffen worden ist,
5. für staatsangehörigkeitsrechtliche Verfahren
die Tatsache, dass die deutsche Staatsangehörigkeit nach § 4 Absatz 3 oder § 40b des Staatsangehörigkeitsgesetzes[2] erworben wurde und nach § 29 des Staatsangehörigkeitsgesetzes ein Verlust der deutschen Staatsangehörigkeit eintreten kann,
6. für Zwecke der Suchdienste
die Anschrift vom 1. September 1939 derjenigen Einwohner, die aus den in § 1 Absatz 2 Nummer 3 des Bundesvertriebenengesetzes[3] bezeichneten Gebieten stammen,
7. für waffenrechtliche Verfahren
die Tatsache, dass eine waffenrechtliche Erlaubnis erteilt oder ein Waffenbesitzverbot erlassen worden ist, sowie die jeweilige Behörde, die diese Tatsache mitteilt, mit Angabe des Datums, an dem die waffenrechtliche Erlaubnis erstmals erteilt oder das Waffenbesitzverbot erlassen worden ist,
8. für sprengstoffrechtliche Verfahren
die Tatsache, dass eine sprengstoffrechtliche Erlaubnis oder ein Befähigungsschein nach § 20 des Sprengstoffgesetzes[4] erteilt worden ist, sowie die Behörde, die diese Tatsache mitteilt, mit Angabe des Datums der erstmaligen Erteilung,
9. zur Beantwortung von Aufenthaltsanfragen anderer Behörden und sonstiger öffentlicher Stellen, wenn der Einwohner die Wohnung aufgegeben hat und der Meldebehörde eine neue Wohnung nicht bekannt ist,
das Ersuchen um Datenübermittlung mit dem Datum der Anfrage und der Angabe der anfragenden Stelle für die Dauer von bis zu zwei Jahren,
10. für die Prüfung, ob die von der meldepflichtigen Person gemachten Angaben richtig sind, und zur Gewährleistung der Auskunftsrechte in § 19 Absatz 1 Satz 3 und § 50 Absatz 4
den Namen und die Anschrift des Eigentümers der Wohnung und, wenn dieser nicht selbst Wohnungsgeber ist, den Namen des Eigentümers der Wohnung sowie den Namen und die Anschrift des Wohnungsgebers,
11. im Spannungs- oder Verteidigungsfall für die Wehrerfassung
die Tatsache, dass ein Einwohner bereits vor der Erfassung seines Jahrganges erfasst worden ist.

§ 4[5] Ordnungsmerkmale. (1) [1]Die Meldebehörden dürfen ihre Register mit Hilfe von Ordnungsmerkmalen führen. [2]Die Ordnungsmerkmale können aus den in § 3 Absatz 1 Nummer 6 und 7 genannten Daten gebildet werden. [3]Durch geeignete technische Maßnahmen nach den Artikeln 24, 25 und 32 der Verordnung (EU) 2016/679[6] des Europäischen Parlaments und des Rates vom 27. April 2016 zum Schutz natürlicher Personen bei der Verarbeitung personenbezogener

---

[1] Nr. **255**.
[2] Nr. **15**.
[3] **Aichberger, SGB Nr. 6/51.**
[4] **Sartorius ErgBd. Nr. 822.**
[5] § 4 Abs. 1 Satz 3, Abs. 2, 3 Satz 2 geänd. mWv 26.11.2019 durch G v. 20.11.2019 (BGBl. I S. 1626).
[6] Nr. **246**.

Daten, zum freien Datenverkehr und zur Aufhebung der Richtlinie 95/46/EG (Datenschutz-Grundverordnung) (ABl. L 119 vom 4.5.2016, S. 1; L 314 vom 22.11.2016, S. 72; L 127 vom 23.5.2018, S. 2) in der jeweils geltenden Fassung sind die Ordnungsmerkmale vor Verwechslungen zu schützen.

(2) Soweit von den Meldebehörden bereits Ordnungsmerkmale verarbeitet werden, die andere als die in § 3 Absatz 1 Nummer 6 und 7 genannten Daten enthalten, dürfen diese noch für eine Übergangsfrist von sechs Jahren nach Inkrafttreten dieses Gesetzes verarbeitet werden.

(3) [1] Ordnungsmerkmale dürfen im Rahmen von Datenübermittlungen an öffentliche Stellen und öffentlich-rechtliche Religionsgesellschaften übermittelt werden. [2] Der Empfänger der Daten darf die Ordnungsmerkmale nur im Verkehr mit der jeweiligen Meldebehörde verarbeiten, eine Weiterübermittlung ist unzulässig. [3] Soweit Ordnungsmerkmale personenbezogene Daten enthalten, dürfen sie nur übermittelt werden, wenn dem Empfänger auch die im Ordnungsmerkmal enthaltenen personenbezogenen Daten übermittelt werden dürfen.

(4) Absatz 3 Satz 2 und 3 gilt entsprechend für die Weitergabe von Ordnungsmerkmalen innerhalb der Verwaltungseinheit, der die Meldebehörde angehört.

§ 5[1)] Zweckbindung der Daten. (1) [1] Die Meldebehörden dürfen die in § 3 Absatz 2 bezeichneten Daten nur für die dort genannten Zwecke verarbeiten. [2] Sie haben durch technische und organisatorische Maßnahmen nach den Artikeln 24, 25 und 32 der Verordnung (EU) 2016/679[2)] sicherzustellen, dass diese Daten nur nach Maßgabe des Satzes 1 verarbeitet werden.

(2) [1] Die in § 3 Absatz 2 bezeichneten Daten dürfen nur insoweit zusammen mit den in § 3 Absatz 1 bezeichneten Daten verarbeitet werden, als dies zur Erfüllung der jeweiligen Aufgabe erforderlich ist. [2] § 34 Absatz 3 und 4 bleibt unberührt mit der Maßgabe, dass

1. die in § 3 Absatz 2 Nummer 1 genannten Daten nur an die Stellen übermittelt werden dürfen, die für die Vorbereitung und Durchführung der dort genannten Wahlen und Abstimmungen zuständig sind, und
2. die in § 3 Absatz 2 Nummer 2 und 3 genannten Daten nur an das Bundeszentralamt für Steuern übermittelt werden dürfen. Das in § 3 Absatz 2 Nummer 2 Buchstabe c genannte Datum zur Auflösung der Ehe oder Lebenspartnerschaft darf auch an die amtliche Statistik übermittelt werden.

[3] Die in Satz 2 Nummer 1 und 2 genannten Daten dürfen nach § 33 auch an die Meldebehörden übermittelt werden.

§ 6[3)] Richtigkeit und Vollständigkeit des Melderegisters. (1) [1] Ist das Melderegister unrichtig oder unvollständig, hat es die Meldebehörde nach Artikel 5 Absatz 1 Buchstabe d der Verordnung (EU) 2016/679[2)] zu berichtigen oder zu vervollständigen (Fortschreibung). [2] Über die Fortschreibung sind unverzüglich diejenigen öffentlichen Stellen zu unterrichten, denen im Rahmen regelmäßiger Datenübermittlungen die unrichtigen oder unvollständigen Daten übermittelt worden sind.

---

1) § 5 Abs. 2 Satz 2 Nr. 2 Satz 2 angef. mWv 1.11.2016 durch G v. 11.10.2016 (BGBl. I S. 2218); Abs. 1 Sätze 1, 2, Abs. 2 Satz 1 geänd. mWv 26.11.2019 durch G v. 20.11.2019 (BGBl. I S. 1626).

2) Nr. **246**.

3) § 6 Abs. 1 Satz 1 geänd. mWv 26.11.2019 durch G v. 20.11.2019 (BGBl. I S. 1626); Abs. 3 geänd. mWv 7.4.2021 durch G v. 15.1.2021 (BGBl. I S. 530).

(2) [1] Soweit die in Absatz 1 Satz 2 genannten öffentlichen Stellen nicht Aufgaben der amtlichen Statistik wahrnehmen oder öffentlich-rechtliche Religionsgesellschaften sind, haben sie die Meldebehörden unverzüglich zu unterrichten, wenn ihnen konkrete Anhaltspunkte für die Unrichtigkeit oder Unvollständigkeit der übermittelten Daten vorliegen. [2] Öffentliche Stellen, denen auf ihr Ersuchen hin Meldedaten übermittelt worden sind, haben die Meldebehörden zu unterrichten, wenn ihnen solche Anhaltspunkte vorliegen. [3] Gesetzliche Geheimhaltungspflichten, insbesondere das Steuergeheimnis nach § 30 der Abgabenordnung, sowie Berufs- oder besondere Amtsgeheimnisse stehen der Unterrichtung nicht entgegen, soweit sie sich auf die Angabe beschränkt, dass konkrete Anhaltspunkte für die Unrichtigkeit oder Unvollständigkeit übermittelter Daten vorliegen.

(3) Liegen der Meldebehörde konkrete Anhaltspunkte für die Unrichtigkeit oder Unvollständigkeit des Melderegisters vor, hat sie den Sachverhalt von Amts wegen zu ermitteln.

(4) Bei der Weitergabe von Daten und Hinweisen nach § 37 sind Absatz 1 Satz 2 und Absatz 2 entsprechend anzuwenden.

§ 7[1)] Meldegeheimnis. (1) Personen, die bei Meldebehörden oder anderen Stellen, die im Auftrag der Meldebehörden handeln, beschäftigt sind, ist es verboten, personenbezogene Daten unbefugt zu verarbeiten.

(2) [1] Die in Absatz 1 genannten Personen sind bei Aufnahme ihrer Tätigkeit von ihrem Arbeitgeber über ihre Pflichten nach Absatz 1 zu belehren und schriftlich auf die Einhaltung des Meldegeheimnisses zu verpflichten. [2] Ihre Pflichten bestehen auch nach Beendigung ihrer Tätigkeit fort.

Abschnitt 2. Schutzrechte

§ 8[2)] Schutzwürdige Interessen der betroffenen Person. [1] Schutzwürdige Interessen der betroffenen Person dürfen durch die Verarbeitung personenbezogener Daten nicht beeinträchtigt werden. [2] Schutzwürdige Interessen werden insbesondere beeinträchtigt, wenn die Verarbeitung, gemessen an ihrer Eignung und ihrer Erforderlichkeit zu dem vorgesehenen Zweck, die betroffene Person unverhältnismäßig belastet. [3] Die Prüfung, ob schutzwürdige Interessen der betroffenen Person beeinträchtigt werden, entfällt, falls die Verarbeitung durch Rechtsvorschrift vorgeschrieben ist.

§ 9[3)] *(aufgehoben)*

§ 10[4)] Auskunftsrecht der betroffenen Person. (1) Vor der Erteilung der Auskunft an die betroffene Person nach Artikel 15 der Verordnung (EU) 2016/679[5)] hat die Meldebehörde die Identität der betroffenen Person zu überprüfen.

(2) Sofern die Auskunft elektronisch erteilt wird, ist sicherzustellen, dass Maßnahmen nach den Artikeln 24, 25 und 32 der Verordnung (EU) 2016/679 auch im

---

[1)] § 7 Abs. 1 geänd. mWv 26.11.2019 durch G v. 20.11.2019 (BGBl. I S. 1626).

[2)] § 8 Sätze 1, 2, 3 geänd. mWv 26.11.2019 durch G v. 20.11.2019 (BGBl. I S. 1626).

[3)] § 9 aufgeh. mWv 26.11.2019 durch G v. 20.11.2019 (BGBl. I S. 1626).

[4)] § 10 Abs. 1 Satz 2 geänd. durch G v. 20.11.2014 (BGBl. I S. 1738); Abs. 3 Satz 2 geänd. mWv 29.7.2017 durch G v. 18.7.2017 (BGBl. I S. 2745); Abs. 3 Satz 1 geänd. mWv 1.11.2019 durch G v. 21.6.2019 (BGBl. I S. 846); Überschrift, Abs. 1, 2 neu gef. mWv 26.11.2019 durch G v. 20.11.2019 (BGBl. I S. 1626); Abs. 2 geänd. mWv 7.4.2021 durch G v. 15.1.2021 (BGBl. I S. 530).

[5)] Nr. **246**.

Bereich der Verschlüsselungstechnik und der Authentifizierung getroffen werden, um den Datenschutz und die Datensicherheit zu gewährleisten, insbesondere im Hinblick auf die Vertraulichkeit und die Unversehrtheit der Daten, die im Melderegister gespeichert sind und an die betroffene Person übermittelt werden.

(3) [1] Die Identität des Antragstellers ist mittels des elektronischen Identitätsnachweises nach § 18 des Personalausweisgesetzes[1)], § 12 des eID-Karte-Gesetzes oder § 78 Absatz 5 des Aufenthaltsgesetzes[2)] oder mittels eines Identitätsbestätigungsdienstes nach § 6 Absatz 1 des De-Mail-Gesetzes[3)] vom 28. April 2011 (BGBl. I S. 666) in der jeweils geltenden Fassung in Verbindung mit einer sicheren Anmeldung nach § 4 Absatz 1 des De-Mail-Gesetzes zu überprüfen. [2] Alternativ kann die Identität des Antragstellers anhand einer qualifizierten elektronischen Signatur überprüft werden.

§ 11[4)] Auskunftsbeschränkungen. (1) [1] Das Recht auf Auskunft der betroffenen Person über die Kategorien der übermittelten Daten und über die Empfänger der Daten nach Artikel 15 Absatz 1 Buchstabe b und c der Verordnung (EU) 2016/679[5)] besteht nicht, wenn

1. eine nicht automatisierte Melderegisterauskunft nach den §§ 46 und 50 Absatz 1 bis 3 erfolgt ist,
2. eine nicht automatisierte Datenübermittlung nach § 34 oder eine nicht automatisierte Datenweitergabe nach § 37 Absatz 1 erfolgt ist oder
3. die abrufende Stelle eine der in § 34 Absatz 4 Satz 1 genannten Behörden ist.

[2] Auskunft über automatisierte Melderegisterauskünfte und über Datenübermittlungen im automatisierten Abrufverfahren durch öffentliche Stellen wird nur innerhalb der Frist zur Aufbewahrung der Protokolldaten nach § 40 Absatz 4 erteilt.

(2) Das Recht auf Auskunft der betroffenen Person nach Artikel 15 der Verordnung (EU) 2016/679 besteht nicht,

1. soweit der betroffenen Person die Einsicht in ein Personenstandsregister nach § 63 Absatz 1 und 3 des Personenstandsgesetzes[6)] nicht gestattet werden darf,
2. wenn Fälle des § 1758 des Bürgerlichen Gesetzbuches[7)] vorliegen,
3. soweit es sich um Daten zum gesetzlichen Vertreter, Ehegatten, Lebenspartner oder zu minderjährigen Kindern handelt und für diesen Personenkreis eine Auskunftssperre nach § 51 oder ein bedingter Sperrvermerk nach § 52 gespeichert ist oder
4. wenn das Interesse der betroffenen Person an der Auskunftserteilung zurücktreten muss, weil
   a) die Auskunft die ordnungsgemäße Erfüllung der Aufgaben im Sinne des Artikels 23 Absatz 1 Buchstabe e der Verordnung (EU) 2016/679, die in der Zuständigkeit der Meldebehörde liegen, gefährden würde,

---

[1)] Nr. **255**.

[2)] Nr. **565**.

[3)] **Sartorius III Nr. 730.**

[4)] § 11 Abs. 2 Nr. 3 geänd. mWv 1.11.2016 durch G v. 11.10.2016 (BGBl. I S. 2218); Abs. 1, 2 neu gef., Abs. 4 Satz 3 geänd. mWv 26.11.2019 durch G v. 20.11.2019 (BGBl. I S. 1626).

[5)] Nr. **246**.

[6)] Nr. **260**.

[7)] **Schönfelder Nr. 20.**

b) die Auskunft die öffentliche Sicherheit oder Ordnung gefährden oder sich sonst nachteilig auf das Wohl des Bundes oder eines Landes auswirken würde,
c) die Auskunft strafrechtliche Ermittlungen gefährden würde oder
d) die Daten oder die Tatsache ihrer Speicherung nach einer Rechtsvorschrift oder ihrem Wesen nach, insbesondere wegen der überwiegenden berechtigten Interessen eines Dritten, geheim gehalten werden müssen.

(3) [1] Die Auskunft über die Herkunft von Daten ist nur mit Zustimmung der übermittelnden Stellen zulässig, wenn diese der Meldebehörde übermittelt worden sind von

1. den Polizeibehörden des Bundes und der Länder,
2. den Staatsanwaltschaften,
3. den Amtsanwaltschaften,
4. den Verfassungsschutzbehörden des Bundes und der Länder,
5. dem Bundesnachrichtendienst,
6. dem Militärischen Abschirmdienst,
7. dem Zollfahndungsdienst,
8. den Hauptzollämtern oder
9. den Finanzbehörden, soweit sie strafverfolgend tätig sind.

[2] Dies gilt entsprechend für die Auskunft über den Empfänger der Daten, soweit sie an die in Satz 1 genannten Behörden übermittelt worden sind. [3] Die Zustimmung darf nur unter den in den Absätzen 1 und 2 bezeichneten Voraussetzungen versagt werden.

(4) [1] Die Ablehnung der Auskunftserteilung bedarf einer Begründung nicht, soweit durch die Mitteilung der tatsächlichen und rechtlichen Gründe, auf die die Entscheidung gestützt wird, der mit der Auskunftsverweigerung verfolgte Zweck gefährdet würde. [2] In diesem Fall ist die betroffene Person darauf hinzuweisen, dass sie sich an die Stelle wenden kann, die für die Kontrolle der Einhaltung der Datenschutzbestimmungen bei der Meldebehörde zuständig ist. [3] Die Mitteilung dieser Stelle an die betroffene Person darf keine Rückschlüsse auf den Erkenntnisstand des Verantwortlichen zulassen, sofern dieser nicht einer weitergehenden Auskunft zustimmt.

(5) [1] Wird der betroffenen Person keine Auskunft erteilt, so ist die Auskunft auf ihr Verlangen der in Absatz 4 Satz 2 bezeichneten Stelle zu erteilen. [2] Stellt die jeweils zuständige oberste Landesbehörde im Einzelfall fest, dass dadurch die Sicherheit des Bundes oder eines Landes gefährdet würde, erhält der Landesbeauftragte für den Datenschutz persönlich Auskunft.

§ 12[1)] Recht auf Berichtigung. [1] Hat die Meldebehörde die Daten auf Antrag der betroffenen Person nach Artikel 16 der Verordnung (EU) 2016/679[2)] berichtigt oder vervollständigt, so gilt § 6 Absatz 1 Satz 2 entsprechend. [2] Für die Dauer der Prüfung der Richtigkeit ist die Verarbeitung der Daten nicht nach Artikel 18 Absatz 1 Buchstabe a der Verordnung (EU) 2016/679 eingeschränkt.

[1)] § 12 neu gef. mWv 26.11.2019 durch G v. 20.11.2019 (BGBl. I S. 1626).
[2)] Nr. **246**.

§ 13[1)] Aufbewahrung von Daten. (1) [1]Nach dem Wegzug oder dem Tod eines Einwohners hat die Meldebehörde für die Erfüllung ihrer Aufgaben weiterhin die in § 3 Absatz 1 Nummer 1 bis 10,12 bis 16, 17a, 18 und 19 genannten Daten zu speichern. [2]Sie darf in diesen Fällen auch die Daten nach § 3 Absatz 2 Nummer 1 und 2 im Melderegister speichern. [3]Bei Wegzug eines Einwohners speichert die Meldebehörde außerdem die Daten nach § 3 Absatz 1 Nummer 17 und die Feststellung der Tatsache nach § 3 Absatz 2 Nummer 5.

(2) [1]Nach Ablauf von fünf Jahren nach dem Ende des Kalenderjahres, in dem ein Einwohner weggezogen oder verstorben ist, sind die nach Absatz 1 weiterhin gespeicherten Daten für die Dauer von 50 Jahren aufzubewahren und durch technische und organisatorische Maßnahmen nach Artikel 24, 25 und 32 der Verordnung (EU) 2016/679[2)] zu sichern, es sei denn, § 14 sieht eine frühere Löschung vor. [2]Während dieser Zeit dürfen die Daten nicht mehr verarbeitet werden. [3]Davon ausgenommen sind Familienname und Vornamen sowie frühere Namen, Geburtsdatum, Geburtsort sowie bei Geburt im Ausland auch der Staat, derzeitige und frühere Anschriften, Auszugsdatum sowie Sterbedatum, Sterbeort sowie bei Versterben im Ausland auch der Staat. [4]Satz 2 gilt nicht, wenn

1. die betroffene Person in die Verarbeitung der Daten eingewilligt hat oder
2. die Verarbeitung der Daten unerlässlich ist
   a) zu wissenschaftlichen Zwecken,
   b) zur Behebung einer bestehenden Beweisnot,
   c) zur Erfüllung der Aufgaben der in § 34 Absatz 4 Satz 1 genannten Behörden,
   d) für Wahlzwecke nach § 3 Absatz 2 Nummer 1,
   e) zur Durchführung des staatsangehörigkeitsrechtlichen Verfahrens nach § 3 Absatz 2 Nummer 5 dieses Gesetzes sowie nach § 29 Absatz 6 und § 30 des Staatsangehörigkeitsgesetzes[3)].

§ 14[4)] Löschung von Daten. (1) [1]Die Meldebehörde hat gespeicherte Daten zu löschen, wenn sie zur Erfüllung ihrer Aufgaben nicht mehr erforderlich sind. [2]Das Gleiche gilt, wenn bereits die Speicherung der Daten unzulässig war.

(2) [1]Daten nach § 3 Absatz 2 Nummer 6 sind unverzüglich nach Übermittlung an die Suchdienste zu löschen. [2]Die Daten nach § 3 Absatz 1 Nummer 11 und Absatz 2 Nummer 2 sind nach Ablauf des auf den Wegzug oder den Tod des Einwohners folgenden Kalenderjahres zu löschen. [3]Die Daten nach § 3 Absatz 1 Nummer 17 sind fünf Jahre nach dem Ablauf der Gültigkeit des Ausweisdokuments, auf das sie sich beziehen, zu löschen. [4]Die weiteren Daten weggezogener oder verstorbener Einwohner, die nicht nach § 13 Absatz 1 aufbewahrt werden, sind 30 Tage nach dem Wegzug und der Auswertung der Rückmeldung oder nach dem Tod des Einwohners zu löschen.

(3) [1]Ist eine Löschung im Fall nicht automatisierter Datenverarbeitung wegen der besonderen Art der Speicherung nicht oder nur mit unverhältnismäßig hohem

[1)] § 13 Abs. 1 Satz 1 geänd. mWv 9.8.2019 durch G v. 4.8.2019 (BGBl. I S. 1131); Abs. 2 Sätze 1, 2, 4 Nr. 2 einl. Satzteil geänd., Satz 4 Nr. 1 neu gef. mWv 26.11.2019 durch G v. 20.11.2019 (BGBl. I S. 1626); Abs. 1 Satz 3, Abs. 2 Satz 1 geänd. mWv 12.12.2020 durch G v. 3.12.2020 (BGBl. I S. 2744).

[2)] Nr. **246**.

[3)] Nr. **15**.

[4)] § 14 Abs. 4 angef. mWv 5.2.2016 durch G v. 2.2.2016 (BGBl. I S. 130); Abs. 4 geänd. mWv 9.8.2019 durch G v. 4.8.2019 (BGBl. I S. 1131); Abs. 3 neu gef. mWv 26.11.2019 durch G v. 20.11.2019 (BGBl. I S. 1626); Abs. 2 Satz 3 eingef., bish. Satz 3 wird Satz 4 mWv 12.12.2020 durch G v. 3.12.2020 (BGBl. I S. 2744).

Aufwand möglich und ist das Interesse der betroffenen Person an der Löschung als gering anzusehen, besteht das Recht der betroffenen Person auf Löschung personenbezogener Daten und die Pflicht der Meldebehörde zur Löschung personenbezogener Daten nach Artikel 17 Absatz 1 der Verordnung (EU) 2016/679[1)] ergänzend zu den in Artikel 17 Absatz 3 der Verordnung (EU) 2016/679 genannten Ausnahmen nicht. [2] In diesem Fall tritt an die Stelle einer Löschung die Einschränkung der Verarbeitung nach Artikel 18 der Verordnung (EU) 2016/679.

(4) Die Meldebehörde hat Daten, die nach § 3 Absatz 1 Nummer 17a gespeichert sind, zu löschen, sobald sie von der Ausländerbehörde nach § 90a Absatz 1 Satz 3 des Aufenthaltsgesetzes[2)] unterrichtet wurde.

§ 15 Aufbewahrung und Löschung von Hinweisen. Die §§ 13 und 14 gelten entsprechend für Hinweise, die gespeichert werden, um die Richtigkeit der jeweiligen Daten nachzuweisen.

§ 16[3)] Anbieten von Daten an Archive. (1) Nach Ablauf der in § 13 Absatz 2 Satz 1 für die Aufbewahrung bestimmten Frist hat die Meldebehörde die Daten und die zum Nachweis ihrer Richtigkeit gespeicherten Hinweise vor der Löschung den durch Landesrecht bestimmten Archiven nach den jeweiligen archivrechtlichen Vorschriften zur Übernahme anzubieten.

(2) [1] Innerhalb der in § 13 Absatz 2 Satz 1 für die Aufbewahrung bestimmten Frist kann die Meldebehörde die Daten und Hinweise den durch Landesrecht bestimmten Archiven zur Übernahme anbieten, sofern die Erfüllung der Aufgaben der Meldebehörde im Rahmen des § 13 Absatz 2 Satz 2 und 3 gewährleistet bleibt. [2] Bis zum Ablauf dieser Frist darf das Archiv die übernommenen Daten und Hinweise nur nach Maßgabe des § 13 Absatz 2 Satz 2 bis 4 verarbeiten.

Abschnitt 3. Allgemeine Meldepflichten

§ 17 Anmeldung, Abmeldung. (1) Wer eine Wohnung bezieht, hat sich innerhalb von zwei Wochen nach dem Einzug bei der Meldebehörde anzumelden.

(2) [1] Wer aus einer Wohnung auszieht und keine neue Wohnung im Inland bezieht, hat sich innerhalb von zwei Wochen nach dem Auszug bei der Meldebehörde abzumelden. [2] Eine Abmeldung ist frühestens eine Woche vor Auszug möglich; die Fortschreibung des Melderegisters erfolgt zum Datum des Auszugs.

(3) [1] Die An- oder Abmeldung für Personen unter 16 Jahren obliegt denjenigen, in deren Wohnung die Personen unter 16 Jahren einziehen oder aus deren Wohnung sie ausziehen. [2] Neugeborene, die im Inland geboren wurden, sind nur anzumelden, wenn sie in eine andere Wohnung als die der Eltern oder der Mutter aufgenommen werden. [3] Ist für eine volljährige Person ein Pfleger oder ein Betreuer bestellt, der den Aufenthalt bestimmen kann, obliegt diesem die An- oder Abmeldung.

(4) Die Standesämter teilen den Meldebehörden unverzüglich die Beurkundung der Geburt eines Kindes sowie jede Änderung des Personenstandes einer Person mit.

---

1) Nr. **246**.
2) Nr. **565**.
3) § 16 Abs. 2 Satz 2 geänd. mWv 26.11.2019 durch G v. 20.11.2019 (BGBl. I S. 1626).

§ 18[1] Meldebescheinigung. (1) [1]Die Meldebehörde erteilt der betroffenen Person auf Antrag eine schriftliche Meldebescheinigung. [2]Die einfache Meldebescheinigung enthält folgende Daten:

1. Familienname,
2. frühere Namen,
3. Vornamen unter Kennzeichnung des gebräuchlichen Vornamens,
4. Doktorgrad,
5. Ordensname, Künstlername,
6. Geburtsdatum und Geburtsort sowie bei Geburt im Ausland auch den Staat,
7. derzeitige Anschriften, gekennzeichnet nach Haupt- und Nebenwohnung.

(2) [1]Auf Antrag kann eine erweiterte Meldebescheinigung ausgestellt werden, die Daten nach § 3 Absatz 1, mit Ausnahme von Auskunfts- und Übermittlungssperren, enthalten darf. [2]Der Datenumfang der Meldebescheinigung nach Absatz 1 darf dabei auch unterschritten werden.

(3) Für die elektronische Erteilung einer Meldebescheinigung gilt § 10 Absatz 2 und 3 entsprechend.

(4) § 11 Absatz 2 Nummer 1 bis 3 gilt entsprechend.

§ 19[2] Mitwirkung des Wohnungsgebers. (1) [1]Der Wohnungsgeber ist verpflichtet, bei der Anmeldung mitzuwirken. [2]Hierzu hat der Wohnungsgeber oder eine von ihm beauftragte Person der meldepflichtigen Person den Einzug schriftlich oder gegenüber der Meldebehörde nach Absatz 4 auch elektronisch innerhalb der in § 17 Absatz 1 genannten Frist zu bestätigen. [3]Er kann sich durch Rückfrage bei der Meldebehörde davon überzeugen, dass sich die meldepflichtige Person angemeldet hat. [4]Die meldepflichtige Person hat dem Wohnungsgeber die Auskünfte zu geben, die für die Bestätigung des Einzugs erforderlich sind. [5]Die Bestätigung nach Satz 2 darf nur vom Wohnungsgeber oder einer von ihm beauftragten Person ausgestellt werden.

(2) Verweigert der Wohnungsgeber oder eine von ihm beauftragte Person die Bestätigung oder erhält die meldepflichtige Person sie aus anderen Gründen nicht rechtzeitig, so hat die meldepflichtige Person dies der Meldebehörde unverzüglich mitzuteilen.

(3) Die Bestätigung des Wohnungsgebers enthält folgende Daten:

1. Name und Anschrift des Wohnungsgebers und wenn dieser nicht Eigentümer ist, auch den Namen des Eigentümers,
2. Einzugsdatum,
3. Anschrift der Wohnung sowie
4. Namen der nach § 17 Absatz 1 meldepflichtigen Personen.

(4) [1]Bei einer elektronischen Bestätigung gegenüber der Meldebehörde erhält der Wohnungsgeber ein Zuordnungsmerkmal, welches er der meldepflichtigen Person zur Nutzung bei der Anmeldung mitzuteilen hat. [2]§ 10 Absatz 2 und 3 gilt entsprechend. [3]Sofern die Meldebehörde weitere Formen der Authentifizierung

---

[1] § 18 Abs. 1 Satz 2 Nr. 3 geänd., Abs. 2 neu gef. mWv 1.11.2016 durch G v. 11.10.2016 (BGBl. I S. 2218); Abs. 4 geänd. mWv 26.11.2019 durch G v. 20.11.2019 (BGBl. I S. 1626).

[2] § 19 Abs. 1 Sätze 1–4, Abs. 3 Nr. 1 geänd., Nr. 2 neu gef., Nr. 4 geänd. mWv 1.11.2016 durch G v. 11.10.2016 (BGBl. I S. 2218); Abs. 4 Satz 3 neu gef. mWv 26.11.2019 durch G v. 20.11.2019 (BGBl. I S. 1626).

des Wohnungsgebers vorsieht, ist sicherzustellen, dass Maßnahmen nach den Artikeln 24, 25 und 32 der Verordnung (EU) 2016/679[1] getroffen werden.

(5) Die Meldebehörde kann von dem Eigentümer der Wohnung und, wenn er nicht selbst Wohnungsgeber ist, auch vom Wohnungsgeber Auskunft verlangen über Personen, welche bei ihm wohnen oder gewohnt haben.

(6) Es ist verboten, eine Wohnungsanschrift für eine Anmeldung nach § 17 Absatz 1 einem Dritten anzubieten oder zur Verfügung zu stellen, obwohl ein tatsächlicher Bezug der Wohnung durch einen Dritten weder stattfindet noch beabsichtigt ist.

§ 20 Begriff der Wohnung. [1] Wohnung im Sinne dieses Gesetzes ist jeder umschlossene Raum, der zum Wohnen oder Schlafen benutzt wird. [2] Als Wohnung gilt auch die Unterkunft an Bord eines Schiffes der Marine. [3] Wohnwagen und Wohnschiffe sind nur dann als Wohnungen anzusehen, wenn sie nicht oder nur gelegentlich fortbewegt werden.

§ 21[2] Mehrere Wohnungen. (1) Hat ein Einwohner mehrere Wohnungen im Inland, so ist eine dieser Wohnungen seine Hauptwohnung.

(2) Hauptwohnung ist die vorwiegend benutzte Wohnung des Einwohners.

(3) Nebenwohnung ist jede weitere Wohnung des Einwohners im Inland.

(4) [1] Die meldepflichtige Person hat der Meldebehörde bei jeder An- oder Abmeldung mitzuteilen, welche weiteren Wohnungen im Inland sie hat und welche Wohnung ihre Hauptwohnung ist. [2] Sie hat jede Änderung der Hauptwohnung innerhalb von zwei Wochen der Meldebehörde mitzuteilen, die für die neue Hauptwohnung zuständig ist. [3] Zieht die meldepflichtige Person aus einer ihrer Nebenwohnungen im Inland aus und bezieht sie keine neue Wohnung, so hat sie dies der Meldebehörde, die für die Nebenwohnung zuständig ist, oder der Meldebehörde, die für die alleinige Wohnung oder die Hauptwohnung zuständig ist, mitzuteilen.

§ 22 Bestimmung der Hauptwohnung. (1) Hauptwohnung eines verheirateten oder eine Lebenspartnerschaft führenden Einwohners, der nicht dauernd getrennt von seiner Familie oder seinem Lebenspartner lebt, ist die vorwiegend benutzte Wohnung der Familie oder der Lebenspartner.

(2) Hauptwohnung eines minderjährigen Einwohners ist die vorwiegend benutzte Wohnung der Personensorgeberechtigten; leben diese getrennt, ist Hauptwohnung die Wohnung des Sorgeberechtigten, die von dem minderjährigen Einwohner vorwiegend benutzt wird.

(3) In Zweifelsfällen ist die vorwiegend benutzte Wohnung dort, wo der Schwerpunkt der Lebensbeziehungen des Einwohners liegt.

(4) Kann der Wohnungsstatus eines verheirateten oder eine Lebenspartnerschaft führenden Einwohners nach den Absätzen 1 und 3 nicht zweifelsfrei bestimmt werden, ist die Hauptwohnung die Wohnung nach § 21 Absatz 2.

(5) Auf Antrag eines Einwohners, der in einer Einrichtung für behinderte Menschen wohnt, bleibt die Wohnung nach Absatz 2, bis er 25 Jahre alt ist, seine Hauptwohnung.

---

[1] Nr. **246**.

[2] § 21 Abs. 4 Satz 3 neu gef. mWv 7.4.2021 durch G v. 15.1.2021 (BGBl. I S. 530).

§ 23[1) 2)] Erfüllung der allgemeinen Meldepflicht. (1) [1]Soweit nachstehend nicht etwas anderes bestimmt ist, hat die meldepflichtige Person einen Meldeschein auszufüllen, zu unterschreiben und der Meldebehörde zusammen mit dem Personalausweis, dem vorläufigen Personalausweis, dem Ersatz-Personalausweis, dem anerkannten und gültigen Pass oder Passersatzpapier sowie der Bestätigung des Wohnungsgebers oder dem entsprechenden Zuordnungsmerkmal nach § 19 Absatz 4 Satz 1 vorzulegen. [2]Wird das Melderegister automatisiert geführt, kann von dem Ausfüllen des Meldescheins abgesehen werden, wenn die meldepflichtige Person persönlich bei der Meldebehörde erscheint und auf einem Ausdruck die Richtigkeit und Vollständigkeit der bei ihr erhobenen Daten durch ihre Unterschrift bestätigt.

(2) Für die elektronische Anmeldung gilt § 10 Absatz 2 und 3 entsprechend.

(3) [1]Die Meldebehörde des neuen Wohnortes (Zuzugsmeldebehörde) ist berechtigt, die bei der Meldebehörde des letzten früheren Wohnortes (Wegzugsmeldebehörde) nach § 3 Absatz 1 Nummer 1 bis 18 gespeicherten Daten anzufordern und der meldepflichtigen Person diese Daten schriftlich oder in elektronischer Form zu übermitteln (vorausgefüllter Meldeschein). [2]Die meldepflichtige Person hat die übermittelten Angaben auf ihre Richtigkeit zu prüfen, unzutreffende Angaben zu berichtigen und fehlende Angaben zu ergänzen. [3]Sie hat den aktualisierten vorausgefüllten Meldeschein bei der Zuzugsmeldebehörde unterschrieben einzureichen. [4]Für die elektronische Übermittlung gilt § 10 Absatz 2 und 3 entsprechend.

(4) [1]Für den vorausgefüllten Meldeschein gibt die meldepflichtige Person Familienname, Vornamen, Geburtsdatum sowie die letzte Wohnanschrift an. [2]Diese Daten übermittelt die Zuzugsmeldebehörde der Wegzugsmeldebehörde, um die Daten nach § 3 Absatz 1 Nummer 1 bis 18 anzufordern. [3]Die Wegzugsmeldebehörde übermittelt der Zuzugsmeldebehörde unverzüglich die angeforderten Daten.

(5) [1]Ehegatten, Lebenspartner und Familienangehörige mit denselben Zuzugsdaten (Zuzugsdatum sowie frühere und derzeitige Wohnungen) sollen gemeinsam einen Meldeschein verwenden. [2]Es genügt die Anmeldung nach den Absätzen 1 und 2 durch eine der meldepflichtigen Personen. [3]Die Absätze 3 und 4 gelten entsprechend, wenn die meldepflichtige Person versichert, dass sie berechtigt ist, die Daten der übrigen meldepflichtigen Personen entgegenzunehmen. [4]Sie ist darüber zu belehren, dass der unberechtigte Empfang unter Vorspiegelung einer Berechtigung nach § 202a des Strafgesetzbuchs[3)] unter Strafe steht.

(6) Abweichend von den Absätzen 1 und 2 kann die Anmeldung von Personen, die in eine Aufnahmeeinrichtung zugezogen sind, automatisiert durch Übernahme der Daten aus dem Ausländerzentralregister nach § 18e des AZR-Gesetzes[4)] erfolgen.

(7) [1]Die Abmeldung von in das Ausland verzogenen Personen kann schriftlich *oder in* entsprechender Anwendung des § 10 Absatz 2 und 3 elektronisch erfolgen. [2]Der Nachweis der Identität der abmeldepflichtigen Person kann bei der elektro-

---

[1)] Siehe hierzu ua die Erste BundesmeldedatenübermittlungsVO – 1. BMeldDÜV v. 1.12.2014 (BGBl. I S. 1945), zuletzt geänd. durch G v. 3.12.2020 (BGBl. I S. 2744).

[2)] § 23 Abs. 6 angef. mWv 1.11.2016 durch G v. 2.2.2016 (BGBl. I S. 130); Abs. 1 Satz 1 geänd., Abs. 7 angef. mWv 1.11.2016 durch G v. 11.10.2016 (BGBl. I S. 2218); Abs. 6 geänd. mWv 1.11.2019 durch G v. 4.8.2019 (BGBl. I S. 1131).

[3)] **Schönfelder Nr. 85.**

[4)] **Sartorius ErgBd. Nr. 569.**

nischen Abmeldung auch durch die Angabe des Familiennamens, des Vornamens, des Geburtsdatums und der Seriennummer des zuletzt im Melderegister gespeicherten Ausweises oder Passes nach § 3 Absatz 1 Nummer 17 erfolgen.

§ 23a[1)] Elektronische Anmeldung. (1) Abweichend von § 23 Absatz 1, 3 und 4 kann das Bundesministerium des Innern, für Bau und Heimat im Einvernehmen mit der jeweils zuständigen obersten Landesbehörde zur Erprobung der elektronischen Anmeldung ein Verfahren nach Maßgabe der Absätze 2 bis 4 zulassen.

(2) [1] Die meldepflichtige Person darf bei einer Anmeldung nach Absatz 1 bei der Wegzugsmeldebehörde die nach § 3 Absatz 1 Nummer 1 bis 18 gespeicherten Daten elektronisch anfordern. [2] Hierzu hat sie Familienname, Vornamen, Geburtsdatum sowie die letzte Wohnanschrift anzugeben. [3] Die Wegzugsmeldebehörde ist verpflichtet, diese Daten in elektronischer und unveränderbarer Form zu übermitteln (vorausgefüllter Meldeschein). [4] Daten zum gesetzlichen Vertreter, Ehegatten, Lebenspartner oder zu minderjährigen Kindern, für die eine Auskunftssperre nach § 51 oder ein bedingter Sperrvermerk nach § 52 gespeichert ist, dürfen nicht in dem vorausgefüllten Meldeschein enthalten sein.

(3) Die meldepflichtige Person hat die übermittelten Angaben auf ihre Richtigkeit zu prüfen, um Angaben nach § 19 Absatz 3 Nummer 1 bis 3 zu ergänzen, elektronisch zu bestätigen und an die Zuzugsmeldebehörde zu übermitteln.

(4) Die Vorlage der Bestätigung des Wohnungsgebers oder des entsprechenden Zuordnungsmerkmals nach § 19 Absatz 4 Satz 1 kann bei einer elektronischen Anmeldung durch einen Code, der durch die Zuzugsmeldebehörde an die Zuzugsanschrift der meldepflichtigen Person versendet und von dieser bestätigt wird, ersetzt werden.

§ 24[2)] Datenerhebung, Meldebestätigung. (1) [1] Bei der An- oder Abmeldung oder der Änderung der Hauptwohnung dürfen bei der meldepflichtigen Person die in § 3 Absatz 1 Nummer 1 bis 18 und in Absatz 2 Nummer 2 Buchstabe a bis c, Nummer 5, 6 und 10 genannten Daten erhoben werden. [2] Dies gilt auch für die Hinweise, die zum Nachweis der Richtigkeit dieser Daten erforderlich sind.

(2) [1] Die meldepflichtige Person erhält unentgeltlich eine schriftliche oder, sofern die An- oder Abmeldung elektronisch durchgeführt wird, eine elektronische Bestätigung über die An- oder Abmeldung (amtliche Meldebestätigung). [2] Diese darf nur folgende Daten enthalten:

1. Familienname,
2. Vornamen unter Kennzeichnung des gebräuchlichen Vornamens,
3. Doktorgrad,
4. Geburtsdatum,
5. Einzugsdatum oder Auszugsdatum,
6. Datum der An- oder Abmeldung,
7. Anschrift und
8. alleinige Wohnung, Haupt- oder Nebenwohnung.

[1)] § 23a eingef. mWv 7.4.2021 durch G v. 15.1.2021 (BGBl. I S. 530).

[2)] § 24 Abs. 2 Satz 2 Nr. 2 geänd. mWv 1.11.2016 durch G v. 11.10.2016 (BGBl. I S. 2218); Abs. 2 Satz 1 geänd. mWv 7.4.2021 durch G v. 15.1.2021 (BGBl. I S. 530).

§ 25 Mitwirkungspflichten der meldepflichtigen Person. Die meldepflichtige Person hat auf Verlangen der Meldebehörde

1. die zur ordnungsgemäßen Führung des Melderegisters erforderlichen Auskünfte zu erteilen,
2. die zum Nachweis der Angaben erforderlichen Unterlagen vorzulegen und
3. persönlich bei der Meldebehörde zu erscheinen.

§ 26 Befreiung von der Meldepflicht. [1] Von der Meldepflicht nach § 17 Absatz 1 und 2 sind befreit

1. Mitglieder einer ausländischen diplomatischen Mission oder einer ausländischen konsularischen Vertretung und die mit ihnen im gemeinsamen Haushalt lebenden Familienmitglieder, falls die genannten Personen weder die deutsche Staatsangehörigkeit besitzen noch im Inland ständig ansässig sind, noch dort eine private Erwerbstätigkeit ausüben,
2. Personen, für die diese Befreiung in völkerrechtlichen Übereinkünften festgelegt ist.

[2] Die Befreiung von der Meldepflicht nach Satz 1 Nummer 1 tritt nur ein, wenn Gegenseitigkeit besteht.

§ 27[1)] Ausnahmen von der Meldepflicht. (1) Eine Meldepflicht nach § 17 Absatz 1 und 2 wird nicht begründet, wenn eine Person, die für eine Wohnung im Inland gemeldet ist, eine Gemeinschaftsunterkunft oder eine andere dienstlich bereitgestellte Unterkunft bezieht, um

1. Wehrdienst nach dem Wehrpflichtgesetz[2)] oder freiwilligen Wehrdienst nach dem Soldatengesetz[3)] zu leisten,
2. Bundesfreiwilligendienst nach dem Bundesfreiwilligendienstgesetz[4)] zu leisten,
3. Zivildienst nach dem Zivildienstgesetz[5)] zu leisten,
4. eine Dienstleistung nach dem Vierten Abschnitt des Soldatengesetzes zu erbringen,
5. Dienst bei der Bundeswehr als Berufssoldat oder Soldat auf Zeit oder Vollzugsdienst bei der Bundes- oder der Landespolizei zu leisten, sofern die Unterkunft für nicht länger als zwölf Monate bezogen wird,
6. als Angehörige des öffentlichen Dienstes an Lehrgängen oder Fachstudien zur Aus- oder Fortbildung teilzunehmen.

(2) [1] Wer im Inland nach § 17 oder § 28 gemeldet ist und für einen nicht länger als sechs Monate dauernden Aufenthalt eine Wohnung bezieht, muss sich für diese Wohnung weder an- noch abmelden. [2] Wer nach Ablauf von sechs Monaten nicht aus dieser Wohnung ausgezogen ist, hat sich innerhalb von zwei Wochen bei der Meldebehörde anzumelden. [3] Für Personen, die sonst im Ausland wohnen und im Inland nicht nach § 17 Absatz 1 gemeldet sind, besteht diese Pflicht nach Ablauf *von drei Monaten.*

(3) [1] Die Ausnahme von der Meldepflicht nach Absatz 2 gilt nicht für

---

[1)] § 27 Abs. 1 Nr. 1 geänd. durch G v. 13.5.2015 (BGBl. I S. 706); Abs. 3 Sätze 2–4 angef. mWv 1.11. 2015 durch G v. 20.10.2015 (BGBl. I S. 1722); Abs. 4 Sätze 1, 2 neu gef., Satz 3 geänd. mWv 7.4.2021 durch G v. 15.1.2021 (BGBl. I S. 530).

[2)] Nr. **620**.

[3)] **Sartorius III Nr. 850.**

[4)] Nr. **627**.

[5)] Nr. **625**.

1. Spätaussiedler und deren Familienangehörige, wenn sie nach § 8 des Bundesvertriebenengesetzes[1] verteilt werden, und
2. Asylbewerber oder sonstige Ausländer, die vorübergehend eine Aufnahmeeinrichtung oder eine sonstige zugewiesene Unterkunft beziehen.

[2]Die Meldepflicht nach Absatz 2 in Verbindung mit Satz 1 Nummer 2 kann erfüllt werden, indem die für die Erfassung von Personen in den Aufnahmeeinrichtungen zuständige Stelle der Meldebehörde die für die Anmeldung notwendigen Daten in Form einer Liste übermittelt. [3]Statt einer Liste kann auch eine Kopie der ausländerrechtlichen Erfassung übermittelt werden. [4]Eine elektronische Übermittlung ist in beiden Fällen zulässig.

(4) [1]Für eine Person, der durch eine richterliche Entscheidung die Freiheit entzogen ist, begründet § 17 Absatz 1 keine Meldepflicht, solange

1. der Vollzug der Freiheitsentziehung drei Monate nicht überschreitet oder
2. die betroffene Person im Inland nach § 17 oder § 28 gemeldet ist und der Vollzug der Freiheitsentziehung die Dauer von zwölf Monaten nicht überschreitet.

[2]Andernfalls hat die Leitung der Anstalt die Aufnahme und die Entlassung innerhalb der folgenden zwei Wochen der Meldebehörde, die für den Sitz der Anstalt zuständig ist, mitzuteilen; die betroffene Person ist zu unterrichten. [3]Die Mitteilung enthält die in den Meldescheinen vorgesehenen Daten. [4]Die Mitteilung ersetzt die Anmeldung nach § 23 Absatz 1.

Abschnitt 4. Besondere Meldepflichten

§ 28 Besondere Meldepflichten für Binnenschiffer und Seeleute.

(1) [1]Wer auf ein Binnenschiff zieht, das in einem Schiffsregister im Inland eingetragen ist, hat sich bei der Meldebehörde des Ortes anzumelden, in dem der Heimathafen des Schiffes liegt. [2]Die Vorschriften über die allgemeine Meldepflicht gelten entsprechend. [3]Die An- und Abmeldung kann auch bei einer anderen Meldebehörde oder bei der Wasserschutzpolizei vorgenommen werden, die die Daten an die zuständige Meldebehörde weiterleitet.

(2) [1]Der Reeder eines Seeschiffes, das berechtigt ist, die Bundesflagge zu führen, hat den Kapitän und die Besatzungsmitglieder des Schiffes bei Beginn des Anstellungs-, Heuer- oder Ausbildungsverhältnisses anzumelden. [2]Er hat diese Personen bei Beendigung des Anstellungs-, Heuer- oder Ausbildungsverhältnisses abzumelden. [3]§ 24 Absatz 1 gilt entsprechend. [4]Zuständig ist die Meldebehörde am Sitz des Reeders. [5]Die zu meldenden Personen haben dem Reeder die erforderlichen Auskünfte zu geben.

(3) Die Meldepflicht nach den Absätzen 1 und 2 besteht nicht für Personen, die im Inland für eine Wohnung nach § 17 Absatz 1 gemeldet sind.

(4) Die Meldebehörde kann von Schiffseignern und Reedern Auskunft verlangen über Personen, welche auf ihren Schiffen wohnen oder gewohnt haben.

§ 29[2] Besondere Meldepflicht in Beherbergungsstätten. (1) [1]Wer in Einrichtungen, die der gewerbs- oder geschäftsmäßigen Aufnahme von Personen

---

[1] **Aichberger, SGB Nr. 6/51.**

[2] § 29 Abs. 5 eingef., bish. Abs. 5 wird Abs. 6 mWv 1.1.2020 durch G v. 22.11.2019 (BGBl. I S. 1746); Abs. 5 Satz 2 angef. mWv 18.3.2021 durch G v. 10.3.2021 (BGBl. I S. 332).

dienen (Beherbergungsstätten), für länger als sechs Monate aufgenommen wird, unterliegt der Meldepflicht nach § 17 oder § 28. [2] Wer nicht für eine Wohnung im Inland gemeldet ist, hat sich innerhalb von zwei Wochen bei der Meldebehörde anzumelden, sobald sein Aufenthalt die Dauer von drei Monaten überschreitet.

(2) [1] Beherbergte Personen haben am Tag der Ankunft einen besonderen Meldeschein handschriftlich zu unterschreiben, der die in § 30 Absatz 2 aufgeführten Daten enthält. [2] Mitreisende Angehörige sind auf dem Meldeschein nur der Zahl nach anzugeben. [3] Bei Reisegesellschaften von mehr als zehn Personen betrifft die Verpflichtung nach Satz 1 nur den Reiseleiter; er hat die Anzahl der Mitreisenden und ihre Staatsangehörigkeit anzugeben.

(3) Beherbergte ausländische Personen, die nach Absatz 2 namentlich auf dem Meldeschein aufzuführen sind, haben sich bei der Anmeldung gegenüber den Leitern der Beherbergungsstätten durch die Vorlage eines gültigen Identitätsdokumentes (anerkannter und gültiger Pass oder Passersatz) auszuweisen.

(4) [1] Personen, die in Zelten, Wohnmobilen, Wohnwagen oder Wasserfahrzeugen auf gewerbs- oder geschäftsmäßig überlassenen Plätzen übernachten, unterliegen nicht der Meldepflicht nach § 17 Absatz 1 und 2, solange sie im Inland nach § 17 oder § 28 gemeldet sind. [2] Wer nicht nach § 17 oder § 28 gemeldet ist, hat sich innerhalb von zwei Wochen bei der Meldebehörde anzumelden, sobald der Aufenthalt die Dauer von drei Monaten überschreitet. [3] Die Absätze 2 und 3 gelten entsprechend.

(5) [1] Abweichend von Absatz 2 Satz 1 kann die Meldepflicht mit Zustimmung der beherbergten Person auch dadurch erfüllt werden, dass die in § 30 Absatz 2 genannten Daten elektronisch erhoben werden und die beherbergte Person deren Richtigkeit und Vollständigkeit am Tag der Ankunft bestätigt, indem die beherbergte Person

1. einen kartengebundenen Zahlungsvorgang mit einer starken Kundenauthentifizierung im Sinne des § 1 Absatz 24 des Zahlungsdiensteaufsichtsgesetzes auslöst, bei dem die zweckgebundene Zuordnungsnummer des eingesetzten Zahlungsmittels erhoben wird,
2. den elektronischen Identitätsnachweis nach § 18 des Personalausweisgesetzes[1)], nach § 12 des eID-Karte-Gesetzes oder nach § 78 Absatz 5 des Aufenthaltsgesetzes[2)] erbringt oder
3. ihren Personalausweis nach § 18a des Personalausweisgesetzes, ihre eID-Karte nach § 13 des eID-Karte-Gesetzes oder ihren Aufenthaltstitel nach § 78 Absatz 5 des Aufenthaltsgesetzes zum Vor-Ort-Auslesen verwendet.

[2] Wer Beherbergungsstätten betreibt, kann für seine und andere mit seinen Beherbergungsstätten vertraglich zum Zweck des Erbringens von Beherbergungsdienstleistungen verbundenen Beherbergungsstätten zur Erprobung weiterer elektronischer Verfahren zur Erfüllung der Meldepflicht bei dem Bundesministerium des Innern, für Bau und Heimat bis zum Ablauf des 31. Dezember 2023 für die Dauer von höchstens zwei Jahren einen Antrag auf Zulassung eines von Satz 1 abweichenden Verfahrens stellen, bei dem

1. die in § 30 Absatz 2 genannten Daten elektronisch mit Zustimmung der beherbergten Person erhoben werden,

---

1) Nr. **255**.
2) Nr. **565**.

2. die beherbergte Person die Richtigkeit und Vollständigkeit der Daten nach Nummer 1 am Tag der Ankunft in geeigneter Weise bestätigt und
3. das Bundesamt für Sicherheit in der Informationstechnik bei einer vorherigen Prüfung des Verfahrens ein vergleichbares Sicherheitsniveau zu den in Satz 1 Nummer 1 bis 3 genannten Verfahren festgestellt hat.

(6) Die Absätze 2 und 3 gelten nicht für
1. Einrichtungen mit Heimunterbringung, die der Jugend- und Erwachsenenbildung, der Ausbildung oder der Fortbildung dienen, soweit Personen zu den genannten Zwecken untergebracht werden,
2. Betriebs- oder Vereinsheime, wenn dort nur Betriebs- oder Vereinsmitglieder und deren Familienangehörige beherbergt werden,
3. Jugendherbergen und Berghütten, zeitweilig belegte Einrichtungen der öffentlichen oder öffentlich anerkannten Träger der Jugendarbeit und
4. Einrichtungen der öffentlich-rechtlichen Religionsgesellschaften.

§ 30[1)] Besondere Meldescheine für Beherbergungsstätten. (1) [1]Die Leiter der Beherbergungsstätten oder der Einrichtungen nach § 29 Absatz 4 haben besondere Meldescheine bereitzuhalten. [2]Sie können zusätzlich technische Vorrichtungen zur elektronischen Erfüllung der Meldepflicht nach § 29 Absatz 5 vorhalten. [3]Sie haben darauf hinzuwirken, dass die betroffenen Personen
1. die Verpflichtungen nach § 29 Absatz 2 oder die Vorgaben des gewählten elektronischen Verfahrens nach Absatz 5 erfüllen sowie
2. die Verpflichtungen nach § 29 Absatz 3 und 4 Satz 3 erfüllen.

(2) [1]Die Meldescheine enthalten vorbehaltlich der Regelung in Absatz 3 ausschließlich folgende Daten:
1. Datum der Ankunft und der voraussichtlichen Abreise,
2. Familiennamen,
3. Vornamen,
4. Geburtsdatum,
5. Staatsangehörigkeiten,
6. Anschrift,
7. Zahl der Mitreisenden und ihre Staatsangehörigkeit in den Fällen des § 29 Absatz 2 Satz 2 und 3 sowie
8. Seriennummer des anerkannten und gültigen Passes oder Passersatzpapiers bei ausländischen Personen.

[2]Bei ausländischen Personen haben die Leiter der Beherbergungsstätten oder der Einrichtungen nach § 29 Absatz 4 die Angaben im Meldeschein mit denen des Identitätsdokumentes zu vergleichen. [3]Ergeben sich hierbei Abweichungen, ist dies auf dem Meldeschein zu vermerken. [4]Legen ausländische Personen kein oder kein gültiges Identitätsdokument vor, ist dies auf dem Meldeschein zu vermerken. [5]Im Fall des § 29 Absatz 5 Nummer 1 ist die zweckgebundene Zuordnungsnummer des eingesetzten Zahlungsmittels zusammen mit den Daten nach Satz 1 zu speichern.

[1)] § 30 Abs. 1 und 4 neu gef., Abs. 2 Satz 5 und Abs. 5 angef. mWv 1.1.2020 durch G v. 22.11.2019 (BGBl. I S. 1746).

(3) Durch Landesrecht kann bestimmt werden, dass für die Erhebung von Fremdenverkehrs- und Kurbeiträgen weitere Daten auf dem Meldeschein erhoben werden dürfen.

(4) [1] Die nach Absatz 1 verpflichteten Personen haben die ausgefüllten Meldescheine vom Tag der Abreise der beherbergten Person an ein Jahr aufzubewahren und innerhalb von drei Monaten nach Ablauf der Aufbewahrungsfrist zu vernichten. [2] Wird die Meldepflicht elektronisch erfüllt, gelten für die Speicherung und Löschung der nach § 29 Absatz 5 erhobenen Daten die Fristen nach Satz 1. [3] Den nach Landesrecht bestimmten Behörden und den in § 34 Absatz 4 Satz 1 Nummer 1 bis 5 und 9 bis 11 genannten Behörden sind zur Erfüllung ihrer Aufgaben auf Verlangen

1. die nach § 29 Absatz 2 Satz 1 handschriftlich unterschriebenen Meldescheine zur Einsichtnahme vorzulegen und
2. die nach § 29 Absatz 5 elektronisch erhobenen Daten maschinenlesbar zur Verfügung zu stellen.

(5) Sofern das Meldeverfahren elektronisch durchgeführt wird, haben die nach Absatz 1 verpflichteten Personen durch geeignete technische und organisatorische Maßnahmen nach den Artikeln 24, 25 und 32 der Verordnung (EU) 2016/679[1)] sicherzustellen, dass die in Absatz 2 bezeichneten Daten nur nach Maßgabe von Absatz 4 und § 29 Absatz 5 verarbeitet werden.

§ 31[2)] Verarbeitungsbeschränkungen. [1] Die nach § 30 Absatz 2 erhobenen Daten dürfen von den nach Landesrecht bestimmten Behörden und den in § 34 Absatz 4 Satz 1 Nummer 1 bis 5 und 9 bis 11 genannten Behörden verarbeitet werden, sofern dies zur Erfüllung ihrer Aufgaben erforderlich ist. [2] Sie dürfen außerdem zur Aufklärung des Schicksals von Vermissten und Unfallopfern, für die Erhebung von Fremdenverkehrs- und Kurbeiträgen, zur Ausstellung kommunaler Gästekarten sowie für die Beherbergungs- und die Fremdenverkehrsstatistik verarbeitet werden.

§ 32 Besondere Meldepflicht in Krankenhäusern, Heimen und ähnlichen Einrichtungen. (1) [1] Wer in Krankenhäusern, Pflegeheimen oder sonstigen Einrichtungen, die der Betreuung pflegebedürftiger oder behinderter Menschen oder der Heimerziehung dienen, aufgenommen wird oder dort einzieht, muss sich nicht anmelden, solange er für eine Wohnung im Inland gemeldet ist. [2] Wer nicht für eine Wohnung im Inland gemeldet ist, hat sich, sobald sein Aufenthalt die Dauer von drei Monaten überschreitet, innerhalb von zwei Wochen anzumelden. [3] Für Personen, die ihrer Meldepflicht nicht persönlich nachkommen können, haben die Leiter der Einrichtungen die Aufnahme innerhalb von zwei Wochen der Meldebehörde mitzuteilen, die für den Sitz der Einrichtung zuständig ist; die betroffenen Personen sind zu unterrichten. [4] § 17 Absatz 3 Satz 3 bleibt unberührt.

(2) [1] Der zuständigen Behörde ist Auskunft aus den Unterlagen der genannten *Einrichtungen zu erteilen*, wenn dies nach Feststellung der Behörde zur Abwehr einer erheblichen und gegenwärtigen Gefahr, zur Verfolgung von Straftaten oder zur Aufklärung des Schicksals von Vermissten und Unfallopfern im Einzelfall erforderlich ist. [2] Die Auskunft umfasst folgende Daten:

1. Familienname,

[1)] Nr. **246**.

[2)] § 31 Überschrift neu gef., Sätze 1, 2 geänd. mWv 26.11.2019 durch G v. 20.11.2019 (BGBl. I S. 1626); Satz 1 geänd. mWv 1.1.2021 durch G v. 22.12.2020 (BGBl. I S. 3334).

2. Vornamen,
3. Geburtsdatum und Geburtsort sowie bei Geburt im Ausland auch den Staat,
4. Staatsangehörigkeiten,
5. Anschriften,
6. Datum der Aufnahme und Datum der Entlassung.

Abschnitt 5. Datenübermittlungen

Unterabschnitt 1. Datenübermittlungen zwischen öffentlichen Stellen[1)]

§ 33[2)] Datenübermittlungen zwischen den Meldebehörden. (1) [1]Hat sich eine Person bei einer Meldebehörde angemeldet, so hat diese die Wegzugsmeldebehörde und die für weitere Wohnungen zuständigen Meldebehörden darüber durch Übermittlung der in § 3 Absatz 1 Nummer 1 bis 18 genannten Daten der betroffenen Person zu unterrichten (Rückmeldung). [2]Bei einem Zuzug aus dem Ausland ist die für den letzten Wohnort im Inland zuständige Meldebehörde als Wegzugsmeldebehörde zu unterrichten. [3]Die Daten sind unverzüglich, spätestens jedoch drei Werktage nach der Anmeldung, durch Datenübertragung zu übermitteln; § 10 Absatz 2 gilt entsprechend.

(2) [1]Die übermittelten Daten sind unverzüglich von der Wegzugsmeldebehörde zu verarbeiten. [2]Die Wegzugsmeldebehörde hat die Zuzugsmeldebehörde unverzüglich, spätestens jedoch drei Werktage nach Eingang der Rückmeldung, über die in § 3 Absatz 2 Nummer 1, 2 Buchstabe d, Nummer 3, 4, 5, 7, 8 und 11 genannten Tatsachen sowie dann zu unterrichten, wenn die in Satz 1 bezeichneten Daten von den bisherigen Angaben abweichen (Auswertung der Rückmeldung). [3]Soweit Meldebehörden desselben Landes beteiligt sind, können für die Datenübermittlung weitergehende Regelungen durch Landesrecht getroffen werden.

(3) [1]Werden die in § 3 Absatz 1 und 2 Nummer 7 und 8 bezeichneten Daten fortgeschrieben, so sind unverzüglich die für weitere Wohnungen der betroffenen Person zuständigen Meldebehörden zu unterrichten, soweit die Daten zur Erfüllung ihrer Aufgaben erforderlich sind. [2]Verstirbt oder verzieht eine meldepflichtige Person, zu der Daten der in § 3 Absatz 1 Nummer 9, 15 und 16 genannten Personen außerhalb der Zuständigkeit der Meldebehörde gespeichert sind, ist unverzüglich die für diese Personen zuständige Meldebehörde über die Fortschreibung zu unterrichten.

(4) [1]Speichert die Meldebehörde eine Auskunftssperre nach § 51 im Melderegister oder hebt die Meldebehörde eine Auskunftssperre auf, so hat sie hierüber die für die letzte frühere oder die neue Wohnung zuständige Meldebehörde und die für weitere Wohnungen zuständigen Meldebehörden unverzüglich zu unterrichten. [2]Diese Meldebehörden haben die Auskunftssperre nach § 51 unverzüglich im Melderegister zu speichern und im Falle der Aufhebung zu löschen. [3]Die Sätze 1 und 2 gelten für bedingte Sperrvermerke nach § 52 mit der Maßgabe entsprechend, dass eine Aufhebung nicht stattfindet.

(5) Soweit auf Grund von völkerrechtlichen Übereinkünften ein meldebehördliches Rückmeldeverfahren mit Stellen des Auslands vorgesehen ist, gehen die darin getroffenen Vereinbarungen den Regelungen nach den Absätzen 1 bis 3 vor.

---

1) Siehe hierzu ua die *Erste Bundesmeldedatenübermittlungs*VO – 1. BMeldDÜV v. 1.12.2014 (BGBl. I S. 1945), zuletzt geänd. durch G v. 3.12.2020 (BGBl. I S. 2744).

2) § 33 Abs. 4 Satz 3 angef. mWv 1.11.2016 durch G v. 11.10.2016 (BGBl. I S. 2218); Abs. 1 Satz 3 geänd. mWv 26.11.2019 durch G v. 20.11.2019 (BGBl. I S. 1626).

(6) Datenübermittlungen und Auskünfte zwischen den Meldebehörden sind gebührenfrei.

§ 34[1] Datenübermittlungen an andere öffentliche Stellen. (1)[2] [1]Die Meldebehörde darf einer anderen öffentlichen Stelle im Sinne von § 2 Absatz 1 bis 3 und 4 Satz 2 des Bundesdatenschutzgesetzes[3] im Inland aus dem Melderegister folgende Daten übermitteln, soweit dies zur Erfüllung der in ihrer Zuständigkeit oder in der Zuständigkeit des Empfängers liegenden öffentlichen Aufgaben erforderlich ist:

1. Familienname,
2. frühere Namen,
3. Vornamen unter Kennzeichnung des gebräuchlichen Vornamens,
4. Doktorgrad,
5. Ordensname, Künstlername,
6. derzeitige und frühere Anschriften, Haupt- und Nebenwohnung; bei Zuzug aus dem Ausland auch den Staat und die letzte Anschrift im Inland, bei Wegzug in das Ausland auch die Zuzugsanschrift im Ausland und den Staat,
7. Einzugsdatum, Auszugsdatum, Datum des letzten Wegzugs aus einer Wohnung im Inland sowie Datum des letzten Zuzugs aus dem Ausland,
8. Geburtsdatum und Geburtsort sowie bei Geburt im Ausland auch den Staat,
9. Geschlecht,
10. zum gesetzlichen Vertreter
    a) Familienname,
    b) Vornamen,
    c) Doktorgrad,
    d) Anschrift,
    e) Geburtsdatum,
    f) Sterbedatum,
    g) Auskunftssperren nach § 51 und bedingte Sperrvermerke nach § 52,
11. derzeitige Staatsangehörigkeiten einschließlich der nach § 3 Absatz 2 Nummer 5 gespeicherten Daten,
12. Familienstand, bei Verheirateten oder Lebenspartnern zusätzlich Datum, Ort und Staat der Eheschließung oder der Begründung der Lebenspartnerschaft,
13. Auskunftssperren nach § 51 und bedingte Sperrvermerke nach § 52 sowie

---

[1] § 34 Abs. 1 Satz 1 Nr. 3, 6, 10 Buchst. g und Abs. 4 Satz 1 Nr. 10 und 11 geänd., Nr. 12 angef. mWv 1.11.2016 durch G v. 11.10.2016 (BGBl. I S. 2218); Abs. 4 Sätze 3, 4 geänd. mWv 26.11.2019 durch G v. 20.11.2019 (BGBl. I S. 1626); Abs. 5 Satz 1 geänd. mWv 7.4.2021 durch G v. 15.1.2021 (BGBl. I S. 530); Abs. 1 Satz 2 geänd. mWv 1.5.2021, Abs. 1 Satz 3 angef. mit unbestimmtem Inkrafttreten durch G v. 28.3.2021 (BGBl. I S. 591).

[2] *Gem. Art. 4 Nr. 5 Buchst.* b) G v. 28.3.2021 (BGBl. I S. 591) wird mit noch unbestimmtem Inkrafttreten folgender Satz angefügt:
„Die Meldebehörde darf an eine
1. registerführende Stelle nach § 2 des Identifikationsnummerngesetzes zur Erfüllung der in § 2 Nummer 1 und 2 des Identifikationsnummerngesetzes genannten Aufgaben oder
2. öffentliche Stelle zum Zwecke der Erbringung von Verwaltungsleistungen nach dem Onlinezugangsgesetz durch die Meldebehörde oder die anfragende öffentliche Stelle

zusätzlich die Identifikationsnummer nach dem Identifikationsnummerngesetz nach § 3 Absatz 1 Nummer 8, Nummer 9 Buchstabe i, Nummer 15 Buchstabe j und Nummer 16 Buchstabe h dieses Gesetzes übermitteln.“

[3] Nr. **245**.

14. Sterbedatum und Sterbeort sowie bei Versterben im Ausland auch den Staat.

[2] Den in Absatz 4 Satz 1 bezeichneten Behörden darf die Meldebehörde unter den Voraussetzungen des Satzes 1 über die dort genannten Daten hinaus auch Ausstellungsbehörde, Ausstellungsdatum, Gültigkeitsdauer und Seriennummer des Personalausweises, vorläufigen Personalausweises oder Ersatz-Personalausweises sowie des anerkannten Passes oder Passersatzpapieres übermitteln.

(2) Werden Daten über eine Vielzahl nicht namentlich bezeichneter Personen übermittelt, dürfen für die Zusammensetzung der Personengruppe nur die in Absatz 1 Satz 1 genannten Daten zugrunde gelegt werden.

(3) Die Übermittlung weiterer als der in Absatz 1 Satz 1 bezeichneten Daten oder die Übermittlung der in § 3 Absatz 1 oder 2 genannten Hinweise im Melderegister an andere öffentliche Stellen ist nur dann zulässig, wenn der Empfänger

1. ohne Kenntnis der Daten nicht in der Lage wäre, eine ihm durch Rechtsvorschrift übertragene Aufgabe zu erfüllen, und
2. die Daten bei der betroffenen Person nur mit unverhältnismäßig hohem Aufwand erheben könnte oder von einer Datenerhebung nach der Art der Aufgabe, zu der die Daten erforderlich sind, abgesehen werden muss.

(4) [1] Die Prüfung bei der Meldebehörde, ob die Voraussetzungen nach Absatz 3 und § 8 vorliegen, entfällt, wenn sie von den folgenden Behörden um Übermittlung von Daten und Hinweisen nach Absatz 3 ersucht wird:

1. Polizeibehörden des Bundes und der Länder,
2. Staatsanwaltschaften,
3. Amtsanwaltschaften,
4. Gerichte, soweit sie Aufgaben der Strafverfolgung, der Strafvollstreckung oder des Strafvollzugs wahrnehmen,
5. Justizvollzugsbehörden,
6. Verfassungsschutzbehörden des Bundes und der Länder,
7. Bundesnachrichtendienst,
8. Militärischer Abschirmdienst,
9. Zollfahndungsdienst,
10. Hauptzollämter,
11. Finanzbehörden, soweit sie strafverfolgend tätig sind, oder
12. Bundesamt für Justiz, soweit es Aufgaben der Vollstreckungshilfe nach dem Rahmenbeschluss 2005/214/JI des Rates vom 24. Februar 2005 über die Anwendung des Grundsatzes der gegenseitigen Anerkennung von Geldstrafen und Geldbußen (ABl. L 76 vom 22.3.2005, S. 16), der durch den Rahmenbeschluss 2009/299/JI (ABl. L 81 vom 27.3.2009, S. 24) geändert worden ist, sowie Aufgaben des Strafnachrichtenaustausches nach dem Rahmenbeschluss 2009/315/JI des Rates vom 26. Februar 2009 über die Durchführung und den Inhalt des Austauschs von Informationen aus dem Strafregister zwischen den Mitgliedstaaten (ABl. L 93 vom 7.4.2009, S. 23) wahrnimmt.

[2] Die ersuchende Behörde hat den Namen und die Anschrift der betroffenen Person unter Hinweis auf den Anlass der Übermittlung aufzuzeichnen. [3] Diese Aufzeichnungen sind aufzubewahren, durch technische und organisatorische Maßnahmen nach den Artikeln 24, 25 und 32 der Verordnung (EU) 2016/679[1] zu

[1] Nr. **246**.

sichern und nach Ablauf des Kalenderjahres, das dem Jahr der Erstellung der Aufzeichnung folgt, zu vernichten. [4] Satz 3 gilt nicht, wenn die Daten nach Satz 2 Bestandteil von Akten oder Dateisystemen geworden sind.

(5) [1] Wurde eine Auskunftssperre nach § 51 Absatz 1 auf Veranlassung einer in Absatz 4 Satz 1 Nummer 1 bis 4, 6 bis 9 und 11 genannten Behörde von Amts wegen eingetragen, sind die betroffene Person und die veranlassende Stelle über jedes Ersuchen um Übermittlung von Daten zur betroffenen Person unverzüglich zu unterrichten. [2] Sofern nach Anhörung der betroffenen Person, oder, wenn diese nicht erreichbar ist, nach Anhörung der veranlassenden Stelle, eine Gefahr nach § 51 Absatz 1 nicht ausgeschlossen werden kann, ist eine Übermittlung in diesen Fällen nicht zulässig; die ersuchende Stelle erhält eine Mitteilung, die keine Rückschlüsse darauf zulassen darf, ob zu der betroffenen Person keine Daten vorhanden sind oder eine Auskunftssperre besteht. [3] Abweichend von den Sätzen 1 und 2 wird bei Übermittlungsersuchen einer in Absatz 4 Satz 1 genannten Stelle ausschließlich die veranlassende Stelle unterrichtet und angehört.

(6) [1] Datenübermittlungen und Auskünfte von Meldebehörden an andere öffentliche Stellen im Inland sind gebührenfrei. [2] Landesrechtliche Regelungen zur Gebührenerhebung bei Datenübermittlungen aus zentralen Meldedatenbeständen oder Portalen auf Landesebene bleiben unberührt.

§ 35 Datenübermittlungen an ausländische Stellen. Im Rahmen von Tätigkeiten, die ganz oder teilweise in den Anwendungsbereich des Rechts der Europäischen Union fallen, gilt § 34 Absatz 1 Satz 1 nach Maßgabe der dafür geltenden Gesetze und Vereinbarungen, wenn Daten übermittelt werden an

1. öffentliche Stellen in anderen Mitgliedstaaten der Europäischen Union,
2. öffentliche Stellen in anderen Vertragsstaaten des Abkommens über den Europäischen Wirtschaftsraum,
3. Organe und Einrichtungen der Europäischen Union oder
4. Organe und Einrichtungen der Europäischen Atomgemeinschaft.

§ 36[1)] Regelmäßige Datenübermittlungen. (1) Datenübermittlungen an andere öffentliche Stellen, die ohne Ersuchen in allgemein bestimmten Fällen regelmäßig wiederkehrend durchgeführt werden (regelmäßige Datenübermittlungen), sind zulässig, soweit dies durch Bundes- oder Landesrecht bestimmt ist, in dem Anlass und Zweck der Übermittlungen, der Empfänger und die zu übermittelnden Daten festgelegt sind.

(2) [1] Eine Datenübermittlung nach § 58c Absatz 1 Satz 1 des Soldatengesetzes[2)] ist nur zulässig, soweit die betroffene Person nicht widersprochen hat. [2] Bei einem Widerspruch hat die betroffene Person gegenüber der Meldebehörde ein Recht auf unentgeltliche Einrichtung einer Übermittlungssperre. [3] Die betroffene Person ist auf ihr Widerspruchsrecht bei der Anmeldung und spätestens im Oktober eines jeden Jahres durch ortsübliche Bekanntmachung hinzuweisen.

§ 37[3)] Datenweitergabe. (1) [1] Innerhalb der Verwaltungseinheit, der die Meldebehörde angehört, dürfen unter den in § 34 Absatz 1 genannten Voraussetzungen sämtliche der in § 3 Absatz 1 aufgeführten Daten und Hinweise weitergegeben

---

[1)] § 36 Abs. 2 Satz 1 geänd. durch G v. 20.11.2014 (BGBl. I S. 1738); Abs. 1 geänd., Abs. 2 Satz 2 eingef, bish. Satz 2 wird Satz 3 mWv 26.11.2019 durch G v. 20.11.2019 (BGBl. I S. 1626).

[2)] **Sartorius III Nr. 850.**

[3)] § 37 Abs. 2 Satz 1 geänd. mWv 26.11.2019 durch G v. 20.11.2019 (BGBl. I S. 1626).

werden. [2]Für die Einsichtnahme und Weitergabe von Daten und Hinweisen nach § 3 Absatz 2 gilt § 34 Absatz 3 entsprechend.

(2) [1]Die Einrichtung automatisierter Verfahren zur Datenübertragung an andere Stellen innerhalb der Verwaltungseinheit, der die Meldebehörde angehört, bedarf der Zulassung durch den Leiter der Verwaltungseinheit; dabei hat er die abrufberechtigten Stellen sowie die erforderlichen technischen und organisatorischen Maßnahmen nach den Artikeln 24, 25 und 32 der Verordnung (EU) 2016/679[1)] schriftlich festzulegen. [2]Die abrufberechtigte Stelle darf von der Möglichkeit des Datenabrufs nur Gebrauch machen, wenn dies im Einzelfall zur Erfüllung ihrer Aufgaben erforderlich ist.

§ 38[2)] Automatisierter Abruf. (1)[3)] Die Meldebehörde darf einer anderen öffentlichen Stelle folgende Daten durch automatisierte Abrufverfahren übermitteln (einfache Behördenauskunft):

1. Familienname,
2. frühere Namen,
3. Vornamen unter Kennzeichnung des gebräuchlichen Vornamens,
4. Ordensname, Künstlername,
5. Geburtsdatum und Geburtsort sowie bei Geburt im Ausland auch den Staat,
6. Doktorgrad,
7. Geschlecht,
8. derzeitige Anschriften oder Wegzugsanschrift, gekennzeichnet nach Haupt- und Nebenwohnung,
9. Sterbedatum und Sterbeort sowie
10. bedingte Sperrvermerke nach § 52.

(2) [1]Ein Abruf ist nur zulässig, soweit diese Daten der abrufenden Stelle zur Erfüllung ihrer Aufgaben bekannt sein müssen. [2]Ist im Melderegister eine Auskunftssperre nach § 51 eingetragen, erhält die abrufende Stelle eine Mitteilung, die keine Rückschlüsse darauf zulassen darf, ob zu der betroffenen Person keine Daten vorhanden sind oder eine Auskunftssperre besteht; in diesen Fällen ist der Abruf von der Meldebehörde wie ein Ersuchen um Datenübermittlung nach § 34 zu behandeln.

(3) Den in § 34 Absatz 4 Satz 1 genannten Behörden dürfen darüber hinaus durch das automatisierte Abrufverfahren folgende Daten übermittelt werden:

1. derzeitige Staatsangehörigkeiten,
2. frühere Anschriften, gekennzeichnet nach Haupt- und Nebenwohnung,
3. Einzugsdatum und Auszugsdatum,

[1)] Nr. **246**.

[2)] § 38 Abs. 1 Nr. 3 geänd., Nr. 7 und 8 neu gef., Nr. 9 angef., Abs. 3 Nr. 3 und 5 geänd. mWv 1.11. 2016 und Abs. 1 Nr. 7 eingef., bish. Nr. 7–9 werden Nr. 8–10, Abs. 3 Nr. 1 aufgeh., bish. Nr. 2–6 werden Nr. 1–5 mWv 1.5.2017 durch G v. 11.10.2016 (BGBl. I S. 2218); Abs. 5 Satz 1 geänd. mWv 26.11.2019 durch G v. 20.11.2019 (BGBl. I S. 1626); Abs. 3 Nr. 4 geänd. mWv 12.12.2020 durch G v. 3.12.2020 (BGBl. I S. 2744); Abs. 1 letzter Satz angef. mit unbestimmtem Inkrafttreten durch G v. 28.3. 2021 (BGBl. I S. 591).

[3)] Gem. Art. 4 Nr. 7 G v. 28.3.2021 (BGBl. I S. 591) wird mit noch unbestimmtem Inkrafttreten folgender Satz angefügt: „Die Identifikationsnummer nach § 139b der Abgabenordnung darf in den Fällen des § 34a Absatz 2 Satz 3 zusätzlich als Auswahldatum verwendet werden."

4. Ausstellungsbehörde, Ausstellungsdatum, Gültigkeitsdauer, Seriennummer des Personalausweises, vorläufigen Personalausweises oder Ersatz-Personalausweises, des anerkannten Passes oder Passersatzpapiers und
5. Daten nach § 3 Absatz 2 Nummer 7 und 8.

(4) [1] Als Auswahldaten für Abrufe dürfen die in § 34 Absatz 4 Satz 1 genannten Behörden Daten nach § 34 Absatz 1 verwenden, alle übrigen öffentlichen Stellen nur den Familiennamen, frühere Namen, Vornamen, das Geschlecht, das Geburtsdatum und den Geburtsort sowie bei Geburt im Ausland auch den Staat und die derzeitige oder eine frühere Anschrift. [2] Für Familiennamen, frühere Namen und Vornamen ist eine phonetische Suche zulässig. [3] Werden auf Grund eines Abrufs die Datensätze mehrerer Personen angezeigt, darf die abrufberechtigte Stelle diese Daten nur in dem Umfang verwenden, der zur Erfüllung der ihr durch Rechtsvorschrift übertragenen Aufgaben erforderlich ist. [4] Nicht erforderliche Daten sind unverzüglich zu löschen.

(5) [1] Die Übermittlung weiterer Daten und Hinweise durch automatisierte Abrufverfahren nach den Absätzen 1 bis 3 ist zulässig, soweit dies durch Bundes- oder Landesrecht bestimmt ist, in dem auch Anlass und Zweck der Übermittlungen, der Empfänger und die zu übermittelnden Daten festgelegt sind. [2] Die Verwendung von weiteren Auswahldaten nach Absatz 4 ist zulässig, soweit dies durch Bundes- oder Landesrecht bestimmt ist, in dem auch Anlass und Zweck des Abrufs festgelegt sind.

§ 39[1)] Verfahren des automatisierten Abrufs. (1) [1] Bei der Einrichtung eines automatisierten Abrufverfahrens hat die abrufberechtigte Stelle durch geeignete technische und organisatorische Maßnahmen nach den Artikeln 24, 25 und 32 der Verordnung (EU) 2016/679[2)] sicherzustellen, dass Daten nur von hierzu befugten Personen abgerufen werden können. [2] § 10 Absatz 2 gilt entsprechend. [3] Zusätzlich darf über die Identität der abrufenden Stelle kein Zweifel bestehen. [4] § 3 des Gesetzes über die Verbindung der informationstechnischen Netze des Bundes und der Länder – Gesetz zur Ausführung von Artikel 91c Absatz 4 des Grundgesetzes –[3)] vom 10. August 2009 (BGBl. I S. 2702) in der jeweils geltenden Fassung bleibt unberührt.

(2) [1] Werden auf Grund eines automatisierten Abrufs nach § 38 Absatz 1 bis 3 die Datensätze von unterschiedlichen Personen gefunden, dürfen hierzu Identifikationsmerkmale gebildet und übermittelt werden. [2] Zur Bildung dieser Identifikationsmerkmale dürfen die in § 3 genannten Daten nicht verarbeitet werden. [3] Der Empfänger der Daten darf das Identifikationsmerkmal nur an die Meldebehörde übermitteln.

(3) [1] Für die in § 34 Absatz 4 Satz 1 genannten sowie weitere durch Bundes- oder Landesrecht bestimmte öffentliche Stellen ist bei zentralen Meldedatenbeständen *der Länder oder, sofern* solche nicht vorhanden sind, bei sonstigen Stellen, die durch Landesrecht dazu bestimmt sind, oder bei den Meldebehörden zu jeder Zeit sicherzustellen, dass Daten über das Internet oder über das Verbindungsnetz des Bundes und der Länder abgerufen werden können. [2] Absatz 1 Satz 2 bis 4 gilt entsprechend.

[1)] § 39 Abs. 1 Satz 1, Abs. 2 Satz 2 geänd. mWv 26.11.2019 durch G v. 20.11.2019 (BGBl. I S. 1626).
[2)] Nr. **246**.
[3)] **Sartorius III Nr. 715.**

(4) [1]Die Verantwortung für die Zulässigkeit des einzelnen automatisierten Abrufs trägt die abrufende Stelle. [2]Die Meldebehörde überprüft die Zulässigkeit des Abrufs nur, wenn dazu Anlass besteht.

§ 40[1)] Protokollierungspflicht bei automatisiertem Abruf. (1) Die Meldebehörde hat bei einem automatisierten Abruf von Daten einer einzelnen Person Folgendes zu protokollieren:

1. die abrufberechtigte Stelle,
2. die abgerufenen Daten,
3. den Zeitpunkt des Abrufs,
4. soweit vorhanden, das Aktenzeichen der abrufenden Behörde und
5. die Kennung der abrufenden Person.

(2) Werden Daten über eine Vielzahl nicht näher bezeichneter Personen nach § 34 Absatz 2 abgerufen, sind zusätzlich der Anlass, die Abrufkriterien und die Anzahl der Treffer zu protokollieren.

(3) Ist die abrufende Stelle eine der in § 34 Absatz 4 Satz 1 genannten Behörden, hat sie die Protokollierung vorzunehmen.

(4) [1]Die Protokolldaten sind mindestens zwölf Monate aufzubewahren und zu sichern. [2]Sie sind spätestens zum Ende des Kalenderjahres zu löschen, das auf die Speicherung folgt. [3]Die Protokolldaten dürfen nur für Zwecke der Datenschutzkontrolle, hieraus folgender Strafverfahren, der Sicherstellung des Betriebs der Register und der Auskunftserteilung an die betroffene Person verarbeitet werden.

§ 41[2)] Zweckbindung übermittelter Daten und Hinweise. [1]Die Empfänger dürfen die Daten und Hinweise, soweit gesetzlich nichts anderes bestimmt ist, nur für die Zwecke verarbeiten, zu deren Erfüllung sie ihnen übermittelt oder weitergegeben wurden. [2]In den Fällen der §§ 51 und 52 ist eine Verarbeitung der übermittelten oder weitergegebenen Daten und Hinweise nur zulässig, wenn die Beeinträchtigung schutzwürdiger Interessen der betroffenen Person ausgeschlossen werden kann.

§ 42[3)] Datenübermittlungen an öffentlich-rechtliche Religionsgesellschaften. (1) Die Meldebehörde darf einer öffentlich-rechtlichen Religionsgesellschaft unter den in § 34 Absatz 1 Satz 1 genannten Voraussetzungen zur Erfüllung ihrer Aufgaben, nicht jedoch zu arbeitsrechtlichen Zwecken folgende Daten ihrer Mitglieder auch regelmäßig übermitteln:

1. Familienname,
2. frühere Namen,
3. Vornamen unter Kennzeichnung des gebräuchlichen Vornamens,
4. Doktorgrad,
5. Ordensname, Künstlername,
6. Geburtsdatum und Geburtsort sowie bei Geburt im Ausland auch den Staat,

---

[1)] § 40 Abs. 4 Satz 3 geänd. mWv 26.11.2019 durch G v. 20.11.2019 (BGBl. I S. 1626).

[2)] § 41 Sätze 1, 2 geänd. mWv 26.11.2019 durch G v. 20.11.2019 (BGBl. I S. 1626).

[3)] § 42 Abs. 1 einl. Satzteil, Nr. 11 und 13, Abs. 2 Nr. 5 und Abs. 3 Satz 1 geänd., Abs. 4a eingef. durch G v. 20.11.2014 (BGBl. I S. 1738); Abs. 1 Nr. 3, 7 Buchst. h, Nr. 15 und Abs. 2 Nr. 6 geänd. mWv 1.11. 2016 durch G v. 11.10.2016 (BGBl. I S. 2218); Abs. 3 Satz 3 eingef., bish. Satz 3 wird Satz 4, Abs. 5 Satz 1 geänd. mWv 26.11.2019 durch G v. 20.11.2019 (BGBl. I S. 1626); Abs. 4a Satz 3 geänd. mWv 27.6.2020 durch VO v. 19.6.2020 (BGBl. I S. 1328); Abs. 1 Nr. 11 geänd. mWv 7.4.2021 durch G v. 15.1.2021 (BGBl. I S. 530).

7. zum gesetzlichen Vertreter
   a) Familienname,
   b) Vornamen,
   c) Doktorgrad,
   d) Anschrift,
   e) Geburtsdatum,
   f) Geschlecht,
   g) Sterbedatum sowie
   h) Auskunftssperren nach § 51 und bedingte Sperrvermerke nach § 52,
8. Geschlecht,
9. derzeitige Staatsangehörigkeiten,
10. rechtliche Zugehörigkeit zu der öffentlich-rechtlichen Religionsgesellschaft,
11. derzeitige Anschriften, gekennzeichnet nach Haupt- und Nebenwohnung, die letzte frühere Anschrift, bei Zuzug aus dem Ausland die letzte Anschrift im Inland, bei Wegzug in das Ausland auch die Zuzugsanschrift im Ausland und den Staat,
12. Einzugsdatum und Auszugsdatum,
13. Familienstand beschränkt auf die Angabe, ob verheiratet oder eine Lebenspartnerschaft führend oder nicht; zusätzlich bei Verheirateten oder Lebenspartnern: Datum, Ort und Staat der Eheschließung oder der Begründung der Lebenspartnerschaft,
14. Zahl der minderjährigen Kinder,
15. Auskunftssperren nach § 51 und bedingte Sperrvermerke nach § 52 sowie
16. Sterbedatum und Sterbeort sowie bei Versterben im Ausland auch den Staat.

(2) Haben Mitglieder einer öffentlich-rechtlichen Religionsgesellschaft Familienangehörige, die nicht derselben oder keiner öffentlich-rechtlichen Religionsgesellschaft angehören, darf die Meldebehörde von diesen Familienangehörigen folgende Daten übermitteln:

1. Vor- und Familiennamen,
2. Geburtsdatum und Geburtsort,
3. Geschlecht,
4. Zugehörigkeit zu einer öffentlich-rechtlichen Religionsgesellschaft,
5. derzeitige Anschriften und letzte frühere Anschrift,
6. Auskunftssperren nach § 51 und bedingte Sperrvermerke nach § 52 sowie
7. Sterbedatum.

(3) [1] Familienangehörige im Sinne des Absatzes 2 sind der Ehegatte oder Lebenspartner, minderjährige Kinder und die Eltern von minderjährigen Kindern. [2] Die betroffenen Personen haben das Recht, der Übermittlung ihrer Daten zu *widersprechen; sie* sind auf dieses Recht bei der Anmeldung nach § 17 Absatz 1 sowie einmal jährlich durch ortsübliche Bekanntmachung hinzuweisen. [3] § 36 Absatz 2 Satz 2 gilt entsprechend. [4] Satz 2 gilt nicht, soweit Daten für Zwecke des Steuererhebungsrechts der jeweiligen öffentlich-rechtlichen Religionsgesellschaft übermittelt werden.

(4) Für Datenübermittlungen nach den Absätzen 1 und 2 gilt § 34 Absatz 5 entsprechend.

(4a) [1] Die Meldebehörden dürfen den öffentlich-rechtlichen Religionsgesellschaften jeweils zu Beginn einer standardisierten Datenübermittlung zu einem bundesweit einheitlichen Stichtag die in den Absätzen 1 und 2 genannten sowie die gemäß § 55 Absatz 2 durch Landesrecht bestimmten Daten innerhalb von längstens zwölf Monaten automatisiert übermitteln, um einen einmaligen Abgleich zum Zwecke der Bestands- und Ersterfassung und darauf aufbauende Folgedatenübermittlungen zu ermöglichen. [2]Dabei sind auch Widersprüche nach § 42 Absatz 3 Satz 2 zu übermitteln. [3]Der jeweilige Stichtag wird vom Bundesministerium des Innern, für Bau und Heimat im Bundesanzeiger bekannt gegeben.

(5) [1]Eine Datenübermittlung nach den Absätzen 1 und 2 ist nur zulässig, wenn sichergestellt ist, dass beim Empfänger ausreichende Maßnahmen zum Datenschutz getroffen sind. [2]Die Feststellung hierüber trifft eine durch Landesrecht zu bestimmende Behörde.

§ 43[1)] Datenübermittlungen an die Suchdienste. (1) Die Meldebehörde darf den Suchdiensten zur Erfüllung ihrer öffentlich-rechtlichen Aufgaben regelmäßig folgende Daten von den Personen, die aus den in § 1 Absatz 2 Nummer 3 des Bundesvertriebenengesetzes[2)] bezeichneten Gebieten stammen, übermitteln:

1. Familienname,
2. frühere Namen,
3. Vornamen unter Kennzeichnung des gebräuchlichen Vornamens,
4. Geburtsdatum und Geburtsort sowie bei Geburt im Ausland auch den Staat,
5. derzeitige und frühere Anschriften,
6. Anschrift am 1. September 1939.

(2) [1]Die Meldebehörde darf den Suchdiensten zur Erfüllung ihrer öffentlich-rechtlichen Aufgaben über die in Absatz 1 genannten Daten hinaus folgende Daten durch das automatisierte Abrufverfahren übermitteln:

1. Geschlecht,
2. derzeitige Staatsangehörigkeiten,
3. Einzugsdatum und Auszugsdatum.

[2]Als Auswahldaten für Abrufe dürfen die Suchdienste neben den nach § 38 Absatz 4 Satz 1 allen öffentlichen Stellen zur Verfügung stehenden Daten die folgenden verwenden:

1. bei Zuzug aus dem Ausland auch den Staat und die letzte Anschrift im Inland, bei Wegzug in das Ausland auch die Zuzugsanschrift im Ausland und den Staat,
2. Einzugsdatum und Auszugsdatum,
3. derzeitige Staatsangehörigkeiten,
4. Familienstand,
5. Sterbedatum und Sterbeort sowie bei Versterben im Ausland auch den Staat.

Unterabschnitt 2. Melderegisterauskunft

§ 44[3)] Einfache Melderegisterauskunft. (1) [1]Wenn eine Person zu einer anderen Person oder wenn eine andere als die in § 34 Absatz 1 Satz 1 oder § 35 bezeichnete Stelle Auskunft verlangt, darf die Meldebehörde nur Auskunft über

---

[1)] § 43 Abs. 1 Nr. 3, Abs. 2 Satz 1 einl. Satzteil geänd., Nr. 3 aufgeh., bish. Nr. 4 wird Nr. 3, Satz 2 Nr. 1 geänd. mWv *1.11.2016 durch G v. 11.10.2016 (BGBl. I S. 2218).*

[2)] **Aichberger, SGB Nr. 6/51.**

[3)] § 44 Abs. 1 Satz 1 Nr. 2 geänd. mWv 1.11.2016 durch G v. 11.10.2016 (BGBl. I S. 2218); Abs. 3, 4 neu gef., Abs. 5 angef. mWv 26.11.2019 durch G v. 20.11.2019 (BGBl. I S. 1626).

folgende Daten einzelner bestimmter Personen erteilen (einfache Melderegisterauskunft):
1. Familienname,
2. Vornamen unter Kennzeichnung des gebräuchlichen Vornamens,
3. Doktorgrad und
4. derzeitige Anschriften sowie,
5. sofern die Person verstorben ist, diese Tatsache.

[2] Sofern die Daten für gewerbliche Zwecke verwendet werden, sind diese anzugeben.

(2) Absatz 1 gilt auch, wenn Auskunft über Daten einer Vielzahl von Personen verlangt wird.

(3) Die Erteilung einer einfachen Melderegisterauskunft ist nur zulässig, wenn
1. die Identität der Person, über die eine Auskunft begehrt wird, eindeutig festgestellt werden kann auf Grund der in der Anfrage mitgeteilten Angaben über
   a) den Familiennamen,
   b) den früheren Namen,
   c) die Vornamen,
   d) das Geburtsdatum,
   e) das Geschlecht oder
   f) eine Anschrift und
2. die Daten nicht für Zwecke der Werbung oder des Adresshandels verwendet werden und die Auskunft verlangende Person oder Stelle dies erklärt.

(4) Es ist verboten, Daten aus einer Melderegisterauskunft gewerblich zu verwenden, ohne dass ein Zweck nach Absatz 1 Satz 2 bei der Anfrage angegeben wurde.

(5) § 45 Absatz 2 gilt entsprechend.

§ 45[1] Erweiterte Melderegisterauskunft. (1) Soweit ein berechtigtes Interesse glaubhaft gemacht wird, darf zu den in § 44 Absatz 1 genannten Daten einzelner bestimmter Personen eine erweiterte Melderegisterauskunft erteilt werden über
1. frühere Namen,
2. Geburtsdatum und Geburtsort sowie bei Geburt im Ausland auch den Staat,
3. Familienstand, beschränkt auf die Angabe, ob verheiratet oder eine Lebenspartnerschaft führend oder nicht,
4. derzeitige Staatsangehörigkeiten,
5. frühere Anschriften,
6. Einzugsdatum und Auszugsdatum,
7. Familienname und Vornamen sowie Anschrift des gesetzlichen Vertreters,
8. Familienname und Vornamen sowie Anschrift des Ehegatten oder des Lebenspartners sowie
9. Sterbedatum und Sterbeort sowie bei Versterben im Ausland auch den Staat.

(2) Die Pflicht zur Information der betroffenen Person gemäß Artikel 14 Absatz 1, 2 und 4 der Verordnung (EU) 2016/679[2] durch den Empfänger der

---

[1] § 45 Abs. 2 neu gef. mWv 26.11.2019 durch G v. 20.11.2019 (BGBl. I S. 1626).
[2] Nr. **246**.

erweiterten Melderegisterauskunft besteht ergänzend zu den in Artikel 14 Absatz 5 der Verordnung (EU) 2016/679 genannten Ausnahmen nicht, wenn durch ihre Erfüllung ein rechtliches Interesse, insbesondere die Geltendmachung von Rechtsansprüchen, beeinträchtigen würde, sofern nicht das berechtigte Interesse der betroffenen Person an der Erfüllung der Informationspflicht überwiegt.

§ 46 Gruppenauskunft. (1) [1]Eine Melderegisterauskunft über eine Vielzahl nicht namentlich bezeichneter Personen (Gruppenauskunft) darf nur erteilt werden, wenn sie im öffentlichen Interesse liegt. [2]Für die Zusammensetzung der Personengruppe dürfen die folgenden Daten herangezogen werden:

1. Geburtsdatum,
2. Geschlecht,
3. derzeitige Staatsangehörigkeit,
4. derzeitige Anschriften,
5. Einzugsdatum und Auszugsdatum,
6. Familienstand mit der Angabe, ob ledig, verheiratet, geschieden, verwitwet, eine Lebenspartnerschaft führend, Lebenspartnerschaft aufgehoben oder Lebenspartner verstorben.

(2) Außer der Tatsache der Zugehörigkeit zu der Gruppe dürfen folgende Daten mitgeteilt werden:

1. Familienname,
2. Vornamen,
3. Doktorgrad,
4. Alter,
5. Geschlecht,
6. Staatsangehörigkeiten,
7. derzeitige Anschriften und
8. gesetzliche Vertreter mit Familienname und Vornamen sowie Anschrift.

§ 47 Zweckbindung der Melderegisterauskunft. (1) [1]Bei Melderegisterauskünften nach § 44 zu gewerblichen Zwecken und bei Melderegisterauskünften nach den §§ 45 und 46 sowie bei Vorliegen einer Auskunftssperre nach § 51 Absatz 1 darf der Empfänger die Daten nur für die Zwecke verwenden, zu deren Erfüllung sie ihm übermittelt wurden. [2]Danach sind die Daten zu löschen.

(2) Soweit Daten zum Zwecke der geschäftsmäßigen Anschriftenermittlung für Dritte erhoben werden, dürfen diese nicht wiederverwendet werden.

§ 48[1] Melderegisterauskunft für öffentlich-rechtliche Rundfunkanstalten. Soweit öffentlich-rechtliche Rundfunkanstalten publizistisch tätig sind, sind sie keine öffentlichen Stellen im Sinne dieses Gesetzes.

§ 49[2] Automatisierte Melderegisterauskunft. (1) [1]Einfache Melderegisterauskünfte können auch auf Datenträgern erteilt werden, die sich automatisiert verarbeiten lassen. [2]Die der Meldebehörde überlassenen Datenträger oder die der

---

[1] § 48 *neu* gef. mWv 1.11.2016 durch G v. 11.10.2016 (BGBl. I S. 2218).

[2] § 49 Abs. 1 Satz 3 aufgeh., Abs. 5 geänd. durch G v. 20.11.2014 (BGBl. I S. 1738); Abs. 3 Satz 2 geänd. mWv 1.11.2016 und Abs. 4 Nr. 1 neu gef., Abs. 5 eingef., bish. Abs. 5 wird Abs. 6. mWv 1.5. 2017 durch G v. 11.10.2016 (BGBl. I S. 2218); Abs. 6 geänd. mWv 26.11.2019 durch G v. 20.11.2019 (BGBl. I S. 1626).

Meldebehörde übermittelten Daten sind nach Erledigung des Antrags unverzüglich zurückzugeben, zu löschen oder zu vernichten.

(2) [1] Einfache Melderegisterauskünfte können auch durch einen automatisierten Abruf über das Internet erteilt werden. [2] Die Antwort an den Antragsteller ist verschlüsselt zu übertragen.

(3) [1] Eine einfache Melderegisterauskunft über das Internet kann auch über ein Portal oder mehrere Portale erteilt werden. [2] Wird ein Portal nicht in öffentlich-rechtlicher Form betrieben, bedarf es der Zulassung durch die zuständige Landesbehörde. [3] Portale haben insbesondere die Aufgabe,

1. die Anfragenden zu registrieren,
2. die Auskunftsersuchen entgegenzunehmen und an die Meldebehörde oder andere Portale weiterzuleiten,
3. die Antworten entgegenzunehmen und an Meldebehörden oder andere Portale weiterzuleiten,
4. die Zahlung der Gebühren und Auslagen an die Meldebehörden sicherzustellen und
5. die Datensicherheit zu gewährleisten.

[4] Absatz 1 Satz 2 gilt entsprechend.

(4) Auskünfte dürfen nur erteilt werden, wenn

1. der Antragsteller die betroffene Person mit ihrem Familiennamen oder einem früheren Familiennamen und mindestens einem jeweils dazugehörigen Vornamen, wobei für Vor- und Familiennamen eine phonetische Suche zulässig ist, sowie entweder mit einer Anschrift oder mit zwei weiteren Daten bezeichnet hat, wobei die Daten nach Absatz 5 Nummer 5 und 9 nicht zusammen verwendet werden dürfen, und
2. die Identität der betroffenen Person durch einen automatisierten Abgleich der im Antrag angegebenen Daten mit den im Melderegister gespeicherten Daten der betroffenen Person eindeutig festgestellt worden ist.

(5) Für die weitere Bezeichnung der betroffenen Person nach Absatz 4 Nummer 1 können folgende Daten zusätzlich verwendet werden:

1. Ordensname,
2. Künstlername,
3. Geburtsdatum,
4. Geburtsort sowie bei Geburt im Ausland auch den Staat,
5. Geschlecht,
6. Vorname und Familienname des gesetzlichen Vertreters,
7. Einzugsdatum zu einer Anschrift,
8. Auszugsdatum zu einer Anschrift,
9. Familienstand,
10. Datum und Ort der Eheschließung oder Begründung der Lebenspartnerschaft sowie bei Eheschließung oder Begründung der Lebenspartnerschaft im Ausland auch den Staat,
11. Vorname und Familienname des Ehegatten oder Lebenspartners,
12. Sterbedatum,
13. Sterbeort sowie bei Versterben im Ausland auch den Staat.

(6) § 10 Absatz 2 und § 40 gelten entsprechend.

§ 50[1] Melderegisterauskünfte in besonderen Fällen. (1) [1]Die Meldebehörde darf Parteien, Wählergruppen und anderen Trägern von Wahlvorschlägen im Zusammenhang mit Wahlen und Abstimmungen auf staatlicher und kommunaler Ebene in den sechs der Wahl oder Abstimmung vorangehenden Monaten Auskunft aus dem Melderegister über die in § 44 Absatz 1 Satz 1 bezeichneten Daten von Gruppen von Wahlberechtigten erteilen, soweit für deren Zusammensetzung das Lebensalter bestimmend ist. [2]Die Geburtsdaten der Wahlberechtigten dürfen dabei nicht mitgeteilt werden. [3]Die Person oder Stelle, der die Daten übermittelt werden, darf diese nur für die Werbung bei einer Wahl oder Abstimmung verwenden und hat sie spätestens einen Monat nach der Wahl oder Abstimmung zu löschen oder zu vernichten.

(2) [1]Verlangen Mandatsträger, Presse oder Rundfunk Auskunft aus dem Melderegister über Alters- oder Ehejubiläen von Einwohnern, darf die Meldebehörde Auskunft erteilen über

1. Familienname,
2. Vornamen,
3. Doktorgrad,
4. Anschrift sowie
5. Datum und Art des Jubiläums.

[2]Altersjubiläen im Sinne des Satzes 1 sind der 70. Geburtstag, jeder fünfte weitere Geburtstag und ab dem 100. Geburtstag jeder folgende Geburtstag; Ehejubiläen sind das 50. und jedes folgende Ehejubiläum.

(3) [1]Adressbuchverlagen darf zu allen Einwohnern, die das 18. Lebensjahr vollendet haben, Auskunft erteilt werden über deren

1. Familienname,
2. Vornamen,
3. Doktorgrad und
4. derzeitige Anschriften.

[2]Die übermittelten Daten dürfen nur für die Herausgabe von Adressbüchern (Adressenverzeichnisse in Buchform) verwendet werden.

(4) [1]Die Meldebehörde hat dem Eigentümer der Wohnung und, wenn er nicht selbst Wohnungsgeber ist, auch dem Wohnungsgeber bei Glaubhaftmachung eines rechtlichen Interesses unentgeltlich Auskunft über Familiennamen und Vornamen sowie Doktorgrad der in seiner Wohnung gemeldeten Einwohner zu erteilen. [2]Die Auskunft kann auf Antrag des Auskunftsberechtigten im elektronischen Verfahren erteilt werden; § 10 Absatz 2 und 3 gilt entsprechend.

(5) [1]Die betroffene Person hat das Recht, der Übermittlung ihrer Daten nach den Absätzen 1 bis 3 zu widersprechen; hierauf ist bei der Anmeldung nach § 17 Absatz 1 sowie einmal jährlich durch ortsübliche Bekanntmachung hinzuweisen. [2]§ 36 Absatz 2 Satz 2 gilt entsprechend.

(6) [1]Eine Erteilung von Auskünften nach den Absätzen 1 bis 3 unterbleibt, wenn eine Auskunftssperre nach § 51 vorliegt. [2]Eine Auskunft nach Absatz 3 darf außerdem nicht erteilt werden, wenn ein bedingter Sperrvermerk nach § 52 eingetragen ist.

[1] § 50 Abs. 5 Satz 2 angef. mWv 26.11.2019 durch G v. 20.11.2019 (BGBl. I S. 1626).

§ 51[1] Auskunftssperren. (1) [1]Liegen Tatsachen vor, die die Annahme rechtfertigen, dass der betroffenen oder einer anderen Person durch eine Melderegisterauskunft eine Gefahr für Leben, Gesundheit, persönliche Freiheit oder ähnliche schutzwürdige Interessen erwachsen kann, hat die Meldebehörde auf Antrag oder von Amts wegen unentgeltlich eine Auskunftssperre im Melderegister einzutragen. [2]Ein ähnliches schutzwürdiges Interesse ist insbesondere der Schutz der betroffenen oder einer anderen Person vor Bedrohungen, Beleidigungen sowie unbefugten Nachstellungen. [3]Bei der Feststellung, ob Tatsachen im Sinne des Satzes 1 vorliegen, ist auch zu berücksichtigen, ob die betroffene oder eine andere Person einem Personenkreis angehört, der sich auf Grund seiner beruflichen oder ehrenamtlich ausgeübten Tätigkeit allgemein in verstärktem Maße Anfeindungen oder sonstigen Angriffen ausgesetzt sieht.

(2) [1]Sofern nach Anhörung der betroffenen Person eine Gefahr nach Absatz 1 nicht ausgeschlossen werden kann, ist eine Melderegisterauskunft nicht zulässig. [2]Ist die betroffene Person nicht erreichbar, ist in den Fällen, in denen eine Auskunftssperre auf Veranlassung einer in § 34 Absatz 4 Satz 1 Nummer 1 bis 4, 6 bis 9 und 11 genannten Behörde von Amts wegen eingetragen wurde, die veranlassende Stelle anzuhören. [3]Sofern eine Auskunft nicht erteilt wird, erhält die ersuchende Person oder Stelle eine Mitteilung, die keine Rückschlüsse darauf zulassen darf, ob zu der betroffenen Person keine Daten vorhanden sind oder eine Auskunftssperre besteht.

(3) Wurde eine Auskunftssperre eingetragen, sind die betroffene Person und, sofern die Eintragung auf Veranlassung einer in § 34 Absatz 4 Satz 1 Nummer 1 bis 4, 6 bis 9 und 11 genannten Behörde von Amts wegen erfolgte, zusätzlich die veranlassende Stelle über jedes Ersuchen um eine Melderegisterauskunft unverzüglich zu unterrichten.

(4) [1]Die Auskunftssperre wird auf zwei Jahre befristet. [2]Sie kann auf Antrag oder von Amts wegen verlängert werden. [3]Die betroffene Person ist vor Aufhebung der Sperre zu unterrichten, soweit sie erreichbar ist. [4]Wurde die Sperre von einer in § 34 Absatz 4 Satz 1 Nummer 1 bis 4, 6 bis 9 und 11 genannten Behörde veranlasst, ist diese zu unterrichten, wenn die betroffene Person nicht erreichbar ist.

(5) Die Melderegisterauskunft ist ferner nicht zulässig,

1. soweit die Einsicht in ein Personenstandsregister nach § 63 des Personenstandsgesetzes[2] nicht gestattet werden darf und
2. in den Fällen des § 1758 des Bürgerlichen Gesetzbuchs[3].

§ 52[4] Bedingter Sperrvermerk. (1) Die Meldebehörde richtet unentgeltlich einen bedingten Sperrvermerk für derzeitige Anschriften der Personen ein, die nach Kenntnis der Meldebehörde wohnhaft gemeldet sind in

---

[1] § 51 Abs. 3 geänd. mWv 1.11.2016 durch G v. 11.10.2016 (BGBl. I S. 2218); Abs. 1 geänd. mWv 26.11.2019 durch G v. 20.11.2019 (BGBl. I S. 1626); Abs. 1 Sätze 2, 3 angef., Abs. 3 neu gef. mWv 3.4. 2021 durch G v. 30.3.2021 (BGBl. I S. 441, geänd. durch G v. 30.3.2021 BGBl. I S. 448); Abs. 2 Satz 2, Abs. 3, Abs. 4 Satz 4 geänd. mWv 7.4.2021 durch G v. 15.1.2021 (BGBl. I S. 530).

[2] Nr. **260**.

[3] **Schönfelder Nr. 20.**

[4] § 52 Abs. 1 einl. Satzteil geänd. mWv 1.11.2016 durch G v. 11.10.2016 (BGBl. I S. 2218); Abs. 1 einl. Satzteil geänd. mWv 26.11.2019 durch G v. 20.11.2019 (BGBl. I S. 1626); Abs. 1 Nr. 1, 2 aufgeh., bish. Nr. 3 wird Nr. 1 und geänd., bish. Nr. 4, 5 werden Nr. 2, 3, Abs. 2 Satz 3 angef. mWv 7.4.2021 durch G v. 15.1.2021 (BGBl. I S. 530).

1. Pflegeheimen oder sonstigen Einrichtungen, die der Betreuung pflegebedürftiger oder behinderter Menschen oder der Heimerziehung dienen,
2. Einrichtungen zum Schutz vor häuslicher Gewalt oder
3. Einrichtungen zur Behandlung von Suchterkrankungen.

(2) [1] In diesen Fällen darf, soweit nicht die Voraussetzungen des § 51 Absatz 1 bis 3 vorliegen, eine Melderegisterauskunft nur erteilt werden, wenn eine Beeinträchtigung schutzwürdiger Interessen ausgeschlossen werden kann. [2] Die betroffene Person ist vor Erteilung einer Melderegisterauskunft zu hören. [3] Ist der Meldebehörde eine aktuelle, nicht gesperrte Anschrift bekannt, so darf sie diese aktuelle Anschrift beauskunften.

Unterabschnitt 3. Zeugenschutz

§ 53 Zeugenschutz. Die Vorschriften des Zeugenschutz-Harmonisierungsgesetzes[1)] vom 11. Dezember 2001 (BGBl. I S. 3510), das durch Artikel 2 Absatz 12 des Gesetzes vom 19. Februar 2007 (BGBl. I S. 122) geändert worden ist, in der jeweils geltenden Fassung bleiben von den Regelungen zu Datenübermittlungen und Datenweitergabe nach den §§ 34, 36 bis 38 und 49 unberührt.

Abschnitt 6. Ordnungswidrigkeiten

§ 54[2)] Bußgeldvorschriften. (1) Ordnungswidrig handelt, wer entgegen § 19 Absatz 6 eine Wohnanschrift anbietet oder zur Verfügung stellt.

(2) Ordnungswidrig handelt, wer vorsätzlich oder fahrlässig

1. entgegen § 17 Absatz 1, auch in Verbindung mit § 27 Absatz 2 Satz 2 oder § 28 Absatz 1 Satz 1 oder Satz 2, entgegen § 29 Absatz 1 Satz 2 oder Absatz 4 Satz 2 oder § 32 Absatz 1 Satz 2 sich nicht, nicht richtig oder nicht rechtzeitig anmeldet,
2. entgegen § 17 Absatz 2 Satz 1 sich nicht oder nicht rechtzeitig abmeldet,
3. entgegen § 19 Absatz 1 Satz 2 den Einzug nicht, nicht richtig oder nicht rechtzeitig bestätigt,
4. entgegen § 19 Absatz 1 Satz 5 eine Bestätigung ausstellt,
5. einer vollziehbaren Anordnung nach § 19 Absatz 5 oder § 25 oder § 28 Absatz 4 zuwiderhandelt,
6. entgegen § 21 Absatz 4 Satz 2 eine Mitteilung nicht, nicht richtig, nicht vollständig oder nicht rechtzeitig macht,
7. entgegen § 28 Absatz 2 Satz 1 oder Satz 2 den Kapitän oder ein Besatzungsmitglied nicht oder nicht rechtzeitig anmeldet oder nicht oder nicht rechtzeitig abmeldet,
8. entgegen § 29 Absatz 2 Satz 1 einen besonderen Meldeschein nicht oder nicht rechtzeitig unterschreibt,
9. entgegen § 30 Absatz 1 Satz 1 einen besonderen Meldeschein nicht bereithält,
10. entgegen § 30 Absatz 4 Satz 1, auch in Verbindung mit Satz 2, einen Meldeschein nicht oder nicht mindestens ein Jahr aufbewahrt oder Daten nicht oder nicht mindestens ein Jahr speichert,

---

1) **Schönfelder ErgBd. Nr. 90b.**

2) § 54 Abs. 1 neu gef., Abs. 2 Nr. 3, 10, 11, Abs. 3 geänd., Abs. 2 Nr. 12, 13 aufgeh. mWv 26.11.2019 durch G v. 20.11.2019 (BGBl. I S. 1626); Abs. 2 Nr. 9 geänd., Nr. 10 und 11 neu gef. mWv 1.1.2020 durch G v. 22.11.2019 (BGBl. I S. 1746).

11. entgegen § 30 Absatz 4 Satz 3 einen Meldeschein nicht oder nicht rechtzeitig vorlegt oder Daten nicht oder nicht rechtzeitig zur Verfügung stellt,[1)]

(3) Die Ordnungswidrigkeit kann in den Fällen des Absatzes 1 mit einer Geldbuße bis zu fünfzigtausend Euro und in den übrigen Fällen mit einer Geldbuße bis zu tausend Euro geahndet werden.

Abschnitt 7. Sonstige Vorschriften, Schlussvorschriften

§ 55[2) 3)] Regelungsbefugnisse der Länder. (1) Durch Landesrecht kann bestimmt werden, dass für die Erfüllung von Aufgaben der Länder weitere als die in § 3 aufgeführten Daten und Hinweise verarbeitet werden.

(2) Durch Landesrecht kann bestimmt werden, dass den öffentlich-rechtlichen Religionsgesellschaften zur Erfüllung ihrer Aufgaben weitere als die in § 42 genannten Daten übermittelt werden dürfen.

(3) [1] Durch Landesrecht können die Einrichtung, die Führung und die Aufgaben von zentralen Meldedatenbeständen geregelt werden. [2] In diesem Fall gelten die §§ 4, 5, 6 Absatz 2 Satz 1 und 2 sowie die §§ 7, 8, 10, 11 und 40 entsprechend.

(4) Durch Landesrecht kann das Muster der Meldescheine für die Meldungen nach § 17 Absatz 1 und 2 Satz 1, der einfachen Meldebescheinigung nach § 18 Absatz 1, der Meldebestätigung nach § 24 Absatz 2 und der besonderen Meldescheine nach § 30 Absatz 1 bestimmt werden.

(5) Durch Landesrecht können regelmäßige Datenübermittlungen nach § 36 Absatz 1 im Rahmen der Erfüllung von Aufgaben der Länder geregelt werden, soweit dadurch Anlass und Zweck der Übermittlung festgelegt und der Empfänger sowie die zu übermittelnden Daten bestimmt werden.

(6) Durch Landesrecht kann die Übermittlung weiterer Daten und Hinweise nach § 38 Absatz 5 Satz 1 im Rahmen der Erfüllung von Aufgaben der Länder geregelt werden, soweit dadurch Anlass und Zweck der Übermittlung festgelegt und der Empfänger sowie die zu übermittelnden Daten bestimmt werden.

(7) Durch Landesrecht kann bestimmt werden, welche weiteren Daten nach § 38 Absatz 5 Satz 2 im Rahmen der Erfüllung von Aufgaben der Länder als Auswahldaten für Abrufe zulässig sind, soweit dadurch Anlass und Zweck des Abrufs bestimmt werden.

(8) [1] Durch Landesrecht kann bestimmt werden, welche sonstigen Stellen nach § 39 Absatz 3 Daten zum Abruf anbieten. [2] Sofern bestimmt wird, dass der Datenabruf innerhalb eines Landes abweichend von § 39 Absatz 3 über landesinterne Netze erfolgt, ist sicherzustellen, dass Maßnahmen nach den Artikeln 24, 25 und 32 der Verordnung (EU) 2016/679[4)] getroffen werden.

(9) Von den in § 33 *Absatz* 1 bis 3 und 6, § 34 Absatz 6 sowie in § 39 Absatz 3 getroffenen Regelungen und von den auf Grund von § 56 Absatz 1 getroffenen Regelungen des Verwaltungsverfahrens kann durch Landesrecht nicht abgewichen werden.

[1)] Zeichensetzung amtlich.

[2)] § 55 ist bereits am 26.11.2014 in Kraft getreten; vgl. Fußnote am Titel.

[3)] § 55 Abs. 1, 5, 6 geänd., Abs. 8 Satz 2 neu gef. mWv 26.11.2019 durch G v. 20.11.2019 (BGBl. I S. 1626).

[4)] Nr. **246**.

§ 56[1) 2)] Verordnungsermächtigungen. (1) Das Bundesministerium des Innern, für Bau und Heimat wird ermächtigt, durch Rechtsverordnung[3)] mit Zustimmung des Bundesrates

1. zur Durchführung von Datenübermittlungen nach § 23 Absatz 2 und 3 sowie § 33 Absatz 1 bis 3, die zur Fortschreibung der Melderegister erforderlich sind, die zu übermittelnden Daten, ihre Form sowie das Nähere über das Verfahren der Übermittlung festzulegen,
2. zur Durchführung von regelmäßigen Datenübermittlungen nach § 36 Absatz 1, die zur Aufgabenerfüllung der datenempfangenden öffentlichen Stelle erforderlich sind, die zu übermittelnden Daten, ihre Form sowie das Nähere über das Verfahren der Übermittlung festzulegen,
3. zur Durchführung von automatisierten Abrufen nach den §§ 34a, 38 und 39 die Voraussetzungen, unter denen ein Datenabruf erfolgen darf, sowie die Form und den Inhalt der Daten festzulegen,
4. zur Durchführung von Datenübermittlungen zwischen Meldebehörden und einem Verwaltungsportal nach § 3 Absatz 2 des Onlinezugangsgesetzes[4)] vom 14. August 2017 (BGBl. I S. 3122, 3138), die zur Erbringung von elektronischen Verwaltungsleistungen nach diesem Gesetz erforderlich sind, die zu übermittelnden Daten, ihre Form sowie das Nähere über das Verfahren der Übermittlung festzulegen,
5. zur Durchführung von Melderegisterauskünften über Portale nach § 49 Absatz 3 die Voraussetzungen und das Verfahren zur Zulassung von Portalen zu regeln und
6. das Vertrauensniveau im Sinne des Artikels 8 der Verordnung (EU) Nr. 910/2014[5)] des Europäischen Parlaments und des Rates vom 23. Juli 2014 über elektronische Identifizierung und Vertrauensdienste für elektronische Transaktionen im Binnenmarkt und zur Aufhebung der Richtlinie 1999/93/EG (ABl. L 257 vom 28.8.2014, S. 73; L 23 vom 29.1.2015, S. 19; L 155 vom 14.6. 2016, S. 44) festzulegen, das bei einer elektronischen Beantragung von Verwaltungsleistungen nach diesem Gesetz jeweils erforderlich ist.

(2) [1]Das Bundesministerium des Innern, für Bau und Heimat wird ermächtigt, durch Rechtsverordnung, die nicht der Zustimmung des Bundesrates bedarf, die Einzelheiten der elektronischen Speicherung nach § 29 Absatz 5 und § 30 Absatz 4, insbesondere die bei der Speicherung der Daten einzuhaltenden Datenformate, zu regeln. [2]Es hat dabei die technischen und wirtschaftlichen Belange der nach § 30 Absatz 1 Satz 1 verpflichteten Beherbergungsstätten und Einrichtungen zu berücksichtigen.

(3) [1]Soweit in Rechtsverordnungen auf Grund dieses Gesetzes Form und Verfahren von Datenübermittlungen zu bestimmen sind, kann insoweit auf jedermann zugängliche Bekanntmachungen sachverständiger Stellen verwiesen werden.

---

1) § 56 ist bereits am 26.11.2014 in Kraft getreten; vgl. Fußnote am Titel.

2) § 56 Abs. 1 Nr. 1, 3 geänd., Nr. 4 aufgeh., bish. Nr. 5 wird Nr. 4 mWv 26.11.2019 durch G v. 20.11. 2019 (BGBl. I S. 1626); Abs. 2 eingef., bish. Abs. 2 wird Abs. 3 mWv 1.1.2020 durch G v. 22.11.2019 (BGBl. I S. 1746); Abs. 1 einl. Satzteil geänd. mWv 27.6.2020 durch VO v. 19.6.2020 (BGBl. I S. 1328); Abs. 1 Nr. 1, 3 geänd., Nr. 4 eingef., bish. Nr. 4 wird Nr. 5 und geänd., Nr. 6 angef. mWv 7.4.2021 durch G v. 15.1.2021 (BGBl. I S. 530).

3) Siehe hierzu ua die Erste *Bundesmeldedatenübermittlungs*VO – 1. BMeldDÜV v. 1.12.2014 (BGBl. I S. 1945), zuletzt geänd. durch G v. 3.12.2020 (BGBl. I S. 2744).

4) **Sartorius III Nr. 718.**

5) **Sartorius III Nr. 741.**

[2] In der Rechtsverordnung sind das Datum der Bekanntmachung, die Fundstelle und die Bezugsquelle der Bekanntmachung anzugeben. [3] Die Bekanntmachung ist beim Bundesarchiv niederzulegen; in der Rechtsverordnung ist darauf hinzuweisen.

§ 57[1)] Verwaltungsvorschriften. Die Bundesregierung kann mit Zustimmung des Bundesrates allgemeine Verwaltungsvorschriften zur Durchführung dieses Gesetzes und der auf Grund dieses Gesetzes erlassenen Rechtsverordnungen erlassen.

§ 58[2)] *(aufgehoben)*

[1)] § 57 ist bereits am 26.11.2014 in Kraft getreten; vgl. Fußnote am Titel.
[2)] § 58 aufgeh. mWv 26.11.2019 durch G v. 20.11.2019 (BGBl. I S. 1626).

260. Personenstandsgesetz (PStG)[1) 2) 3)]

Vom 19. Februar 2007
(BGBl. I S. 122)

FNA 211-9

geänd. durch Art. 2 Abs. 2 G zur Ergänzung des Rechts zur Anfechtung der Vaterschaft v. 13.3.2008 (BGBl. I S. 313), Art. 3 Viertes G zur Änd. verwaltungsverfahrensrechtlicher Vorschriften v. 11.12.2008 (BGBl. I S. 2418), Art. 12 FGG-ReformG v. 17.12.2008 (BGBl. I S. 2586), Art. 4 G zur Modernisierung des Benachrichtigungswesens in Nachlasssachen durch Schaffung des Zentralen Testamentsregisters bei der Bundesnotarkammer und zur Fristverlängerung nach der HofraumVO v. 22.12.2010 (BGBl. I S. 2255), Art. 2 G zur Anpassung der Vorschriften des Internationalen Privatrechts an die Verordnung (EU) Nr. 1259/2010 und zur Änd. anderer Vorschriften des Internationalen Privatrechts v. 23.1.2013 (BGBl. I S. 101), Art. 1 Personenstandsrechts-ÄnderungsG v. 7.5.2013 (BGBl. I S. 1122), Art. 2 Abs. 14 G zur Strukturreform des Gebührenrechts des Bundes v. 7.8.2013 (BGBl. I S. 3154), Art. 3 G zum Ausbau der Hilfen für Schwangere und zur Regelung der vertraulichen Geburt v. 28.8.2013 (BGBl. I S. 3458), Art. 49 Zehnte ZuständigkeitsanpassungsVO v. 31.8.2015 (BGBl. I S. 1474), Art. 2 G zur Bereinigung des Rechts der Lebenspartner v. 20.11.2015 (BGBl. I S. 2010), Art. 3 G zur Bekämpfung von Kinderehen v. 17.7. 2017 (BGBl. I S. 2429), Art. 1 2. Personenstandsrechts-ÄnderungsG v. 17.7.2017 (BGBl. I S. 2522), Art. 2 Abs. 2 G zur Einführung des Rechts auf Eheschließung für Personen gleichen Geschlechts v. 20.7.2017 (BGBl. I S. 2787), Beschl. des BVerfG – 1 BvR 2019/16 – v. 10.10.2017 (BGBl. I S. 3783), Art. 3 Abs. 1 G zum Erlass und zur Änd. bundesrechtlicher Vorschriften in Bezug auf die Übernahme der Angehörigenbenachrichtigungs-Aufgabenübertragung[4)] v. 4.12.2018 (BGBl. I S. 2257 iVm Bek. v. 12.4.2019, BGBl. I S. 496), Art. 3 G zum Internationalen Güterrecht und zur Änd. von Vorschriften des Internationalen Privatrechts v. 17.12.2018 (BGBl. I S. 2573), Art. 1 G zur Änd. der in das Geburtenregister

---

[1)] Verkündet als Art. 1 PersonenstandsrechtsreformG v. 19.2.2007 (BGBl. I S. 122); Inkrafttreten gem. Art. 5 Abs. 2 Satz 1 dieses G am 1.1.2009 mit Ausnahme von § 67 Abs. 4, §§ 73, 74 und § 77 Abs. 1, die gem. Art. 5 Abs. 1 bereits am 24.2.2007 in Kraft getreten sind.

[2)] Die Änderungen durch G v. 28.3.2021 (BGBl. I S. 591) treten teilweise erst **mit noch unbestimmtem Datum** in Kraft und sind insoweit im Text noch nicht berücksichtigt.

[3)] Zur Ausführung und Durchführung des PStG haben die Länder ua folgende Vorschriften erlassen:
- **Baden-Württemberg:** PersonenstandsG-AusführungsG v. 3.12.2008 (GBl. S. 434), zuletzt geänd. durch G v. 15.12.2015 (GBl. S. 1147); PersonenstandsG-DurchführungsVO v. 10.6.2013 (GBl. S. 209), zuletzt geänd. durch VO v. 17.10.2018 (GBl. S. 371)
- **Bayern:** PersonenstandsausführungsG v. 8.7.2008 (GVBl. S. 344), zuletzt geänd. durch V v. 26.3.2019 (GVBl. S. 98)
- **Berlin:** Personenstands-AusführungsVO v. 2.7.2019 (GVBl. S. 454)
- **Brandenburg:** PersonenstandsausführungsG v. 9.10.2003 (GVBl. I S. 270), zuletzt geänd. durch G v. 10.7.2014 (GVBl. I Nr. 32)
- **Bremen:** Bremisches AusführungsG zum PersonenstandsG v. 16.12.2008 (Brem.GBl. S. 418), zuletzt geänd. durch G v. 27.9.2016 (Brem.GBl. S. 590)
- **Hessen:** PersonenstandsG-AusführungsG v. 19.11.2008 (GVBl. I S. 964), zuletzt geänd. durch G v. 22.3.2018 (GVBl. S. 31)
- **Mecklenburg-Vorpommern:** LandespersonenstandsausführungsG v. 1.12.2008 (GVOBl. M-V S. 461), zuletzt geänd. durch G v. 9.4.2020 (GVOBl. M-V S. 166)
- **Niedersachsen:** PersonenstandsG-AusführungsG v. 11.12.2008 (Nds. GVBl. S. 413)
- **Nordrhein-Westfalen:** PersonenstandsVO NRW v. 16.12.2008 (GV. NRW. S. 859, ber. S. 879), zuletzt geänd. durch VO v. 13.11.2018 (GV. NRW. S. 587)
- **Rheinland-Pfalz:** PersonenstandsVO v. 10.12.2008 (GVBl. S. 321), zuletzt geänd. durch VO v. 29.4. *2014 (GVBl. S. 51)*
- **Sachsen:** Personenstands-AusführungsG v. 11.12.2008 (SächsGVBl. S. 938), zuletzt geänd. durch G v. 5.4.2019 (SächsGVBl. S. 245)
- **Sachsen-Anhalt:** Personenstands-AusführungsG v. 5.12.2008 (GVBl. LSA S. 406), geänd. durch G v. 14.2.2019 (GVBl. LSA S. 32)
- **Schleswig-Holstein:** PersonenstandsG-DurchführungsVO v. 8.12.2008 (GVOBl. Schl.-H. S. 752), zuletzt geänd. durch VO v. 11.5.2015 (GVOBl. Schl.-H. S. 126)
- **Thüringen:** PersonenstandsG-AusführungsG v. 18.9.2008 (GVBl. S. 313), geänd. durch G v. 9.9.2010 (GVBl. S. 291)

[4)] In Kraft getreten am 1.1.2019, vgl. Art. 4 Abs. 2 G v. 4.12.2018 (BGBl. I S. 2257) iVm Bek. v. 12.4. 2019 (BGBl. I S. 496).

einzutragenden Angaben v. 18.12.2018 (BGBl. I S. 2635), Art. 4 G zur Umsetzung des G zur Einführung des Rechts auf Eheschließung für Personen gleichen Geschlechts v. 18.12.2018 (BGBl. I S. 2639), Art. 17 Zweites Datenschutz-Anpassungs- und UmsetzungsG EU v. 20.11.2019 (BGBl. I S. 1626), Art. 88 Elfte ZuständigkeitsanpassungsVO v. 19.6.2020 (BGBl. I S. 1328) und Art. 5 RegistermodernisierungsG[1)] v. 28.3.2021 (BGBl. I S. 591)

Inhaltsübersicht[2)]

---

1) Die Änderung des § 3 PStG durch Art. 5 Nr. 1 RegistermodernisierungsG tritt gem. Art. 22 Satz 3 dieses Gesetzes „an dem Tag in Kraft, an dem das Bundesministerium des Innern, für Bau und Heimat im Bundesgesetzblatt [...] bekannt gibt, dass die technischen Voraussetzungen für die Verarbeitung der Identifikationsnummer nach § 139b der Abgabenordnung [...] vorliegen".

2) Inhaltsübersicht geänd. mWv 1.9.2009 durch G v. 17.12.2008 (BGBl. I S. 2586); mWv 1.11.2013 durch G v. 7.5.2013 (BGBl. I S. 1122); mWv 15.8.2013 durch G v. 7.8.2013 (BGBl. I S. 3154); geänd. mWv 26.11.2015 durch G v. 20.11.2015 (BGBl. I S. 2010); geänd. mWv 22.7.2017 durch G v. 17.7.2017 (BGBl. I S. 2429); geänd. mWv *1.11.2017* durch G v. 17.7.2017 (BGBl. I S. 2522); geänd. mWv 1.10. 2017 durch G v. 20.7.2017 (BGBl. I S. 2787); geänd. mWv 22.12.2018 durch G v. 18.12.2018 (BGBl. I S. 2635); geänd. mWv 22.12.2018 durch G v. 18.12.2018 (BGBl. I S. 2639); geänd. mWv 26.11.2019 durch G v. 20.11.2019 (BGBl. I S. 1626).

Kapitel 1. Allgemeine Bestimmungen

§ 1[1] Personenstand, Aufgaben des Standesamts (1) [1] Personenstand im Sinne dieses Gesetzes ist die sich aus den Merkmalen des Familienrechts ergebende Stellung einer Person innerhalb der Rechtsordnung einschließlich ihres Namens. [2] Der Personenstand umfasst Daten über Geburt, Eheschließung, Begründung einer Lebenspartnerschaft und Tod sowie damit in Verbindung stehende familien- und namensrechtliche Tatsachen.

(2) Die nach Landesrecht für das Personenstandswesen zuständigen Behörden (Standesämter) beurkunden den Personenstand nach Maßgabe dieses Gesetzes; sie wirken bei der Schließung von Ehen mit.

(3) Die Standesämter erfüllen weitere Aufgaben, die ihnen durch Bundesrecht oder Landesrecht zugewiesen werden.

§ 2 Standesbeamte. (1) [1] Beurkundungen und Beglaubigungen für Zwecke des Personenstandswesens werden im Standesamt nur von hierzu bestellten Urkundspersonen (Standesbeamten) vorgenommen. [2] Gleiches gilt für die Ausstellung von Personenstandsurkunden und sonstigen öffentlichen Urkunden. [3] Die Zuständigkeit der Notare, anderer Urkundspersonen oder sonstiger Stellen für öffentliche Beurkundungen und Beglaubigungen bleibt unberührt.

(2) Bei der Wahrnehmung ihrer Aufgaben als Urkundspersonen sind die Standesbeamten nicht an Weisungen gebunden.

(3) Zu Standesbeamten dürfen nur nach Ausbildung und Persönlichkeit geeignete Beamte und Angestellte bestellt werden.

(4) Die Funktionsbezeichnung Standesbeamter wird in weiblicher oder männlicher Form geführt.

Kapitel 2. Führung der Personenstandsregister

§ 3[2] Personenstandsregister. (1) [1] Das Standesamt führt für seinen Zuständigkeitsbereich

1. ein Eheregister (§ 15),
2. ein Lebenspartnerschaftsregister (§ 17),
3. *ein Geburtenregister* (§ 21),

---

[1] § 1 Abs. 2 geänd. mWv 22.12.2018 durch G v. 18.12.2018 (BGBl. I S. 2639).
[2] § 3 Abs. 1 Satz 1 Nr. 2 neu gef. mWv 26.11.2015 durch G v. 20.11.2015 (BGBl. I S. 2010).

4. ein Sterberegister (§ 31).

[2]Die Registereinträge bestehen aus einem urkundlichen Teil (Haupteintrag und Folgebeurkundungen) und einem Hinweisteil.

(2) [1]Die Personenstandsregister werden elektronisch geführt. [2]Die Beurkundungen in den Personenstandsregistern sind jährlich fortlaufend zu nummerieren und mit der Angabe des Familiennamens des zugriffsberechtigten Standesbeamten abzuschließen. [3]Die Identität der Person, die die Eintragung vornimmt, muss jederzeit erkennbar sein. [4]Das Programm muss eine automatisierte Suche anhand der in die Personenstandsregister aufzunehmenden Angaben zulassen; die Register müssen jederzeit nach Jahreseinträgen ausgewertet werden können.

§ 4 Sicherungsregister. (1) Die Beurkundungen in einem Personenstandsregister sind nach ihrem Abschluss (§ 3 Abs. 2) in einem weiteren elektronischen Register (Sicherungsregister) zu speichern.

(2) [1]Das Sicherungsregister ist wie das Personenstandsregister am Ende des Jahres abzuschließen. [2]Es ist nach Fortführung des Personenstandsregisters zu aktualisieren.

§ 5[1)] Fortführung der Personenstandsregister. (1) Die Registereinträge sind nach den Vorschriften dieses Gesetzes durch Folgebeurkundungen und Hinweise zu ergänzen und zu berichtigen (Fortführung).

(2) Folgebeurkundungen sind Einträge, die den Beurkundungsinhalt verändern.

(3) Hinweise stellen den Zusammenhang zwischen verschiedenen Beurkundungen her, die dieselbe Person, deren Ehegatten, Lebenspartner, Eltern oder Kinder betreffen.

(4) [1]Die Fortführung obliegt dem für die Führung des Personenstandsregisters (§ 3 Abs. 1) zuständigen Standesamt. [2]Öffentliche Stellen haben diesem Standesamt Anlässe, die zu einer Folgebeurkundung oder zu einem Hinweis führen, mitzuteilen.

(5) Für die Fortführung der Personenstandsregister und der Sicherungsregister gelten folgende Fristen:

1. für Eheregister und Lebenspartnerschaftsregister 80 Jahre;
2. für Geburtenregister 110 Jahre;
3. für Sterberegister 30 Jahre; für Sterberegister des Sonderstandesamts in Bad Arolsen 80 Jahre.

§ 6 Aktenführung. Dokumente, die einzelne Beurkundungen in den Personenstandsregistern betreffen, werden in besonderen Akten (Sammelakten) aufbewahrt.

§ 7[2)] Aufbewahrung. (1) Die Personenstandsregister und die Sicherungsregister sind räumlich getrennt voneinander und vor unberechtigtem Zugriff geschützt aufzubewahren.

(2) [1]Die Personenstandsregister sind dauernd aufzubewahren. [2]Für die Sicherungsregister und die Sammelakten endet die Pflicht zur Aufbewahrung mit Ablauf der in § 5 Absatz 5 für das jeweilige Register genannten Frist.

(3) [1]Nach Ablauf der in § 5 Absatz 5 genannten Fristen sind die Personenstandsregister, die Sicherungsregister und die Sammelakten nach den jeweiligen

---

[1)] § 5 Abs. 5 neu gef. mWv 1.11.2017 durch G v. 17.7.2017 (BGBl. I S. 2522).
[2)] § 7 neu gef. mWv 1.11.2017 durch G v. 17.7.2017 (BGBl. I S. 2522).

archivrechtlichen Vorschriften den zuständigen öffentlichen Archiven zur Übernahme anzubieten. [2]Dies gilt nicht für stillgelegte Registereinträge nach § 47 Absatz 4; diese sind zu löschen.

§ 8[1)] Verlust eines Personenstandsregisters. (1) [1]Gerät ein Ehe-, Lebenspartnerschafts-, Geburten- oder Sterberegister ganz oder teilweise in Verlust, so ist es auf Grund des Sicherungsregisters wiederherzustellen. [2]Ein Verlust ist auch dann gegeben, wenn die Daten eines Registereintrags wegen eines nicht zu behebenden technischen Fehlers nicht mehr zu verwenden sind.

(2) [1]Gerät das Sicherungsregister ganz oder teilweise in Verlust, so ist es auf Grund des Personenstandsregisters wiederherzustellen. [2]Sind sowohl das Personenstandsregister als auch das Sicherungsregister in Verlust geraten, so sind beide Register durch Neubeurkundung wiederherzustellen. [3]Die Beurkundungen werden nach amtlicher Ermittlung des Sachverhalts vorgenommen.

(3) [1]Sind Eheschließung, Begründung der Lebenspartnerschaft, Geburt oder Tod einer Person mit hinreichender Sicherheit festgestellt, so ist die Neubeurkundung auch dann zulässig, wenn der Inhalt des früheren Eintrags nicht mehr zweifelsfrei festgestellt werden kann. [2]Der Zeitpunkt der Eheschließung, der Begründung der Lebenspartnerschaft, der Geburt oder des Todes ist hierbei so genau zu bestimmen, wie es nach dem Ergebnis der Ermittlungen möglich ist.

(4) War ein Eintrag berichtigt worden, so kann die Neubeurkundung in der Form einer einheitlichen Eintragung, in der die Berichtigungen berücksichtigt sind, vorgenommen werden.

§ 9 Beurkundungsgrundlagen. (1) Eintragungen in den Personenstandsregistern werden auf Grund von Anzeigen, Anordnungen, Erklärungen, Mitteilungen und eigenen Ermittlungen des Standesamts sowie von Einträgen in

(Fortsetzung nächstes Blatt)

[1)] § 8 Überschrift und Abs. 1 und 2 neu gef., Abs. 4 geänd. mWv 1.11.2017 durch G v. 17.7.2017 (BGBl. I S. 2522).

(3) [1] Zur Entgegennahme der Erklärung ist das Standesamt zuständig, das das Geburtenregister für die Person führt, deren Vornamen neu sortiert werden sollen. [2] Ist die Geburt nicht in einem deutschen Geburtenregister beurkundet, so ist das Standesamt zuständig, das das Eheregister oder Lebenspartnerschaftsregister der Person führt. [3] Ergibt sich danach keine Zuständigkeit, so ist das Standesamt zuständig, in dessen Zuständigkeitsbereich die Person ihren Wohnsitz hat oder zuletzt hatte oder ihren gewöhnlichen Aufenthalt hat. [4] Ergibt sich auch danach keine Zuständigkeit, so ist das Standesamt I in Berlin zuständig.

§ 45b[1)] Erklärung zur Geschlechtsangabe und Vornamensführung bei Personen mit Varianten der Geschlechtsentwicklung. (1) [1] Personen mit Varianten der Geschlechtsentwicklung können gegenüber dem Standesamt erklären, dass die Angabe zu ihrem Geschlecht in einem deutschen Personenstandseintrag durch eine andere in § 22 Absatz 3 vorgesehene Bezeichnung ersetzt oder gestrichen werden soll. [2] Liegt kein deutscher Personenstandseintrag vor, können sie gegenüber dem Standesamt erklären, welche der in § 22 Absatz 3 vorgesehenen Bezeichnungen für sie maßgeblich ist, oder auf die Angabe einer Geschlechtsbezeichnung verzichten, wenn sie

1. Deutsche im Sinne des Grundgesetzes[2)] sind,
2. als Staatenlose oder heimatlose Ausländer ihren gewöhnlichen Aufenthalt im Inland haben,
3. als Asylberechtigte oder ausländische Flüchtlinge ihren Wohnsitz im Inland haben oder
4. als Ausländer, deren Heimatrecht keine vergleichbare Regelung kennt,
   a) ein unbefristetes Aufenthaltsrecht besitzen,
   b) eine verlängerbare Aufenthaltserlaubnis besitzen und sich dauerhaft rechtmäßig im Inland aufhalten oder
   c) eine Blaue Karte EU besitzen.

[3] Mit der Erklärung können auch neue Vornamen bestimmt werden. [4] Die Erklärungen müssen öffentlich beglaubigt werden; sie können auch von den Standesbeamten beglaubigt oder beurkundet werden.

(2) [1] Für ein Kind, das geschäftsunfähig oder noch nicht 14 Jahre alt ist, kann nur sein gesetzlicher Vertreter die Erklärung abgeben. [2] Im Übrigen kann ein Kind die Erklärung nur selbst abgeben; es bedarf hierzu der Zustimmung seines gesetzlichen Vertreters. [3] Stimmt der gesetzliche Vertreter nicht zu, so ersetzt das Familiengericht die Zustimmung, wenn die Änderung der Angabe zum Geschlecht oder der Vornamen dem Kindeswohl nicht widerspricht; das Verfahren vor dem Familiengericht ist eine Kindschaftssache nach Buch 2 Abschnitt 3 des Gesetzes über das Verfahren in Familiensachen und in den Angelegenheiten der freiwilligen Gerichtsbarkeit[3)].

(3) [1] Durch Vorlage einer ärztlichen Bescheinigung ist nachzuweisen, dass eine Variante der Geschlechtsentwicklung vorliegt. [2] Dies gilt nicht für Personen, die über keine ärztliche Bescheinigung einer erfolgten medizinischen Behandlung verfügen und bei denen das Vorliegen der Variante der Geschlechtsentwicklung wegen der Behandlung nicht mehr oder nur durch eine unzumutbare Untersuchung nachgewiesen werden kann, sofern sie dies an Eides statt versichern.

[1)] § 45b eingef. mWv 22.12.2018 durch G v. 18.12.2018 (BGBl. I S. 2635).
[2)] Nr. **1**.
[3)] **Schönfelder Nr. 112.**

(4) [1] Für die Entgegennahme der Erklärung ist das Standesamt zuständig, das das Geburtenregister für die betroffene Person führt. [2] Ist die Geburt nicht in einem deutschen Geburtenregister beurkundet, so ist das Standesamt zuständig, das das Eheregister oder Lebenspartnerschaftsregister der Person führt. [3] Ergibt sich danach keine Zuständigkeit, so ist das Standesamt zuständig, in dessen Zuständigkeitsbereich die Person ihren Wohnsitz hat oder zuletzt hatte oder ihren gewöhnlichen Aufenthalt hat. [4] Ergibt sich auch danach keine Zuständigkeit, so ist das Standesamt I in Berlin zuständig. [5] Das Standesamt I in Berlin führt ein Verzeichnis der nach den Sätzen 3 und 4 entgegengenommenen Erklärungen.

Kapitel 8. Berichtigungen und gerichtliches Verfahren

Abschnitt 1. Berichtigungen ohne Mitwirkung des Gerichts

§ 46 Änderung einer Anzeige. Sind in der schriftlichen Anzeige einer Geburt oder eines Sterbefalls Angaben unrichtig oder unvollständig und ist der richtige oder vollständige Sachverhalt durch öffentliche Urkunden oder auf Grund eigener Ermittlungen des Standesamts festgestellt, so sind die entsprechenden Angaben unter Hinweis auf die Grundlagen zu ändern.

§ 47[1)] Berichtigung nach Abschluss der Beurkundung. (1) [1] In einem abgeschlossenen Registereintrag sind offenkundige Schreibfehler zu berichtigen. [2] Auf Grund öffentlicher Urkunden oder eigener Ermittlungen des Standesamts sind außerdem zu berichtigen

1. die in den Personenstandsregistern eingetragenen Hinweise,
2. fehlerhafte Übertragungen aus Urkunden, die der Eintragung zugrunde gelegen haben,
3. im Sterberegister die Angaben über den letzten Wohnsitz des Verstorbenen,
4. in allen Personenstandsregistern die Registrierungsdaten eines Personenstandseintrags,
5. in allen Personenstandsregistern die Elementbezeichnungen und Leittextangaben.

[3] Ferner können sonstige unrichtige oder unvollständige Eintragungen berichtigt werden, wenn der richtige oder vollständige Sachverhalt festgestellt wird durch

1. Personenstandsurkunden,
2. Dokumente des Heimatstaates, die zum Grenzübertritt berechtigen, soweit dadurch ein erläuternder Zusatz zur Identität oder zur Namensführung im Personenstandsregister gestrichen werden soll.

(2) Gehen dem Standesamt berichtigende Mitteilungen oder Anzeigen zu, so sind außerdem zu berichtigen

1. im Geburtenregister die Angaben über Zeitpunkt und Ort der Geburt sowie das Geschlecht des Kindes, wenn die Geburt schriftlich angezeigt worden ist,
2. im Sterberegister die Angaben über Zeitpunkt und Ort des Todes, wenn der Sterbefall schriftlich angezeigt worden ist,

---

1) *§ 47 Abs. 1 Nr. 3 angef. mWv 1.1.2009 durch G v. 11.12.2008* (BGBl. I S. 2418); Abs. 1 Satz 2 neu gef., Abs. 3 Satz 2 und Abs. 4 angef. mWv 1.11.2013 durch G v. 7.5.2013 (BGBl. I S. 1122); Abs. 1 Nr. 4 geänd., Nr. 5 angef., Abs. 3 Satz 2 geänd. mWv 22.12.2018 durch G v. 18.12.2018 (BGBl. I S. 2639); Abs. 1 Satz 3, Abs. 3 Satz 2 neu gef. mWv 7.4.2021 durch G v. 28.3.2021 (BGBl. I S. 591).

3. in allen Personenstandsregistern die Angaben über die rechtliche Zugehörigkeit zu einer Religionsgemeinschaft und die Rechtskraft gerichtlicher Entscheidungen.

(3) [1] Bei Berichtigungen sind die Beteiligten vor der Änderung zu hören. [2] Eine Anhörung unterbleibt in den Fällen des Absatzes 1 Satz 2 Nummer 1, 4 und 5 sowie des Absatzes 1 Satz 3 Nummer 2.

(4) [1] Die Berichtigung fehlerhafter Registrierungsdaten eines Eintrags erfolgt durch Kennzeichnung des entsprechenden Registereintrags und erneute Beurkundung. [2] Die nach Satz 1 gekennzeichneten Registereinträge gelten als stillgelegt und dürfen nicht mehr verarbeitet werden. [3] Die Registrierungsdaten eines stillgelegten Eintrags können wieder verwendet werden.

Abschnitt 2. Gerichtliches Verfahren

§ 48[1)] Berichtigung auf Anordnung des Gerichts. (1) [1] Außer in den Fällen des § 47 darf ein abgeschlossener Registereintrag nur auf Anordnung des Gerichts berichtigt werden. [2] Die Anordnung kann auch Fälle des § 47 umfassen.

(2) [1] Den Antrag auf Anordnung der Berichtigung können alle Beteiligten, das Standesamt und die Aufsichtsbehörde stellen. [2] Sie sind vor der Entscheidung zu hören.

§ 49 Anweisung durch das Gericht. (1) Lehnt das Standesamt die Vornahme einer Amtshandlung ab, so kann es auf Antrag der Beteiligten oder der Aufsichtsbehörde durch das Gericht dazu angewiesen werden.

(2) [1] Das Standesamt kann in Zweifelsfällen auch von sich aus die Entscheidung des Gerichts darüber herbeiführen, ob eine Amtshandlung vorzunehmen ist. [2] Für das weitere Verfahren gilt dies als Ablehnung der Amtshandlung.

§ 50 Sachliche und örtliche Zuständigkeit der Gerichte. (1) [1] Für die in den §§ 48 und 49 vorgesehenen Entscheidungen sind ausschließlich die Amtsgerichte zuständig, die ihren Sitz am Ort eines Landgerichts haben. [2] Ihr Bezirk umfasst den Bezirk des Landgerichts.

(2) Die örtliche Zuständigkeit wird durch den Sitz des Standesamts bestimmt, das die Sache dem Gericht zur Entscheidung vorgelegt hat oder das die Amtshandlung vornehmen oder dessen Personenstandsregister berichtigt werden soll.

§ 51[2)] Gerichtliches Verfahren. (1) [1] Auf das gerichtliche Verfahren sind die Vorschriften des Gesetzes über das Verfahren in Familiensachen und in den Angelegenheiten der freiwilligen Gerichtsbarkeit[3)] anzuwenden. [2] Standesämter und Aufsichtsbehörden sind von Gerichtskosten befreit.

(2) Die Aufsichtsbehörde, das Standesamt und die Beteiligten können in jeder Lage des Verfahrens diesem beitreten; sie können ihren Beitritt auch durch Einlegung eines Rechtsmittels erklären.

§ 52[4)] Öffentliche Bekanntmachung der Entscheidung. (1) [1] Das Gericht kann die öffentliche Bekanntmachung einer Entscheidung anordnen, wenn es Zweifel hat, ob ihm alle Beteiligten bekannt geworden sind. [2] An Beteiligte, die

---

1) § 48 Abs. 1 Satz 1 geänd. mWv 1.11.2013 durch G v. 7.5.2013 (BGBl. I S. 1122).
2) § 51 Abs. 1 Satz 1 geänd. mWv 1.9.2009 durch G v. 17.12.2008 (BGBl. I S. 2586).
3) **Schönfelder Nr. 112.**
4) § 52 Abs. 1 Satz 3 geänd. mWv 1.11.2013 durch G v. 7.5.2013 (BGBl. I S. 1122).

ihm bekannt sind, soll außerdem eine besondere Bekanntmachung erfolgen. [3]Dem Antragsteller, dem Beschwerdeführer, dem Standesamt und der Aufsichtsbehörde muss die Entscheidung stets besonders bekannt gemacht werden.

(2) Die Entscheidung gilt allen Beteiligten mit Ausnahme der Beteiligten, denen die Entscheidung besonders bekannt gemacht worden ist oder bekannt gemacht werden muss, als zugestellt, wenn seit der öffentlichen Bekanntmachung zwei Wochen verstrichen sind.

(3) [1]Die Art der öffentlichen Bekanntmachung bestimmt das Gericht. [2]Es genügt die Anheftung einer Ausfertigung oder einer beglaubigten Abschrift der Entscheidung oder eines Auszugs davon an der Gerichtstafel. [3]Das Schriftstück soll zwei Wochen, und wenn durch die Bekanntmachung der Entscheidung eine Frist in Gang gesetzt wird, bis zum Ablauf der Frist an der Tafel angeheftet bleiben. [4]Auf die Gültigkeit der öffentlichen Bekanntmachung ist es ohne Einfluss, wenn das Schriftstück zu früh von der Tafel entfernt wird. [5]Der Zeitpunkt der Anheftung und der Zeitpunkt der Abnahme sind auf dem Schriftstück zu vermerken.

§ 53[1)] Wirksamwerden gerichtlicher Entscheidungen; Beschwerde.

(1) Der Beschluss, durch den das Standesamt zur Vornahme einer Amtshandlung angehalten oder durch den die Berichtigung eines Personenstandsregisters angeordnet wird, wird mit Rechtskraft wirksam.

(2) Gegen den Beschluss steht dem Standesamt und der Aufsichtsbehörde die Beschwerde in jedem Fall zu.

Kapitel 9. Beweiskraft und Benutzung der Personenstandsregister

Abschnitt 1. Beweiskraft; Personenstandsurkunden

§ 54 Beweiskraft der Personenstandsregister und -urkunden. (1) [1]Die Beurkundungen in den Personenstandsregistern beweisen Eheschließung, Begründung der Lebenspartnerschaft, Geburt und Tod und die darüber gemach-

(Fortsetzung nächstes Blatt)

[1)] § 53 neu gef. mWv 1.9.2009 durch G v. 17.12.2008 (BGBl. I S. 2586); Abs. 2 neu gef. mWv 1.11.2013 durch G v. 7.5.2013 (BGBl. I S. 1122).

261. Verordnung zur Ausführung des Personenstandsgesetzes (Personenstandsverordnung – PStV)[1)]

Vom 22. November 2008

(BGBl. I S. 2263)

FNA 211-9-1

geänd. durch Art. 5 G zur Modernisierung des Benachrichtigungswesens in Nachlasssachen durch Schaffung des Zentralen Testamentsregisters bei der Bundesnotarkammer und zur Fristverlängerung nach der HofraumVO v. 22.12.2010 (BGBl. I S. 2255), Art. 2 Abs. 8 G zur Änd. von Vorschriften über Verkündung und Bekanntmachungen sowie der ZPO, des EGZPO und der AO v. 22.12.2011 (BGBl. I S. 3044), Art. 2 Personenstandsrechts-ÄnderungsG v. 7.5.2013 (BGBl. I S. 1122, ber. S. 2440), Art. 4 G zum Ausbau der Hilfen für Schwangere und zur Regelung der vertraulichen Geburt v. 28.8.2013 (BGBl. I S. 3458), Art. 6 G zur Umsetzung der Richtlinie 2011/95/EU v. 28.8.2013 (BGBl. I S. 3474), Art. 14 Nr. 6 AsylverfahrensbeschleunigungsG v. 20.10.2015 (BGBl. I S. 1722), Art. 2 2. Personenstandsrechts-ÄnderungsG v. 17.7.2017 (BGBl. I S. 2522), Art. 1 Erste ÄndVO v. 24.10.2018 (BGBl. I S. 1768), Art. 3 Abs. 5 G zum Erlass und zur Änd. bundesrechtlicher Vorschriften in Bezug auf die Übernahme der Angehörigenbenachrichtigungs-Aufgabenübertragung v. 4.12.2018 (BGBl. I S. 2257 iVm Bek. v. 12.4. 2019, BGBl. I S. 496), Art. 5 G zur Umsetzung des G zur Einführung des Rechts auf Eheschließung für Personen gleichen Geschlechts v. 18.12.2018 (BGBl. I S. 2639), Art. 89 Elfte Zuständigkeitsanpassungs-VO v. 19.6.2020 (BGBl. I S. 1328), Art. 3 G zur Digitalisierung von Verwaltungsverfahren bei der Gewährung von Familienleistungen v. 3.12.2020 (BGBl. I S. 2668) und Art. 19 RegistermodernisierungsG v. 28.3.2021 (BGBl. I S. 591)

Auf Grund des § 73 des Personenstandsgesetzes[2)] vom 19. Februar 2007 (BGBl. I S. 122), der durch Artikel 2 Abs. 2 Nr. 2 des Gesetzes vom 13. März 2008 (BGBl. I S. 313) geändert worden ist, des § 4 Abs. 3 Satz 3 des Staatsangehörigkeitsgesetzes[3)], der zuletzt durch Artikel 5 des Gesetzes vom 19. August 2007 (BGBl. I S. 1970) geändert worden ist, Artikel 2 Abs. 1 des Gesetzes zu dem Übereinkommen vom 8. September 1976 über die Ausstellung mehrsprachiger Auszüge aus Personenstandsbüchern vom 16. April 1997 (BGBl. 1997 II S. 774) und des Artikels 2 Abs. 1 des Gesetzes zu dem Übereinkommen vom 5. September 1980 über die Ausstellung von Ehefähigkeitszeugnissen vom 5. Juni 1997 (BGBl. 1997 II S. 1086) verordnet das Bundesministerium des Innern im Benehmen mit dem Bundesministerium der Justiz:

Inhaltsübersicht[4)]

Kapitel 1. Allgemeine Bestimmungen

---

1) Die Änderungen durch G v. 3.12.2020 (BGBl. I S. 2668) treten erst **mWv 1.1.2022**, die Änderungen durch G v. 28.3.2021 (BGBl. I S. 591) treten teilweise erst **mit noch unbestimmtem Datum** in Kraft und sind insoweit im Text noch nicht berücksichtigt.

2) Nr. **260**.

3) Nr. **15**.

4) Inhaltsübersicht geänd. mWv 15.5.2013 und mWv 1.11.2013 durch G v. 7.5.2013 (BGBl. I S. 1122); geänd. mWv 1.11.2017 durch G v. 17.7.2017 (BGBl. I S. 2522); geänd. mWv 1.11.2018 durch VO v. 24.10.2018 (BGBl. I S. 1768); geänd. mWv 22.12.2018 durch G v. 18.12.2018 (BGBl. I S. 2639).

Kapitel 1. Allgemeine Bestimmungen

§ 1 Standesamt (1) [1]Jedes Standesamt führt eine Bezeichnung. [2]Bei gleichnamigen Standesämtern ist ein unterscheidender Zusatz hinzuzufügen.

(2) Amtssitz sind die Diensträume des Standesamts.

§ 2 Übersetzung in die deutsche Sprache. (1) Werden einem Standesamt fremdsprachige Urkunden vorgelegt, so soll eine Übersetzung in die deutsche Sprache gefordert werden.

(2) [1]Versteht ein Beteiligter die deutsche Sprache nicht, ist ein Dolmetscher hinzuzuziehen, wenn der Standesbeamte oder der mit der Amtshandlung befasste Mitarbeiter des Standesamts die fremde Sprache nicht selbst beherrscht. [2]Der Dolmetscher hat gegenüber dem Standesbeamten eine Versicherung an Eides statt darüber abzugeben, dass er treu und gewissenhaft übertragen werde. [3]Ist der Dolmetscher für Übertragungen der betreffenden Art in einem Land nach den landesrechtlichen Vorschriften allgemein beeidigt, genügt die Berufung auf diesen Eid.

(3) [1]Eine Niederschrift soll auch in der fremden Sprache vorgelesen werden. [2]Dass dies geschehen ist, ist am Schluss der Niederschrift anzugeben. [3]Die Niederschrift ist auch vom Dolmetscher zu unterschreiben.

§ 3 Behinderung, Verweigerung der Unterschrift. (1) [1]Ist ein Beteiligter hör- oder sprachbehindert und ist eine schriftliche Verständigung mit ihm nicht möglich, so ist ein Gebärdendolmetscher hinzuzuziehen. [2]§ 2 gilt entsprechend.

(2) [1]Kann ein Beteiligter nicht schreiben oder ist er am Schreiben gehindert, soll er ein Handzeichen machen. [2]Ist das nicht möglich oder weigert sich ein Beteiligter zu unterschreiben, so ist dies mit Angabe des Grundes zu vermerken.

§ 4 Rückgabe von Urkunden. (1) [1] Von den Beteiligten vorgelegte Urkunden, die nicht ausdrücklich zur Vorlage beim Standesamt ausgestellt worden sind, sollen ihnen zurückgegeben werden. [2] Von Urkunden, die nicht jederzeit wieder beschafft werden können, soll das Standesamt eine Abschrift oder Ablichtung zurückbehalten, die zu beglaubigen ist; bei Übertragung in ein elektronisches Dokument genügt ein Vermerk, der angibt, wann und durch wen die Übertragung vorgenommen worden ist.

(2) Bei in fremder Sprache abgefassten Urkunden, denen eine Übersetzung beigefügt ist, soll eine beglaubigte Abschrift oder Ablichtung der Urkunde und der Übersetzung beim Standesamt verbleiben.

§ 5 Prüfungspflicht des Standesbeamten. Eintragungen im Personenstandsregister und sonstige Beurkundungen dürfen erst vorgenommen werden, wenn der zugrunde liegende Sachverhalt ermittelt und abschließend geprüft worden ist.

§ 6[1] Anzeige eines Personenstandsfalls. (1) [1] Über die mündliche Anzeige eines Personenstandsfalls ist vom Standesamt eine Niederschrift aufzunehmen. [2] Die Niederschrift muss alle zur ordnungsgemäßen Beurkundung im Personenstandsregister erforderlichen Angaben enthalten.

(2) Für die elektronische Anzeige einer Geburt oder eines Sterbefalls sollen das Datenaustauschformat XPersonenstand und das Übertragungsprotokoll

(Fortsetzung nächstes Blatt)

[1] § 6 Abs. 2 Halbs. 2 geänd. mWv 1.4.2012 durch G v. 22.12.2011 (BGBl. I S. 3044); Abs. 2 Halbs. 2 geänd. mWv 1.11.2013 durch G v. 7.5.2013 (BGBl. I S. 1122).

sonen aus Anlass des Zweiten Weltkrieges sind von dem Standesamt zu beurkunden, in dessen Bezirk der Verstorbene seinen letzten Wohnsitz oder gewöhnlichen Aufenthalt hatte; dies gilt für Sterbefälle im Inland und im Ausland. [2] Liegt der letzte Wohnsitz oder gewöhnliche Aufenthalt des Verstorbenen nicht im Inland, so beurkundet das Standesamt I in Berlin den Sterbefall; Gleiches gilt, wenn der letzte Wohnsitz oder gewöhnliche Aufenthalt nicht bekannt ist.

(2) [1] Die Anzeige der Sterbefälle obliegt dem Bundesarchiv. [2] Geht dem Bundesarchiv gleichzeitig eine Vielzahl von Daten Verstorbener zu, reicht die Weitergabe dieser Daten als Anzeige aus. [3] In diesem Fall erfolgt eine Beurkundung nur dann, wenn der Ehegatte des Verstorbenen, ein Vorfahre oder ein Abkömmling des Verstorbenen dies beantragt; antragsberechtigt ist auch jede andere Person, die ein berechtigtes Interesse an der Beurkundung geltend macht.

(3) [1] Ist der Sterbefall im Inland eingetreten, kann die Anzeige auch von jeder Person erstattet werden, die bei dem Tod zugegen war oder von dem Sterbefall aus eigenem Wissen unterrichtet ist; in diesem Fall ist der Sterbefall bei dem Standesamt anzuzeigen, in dessen Bezirk der Tod eingetreten ist. [2] Das Standesamt des Sterbeortes hat den Sterbefall zu beurkunden.

§ 45 Angleichung von Namen. (1) [1] Eine Namensbestimmung nach Artikel 47 des Einführungsgesetzes zum Bürgerlichen Gesetzbuche[1)] kann durch Personen erfolgen, die ihren Namen nach ausländischem Recht erworben haben und deren Name nach Statutenwechsel oder Rechtswahl fortan deutschem Recht unterliegt. [2] Gleiches gilt für die Bestimmung des Namens eines Kindes nach deutschem Recht, wenn dieser aus einem nach ausländischem Recht erworbenen Namen eines Elternteils abgeleitet werden soll.

(2) [1] Bei der Namensbestimmung nach Artikel 47 des Einführungsgesetzes zum Bürgerlichen Gesetzbuche sind die allgemeinen Grundsätze des deutschen Namensrechts zu beachten. [2] Insbesondere soll der zum Familiennamen bestimmte Namensteil grundsätzlich nur aus einem Namen bestehen und sich als solcher von dem gewählten Vornamen unterscheiden.

§ 46[2)] Bescheinigung über Erklärungen zur Namensführung. Das Standesamt, das

1. eine Erklärung, Einwilligung oder Zustimmung zur Namensführung auf Grund familienrechtlicher Vorschriften entgegengenommen hat,
2. eine Erklärung nach § 94 des Bundesvertriebenengesetzes[3)], § 1 des Minderheiten-Namensänderungsgesetzes oder Artikel 47, 48 des Einführungsgesetzes zum Bürgerlichen Gesetzbuche[1)] entgegengenommen hat,
3. eine Erklärung zur Reihenfolge der Vornamen nach § 45a des Gesetzes[4)] entgegengenommen hat oder
4. ein Personenstandsregister führt, aus dem sich eine Namensänderung nach den Nummern 1 bis 3 ergibt,

erteilt der Person, deren Name geändert worden ist, hierüber auf Wunsch eine Bescheinigung.

[1)] **Schönfelder Nr. 21.**

[2)] § 46 Nr. 2 geänd., Nr. 3 eingef., bish. Nr. 3 wird Nr. 4 und geänd. mWv 1.11.2017 durch G v. 17.7. 2017 (BGBl. I S. 2522).

[3)] **Aichberger, SGB Nr. 6/51.**

[4)] Nr. **260.**

Kapitel 8. Berichtigungen

§ 47[1] Berichtigungen. (1) [1]Das Standesamt, das selbst oder auf Anordnung des Gerichts einen abgeschlossenen Registereintrag berichtigt, hat zu prüfen, ob auch in anderen Personenstandsregistern eine Berichtigung vorgenommen werden muss. [2]Es teilt dem in Betracht kommenden Standesamt die Berichtigung mit. [3]Eine Berichtigung auf Grund von Dokumenten des Heimatstaates (§ 47 Absatz 1 Satz 3 Nummer 2 des Gesetzes[2]) ist nur zulässig, wenn zuvor die zuständige Ausländerbehörde beteiligt wurde und diese den Zusammenhang zwischen den vorgelegten Dokumenten und der Rückführung des betreffenden Ausländers bestätigt hat.

(2) Hat das Standesamt von Amts wegen auf Grund eines Registereintrags eine Mitteilung an eine Behörde, ein Gericht oder eine sonstige öffentliche Stelle gemacht und wird dieser Eintrag berichtigt, ist dem Empfänger die Berichtigung mitzuteilen.

(3) Die Mitteilung erfolgt durch Übersendung eines beglaubigten Registerausdrucks oder durch Datenübermittlung nach § 63.

(4) [1]Bei unrichtigen und fehlenden Elementbezeichnungen oder familienrechtlichen Bezeichnungen kann die Eintragung nach § 47 Absatz 1 des Gesetzes durch eine Folgebeurkundung richtig gestellt werden. [2]Gleiches gilt auch bei der Fortführung von Hinweisen. [3]Derartige Richtigstellungen bedürfen keiner Mitteilung nach den Absätzen 1 und 2.

Kapitel 9. Personenstandsurkunden, Benutzung der Personenstandsregister, Mitteilungen

Abschnitt 1. Personenstandsurkunden

§ 48 Personenstandsurkunden. (1) [1]Das Standesamt hat für die nach § 55 Abs. 1 des Gesetzes[2] auszustellenden Personenstandsurkunden die Formulare nach den Mustern der Anlagen 2 bis 9 im Format DIN A4 zu verwenden. [2]Die Formulare sind dem Beurkundungssachverhalt anzupassen und können programmgerecht eingerichtet werden, soweit dies im Einzelfall notwendig ist. [3]Die Formulare nach den Mustern der Anlagen 2 bis 5 sind zusätzlich mit einem Vermerk über die Übereinstimmung des Ausdrucks mit dem Registerinhalt zu versehen. [4]Die Formulare nach den Mustern der Anlagen 6 bis 9 können auch in einem kleineren Format hergestellt werden; dabei kann die Zeilengestaltung formatgerecht angepasst werden.

(2) Wird bei der Beantragung einer Geburtsurkunde verlangt, Angaben nach § 59 Abs. 1 Nr. 2, 4 oder 5 des Gesetzes nicht aufzunehmen, entfällt in dem Urkundenformular auch das entsprechende Angabenfeld.

(3) [1]In den beglaubigten Registerausdruck sind die Hinweise nur auf Verlangen aufzunehmen. [2]Der Hinweis auf eine in das Testamentsverzeichnis aufgenommene Mitteilung ist nur dann in den Registerausdruck aufzunehmen, wenn die Person, auf die sich der Geburtseintrag bezieht, dies verlangt.

---

[1] § 47 Abs. 4 angef. mWv 1.11.2018 durch VO v. 24.10.2018 (BGBl. I S. 1768); Abs. 1 Satz 3 angef. mWv 7.4.2021 durch G v. 28.3.2021 (BGBl. I S. 591).
[2] Nr. **260**.

(4) [1]Das Papier der Urkunden muss mindestens den Qualitätsanforderungen nach DIN 19307 – ASM 80 entsprechen. [2]Schreibmittel müssen eine ständige Lesbarkeit sowie eine höchstmögliche Sicherheit gegen Fälschungsversuche gewährleisten. [3]Für die Herstellung der Urkunden sind Drucker zu verwenden, die die Eignung für den Notariatsbereich besitzen.

§ 49[1)] *(aufgehoben)*

§ 50[2)] Mehrsprachiger Auszug aus dem Personenstandsregister.

(1) Für die Ausstellung eines mehrsprachigen Auszuges aus einem Personenstandsregister nach dem Übereinkommen vom 8. September 1976 über die Ausstellung mehrsprachiger Auszüge aus Personenstandsbüchern (BGBl. 1997 II S. 774) sind die Formblätter A, B und C des Übereinkommens nach Maßgabe der Absätze 2 bis 7 zu verwenden.

(2) [1]Auf der Vorderseite der Formblätter ist der unveränderliche Wortlaut der Auszüge, mit Ausnahme der für das Datum vorgesehenen Zeichen, in deutscher sowie in französischer und englischer Sprache anzugeben. [2]Die Bedeutung der Zeichen ist am Schluss der Vorderseite eines jeden Formblatts in den Sprachen wiederzugeben, die in Artikel 6 Abs. 2 des Übereinkommens festgelegt sind.

(3) Auf der Rückseite der Formblätter sind anzugeben

1. die Bezugnahme auf das Übereinkommen in den in Artikel 6 Abs. 2 des Übereinkommens festgelegten Sprachen,
2. die Übersetzung des unveränderlichen Wortlauts der Auszüge in den in Artikel 6 Abs. 2 des Übereinkommens festgelegten Sprachen mit Ausnahme der auf der Vorderseite angegebenen Sprachen,
3. eine Zusammenfassung des Inhalts der Artikel 3, 4, 5 und 7 des Übereinkommens in deutscher Sprache.

(4) [1]In dem mehrsprachigen Auszug aus dem Personenstandsregister sind Personen, die einen Ehenamen oder einen Lebenspartnerschaftsnamen führen, mit diesem Namen einzutragen, gegebenenfalls unter Beifügung eines vorangestellten oder angefügten Begleitnamens und unter Hinweis auf den Geburtsnamen. [2]Bei Personen, die keinen Vor- und Familiennamen oder die neben Vor- und Familiennamen weitere Namensbestandteile führen, ist der sich aus dem Registereintrag ergebende Name mit allen Namensbestandteilen in die Urkunden einzutragen.

(5) In dem mehrsprachigen Auszug aus dem Geburtseintrag (Formblatt A) ist Feld 10 durch einen Strich zu sperren.

(6) [1]In dem mehrsprachigen Auszug aus dem Heiratseintrag (Formblatt B) sind in Feld 10 bei bestehender Ehe die zum Zeitpunkt der Urkundenausstellung von den Ehegatten geführten Namen einzutragen. [2]Die Angaben über die Auflösung oder die Nichtigerklärung der Ehe sind in Feld 11 einzutragen.

(7) [1]In dem mehrsprachigen Auszug aus dem Sterbeeintrag (Formblatt C) sind die Felder 7, 12 und 13 durch einen Strich zu sperren. [2]Vor- und Familiennamen des früheren Ehegatten sind nur dann einzutragen, wenn sich die Angaben aus dem Sterberegister ergeben.

---

1) § 49 aufgeh. mWv 15.5.2013 durch G v. 7.5.2013 (BGBl. I S. 1122).

2) § 50 Abs. 4 Satz 2 angef., Abs. 7 Satz 2 geänd. mWv 1.11.2013 durch G v. 7.5.2013 (BGBl. I S. 1122).

§ 51 Mehrsprachiges Ehefähigkeitszeugnis. (1) Für die Ausstellung des Ehefähigkeitszeugnisses, dessen ein Deutscher für die Eheschließung im Ausland bedarf, ist das Formblatt des Übereinkommens vom 5. September 1980 über die Ausstellung von Ehefähigkeitszeugnissen (BGBl. 1997 II S. 1086) nach Maßgabe der Absätze 2 bis 5 zu verwenden.

(2) [1] Auf der Vorderseite des Formblatts ist der unveränderliche Wortlaut des Zeugnisses, mit Ausnahme der für das Datum vorgesehenen Zeichen, in deutscher sowie in französischer und englischer Sprache anzugeben. [2] Die Bedeutung der Zeichen am Schluss der Vorderseite ist in den Sprachen wiederzugeben, die in Artikel 6 Abs. 2 des Übereinkommens festgelegt sind.

(3) Auf der Rückseite des Formblatts sind anzugeben

1. die Bezugnahme auf das Übereinkommen in den in Artikel 6 Abs. 2 des Übereinkommens festgelegten Sprachen,
2. die Übersetzung des unveränderlichen Wortlauts des Zeugnisses in den in Artikel 6 Abs. 2 des Übereinkommens festgelegten Sprachen mit Ausnahme der auf der Vorderseite angegebenen Sprachen,
3. die Zusammenfassung des Inhalts der Artikel 3, 4, 5 und 9 des Übereinkommens in deutscher Sprache.

(4) Führt einer der Eheschließenden einen Ehenamen oder einen Lebenspartnerschaftsnamen, so ist er in Feld 5 des Formblatts mit diesem Namen einzutragen, gegebenenfalls unter Beifügung eines vorangestellten oder angefügten Begleitnamens und unter Hinweis auf den Geburtsnamen.

(5) In Feld 11 des Formblatts sind der Ort und die Nummer eines ausländischen Familienregisters einzutragen, wenn die Angaben urkundlich nachgewiesen sind.

§ 51a[1] *(aufgehoben)*

§ 52 Internationales Stammbuch der Familie. In ein internationales Stammbuch der Familie, das in einem Vertragsstaat des Übereinkommens vom 12. September 1974 zur Schaffung eines internationalen Stammbuchs der Familie ausgestellt worden ist, können Angaben eingetragen werden über die Geburt gemeinsamer Kinder der Ehegatten sowie über den Tod der Ehegatten und ihrer Kinder.

Abschnitt 2. Benutzung der Personenstandsregister

§ 53 Benutzung durch Personen. (1) Für die elektronische Auskunft über Daten aus einem Personenstandsregister an Berechtigte nach § 62 des Gesetzes[2] gilt § 63 Abs. 1 entsprechend.

(2) Die besonderen Vorschriften des Gesetzes für die Benutzung der Personenstandsregister durch Geschwister gelten auch für halbbürtige Geschwister.

§ 54[3] **Benutzung durch ausländische diplomatische und konsularische Vertretungen.** [1] Die Benutzung durch ausländische diplomatische oder konsularische Vertretungen im Inland nach § 65 Absatz 3 des Gesetzes ist zu versagen, wenn dem Standesamt bekannt ist, dass es sich bei der betreffenden Person um einen Ausländer handelt,

[1] *§ 51a aufgeh. mWv 22.12.2018 durch G v.* 18.12.2018 (BGBl. I S. 2639).

[2] Nr. **260**.

[3] § 54 neu gef. mWv 1.11.2017 durch G v. 17.7.2017 (BGBl. I S. 2522); Satz 1 Nr. 2 neu gef. mWv 22.12.2018 durch G v. 18.12.2018 (BGBl. I S. 2639).

1. der als Asylberechtigter nach Artikel 16a des Grundgesetzes[1] anerkannt ist, dem die Flüchtlingseigenschaft im Sinne des § 3 Absatz 1 des Asylgesetzes[2] oder subsidiärer Schutz im Sinne des § 4 Absatz 1 des Asylgesetzes zuerkannt wurde, bei dem ein Abschiebungsverbot nach § 60 Absatz 5 oder Absatz 7 des Aufenthaltsgesetzes[3] festgestellt wurde oder der einen Asylantrag gestellt hat, über den noch nicht bestandskräftig entschieden worden ist, oder bei dem die zuständige Behörde das Bestehen von Abschiebungsverboten im Sinne des § 60 Absatz 5 oder Absatz 7 des Aufenthaltsgesetzes prüft, oder
2. der im Besitz einer Aufenthaltserlaubnis nach den §§ 22, 23, 24, 25 Absatz 1, 2 oder 3 des Aufenthaltsgesetzes ist oder der eine Niederlassungserlaubnis nach § 26 Absatz 3 oder Absatz 4 des Aufenthaltsgesetzes besitzt oder der im Besitz einer Aufenthaltserlaubnis nach § 27 Absatz 2 in Verbindung mit § 28 Absatz 1 Satz 1 Nummer 1, § 30 oder § 31 des Aufenthaltsgesetzes ist oder der eine Niederlassungserlaubnis für Lebenspartner nach § 9 Absatz 2 in Verbindung mit Absatz 3 Satz 1 des Aufenthaltsgesetzes besitzt oder der eine Aufenthaltserlaubnis für gleichgeschlechtliche Ehegatten nach § 28 Absatz 1 Satz 1 Nummer 1, § 30 oder § 31 des Aufenthaltsgesetzes oder eine Niederlassungserlaubnis für gleichgeschlechtliche Ehegatten nach § 9 Absatz 2 in Verbindung mit Absatz 3 Satz 1 des Aufenthaltsgesetzes besitzt.

[2] Die Versagungsgründe nach § 65 Absatz 3 Satz 2 des Gesetzes[4] bleiben unberührt.

§ 55 Benutzung für wissenschaftliche Zwecke. (1) Ist die Benutzung von Personenstandsregistern für bestimmte wissenschaftliche Forschungsvorhaben beantragt worden, hat das Standesamt Betroffenen auf deren Anfrage Auskunft über das Forschungsvorhaben und Gelegenheit zu geben, schutzwürdige Belange gegen die Benutzung geltend zu machen.

(2) Das Standesamt kann auch von sich aus zur Interessenabwägung Betroffene nach dem Umfang ihrer schutzwürdigen Belange befragen, wenn es dies für erforderlich hält.

Abschnitt 3. Mitteilungen

§ 56[5] Mitteilungen an das Standesamt. (1) Das Gericht teilt folgende Sachverhalte und Entscheidungen mit:

1. dem Standesamt, das den Geburtseintrag für ein Kind führt:
   a) Beurkundungen von Erklärungen über die Anerkennung der Vaterschaft oder der Mutterschaft und über die familien- oder betreuungsgerichtliche Genehmigung einer Anerkennung, Zustimmung oder des Widerrufs solcher Erklärungen,
   b) Entscheidungen, durch die das Bestehen oder Nichtbestehen eines Eltern- oder Kindesverhältnisses festgestellt wird, sofern diese eine Eintragung in einem Personenstandsregister erforderlich machen,

---

[1] Nr. **1**.
[2] Nr. **567**.
[3] Nr. **565**.
[4] Nr. **260**.
[5] § 56 Abs. 1 Nr. 1 Buchst. a und c, Abs. 5 Nr. 1 Buchst. d geänd., Abs. 7 aufgeh., bish. Abs. 8 und 9 werden Abs. 7 und 8 mWv 1.11.2013 durch G v. 7.5.2013 (BGBl. I S. 1122); Abs. 3 neu gef., Abs. 5 Nr. 1 Buchst. d geänd., Nr. 5 neu gef. mWv 1.11.2017 durch G v. 17.7.2017 (BGBl. I S. 2522); Abs. 3 aufgeh. mWv 1.11.2018 durch VO v. 24.10.2018 (BGBl. I S. 1768).

c) Entscheidungen über die Annahme als Kind oder die Aufhebung eines Annahmeverhältnisses sowie eine dem Familiengericht bekannt gewordene Annahme als Kind im Ausland,

d) Entscheidungen, durch die auf Grund des Transsexuellengesetzes

aa) die Vornamen einer Person geändert oder solche Entscheidungen aufgehoben werden,

bb) festgestellt wird, dass eine Person als dem anderen Geschlecht zugehörig anzusehen ist,

2. dem Standesamt, das das Eheregister führt:

a) Entscheidungen, durch die die Ehe geschieden oder aufgehoben wird,

b) Entscheidungen, durch die das Nichtbestehen der Ehe festgestellt wird,

c) Erklärungen und Entscheidungen nach Nummer 1, durch die sich der Name einer Person ändert, deren Geburt nicht in einem Personenstandsregister im Inland beurkundet ist,

3. dem Standesamt, das das Lebenspartnerschaftsregister führt:

a) Entscheidungen, durch die die Lebenspartnerschaft aufgehoben wird,

b) Erklärungen und Entscheidungen nach Nummer 1, durch die sich der Name einer Person ändert, deren Geburt nicht in einem Personenstandsregister im Inland beurkundet ist,

4. dem Standesamt I in Berlin:

a) Entscheidungen über die Todeserklärung oder die Feststellung der Todeszeit sowie die Anfechtung, Aufhebung oder Änderung solcher Entscheidungen,

b) Entscheidungen nach den Nummern 1 bis 3, wenn der Personenstandsfall, auf den sich die Mitteilung bezieht, nicht in einem Personenstandsregister im Inland beurkundet ist.

(2) Die Namensänderungsbehörde teilt folgende Entscheidungen mit:

1. dem Standesamt, das das Geburtenregister führt:

a) die Änderung oder Feststellung des Familiennamens oder der Vornamen eines Kindes,

b) die Änderung oder Feststellung des Familiennamens der Eltern oder eines Elternteils, wenn sich die namensrechtliche Wirkung auf das Kind erstreckt,

2. dem Standesamt, das das Eheregister führt:

a) die Änderung oder Feststellung des Ehenamens der Ehegatten,

b) die Änderung oder Feststellung des Vor- oder Familiennamens eines Ehegatten, dessen Geburt nicht im Inland beurkundet ist,

3. dem Standesamt, das das Lebenspartnerschaftsregister führt:

a) die Änderung oder Feststellung des Lebenspartnerschaftsnamens der Lebenspartner,

b) die Änderung oder Feststellung des Vor- oder Familiennamens eines Lebenspartners, dessen Geburt nicht im Inland beurkundet ist.

(3) *(aufgehoben)*

(4) Das Jugendamt teilt folgende Beurkundungen mit:

1. dem Standesamt, das den Geburtseintrag für ein Kind führt:

a) Erklärungen über die Anerkennung der Vaterschaft oder den Widerruf der Anerkennung und die für die Wirksamkeit etwa erforderlichen Zustimmungserklärungen,

b) Erklärungen über die Anerkennung der Mutterschaft und die für die Wirksamkeit etwa erforderlichen Zustimmungserklärungen,
2. dem Standesamt I in Berlin, wenn sich die Beurkundung nach Nummer 1 auf ein Kind bezieht, dessen Geburt nicht in einem Personenstandsregister im Inland beurkundet ist.

(5) Der Notar teilt folgende Beurkundungen und Beglaubigungen mit:
1. dem Standesamt, das den Geburtseintrag für ein Kind führt:
   a) Erklärungen über die Anerkennung der Vaterschaft oder den Widerruf der Anerkennung und die für die Wirksamkeit etwa erforderlichen Zustimmungserklärungen,
   b) Erklärungen über die Anerkennung der Mutterschaft und die für die Wirksamkeit etwa erforderlichen Zustimmungserklärungen,
   c) Erklärungen zum Familiennamen des Kindes und die für die Wirksamkeit etwa erforderlichen Einwilligungserklärungen,
   d) Erklärungen nach Artikel 47 oder Artikel 48 des Einführungsgesetzes zum Bürgerlichen Gesetzbuche[1], § 1 des Minderheiten-Namensänderungsgesetzes und nach § 94 des Bundesvertriebenengesetzes[2],
2. dem Standesamt, das den Eheeintrag der Ehegatten führt, Erklärungen über die Namensführung in der Ehe oder nach Auflösung der Ehe,
3. dem Standesamt, das den Lebenspartnerschaftseintrag der Lebenspartner führt, Erklärungen über die Namensführung in der Lebenspartnerschaft oder nach Auflösung derselben,
4. dem Standesamt I in Berlin, wenn der Personenstandsfall, auf den sich die Mitteilung nach Nummer 1 Buchstabe a und Nummer 1 Buchstabe b bezieht, nicht in einem Personenstandsregister im Inland beurkundet ist,
5. dem Standesamt am Wohnsitz, letzten Wohnsitz oder gewöhnlichen Aufenthalt des Erklärenden, wenn der Personenstandsfall, auf den sich die Mitteilung nach Nummer 1 Buchstabe c, Nummer 1 Buchstabe d, Nummer 2 oder Nummer 3 bezieht, nicht in einem Personenstandsregister im Inland beurkundet ist; hat der Erklärende keinen Wohnsitz, keinen letzten Wohnsitz oder keinen gewöhnlichen Aufenthalt im Inland, ist die Mitteilung an das Standesamt I in Berlin zu richten.

(6) Für die Mitteilungen der Konsularbeamten der deutschen Auslandsvertretungen gilt Absatz 5.

(7) Die Mitteilung soll enthalten:
1. die Registrierungsdaten des Personenstandseintrags, auf den sich die Mitteilung bezieht,
2. den Familiennamen, den Geburtsnamen und die Vornamen der Personen, auf die sich die Mitteilung bezieht, sowie Tag und Ort des personenstandsrechtlichen Ereignisses,
3. die Bezeichnung des Vorgangs, der Anlass der Mitteilung ist,
4. das Wirksamkeitsdatum der Entscheidung oder Erklärung.

(8) Mitteilungspflichten an die Standesämter auf Grund anderer Rechtsvorschriften und internationaler Vereinbarungen bleiben unberührt.

---

[1] **Schönfelder Nr. 21.**
[2] **Aichberger, SGB Nr. 6/51.**

§ 57[1] Mitteilungen bei Beurkundung im Geburtenregister. (1) Das Standesamt, das die Geburt beurkundet, hat dies mitzuteilen:

1. dem Standesamt, das die Geburtseinträge für die Eltern des Kindes führt,
2. dem Standesamt I in Berlin, wenn das Kind im Ausland geboren worden ist,
3. der Meldebehörde,
4. dem Familiengericht, wenn
   a) das Kind nach dem Tod seines Vaters geboren ist,
   b) es sich um ein Findelkind oder um einen Minderjährigen handelt, dessen Personenstand nicht zu ermitteln ist, oder
   c) es sich um ein Kind aus einer vertraulichen Geburt nach § 25 Absatz 1 des Schwangerschaftskonfliktgesetzes[2] handelt,
5. dem Jugendamt, wenn die Eltern des Kindes nicht miteinander verheiratet sind,
6. dem Familiengericht, wenn gemeinsam sorgeberechtigte Eltern, die keinen Ehenamen führen, den Geburtsnamen des Kindes nicht binnen eines Monats nach dessen Geburt bestimmt haben,
7. dem Bundesamt für Familie und zivilgesellschaftliche Aufgaben, wenn das Kind nach § 25 Absatz 1 des Schwangerschaftskonfliktgesetzes vertraulich geboren wurde.

(2) Das Standesamt, das eine Folgebeurkundung über die Anerkennung oder gerichtliche Feststellung der Vaterschaft einträgt, hat dies mitzuteilen:

1. dem Standesamt, das den Geburtseintrag für den Vater führt,
2. dem Standesamt, das den Geburtseintrag für den bisher als Vater eingetragenen Mann führt, wenn er nach der Folgebeurkundung nicht der Vater ist,
3. der Meldebehörde,
4. dem Jugendamt, wenn das Kind während bestehender Ehe der Mutter geboren wurde.

(3) Das Standesamt, das eine Folgebeurkundung über die gerichtliche Entscheidung über das Nichtbestehen der Vaterschaft einträgt, hat dies mitzuteilen:

1. dem Standesamt, das den Geburtseintrag für den bisher als Vater eingetragenen Mann führt,
2. der Meldebehörde.

(4) Das Standesamt, das eine Folgebeurkundung über die Änderung oder Angleichung des Namens des Kindes, die Angabe des Geschlechts oder eine Vornamensortierung einträgt, hat dies mitzuteilen:

1. dem Standesamt, das den Ehe- oder Lebenspartnerschaftseintrag für das Kind führt,
2. dem Standesamt I in Berlin, wenn die Geburt oder die Eheschließung oder die Begründung einer Lebenspartnerschaft des Kindes im Ausland erfolgt ist,
3. dem Standesamt, das den Geburtseintrag eines Abkömmlings des Kindes führt, wenn sich der Geburtsname des Abkömmlings geändert hat,
4. der Meldebehörde, wenn dies nicht bereits von anderer Stelle erfolgt ist,

---

[1] § 57 Abs. 1 Nr. 4, Abs. 3 Nr. 2 geänd., Nr. 3 aufgeh., Abs. 6 Nr. 5 geänd. mWv 1.11.2013 durch G v. 7.5.2013 (BGBl. I S. 1122); Abs. 1 Nr. 4 neu gef., Nr. 6 geänd., Nr. 7 angef., Abs. 4 Nr. 4 geänd., Nr. 5 angef., Abs. 6 Nr. 19 geänd., Nr. 20 angef. mWv 1.5.2014 durch G v. 28.8.2013 (BGBl. I S. 3458); Abs. 4 einl. Satzteil und Abs. 5 Nr. 1 neu gef. mWv 1.11.2018 durch G v. 17.7.2017 (BGBl. I S. 2522).

[2] **Schönfelder ErgBd. Nr. 85e.**

5. dem Bundesamt für Familie und zivilgesellschaftliche Aufgaben, wenn das Kind nach § 25 Absatz 1 des Schwangerschaftskonfliktgesetzes vertraulich geboren wurde.

(5) Das Standesamt, das eine Folgebeurkundung über die Annahme als Kind oder deren Aufhebung einträgt, hat dies mitzuteilen:

1. dem Standesamt, das die Geburtseinträge für die leiblichen Eltern des Kindes führt, soweit die Annahme Auswirkungen auf deren Elternschaft hat,
2. dem Standesamt, das die Geburtseinträge für die Annehmenden führt,
3. dem Standesamt, das den Ehe- oder Lebenspartnerschaftseintrag für das Kind führt, wenn sich der Name des Kindes geändert hat,
4. dem Standesamt, das den Geburtseintrag eines Abkömmlings des Kindes führt, wenn sich der Geburtsname des Abkömmlings geändert hat,
5. dem Standesamt I in Berlin, wenn die Geburt oder die Eheschließung oder die Begründung einer Lebenspartnerschaft des Kindes im Ausland erfolgt ist,
6. der Meldebehörde.

(6) Das Standesamt darf zur Erfüllung der nach den Absätzen 1 bis 5 bestehenden Mitteilungspflichten folgende Daten übermitteln:

1. Anlass der Beurkundung,
2. Wirksamkeitsdatum der mitgeteilten Beurkundung,
3. Registrierungsdaten des sendenden Standesamts,
4. Registrierungsdaten der empfangenden Stelle,
5. Geburtsname und Vornamen des Kindes,
6. Tag, Ort und Registrierungsdaten der Geburt des Kindes,
7. Staat der Geburt, wenn das Kind im Ausland geboren worden ist,
8. Geschlecht des Kindes,
9. Staatsangehörigkeit des Kindes bei Erwerb nach § 4 Abs. 3 des Staatsangehörigkeitsgesetzes[1)],
10. Familiennamen, Geburtsnamen und Vornamen der Eltern des Kindes,
11. Tag, Ort und Registrierungsdaten der Geburt der Eltern des Kindes,
12. Staatsangehörigkeit der Eltern des Kindes,
13. Daten über Anerkennung, Feststellung oder Nichtbestehen einer Vaterschaft,
14. Daten über die Annahme als Kind, insbesondere
    a) Familiennamen, Geburtsnamen und Vornamen der Annehmenden,
    b) Tag, Ort und Registrierungsdaten der Geburt der Annehmenden,
    c) Staatsangehörigkeit der Annehmenden,
    d) Anschriften der Annehmenden,
15. Daten über eine Namensänderung des Kindes,
16. *Anzahl der geborenen Kinder* bei einer Mehrlingsgeburt,
17. Angaben zum Tod des Vaters vor der Geburt des Kindes,
18. Angaben zur elterlichen Sorge für das Kind,
19. Anschriften des Kindes und der Eltern,
20. Pseudonym der Mutter im Falle einer vertraulichen Geburt nach § 25 Absatz 1 des Schwangerschaftskonfliktgesetzes.

[1)] Nr. **15**.

§ 58[1] Mitteilungen bei Beurkundung im Eheregister. (1) Das Standesamt, das die Eheschließung oder die Umwandlung einer Lebenspartnerschaft in eine Ehe beurkundet, im Falle der Nummer 6 die Anmeldung der Eheschließung entgegennimmt, hat dies mitzuteilen:

1. dem Standesamt, das die Geburtseinträge für die Ehegatten führt,
2. dem Standesamt, das den Geburtseintrag für ein gemeinsames Kind der Ehegatten führt,
3. dem Standesamt I in Berlin, wenn die Ehe im Ausland geschlossen worden ist,
4. dem Standesamt, das den Ehe- oder Lebenspartnerschaftseintrag der letzten Ehe oder Lebenspartnerschaft für die Ehegatten führt,
5. der Meldebehörde,
6. dem Familiengericht, wenn einer der Eheschließenden mit einem anteilsberechtigten minderjährigen oder betreuten Abkömmling in fortgesetzter Gütergemeinschaft lebt.

(2) Das Standesamt, das eine Folgebeurkundung über eine Namensänderung, Namensangleichung oder Vornamensortierung eines oder beider Ehegatten einträgt, hat dies mitzuteilen:

1. dem Standesamt, das den Geburtseintrag für den oder die Ehegatten führt, wenn sich die Namensänderung auf den Geburtsnamen des oder der Ehegatten erstreckt,
2. dem Standesamt, das den Geburtseintrag eines Kindes des oder der Ehegatten führt, wenn auch das Kind den geänderten Namen führt,
3. dem Standesamt I in Berlin, wenn die Ehe im Ausland geschlossen worden ist,
4. der Meldebehörde, wenn dies nicht bereits von anderer Stelle erfolgt ist.

(3) Das Standesamt, das eine Folgebeurkundung über die Aufhebung, Scheidung oder das Nichtbestehen der Ehe oder die Aufhebung einer solchen Entscheidung einträgt, hat dies mitzuteilen:

1. dem Standesamt, das den Geburtseintrag für ein gemeinsames Kind der Ehegatten führt, wenn die Entscheidung Auswirkungen auf den Personenstand des Kindes hat,
2. dem Standesamt, das den Ehe- oder Lebenspartnerschaftseintrag der letzten Ehe oder Lebenspartnerschaft für die Ehegatten führt, wenn das Nichtbestehen der Ehe oder die Aufhebung dieser Entscheidung festgestellt wurde,
3. der Meldebehörde.

(4) Das Standesamt, das eine Folgebeurkundung über die Auflösung der Ehe durch Tod oder über die Todeserklärung, die gerichtliche Feststellung der Todeszeit eines Ehegatten oder die Aufhebung eines solchen Beschlusses einträgt, hat dies mitzuteilen, wenn der Sterbefall nicht im Inland beurkundet worden ist:

1. dem Standesamt, das den Geburtseintrag für den verstorbenen oder für tot erklärten Ehegatten führt,
2. der Meldebehörde,
3. dem für die Veranlagung zur Erbschaftsteuer zuständigen Finanzamt,

---

[1] § 58 Abs. 4 Nr. 5 geänd., Nr. 6 angef. mWv 1.1.2012 durch G v. 22.12.2010 (BGBl. I S. 2255); Abs. 1 Nr. 6 geänd., Abs. 3 Nr. 1 aufgeh., bish. Nr. 2–4 werden Nr. 1–3, Abs. 4 Nr. 2 aufgeh., Nr. 3–6 werden Nr. 2–5, Abs. 5 Nr. 5 geänd. mWv 1.11.2013 durch G v. 7.5.2013 (BGBl. I S. 1122); Abs. 4 neu gef. mWv 1.11.2017 und Abs. 2 einl. Satzteil neu gef. mWv 1.11.2018 durch G v. 17.7.2017 (BGBl. I S. 2522); Abs. 1 einl. Satzteil neu gef. mWv 1.11.2018 durch VO v. 24.10.2018 (BGBl. I S. 1768).

4. der das Zentrale Testamentsregister führenden Registerbehörde.

(5) Das Standesamt darf zur Erfüllung der Mitteilungspflichten nach den Absätzen 1 bis 4 folgende Daten übermitteln:

1. Anlass der Beurkundung,
2. Wirksamkeitsdatum der mitgeteilten Beurkundung,
3. Registrierungsdaten des sendenden Standesamts,
4. Registrierungsdaten der empfangenden Stelle,
5. Familiennamen, Geburtsnamen und Vornamen sowie das Geschlecht der Ehegatten,
6. Tag, Ort und Registrierungsdaten der Geburt der Ehegatten,
7. Staat der Geburt, wenn der Ehegatte im Ausland geboren worden ist,
8. Tag und Ort der Eheschließung,
9. Staat der Eheschließung, wenn die Ehe im Ausland geschlossen worden ist,
10. Staatsangehörigkeit der Ehegatten,
11. Familiennamen, Geburtsnamen, Vornamen und Anschrift der Kinder der Ehegatten,
12. Tag, Ort und Registrierungsdaten der Geburt der Kinder der Ehegatten,
13. Staatsangehörigkeit der Kinder der Ehegatten,
14. Angaben zu fortgesetzter Gütergemeinschaft eines Eheschließenden mit seinem Abkömmling,
15. Daten über die Auflösung der Ehe durch Scheidung und Tod,
16. Daten über Todeserklärung und gerichtliche Feststellung der Todeszeit eines Ehegatten,
17. Daten über eine im Ausland erfolgte erneute Eheschließung oder Begründung einer Lebenspartnerschaft eines Ehegatten nach Eheauflösung,
18. Anschriften der Ehegatten.

§ 59[1)] Mitteilungen bei Beurkundung im Lebenspartnerschaftsregister.

(1) Das Standesamt, das die Begründung einer Lebenspartnerschaft nach § 35 des Gesetzes[2)] beurkundet, hat dies mitzuteilen:

1. dem Standesamt, das die Geburtseinträge für die Lebenspartner führt,
2. dem Standesamt, das den Ehe- oder Lebenspartnerschaftseintrag der letzten Ehe oder Lebenspartnerschaft für die Lebenspartner führt,
3. dem Standesamt I in Berlin,
4. der Meldebehörde.

(2) Das Standesamt, das eine Folgebeurkundung über eine Namensänderung, Namensangleichung oder Vornamensortierung eines oder beider Lebenspartner einträgt, hat dies *mitzuteilen:*

1. dem Standesamt, das den Geburtseintrag für den Lebenspartner führt, wenn sich die Namensänderung auf den Geburtsnamen des Lebenspartners erstreckt,

---

[1)] § 59 Abs. 4 Nr. 5 geänd., Nr. 6 angef. mWv 1.1.2012 durch G v. 22.12.2010 (BGBl. I S. 2255); Abs. 1 Nr. 5 geänd., Abs. 3 neu gef., Abs. 4 Nr. 2 aufgeh., bish. Nr. 3–6 werden Nr. 2–5, Abs. 5 Nr. 5 geänd. mWv 1.11.2013 durch G v. 7.5.2013 (BGBl. I S. 1122); Abs. 4 neu gef. mWv 1.11.2017 und Abs. 2 einl. Satzteil neu gef. mWv 1.11.2018 durch G v. 17.7.2017 (BGBl. I S. 2522); Abs. 1 neu gef. mWv 1.11.2018 durch VO v. 24.10.2018 (BGBl. I S. 1768).

[2)] Nr. **260**.

2. dem Standesamt, das den Geburtseintrag für ein Kind der Lebenspartner führt, wenn sich die Namensänderung auf den Geburtsnamen des Kindes erstreckt,
3. dem Standesamt I in Berlin, wenn die Lebenspartnerschaft im Ausland begründet worden ist,
4. der Meldebehörde, wenn dies nicht bereits von anderer Stelle erfolgt ist.

(3) Das Standesamt, das eine Folgebeurkundung über die Aufhebung der Lebenspartnerschaft einträgt, hat dies der Meldebehörde mitzuteilen.

(4) Das Standesamt, das eine Folgebeurkundung über die Auflösung der Lebenspartnerschaft durch Tod oder über die Todeserklärung, die gerichtliche Feststellung der Todeszeit eines Lebenspartners oder die Aufhebung eines solchen Beschlusses einträgt, hat dies mitzuteilen, wenn der Sterbefall nicht im Inland beurkundet worden ist:

1. dem Standesamt, das den Geburtseintrag für den verstorbenen oder für tot erklärten Lebenspartner führt,
2. der Meldebehörde,
3. dem für die Veranlagung zur Erbschaftsteuer zuständigen Finanzamt,
4. der das Zentrale Testamentsregister führenden Registerbehörde.

(5) Das Standesamt darf zur Erfüllung der nach den Absätzen 1 bis 4 bestehenden Mitteilungspflichten folgende Daten übermitteln:

1. Anlass der Beurkundung,
2. Wirksamkeitsdatum der mitgeteilten Beurkundung,
3. Registrierungsdaten des übermittelnden Standesamts,
4. Registrierungsdaten der empfangenden Stelle,
5. Familiennamen, Geburtsnamen und Vornamen sowie das Geschlecht der Lebenspartner,
6. Tag, Ort und Registrierungsdaten der Geburt der Lebenspartner,
7. Staat der Geburt, wenn der Lebenspartner im Ausland geboren wurde,
8. Tag und Ort der Begründung der Lebenspartnerschaft,
9. Staat der Begründung der Lebenspartnerschaft, wenn diese im Ausland erfolgt ist,
10. Staatsangehörigkeit der Lebenspartner,
11. Familiennamen, Geburtsnamen und Vornamen der Kinder der Lebenspartner,
12. Tag, Ort und Registrierungsdaten der Geburt der Kinder der Lebenspartner,
13. Staatsangehörigkeit der Kinder der Lebenspartner,
14. Angaben zu fortgesetzter Gütergemeinschaft eines Lebenspartners mit seinem Abkömmling,
15. Daten über die Auflösung der Lebenspartnerschaft,
16. Daten über eine im Ausland erfolgte erneute Eheschließung oder Begründung einer Lebenspartnerschaft eines Lebenspartners nach Auflösung der Lebenspartnerschaft,
17. Anschriften der Lebenspartner.

§ 60[1] Mitteilungen bei Beurkundung im Sterberegister. (1) Das Standesamt, das den Sterbefall beurkundet, hat dies mitzuteilen:

1. dem Standesamt, das den Geburtseintrag für den Verstorbenen führt,
2. dem Standesamt, das den Ehe- oder Lebenspartnerschaftseintrag für eine zur Zeit des Todes bestehende Ehe oder Lebenspartnerschaft führt,
3. der Gesundheitsbehörde, soweit dies nach Landesrecht vorgesehen ist,
4. dem Standesamt I in Berlin, wenn der Verstorbene zuvor für tot erklärt, seine Todeszeit gerichtlich festgestellt worden ist oder er nicht im Inland verstorben ist,
5. der Meldebehörde,
6. dem Familiengericht, wenn der Verstorbene minderjährig und Vollwaise war oder ein minderjähriges Kind hinterlassen hat,
7. dem Jugendamt, wenn der Verstorbene minderjährig und Vollwaise war oder ein minderjähriges Kind hinterlassen hat, das durch den Sterbefall Vollwaise geworden ist,
8. dem für die Veranlagung zur Erbschaftsteuer zuständigen Finanzamt,
9. der das Zentrale Testamentsregister führenden Registerbehörde.

(2) Nimmt das Standesamt I in Berlin eine Ausfertigung eines Beschlusses über Todeserklärung oder gerichtliche Feststellung der Todeszeit in die dortige Sammlung auf, hat es dies mitzuteilen:

1. dem Standesamt, das den Geburtseintrag des für tot Erklärten führt,
2. dem Standesamt, das den Ehe- oder Lebenspartnerschaftseintrag für eine zur Zeit der Todeserklärung bestehende Ehe oder Lebenspartnerschaft führt,
3. dem Standesamt, das das Sterberegister des für tot Erklärten führt,
4. der das Zentrale Testamentsregister führenden Registerbehörde.

(3) Das Standesamt darf zur Erfüllung der nach den Absätzen 1 und 2 bestehenden Mitteilungspflichten folgende Daten übermitteln:

1. Anlass der Beurkundung,
2. Wirksamkeitsdatum der mitgeteilten Beurkundung,
3. Registrierungsdaten des sendenden Standesamts,
4. Registrierungsdaten der empfangenden Stelle,
5. Familiennamen, Geburtsnamen und Vornamen sowie das Geschlecht des Verstorbenen,
6. Tag, Ort und Registrierungsdaten der Geburt des Verstorbenen,
7. Staat der Geburt, wenn der Verstorbene im Ausland geboren worden ist,
8. Todestag oder Todeszeitraum,
9. Sterbeort sowie den Staat, wenn der Sterbefall im Ausland eingetreten ist,
10. Familienstand des Verstorbenen,
11. Staatsangehörigkeit des Verstorbenen,
12. Familiennamen, Geburtsnamen und Vornamen eines Ehegatten oder Lebenspartners des Verstorbenen,

[1] § 60 Abs. 1 Nr. 9 geänd., Nr. 10 angef., Abs. 2 Nr. 4 geänd., Nr. 5 angef. mWv 1.1.2012 durch G v. 22.12.2010 (BGBl. I S. 2255); Abs. 1 Nr. 3 aufgeh., bish. Nr. 4–10 werden Nr. 3–9, neue Nr. 6 und 9 geänd., Abs. 2 Nr. 2 und 5, Abs. 3 Nr. 5 geänd. mWv 1.11.2013 durch G v. 7.5.2013 (BGBl. I S. 1122); Abs. 1 Nr. 2 und 3 neu gef., Abs. 2 Nr. 3 aufgeh., bish. Nr. 4 und 5 werden Nr. 3 und 4 mWv 1.11.2017 durch G v. 17.7.2017 (BGBl. I S. 2522).

13. Tag, Ort und Registrierungsdaten der Geburt eines Ehegatten oder Lebenspartners des Verstorbenen,
14. Familienname, Vornamen und Anschrift eines nahen Angehörigen des Verstorbenen,
15. Angaben darüber, dass der Verstorbene zuvor für tot erklärt worden war oder seine Todeszeit gerichtlich festgestellt worden ist,
16. Familiennamen und Vornamen eines minderjährigen Kindes des Verstorbenen,
17. Tag der Geburt eines minderjährigen Kindes des Verstorbenen,
18. Angaben darüber, dass der Verstorbene Vollwaise war,
19. Angaben darüber, dass ein Kind des Verstorbenen durch den Sterbefall Vollwaise geworden ist,
20. Anschrift des Verstorbenen.

§ 61[1)] **Mitteilungen für statistische Zwecke.** Den Statistischen Landesämtern werden aus Anlass der Beurkundung einer Geburt, Eheschließung, Begründung der Lebenspartnerschaft und eines Sterbefalls die Daten mitgeteilt, die nach § 2 des Bevölkerungsstatistikgesetzes zu übermitteln sind.

§ 62[2)] **Besonderheiten bei Mitteilungen.** (1) Die Mitteilungspflichten des Standesamts nach den §§ 57 bis 61 gelten entsprechend für ein Standesamt, das

1. für die Entgegennahme einer Namenserklärung zuständig ist oder eine familienrechtliche Erklärung beurkundet oder aufbewahrt, wenn der Personenstandsfall nicht im Inland beurkundet worden ist;
2. einen Hinweis über einen im Ausland beurkundeten Personenstandsfall in ein deutsches Personenstandsregister einträgt.

(2) [1] Erhält das Standesamt I in Berlin eine Mitteilung über die Aufhebung, Scheidung oder das Nichtbestehen einer im Ausland geschlossenen Ehe oder die Aufhebung einer solchen Entscheidung, bestehen die Mitteilungspflichten nach § 58 Absatz 3 auch dann, wenn auf Grund des Fehlens eines Eheeintrags im Standesamt I in Berlin keine Folgebeurkundung erfolgt. [2] Entsprechendes gilt für die Mitteilungspflicht nach § 59 Absatz 3 bei Aufhebung einer im Ausland begründeten Lebenspartnerschaft. [3] Erhält das Standesamt I in Berlin eine Mitteilung über einen im Ausland beurkundeten Sterbefall, gelten die Mitteilungspflichten nach § 60 Absatz 1 entsprechend.

(3) [1] Ist zu einem Personenstandseintrag ein Sperrvermerk eingetragen, hat das Standesamt Mitteilungen gegenüber anderen Stellen, die ihm aus Anlass einer standesamtlichen Beurkundung obliegen, für die Zeit der Sperre auszusetzen, wenn der mit dem Sperrvermerk verfolgte Zweck dies erfordert. [2] Die Mitteilung ist nach Wegfall des Sperrvermerks nachzuholen.

(4) [1] Übermittelt werden dürfen nur die im Einzelfall zur Erfüllung der gesetzlichen Aufgaben der empfangenden Stelle erforderlichen Daten. [2] Neben den aufgeführten Daten darf das Standesamt weitere beurkundete oder im Zusammenhang mit der Beurkundung erhobene Daten mitteilen, soweit diese zur gesetzmäßigen Aufgabenerfüllung der empfangenden Stelle erforderlich sind. [3] Mittei-

---

[1)] § 61 geänd. mWv *1.11.2013 durch G v. 7.5.2013* (BGBl. I S. 1122).

[2)] § 62 Abs. 1 neu gef., Abs. 2 eingef., bish. Abs. 2 wird Abs. 3, bish. Abs. 3 aufgeh. mWv 1.11.2013 durch G v. 7.5.2013 (BGBl. I S. 1122); Abs. 2 Satz 3 angef. mWv 1.11.2018 durch G v. 17.7.2017 (BGBl. I S. 2522).

lungen an ausländische Behörden auf Grund internationaler Übereinkommen und Mitteilungspflichten nach landesrechtlichen Vorschriften bleiben unberührt.

§ 63[1)] Datenübermittlung. (1) [1]Die elektronische Übermittlung von Daten zwischen den Standesämtern und zwischen Standesämtern und anderen Behörden, Gerichten und sonstigen öffentlichen Stellen erfolgt unmittelbar oder über Vermittlungsstellen in gesicherten Verfahren, die Verschlüsselungen nach dem Stand der Technik beinhalten. [2]Bei der Übermittlung von Daten über Vermittlungsstellen bedarf es keiner weitergehenden Signatur des absendenden Standesamts.

(2) [1]Die elektronische Übermittlung von Daten zwischen den Standesämtern erfolgt durch strukturierte Datensätze. [2]Hierfür sind das Datenaustauschformat XPersonenstand und das Übertragungsprotokoll OSCI-Transport in der vom Bundesministerium des Innern, für Bau und Heimat im Bundesanzeiger bekannt gemachten jeweils gültigen Fassung zugrunde zu legen.

(3) [1]Zur Erfüllung gesetzlicher Mitteilungspflichten erfolgt die elektronische Datenübermittlung zwischen Standesämtern und anderen Behörden, Gerichten und sonstigen öffentlichen Stellen durch strukturierte Datensätze in standardisierten Datenaustauschformaten. [2]Soweit die technischen Voraussetzungen vorliegen, sind hierfür das Datenaustauschformat XPersonenstand und das Übertragungsprotokoll OSCI-Transport in der vom Bundesministerium des Innern, für Bau und Heimat im Bundesanzeiger bekannt gemachten jeweils gültigen Fassung zu verwenden.

(4) [1]Innerhalb von Rechenzentren und in besonders gesicherten verwaltungseigenen Netzen kann auf die Verwendung von OSCI-Transport verzichtet werden, wenn durch technische und organisatorische Maßnahmen sichergestellt wird, dass die durch die Verwendung von OSCI-Transport erzielten Sicherheitseigenschaften anderweitig in gleicher Qualität gewährleistet werden. [2]Die getroffenen Maßnahmen sind im Betriebs- und Sicherheitskonzept (§ 13) zu dokumentieren.

§ 64 Abrufverfahren. (1) [1]Für Datenübermittlungen im automatisierten Abrufverfahren nach § 68 Abs. 2 des Gesetzes[2)] gilt § 63. [2]Die eingesetzten Verfahren müssen sicherstellen, dass nur die zur Aufgabenerfüllung erforderlichen Daten abgerufen werden können.

(Fortsetzung nächstes Blatt)

[1)] § 63 Abs. 2 Satz 2 geänd. mWv 1.4.2012 durch G v. 22.12.2011 (BGBl. I S. 3044); Abs. 1 Satz 2 angef. mWv 1.11.2013 durch G v. 7.5.2013 (BGBl. I S. 1122); Abs. 2 Satz 3 aufgeh., Abs. 3 neu gef. mWv 1.11.2017 durch G v. 17.7.2017 (BGBl. I S. 2522); Abs. 2 Satz 2, Abs. 3 Satz 2 geänd. mWv 27.6. 2020 durch VO v. 19.6.2020 (BGBl. I S. 1328).

[2)] Nr. **260**.

265. Gesetz über die Änderung von Familiennamen und Vornamen (Namensänderungsgesetz – NamÄndG)

in der Fassung der Bekanntmachung vom 26. März 2021[1)]

(BGBl. I S. 738)

FNA 401-1

§ 1 [Anwendungsbereich] Der Familienname eines Deutschen im Sinne des Grundgesetzes[2)], eines Staatenlosen oder heimatlosen Ausländers mit gewöhnlichem Aufenthalt im Inland oder eines Asylberechtigten oder ausländischen Flüchtlings mit Wohnsitz im Inland kann auf Antrag geändert werden.

§ 2 [Antragstellung] (1) [1] Für eine beschränkt geschäftsfähige oder geschäftsunfähige Person stellt der gesetzliche Vertreter den Antrag; ein Vormund oder Pfleger bedarf hierzu der Genehmigung des Familiengerichts, ein Betreuer der Genehmigung des Betreuungsgerichts. [2] Für eine geschäftsfähige Person, für die in dieser Angelegenheit ein Betreuer bestellt und ein Einwilligungsvorbehalt nach § 1903 des Bürgerlichen Gesetzbuchs[3)] angeordnet ist, stellt der Betreuer den Antrag; er bedarf hierzu der Genehmigung des Betreuungsgerichts.

(2) Das Gericht hat den Antragsteller in den Fällen des Absatzes 1 Satz 1, wenn er als beschränkt Geschäftsfähiger das sechzehnte Lebensjahr vollendet hat, sowie in den Fällen des Absatzes 1 Satz 2 zu dem Antrag zu hören.

§ 3 [Rechtfertigung] (1) Ein Familienname darf nur geändert werden, wenn ein wichtiger Grund die Änderung rechtfertigt.

(2) Die für die Entscheidung erheblichen Umstände sind von Amts wegen festzustellen; dabei sollen insbesondere außer den unmittelbar Beteiligten die zuständige Ortspolizeibehörde und solche Personen gehört werden, deren Rechte durch die Namensänderung berührt werden.

§ 3a [Eingebürgerte Staatsangehörige] (1) Ist ein deutscher Staatsangehöriger, der die deutsche Staatsangehörigkeit nach dem 1. Januar 1919 erworben hat, daran gehindert, seinen früheren Familiennamen oder Vornamen zu führen, weil ihm dies vor seiner Einbürgerung durch ein Gesetz oder eine Verwaltungsmaßnahme seines früheren Heimatstaates verboten war, so liegt ein wichtiger Grund zur Änderung im Sinne des § 3 Absatz 1 vor, wenn durch das Gesetz oder die Verwaltungsmaßnahmen des früheren Heimatstaates überwiegend Angehörige einer deutschen Minderheit betroffen waren.

(2) Absatz 1 gilt auch für deutsche Staatsangehörige, auf die der frühere Name durch Ableitung übergegangen wäre.

§ 4 [Kinder] Die Änderung des Familiennamens erstreckt sich, soweit nicht bei der Entscheidung etwas anderes bestimmt wird, auf Kinder der Person, deren Name geändert wird, sofern die Kinder bislang den Namen dieser Person getragen haben und für die Kinder die elterliche Sorge dieser Person besteht.

---

1) Neubekanntmachung des NamensänderungsG in der im Bundesgesetzblatt Teil III, Gliederungsnummer 401-1, veröffentlichten bereinigten Fassung in der ab 18.3.2021 geltenden Fassung.

2) Nr. **1**.

3) **Schönfelder Nr. 20.**

§ 5 [Zuständige Behörde] (1) [1]Der Antrag auf Änderung eines Familiennamens ist schriftlich oder zu Protokoll bei der nach Landesrecht zuständigen Verwaltungsbehörde zu stellen, in deren Bezirk der Antragsteller oder einer seiner Vorfahren seinen Wohnsitz oder beim Fehlen eines Wohnsitzes seinen Aufenthalt hat oder zuletzt hatte. [2]Das Bundesministerium des Innern, für Bau und Heimat entscheidet, welches Land für die Bearbeitung des Antrags zuständig ist, wenn keine örtliche Zuständigkeit nach Satz 1 begründet wird.

(2) Beantragen mehrere Angehörige einer Familie dieselbe Namensänderung und sind verschiedene Verwaltungsbehörden zuständig, so kann eine der beteiligten Behörden im Einvernehmen mit den anderen Behörden und mit dem Einverständnis der Antragsteller das Verfahren für alle Antragsteller durchführen.

§§ 6, 7 (weggefallen)

§ 8 [Namensfeststellung] (1) [1]Ist zweifelhaft, welchen Familiennamen ein Deutscher im Sinne des Grundgesetzes[1)], ein Staatenloser oder heimatloser Ausländer mit gewöhnlichem Aufenthalt im Inland oder ein Asylberechtigter oder ausländischer Flüchtling mit Wohnsitz im Inland zu führen berechtigt ist, kann die nach Landesrecht zuständige Behörde den zu führenden Namen auf Antrag eines Beteiligten oder von Amts wegen mit allgemein verbindlicher Wirkung feststellen. [2]Die Vorschriften der §§ 2, 3 Absatz 2, der §§ 4 und 5 finden entsprechende Anwendung.

(2) Ist in einem auf Antrag eines Beteiligten eingeleiteten Verfahren die Entscheidung von der Beurteilung einer familienrechtlichen Vorfrage abhängig, so kann die nach Landesrecht zuständige Behörde das Verfahren auf Antrag oder von Amts wegen aussetzen und den Antragsteller zur Herbeiführung einer Entscheidung über diese Vorfrage auf den Rechtsweg verweisen.

§ 9 [Registereintragung] [1]Die nach Landesrecht zuständige Verwaltungsbehörde veranlasst die Folgebeurkundung über die Namensänderung oder die Namensfeststellung im Geburtenregister und im Eheregister oder Lebenspartnerschaftsregister. [2]Sie benachrichtigt die für die Wohnung, bei mehreren Wohnungen die für die Hauptwohnung des Betroffenen zuständige Meldebehörde von der Änderung oder Feststellung des Namens. [3]Die Mitteilungen nach den Sätzen 1 und 2 bedürfen der Schriftform.

§ 10 [Namensrechtliche Vorschriften des BGB] Die namensrechtlichen Vorschriften des Bürgerlichen Gesetzbuchs[2)] bleiben unberührt.

§ 11 [Änderung von Vornamen] Die §§ 1 bis 3, 5 und 9 finden auch auf die Änderung von Vornamen Anwendung.

§§ 12, 13 (weggefallen)

§ 13a [Verordnungsermächtigung] [1]Die Landesregierungen werden ermächtigt, durch Rechtsverordnung die zuständigen Behörden abweichend von § 5 Abs. 1 Satz 1, den §§ 8 und 9 zu bestimmen. [2]Sie können diese Ermächtigung auf oberste Landesbehörden übertragen.

§ 14 *(Inkrafttreten)*

[1)] Nr. **1**.
[2)] **Schönfelder Nr. 20.**

293. Gesetz über ergänzende Vorschriften zu Rechtsbehelfen in Umweltangelegenheiten nach der EG-Richtlinie 2003/35/EG (Umwelt-Rechtsbehelfsgesetz – UmwRG)[1)]

In der Fassung der Bekanntmachung vom 23. August 2017[2)]
(BGBl. I S. 3290)

FNA 2129-46

geänd. durch Art. 2 Abs. 18 G zur Modernisierung des Rechts der Umweltverträglichkeitsprüfung v. 20.7.2017 (BGBl. I S. 2808), Art. 4 G zur Änd. des Erneuerbare-Energien-G, des Kraft-Wärme-KopplungsG, des EnergiewirtschaftsG und weiterer energierechtlicher Vorschriften v. 17.12.2018 (BGBl. I S. 2549) und Art. 8 G zur Änd. des UmweltschadensG, des UmweltinformationsG und weiterer umweltrechtlicher Vorschriften v. 25.2.2021 (BGBl. I S. 306)

§ 1[3)] Anwendungsbereich. (1) [1]Dieses Gesetz ist anzuwenden auf Rechtsbehelfe gegen folgende Entscheidungen:

1. Zulassungsentscheidungen im Sinne von § 2 Absatz 6 des Gesetzes über die Umweltverträglichkeitsprüfung[4)] über die Zulässigkeit von Vorhaben, für die nach
   a) dem Gesetz über die Umweltverträglichkeitsprüfung,
   b) der Verordnung über die Umweltverträglichkeitsprüfung bergbaulicher Vorhaben[5)] oder
   c) landesrechtlichen Vorschriften

   eine Pflicht zur Durchführung einer Umweltverträglichkeitsprüfung (UVP) bestehen kann;
2. Genehmigungen für Anlagen, die in Spalte c des Anhangs 1 der Verordnung über genehmigungsbedürftige Anlagen[6)] mit dem Buchstaben G gekennzeichnet sind, gegen Entscheidungen nach § 17 Absatz 1a des Bundes-Immissionsschutzgesetzes[7)], gegen Erlaubnisse nach § 8 Absatz 1 des Wasserhaushalts-

[1)] **Amtl. Anm.:** Dieses Gesetz dient der Umsetzung von Artikel 11 der Richtlinie 2011/92/EU des Europäischen Parlaments und des Rates vom 13. Dezember 2011 über die Umweltverträglichkeitsprüfung bei bestimmten öffentlichen und privaten Projekten in der Fassung der Richtlinie 2014/52/EU (ABl. L 124 vom 25.4.2014, S. 1), der Umsetzung von Artikel 4 der Richtlinie 2003/35/EG des Europäischen Parlaments und des Rates vom 26. Mai 2003 über die Beteiligung der Öffentlichkeit bei der Ausarbeitung bestimmter umweltbezogener Pläne und Programme und zur Änderung der Richtlinien 85/337/EWG und 96/61/EG des Rates in Bezug auf die Öffentlichkeitsbeteiligung und den Zugang zu Gerichten (ABl. L 156 vom 25.6.2003, S. 17), der Umsetzung von Artikel 25 der Richtlinie 2010/75/EU des Europäischen Parlaments und des Rates vom 24. November 2010 über Industrieemissionen (integrierte Vermeidung und Verminderung der Umweltverschmutzung) (Neufassung) (ABl. L 334 vom 17.12.2010, S. 17), der Umsetzung von Artikel 23 der Richtlinie 2012/18/EU des Europäischen Parlaments und des Rates vom 4. Juli 2012 zur Beherrschung der Gefahren schwerer Unfälle mit gefährlichen Stoffen, zur *Änderung und anschließenden* Aufhebung der Richtlinie 96/82/EG des Rates (ABl. L 197 vom 24.7.2012, S. 1) sowie der Umsetzung von Artikel 13 der Richtlinie 2004/35/EG des Europäischen Parlaments und des Rates vom 21. April 2004 über Umwelthaftung zur Vermeidung und Sanierung von Umweltschäden (ABl. L 143 vom 30.4.2004, S. 56).

[2)] Neubekanntmachung des UmwRG idF v. 8.4.2013 (BGBl. I S. 753) in der ab 29.7.2017 geltenden Fassung.

[3)] § 1 Abs. 1 Satz 3 Nr. 3 geänd. mWv 21.12.2018 durch G v. 17.12.2018 (BGBl. I S. 2549).

[4)] Nr. **295**.

[5)] **Sartorius III Nr. 470.**

[6)] Nr. **296a**.

[7)] Nr. **296**.

gesetzes[1] für Gewässerbenutzungen, die mit einem Vorhaben im Sinne der Richtlinie 2010/75/EU des Europäischen Parlaments und des Rates vom 24. November 2010 über Industrieemissionen (integrierte Vermeidung und Verminderung der Umweltverschmutzung) (Neufassung) (ABl. L 334 vom 17.12.2010, S. 17) verbunden sind, sowie gegen Planfeststellungsbeschlüsse für Deponien nach § 35 Absatz 2 des Kreislaufwirtschaftsgesetzes[2];

2a. Genehmigungen für Anlagen nach § 23b Absatz 1 Satz 1 oder § 19 Absatz 4 des Bundes-Immissionsschutzgesetzes oder Zulassungen für Betriebspläne nach § 57d Absatz 1 des Bundesberggesetzes[3];

2b. Entscheidungen über die Zulässigkeit von Vorhaben, die benachbarte Schutzobjekte im Sinne des § 3 Absatz 5d des Bundes-Immissionsschutzgesetzes darstellen und die innerhalb des angemessenen Sicherheitsabstands zu einem Betriebsbereich nach § 3 Absatz 5a des Bundes-Immissionsschutzgesetzes verwirklicht werden sollen und einer Zulassung nach landesrechtlichen Vorschriften bedürfen;

3. Entscheidungen nach dem Umweltschadensgesetz[4];

4. Entscheidungen über die Annahme von Plänen und Programmen im Sinne von § 2 Absatz 7 des Gesetzes über die Umweltverträglichkeitsprüfung und im Sinne der entsprechenden landesrechtlichen Vorschriften, für die nach
   a) Anlage 5 des Gesetzes über die Umweltverträglichkeitsprüfung oder
   b) landesrechtlichen Vorschriften

   eine Pflicht zur Durchführung einer Strategischen Umweltprüfung bestehen kann; ausgenommen hiervon sind Pläne und Programme, über deren Annahme durch formelles Gesetz entschieden wird;

5. Verwaltungsakte oder öffentlich-rechtliche Verträge, durch die andere als in den Nummern 1 bis 2b genannte Vorhaben unter Anwendung umweltbezogener Rechtsvorschriften des Bundesrechts, des Landesrechts oder unmittelbar geltender Rechtsakte der Europäischen Union zugelassen werden, und

6. Verwaltungsakte über Überwachungs- oder Aufsichtsmaßnahmen zur Umsetzung oder Durchführung von Entscheidungen nach den Nummern 1 bis 5, die der Einhaltung umweltbezogener Rechtsvorschriften des Bundesrechts, des Landesrechts oder unmittelbar geltender Rechtsakte der Europäischen Union dienen.

[2] Dieses Gesetz findet auch Anwendung, wenn entgegen geltenden Rechtsvorschriften keine Entscheidung nach Satz 1 getroffen worden ist. [3] Unberührt bleiben

1. § 44a der Verwaltungsgerichtsordnung[5],
2. § 17 Absatz 3 Satz 3 bis 5 und § 19 Absatz 2 Satz 5 bis 7 des Standortauswahlgesetzes[6] sowie
3. § 15 Absatz 3 Satz 2 des Netzausbaubeschleunigungsgesetzes Übertragungsnetz[7], § 17a Absatz 5 Satz 1 des Energiewirtschaftsgesetzes[8], § 6 Absatz 9 Satz 1

[1] Nr. **845**.
[2] Nr. **298**.
[3] **Sartorius III Nr. 460.**
[4] ***Sartorius* III Nr. 310.**
[5] Nr. **600**.
[6] **Sartorius III Nr. 480.**
[7] **Sartorius III Nr. 511.**
[8] Nr. **830**.

des Windenergie-auf-See-Gesetzes, § 47 Absatz 4 und § 49 Absatz 3 des Gesetzes über die Umweltverträglichkeitsprüfung und andere entsprechende Rechtsvorschriften.

[4]Die Sätze 1 und 2 gelten nicht, wenn eine Entscheidung im Sinne dieses Absatzes auf Grund einer Entscheidung in einem verwaltungsgerichtlichen Streitverfahren erlassen worden ist.

(2) Dieses Gesetz gilt auch im Bereich der ausschließlichen Wirtschaftszone oder des Festlandsockels im Rahmen der Vorgaben des Seerechtsübereinkommens der Vereinten Nationen vom 10. Dezember 1982 (BGBl. 1994 II S. 1799, 1995 II S. 602).

(3) Soweit in Planfeststellungsverfahren, die Absatz 1 Satz 1 Nummer 1, 2 oder 5 unterfallen, Rechtsbehelfe nach diesem Gesetz eröffnet sind, wird § 64 Absatz 1 des Bundesnaturschutzgesetzes[1] nicht angewendet.

(4) Umweltbezogene Rechtsvorschriften im Sinne dieses Gesetzes sind Bestimmungen, die sich zum Schutz von Mensch und Umwelt auf

1. den Zustand von Umweltbestandteilen im Sinne von § 2 Absatz 3 Nummer 1 des Umweltinformationsgesetzes[2] oder
2. Faktoren im Sinne von § 2 Absatz 3 Nummer 2 des Umweltinformationsgesetzes

beziehen.

§ 2[3] Rechtsbehelfe von Vereinigungen. (1) [1]Eine nach § 3 anerkannte inländische oder ausländische Vereinigung kann, ohne eine Verletzung in eigenen Rechten geltend machen zu müssen, Rechtsbehelfe nach Maßgabe der Verwaltungsgerichtsordnung gegen eine Entscheidung nach § 1 Absatz 1 Satz 1 oder deren Unterlassen einlegen, wenn die Vereinigung

1. geltend macht, dass eine Entscheidung nach § 1 Absatz 1 Satz 1 oder deren Unterlassen Rechtsvorschriften, die für die Entscheidung von Bedeutung sein können, widerspricht,
2. geltend macht, in ihrem satzungsgemäßen Aufgabenbereich der Förderung der Ziele des Umweltschutzes durch die Entscheidung nach § 1 Absatz 1 Satz 1 oder deren Unterlassen berührt zu sein, und
3. im Falle eines Verfahrens nach
   a) § 1 Absatz 1 Satz 1 Nummer 1 bis 2b zur Beteiligung berechtigt war;
   b) § 1 Absatz 1 Satz 1 Nummer 4 zur Beteiligung berechtigt war und sie sich hierbei in der Sache gemäß den geltenden Rechtsvorschriften geäußert hat oder ihr entgegen den geltenden Rechtsvorschriften keine Gelegenheit zur Äußerung gegeben worden ist.

[2]*Bei Rechtsbehelfen* gegen eine Entscheidung nach § 1 Absatz 1 Satz 1 Nummer 2a bis 6 oder gegen deren Unterlassen muss die Vereinigung zudem die Verletzung umweltbezogener Rechtsvorschriften geltend machen.

(2) [1]Eine Vereinigung, die nicht nach § 3 anerkannt ist, kann einen Rechtsbehelf nach Absatz 1 nur dann einlegen, wenn

---

[1] Nr. **880**.
[2] Nr. **294**.
[3] § 2 Abs. 4 Satz 2 geänd. mWv 4.3.2021 durch G v. 25.2.2021 (BGBl. I S. 306).

1. sie bei Einlegung des Rechtsbehelfs die Voraussetzungen für eine Anerkennung erfüllt,
2. sie einen Antrag auf Anerkennung gestellt hat und
3. über eine Anerkennung aus Gründen, die von der Vereinigung nicht zu vertreten sind, noch nicht entschieden ist.

[2] Bei einer ausländischen Vereinigung gelten die Voraussetzungen der Nummer 3 als erfüllt. [3] Mit der Bestandskraft einer die Anerkennung versagenden Entscheidung wird der Rechtsbehelf unzulässig.

(3) [1] Ist eine Entscheidung nach § 1 Absatz 1 Satz 1 nach den geltenden Rechtsvorschriften weder öffentlich bekannt gemacht noch der Vereinigung bekannt gegeben worden, so müssen Widerspruch oder Klage binnen eines Jahres erhoben werden, nachdem die Vereinigung von der Entscheidung Kenntnis erlangt hat oder hätte erlangen können. [2] Widerspruch oder Klage gegen eine Entscheidung nach § 1 Absatz 1 Satz 1 Nummer 5 oder 6 müssen jedoch spätestens binnen zweier Jahre, nachdem der Verwaltungsakt erteilt wurde, erhoben werden. [3] Satz 1 gilt entsprechend, wenn eine Entscheidung nach § 1 Absatz 1 Satz 1 entgegen geltenden Rechtsvorschriften nicht getroffen worden ist und die Vereinigung von diesem Umstand Kenntnis erlangt hat oder hätte erlangen können.

(4) [1] Rechtsbehelfe nach Absatz 1 sind begründet, soweit

1. die Entscheidung nach § 1 Absatz 1 Satz 1 Nummer 1 und 2 oder deren Unterlassen gegen Rechtsvorschriften verstößt, die für diese Entscheidung von Bedeutung sind, oder
2. die Entscheidung nach § 1 Absatz 1 Satz 1 Nummer 2a bis 6 oder deren Unterlassen gegen umweltbezogene Rechtsvorschriften verstößt, die für diese Entscheidung von Bedeutung sind,

und der Verstoß Belange berührt, die zu den Zielen gehören, die die Vereinigung nach ihrer Satzung fördert. [2] Bei Entscheidungen nach § 1 Absatz 1 Satz 1 Nummer 1 oder 4 muss zudem eine Pflicht zur Durchführung einer Umweltprüfung im Sinne von § 2 Absatz 10 des Gesetzes über die Umweltverträglichkeitsprüfung[1)] bestehen.

§ 3 Anerkennung von Vereinigungen. (1) [1] Auf Antrag wird einer inländischen oder ausländischen Vereinigung die Anerkennung zur Einlegung von Rechtsbehelfen nach diesem Gesetz erteilt. [2] Die Anerkennung ist zu erteilen, wenn die Vereinigung

1. nach ihrer Satzung ideell und nicht nur vorübergehend vorwiegend die Ziele des Umweltschutzes fördert,
2. im Zeitpunkt der Anerkennung mindestens drei Jahre besteht und in diesem Zeitraum im Sinne der Nummer 1 tätig gewesen ist,
3. die Gewähr für eine sachgerechte Aufgabenerfüllung, insbesondere für eine sachgerechte Beteiligung an behördlichen Entscheidungsverfahren, bietet;

(Fortsetzung nächstes Blatt)

[1)] Nr. **295**.

294. Umweltinformationsgesetz (UIG)[1)]

In der Fassung der Bekanntmachung vom 27. Oktober 2014[2)]
(BGBl. I S. 1643)

FNA 2129-42

geänd. durch Art. 16 G zur Anpassung des Umwelt-RechtsbehelfsG und anderer Vorschriften an europa- und völkerrechtliche Vorgaben v. 29.5.2017 (BGBl. I S. 1298), Art. 2 Abs. 17 G zur Modernisierung des Rechts der Umweltverträglichkeitsprüfung v. 20.7.2017 (BGBl. I S. 2808) und Art. 2 G zur Änd. des UmweltschadensG, des UmweltinformationsG und weiterer umweltrechtlicher Vorschriften v. 25.2.2021 (BGBl. I S. 306)

Abschnitt 1. Allgemeine Vorschriften

§ 1 Zweck des Gesetzes; Anwendungsbereich. (1) Zweck dieses Gesetzes ist es, den rechtlichen Rahmen für den freien Zugang zu Umweltinformationen bei informationspflichtigen Stellen sowie für die Verbreitung dieser Umweltinformationen zu schaffen.

(2) Dieses Gesetz gilt für informationspflichtige Stellen des Bundes und der bundesunmittelbaren juristischen Personen des öffentlichen Rechts.

§ 2 Begriffsbestimmungen. (1) Informationspflichtige Stellen sind

1. die Regierung und andere Stellen der öffentlichen Verwaltung. Gremien, die diese Stellen beraten, gelten als Teil der Stelle, die deren Mitglieder beruft. Zu den informationspflichtigen Stellen gehören nicht
   a) die obersten Bundesbehörden, soweit und solange sie im Rahmen der Gesetzgebung tätig werden, und
   b) Gerichte des Bundes, soweit sie nicht Aufgaben der öffentlichen Verwaltung wahrnehmen;
2. natürliche oder juristische Personen des Privatrechts, soweit sie öffentliche Aufgaben wahrnehmen oder öffentliche Dienstleistungen erbringen, die im Zusammenhang mit der Umwelt stehen, insbesondere solche der umweltbezogenen Daseinsvorsorge, und dabei der Kontrolle des Bundes oder einer unter der Aufsicht des Bundes stehenden juristischen Person des öffentlichen Rechts unterliegen.

(2) Kontrolle im Sinne des Absatzes 1 Nummer 2 liegt vor, wenn

1. die Person des Privatrechts bei der Wahrnehmung der öffentlichen Aufgabe oder bei der Erbringung der öffentlichen Dienstleistung gegenüber Dritten besonderen Pflichten unterliegt oder über besondere Rechte verfügt, insbesondere ein Kontrahierungszwang oder ein Anschluss- und Benutzungszwang besteht, oder
2. eine oder mehrere der in Absatz 1 Nummer 2 genannten juristischen Personen des öffentlichen Rechts allein oder zusammen, unmittelbar oder mittelbar
   a) die Mehrheit des gezeichneten Kapitals des Unternehmens besitzen,
   b) über die Mehrheit der mit den Anteilen des Unternehmens verbundenen Stimmrechte verfügen oder

---

[1)] **Amtl. Anm.:** Dieses Gesetz dient der Umsetzung der Richtlinie 2003/4/EG des Europäischen Parlaments und des Rates vom 28. Januar 2003 über den Zugang der Öffentlichkeit zu Umweltinformationen und zur Aufhebung der Richtlinie 90/313/EWG des Rates (ABl. L 41 vom 14.2.2003, S. 26).

[2)] Neubekanntmachung des UIG v. 22.12.2004 (BGBl. I S. 3704) in der ab 6.11.2014 geltenden Fassung.

c) mehr als die Hälfte der Mitglieder des Verwaltungs-, Leitungs- oder Aufsichtsorgans des Unternehmens bestellen können, oder

3. mehrere juristische Personen des öffentlichen Rechts zusammen unmittelbar oder mittelbar über eine Mehrheit im Sinne der Nummer 2 Buchstabe a bis c verfügen und der überwiegende Anteil an dieser Mehrheit den in Absatz 1 Nummer 2 genannten juristischen Personen des öffentlichen Rechts zuzuordnen ist.

(3) Umweltinformationen sind unabhängig von der Art ihrer Speicherung alle Daten über

1. den Zustand von Umweltbestandteilen wie Luft und Atmosphäre, Wasser, Boden, Landschaft und natürliche Lebensräume einschließlich Feuchtgebiete, Küsten- und Meeresgebiete, die Artenvielfalt und ihre Bestandteile, einschließlich gentechnisch veränderter Organismen, sowie die Wechselwirkungen zwischen diesen Bestandteilen;
2. Faktoren wie Stoffe, Energie, Lärm und Strahlung, Abfälle aller Art sowie Emissionen, Ableitungen und sonstige Freisetzungen von Stoffen in die Umwelt, die sich auf die Umweltbestandteile im Sinne der Nummer 1 auswirken oder wahrscheinlich auswirken;
3. Maßnahmen oder Tätigkeiten, die
   a) sich auf die Umweltbestandteile im Sinne der Nummer 1 oder auf Faktoren im Sinne der Nummer 2 auswirken oder wahrscheinlich auswirken oder
   b) den Schutz von Umweltbestandteilen im Sinne der Nummer 1 bezwecken; zu den Maßnahmen gehören auch politische Konzepte, Rechts- und Verwaltungsvorschriften, Abkommen, Umweltvereinbarungen, Pläne und Programme;
4. Berichte über die Umsetzung des Umweltrechts;
5. Kosten-Nutzen-Analysen oder sonstige wirtschaftliche Analysen und Annahmen, die zur Vorbereitung oder Durchführung von Maßnahmen oder Tätigkeiten im Sinne der Nummer 3 verwendet werden, und
6. den Zustand der menschlichen Gesundheit und Sicherheit, die Lebensbedingungen des Menschen sowie Kulturstätten und Bauwerke, soweit sie jeweils vom Zustand der Umweltbestandteile im Sinne der Nummer 1 oder von Faktoren, Maßnahmen oder Tätigkeiten im Sinne der Nummern 2 und 3 betroffen sind oder sein können; hierzu gehört auch die Kontamination der Lebensmittelkette.

(4) [1] Eine informationspflichtige Stelle verfügt über Umweltinformationen, wenn diese bei ihr vorhanden sind oder für sie bereitgehalten werden. [2] Ein Bereithalten liegt vor, wenn eine natürliche oder juristische Person, die selbst nicht informationspflichtige Stelle ist, Umweltinformationen für eine informationspflichtige Stelle im Sinne des Absatzes 1 aufbewahrt, auf die diese Stelle einen Übermittlungsanspruch hat.

Abschnitt 2. Informationszugang auf Antrag

§ 3 Anspruch auf Zugang zu Umweltinformationen. (1) [1] Jede Person hat nach Maßgabe dieses Gesetzes Anspruch auf freien Zugang zu Umweltinformationen, über die eine informationspflichtige Stelle im Sinne des § 2 Absatz 1 verfügt, *ohne ein* rechtliches Interesse darlegen zu müssen. [2] Daneben bleiben andere Ansprüche auf Zugang zu Informationen *unberührt.*

(2) [1] Der Zugang kann durch Auskunftserteilung, Gewährung von Akteneinsicht oder in sonstiger Weise eröffnet werden. [2] Wird eine bestimmte Art des Informati-

onszugangs beantragt, so darf dieser nur aus gewichtigen Gründen auf andere Art eröffnet werden. [3] Als gewichtiger Grund gilt insbesondere ein deutlich höherer Verwaltungsaufwand. [4] Soweit Umweltinformationen der antragstellenden Person bereits auf andere, leicht zugängliche Art, insbesondere durch Verbreitung nach § 10, zur Verfügung stehen, kann die informationspflichtige Stelle die Person auf diese Art des Informationszugangs verweisen.

(3) [1] Soweit ein Anspruch nach Absatz 1 besteht, sind die Umweltinformationen der antragstellenden Person unter Berücksichtigung etwaiger von ihr angegebener Zeitpunkte, spätestens jedoch mit Ablauf der Frist nach Satz 2 Nummer 1 oder Nummer 2 zugänglich zu machen. [2] Die Frist beginnt mit Eingang des Antrags bei der informationspflichtigen Stelle, die über die Informationen verfügt, und endet

1. mit Ablauf eines Monats oder
2. soweit Umweltinformationen derart umfangreich und komplex sind, dass die in Nummer 1 genannte Frist nicht eingehalten werden kann, mit Ablauf von zwei Monaten.

§ 4 Antrag und Verfahren. (1) Umweltinformationen werden von einer informationspflichtigen Stelle auf Antrag zugänglich gemacht.

(2) [1] Der Antrag muss erkennen lassen, zu welchen Umweltinformationen der Zugang gewünscht wird. [2] Ist der Antrag zu unbestimmt, so ist der antragstellenden Person dies innerhalb eines Monats mitzuteilen und Gelegenheit zur Präzisierung des Antrags zu geben. [3] Kommt die antragstellende Person der Aufforderung zur Präzisierung nach, beginnt der Lauf der Frist zur Beantwortung von Anträgen erneut. [4] Die Informationssuchenden sind bei der Stellung und Präzisierung von Anträgen zu unterstützen.

(3) [1] Wird der Antrag bei einer informationspflichtigen Stelle gestellt, die nicht über die Umweltinformationen verfügt, leitet sie den Antrag an die über die begehrten Informationen verfügende Stelle weiter, wenn ihr diese bekannt ist, und unterrichtet die antragstellende Person hierüber. [2] Anstelle der Weiterleitung des Antrags kann sie die antragstellende Person auch auf andere ihr bekannte informationspflichtige Stellen hinweisen, die über die Informationen verfügen.

(4) Wird eine andere als die beantragte Art des Informationszugangs im Sinne von § 3 Absatz 2 eröffnet, ist dies innerhalb der Frist nach § 3 Absatz 3 Satz 2 Nummer 1 unter Angabe der Gründe mitzuteilen.

(5) Über die Geltung der längeren Frist nach § 3 Absatz 3 Satz 2 Nummer 2 ist die antragstellende Person spätestens mit Ablauf der Frist nach § 3 Absatz 3 Satz 2 Nummer 1 unter Angabe der Gründe zu unterrichten.

§ 5 Ablehnung des Antrags. (1) [1] Wird der Antrag ganz oder teilweise nach den §§ 8 und 9 abgelehnt, ist die antragstellende Person innerhalb der Fristen nach § 3 Absatz 3 Satz 2 *hierüber* zu unterrichten. [2] Eine Ablehnung liegt auch dann vor, wenn nach § 3 Absatz 2 der Informationszugang auf andere Art gewährt oder die antragstellende Person auf eine andere Art des Informationszugangs verwiesen wird. [3] Der antragstellenden Person sind die Gründe für die Ablehnung mitzuteilen; in den Fällen des § 8 Absatz 2 Nummer 4 ist darüber hinaus die Stelle, die das Material vorbereitet, sowie der voraussichtliche Zeitpunkt der Fertigstellung mitzuteilen. [4] § 39 Absatz 2 des Verwaltungsverfahrensgesetzes[1)] findet keine Anwendung.

[1)] Nr. **100**.

(2) [1] Wenn der Antrag schriftlich gestellt wurde oder die antragstellende Person dies begehrt, erfolgt die Ablehnung in schriftlicher Form. [2] Sie ist auf Verlangen der antragstellenden Person in elektronischer Form mitzuteilen, wenn der Zugang hierfür eröffnet ist.

(3) Liegt ein Ablehnungsgrund nach § 8 oder § 9 vor, sind die hiervon nicht betroffenen Informationen zugänglich zu machen, soweit es möglich ist, die betroffenen Informationen auszusondern.

(4) Die antragstellende Person ist im Falle der vollständigen oder teilweisen Ablehnung eines Antrags auch über die Rechtsschutzmöglichkeiten gegen die Entscheidung sowie darüber zu belehren, bei welcher Stelle und innerhalb welcher Frist um Rechtsschutz nachgesucht werden kann.

§ 6 Rechtsschutz. (1) Für Streitigkeiten nach diesem Gesetz ist der Verwaltungsrechtsweg gegeben.

(2) Gegen die Entscheidung durch eine Stelle der öffentlichen Verwaltung im Sinne des § 2 Absatz 1 Nummer 1 ist ein Widerspruchsverfahren nach den §§ 68 bis 73 der Verwaltungsgerichtsordnung[1)] auch dann durchzuführen, wenn die Entscheidung von einer obersten Bundesbehörde getroffen worden ist.

(3) [1] Ist die antragstellende Person der Auffassung, dass eine informationspflichtige Stelle im Sinne des § 2 Absatz 1 Nummer 2 den Antrag nicht vollständig erfüllt hat, kann sie die Entscheidung der informationspflichtigen Stelle nach Absatz 4 überprüfen lassen. [2] Die Überprüfung ist nicht Voraussetzung für die Erhebung der Klage nach Absatz 1. [3] Eine Klage gegen die zuständige Stelle nach § 13 Absatz 1 ist ausgeschlossen.

(4) [1] Der Anspruch auf nochmalige Prüfung ist gegenüber der informationspflichtigen Stelle im Sinne des § 2 Absatz 1 Nummer 2 innerhalb eines Monats, nachdem diese Stelle mitgeteilt hat, dass der Anspruch nicht oder nicht vollständig erfüllt werden kann, schriftlich geltend zu machen. [2] Die informationspflichtige Stelle hat der antragstellenden Person das Ergebnis ihrer nochmaligen Prüfung innerhalb eines Monats zu übermitteln.

(5) Durch Landesgesetz kann für Streitigkeiten um Ansprüche gegen private informationspflichtige Stellen auf Grund von landesrechtlichen Vorschriften über den Zugang zu Umweltinformationen der Verwaltungsrechtsweg vorgesehen werden.

§ 7 Unterstützung des Zugangs zu Umweltinformationen. (1) [1] Die informationspflichtigen Stellen ergreifen Maßnahmen, um den Zugang zu den bei ihnen verfügbaren Umweltinformationen zu erleichtern. [2] Zu diesem Zweck wirken sie darauf hin, dass Umweltinformationen, über die sie verfügen, zunehmend in elektronischen Datenbanken oder in sonstigen Formaten gespeichert werden, die über Mittel der elektronischen Kommunikation abrufbar sind.

(2) Die informationspflichtigen Stellen treffen praktische Vorkehrungen zur Erleichterung des Informationszugangs, beispielsweise durch

1. die Benennung von Auskunftspersonen oder Informationsstellen,
2. die Veröffentlichung von Verzeichnissen über verfügbare Umweltinformationen,
3. die Einrichtung öffentlich zugänglicher Informationsnetze und Datenbanken oder
4. die Veröffentlichung von Informationen über behördliche Zuständigkeiten.

---

1) Nr. **600**.

(3) Soweit möglich, gewährleisten die informationspflichtigen Stellen, dass alle Umweltinformationen, die von ihnen oder für sie zusammengestellt werden, auf dem gegenwärtigen Stand, exakt und vergleichbar sind.

§ 7a[1)] Bundesbeauftragte für die Informationsfreiheit. § 12 des Informationsfreiheitsgesetzes[2)] findet auf Anträge auf Zugang zu Umweltinformationen nach § 3 entsprechende Anwendung.

Abschnitt 3. Ablehnungsgründe

§ 8 Schutz öffentlicher Belange. (1) [1]Soweit das Bekanntgeben der Informationen nachteilige Auswirkungen hätte auf

1. die internationalen Beziehungen, die Verteidigung oder bedeutsame Schutzgüter der öffentlichen Sicherheit,
2. die Vertraulichkeit der Beratungen von informationspflichtigen Stellen im Sinne des § 2 Absatz 1,
3. die Durchführung eines laufenden Gerichtsverfahrens, den Anspruch einer Person auf ein faires Verfahren oder die Durchführung strafrechtlicher, ordnungswidrigkeitenrechtlicher oder disziplinarrechtlicher Ermittlungen oder
4. den Zustand der Umwelt und ihrer Bestandteile im Sinne des § 2 Absatz 3 Nummer 1 oder Schutzgüter im Sinne des § 2 Absatz 3 Nummer 6,

ist der Antrag abzulehnen, es sei denn, das öffentliche Interesse an der Bekanntgabe überwiegt. [2]Der Zugang zu Umweltinformationen über Emissionen kann nicht unter Berufung auf die in den Nummern 2 und 4 genannten Gründe abgelehnt werden.

(2) Soweit ein Antrag

1. offensichtlich missbräuchlich gestellt wurde,
2. sich auf interne Mitteilungen der informationspflichtigen Stellen im Sinne des § 2 Absatz 1 bezieht,
3. bei einer Stelle, die nicht über die Umweltinformationen verfügt, gestellt wird, sofern er nicht nach § 4 Absatz 3 weitergeleitet werden kann,
4. sich auf die Zugänglichmachung von Material, das gerade vervollständigt wird, noch nicht abgeschlossener Schriftstücke oder noch nicht aufbereiteter Daten bezieht oder
5. zu unbestimmt ist und auf Aufforderung der informationspflichtigen Stelle nach § 4 Absatz 2 nicht innerhalb einer angemessenen Frist präzisiert wird,

ist er abzulehnen, es sei denn, das öffentliche Interesse an der Bekanntgabe überwiegt.

§ 9 Schutz sonstiger Belange. (1) [1]Soweit

1. durch das Bekanntgeben der Informationen personenbezogene Daten offenbart und dadurch Interessen der Betroffenen erheblich beeinträchtigt würden,
2. Rechte am geistigen Eigentum, insbesondere Urheberrechte, durch das Zugänglichmachen von Umweltinformationen verletzt würden oder

---

[1)] § 7a eingef. mWv 4.3.2021 durch G v. 25.2.2021 (BGBl. I S. 306).
[2)] Nr. **113**.

3. durch das Bekanntgeben Betriebs- oder Geschäftsgeheimnisse zugänglich gemacht würden oder die Informationen dem Steuergeheimnis oder dem Statistikgeheimnis unterliegen,

ist der Antrag abzulehnen, es sei denn, die Betroffenen haben zugestimmt oder das öffentliche Interesse an der Bekanntgabe überwiegt. [2]Der Zugang zu Umweltinformationen über Emissionen kann nicht unter Berufung auf die in den Nummern 1 und 3 genannten Gründe abgelehnt werden. [3]Vor der Entscheidung über die Offenbarung der durch Satz 1 Nummer 1 bis 3 geschützten Informationen sind die Betroffenen anzuhören. [4]Die informationspflichtige Stelle hat in der Regel von einer Betroffenheit im Sinne des Satzes 1 Nummer 3 auszugehen, soweit übermittelte Informationen als Betriebs- und Geschäftsgeheimnisse gekennzeichnet sind. [5]Soweit die informationspflichtige Stelle dies verlangt, haben mögliche Betroffene im Einzelnen darzulegen, dass ein Betriebs- oder Geschäftsgeheimnis vorliegt.

(2) [1]Umweltinformationen, die private Dritte einer informationspflichtigen Stelle übermittelt haben, ohne rechtlich dazu verpflichtet zu sein oder rechtlich verpflichtet werden zu können, und deren Offenbarung nachteilige Auswirkungen auf die Interessen der Dritten hätte, dürfen ohne deren Einwilligung anderen nicht zugänglich gemacht werden, es sei denn, das öffentliche Interesse an der Bekanntgabe überwiegt. [2]Der Zugang zu Umweltinformationen über Emissionen kann nicht unter Berufung auf die in Satz 1 genannten Gründe abgelehnt werden.

Abschnitt 4. Verbreitung von Umweltinformationen

§ 10[1)] Unterrichtung der Öffentlichkeit. (1) [1]Die informationspflichtigen Stellen unterrichten die Öffentlichkeit in angemessenem Umfang aktiv und systematisch über die Umwelt. [2]In diesem Rahmen verbreiten sie Umweltinformationen, die für ihre Aufgaben von Bedeutung sind und über die sie verfügen.

(2) [1]Zu den zu verbreitenden Umweltinformationen gehören zumindest:

1. der Wortlaut von völkerrechtlichen Verträgen, das von den Organen der Europäischen Gemeinschaften erlassene Gemeinschaftsrecht sowie Rechtsvorschriften von Bund, Ländern oder Kommunen über die Umwelt oder mit Bezug zur Umwelt;
2. politische Konzepte sowie Pläne und Programme mit Bezug zur Umwelt;
3. Berichte über den Stand der Umsetzung von Rechtsvorschriften sowie Konzepten, Plänen und Programmen nach den Nummern 1 und 2, sofern solche Berichte von den jeweiligen informationspflichtigen Stellen in elektronischer Form ausgearbeitet worden sind oder bereitgehalten werden;
4. Daten oder Zusammenfassungen von Daten aus der Überwachung von Tätigkeiten, die sich auf die Umwelt auswirken oder wahrscheinlich auswirken;
5. Zulassungsentscheidungen, die erhebliche Auswirkungen auf die Umwelt haben, und Umweltvereinbarungen sowie
6. zusammenfassende Darstellung und Bewertung der Umweltauswirkungen nach den §§ 24 und 25 des Gesetzes über die Umweltverträglichkeitsprüfung[2)] in der Fassung der Bekanntmachung vom 24. Februar 2010 (BGBl. I S. 94) in der jeweils

---

[1)] *§ 10 Abs. 2 Satz 1 Nr. 6 neu gef. mWv 2.6.2017 durch G v. 29.5.2017 (BGBl. I S. 1298)*; Abs. 2 Satz 1 Nr. 6 geänd. mWv 29.7.2017 durch G v. 20.7.2017 (BGBl. I S. 2808); Abs. 3 Satz 3 eingef., bish. Satz 3 wird Satz 4, Abs. 8 angef. mWv 4.3.2021 durch G v. 25.2.2021 (BGBl. I S. 306).

[2)] Nr. **295**.

geltenden Fassung und Risikobewertungen im Hinblick auf Umweltbestandteile nach § 2 Absatz 3 Nummer 1.

[2] In Fällen des Satzes 1 Nummer 5 und 6 genügt zur Verbreitung die Angabe, wo solche Informationen zugänglich sind oder gefunden werden können. [3] Die veröffentlichten Umweltinformationen werden in angemessenen Abständen aktualisiert.

(3) [1] Die Verbreitung von Umweltinformationen soll in für die Öffentlichkeit verständlicher Darstellung und leicht zugänglichen Formaten erfolgen. [2] Hierzu sollen, soweit vorhanden, elektronische Kommunikationsmittel verwendet werden. [3] Zur Verbreitung von Umweltinformationen nach Absatz 2 Satz 1 Nummer 5 und 6 auch in Verbindung mit Satz 2 kann das zentrale Internetportal des Bundes nach § 20 Absatz 1 Satz 1 des Gesetzes über die Umweltverträglichkeitsprüfung genutzt werden. [4] Satz 2 gilt nicht für Umweltinformationen, die vor Inkrafttreten dieses Gesetzes angefallen sind, es sei denn, sie liegen bereits in elektronischer Form vor.

(4) Die Anforderungen an die Unterrichtung der Öffentlichkeit nach den Absätzen 1 und 2 können auch dadurch erfüllt werden, dass Verknüpfungen zu Internet-Seiten eingerichtet werden, auf denen die zu verbreitenden Umweltinformationen zu finden sind.

(5) [1] Im Falle einer unmittelbaren Bedrohung der menschlichen Gesundheit oder der Umwelt haben die informationspflichtigen Stellen sämtliche Informationen, über die sie verfügen und die es der eventuell betroffenen Öffentlichkeit ermöglichen könnten, Maßnahmen zur Abwendung oder Begrenzung von Schäden infolge dieser Bedrohung zu ergreifen, unmittelbar und unverzüglich zu verbreiten; dies gilt unabhängig davon, ob diese Folge menschlicher Tätigkeit oder einer natürlichen Ursache ist. [2] Verfügen mehrere informationspflichtige Stellen über solche Informationen, sollen sie sich bei deren Verbreitung abstimmen.

(6) § 7 Absatz 1 und 3 sowie die §§ 8 und 9 finden entsprechende Anwendung.

(7) Die Wahrnehmung der Aufgaben des § 10 kann auf bestimmte Stellen der öffentlichen Verwaltung oder private Stellen übertragen werden.

(8) Die Bundesregierung wird ermächtigt, durch Rechtsverordnung ohne Zustimmung des Bundesrates zu regeln:

1. die Art und Weise der Verbreitung von Umweltinformationen nach Absatz 2 Satz 1 Nummer 5 und 6 auch in Verbindung mit Satz 2 über das zentrale Internetportal des Bundes nach § 20 Absatz 1 Satz 1 des Gesetzes über die Umweltverträglichkeitsprüfung oder über andere elektronische Kommunikationswege sowie
2. die Einzelheiten der Aktualisierung von veröffentlichten Umweltinformationen gemäß Absatz 2 Satz 3, einschließlich des nachträglichen Wegfalls der Unterrichtungspflicht nach Absatz 1.

§ 11 Umweltzustandsbericht. [1] Die Bundesregierung veröffentlicht regelmäßig im Abstand von nicht mehr als vier Jahren einen Bericht über den Zustand der Umwelt im Bundesgebiet. [2] Hierbei berücksichtigt sie § 10 Absatz 1, 3 und 6. [3] Der Bericht enthält Informationen über die Umweltqualität und vorhandene Umweltbelastungen. [4] Der erste Bericht nach Inkrafttreten dieses Gesetzes ist spätestens am 31. Dezember 2006 zu veröffentlichen.

Abschnitt 5. Schlussvorschriften

§ 12 Gebühren und Auslagen. (1) [1] Für die Übermittlung von Informationen auf Grund dieses Gesetzes werden Gebühren und Auslagen erhoben. [2] Dies gilt nicht für die Erteilung mündlicher und einfacher schriftlicher Auskünfte, die Einsichtnahme in Umweltinformationen vor Ort, Maßnahmen und Vorkehrungen nach § 7 Absatz 1 und 2 sowie die Unterrichtung der Öffentlichkeit nach den §§ 10 und 11.

(2) Die Gebühren sind auch unter Berücksichtigung des Verwaltungsaufwandes so zu bemessen, dass der Informationsanspruch nach § 3 Absatz 1 wirksam in Anspruch genommen werden kann.

(3) [1] Die Bundesregierung wird ermächtigt, für individuell zurechenbare öffentliche Leistungen von informationspflichtigen Stellen die Höhe der Gebühren und Auslagen durch Rechtsverordnung[1)], die nicht der Zustimmung des Bundesrates bedarf, zu bestimmen. [2] § 9 Absatz 1 und 2 sowie die §§ 10 und 12 des Bundesgebührengesetzes[2)] finden keine Anwendung.

(4) [1] Private informationspflichtige Stellen im Sinne des § 2 Absatz 1 Nummer 2 können für die Übermittlung von Informationen nach diesem Gesetz von der antragstellenden Person Gebühren- und Auslagenerstattung entsprechend den Grundsätzen nach den Absätzen 1 und 2 verlangen. [2] Die Höhe der erstattungsfähigen Gebühren und Auslagen bemisst sich nach den in der Rechtsverordnung nach Absatz 3 festgelegten Sätzen für individuell zurechenbare öffentliche Leistungen von informationspflichtigen Stellen des Bundes und der bundesunmittelbaren juristischen Personen des öffentlichen Rechts.

§ 13 Überwachung. (1) Die zuständigen Stellen der öffentlichen Verwaltung, die die Kontrolle im Sinne des § 2 Absatz 2 für den Bund oder eine unter der Aufsicht des Bundes stehende juristische Person des öffentlichen Rechts ausüben, überwachen die Einhaltung dieses Gesetzes durch private informationspflichtige Stellen im Sinne des § 2 Absatz 1 Nummer 2.

(2) Die informationspflichtigen Stellen nach § 2 Absatz 1 Nummer 2 haben den zuständigen Stellen auf Verlangen alle Informationen herauszugeben, die die Stellen zur Wahrnehmung ihrer Aufgaben nach Absatz 1 benötigen.

(3) Die nach Absatz 1 zuständigen Stellen können gegenüber den informationspflichtigen Stellen nach § 2 Absatz 1 Nummer 2 die zur Einhaltung und Durchführung dieses Gesetzes erforderlichen Maßnahmen ergreifen oder Anordnungen treffen.

(4) Die Bundesregierung wird ermächtigt, durch Rechtsverordnung, die nicht der Zustimmung des Bundesrates bedarf, die Aufgaben nach den Absätzen 1 bis 3 abweichend von Absatz 1 auf andere Stellen der öffentlichen Verwaltung zu übertragen.

§ 14 Ordnungswidrigkeiten. (1) Ordnungswidrig handelt, wer vorsätzlich oder fahrlässig einer vollziehbaren Anordnung nach § 13 Absatz 3 zuwiderhandelt.

(2) Die Ordnungswidrigkeit nach Absatz 1 kann mit einer Geldbuße bis zu zehntausend Euro geahndet werden.

---

1) Siehe die UmweltinformationsgebührenVO **(Gewerberecht Nr. 801)**.
2) Nr. **120**.

295. Gesetz über die Umweltverträglichkeitsprüfung (UVPG)[1) 2)]

In der Fassung der Bekanntmachung vom 18. März 2021[3)]
(BGBl. I S. 540)

FNA 2129-20

Zum UVPG wurden ua folgende Vorschriften erlassen:
– UmweltverträglichkeitsprüfungsVO Bergbau v. 13.7.1990 (BGBl. I S. 1420), zuletzt geänd. durch VO v. 8.11.2019 (BGBl. I S. 1581)
– RohrfernleitungsVO v. 27.9.2002 (BGBl. I S. 3777), zuletzt geänd. durch VO v. 19.6.2020 (BGBl. I S. 1328)
– KWK-Kosten-Nutzen-Vergleich-VO – KNV-V v. 28.4.2015 (BGBl. I S. 670), geänd. durch G v. 21.12. 2015 (BGBl. I S. 2498)
– Allg. VwV zur Ausführung des G über die Umweltverträglichkeitsprüfung – UVPVwV v. 18.9.1995 (GMBl S. 671)
– UVP-Portale-VO v. 11.11.2020 (BGBl. I S. 2428)

Inhaltsübersicht

1) **Amtl. Anm.:** Dieses Gesetz dient der Umsetzung der Richtlinie 2011/92/EU des Europäischen Parlaments und des Rates vom 13. Dezember 2011 über die Umweltverträglichkeitsprüfung bei bestimmten öffentlichen und privaten Projekten in der Fassung der Richtlinie 2014/52/EU (ABl. L 124 vom 25.4. 2014, S. 1) und der Richtlinie 2001/42/EG des Europäischen Parlaments und des Rates vom 27. Juni 2001 über die Prüfung der Umweltauswirkungen bestimmter Pläne und Programme (ABl. L 197 vom 21.7.2001, S. 30).

2) Zur Sicherstellung ordnungsgemäßer Planungs- und Genehmigungsverfahren während der COVID-19-Pandemie siehe das PlanungssicherstellungsG **(Sartorius III Nr. 160)**.

3) Neubekanntmachung des UVPG idF der Bek. v. 24.2.2010 (BGBl. I S. 94) in der ab 4.3.2021 geltenden Fassung.

Teil 1. Allgemeine Vorschriften für die Umweltprüfungen

§ 1 Anwendungsbereich. (1) Dieses Gesetz gilt für

1. die in Anlage 1 aufgeführten Vorhaben,
2. die in Anlage 5 aufgeführten Pläne und Programme,
3. sonstige Pläne und Programme, für die nach den §§ 35 bis 37 eine Strategische Umweltprüfung oder Vorprüfung durchzuführen ist, sowie
4. die grenzüberschreitende Behörden- und Öffentlichkeitsbeteiligung bei UVP-pflichtigen Vorhaben im Ausland nach den §§ 58 und 59 und bei SUP-pflichtigen Plänen und Programmen eines anderen Staates nach den §§ 62 und 63.

(2) [1] Bei Vorhaben oder Teilen von Vorhaben, die ausschließlich Zwecken der Verteidigung dienen, kann das Bundesministerium der Verteidigung oder eine von ihm benannte Stelle im Einzelfall entscheiden, dieses Gesetz ganz oder teilweise nicht anzuwenden, soweit sich die Anwendung nach Einschätzung des Bundesministeriums der Verteidigung oder der von ihm benannten Stelle nachteilig auf die Erfüllung dieser Zwecke auswirken würde, insbesondere wegen Eilbedürftigkeit des Vorhabens oder aus Gründen der Geheimhaltung. [2] Zwecke der Verteidigung schließen auch zwischenstaatliche Verpflichtungen ein. [3] Bei der Entscheidung ist der Schutz vor erheblichen nachteiligen Umweltauswirkungen zu berücksichtigen. [4] Sonstige Rechtsvorschriften, die das Zulassungsverfahren betreffen, bleiben unberührt. [5] Wird eine Entscheidung nach Satz 1 getroffen, unterrichtet das Bundesministerium der Verteidigung hierüber das für Umwelt zuständige Ministerium des betroffenen Landes unverzüglich sowie das Bundesministerium für Umwelt, Naturschutz und nukleare Sicherheit spätestens bis zum Ablauf des 31. März des Folgejahres.

(3) [1] Bei Vorhaben oder Teilen von Vorhaben, die ausschließlich der Bewältigung von Katastrophenfällen dienen, kann die zuständige Behörde im Einzelfall *entscheiden, dieses Gesetz* ganz oder teilweise nicht anzuwenden, soweit sich die Anwendung nach Einschätzung der zuständigen Behörde negativ auf die Erfüllung dieses Zwecks auswirken würde. [2] Bei der Entscheidung ist der Schutz vor erheblichen nachteiligen Umweltauswirkungen zu berücksichtigen. [3] Sonstige Rechtsvorschriften, die das Zulassungsverfahren betreffen, bleiben unberührt.

(4) [1] Dieses Gesetz findet Anwendung, soweit Rechtsvorschriften des Bundes oder der Länder die Umweltverträglichkeitsprüfung nicht näher bestimmen oder die wesentlichen Anforderungen dieses Gesetzes nicht beachten. [2] Rechtsvorschriften mit weitergehenden Anforderungen bleiben unberührt.

§ 2 Begriffsbestimmungen. (1) Schutzgüter im Sinne dieses Gesetzes sind
1. Menschen, insbesondere die menschliche Gesundheit,
2. Tiere, Pflanzen und die biologische Vielfalt,
3. Fläche, Boden, Wasser, Luft, Klima und Landschaft,
4. kulturelles Erbe und sonstige Sachgüter sowie
5. die Wechselwirkung zwischen den vorgenannten Schutzgütern.

(2) [1] Umweltauswirkungen im Sinne dieses Gesetzes sind unmittelbare und mittelbare Auswirkungen eines Vorhabens oder der Durchführung eines Plans oder Programms auf die Schutzgüter. [2] Dies schließt auch solche Auswirkungen des Vorhabens ein, die aufgrund von dessen Anfälligkeit für schwere Unfälle oder Katastrophen zu erwarten sind, soweit diese schweren Unfälle oder Katastrophen für das Vorhaben relevant sind.

(3) Grenzüberschreitende Umweltauswirkungen im Sinne dieses Gesetzes sind Umweltauswirkungen eines Vorhabens in einem anderen Staat.

(4) Vorhaben im Sinne dieses Gesetzes sind nach Maßgabe der Anlage 1
1. bei Neuvorhaben
   a) die Errichtung und der Betrieb einer technischen Anlage,
   b) der Bau einer sonstigen Anlage,
   c) die Durchführung einer sonstigen in Natur und Landschaft eingreifenden Maßnahme,
2. bei Änderungsvorhaben
   a) die Änderung, einschließlich der Erweiterung, der Lage, der Beschaffenheit oder des Betriebs einer technischen Anlage,
   b) die Änderung, einschließlich der Erweiterung, der Lage oder der Beschaffenheit einer sonstigen Anlage,
   c) die Änderung, einschließlich der Erweiterung, der Durchführung einer sonstigen in Natur und Landschaft eingreifenden Maßnahme.

(5) [1] Windfarm im Sinne dieses Gesetzes sind drei oder mehr Windkraftanlagen, deren Einwirkungsbereich sich überschneidet und die in einem funktionalen Zusammenhang stehen, unabhängig davon, ob sie von einem oder mehreren Vorhabenträgern errichtet und betrieben werden. [2] Ein funktionaler Zusammenhang wird insbesondere angenommen, wenn sich die Windkraftanlagen in derselben Konzentrationszone oder in einem Gebiet nach § 7 Absatz 3 des Raumordnungsgesetzes[1)] befinden.

(6) Zulassungsentscheidungen im Sinne dieses Gesetzes sind
1. die Bewilligung, die Erlaubnis, die Genehmigung, der Planfeststellungsbeschluss und sonstige behördliche Entscheidungen über die Zulässigkeit von Vorhaben, die in einem Verwaltungsverfahren getroffen werden, einschließlich des Vorbescheids, der Teilgenehmigung und anderer Teilzulassungen, mit Ausnahme von Anzeigeverfahren,
2. Linienbestimmungen und andere Entscheidungen in vorgelagerten Verfahren nach den §§ 47 und 49,
3. Beschlüsse nach § 10 des Baugesetzbuchs[2)] über die Aufstellung, Änderung oder *Ergänzung von* Bebauungsplänen, durch die die Zulässigkeit von bestimmten

---
[1)] Nr. **340**.
[2)] Nr. **300**.

Vorhaben im Sinne der Anlage 1 begründet werden soll, sowie Beschlüsse nach § 10 des Baugesetzbuchs über Bebauungspläne, die Planfeststellungsbeschlüsse für Vorhaben im Sinne der Anlage 1 ersetzen.

(7) [1] Pläne und Programme im Sinne dieses Gesetzes sind nur solche bundesrechtlich oder durch Rechtsakte der Europäischen Union vorgesehenen Pläne und Programme, die

1. von einer Behörde ausgearbeitet und angenommen werden,
2. von einer Behörde zur Annahme durch eine Regierung oder im Wege eines Gesetzgebungsverfahrens ausgearbeitet werden oder
3. von einem Dritten zur Annahme durch eine Behörde ausgearbeitet werden.

[2] Ausgenommen sind Pläne und Programme, die ausschließlich Zwecken der Verteidigung oder der Bewältigung von Katastrophenfällen dienen, sowie Finanz- und Haushaltspläne und -programme.

(8) Öffentlichkeit im Sinne dieses Gesetzes sind einzelne oder mehrere natürliche oder juristische Personen sowie deren Vereinigungen.

(9) Betroffene Öffentlichkeit im Sinne dieses Gesetzes ist jede Person, deren Belange durch eine Zulassungsentscheidung oder einen Plan oder ein Programm berührt werden; hierzu gehören auch Vereinigungen, deren satzungsmäßiger Aufgabenbereich durch eine Zulassungsentscheidung oder einen Plan oder ein Programm berührt wird, darunter auch Vereinigungen zur Förderung des Umweltschutzes.

(10) Umweltprüfungen im Sinne dieses Gesetzes sind Umweltverträglichkeitsprüfungen und Strategische Umweltprüfungen.

(11) Einwirkungsbereich im Sinne dieses Gesetzes ist das geographische Gebiet, in dem Umweltauswirkungen auftreten, die für die Zulassung eines Vorhabens relevant sind.

§ 3 Grundsätze für Umweltprüfungen. [1] Umweltprüfungen umfassen die Ermittlung, Beschreibung und Bewertung der erheblichen Auswirkungen eines Vorhabens oder eines Plans oder Programms auf die Schutzgüter. [2] Sie dienen einer wirksamen Umweltvorsorge nach Maßgabe der geltenden Gesetze und werden nach einheitlichen Grundsätzen sowie unter Beteiligung der Öffentlichkeit durchgeführt.

Teil 2. Umweltverträglichkeitsprüfung

Abschnitt 1. Voraussetzungen für eine Umweltverträglichkeitsprüfung

§ 4 Umweltverträglichkeitsprüfung. Die Umweltverträglichkeitsprüfung ist unselbständiger Teil verwaltungsbehördlicher Verfahren, die Zulassungsentscheidungen dienen.

§ 5 Feststellung der UVP-Pflicht. (1) [1] Die zuständige Behörde stellt auf der Grundlage geeigneter Angaben des Vorhabenträgers sowie eigener Informationen unverzüglich fest, dass nach den §§ 6 bis 14a für das Vorhaben eine Pflicht zur Durchführung einer Umweltverträglichkeitsprüfung (UVP-Pflicht) besteht oder nicht. [2] Die Feststellung trifft die Behörde

1. auf Antrag des Vorhabenträgers oder
2. bei einem Antrag nach § 15 oder

3. von Amts wegen nach Beginn des Verfahrens, das der Zulassungsentscheidung dient.

(2) [1] Sofern eine Vorprüfung vorgenommen worden ist, gibt die zuständige Behörde die Feststellung der Öffentlichkeit bekannt. [2] Dabei gibt sie die wesentlichen Gründe für das Bestehen oder Nichtbestehen der UVP-Pflicht unter Hinweis auf die jeweils einschlägigen Kriterien nach Anlage 3 an. [3] Gelangt die Behörde zu dem Ergebnis, dass keine UVP-Pflicht besteht, geht sie auch darauf ein, welche Merkmale des Vorhabens oder des Standorts oder welche Vorkehrungen für diese Einschätzung maßgebend sind. [4] Bei der Feststellung der UVP-Pflicht kann die Bekanntgabe mit der Bekanntmachung nach § 19 verbunden werden.

(3) [1] Die Feststellung ist nicht selbständig anfechtbar. [2] Beruht die Feststellung auf einer Vorprüfung, so ist die Einschätzung der zuständigen Behörde in einem gerichtlichen Verfahren betreffend die Zulassungsentscheidung nur daraufhin zu überprüfen, ob die Vorprüfung entsprechend den Vorgaben des § 7 durchgeführt worden ist und ob das Ergebnis nachvollziehbar ist.

§ 6 Unbedingte UVP-Pflicht bei Neuvorhaben. [1] Für ein Neuvorhaben, das in Anlage 1 Spalte 1 mit dem Buchstaben „X" gekennzeichnet ist, besteht die UVP-Pflicht, wenn die zur Bestimmung der Art des Vorhabens genannten Merkmale vorliegen. [2] Sofern Größen- oder Leistungswerte angegeben sind, besteht die UVP-Pflicht, wenn die Werte erreicht oder überschritten werden.

§ 7 Vorprüfung bei Neuvorhaben. (1) [1] Bei einem Neuvorhaben, das in Anlage 1 Spalte 2 mit dem Buchstaben „A" gekennzeichnet ist, führt die zuständige Behörde eine allgemeine Vorprüfung zur Feststellung der UVP-Pflicht durch. [2] Die allgemeine Vorprüfung wird als überschlägige Prüfung unter Berücksichtigung der in Anlage 3 aufgeführten Kriterien durchgeführt. [3] Die UVP-Pflicht besteht, wenn das Neuvorhaben nach Einschätzung der zuständigen Behörde erhebliche nachteilige Umweltauswirkungen haben kann, die nach § 25 Absatz 2 bei der Zulassungsentscheidung zu berücksichtigen wären.

(2) [1] Bei einem Neuvorhaben, das in Anlage 1 Spalte 2 mit dem Buchstaben „S" gekennzeichnet ist, führt die zuständige Behörde eine standortbezogene Vorprüfung zur Feststellung der UVP-Pflicht durch. [2] Die standortbezogene Vorprüfung wird als überschlägige Prüfung in zwei Stufen durchgeführt. [3] In der ersten Stufe prüft die zuständige Behörde, ob bei dem Neuvorhaben besondere örtliche Gegebenheiten gemäß den in Anlage 3 Nummer 2.3 aufgeführten Schutzkriterien vorliegen. [4] Ergibt die Prüfung in der ersten Stufe, dass keine besonderen örtlichen Gegebenheiten vorliegen, so besteht keine UVP-Pflicht. [5] Ergibt die Prüfung in der ersten Stufe, dass besondere örtliche Gegebenheiten vorliegen, so prüft die Behörde auf der zweiten Stufe unter Berücksichtigung der in Anlage 3 aufgeführten Kriterien, ob das Neuvorhaben erhebliche nachteilige Umweltauswirkungen haben kann, die die besondere Empfindlichkeit oder die Schutzziele des Gebietes betreffen und nach § 25 Absatz 2 bei der Zulassungsentscheidung zu berücksichtigen wären. [6] Die UVP-Pflicht besteht, wenn das Neuvorhaben nach Einschätzung der zuständigen Behörde solche Umweltauswirkungen haben kann.

(3) [1] Die Vorprüfung nach den Absätzen 1 und 2 entfällt, wenn der Vorhabenträger die Durchführung einer Umweltverträglichkeitsprüfung beantragt und die zuständige Behörde das Entfallen der Vorprüfung als zweckmäßig erachtet. [2] Für diese Neuvorhaben besteht die UVP-Pflicht. [3] Die Entscheidung der zuständigen Behörde ist nicht anfechtbar.

(4) Zur Vorbereitung der Vorprüfung ist der Vorhabenträger verpflichtet, der zuständigen Behörde geeignete Angaben nach Anlage 2 zu den Merkmalen des Neuvorhabens und des Standorts sowie zu den möglichen erheblichen Umweltauswirkungen des Neuvorhabens zu übermitteln.

(5) [1] Bei der Vorprüfung berücksichtigt die Behörde, ob erhebliche nachteilige Umweltauswirkungen durch Merkmale des Vorhabens oder des Standorts oder durch Vorkehrungen des Vorhabenträgers offensichtlich ausgeschlossen werden. [2] Liegen der Behörde Ergebnisse vorgelagerter Umweltprüfungen oder anderer rechtlich vorgeschriebener Untersuchungen zu den Umweltauswirkungen des Vorhabens vor, bezieht sie diese Ergebnisse in die Vorprüfung ein. [3] Bei der allgemeinen Vorprüfung kann sie ergänzend berücksichtigen, inwieweit Prüfwerte für Größe oder Leistung, die die allgemeine Vorprüfung eröffnen, überschritten werden.

(6) [1] Die zuständige Behörde trifft die Feststellung zügig und spätestens sechs Wochen nach Erhalt der nach Absatz 4 erforderlichen Angaben. [2] In Ausnahmefällen kann sie die Frist für die Feststellung um bis zu drei Wochen oder, wenn dies wegen der besonderen Schwierigkeit der Prüfung erforderlich ist, um bis zu sechs Wochen verlängern.

(7) Die zuständige Behörde dokumentiert die Durchführung und das Ergebnis der allgemeinen und der standortbezogenen Vorprüfung.

§ 8 UVP-Pflicht bei Störfallrisiko. Sofern die allgemeine Vorprüfung ergibt, dass aufgrund der Verwirklichung eines Vorhabens, das zugleich benachbartes Schutzobjekt im Sinne des § 3 Absatz 5d des Bundes-Immissionsschutzgesetzes[1)] ist, innerhalb des angemessenen Sicherheitsabstandes zu Betriebsbereichen im Sinne des § 3 Absatz 5a des Bundes-Immissionsschutzgesetzes die Möglichkeit besteht, dass ein Störfall im Sinne des § 2 Nummer 7 der Störfall-Verordnung[2)] eintritt, sich die Eintrittswahrscheinlichkeit eines solchen Störfalls vergrößert oder sich die Folgen eines solchen Störfalls verschlimmern können, ist davon auszugehen, dass das Vorhaben erhebliche nachteilige Umweltauswirkungen haben kann.

§ 9 UVP-Pflicht bei Änderungsvorhaben. (1) [1] Wird ein Vorhaben geändert, für das eine Umweltverträglichkeitsprüfung durchgeführt worden ist, so besteht für das Änderungsvorhaben die UVP-Pflicht, wenn

1. allein die Änderung die Größen- oder Leistungswerte für eine unbedingte UVP-Pflicht gemäß § 6 erreicht oder überschreitet oder
2. die allgemeine Vorprüfung ergibt, dass die Änderung zusätzliche erhebliche nachteilige oder andere erhebliche nachteilige Umweltauswirkungen hervorrufen kann.

[2] Wird ein Vorhaben geändert, für das keine Größen- oder Leistungswerte vorgeschrieben sind, so wird die allgemeine Vorprüfung nach Satz 1 Nummer 2 durchgeführt. [3] Wird ein Vorhaben der Anlage 1 Nummer 18.1 bis 18.8 geändert, so wird die allgemeine Vorprüfung nach Satz 1 Nummer 2 nur durchgeführt, wenn allein durch die Änderung der jeweils für den Bau des entsprechenden Vorhabens in Anlage 1 enthaltene Prüfwert erreicht oder überschritten wird.

[1)] Nr. **296**.

[2)] **Sartorius ErgBd. Nr. 296/12.**

(2) [1] Wird ein Vorhaben geändert, für das keine Umweltverträglichkeitsprüfung durchgeführt worden ist, so besteht für das Änderungsvorhaben die UVP-Pflicht, wenn das geänderte Vorhaben

1. den Größen- oder Leistungswert für die unbedingte UVP-Pflicht gemäß § 6 erstmals erreicht oder überschreitet oder
2. einen in Anlage 1 angegebenen Prüfwert für die Vorprüfung erstmals oder erneut erreicht oder überschreitet und eine Vorprüfung ergibt, dass die Änderung erhebliche nachteilige Umweltauswirkungen hervorrufen kann.

[2] Wird ein Städtebauprojekt oder eine Industriezone nach Anlage 1 Nummer 18.5, 18.7 und 18.8 geändert, gilt Satz 1 mit der Maßgabe, dass allein durch die Änderung der Größen- oder Leistungswert nach Satz 1 Nummer 1 oder der Prüfwert nach Satz 1 Nummer 2 erreicht oder überschritten wird.

(3) [1] Wird ein Vorhaben geändert, für das keine Umweltverträglichkeitsprüfung durchgeführt worden ist, so wird für das Änderungsvorhaben eine Vorprüfung durchgeführt, wenn für das Vorhaben nach Anlage 1

1. eine UVP-Pflicht besteht und dafür keine Größen- oder Leistungswerte vorgeschrieben sind oder
2. eine Vorprüfung, aber keine Prüfwerte vorgeschrieben sind.

[2] Die UVP-Pflicht besteht, wenn die Vorprüfung ergibt, dass die Änderung erhebliche nachteilige Umweltauswirkungen hervorrufen kann.

(4) Für die Vorprüfung bei Änderungsvorhaben gilt § 7 entsprechend.

(5) Der in den jeweiligen Anwendungsbereich der Richtlinien 85/337/EWG und 97/11/EG fallende, aber vor Ablauf der jeweiligen Umsetzungsfristen erreichte Bestand bleibt hinsichtlich des Erreichens oder Überschreitens der Größen- oder Leistungswerte und der Prüfwerte unberücksichtigt.

§ 10 UVP-Pflicht bei kumulierenden Vorhaben. (1) Für kumulierende Vorhaben besteht die UVP-Pflicht, wenn die kumulierenden Vorhaben zusammen die maßgeblichen Größen- oder Leistungswerte nach § 6 erreichen oder überschreiten.

(2) [1] Bei kumulierenden Vorhaben, die zusammen die Prüfwerte für eine allgemeine Vorprüfung erstmals oder erneut erreichen oder überschreiten, ist die allgemeine Vorprüfung durchzuführen. [2] Für die allgemeine Vorprüfung gilt § 7 Absatz 1 und 3 bis 7 entsprechend.

(3) [1] Bei kumulierenden Vorhaben, die zusammen die Prüfwerte für eine standortbezogene Vorprüfung erstmals oder erneut erreichen oder überschreiten, ist die standortbezogene Vorprüfung durchzuführen. [2] Für die standortbezogene Vorprüfung gilt § 7 Absatz 2 bis 7 entsprechend.

(4) [1] Kumulierende Vorhaben liegen vor, wenn mehrere Vorhaben derselben Art von einem oder mehreren Vorhabenträgern durchgeführt werden und in einem engen Zusammenhang stehen. [2] Ein enger Zusammenhang liegt vor, wenn

1. sich der Einwirkungsbereich der Vorhaben überschneidet und
2. die Vorhaben funktional und wirtschaftlich aufeinander bezogen sind.

[3] Technische und sonstige Anlagen müssen zusätzlich mit gemeinsamen betrieblichen oder baulichen Einrichtungen verbunden sein.

(5) Für die in Anlage 1 Nummer 14.4, 14.5 und 19.1 aufgeführten Vorhaben gilt Absatz 4 mit der Maßgabe, dass zusätzlich ein enger zeitlicher Zusammenhang besteht.

(6) Der in den jeweiligen Anwendungsbereich der Richtlinien 85/337/EWG und 97/11/EG fallende, aber vor Ablauf der jeweiligen Umsetzungsfristen erreichte Bestand bleibt hinsichtlich des Erreichens oder Überschreitens der Größen- oder Leistungswerte und der Prüfwerte unberücksichtigt.

§ 11 UVP-Pflicht bei hinzutretenden kumulierenden Vorhaben, bei denen das Zulassungsverfahren für das frühere Vorhaben abgeschlossen ist.

(1) Hinzutretende kumulierende Vorhaben liegen vor, wenn zu einem beantragten oder bestehenden Vorhaben (früheren Vorhaben) nachträglich ein kumulierendes Vorhaben hinzutritt.

(2) [1] Wenn für das frühere Vorhaben eine Zulassungsentscheidung getroffen worden ist, so besteht für den Fall, dass für das frühere Vorhaben bereits eine Umweltverträglichkeitsprüfung durchgeführt worden ist, für das hinzutretende kumulierende Vorhaben die UVP-Pflicht, wenn

1. das hinzutretende Vorhaben allein die Größen- oder Leistungswerte für eine UVP-Pflicht gemäß § 6 erreicht oder überschreitet oder
2. eine allgemeine Vorprüfung ergibt, dass durch sein Hinzutreten zusätzliche erhebliche nachteilige oder andere erhebliche nachteilige Umweltauswirkungen hervorgerufen werden können.

[2] Für die allgemeine Vorprüfung gilt § 7 Absatz 1 und 3 bis 7 entsprechend.

(3) [1] Wenn für das frühere Vorhaben eine Zulassungsentscheidung getroffen worden ist, so ist für den Fall, dass für das frühere Vorhaben keine Umweltverträglichkeitsprüfung durchgeführt worden ist, für das hinzutretende kumulierende Vorhaben

1. die Umweltverträglichkeitsprüfung durchzuführen, wenn die kumulierenden Vorhaben zusammen die maßgeblichen Größen- oder Leistungswerte nach § 6 erreichen oder überschreiten oder
2. die allgemeine Vorprüfung durchzuführen, wenn die kumulierenden Vorhaben zusammen die Prüfwerte für die allgemeine Vorprüfung erstmals oder erneut erreichen oder überschreiten oder
3. die standortbezogene Vorprüfung durchzuführen, wenn die kumulierenden Vorhaben zusammen die Prüfwerte für die standortbezogene Vorprüfung erstmals oder erneut erreichen oder überschreiten.

[2] Für die Vorprüfung gilt § 7 entsprechend.

(4) [1] Erreichen oder überschreiten in den Fällen des Absatzes 3 die kumulierenden Vorhaben zwar zusammen die maßgeblichen Größen- oder Leistungswerte nach § 6, werden jedoch für das hinzutretende kumulierende Vorhaben weder der Prüfwert für die standortbezogene Vorprüfung noch der Prüfwert für die allgemeine Vorprüfung erreicht oder überschritten, so besteht für das hinzutretende kumulierende Vorhaben die UVP-Pflicht nur, wenn die allgemeine Vorprüfung ergibt, *dass durch sein Hinzutreten* zusätzliche erhebliche nachteilige oder andere erhebliche nachteilige Umweltauswirkungen eintreten können. [2] Für die allgemeine Vorprüfung gilt § 7 Absatz 1 und 3 bis 7 entsprechend.

(5) In der Vorprüfung für das hinzutretende kumulierende Vorhaben ist das frühere Vorhaben als Vorbelastung zu berücksichtigen.

(6) Der in den jeweiligen Anwendungsbereich der Richtlinien 85/337/EWG und 97/11/EG fallende, aber vor Ablauf der jeweiligen Umsetzungsfristen erreichte Bestand bleibt hinsichtlich des Erreichens oder Überschreitens der Größen- oder Leistungswerte und der Prüfwerte unberücksichtigt.

§ 12 UVP-Pflicht bei hinzutretenden kumulierenden Vorhaben, bei denen das frühere Vorhaben noch im Zulassungsverfahren ist. (1) [1] Wenn für das frühere Vorhaben zum Zeitpunkt der Antragstellung für das hinzutretende kumulierende Vorhaben noch keine Zulassungsentscheidung getroffen worden ist, so besteht für den Fall, dass für das frühere Vorhaben allein die UVP-Pflicht besteht, für das hinzutretende kumulierende Vorhaben die UVP-Pflicht, wenn

1. das hinzutretende Vorhaben allein die Größen- und Leistungswerte für die UVP-Pflicht gemäß § 6 erreicht oder überschreitet oder
2. die allgemeine Vorprüfung ergibt, dass durch das hinzutretende Vorhaben zusätzliche erhebliche nachteilige oder andere erhebliche Umweltauswirkungen hervorgerufen werden können.

[2] Für die allgemeine Vorprüfung gilt § 7 Absatz 1 und 3 bis 7 entsprechend.

(2) [1] Wenn für das frühere Vorhaben zum Zeitpunkt der Antragstellung für das hinzutretende kumulierende Vorhaben noch keine Zulassungsentscheidung getroffen worden ist, so ist für den Fall, dass für das frühere Vorhaben allein keine UVP-Pflicht besteht und die Antragsunterlagen für dieses Zulassungsverfahren bereits vollständig eingereicht sind, für das hinzutretende kumulierende Vorhaben

1. die Umweltverträglichkeitsprüfung durchzuführen, wenn die kumulierenden Vorhaben zusammen die maßgeblichen Größen- oder Leistungswerte nach § 6 erreichen oder überschreiten,
2. die allgemeine Vorprüfung durchzuführen, wenn die kumulierenden Vorhaben zusammen die Prüfwerte für die allgemeine Vorprüfung erstmals oder erneut erreichen oder überschreiten, oder
3. die standortbezogene Vorprüfung durchzuführen, wenn die kumulierenden Vorhaben zusammen die Prüfwerte für die standortbezogene Vorprüfung erstmals oder erneut erreichen oder überschreiten.

[2] Für die Vorprüfung gilt § 7 entsprechend. [3] Für das frühere Vorhaben besteht keine UVP-Pflicht und keine Pflicht zur Durchführung einer Vorprüfung.

(3) [1] Wenn für das frühere Vorhaben zum Zeitpunkt der Antragstellung für das hinzutretende kumulierende Vorhaben noch keine Zulassungsentscheidung getroffen worden ist, so ist für den Fall, dass für das frühere Vorhaben allein keine UVP-Pflicht besteht und die Antragsunterlagen für dieses Zulassungsverfahren noch nicht vollständig eingereicht sind, für die kumulierenden Vorhaben jeweils

1. eine Umweltverträglichkeitsprüfung durchzuführen, wenn die kumulierenden Vorhaben zusammen die maßgeblichen Größen- oder Leistungswerte nach § 6 erreichen oder überschreiten,
2. eine allgemeine Vorprüfung durchzuführen, wenn die kumulierenden Vorhaben zusammen die Prüfwerte für eine allgemeine Vorprüfung erstmals oder erneut erreichen oder überschreiten, oder
3. eine standortbezogene Vorprüfung durchzuführen, wenn die kumulierenden Vorhaben zusammen die Prüfwerte für eine standortbezogene Vorprüfung erstmals oder erneut erreichen oder überschreiten.

[2] Für die Vorprüfung gilt § 7 entsprechend. [3] Bei einem Vorhaben, das einer Betriebsplanpflicht nach § 51 des Bundesberggesetzes[1)] unterliegt, besteht für das frühere Vorhaben keine Verpflichtung zur Durchführung einer Umweltverträglichkeitsprüfung oder einer Vorprüfung nach den Sätzen 1 und 2, wenn für das

[1)] **Sartorius III Nr. 460.**

frühere Vorhaben zum Zeitpunkt der Antragstellung für das hinzutretende kumulierende Vorhaben ein zugelassener Betriebsplan besteht.

(4) [1]Erreichen oder überschreiten in den Fällen des Absatzes 2 oder Absatzes 3 die kumulierenden Vorhaben zwar zusammen die maßgeblichen Größen- oder Leistungswerte nach § 6, werden jedoch für das hinzutretende kumulierende Vorhaben weder der Prüfwert für die standortbezogene Vorprüfung noch der Prüfwert für die allgemeine Vorprüfung erreicht oder überschritten, so besteht für das hinzutretende kumulierende Vorhaben die UVP-Pflicht nur, wenn die allgemeine Vorprüfung ergibt, dass durch sein Hinzutreten zusätzliche erhebliche nachteilige oder andere erhebliche nachteilige Umweltauswirkungen hervorgerufen werden können. [2]Für die allgemeine Vorprüfung gilt § 7 Absatz 1 und 3 bis 7 entsprechend. [3]Im Fall des Absatzes 3 sind die Sätze 1 und 2 für das frühere Vorhaben entsprechend anzuwenden.

(5) Das frühere Vorhaben und das hinzutretende kumulierende Vorhaben sind in der Vorprüfung für das jeweils andere Vorhaben als Vorbelastung zu berücksichtigen.

(6) Der in den jeweiligen Anwendungsbereich der Richtlinien 85/337/EWG und 97/11/EG fallende, aber vor Ablauf der jeweiligen Umsetzungsfristen erreichte Bestand bleibt hinsichtlich des Erreichens oder Überschreitens der Größen- oder Leistungswerte und der Prüfwerte unberücksichtigt.

§ 13 Ausnahme von der UVP-Pflicht bei kumulierenden Vorhaben. Für die in Anlage 1 Nummer 18.5, 18.7 und 18.8 aufgeführten Industriezonen und Städtebauprojekte gelten die §§ 10 bis 12 nicht.

§ 14 Entwicklungs- und Erprobungsvorhaben. (1) [1]Sofern ein in Anlage 1 Spalte 1 mit einem „X" gekennzeichnetes Vorhaben ein Entwicklungs- und Erprobungsvorhaben ist und nicht länger als zwei Jahre durchgeführt wird, besteht für dieses Vorhaben eine UVP-Pflicht abweichend von § 6 nur, wenn sie durch die allgemeine Vorprüfung festgestellt wird. [2]Für die Vorprüfung gilt § 7 Absatz 1 und 3 bis 7 entsprechend. [3]Bei der allgemeinen Vorprüfung ist die Durchführungsdauer besonders zu berücksichtigen.

(2) Ein Entwicklungs- und Erprobungsvorhaben ist ein Vorhaben, das ausschließlich oder überwiegend der Entwicklung und Erprobung neuer Verfahren oder Erzeugnisse dient.

§ 14a Besondere Änderungen zur Modernisierung und Digitalisierung von Schienenwegen. (1) Keiner Umweltverträglichkeitsprüfung bedarf die Änderung eines Schienenwegs oder einer sonstigen Bahnbetriebsanlage nach den Nummern 14.7, 14.8 und 14.11 der Anlage 1, soweit sie lediglich aus den folgenden Einzelmaßnahmen besteht:

1. den im Rahmen der Digitalisierung einer Bahnstrecke erforderlichen Baumaßnahmen, insbesondere der Ausstattung einer Bahnstrecke mit Signal- und Sicherungstechnik des Standards European Rail Traffic Management System (ERTMS),
2. dem barrierefreien Umbau oder der Erhöhung oder Verlängerung eines Bahnsteigs,
3. der technischen Sicherung eines Bahnübergangs,
4. der Erneuerung eines Eisenbahnübergangs,
5. der Erneuerung und Änderung eines Durchlasses sowie

6. der Herstellung von Überleitstellen für Gleiswechselbetriebe.

(2) Eine standortbezogene Vorprüfung entsprechend § 7 Absatz 2 wird zur Feststellung der UVP-Pflicht durchgeführt für

1. die Ausstattung einer bestehenden Bahnstrecke mit einer Oberleitung auf einer Länge von weniger als 15 Kilometern einschließlich dafür notwendiger räumlich begrenzter baulicher Anpassungen, insbesondere von Tunneln mit geringer Länge oder von Kreuzungsbauwerken,
2. die Errichtung einer Lärmschutzwand zur Lärmsanierung,
3. die Erweiterung einer Bahnbetriebsanlage mit einer Flächeninanspruchnahme von weniger als 5 000 Quadratmetern.

(3) Eine allgemeine Vorprüfung entsprechend § 7 Absatz 1 wird zur Feststellung der UVP-Pflicht durchgeführt für

1. die Ausstattung einer bestehenden Bahnstrecke mit einer Oberleitung, soweit nicht durch Absatz 2 Nummer 1 erfasst,
2. die Erweiterung einer Bahnbetriebsanlage nach Nummer 14.8.3.1 der Anlage 1 mit einer Flächeninanspruchnahme von 5 000 Quadratmetern oder mehr,
3. die sonstige Änderung eines Schienenwegs oder einer sonstigen Bahnbetriebsanlage nach den Nummern 14.7 und 14.8 der Anlage 1, soweit nicht von den Absätzen 1 und 2 erfasst.

Abschnitt 2. Verfahrensschritte der Umweltverträglichkeitsprüfung

§ 15 Unterrichtung über den Untersuchungsrahmen. (1) [1] Auf Antrag des Vorhabenträgers oder wenn die zuständige Behörde es für zweckmäßig hält, unterrichtet und berät die zuständige Behörde den Vorhabenträger entsprechend dem Planungsstand des Vorhabens frühzeitig über Inhalt, Umfang und Detailtiefe der Angaben, die der Vorhabenträger voraussichtlich in den UVP-Bericht aufnehmen muss (Untersuchungsrahmen). [2] Die Unterrichtung und Beratung kann sich auch auf weitere Gesichtspunkte des Verfahrens, insbesondere auf dessen zeitlichen Ablauf, auf die zu beteiligenden Behörden oder auf die Einholung von Sachverständigengutachten erstrecken. [3] Verfügen die zuständige Behörde oder die zu beteiligenden Behörden über Informationen, die für die Erarbeitung des UVP-Berichts zweckdienlich sind, so stellen sie diese Informationen dem Vorhabenträger zur Verfügung.

(2) Der Vorhabenträger hat der zuständigen Behörde geeignete Unterlagen zu den Merkmalen des Vorhabens, einschließlich seiner Größe oder Leistung, und des Standorts sowie zu den möglichen Umweltauswirkungen vorzulegen.

(3) [1] Vor der Unterrichtung über den Untersuchungsrahmen kann die zuständige Behörde dem Vorhabenträger sowie den nach § 17 zu beteiligenden Behörden Gelegenheit zu einer Besprechung geben. [2] Die Besprechung soll sich auf den Gegenstand, den Umfang und die Methoden der Umweltverträglichkeitsprüfung erstrecken. [3] Zur Besprechung kann die zuständige Behörde hinzuziehen:

1. Sachverständige,
2. nach § 55 zu beteiligende Behörden,
3. nach § 3 des Umwelt-Rechtsbehelfsgesetzes[1] anerkannte Umweltvereinigungen sowie
4. sonstige Dritte.

[1] Nr. **293**.

[4]Das Ergebnis der Besprechung wird von der zuständigen Behörde dokumentiert.

(4) Ist das Vorhaben Bestandteil eines mehrstufigen Planungs- und Zulassungsprozesses und ist dem Verfahren nach § 4 ein anderes Planungs- oder Zulassungsverfahren vorausgegangen, als dessen Bestandteil eine Umweltprüfung durchgeführt wurde, soll sich die Umweltverträglichkeitsprüfung auf zusätzliche erhebliche oder andere erhebliche Umweltauswirkungen sowie auf erforderliche Aktualisierungen und Vertiefungen beschränken.

(5) Die zuständige Behörde berät den Vorhabenträger auch nach der Unterrichtung über den Untersuchungsrahmen, soweit dies für eine zügige und sachgerechte Durchführung des Verfahrens zweckmäßig ist.

§ 16 UVP-Bericht. (1) [1]Der Vorhabenträger hat der zuständigen Behörde einen Bericht zu den voraussichtlichen Umweltauswirkungen des Vorhabens (UVP-Bericht) vorzulegen, der zumindest folgende Angaben enthält:

1. eine Beschreibung des Vorhabens mit Angaben zum Standort, zur Art, zum Umfang und zur Ausgestaltung, zur Größe und zu anderen wesentlichen Merkmalen des Vorhabens,
2. eine Beschreibung der Umwelt und ihrer Bestandteile im Einwirkungsbereich des Vorhabens,
3. eine Beschreibung der Merkmale des Vorhabens und des Standorts, mit denen das Auftreten erheblicher nachteiliger Umweltauswirkungen des Vorhabens ausgeschlossen, vermindert oder ausgeglichen werden soll,
4. eine Beschreibung der geplanten Maßnahmen, mit denen das Auftreten erheblicher nachteiliger Umweltauswirkungen des Vorhabens ausgeschlossen, vermindert oder ausgeglichen werden soll, sowie eine Beschreibung geplanter Ersatzmaßnahmen,
5. eine Beschreibung der zu erwartenden erheblichen Umweltauswirkungen des Vorhabens,
6. eine Beschreibung der vernünftigen Alternativen, die für das Vorhaben und seine spezifischen Merkmale relevant und vom Vorhabenträger geprüft worden sind, und die Angabe der wesentlichen Gründe für die getroffene Wahl unter Berücksichtigung der jeweiligen Umweltauswirkungen sowie
7. eine allgemein verständliche, nichttechnische Zusammenfassung des UVP-Berichts.

[2]Bei einem Vorhaben nach § 1 Absatz 1, das einzeln oder im Zusammenwirken mit anderen Vorhaben, Projekten oder Plänen geeignet ist, ein Natura 2000-Gebiet erheblich zu beeinträchtigen, muss der UVP-Bericht Angaben zu den Auswirkungen des Vorhabens auf die Erhaltungsziele dieses Gebiets enthalten.

(2) Der UVP-Bericht ist zu einem solchen Zeitpunkt vorzulegen, dass er mit den übrigen Unterlagen ausgelegt werden kann.

(3) Der UVP-Bericht muss auch die in Anlage 4 genannten weiteren Angaben enthalten, soweit diese Angaben für das Vorhaben von Bedeutung sind.

(4) [1]Inhalt und Umfang des UVP-Berichts bestimmen sich nach den Rechtsvorschriften, die für die Zulassungsentscheidung maßgebend sind. [2]In den Fällen des § 15 stützt der Vorhabenträger den UVP-Bericht zusätzlich auf den Untersuchungsrahmen.

(5) [1]Der UVP-Bericht muss den gegenwärtigen Wissensstand und gegenwärtige Prüfmethoden berücksichtigen. [2]Er muss die Angaben enthalten, die der Vor-

habenträger mit zumutbarem Aufwand ermitteln kann. [3]Die Angaben müssen ausreichend sein, um

1. der zuständigen Behörde eine begründete Bewertung der Umweltauswirkungen des Vorhabens nach § 25 Absatz 1 zu ermöglichen und
2. Dritten die Beurteilung zu ermöglichen, ob und in welchem Umfang sie von den Umweltauswirkungen des Vorhabens betroffen sein können.

(6) Zur Vermeidung von Mehrfachprüfungen hat der Vorhabenträger die vorhandenen Ergebnisse anderer rechtlich vorgeschriebener Prüfungen in den UVP-Bericht einzubeziehen.

(7) [1]Der Vorhabenträger muss durch geeignete Maßnahmen sicherstellen, dass der UVP-Bericht den Anforderungen nach den Absätzen 1 bis 6 entspricht. [2]Die zuständige Behörde hat Nachbesserungen innerhalb einer angemessenen Frist zu verlangen, soweit der Bericht den Anforderungen nicht entspricht.

(8) [1]Sind kumulierende Vorhaben, für die jeweils eine Umweltverträglichkeitsprüfung durchzuführen ist, Gegenstand paralleler oder verbundener Zulassungsverfahren, so können die Vorhabenträger einen gemeinsamen UVP-Bericht vorlegen. [2]Legen sie getrennte UVP-Berichte vor, so sind darin auch jeweils die Umweltauswirkungen der anderen kumulierenden Vorhaben als Vorbelastung zu berücksichtigen.

(9) Der Vorhabenträger hat den UVP-Bericht auch elektronisch vorzulegen.

§ 17 Beteiligung anderer Behörden. (1) Die zuständige Behörde unterrichtet die Behörden, deren umweltbezogener Aufgabenbereich durch das Vorhaben berührt wird, einschließlich der von dem Vorhaben betroffenen Gemeinden und Landkreise sowie der sonstigen im Landesrecht vorgesehenen Gebietskörperschaften, über das Vorhaben und übermittelt ihnen den UVP-Bericht.

(2) [1]Die zuständige Behörde holt die Stellungnahmen der unterrichteten Behörden ein. [2]Für die Stellungnahmen gilt § 73 Absatz 3a des Verwaltungsverfahrensgesetzes[1)] entsprechend.

§ 18 Beteiligung der Öffentlichkeit. (1) [1]Die zuständige Behörde beteiligt die Öffentlichkeit zu den Umweltauswirkungen des Vorhabens. [2]Der betroffenen Öffentlichkeit wird im Rahmen der Beteiligung Gelegenheit zur Äußerung gegeben. [3]Dabei sollen nach dem Umwelt-Rechtsbehelfsgesetz[2)] anerkannte Vereinigungen die zuständige Behörde in einer dem Umweltschutz dienenden Weise unterstützen. [4]Das Beteiligungsverfahren muss den Anforderungen des § 73 Absatz 3 Satz 1 und Absatz 5 bis 7 des Verwaltungsverfahrensgesetzes[1)] entsprechen.

(2) [1]In einem vorgelagerten Verfahren oder in einem Planfeststellungsverfahren über einen Wege- und Gewässerplan mit landschaftspflegerischem Begleitplan nach § 41 des Flurbereinigungsgesetzes[3)] kann die zuständige Behörde abweichend von Absatz 1 und abweichend von § 73 Absatz 6 des Verwaltungsverfahrensgesetzes auf die Durchführung eines Erörterungstermins verzichten. [2]Auf eine Benachrichtigung nach § 73 Absatz 5 Satz 3 des Verwaltungsverfahrensgesetzes kann in einem vorgelagerten Verfahren verzichtet werden.

[1)] Nr. 100.
[2)] Nr. 293.
[3)] **Sartorius III Nr. 400.**

§ 19 Unterrichtung der Öffentlichkeit. (1) Bei der Bekanntmachung zu Beginn des Beteiligungsverfahrens unterrichtet die zuständige Behörde die Öffentlichkeit

1. über den Antrag auf Zulassungsentscheidung oder über eine sonstige Handlung des Vorhabenträgers zur Einleitung eines Verfahrens, in dem die Umweltverträglichkeit geprüft wird,
2. über die Feststellung der UVP-Pflicht des Vorhabens nach § 5 sowie, falls erforderlich, über die Durchführung einer grenzüberschreitenden Beteiligung nach den §§ 54 bis 56,
3. über die für das Verfahren und für die Zulassungsentscheidung jeweils zuständigen Behörden, bei denen weitere relevante Informationen erhältlich sind und bei denen Äußerungen oder Fragen eingereicht werden können, sowie über die festgelegten Fristen zur Übermittlung dieser Äußerungen oder Fragen,
4. über die Art einer möglichen Zulassungsentscheidung,
5. darüber, dass ein UVP-Bericht vorgelegt wurde,
6. über die Bezeichnung der das Vorhaben betreffenden entscheidungserheblichen Berichte und Empfehlungen, die der zuständigen Behörde zum Zeitpunkt des Beginns des Beteiligungsverfahrens vorliegen,
7. darüber, wo und in welchem Zeitraum die Unterlagen nach den Nummern 5 und 6 zur Einsicht ausgelegt werden sowie
8. über weitere Einzelheiten des Verfahrens der Beteiligung der Öffentlichkeit.

(2) [1] Im Rahmen des Beteiligungsverfahrens legt die zuständige Behörde zumindest folgende Unterlagen zur Einsicht für die Öffentlichkeit aus:

1. den UVP-Bericht,
2. die das Vorhaben betreffenden entscheidungserheblichen Berichte und Empfehlungen, die der zuständigen Behörde zum Zeitpunkt des Beginns des Beteiligungsverfahrens vorgelegen haben.

[2] In Verfahren nach § 18 Absatz 2 und § 1 der Atomrechtlichen Verfahrensverordnung können die Unterlagen abweichend von § 18 Absatz 1 Satz 4 bei der Genehmigungsbehörde oder bei einer geeigneten Stelle in der Nähe des Standorts des Vorhabens ausgelegt werden.

(3) Weitere Informationen, die für die Zulassungsentscheidung von Bedeutung sein können und die der zuständigen Behörde erst nach Beginn des Beteiligungsverfahrens vorliegen, sind der Öffentlichkeit nach den Bestimmungen des Bundes und der Länder über den Zugang zu Umweltinformationen zugänglich zu machen.

§ 20[1)] Zentrale Internetportale; Verordnungsermächtigung. (1) [1] Für die Zugänglichmachung des Inhalts der Bekanntmachung nach § 19 Absatz 1 und der nach § 19 Absatz 2 auszulegenden Unterlagen im Internet richten Bund und Länder zentrale Internetportale ein. [2] Die Zugänglichmachung erfolgt im zentralen Internetportal des Bundes, wenn die Zulassungsbehörde eine Bundesbehörde ist. [3] Für den Aufbau und Betrieb des zentralen Internetportals des Bundes ist das Umweltbundesamt zuständig.

(2) [1] Die zuständige Behörde macht den Inhalt der Bekanntmachung nach § 19 Absatz 1 und die in § 19 Absatz 2 Satz 1 Nummer 1 und 2 genannten Unterlagen

---

[1)] Siehe hierzu die Allgemeine VwV über das zentrale Internetportal des Bundes nach § 20 UVPG v. 11.11.2020 (BAnz AT 23.11.2020 B5).

über das einschlägige zentrale Internetportal zugänglich. [2] Maßgeblich ist der Inhalt der ausgelegten Unterlagen.

(3) Der Inhalt der zentralen Internetportale kann auch für die Zwecke der Berichterstattung nach § 73 verwendet werden.

(4) Die Bundesregierung wird ermächtigt, durch Rechtsverordnung mit Zustimmung des Bundesrates Folgendes zu regeln:

1. die Art und Weise der Zugänglichmachung nach den Absätzen 1 und 2 sowie
2. die Dauer der Speicherung der Unterlagen.

(5) Alle in das zentrale Internetportal einzustellenden Unterlagen sind elektronisch vorzulegen.

§ 21 Äußerungen und Einwendungen der Öffentlichkeit. (1) Die betroffene Öffentlichkeit kann sich im Rahmen der Beteiligung schriftlich oder zur Niederschrift bei der zuständigen Behörde äußern.

(2) Die Äußerungsfrist endet einen Monat nach Ablauf der Frist für die Auslegung der Unterlagen.

(3) [1] Bei Vorhaben, für die Unterlagen in erheblichem Umfang eingereicht worden sind, kann die zuständige Behörde eine längere Äußerungsfrist festlegen. [2] Die Äußerungsfrist darf die nach § 73 Absatz 3a Satz 1 des Verwaltungsverfahrensgesetzes[1)] zu setzende Frist nicht überschreiten.

(4) [1] Mit Ablauf der Äußerungsfrist sind für das Verfahren über die Zulässigkeit des Vorhabens alle Äußerungen, die nicht auf besonderen privatrechtlichen Titeln beruhen, ausgeschlossen. [2] Hierauf weist die zuständige Behörde in der Bekanntmachung der Auslegung oder bei der Bekanntgabe der Äußerungsfrist hin.

(5) Die Äußerungsfrist gilt auch für solche Einwendungen, die sich nicht auf die Umweltauswirkungen des Vorhabens beziehen.

§ 22 Erneute Beteiligung der Öffentlichkeit bei Änderungen im Laufe des Verfahrens. (1) [1] Ändert der Vorhabenträger im Laufe des Verfahrens die Unterlagen, die nach § 19 Absatz 2 auszulegen sind, so ist eine erneute Beteiligung der Öffentlichkeit erforderlich. [2] Sie ist jedoch auf die Änderungen zu beschränken. [3] Hierauf weist die zuständige Behörde in der Bekanntmachung hin.

(2) [1] Die zuständige Behörde soll von einer erneuten Beteiligung der Öffentlichkeit absehen, wenn zusätzliche erhebliche oder andere erhebliche Umweltauswirkungen nicht zu besorgen sind. [2] Dies ist insbesondere dann der Fall, wenn solche Umweltauswirkungen durch die vom Vorhabenträger vorgesehenen Vorkehrungen ausgeschlossen werden.

§ 23 Geheimhaltung und Datenschutz sowie Schutz der Rechte am geistigen Eigentum. (1) [1] Die Rechtsvorschriften über Geheimhaltung und Datenschutz sowie über die Rechte am geistigen Eigentum bleiben unberührt. [2] Insbesondere sind Urkunden, Akten und elektronische Dokumente geheim zu halten, wenn das Bekanntwerden ihres Inhalts dem Wohl des Bundes oder eines Landes Nachteile bereiten würde oder wenn die Vorgänge nach einem Gesetz oder ihrem Wesen nach geheim gehalten werden müssen.

(2) [1] Soweit die nach § 19 Absatz 2 zur Einsicht für die Öffentlichkeit auszulegenden Unterlagen Informationen der in Absatz 1 genannten Art enthalten, kennzeichnet der Vorhabenträger diese Informationen und legt zusätzlich eine

[1)] Nr. **100**.

Darstellung vor, die den Inhalt der Unterlagen ohne Preisgabe des Geheimnisses beschreibt. [2]Die Inhaltsdarstellung muss so ausführlich sein, dass Dritten die Beurteilung ermöglicht wird, ob und in welchem Umfang sie von den Umweltauswirkungen des Vorhabens betroffen sein können.

(3) Geheimhaltungsbedürftige Unterlagen sind bei der Auslegung durch die Inhaltsdarstellung zu ersetzen.

§ 24 Zusammenfassende Darstellung. (1) [1]Die zuständige Behörde erarbeitet eine zusammenfassende Darstellung

1. der Umweltauswirkungen des Vorhabens,
2. der Merkmale des Vorhabens und des Standorts, mit denen erhebliche nachteilige Umweltauswirkungen ausgeschlossen, vermindert oder ausgeglichen werden sollen, und
3. der Maßnahmen, mit denen erhebliche nachteilige Umweltauswirkungen ausgeschlossen, vermindert oder ausgeglichen werden sollen, sowie
4. der Ersatzmaßnahmen bei Eingriffen in Natur und Landschaft.

[2]Die Erarbeitung erfolgt auf der Grundlage des UVP-Berichts, der behördlichen Stellungnahmen nach § 17 Absatz 2 und § 55 Absatz 4 sowie der Äußerungen der betroffenen Öffentlichkeit nach den §§ 21 und 56. [3]Die Ergebnisse eigener Ermittlungen sind einzubeziehen.

(2) Die zusammenfassende Darstellung soll möglichst innerhalb eines Monats nach dem Abschluss der Erörterung im Beteiligungsverfahren erarbeitet werden.

§ 25 Begründete Bewertung der Umweltauswirkungen und Berücksichtigung des Ergebnisses bei der Entscheidung. (1) [1]Auf der Grundlage der zusammenfassenden Darstellung bewertet die zuständige Behörde die Umweltauswirkungen des Vorhabens im Hinblick auf eine wirksame Umweltvorsorge im Sinne des § 3 nach Maßgabe der geltenden Gesetze. [2]Die Bewertung ist zu begründen.

(2) Bei der Entscheidung über die Zulässigkeit des Vorhabens berücksichtigt die zuständige Behörde die begründete Bewertung nach dem in Absatz 1 bestimmten Maßstab.

(3) Bei der Entscheidung über die Zulassung des Vorhabens müssen die zusammenfassende Darstellung und die begründete Bewertung nach Einschätzung der zuständigen Behörde hinreichend aktuell sein.

§ 26 Inhalt des Bescheids über die Zulassung oder Ablehnung des Vorhabens. (1) Der Bescheid zur Zulassung des Vorhabens muss zumindest die folgenden Angaben enthalten:

1. die umweltbezogenen Nebenbestimmungen, sofern sie mit der Zulassungsentscheidung verbunden sind,
2. eine Beschreibung der vorgesehenen Überwachungsmaßnahmen nach § 28 oder nach entsprechenden bundes- oder landesrechtlichen Vorschriften sowie
3. eine Begründung, aus der die wesentlichen tatsächlichen und rechtlichen Gründe hervorgehen, die die Behörde zu ihrer Entscheidung bewogen haben; hierzu gehören
   a) Angaben über das Verfahren zur Beteiligung der Öffentlichkeit,
   b) die zusammenfassende Darstellung gemäß § 24,
   c) die begründete Bewertung gemäß § 25 Absatz 1 und

d) eine Erläuterung, wie die begründete Bewertung, insbesondere die Angaben des UVP-Berichts, die behördlichen Stellungnahmen nach § 17 Absatz 2 und § 55 Absatz 4 sowie die Äußerungen der Öffentlichkeit nach den §§ 21 und 56, in der Zulassungsentscheidung berücksichtigt wurden oder wie ihnen anderweitig Rechnung getragen wurde.

(2) Wird das Vorhaben nicht zugelassen, müssen im Bescheid die dafür wesentlichen Gründe erläutert werden.

(3) Im Übrigen richtet sich der Inhalt des Bescheids nach den einschlägigen fachrechtlichen Vorschriften.

§ 27 Bekanntmachung der Entscheidung und Auslegung des Bescheids.

(1) [1] Die zuständige Behörde hat in entsprechender Anwendung des § 74 Absatz 5 Satz 2 des Verwaltungsverfahrensgesetzes[1)] die Entscheidung zur Zulassung oder Ablehnung des Vorhabens öffentlich bekannt zu machen sowie in entsprechender Anwendung des § 74 Absatz 4 Satz 2 des Verwaltungsverfahrensgesetzes den Bescheid zur Einsicht auszulegen. [2] § 20 gilt hierfür entsprechend. [3] Soweit der Bescheid geheimhaltungsbedürftige Angaben im Sinne von § 23 Absatz 2 enthält, sind die entsprechenden Stellen unkenntlich zu machen.

(2) Abweichend von Absatz 1 Satz 1 kann in einem Verfahren nach § 18 Absatz 2 die Öffentlichkeit in einem geeigneten Publikationsorgan über das Ergebnis des Verfahrens unterrichtet werden und das Ergebnis des Verfahrens mit Begründung und einer Information über Rechtsbehelfe kann entsprechend dem in § 19 Absatz 2 Satz 2 geregelten Verfahren öffentlich ausgelegt werden.

§ 28 Überwachung. (1) [1] Soweit bundes- oder landesrechtliche Regelungen keine Überwachungsmaßnahmen vorsehen, ergreift die zuständige Behörde die geeigneten Überwachungsmaßnahmen, um die Einhaltung der umweltbezogenen Bestimmungen des Zulassungsbescheids nach § 26 zu überprüfen. [2] Dies gilt insbesondere für

1. die im Zulassungsbescheid festgelegten Merkmale des Vorhabens und des Standorts sowie
2. die Maßnahmen, mit denen erhebliche nachteilige Umweltauswirkungen ausgeschlossen, vermindert oder ausgeglichen werden sollen, und die Ersatzmaßnahmen bei Eingriffen in Natur und Landschaft.

[3] Die zuständige Behörde kann dem Vorhabenträger Überwachungsmaßnahmen nach den Sätzen 1 und 2 aufgeben.

(2) [1] Soweit bundes- oder landesrechtliche Regelungen keine entsprechenden Überwachungsmaßnahmen vorsehen, ergreift die zuständige Behörde geeignete Maßnahmen zur Überwachung erheblicher nachteiliger Umweltauswirkungen, wenn die Auswirkungen des Vorhabens schwer vorhersehbar oder die Wirksamkeit von Maßnahmen, mit denen erhebliche Umweltauswirkungen ausgeschlossen, vermindert oder ausgeglichen werden sollen, oder die Wirksamkeit von Ersatzmaßnahmen unsicher sind. [2] Die zuständige Behörde kann dem Vorhabenträger Überwachungsmaßnahmen nach Satz 1 aufgeben.

[1)] Nr. **100**.

Abschnitt 3. Teilzulassungen, Zulassung eines Vorhabens durch mehrere Behörden, verbundene Prüfverfahren

§ 29 Umweltverträglichkeitsprüfung bei Teilzulassungen. (1) [1]In Verfahren zur Vorbereitung eines Vorbescheids und zur Erteilung einer ersten Teilgenehmigung oder einer sonstigen ersten Teilzulassung hat sich die Umweltverträglichkeitsprüfung vorläufig auf die nach dem jeweiligen Planungsstand erkennbaren Umweltauswirkungen des Gesamtvorhabens zu erstrecken und abschließend auf die Umweltauswirkungen, die Gegenstand der Teilzulassung sind. [2]Dem jeweiligen Umfang der Umweltverträglichkeitsprüfung ist bei der Unterrichtung über den Untersuchungsrahmen und beim UVP-Bericht Rechnung zu tragen.

(2) [1]Bei weiteren Teilzulassungen soll die Umweltverträglichkeitsprüfung auf zusätzliche erhebliche oder andere erhebliche Umweltauswirkungen des Vorhabens beschränkt werden. [2]Absatz 1 gilt entsprechend.

§ 30 Erneute Öffentlichkeitsbeteiligung bei Teilzulassungen. (1) [1]Ist für ein Vorhaben bereits eine Teilzulassung nach § 29 erteilt worden, so ist im Verfahren zur Erteilung der Zulassung oder weiterer Teilzulassungen eine erneute Beteiligung der Öffentlichkeit erforderlich. [2]Sie ist jedoch auf den Gegenstand der weiteren Teilzulassung zu beschränken. [3]Hierauf weist die zuständige Behörde in der Bekanntmachung hin.

(2) [1]Die zuständige Behörde kann von einer erneuten Beteiligung der Öffentlichkeit absehen, soweit zusätzliche erhebliche oder andere erhebliche Umweltauswirkungen nicht zu besorgen sind. [2]Dies ist insbesondere dann der Fall, wenn solche Umweltauswirkungen durch die vom Vorhabenträger vorgesehenen Vorkehrungen ausgeschlossen werden.

§ 31 Zulassung eines Vorhabens durch mehrere Behörden; federführende Behörde. (1) Bedarf ein Vorhaben der Zulassung durch mehrere Landesbehörden, so bestimmen die Länder eine federführende Behörde.

(2) [1]Die federführende Behörde ist zumindest für folgende Aufgaben zuständig:
1. die Feststellung der UVP-Pflicht (§ 5),
2. die Unterrichtung über den Untersuchungsrahmen (§ 15),
3. die Erarbeitung der zusammenfassenden Darstellung (§ 24),
4. die Benachrichtigung eines anderen Staates (§ 54),
5. die grenzüberschreitende Behördenbeteiligung (§ 55 Absatz 1 bis 4 und 6) und
6. die grenzüberschreitende Öffentlichkeitsbeteiligung (§ 56).

[2]Die Länder können der federführenden Behörde weitere verfahrensrechtliche Zuständigkeiten übertragen. [3]Die federführende Behörde nimmt ihre Aufgaben im Zusammenwirken zumindest mit denjenigen Zulassungsbehörden und mit derjenigen für Naturschutz und Landschaftspflege zuständigen Behörde wahr, deren Aufgabenbereich durch das Vorhaben berührt wird. [4]Sie erfüllt diese Aufgaben nach den Verfahrensvorschriften, die für die Umweltverträglichkeitsprüfung in dem von ihr durchzuführenden Zulassungsverfahren gelten.

(3) [1]Bedarf ein Vorhaben einer Genehmigung nach dem Atomgesetz sowie einer Zulassung durch eine oder mehrere weitere Behörden und ist eine der zuständigen Behörden eine Bundesbehörde, so ist die atomrechtliche Genehmigungsbehörde federführende Behörde. [2]Sie ist neben den in Absatz 2 Satz 1 genannten Aufgaben auch für die Beteiligung der Öffentlichkeit (§§ 18 und 19) zuständig.

(4) [1] Wird über die Zulässigkeit eines Vorhabens im Rahmen mehrerer Verfahren entschieden, so wird eine gemeinsame zusammenfassende Darstellung nach § 24 für das gesamte Vorhaben erstellt. [2] Auf der Grundlage der zusammenfassenden Darstellung nehmen die Zulassungsbehörden eine Gesamtbewertung der Umweltauswirkungen des Vorhabens vor und berücksichtigen nach § 25 Absatz 2 die Gesamtbewertung bei den Zulassungsentscheidungen. [3] Die federführende Behörde stellt das Zusammenwirken der Zulassungsbehörden sicher.

§ 32 Verbundene Prüfverfahren. [1] Für ein Vorhaben, das einzeln oder im Zusammenwirken mit anderen Vorhaben, Projekten oder Plänen geeignet ist, ein Natura 2000-Gebiet erheblich zu beeinträchtigen, wird die Verträglichkeitsprüfung nach § 34 Absatz 1 des Bundesnaturschutzgesetzes[1)] im Verfahren zur Zulassungsentscheidung des Vorhabens vorgenommen. [2] Die Umweltverträglichkeitsprüfung kann mit der Prüfung nach Satz 1 und mit anderen Prüfungen zur Ermittlung oder Bewertung von Umweltauswirkungen verbunden werden.

Teil 3. Strategische Umweltprüfung

Abschnitt 1. Voraussetzungen für eine Strategische Umweltprüfung

§ 33 Strategische Umweltprüfung. Die Strategische Umweltprüfung (SUP) ist unselbständiger Teil behördlicher Verfahren zur Aufstellung oder Änderung von Plänen und Programmen.

§ 34 Feststellung der SUP-Pflicht. (1) Die zuständige Behörde stellt frühzeitig fest, ob nach den §§ 35 bis 37 eine Verpflichtung zur Durchführung einer Strategischen Umweltprüfung (SUP-Pflicht) besteht.

(2) [1] Die Feststellung der SUP-Pflicht ist, sofern eine Vorprüfung des Einzelfalls nach § 35 Absatz 2 oder § 37 vorgenommen worden ist, der Öffentlichkeit nach den Bestimmungen des Bundes und der Länder über den Zugang zu Umweltinformationen zugänglich zu machen; soll eine Strategische Umweltprüfung unterbleiben, ist dies einschließlich der dafür wesentlichen Gründe bekannt zu geben. [2] Die Feststellung ist nicht selbständig anfechtbar.

§ 35 SUP-Pflicht in bestimmten Plan- oder Programmbereichen und im Einzelfall. (1) Eine Strategische Umweltprüfung ist durchzuführen bei Plänen und Programmen, die

1. in der Anlage 5 Nummer 1 aufgeführt sind oder
2. in der Anlage 5 Nummer 2 aufgeführt sind und für Entscheidungen über die Zulässigkeit von in der Anlage 1 aufgeführten Vorhaben oder von Vorhaben, die nach Landesrecht einer Umweltverträglichkeitsprüfung oder Vorprüfung des Einzelfalls bedürfen, einen Rahmen setzen.

(2) [1] Bei nicht unter Absatz 1 fallenden Plänen und Programmen ist eine Strategische Umweltprüfung nur dann durchzuführen, wenn sie für die Entscheidung über die Zulässigkeit von in der Anlage 1 aufgeführten oder anderen Vorhaben einen Rahmen setzen und nach einer Vorprüfung im Einzelfall im Sinne von Absatz 4 voraussichtlich erhebliche Umweltauswirkungen haben. [2] § 34 Absatz 4 und § 35 Absatz 6 des Baugesetzbuchs[2)] *bleiben unberührt.*

[1)] Nr. **880**.
[2)] Nr. **300**.

(3) Pläne und Programme setzen einen Rahmen für die Entscheidung über die Zulässigkeit von Vorhaben, wenn sie Festlegungen mit Bedeutung für spätere Zulassungsentscheidungen, insbesondere zum Bedarf, zur Größe, zum Standort, zur Beschaffenheit, zu Betriebsbedingungen von Vorhaben oder zur Inanspruchnahme von Ressourcen, enthalten.

(4) [1] Hängt die Durchführung einer Strategischen Umweltprüfung von einer Vorprüfung des Einzelfalls ab, hat die zuständige Behörde aufgrund einer überschlägigen Prüfung unter Berücksichtigung der in Anlage 6 aufgeführten Kriterien einzuschätzen, ob der Plan oder das Programm voraussichtlich erhebliche Umweltauswirkungen hat, die im weiteren Aufstellungsverfahren nach § 43 Absatz 2 zu berücksichtigen wären. [2] Bei der Vorprüfung nach Satz 1 ist zu berücksichtigen, inwieweit Umweltauswirkungen durch Vermeidungs- und Verminderungsmaßnahmen offensichtlich ausgeschlossen werden. [3] Die in § 41 genannten Behörden sind bei der Vorprüfung nach Satz 1 zu beteiligen. [4] Die Durchführung und das Ergebnis der Vorprüfung sind zu dokumentieren.

§ 36 SUP-Pflicht aufgrund einer Verträglichkeitsprüfung. Eine Strategische Umweltprüfung ist durchzuführen bei Plänen und Programmen, die einer Verträglichkeitsprüfung nach § 36 Satz 1 Nummer 2 des Bundesnaturschutzgesetzes[1)] unterliegen.

§ 37 Ausnahmen von der SUP-Pflicht. [1] Werden Pläne und Programme nach § 35 Absatz 1 und § 36 nur geringfügig geändert oder legen sie die Nutzung kleiner Gebiete auf lokaler Ebene fest, so ist eine Strategische Umweltprüfung nur dann durchzuführen, wenn eine Vorprüfung des Einzelfalls im Sinne von § 35 Absatz 4 ergibt, dass der Plan oder das Programm voraussichtlich erhebliche Umweltauswirkungen hat. [2] Die §§ 13 und 13a des Baugesetzbuchs[2)] sowie § 8 Absatz 2 des Raumordnungsgesetzes[3)] bleiben unberührt.

Abschnitt 2. Verfahrensschritte der Strategischen Umweltprüfung

§ 38 Vorrang anderer Rechtsvorschriften bei der SUP. [1] Unbeschadet des § 52 finden die Vorschriften dieses Abschnitts Anwendung, soweit Rechtsvorschriften des Bundes und der Länder die Strategische Umweltprüfung nicht näher bestimmen oder in ihren Anforderungen diesem Gesetz nicht entsprechen. [2] Rechtsvorschriften mit weitergehenden Anforderungen bleiben unberührt.

§ 39 Festlegung des Untersuchungsrahmens. (1) Die für die Strategische Umweltprüfung zuständige Behörde legt den Untersuchungsrahmen der Strategischen Umweltprüfung einschließlich des Umfangs und Detaillierungsgrads der in den Umweltbericht nach § 40 aufzunehmenden Angaben fest.

(2) [1] Der Untersuchungsrahmen einschließlich des Umfangs und Detaillierungsgrads der in den Umweltbericht aufzunehmenden Angaben bestimmen sich unter Berücksichtigung von § 33 in Verbindung mit § 2 Absatz 1 nach den Rechtsvorschriften, die für die Entscheidung über die Ausarbeitung, Annahme oder Änderung des Plans oder Programms maßgebend sind. [2] Der Umweltbericht enthält die Angaben, die mit zumutbarem Aufwand ermittelt werden können, und berücksichtigt dabei den gegenwärtigen Wissensstand und der Behörde bekannte

---

1) Nr. **880**.
2) Nr. **300**.
3) Nr. **340**.

Äußerungen der Öffentlichkeit, allgemein anerkannte Prüfungsmethoden, Inhalt und Detaillierungsgrad des Plans oder Programms sowie dessen Stellung im Entscheidungsprozess.

(3) [1] Sind Pläne und Programme Bestandteil eines mehrstufigen Planungs- und Zulassungsprozesses, soll zur Vermeidung von Mehrfachprüfungen bei der Festlegung des Untersuchungsrahmens bestimmt werden, auf welcher der Stufen dieses Prozesses bestimmte Umweltauswirkungen schwerpunktmäßig geprüft werden sollen. [2] Dabei sind Art und Umfang der Umweltauswirkungen, fachliche Erfordernisse sowie Inhalt und Entscheidungsgegenstand des Plans oder Programms zu berücksichtigen. [3] Bei nachfolgenden Plänen und Programmen sowie bei der nachfolgenden Zulassung von Vorhaben, für die der Plan oder das Programm einen Rahmen setzt, soll sich die Umweltprüfung auf zusätzliche oder andere erhebliche Umweltauswirkungen sowie auf erforderliche Aktualisierungen und Vertiefungen beschränken.

(4) [1] Die Behörden, deren umwelt- und gesundheitsbezogener Aufgabenbereich durch den Plan oder das Programm berührt wird, werden bei der Festlegung des Untersuchungsrahmens der Strategischen Umweltprüfung sowie des Umfangs und Detaillierungsgrads der in den Umweltbericht aufzunehmenden Angaben beteiligt. [2] Die zuständige Behörde gibt auf der Grundlage geeigneter Informationen den zu beteiligenden Behörden Gelegenheit zu einer Besprechung oder zur Stellungnahme über die nach Absatz 1 zu treffenden Festlegungen. [3] Sachverständige, betroffene Gemeinden, nach § 60 Absatz 1 zu beteiligende Behörden, nach § 3 des Umwelt-Rechtsbehelfsgesetzes[1)] anerkannte Umweltvereinigungen sowie sonstige Dritte können hinzugezogen werden. [4] Verfügen die zu beteiligenden Behörden über Informationen, die für den Umweltbericht zweckdienlich sind, übermitteln sie diese der zuständigen Behörde.

§ 40 Umweltbericht. (1) [1] Die zuständige Behörde erstellt frühzeitig einen Umweltbericht. [2] Dabei werden die voraussichtlichen erheblichen Umweltauswirkungen der Durchführung des Plans oder Programms sowie vernünftiger Alternativen ermittelt, beschrieben und bewertet.

(2) [1] Der Umweltbericht nach Absatz 1 muss nach Maßgabe des § 39 folgende Angaben enthalten:

1. Kurzdarstellung des Inhalts und der wichtigsten Ziele des Plans oder Programms sowie der Beziehung zu anderen relevanten Plänen und Programmen,
2. Darstellung der für den Plan oder das Programm geltenden Ziele des Umweltschutzes sowie der Art, wie diese Ziele und sonstige Umwelterwägungen bei der Ausarbeitung des Plans oder des Programms berücksichtigt wurden,
3. Darstellung der Merkmale der Umwelt, des derzeitigen Umweltzustands sowie dessen voraussichtliche Entwicklung bei Nichtdurchführung des Plans oder des Programms,
4. Angabe der derzeitigen für den Plan oder das Programm bedeutsamen Umweltprobleme, insbesondere der Probleme, die sich auf ökologisch empfindliche Gebiete nach Nummer 2.6 der Anlage 6 beziehen,
5. Beschreibung der voraussichtlichen erheblichen Auswirkungen auf die Umwelt nach § 3 in Verbindung mit *§ 2 Absatz* 1 und 2,

---

1) Nr. **293**.

6. Darstellung der Maßnahmen, die geplant sind, um erhebliche nachteilige Umweltauswirkungen aufgrund der Durchführung des Plans oder des Programms zu verhindern, zu verringern und so weit wie möglich auszugleichen,
7. Hinweise auf Schwierigkeiten, die bei der Zusammenstellung der Angaben aufgetreten sind, zum Beispiel technische Lücken oder fehlende Kenntnisse,
8. Kurzdarstellung der Gründe für die Wahl der geprüften Alternativen sowie eine Beschreibung, wie die Umweltprüfung durchgeführt wurde,
9. Darstellung der geplanten Überwachungsmaßnahmen gemäß § 45.

[2] Die Angaben nach Satz 1 sollen entsprechend der Art des Plans oder Programms Dritten die Beurteilung ermöglichen, ob und in welchem Umfang sie von den Umweltauswirkungen des Plans oder Programms betroffen werden können. [3] Eine allgemein verständliche, nichttechnische Zusammenfassung der Angaben nach diesem Absatz ist dem Umweltbericht beizufügen.

(3) Die zuständige Behörde bewertet vorläufig im Umweltbericht die Umweltauswirkungen des Plans oder Programms im Hinblick auf eine wirksame Umweltvorsorge im Sinne des § 3 in Verbindung mit § 2 Absatz 1 und 2 nach Maßgabe der geltenden Gesetze.

(4) Angaben, die der zuständigen Behörde aus anderen Verfahren oder Tätigkeiten vorliegen, können in den Umweltbericht aufgenommen werden, wenn sie für den vorgesehenen Zweck geeignet und hinreichend aktuell sind.

§ 41 Beteiligung anderer Behörden. [1] Die zuständige Behörde übermittelt den Behörden, deren umwelt- und gesundheitsbezogener Aufgabenbereich durch den Plan oder das Programm berührt wird, den Entwurf des Plans oder Programms sowie den Umweltbericht und holt die Stellungnahmen dieser Behörden ein. [2] Die zuständige Behörde setzt für die Abgabe der Stellungnahmen eine angemessene Frist von mindestens einem Monat.

§ 42 Beteiligung der Öffentlichkeit. (1) Für die Öffentlichkeitsbeteiligung gelten § 18 Absatz 1 sowie die §§ 19, 21 Absatz 1 und § 22 entsprechend, soweit nachfolgend nichts anderes bestimmt wird.

(2) [1] Der Entwurf des Plans oder Programms, der Umweltbericht sowie weitere Unterlagen, deren Einbeziehung die zuständige Behörde für zweckmäßig hält, werden frühzeitig für eine angemessene Dauer von mindestens einem Monat öffentlich ausgelegt. [2] Auslegungsorte sind unter Berücksichtigung von Art und Inhalt des Plans oder Programms von der zuständigen Behörde so festzulegen, dass eine wirksame Beteiligung der betroffenen Öffentlichkeit gewährleistet ist.

(3) [1] Die betroffene Öffentlichkeit kann sich zu dem Entwurf des Plans oder Programms und zu dem Umweltbericht äußern. [2] Die zuständige Behörde bestimmt für die Äußerung eine angemessene Frist von mindestens einem Monat nach Ende der Auslegungsfrist. [3] Mit Ablauf der Äußerungsfrist sind alle Äußerungen ausgeschlossen, die nicht auf besonderen privatrechtlichen Titeln beruhen. [4] Hierauf ist in der Bekanntmachung der Auslegung oder bei der Bekanntgabe der Äußerungsfrist hinzuweisen. [5] Ein Erörterungstermin ist durchzuführen, soweit Rechtsvorschriften des Bundes dies für bestimmte Pläne und Programme vorsehen.

§ 43 Abschließende Bewertung und Berücksichtigung. (1) [1] Nach Abschluss der Behörden- und Öffentlichkeitsbeteiligung überprüft die zuständige Behörde die Darstellungen und Bewertungen des Umweltberichts unter Berücksichtigung der ihr nach den §§ 41, 42, 60 Absatz 1 und § 61 Absatz 1 übermittelten Stellungnahmen und Äußerungen. [2]Bei der Überprüfung gelten die in § 40 Absatz 3 bestimmten Maßstäbe.

(2) Das Ergebnis der Überprüfung nach Absatz 1 ist im Verfahren zur Aufstellung oder Änderung des Plans oder Programms zu berücksichtigen.

§ 44 Bekanntgabe der Entscheidung über die Annahme oder Ablehnung des Plans oder Programms. (1) [1]Die Annahme eines Plans oder Programms ist öffentlich bekannt zu machen. [2]Die Ablehnung eines Plans oder Programms kann öffentlich bekannt gemacht werden.

(2) Bei Annahme des Plans oder Programms sind folgende Informationen zur Einsicht auszulegen:

1. der angenommene Plan oder das angenommene Programm,
2. eine zusammenfassende Erklärung, wie Umwelterwägungen in den Plan oder das Programm einbezogen wurden, wie der Umweltbericht nach § 40 sowie die Stellungnahmen und Äußerungen nach den §§ 41, 42, 60 Absatz 1 und § 61 Absatz 1 berücksichtigt wurden und aus welchen Gründen der angenommene Plan oder das angenommene Programm nach Abwägung mit den geprüften Alternativen gewählt wurde,
3. eine Aufstellung der Überwachungsmaßnahmen nach § 45 sowie
4. eine Rechtsbehelfsbelehrung, soweit über die Annahme des Plans oder Programms nicht durch Gesetz entschieden wird.

§ 45 Überwachung. (1) [1]Die erheblichen Umweltauswirkungen, die sich aus der Durchführung des Plans oder Programms ergeben, sind zu überwachen, um insbesondere frühzeitig unvorhergesehene nachteilige Auswirkungen zu ermitteln und geeignete Abhilfemaßnahmen ergreifen zu können. [2]Die erforderlichen Überwachungsmaßnahmen sind mit der Annahme des Plans oder Programms auf der Grundlage der Angaben im Umweltbericht festzulegen.

(2) Soweit Rechtsvorschriften des Bundes oder der Länder keine abweichende Zuständigkeit regeln, obliegt die Überwachung der für die Strategische Umweltprüfung zuständigen Behörde.

(3) Andere Behörden haben der nach Absatz 2 zuständigen Behörde auf Verlangen alle Umweltinformationen zur Verfügung zu stellen, die zur Wahrnehmung der Aufgaben nach Absatz 1 erforderlich sind.

(4) Die Ergebnisse der Überwachung sind der Öffentlichkeit nach den Vorschriften des Bundes und der Länder über den Zugang zu Umweltinformationen sowie den in § 41 genannten Behörden zugänglich zu machen und bei einer erneuten Aufstellung oder einer Änderung des Plans oder Programms zu berücksichtigen.

(5) [1]Zur Erfüllung der Anforderungen nach Absatz 1 können bestehende Überwachungsmechanismen, Daten- und Informationsquellen genutzt werden. [2]§ 40 Absatz 4 gilt entsprechend.

§ 46 Verbundene Prüfverfahren. [1]Für einen Plan nach § 35 oder § 36, der einzeln oder im Zusammenwirken mit anderen Vorhaben, Projekten oder Plänen geeignet ist, ein Natura 2000-Gebiet erheblich zu beeinträchtigen, ist die Verträglichkeitsprüfung nach § 34 Absatz 1 des Bundesnaturschutzgesetzes[1)] im Verfahren zur Aufstellung oder Änderung des Plans vorzunehmen. [2]Die Strategische

[1)] Nr. **880**.

Umweltprüfung kann mit der Prüfung nach Satz 1 und mit anderen Prüfungen zur Ermittlung oder Bewertung von Umweltauswirkungen verbunden werden.

Teil 4. Besondere Verfahrensvorschriften für bestimmte Umweltprüfungen

§ 47 Linienbestimmung und Genehmigung von Flugplätzen. (1) [1]Für die Linienbestimmung nach § 16 Absatz 1 des Bundesfernstraßengesetzes[1)] und für die Linienbestimmung nach § 13 Absatz 1 des Bundeswasserstraßengesetzes[2)] sowie im Verfahren zur Genehmigung von Flugplätzen nach § 6 Absatz 1 des Luftverkehrsgesetzes[3)] wird bei Vorhaben die Umweltverträglichkeit nach dem jeweiligen Planungsstand des Vorhabens geprüft. [2]In die Prüfung der Umweltverträglichkeit sind bei der Linienbestimmung alle ernsthaft in Betracht kommenden Trassenvarianten einzubeziehen.

(2) Absatz 1 gilt nicht, wenn in einem Raumordnungsverfahren bereits die Umweltverträglichkeit geprüft wurde und wenn dabei im Falle einer Linienbestimmung alle ernsthaft in Betracht kommenden Trassenvarianten einbezogen wurden.

(3) Im nachfolgenden Zulassungsverfahren kann die Prüfung der Umweltverträglichkeit auf zusätzliche erhebliche oder andere erhebliche Umweltauswirkungen des Vorhabens beschränkt werden.

(4) Die Linienbestimmung nach § 16 Absatz 1 des Bundesfernstraßengesetzes und die Linienbestimmung nach § 13 Absatz 1 des Bundeswasserstraßengesetzes kann nur im Rahmen des Rechtsbehelfsverfahrens gegen die nachfolgende Zulassungsentscheidung überprüft werden.

§ 48 Raumordnungspläne. [1]Besteht für die Aufstellung eines Raumordnungsplans nach diesem Gesetz die SUP-Pflicht, so wird die Strategische Umweltprüfung einschließlich der Überwachung nach dem Raumordnungsgesetz durchgeführt. [2]Auf einen Raumordnungsplan nach Anlage 5 Nummer 1.5 oder 1.6, der Flächen für die Windenergienutzung oder für den Abbau von Rohstoffen ausweist, ist § 1 Absatz 1 Satz 1 Nummer 4 des Umwelt-Rechtsbehelfsgesetzes[4)] nicht anzuwenden.

§ 49 Raumordnungsverfahren. (1) Für das Raumordnungsverfahren bei Vorhaben, für die nach diesem Gesetz die UVP-Pflicht besteht, wird die Umweltverträglichkeitsprüfung nach dem Planungsstand des jeweiligen Vorhabens, einschließlich der Standortalternativen nach § 15 Absatz 1 Satz 3 des Raumordnungsgesetzes[5)], durchgeführt, soweit durch Landesrecht nicht etwas anderes bestimmt ist.

(2) Im nachfolgenden Zulassungsverfahren kann die Prüfung der Umweltverträglichkeit auf zusätzliche erhebliche oder andere erhebliche Umweltauswirkungen des Vorhabens beschränkt werden.

[1)] Nr. **932**.
[2)] Nr. **971**.
[3)] **Sartorius ErgBd. Nr. 975.**
[4)] Nr. **293**.
[5)] Nr. **340**.

(3) Das Ergebnis des Raumordnungsverfahrens nach § 15 des Raumordnungsgesetzes kann nur im Rahmen des Rechtsbehelfsverfahrens gegen die nachfolgende Zulassungsentscheidung überprüft werden.

§ 50 Bauleitpläne. (1) [1]Werden Bebauungspläne im Sinne des § 2 Absatz 6 Nummer 3, insbesondere bei Vorhaben nach Anlage 1 Nummer 18.1 bis 18.9, aufgestellt, geändert oder ergänzt, so wird die Umweltverträglichkeitsprüfung einschließlich der Vorprüfung nach den §§ 1 und 2 Absatz 1 und 2 sowie nach den §§ 3 bis 13 im Aufstellungsverfahren als Umweltprüfung sowie die Überwachung nach den Vorschriften des Baugesetzbuchs[1)] durchgeführt. [2]Eine nach diesem Gesetz vorgeschriebene Vorprüfung entfällt, wenn für den aufzustellenden Bebauungsplan eine Umweltprüfung nach den Vorschriften des Baugesetzbuchs durchgeführt wird.

(2) Besteht für die Aufstellung, Änderung oder Ergänzung eines Bauleitplans nach diesem Gesetz eine Verpflichtung zur Durchführung einer Strategischen Umweltprüfung, wird hierfür unbeschadet der §§ 13, 13a und 13b des Baugesetzbuchs eine Umweltprüfung einschließlich der Überwachung nach den Vorschriften des Baugesetzbuchs durchgeführt.

(3) Wird die Umweltverträglichkeitsprüfung in einem Aufstellungsverfahren für einen Bebauungsplan und in einem nachfolgenden Zulassungsverfahren durchgeführt, soll die Umweltverträglichkeitsprüfung im nachfolgenden Zulassungsverfahren auf zusätzliche oder andere erhebliche Umweltauswirkungen des Vorhabens beschränkt werden.

§ 51 Bergrechtliche Verfahren. [1]Bei bergbaulichen Vorhaben[2)], die in der Anlage 1 aufgeführt sind und dem Bergrecht unterliegen, werden die Umweltverträglichkeitsprüfung und die Überwachung des Vorhabens nach den Vorschriften des Bundesberggesetzes[3)] durchgeführt. [2]Teil 2 Abschnitt 2 und 3 in Verbindung mit Anlage 4 findet nur Anwendung, soweit das Bundesberggesetz dies anordnet.

§ 52 Landschaftsplanungen. Bei Landschaftsplanungen richten sich die Erforderlichkeit und die Durchführung einer Strategischen Umweltprüfung nach Landesrecht.

§ 53 Verkehrswegeplanungen auf Bundesebene. (1) Bei Bedarfsplänen nach Nummer 1.1 der Anlage 5 ist eine Strategische Umweltprüfung nur für solche erheblichen Umweltauswirkungen erforderlich, die nicht bereits Gegenstand einer Strategischen Umweltprüfung im Verfahren zur Aufstellung oder Änderung von anderen Plänen und Programmen nach Nummer 1.1 der Anlage 5 waren.

(2) [1]Bei der Verkehrswegeplanung auf Bundesebene nach Nummer 1.1 der Anlage 5 werden bei der Erstellung des Umweltberichts in Betracht kommende vernünftige Alternativen, die die Ziele und den geographischen Anwendungsbereich des Plans oder Programms berücksichtigen, insbesondere alternative Verkehrsnetze und alternative Verkehrsträger ermittelt, beschrieben und bewertet. [2]Auf die Verkehrswegeplanung auf Bundesebene ist § 1 Absatz 1 Satz 1 Nummer 4 des Umwelt-Rechtsbehelfsgesetzes[4)] nicht anzuwenden.

[1)] Nr. **300**.
[2)] Siehe die UmweltverträglichkeitsprüfungsVO Bergbau (**Sartorius III Nr. 470**).
[3)] **Sartorius III Nr. 460.**
[4)] Nr. **293**.

(3) Das Bundesministerium für Verkehr und digitale Infrastruktur wird ermächtigt, im Einvernehmen mit dem Bundesministerium für Umwelt, Naturschutz und nukleare Sicherheit durch Rechtsverordnung ohne Zustimmung des Bundesrates für das Verfahren der Durchführung der Strategischen Umweltprüfung bei Plänen und Programmen nach Nummer 1.1 der Anlage 5 besondere Bestimmungen zur praktikablen und effizienten Durchführung zu erlassen über

1. die Einzelheiten des Verfahrens zur Festlegung des Untersuchungsrahmens nach § 39 im Hinblick auf Besonderheiten der Verkehrswegeplanung,
2. das Verfahren der Erarbeitung und über Inhalt und Ausgestaltung des Umweltberichts nach § 40 im Hinblick auf Besonderheiten der Verkehrswegeplanung,
3. die Einzelheiten der Beteiligung von Behörden und der Öffentlichkeit nach den §§ 41, 42, 60 und 61, unter Berücksichtigung der Verwendungsmöglichkeiten von elektronischen Kommunikationsmitteln,
4. die Form der Bekanntgabe der Entscheidung nach § 44, unter Berücksichtigung der Verwendungsmöglichkeiten von elektronischen Kommunikationsmitteln,
5. die Form, den Zeitpunkt und die Berücksichtigung von Ergebnissen der Überwachung nach § 45.

(4) Das Bundesministerium für Verkehr und digitale Infrastruktur wird ferner ermächtigt, im Einvernehmen mit dem Bundesministerium für Umwelt, Naturschutz und nukleare Sicherheit durch Rechtsverordnung mit Zustimmung des Bundesrates zu bestimmen, dass die Länder zur Anmeldung von Verkehrsprojekten für Pläne und Programme nach Nummer 1.1 der Anlage 5 bestimmte vorbereitende Prüfungen vorzunehmen und deren Ergebnisse oder sonstigen Angaben beizubringen haben, die für die Durchführung der Strategischen Umweltprüfung notwendig sind.

Teil 5. Grenzüberschreitende Umweltprüfungen

Abschnitt 1. Grenzüberschreitende Umweltverträglichkeitsprüfung

§ 54 Benachrichtigung eines anderen Staates. (1) [1]Wenn ein Vorhaben, für das eine UVP-Pflicht besteht, erhebliche grenzüberschreitende Umweltauswirkungen haben kann, benachrichtigt die zuständige deutsche Behörde frühzeitig die von dem anderen Staat benannte Behörde durch Übersendung geeigneter Unterlagen über das Vorhaben. [2]Wenn der andere Staat keine Behörde benannt hat, so wird die oberste für Umweltangelegenheiten zuständige Behörde des anderen Staates benachrichtigt.

(2) Absatz 1 gilt entsprechend, wenn ein anderer Staat um Benachrichtigung ersucht.

(3) Die Benachrichtigung und die geeigneten Unterlagen sind in deutscher Sprache und in einer Amtssprache des anderen Staates zu übermitteln.

(4) Die zuständige deutsche Behörde bittet die von dem anderen Staat benannte Behörde um Mitteilung innerhalb einer angemessenen Frist, ob eine Beteiligung erwünscht wird.

(5) Teilt der andere Staat mit, dass eine Beteiligung gewünscht wird, so findet eine grenzüberschreitende Behörden- und Öffentlichkeitsbeteiligung nach Maßgabe der §§ 55 bis 57 statt.

(6) Wenn ein Vorhaben, für das die UVP-Pflicht besteht, grenzüberschreitende Umweltauswirkungen haben kann und der andere Staat eine Beteiligung nicht

wünscht, kann sich die betroffene Öffentlichkeit des anderen Staates am inländischen Beteiligungsverfahren nach Maßgabe der §§ 18 bis 22 beteiligen.

§ 55 Grenzüberschreitende Behördenbeteiligung bei inländischen Vorhaben. (1) Die zuständige deutsche Behörde übermittelt der benannten Behörde des anderen Staates sowie weiteren von dieser angegebenen Behörden, soweit die Angaben nicht in der Benachrichtigung enthalten waren,

1. den Inhalt der Bekanntmachung nach § 19 Absatz 1 und
2. die Unterlagen, die nach § 19 Absatz 2 zur Einsicht für die Öffentlichkeit auszulegen sind.

(2) [1] Folgende Unterlagen sind in deutscher Sprache und in einer Amtssprache des anderen Staates zu übermitteln:

1. der Inhalt der Bekanntmachung nach § 19 Absatz 1,
2. die nichttechnische Zusammenfassung des UVP-Berichts sowie
3. die Teile des UVP-Berichts, die es den beteiligten Behörden und der Öffentlichkeit des anderen Staates ermöglichen, die voraussichtlichen erheblichen nachteiligen grenzüberschreitenden Umweltauswirkungen des Vorhabens einzuschätzen und dazu Stellung zu nehmen oder sich zu äußern.

[2] Die zuständige Behörde kann verlangen, dass ihr der Vorhabenträger eine Übersetzung dieser Angaben in die entsprechende Amtssprache zur Verfügung stellt.

(3) Die zuständige deutsche Behörde unterrichtet die benannte Behörde des anderen Staates sowie weitere von dieser angegebene Behörden über den geplanten zeitlichen Ablauf des Genehmigungsverfahrens.

(4) [1] Die zuständige deutsche Behörde gibt der benannten Behörde des anderen Staates sowie weiteren von dieser angegebenen Behörden mindestens im gleichen Umfang wie den nach § 17 zu beteiligenden Behörden Gelegenheit zur Stellungnahme. [2] Für die Stellungnahmen gilt § 73 Absatz 3a des Verwaltungsverfahrensgesetzes[1)] entsprechend.

(5) [1] Soweit erforderlich oder soweit der andere Staat darum ersucht, führen die zuständigen obersten Bundes- und Landesbehörden innerhalb eines vereinbarten, angemessenen Zeitrahmens mit dem anderen Staat Konsultationen durch, insbesondere über die grenzüberschreitenden Umweltauswirkungen des Vorhabens und über die Maßnahmen zu deren Vermeidung oder Verminderung. [2] Die Konsultationen können von einem geeigneten Gremium durchgeführt werden, das aus Vertretern der zuständigen obersten Bundes- und Länderbehörden und aus Vertretern des anderen Staates besteht.

(6) Die zuständige deutsche Behörde übermittelt den beteiligten Behörden des anderen Staates in einer Amtssprache des anderen Staates sonstige für das Verfahren der grenzüberschreitenden Umweltverträglichkeitsprüfung wesentliche Unterlagen, insbesondere Einladungen zum Erörterungstermin und zu Konsultationen.

(7) Die beteiligten Behörden des anderen Staates können ihre Mitteilungen und Stellungnahmen in einer ihrer Amtssprachen übermitteln.

§ 56 Grenzüberschreitende Öffentlichkeitsbeteiligung bei inländischen Vorhaben. (1) Bei der grenzüberschreitenden Öffentlichkeitsbeteiligung kann *sich die Öffentlichkeit* des anderen Staates am Verfahren nach den §§ 18 bis 22 beteiligen.

[1)] Nr. **100**.

(2) Die zuständige deutsche Behörde wirkt darauf hin, dass

1. das Vorhaben in dem anderen Staat auf geeignete Weise bekannt gemacht wird und
2. dabei angegeben wird,
   a) wo, in welcher Form und in welchem Zeitraum die Unterlagen nach § 19 Absatz 2 der Öffentlichkeit des anderen Staates zugänglich gemacht werden,
   b) welcher deutschen Behörde in welcher Form und innerhalb welcher Frist die betroffene Öffentlichkeit des anderen Staates Äußerungen übermitteln kann sowie
   c) dass im Verfahren zur Beteiligung der Öffentlichkeit mit Ablauf der festgelegten Frist alle Äußerungen für das Verfahren über die Zulässigkeit des Vorhabens ausgeschlossen sind, die nicht auf besonderen privatrechtlichen Titeln beruhen.

(3) Die zuständige deutsche Behörde kann der betroffenen Öffentlichkeit des anderen Staates die elektronische Übermittlung von Äußerungen auch abweichend von den Voraussetzungen des § 3a Absatz 2 des Verwaltungsverfahrensgesetzes[1] gestatten, sofern im Verhältnis zum anderen Staat für die elektronische Übermittlung die Voraussetzungen der Grundsätze von Gegenseitigkeit und Gleichwertigkeit erfüllt sind.

(4) Die Öffentlichkeit des anderen Staates kann ihre Äußerungen in einer ihrer Amtssprachen übermitteln.

§ 57 Übermittlung des Bescheids. (1) [1] Die zuständige deutsche Behörde übermittelt der benannten Behörde des anderen Staates sowie denjenigen Behörden des anderen Staates, die Stellungnahmen abgegeben haben, in deutscher Sprache den Zulassungsbescheid. [2] Zusätzlich übermittelt sie in einer Amtssprache des anderen Staates

1. die Teile des Bescheids, die es den beteiligten Behörden und der Öffentlichkeit des anderen Staates ermöglichen, zu erkennen,
   a) auf welche Art und Weise die voraussichtlichen erheblichen nachteiligen grenzüberschreitenden Umweltauswirkungen des Vorhabens sowie Gesichtspunkte oder Maßnahmen zum Ausschluss, zur Verminderung oder zum Ausgleich solcher Auswirkungen bei der Zulassungsentscheidung berücksichtigt worden sind und
   b) auf welche Art und Weise die Stellungnahmen der Behörden und die Äußerungen der betroffenen Öffentlichkeit des anderen Staates sowie die Ergebnisse der Konsultationen nach § 55 Absatz 5 bei der Zulassungsentscheidung berücksichtigt worden sind sowie
2. die Rechtsbehelfsbelehrung.

(2) Die zuständige deutsche Behörde wirkt darauf hin, dass der betroffenen *Öffentlichkeit des anderen Staates*

1. die Zulassungsentscheidung auf geeignete Weise bekannt gemacht wird und
2. der Bescheid einschließlich der übersetzten Teile zugänglich gemacht wird.

§ 58 Grenzüberschreitende Behördenbeteiligung bei ausländischen Vorhaben. (1) [1] Erhält die zuständige Behörde die Benachrichtigung eines anderen Staates über ein geplantes Vorhaben, für das in dem anderen Staat eine Pflicht zur

[1] Nr. **100**.

Durchführung einer Umweltverträglichkeitsprüfung besteht und das erhebliche Umweltauswirkungen in Deutschland haben kann, so ersucht die zuständige deutsche Behörde, soweit entsprechende Angaben der Benachrichtigung nicht bereits beigefügt sind, die zuständige Behörde des anderen Staates um Unterlagen über das Vorhaben, insbesondere um eine Beschreibung des Vorhabens und um Angaben über dessen Umweltauswirkungen in Deutschland. [2] Die zuständige deutsche Behörde soll die zuständige Behörde des anderen Staates ersuchen, ihr in deutscher Sprache die Angaben des § 55 Absatz 2 zu übermitteln.

(2) [1] Auf der Grundlage der erhaltenen Angaben teilt die zuständige Behörde der zuständigen Behörde des anderen Staates mit, ob sie eine Beteiligung am Zulassungsverfahren für erforderlich hält. [2] Benötigt sie hierfür weitere Angaben, so ersucht sie die zuständige Behörde des anderen Staates um weitere Angaben im Sinne des § 16 Absatz 1 und 3 in deutscher Sprache.

(3) [1] Die zuständige Behörde unterrichtet die Behörden, die bei einem inländischen Vorhaben nach § 17 zu beteiligen wären, über das Vorhaben und übermittelt ihnen die Unterlagen und Angaben, die ihr vorliegen. [2] Sofern sie nicht die Abgabe einer einheitlichen Stellungnahme für angezeigt hält, weist sie die beteiligten Behörden darauf hin, welcher Behörde des anderen Staates eine Stellungnahme zugeleitet werden kann und welche Frist es für die Stellungnahme gibt.

(4) Erhält die zuständige Behörde auf andere Weise Kenntnis von einem geplanten ausländischen Vorhaben, das erhebliche Umweltauswirkungen in Deutschland haben kann, gelten die Absätze 1 bis 3 entsprechend.

(5) [1] Zuständig ist die Behörde, die für ein gleichartiges Vorhaben in Deutschland zuständig wäre. [2] Sind mehrere Behörden zuständig, so verständigen sie sich unverzüglich auf eine federführende Behörde. [3] Die federführende Behörde nimmt in diesem Fall zumindest die in den Absätzen 1 und 2 genannten Aufgaben der zuständigen deutschen Behörde wahr. [4] Die anderen zuständigen Behörden können der federführenden Behörde im Einvernehmen mit der federführenden Behörde weitere Aufgaben übertragen.

(6) Für Konsultationen mit dem anderen Staat gilt § 55 Absatz 5 entsprechend.

§ 59 Grenzüberschreitende Öffentlichkeitsbeteiligung bei ausländischen Vorhaben. (1) Auf der Grundlage der von dem anderen Staat zu diesem Zweck übermittelten Unterlagen macht die zuständige deutsche Behörde das Vorhaben in geeigneter Weise in den voraussichtlich betroffenen Gebieten der Öffentlichkeit bekannt.

(2) In der Bekanntmachung weist die zuständige deutsche Behörde darauf hin, welcher Behörde des anderen Staates eine Stellungnahme zugeleitet werden kann und welche Frist es für die Stellungnahme gibt.

(3) Die zuständige Behörde macht die Unterlagen öffentlich zugänglich.

(4) Die Bekanntmachung und die nach Absatz 3 öffentlich zugänglich zu machenden Unterlagen sind zumindest über das zentrale Internetportal zugänglich zu machen.

(5) Die Vorschriften über die öffentliche Bekanntmachung der Entscheidung *und die Auslegung des Bescheids* nach § 27 gelten entsprechend, soweit Rechtsvorschriften des Bundes oder der Länder für die Form der Bekanntmachung und Zugänglichmachung des Bescheids nicht etwas Abweichendes regeln.

Abschnitt 2. Grenzüberschreitende Strategische Umweltprüfung

§ 60 Grenzüberschreitende Behördenbeteiligung bei inländischen Plänen und Programmen. (1) [1] Für die grenzüberschreitende Behördenbeteiligung bei Strategischen Umweltprüfungen gelten die Vorschriften über die Benachrichtigung eines anderen Staates nach § 54 und für die grenzüberschreitende Behördenbeteiligung nach § 55 entsprechend. [2] Bei der Benachrichtigung der zuständigen Behörde eines anderen Staates ist ein Exemplar des Plan- oder Programmentwurfs und des Umweltberichts zu übermitteln.

(2) [1] Die zuständige deutsche Behörde übermittelt den beteiligten Behörden des anderen Staates die Benachrichtigung in einer Amtssprache des anderen Staates. [2] Bei der Durchführung der grenzüberschreitenden Behördenbeteiligung übermittelt sie zumindest folgende Unterlagen in der Amtssprache des anderen Staates:

1. den Inhalt der Bekanntmachung nach § 42 in Verbindung mit § 19 Absatz 1,
2. die nichttechnische Zusammenfassung des Umweltberichts sowie
3. die Teile des Plan- oder Programmentwurfs und des Umweltberichts, die es den beteiligten Behörden und der Öffentlichkeit des anderen Staates ermöglichen, die voraussichtlichen erheblichen nachteiligen grenzüberschreitenden Umweltauswirkungen des Vorhabens einzuschätzen und dazu Stellung zu nehmen oder sich zu äußern.

(3) Die zuständige deutsche Behörde setzt eine angemessene Frist, innerhalb derer die zuständige Behörde des anderen Staates Gelegenheit zur Stellungnahme hat.

§ 61 Grenzüberschreitende Öffentlichkeitsbeteiligung bei inländischen Plänen und Programmen. (1) [1] Für die grenzüberschreitende Öffentlichkeitsbeteiligung bei Strategischen Umweltprüfungen gilt § 56 entsprechend. [2] Die in dem anderen Staat betroffene Öffentlichkeit kann sich am Verfahren nach § 42 beteiligen.

(2) [1] Die zuständige deutsche Behörde übermittelt bei der Annahme des Plans oder Programms dem beteiligten anderen Staat die in § 44 Absatz 2 genannten Informationen. [2] Dabei übermittelt sie folgende Informationen auch in einer Amtssprache des anderen Staates:

1. die Entscheidung zur Annahme des Programms,
2. die Teile der zusammenfassenden Erklärung, die es den beteiligten Behörden und der Öffentlichkeit des anderen Staates ermöglichen zu erkennen, auf welche Art und Weise
   a) der Plan oder das Programm die im Umweltbericht dargestellten voraussichtlichen erheblichen nachteiligen grenzüberschreitenden Umweltauswirkungen sowie Maßnahmen zum Ausschluss, zur Verringerung oder zum Ausgleich dieser Auswirkungen berücksichtigt,
   b) die Stellungnahmen der Behörden und die Äußerungen der betroffenen Öffentlichkeit des anderen Staates sowie die Ergebnisse der Konsultationen nach § 60 Absatz 1 in Verbindung mit § 55 Absatz 5 berücksichtigt,
3. eine Rechtsbehelfsbelehrung, soweit über die Annahme des Plans oder Programms nicht durch Gesetz entschieden wird, und
4. sonstige Unterlagen, die für das Verfahren der grenzüberschreitenden Strategischen Umweltprüfung wesentlich sind.

§ 62 Grenzüberschreitende Behördenbeteiligung bei ausländischen Plänen und Programmen. Für die Beteiligung der deutschen Behörden bei Plänen und Programmen eines anderen Staates gelten die Vorschriften für die grenzüberschreitende Behördenbeteiligung bei ausländischen Vorhaben nach § 58 und für die Konsultation mit dem anderen Staat nach § 55 Absatz 5 entsprechend.

§ 63 Grenzüberschreitende Öffentlichkeitsbeteiligung bei ausländischen Plänen und Programmen. (1) Für die Beteiligung der deutschen Öffentlichkeit bei Plänen und Programmen eines anderen Staates gilt § 59 Absatz 1 bis 3 und 5 entsprechend.

(2) Für die Bekanntgabe der Entscheidung über die Annahme oder Ablehnung des Plans oder Programms und für die Auslegung von Unterlagen im Falle der Annahme gilt § 44 entsprechend.

Abschnitt 3. Gemeinsame Vorschriften

§ 64 Völkerrechtliche Verpflichtungen. Weitergehende Regelungen zur Umsetzung völkerrechtlicher Verpflichtungen von Bund und Ländern bleiben unberührt.

Teil 6. Vorschriften für bestimmte Leitungsanlagen (Anlage 1 Nummer 19)

§ 65 Planfeststellung; Plangenehmigung. (1) Vorhaben, die in der Anlage 1 unter den Nummern 19.3 bis 19.9 aufgeführt sind, sowie die Änderung solcher Vorhaben bedürfen der Planfeststellung durch die zuständige Behörde, sofern dafür nach den §§ 6 bis 14 eine Verpflichtung zur Durchführung einer Umweltverträglichkeitsprüfung besteht.

(2) [1] Sofern keine Verpflichtung zur Durchführung einer Umweltverträglichkeitsprüfung besteht, bedarf das Vorhaben der Plangenehmigung. [2] Die Plangenehmigung entfällt in Fällen von unwesentlicher Bedeutung. [3] Diese liegen vor, wenn die Prüfwerte nach § 7 Absatz 1 und 2 für Größe und Leistung, die die Vorprüfung eröffnen, nicht erreicht werden oder die Voraussetzungen des § 74 Absatz 7 Satz 2 des Verwaltungsverfahrensgesetzes[1)] erfüllt sind; die §§ 10 bis 12 gelten entsprechend. [4] Die Sätze 2 und 3 gelten nicht für Errichtung, Betrieb und Änderung von Rohrleitungsanlagen zum Befördern wassergefährdender Stoffe sowie für die Änderung ihres Betriebs, ausgenommen Änderungen von unwesentlicher Bedeutung.

§ 66 Entscheidung; Nebenbestimmungen; Verordnungsermächtigung.

(1) [1] Der Planfeststellungsbeschluss darf nur ergehen, wenn

1. sichergestellt ist, dass das Wohl der Allgemeinheit nicht beeinträchtigt wird, insbesondere
   a) Gefahren für die Schutzgüter nicht hervorgerufen werden können und
   b) Vorsorge gegen die Beeinträchtigung der Schutzgüter, insbesondere durch bauliche, betriebliche oder organisatorische Maßnahmen entsprechend dem Stand der Technik getroffen wird,
2. umweltrechtliche Vorschriften und andere öffentlich-rechtliche Vorschriften dem Vorhaben nicht entgegenstehen,

---

[1)] Nr. **100**.

3. Ziele der Raumordnung beachtet und Grundsätze und sonstige Erfordernisse der Raumordnung berücksichtigt sind,
4. Belange des Arbeitsschutzes gewahrt sind.

[2] Bei Vorhaben im Sinne der Nummer 19.3 der Anlage 1 darf der Planfeststellungsbeschluss darüber hinaus nur erteilt werden, wenn eine nachteilige Veränderung der Wasserbeschaffenheit nicht zu besorgen ist.

(2) [1] Der Planfeststellungsbeschluss kann mit Bedingungen versehen, mit Auflagen verbunden und befristet werden, soweit dies zur Wahrung des Wohls der Allgemeinheit oder zur Erfüllung von öffentlich-rechtlichen Vorschriften, die dem Vorhaben entgegenstehen können, erforderlich ist. [2] Die Aufnahme, Änderung oder Ergänzung von Auflagen über Anforderungen an das Vorhaben ist auch nach dem Ergehen des Planfeststellungsbeschlusses zulässig.

(3) Die Absätze 1 und 2 gelten für die Plangenehmigung entsprechend.

(4) Der Planfeststellungsbeschluss muss zumindest die folgenden Angaben enthalten:
1. die umweltbezogenen Nebenbestimmungen, die mit der Zulassungsentscheidung verbunden sind,
2. eine Beschreibung der vorgesehenen Überwachungsmaßnahmen,
3. eine Begründung, aus der die wesentlichen tatsächlichen und rechtlichen Gründe hervorgehen, die die Behörde zu ihrer Entscheidung bewogen haben; hierzu gehören
   a) Angaben über das Verfahren zur Beteiligung der Öffentlichkeit,
   b) die zusammenfassende Darstellung gemäß § 24,
   c) die begründete Bewertung gemäß § 25 Absatz 1 sowie
   d) eine Erläuterung, wie die begründete Bewertung, insbesondere die Angaben des UVP-Berichts, die behördlichen Stellungnahmen nach § 17 Absatz 2 und § 55 Absatz 4 sowie die Äußerungen der Öffentlichkeit nach den §§ 21 und 56, in der Zulassungsentscheidung berücksichtigt wurden oder wie ihnen anderweitig Rechnung getragen wurde.

(5) Wird das Vorhaben nicht zugelassen, müssen im Bescheid die dafür wesentlichen Gründe erläutert werden.

(6) [1] Die Bundesregierung wird ermächtigt, nach Anhörung der beteiligten Kreise durch Rechtsverordnung[1)] mit Zustimmung des Bundesrates Vorschriften zur Erfüllung der Voraussetzungen des Absatzes 1 Satz 1 Nummer 1 zu erlassen über
1. die dem Stand der Technik entsprechenden baulichen, betrieblichen oder organisatorischen Maßnahmen zur Vorsorge gegen die Beeinträchtigung der Schutzgüter,
2. die Pflichten von Vorhabenträgern und Dritten,
   a) Behörden und die Öffentlichkeit zu informieren,
   b) Behörden Unterlagen vorzulegen,
   c) Behörden technische Ermittlungen und Prüfungen zu ermöglichen sowie ihnen dafür Arbeitskräfte und technische Hilfsmittel zur Verfügung zu stellen,

2a. die behördlichen Befugnisse,

[1)] Siehe die RohrfernleitungsVO (Nr. **295a**) und die KWK-Kosten-Nutzen-Vergleich-VO v. 28.4.2015 (BGBl. I S. 670), geänd. durch G v. 21.12.2015 (BGBl. I S. 2498).

a) technische Ermittlungen und Prüfungen vorzunehmen,
b) während der Betriebszeit Betriebsräume sowie unmittelbar zugehörige befriedete Betriebsgrundstücke zu betreten,
c) bei Erforderlichkeit zur Verhütung dringender Gefahren für die öffentliche Sicherheit oder Ordnung Wohnräume und außerhalb der Betriebszeit Betriebsräume sowie unmittelbar zugehörige befriedete Betriebsgrundstücke zu betreten,
d) jederzeit Anlagen zu betreten sowie Grundstücke, die nicht unmittelbar zugehörige befriedete Betriebsgrundstücke nach den Buchstaben b und c sind,

3. die Überprüfung von Vorhaben durch Sachverständige, Sachverständigenorganisationen und zugelassene Überwachungsstellen sowie über die Anforderungen, die diese Sachverständigen, Sachverständigenorganisationen und zugelassene Überwachungsstellen erfüllen müssen, sowie über das Verfahren ihrer Anerkennung,
4. die Anpassung bestehender Vorhaben an die Anforderungen der geltenden Vorschriften,
5. die Anzeige von Änderungen, die nach § 65 weder einer Planfeststellung noch einer Plangenehmigung bedürfen, an die zuständige Behörde,
6. die Befugnis für behördliche Anordnungen im Einzelfall.

[2] In der Rechtsverordnung können Vorschriften über die Einsetzung technischer Kommissionen getroffen werden. [3] Die Kommissionen sollen die Bundesregierung oder das Bundesministerium für Umwelt, Naturschutz und nukleare Sicherheit in technischen Fragen beraten. [4] Sie schlagen dem Stand der Technik entsprechende Regeln (technische Regeln) unter Berücksichtigung der für andere Schutzziele vorhandenen Regeln und, soweit dessen Zuständigkeiten berührt sind, in Abstimmung mit der Kommission für Anlagensicherheit nach § 51a Absatz 1 des Bundes-Immissionsschutzgesetzes[1)] vor. [5] In die Kommissionen sind Vertreter der beteiligten Bundesbehörden und Landesbehörden, der Sachverständigen, Sachverständigenorganisationen und zugelassenen Überwachungsstellen, der Wissenschaft sowie der Hersteller und Betreiber von Leitungsanlagen zu berufen. [6] Technische Regeln können vom Bundesministerium für Umwelt, Naturschutz und nukleare Sicherheit im Bundesanzeiger veröffentlicht werden. [7] In der Rechtsverordnung können auch die Stoffe, die geeignet sind, die Wasserbeschaffenheit nachteilig zu verändern (wassergefährdende Stoffe im Sinne von Nummer 19.3 der Anlage 1), bestimmt werden. [8] Das Grundrecht der Unverletzlichkeit der Wohnung (Artikel 13 des Grundgesetzes[2)]) wird durch Satz 1 Nummer 2a Buchstabe c eingeschränkt.

(7) Die Bundesregierung wird ermächtigt, für Rohrleitungsanlagen, die keiner Planfeststellung oder Plangenehmigung bedürfen, nach Anhörung der beteiligten Kreise im Sinne von § 23 Absatz 2 des Wasserhaushaltsgesetzes[3)] durch Rechtsverordnung[4)] mit Zustimmung des Bundesrates

1. eine Anzeigepflicht vorzuschreiben,
2. Regelungen entsprechend Absatz 6 Satz 1 Nummer 1 bis 4, 6 oder entsprechend Absatz 6 Satz 2 und 7 zu erlassen.

[1)] Nr. **296**.
[2)] Nr. **1**.
[3)] Nr. **845**.
[4)] Siehe die RohrfernleitungsVO (Nr. **295a**).

(8) Für Anlagen, die militärischen Zwecken dienen, obliegen dem Bundesministerium der Verteidigung und den von ihm benannten Stellen die Aufgaben des Vollzugs und der Überwachung.

§ 67 Verfahren; Verordnungsermächtigung. [1] Für die Durchführung des Planfeststellungsverfahrens und des Plangenehmigungsverfahrens gelten die §§ 72 bis 78 des Verwaltungsverfahrensgesetzes[1)]. [2] Die Bundesregierung wird ermächtigt, durch Rechtsverordnung[2)] mit Zustimmung des Bundesrates weitere Einzelheiten des Planfeststellungsverfahrens, insbesondere zu Art und Umfang der Antragsunterlagen, zu regeln.

§ 67a Zulassung des vorzeitigen Baubeginns. (1) [1] In einem Planfeststellungs- oder Plangenehmigungsverfahren für ein Vorhaben nach § 65 Absatz 1 in Verbindung mit der Anlage 1 Nummer 19.7 kann die für die Feststellung des Plans oder für die Erteilung der Plangenehmigung zuständige Behörde vorläufig zulassen, dass bereits vor Feststellung des Plans oder der Erteilung der Plangenehmigung in Teilen mit der Errichtung oder Änderung der Rohrleitungsanlage einschließlich der Vorarbeiten begonnen wird, wenn

1. unter Berücksichtigung der Stellungnahmen der Träger öffentlicher Belange einschließlich der Gebietskörperschaften mit einer Entscheidung im Planfeststellungs- oder Plangenehmigungsverfahren zugunsten des Vorhabenträgers gerechnet werden kann,
2. der Vorhabenträger ein berechtigtes oder ein öffentliches Interesse an der Zulassung des vorzeitigen Baubeginns darlegt,
3. der Vorhabenträger nur Maßnahmen durchführt, die reversibel sind,
4. der Vorhabenträger über die für die Maßnahmen notwendigen privaten Rechte verfügt und
5. der Vorhabenträger sich verpflichtet,
   a) alle Schäden zu ersetzen, die bis zur Entscheidung im Planfeststellungs- oder Plangenehmigungsverfahren durch die Maßnahmen verursacht worden sind, und
   b) sofern kein Planfeststellungsbeschluss oder keine Plangenehmigung erfolgt, den früheren Zustand wiederherzustellen.

[2] Ausnahmsweise können irreversible Maßnahmen zugelassen werden, wenn sie nur wirtschaftliche Schäden verursachen und für diese Schäden eine Entschädigung in Geld geleistet wird. [3] Die Zulassung erfolgt auf Antrag des Vorhabenträgers und unter dem Vorbehalt des Widerrufs.

(2) [1] Die für die Feststellung des Plans oder für die Erteilung der Plangenehmigung zuständige Behörde kann die Leistung einer Sicherheit verlangen, soweit dies erforderlich ist, um die Erfüllung der Verpflichtungen des Vorhabenträgers nach Absatz 1 Satz 1 Nummer 5 und Satz 2 zu sichern. [2] Soweit die zugelassenen Maßnahmen durch die Planfeststellung oder Plangenehmigung für unzulässig erklärt sind, ordnet die Behörde gegenüber dem Träger des Vorhabens an, den früheren Zustand wiederherzustellen. [3] Dies gilt auch, wenn der Antrag auf Planfeststellung oder Plangenehmigung zurückgenommen wurde.

[1)] Nr. **100**.

[2)] Siehe die KWK-Kosten-Nutzen-Vergleich-VO v. 28.4.2015 (BGBl. I S. 670), geänd. durch G v. 21.12.2015 (BGBl. I S. 2498).

(3) Die Entscheidung über die Zulassung des vorzeitigen Baubeginns ist den anliegenden Gemeinden und den Beteiligten zuzustellen.

(4) Widerspruch und Anfechtungsklage gegen die Zulassung des vorzeitigen Baubeginns haben keine aufschiebende Wirkung.

§ 68 Überwachung. (1) [1]Die zuständige Behörde hat durch geeignete Maßnahmen zu überwachen, dass Vorhaben, die in Anlage 1 unter den Nummern 19.3 bis 19.9 aufgeführt sind, im Einklang mit den umweltbezogenen Bestimmungen des Zulassungsbescheids nach § 65 durchgeführt werden. [2]Bei UVP-pflichtigen Vorhaben gilt dies insbesondere für die im Planfeststellungsbescheid festgelegten Merkmale des Vorhabens und des Standorts, für die Maßnahmen, mit denen erhebliche nachteilige Umweltauswirkungen ausgeschlossen, vermindert oder ausgeglichen werden sollen, sowie für die Ersatzmaßnahmen bei Eingriffen in Natur und Landschaft.

(2) Die Überwachung nach Absatz 1 kann dem Vorhabenträger aufgegeben werden, soweit dies nach landesrechtlichen Vorschriften vorgesehen ist.

§ 69 Bußgeldvorschriften. (1) Ordnungswidrig handelt, wer vorsätzlich oder fahrlässig

1. ohne Planfeststellungsbeschluss nach § 65 Absatz 1 oder ohne Plangenehmigung nach § 65 Absatz 2 Satz 1 ein Vorhaben durchführt,
2. einer vollziehbaren Auflage nach § 66 Absatz 2 zuwiderhandelt oder
3. einer Rechtsverordnung nach
   a) § 66 Absatz 6 Satz 1 Nummer 1, 3, 4 oder 6, jeweils auch in Verbindung mit Absatz 7 Nummer 2, oder
   b) § 66 Absatz 6 Satz 1 Nummer 2, auch in Verbindung mit Absatz 7 Nummer 2, oder § 66 Absatz 6 Satz 1 Nummer 5 oder Absatz 7 Nummer 1

   oder einer vollziehbaren Anordnung aufgrund einer solchen Rechtsverordnung zuwiderhandelt, soweit die Rechtsverordnung für einen bestimmten Tatbestand auf diese Bußgeldvorschrift verweist.

(2) Die Ordnungswidrigkeit kann in den Fällen des Absatzes 1 Nummer 3 Buchstabe b mit einer Geldbuße bis zu zwanzigtausend Euro, in den übrigen Fällen mit einer Geldbuße bis zu fünfzigtausend Euro geahndet werden.

Teil 7. Schlussvorschriften

§ 70 Ermächtigung zum Erlass von Verwaltungsvorschriften. Die Bundesregierung kann mit Zustimmung des Bundesrates allgemeine Verwaltungsvorschriften[1)] erlassen, insbesondere über

1. Kriterien und Verfahren, die zu dem in § 3 Satz 2 und § 25 Absatz 1 genannten Zweck bei der Ermittlung, Beschreibung und Bewertung von Umweltauswirkungen zugrunde zu legen sind,
2. Grundsätze für den Untersuchungsrahmen nach § 15,
3. Grundsätze für die zusammenfassende Darstellung nach § 24 und für die begründete Bewertung nach § 25 Absatz 1,

[1)] Siehe die Allg. VwV zur Ausführung des G über die Umweltverträglichkeitsprüfung (UVPVwV) v. 18.9.1995 (GMBl S. 671).

4. Grundsätze und Verfahren zur Vorprüfung nach § 7 sowie über die in Anlage 3 aufgeführten Kriterien,
5. Grundsätze für die Erstellung des Umweltberichts nach § 40,
6. Grundsätze für die Überwachung nach den §§ 28, 45 und 68.

§ 71 Bestimmungen zum Verwaltungsverfahren. Von den Regelungen des Verwaltungsverfahrens, die in diesem Gesetz und aufgrund dieses Gesetzes getroffen werden, kann durch Landesrecht nur in dem Umfang abgewichen werden, der in § 1 Absatz 4 und § 38 bestimmt ist.

§ 72 Vermeidung von Interessenkonflikten. Ist die zuständige Behörde bei der Umweltverträglichkeitsprüfung zugleich Vorhabenträger, so ist die Unabhängigkeit des Behördenhandelns bei der Wahrnehmung der Aufgaben nach diesem Gesetz durch geeignete organisatorische Maßnahmen sicherzustellen, insbesondere durch eine angemessene funktionale Trennung.

§ 73 Berichterstattung an die Europäische Kommission. (1) Zur Vorbereitung der Berichterstattung an die Europäische Kommission teilen die zuständigen Behörden des Bundes und der Länder dem für Umweltschutz zuständigen Bundesministerium erstmals am 31. März 2023 und sodann alle sechs Jahre für ihren Zuständigkeitsbereich folgende Angaben mit:

1. die Anzahl der Vorhaben, für die im Betrachtungszeitraum eine Umweltverträglichkeitsprüfung durchgeführt worden ist, getrennt nach den in Anlage 1 genannten Vorhabenarten sowie
2. die Anzahl der Vorhaben nach Anlage 1 Spalte 2, für die im Betrachtungszeitraum eine Vorprüfung nach § 7 Absatz 1 oder 2 durchgeführt worden ist.

(2) Sofern entsprechende Angaben verfügbar sind, sind ebenfalls mitzuteilen:

1. die durchschnittliche Verfahrensdauer der im Betrachtungszeitraum durchgeführten Umweltverträglichkeitsprüfungen,
2. eine Abschätzung der durchschnittlichen unmittelbaren Kosten
   a) aller im Betrachtungszeitraum durchgeführten Umweltverträglichkeitsprüfungen sowie
   b) der Umweltverträglichkeitsprüfungen, die im Betrachtungszeitraum für Vorhaben kleiner und mittlerer Unternehmen durchgeführt worden sind.

§ 74 Übergangsvorschrift. (1) Für Vorhaben, für die das Verfahren zur Feststellung der UVP-Pflicht im Einzelfall nach § 3c oder nach § 3e Absatz 1 Nummer 2 in der Fassung dieses Gesetzes, die vor dem 16. Mai 2017 galt, vor dem 16. Mai 2017 eingeleitet wurde, sind die Vorschriften des Teils 2 Abschnitt 1 über die Vorprüfung des Einzelfalls in der bis dahin geltenden Fassung weiter anzuwenden.

(2) Verfahren nach § 4 sind nach der Fassung dieses Gesetzes, die vor dem 16. Mai 2017 galt, zu Ende zu führen, wenn vor diesem Zeitpunkt

1. das Verfahren zur Unterrichtung über voraussichtlich beizubringende Unterlagen in der bis dahin geltenden Fassung des § 5 Absatz 1 eingeleitet wurde oder
2. die Unterlagen nach § 6 in der bis dahin geltenden Fassung dieses Gesetzes vorgelegt wurden.

(3) Verfahren nach § 33 sind nach der Fassung dieses Gesetzes, die vor dem 16. Mai 2017 galt, zu Ende zu führen, wenn vor diesem Zeitpunkt der Unter-

suchungsrahmen nach § 14f Absatz 1 in der bis dahin geltenden Fassung dieses Gesetzes festgelegt wurde.

(4) Besteht nach den Absätzen 1 bis 2 eine Verpflichtung zur Durchführung einer Umweltverträglichkeitsprüfung und ist diese gemäß § 50 im Bebauungsplanverfahren nach den Vorschriften des Baugesetzbuchs[1] durchzuführen, gilt insoweit § 244 des Baugesetzbuchs.

(5) (weggefallen)

(6) Verfahren zur Errichtung und zum Betrieb sowie zur Änderung von Rohrleitungsanlagen nach Nummer 19.3 der Anlage 1, die vor dem 25. Juni 2002 eingeleitet worden sind, sind nach den Bestimmungen des Gesetzes zur Umsetzung der UVP-Änderungsrichtlinie, der IVU-Richtlinie und weiterer EG-Richtlinien zum Umweltschutz vom 27. Juli 2001 (BGBl. I S. 1950) zu Ende zu führen.

(6a) [1] Eine Genehmigung für eine Rohrleitungsanlage zum Befördern wassergefährdender Stoffe, die nach § 19a Absatz 1 Satz 1 des Wasserhaushaltsgesetzes in der am 28. Februar 2010 geltenden Fassung erteilt worden ist, gilt, soweit eine Umweltverträglichkeitsprüfung durchgeführt worden ist, als Planfeststellung nach § 65 Absatz 1, in den übrigen Fällen als Plangenehmigung nach § 65 Absatz 2 fort. [2] Eine Rohrleitungsanlage zum Befördern wassergefährdender Stoffe, die nach § 19e Absatz 2 Satz 1 und 2 des Wasserhaushaltsgesetzes in der am 28. Februar 2010 geltenden Fassung angezeigt worden ist oder keiner Anzeige bedurfte, bedarf keiner Planfeststellung oder Plangenehmigung; § 66 Absatz 2 und 6 gilt entsprechend.

(7) (weggefallen)

(8) [1] Die Vorschriften des Teils 3 gelten für Pläne und Programme, deren erster förmlicher Vorbereitungsakt nach dem 29. Juni 2005 erfolgt. [2] Verfahren zur Aufstellung oder Änderung von Plänen und Programmen, deren erster förmlicher Vorbereitungsakt nach dem 20. Juli 2004 erfolgt ist, sind nach den Vorschriften dieses Gesetzes zu Ende zu führen.

(9) [1] Pläne und Programme, deren erster förmlicher Vorbereitungsakt vor dem 21. Juli 2004 erfolgt ist und die später als am 20. Juli 2006 angenommen oder in ein Gesetzgebungsverfahren eingebracht werden, unterliegen den Vorschriften des Teils 3. [2] § 48 dieses Gesetzes sowie § 27 Absatz 1 und 3 des Raumordnungsgesetzes[2] bleiben unberührt.

(10) [1] Verfahren, für die nach § 49 Absatz 1 eine Umweltverträglichkeitsprüfung durchzuführen ist und die vor dem 1. März 2010 begonnen worden sind, sind nach diesem Gesetz in der ab dem 1. März 2010 geltenden Fassung zu Ende zu führen. [2] Hat eine Öffentlichkeitsbeteiligung bereits stattgefunden, ist von einer erneuten Beteiligung der Öffentlichkeit nach § 9 in der vor dem 29. Juli 2017 geltenden Fassung abzusehen, soweit keine zusätzlichen oder anderen erheblichen Umweltauswirkungen zu erwarten sind. [3] Hat eine Behördenbeteiligung bereits stattgefunden, bedarf es einer erneuten Beteiligung nach den §§ 7 und 8 in der vor dem 29. Juli 2017 geltenden Fassung nur, wenn neue Unterlagen zu erheblichen Umweltauswirkungen des Vorhabens vorliegen.

(11) [1] Verfahren nach § 4, die der Entscheidung über die Zulässigkeit von Vorhaben dienen und die vor dem 25. Juni 2005 begonnen worden sind, sind nach den Vorschriften dieses Gesetzes in der ab dem 15. Dezember 2006 geltenden

---

[1] Nr. **300**.
[2] Nr. **340**.

Fassung zu Ende zu führen. [2]Satz 1 findet keine Anwendung auf Verfahren, bei denen das Vorhaben vor dem 25. Juni 2005 bereits öffentlich gemacht worden ist.

(12) [1]Für Verfahren nach § 4, die der Entscheidung über die Zulässigkeit von Vorhaben nach Nummer 13.2.2 der Anlage 1 dienen, findet dieses Gesetz nur Anwendung, wenn das Verfahren nach dem 1. März 2010 eingeleitet worden ist. [2]Verfahren nach § 4, die der Entscheidung über die Zulässigkeit von Vorhaben nach den Nummern 3.15, 13.1 bis 13.2.1.3, 13.3 bis 13.18 und 17 der Anlage 1 dienen und die vor dem 1. März 2010 eingeleitet worden sind, sind nach der bis zu diesem Tag geltenden Fassung des Gesetzes zu Ende zu führen.

(13) Für Verfahren nach § 4, die der Entscheidung über die Zulässigkeit von Vorhaben nach Nummer 17.3 der Anlage 1 dienen, ist dieses Gesetz nur anzuwenden, wenn das Verfahren nach dem 1. August 2013 eingeleitet worden ist.

Anlage 1

Liste „UVP-pflichtige Vorhaben"

Nachstehende Vorhaben fallen nach § 1 Absatz 1 Nummer 1 in den Anwendungsbereich dieses Gesetzes. Soweit nachstehend eine allgemeine Vorprüfung oder eine standortbezogene Vorprüfung des Einzelfalls vorgesehen ist, nimmt dies Bezug auf die Regelungen des § 7 Absatz 1 und 2.

Legende:

Nr.	=	Nummer des Vorhabens
Vorhaben	=	Art des Vorhabens mit ggf. Größen- oder Leistungswerten nach § 6 Satz 2 sowie Prüfwerten für Größe oder Leistung nach § 7 Absatz 5 Satz 3
X in Spalte 1	=	Vorhaben ist UVP-pflichtig
A in Spalte 2	=	**a**llgemeine Vorprüfung des Einzelfalls: siehe § 7 Absatz 1 Satz 1
S in Spalte 2	=	**s**tandortbezogene Vorprüfung des Einzelfalls: siehe § 7 Absatz 2

Nr.	Vorhaben	Sp. 1	Sp. 2
1.	**Wärmeerzeugung, Bergbau und Energie:**		
1.1	Errichtung und Betrieb einer Anlage zur Erzeugung von Strom, Dampf, Warmwasser, Prozesswärme oder erhitztem Abgas durch den Einsatz von Brennstoffen in einer Verbrennungseinrichtung (wie Kraftwerk, Heizkraftwerk, Heizwerk, Gasturbine, Verbrennungsmotoranlage, sonstige Feuerungsanlage), einschließlich des jeweils zugehörigen Dampfkessels, mit einer Feuerungswärmeleistung von		
1.1.1	mehr als 200 MW,	**X**	
1.1.2	50 MW bis 200 MW;		**A**
1.2	Errichtung und Betrieb einer Anlage zur Erzeugung von Strom, Dampf, Warmwasser, Prozesswärme oder erhitztem Abgas in einer Verbrennungseinrichtung (wie Kraftwerk, Heizkraftwerk, Heizwerk, Gasturbinenanlage, Verbrennungsmotoranlage, sonstige Feuerungsanlage), einschließlich des jeweils zugehörigen Dampfkessels, ausgenommen Verbrennungsmotoranlagen für Bohranlagen und Notstromaggregate, durch den Einsatz von		
1.2.1	Kohle, Koks einschließlich Petrolkoks, Kohlebriketts, Torfbriketts, Brenntorf, naturbelassenem Holz, emulgiertem Naturbitumen, Heizölen, ausgenommen Heizöl EL, mit einer Feuerungswärmeleistung von 1 MW bis weniger als 50 MW,		**S**
1.2.2	gasförmigen Brennstoffen (insbesondere Koksofengas, Grubengas, Stahlgas, Raffineriegas, Synthesegas, Erdölgas aus der Tertiärförderung von Erdöl, Klärgas, Biogas), ausgenommen naturbelassenem Erdgas, Flüssiggas, Gasen der öffentlichen Gasversorgung oder Wasserstoff, mit einer Feuerungswärmeleistung von		
1.2.2.1	10 MW bis weniger als 50 MW,		**S**
1.2.2.2	1 MW bis weniger als 10 MW, bei Verbrennungsmotoranlagen oder Gasturbinenanlagen,		**S**

Nr.	Vorhaben	Sp. 1	Sp. 2
1.2.3	Heizöl EL, Dieselkraftstoff, Methanol, Ethanol, naturbelassenen Pflanzenölen oder Pflanzenölmethylestern, naturbelassenem Erdgas, Flüssiggas, Gasen der öffentlichen Gasversorgung oder Wasserstoff mit einer Feuerungswärmeleistung von		
1.2.3.1	20 MW bis weniger als 50 MW,		S
1.2.3.2	1 MW bis weniger als 20 MW, bei Verbrennungsmotoranlagen oder Gasturbinenanlagen,		S
1.2.4	anderen als in Nummer 1.2.1 oder 1.2.3 genannten festen oder flüssigen Brennstoffen mit einer Feuerungswärmeleistung von		
1.2.4.1	1 MW bis weniger als 50 MW,		A
1.2.4.2	100 KW bis weniger als 1 MW;		S
1.3	(weggefallen)		
1.4	Errichtung und Betrieb einer Verbrennungsmotoranlage oder Gasturbinenanlage zum Antrieb von Arbeitsmaschinen für den Einsatz von		
1.4.1	Heizöl EL, Dieselkraftstoff, Methanol, Ethanol, naturbelassenen Pflanzenölen, Pflanzenölmethylestern Koksofengas, Grubengas, Stahlgas, Raffineriegas, Synthesegas, Erdölgas aus der Tertiärförderung von Erdöl, Klärgas, Biogas, naturbelassenem Erdgas, Flüssiggas, Gasen der öffentlichen Gasversorgung oder Wasserstoff mit einer Feuerungswärmeleistung von		
1.4.1.1	mehr als 200 MW,	X	
1.4.1.2	50 MW bis 200 MW,		A
1.4.1.3	1 MW bis weniger als 50 MW, ausgenommen Verbrennungsmotoranlagen für Bohranlagen,		S
1.4.2	anderen als in Nummer 1.4.1 genannten Brennstoffen mit einer Feuerungswärmeleistung von		
1.4.2.1	mehr als 200 MW,	X	
1.4.2.2	50 MW bis 200 MW		A
1.4.2.3	1 MW bis weniger als 50 MW;		S
1.5	(weggefallen)		
1.6	Errichtung und Betrieb einer Windfarm mit Anlagen mit einer Gesamthöhe von jeweils mehr als 50 Metern mit		
1.6.1	20 oder mehr Windkraftanlagen,	X	
1.6.2	6 bis weniger als 20 Windkraftanlagen,		A
1.6.3	3 bis weniger als 6 Windkraftanlagen;		S
1.7	Errichtung und Betrieb einer Anlage zum Brikettieren von Braun- oder Steinkohle;	X	
1.8	Errichtung und Betrieb einer Anlage zur Trockendestillation von Steinkohle oder Braunkohle (z.B. Kokerei, Gaswerk, Schwelerei) mit einem Durchsatz von		
1.8.1	500 t oder mehr je Tag,	X	
1.8.2	weniger als 500 t je Tag, ausgenommen Holzkohlenmeiler;		A
1.9	Errichtung und Betrieb einer Anlage zur Vergasung oder Verflüssigung von Kohle oder bituminösem Schiefer mit einem Durchsatz von		
1.9.1	500 t oder mehr je Tag,	X	
1.9.2	weniger als 500 t je Tag;		A
1.10	Errichtung und Betrieb einer Anlage zur Abscheidung von Kohlendioxid zur dauerhaften Speicherung		
1.10.1	aus einer Anlage, die nach Spalte 1 UVP-pflichtig ist,	X	
1.10.2	mit einer Abscheidungsleistung von 1,5 Mio. t oder mehr pro Jahr, soweit sie nicht unter Nummer 1.10.1 fällt,	X	
1.10.3	mit einer Abscheidungsleistung von weniger als 1,5 Mio. t pro Jahr;		A
1.11	Errichtung und Betrieb einer Anlage zur		
1.11.1	Erzeugung von Biogas, soweit nicht durch Nummer 8.4 erfasst, mit einer Produktionskapazität von		

Nr.	Vorhaben	Sp. 1	Sp. 2
1.11.1.1	2 Mio. Normkubikmetern oder mehr Rohgas je Jahr,		A
1.11.1.2	1,2 Mio. bis weniger als 2 Mio. Normkubikmetern Rohgas je Jahr,		S
1.11.2	Aufbereitung von Biogas mit einer Verarbeitungskapazität von		
1.11.2.1	2 Mio. Normkubikmetern oder mehr Rohgas je Jahr,		A
1.11.2.2	1,2 Mio. bis weniger als 2 Mio. Normkubikmetern Rohgas je Jahr;		S
2.	**Steine und Erden, Glas, Keramik, Baustoffe:**		
2.1	Errichtung und Betrieb eines Steinbruchs mit einer Abbaufläche von		
2.1.1	25 ha oder mehr,	X	
2.1.2	10 ha bis weniger als 25 ha,		A
2.1.3	weniger als 10 ha, soweit Sprengstoffe verwendet werden;		S
2.2	Errichtung und Betrieb einer Anlage zur Herstellung von Zementklinkern oder Zementen mit einer Produktionskapazität von		
2.2.1	1 000 t oder mehr je Tag,	X	
2.2.2	weniger als 1 000 t je Tag;		A
2.3	Errichtung und Betrieb einer Anlage zur Gewinnung von Asbest;	X	
2.4	Errichtung und Betrieb einer Anlage zur Bearbeitung oder Verarbeitung von Asbest oder Asbesterzeugnissen mit		
2.4.1	einer Jahresproduktion von		
2.4.1.1	20 000 t oder mehr Fertigerzeugnissen bei Asbestzementerzeugnissen,	X	
2.4.1.2	50 t oder mehr Fertigerzeugnissen bei Reibungsbelägen,	X	
2.4.2	einem Einsatz von 200 t oder mehr Asbest bei anderen Verwendungszwecken,	X	
2.4.3	einer geringeren Jahresproduktion oder einem geringeren Einsatz als in den vorstehenden Nummern angegeben;		A
2.5	Errichtung und Betrieb einer Anlage zur Herstellung von Glas, auch soweit es aus Altglas hergestellt wird, einschließlich Anlagen zur Herstellung von Glasfasern mit einer Schmelzkapazität von		
2.5.1	200 000 t oder mehr je Jahr oder bei Flachglasanlagen, die nach dem Floatglasverfahren betrieben werden, 100 000 t oder mehr je Jahr,	X	
2.5.2	20 t je Tag bis weniger als in der vorstehenden Nummer angegeben,		A
2.5.3	100 kg bis weniger als 20 t je Tag, ausgenommen Anlagen zur Herstellung von Glasfasern, die für medizinische oder fernmeldetechnische Zwecke bestimmt sind;		S
2.6	Errichtung und Betrieb einer Anlage zum Brennen keramischer Erzeugnisse (einschließlich Anlagen zum Blähen von Ton) mit einer Produktionskapazität von		
2.6.1	75 t oder mehr je Tag,		A
2.6.2	weniger als 75 t je Tag, soweit der Rauminhalt der Brennanlage 4 m^3 oder mehr beträgt oder die Besatzdichte mehr als 100 kg je Kubikmeter Rauminhalt der Brennanlage beträgt, ausgenommen elektrisch beheizte Brennöfen, die diskontinuierlich und ohne Abluftführung betrieben werden;		S
2.7	Errichtung und Betrieb einer Anlage zum Schmelzen mineralischer Stoffe, einschließlich Anlagen zur Herstellung von Mineralfasern;		A
3.	**Stahl, Eisen und sonstige Metalle einschließlich Verarbeitung:**		
3.1	Errichtung und Betrieb einer Anlage zum Rösten (Erhitzen unter Luftzufuhr zur Überführung in Oxide) oder Sintern (Stückigmachen von feinkörnigen Stoffen durch Erhitzen) von Erzen;	X	
3.2	Errichtung und Betrieb eines integrierten Hüttenwerkes (Anlage zur Herstellung oder zum Erschmelzen von Roheisen und zur Weiterverarbeitung zu Rohstahl, bei der sich Gewinnungs- und Weiterverarbeitungseinheiten nebeneinander befinden und in funktioneller Hinsicht miteinander verbunden sind);	X	
3.3	Errichtung und Betrieb einer Anlage zur Herstellung oder zum Erschmelzen von Roheisen oder Stahl einschließlich Stranggießen, auch		

Nr.	Vorhaben	Sp. 1	Sp. 2
	soweit Konzentrate oder sekundäre Rohstoffe eingesetzt werden, mit einer Schmelzkapazität von		
3.3.1	2,5 t Roheisen oder Stahl je Stunde oder mehr,		A
3.3.2	weniger als 2,5 t Stahl je Stunde;		S
3.4	Errichtung und Betrieb einer Anlage zur Herstellung von Nichteisenrohmetallen aus Erzen, Konzentraten oder sekundären Rohstoffen durch metallurgische, chemische oder elektrolytische Verfahren;	X	
3.5	Errichtung und Betrieb einer Anlage zum Schmelzen, zum Legieren oder zur Raffination von Nichteisenmetallen mit einer Schmelzkapazität von		
3.5.1	100 000 t oder mehr je Jahr,	X	
3.5.2	4 t oder mehr je Tag bei Blei und Cadmium oder von 20 t oder mehr je Tag bei sonstigen Nichteisenmetallen, jeweils bis weniger als 100 000 t je Jahr,		A
3.5.3	0,5 t bis weniger als 4 t je Tag bei Blei und Cadmium oder von 2 t bis weniger als 20 t je Tag bei sonstigen Nichteisenmetallen, ausgenommen – Vakuum-Schmelzanlagen, – Schmelzanlagen für Gusslegierungen aus Zinn und Wismut oder aus Feinzink und Aluminium in Verbindung mit Kupfer oder Magnesium, – Schmelzanlagen, die Bestandteil von Druck- oder Kokillengießmaschinen sind oder die ausschließlich im Zusammenhang mit einzelnen Druck- oder Kokillengießmaschinen gießfertige Nichteisenmetalle oder gießfertige Legierungen niederschmelzen, – Schmelzanlagen für Edelmetalle oder für Legierungen, die nur aus Edelmetallen oder aus Edelmetallen und Kupfer bestehen, – Schwalllötbäder und – Heißluftverzinnungsanlagen;		S
3.6	Errichtung und Betrieb einer Anlage zur Umformung von Stahl durch Warmwalzen;		A
3.7	Errichtung und Betrieb einer Eisen-, Temper- oder Stahlgießerei mit einer Verarbeitungskapazität an Flüssigmetall von		
3.7.1	200 000 t oder mehr je Jahr,	X	
3.7.2	20 t oder mehr je Tag,		A
3.7.3	2 t bis weniger als 20 t je Tag;		S
3.8	Errichtung und Betrieb einer Anlage zum Aufbringen von metallischen Schutzschichten auf Metalloberflächen mit Hilfe von schmelzflüssigen Bädern mit einer Verarbeitungskapazität von		
3.8.1	100 000 t Rohgut oder mehr je Jahr,	X	
3.8.2	2 t Rohgut je Stunde bis weniger als 100 000 t Rohgut je Jahr,		A
3.8.3	500 kg bis weniger als 2 t Rohgut je Stunde, ausgenommen Anlagen zum kontinuierlichen Verzinken nach dem Sendzimirverfahren;		S
3.9	Errichtung und Betrieb einer Anlage zur Oberflächenbehandlung von Metallen durch ein elektrolytisches oder chemisches Verfahren mit einem Volumen der Wirkbäder von		
3.9.1	30 m^3 oder mehr,		A
3.9.2	1 m^3 bis weniger als 30 m^3 bei Anlagen durch Beizen oder Brennen unter Verwendung von Fluss- oder Salpetersäure;		S
3.10	Errichtung und Betrieb einer Anlage, die aus einem oder mehreren maschinell angetriebenen Hämmern oder Fallwerken besteht, wenn die Schlagenergie eines Hammers oder Fallwerkes		
3.10.1	20 Kilojoule oder mehr beträgt,		A
3.10.2	1 Kilojoule bis weniger als 20 Kilojoule beträgt;		S

Nr.	Vorhaben	Sp. 1	Sp. 2
3.11	Errichtung und Betrieb einer Anlage zur Sprengverformung oder zum Plattieren mit Sprengstoffen bei einem Einsatz von 10 kg Sprengstoff oder mehr je Schuss;		**A**
3.12	Errichtung und Betrieb einer Schiffswerft		
3.12.1	zum Bau von Seeschiffen mit einer Größe von 100 000 Bruttoregistertonnen,	**X**	
3.12.2	zur Herstellung oder Reparatur von Schiffskörpern oder Schiffssektionen aus Metall mit einer Länge von 20 m oder mehr, soweit nicht ein Fall der vorstehenden Nummer vorliegt;		**A**
3.13	Errichtung und Betrieb einer Anlage zum Bau von Schienenfahrzeugen mit einer Produktionskapazität von 600 oder mehr Schienenfahrzeugeinheiten je Jahr (1 Schienenfahrzeugeinheit entspricht 0,5 Lokomotive, 1 Straßenbahn, 1 Wagen eines Triebzuges, 1 Triebkopf, 1 Personenwagen oder 3 Güterwagen);		**A**
3.14	Errichtung und Betrieb einer Anlage für den Bau und die Montage von Kraftfahrzeugen oder einer Anlage für den Bau von Kraftfahrzeugmotoren mit einer Kapazität von jeweils 100 000 Stück oder mehr je Jahr;		**A**
3.15	Errichtung und Betrieb einer Anlage für den Bau und die Instandsetzung von Luftfahrzeugen, soweit je Jahr mehr als 50 Luftfahrzeuge hergestellt oder repariert werden können, ausgenommen Wartungsarbeiten;		**A**
4.	**Chemische Erzeugnisse, Arzneimittel, Mineralölraffination und Weiterverarbeitung:**		
4.1	Errichtung und Betrieb einer integrierten chemischen Anlage (Verbund zur Herstellung von Stoffen oder Stoffgruppen durch chemische Umwandlung im industriellen Umfang, bei dem sich mehrere Einheiten nebeneinander befinden und in funktioneller Hinsicht miteinander verbunden sind und – zur Herstellung von organischen Grundchemikalien, – zur Herstellung von anorganischen Grundchemikalien, – zur Herstellung von phosphor-, stickstoff- oder kaliumhaltigen Düngemitteln (Einnährstoff oder Mehrnährstoff), – zur Herstellung von Ausgangsstoffen für Pflanzenschutzmittel und von Bioziden, – zur Herstellung von Grundarzneimitteln unter Verwendung eines chemischen oder biologischen Verfahrens oder – zur Herstellung von Explosivstoffen dienen), ausgenommen Anlagen zur Erzeugung oder Spaltung von Kernbrennstoffen oder zur Aufarbeitung bestrahlter Kernbrennstoffe nach Nummer 11.1;	**X**	
4.2	Errichtung und Betrieb einer Anlage zur Herstellung von Stoffen oder Stoffgruppen durch chemische Umwandlung im industriellen Umfang, ausgenommen integrierte chemische Anlagen nach Nummer 4.1, Anlagen nach Nummer 10.1 und Anlagen zur Erzeugung oder Spaltung von Kernbrennstoffen oder zur Aufarbeitung bestrahlter Kernbrennstoffe nach Nummer 11.1;		**A**
4.3	Errichtung und Betrieb einer Anlage zur Destillation oder Raffination oder sonstigen Weiterverarbeitung von Erdöl in Mineralölraffinerien;	**X**	
4.4	Errichtung und Betrieb einer Anlage zur Herstellung von Anstrich- oder Beschichtungsstoffen (Lasuren, Firnisse, Lacke, Dispersionsfarben) oder Druckfarben unter Einsatz von 25 t flüchtiger organischer Verbindungen oder mehr je Tag, die bei einer Temperatur von 293,15 Kelvin einen Dampfdruck von mindestens 0,01 Kilopascal haben;		**A**
5.	**Oberflächenbehandlung von Kunststoffen:**		
5.1	Errichtung und Betrieb einer Anlage zur Oberflächenbehandlung von Kunststoffen durch ein elektrolytisches oder chemisches Verfahren mit einem Volumen der Wirkbäder von 30 m^3 oder mehr;		**A**

Nr.	Vorhaben	Sp. 1	Sp. 2
6.	**Holz, Zellstoff:**		
6.1	Errichtung und Betrieb einer Anlage zur Gewinnung von Zellstoff aus Holz, Stroh oder ähnlichen Faserstoffen;	X	
6.2	Errichtung und Betrieb einer Anlage zur Herstellung von Papier oder Pappe mit einer Produktionskapazität von		
6.2.1	200 t oder mehr je Tag,	X	
6.2.2	20 t bis weniger als 200 t je Tag;		A
7.	**Nahrungs-, Genuss- und Futtermittel, landwirtschaftliche Erzeugnisse:**		
7.1	Errichtung und Betrieb einer Anlage zur Intensivhaltung von Hennen mit		
7.1.1	60 000 oder mehr Plätzen,	X	
7.1.2	40 000 bis weniger als 60 000 Plätzen,		A
7.1.3	15 000 bis weniger als 40 000 Plätzen;		S
7.2	Errichtung und Betrieb einer Anlage zur Intensivhaltung oder -aufzucht von Junghennen mit		
7.2.1	85 000 oder mehr Plätzen,	X	
7.2.2	40 000 bis weniger als 85 000 Plätzen,		A
7.2.3	30 000 bis weniger als 40 000 Plätzen;		S
7.3	Errichtung und Betrieb einer Anlage zur Intensivhaltung oder -aufzucht von Mastgeflügel mit		
7.3.1	85 000 oder mehr Plätzen,	X	
7.3.2	40 000 bis weniger als 85 000 Plätzen,		A
7.3.3	30 000 bis weniger als 40 000 Plätzen;		S
7.4	Errichtung und Betrieb einer Anlage zur Intensivhaltung oder -aufzucht von Truthühnern mit		
7.4.1	60 000 oder mehr Plätzen,	X	
7.4.2	40 000 bis weniger als 60 000 Plätzen,		A
7.4.3	15 000 bis weniger als 40 000 Plätzen;		S
7.5	Errichtung und Betrieb einer Anlage zur Intensivhaltung oder -aufzucht von Rindern mit		
7.5.1	800 oder mehr Plätzen,		A
7.5.2	600 bis weniger als 800 Plätzen;		S
7.6	Errichtung und Betrieb einer Anlage zur Intensivhaltung oder -aufzucht von Kälbern mit		
7.6.1	1 000 oder mehr Plätzen,		A
7.6.2	500 bis weniger als 1 000 Plätzen;		S
7.7	Errichtung und Betrieb einer Anlage zur Intensivhaltung oder -aufzucht von Mastschweinen (Schweine von 30 kg Lebendgewicht oder mehr) mit		
7.7.1	3 000 oder mehr Plätzen,	X	
7.7.2	2 000 bis weniger als 3 000 Plätzen;		A
7.7.3	1 500 bis weniger als 2 000 Plätzen;		S
7.8	Errichtung und Betrieb einer Anlage zur Intensivhaltung oder -aufzucht von Sauen einschließlich dazugehörender Ferkel (Ferkel bis weniger als 30 kg Lebendgewicht) mit		
7.8.1	900 oder mehr Plätzen,	X	
7.8.2	750 bis weniger als 900 Plätzen,		A
7.8.3	560 bis weniger als 750 Plätzen;		S
7.9	Errichtung und Betrieb einer Anlage zur getrennten Intensivaufzucht von Ferkeln (Ferkel von 10 bis weniger als 30 kg Lebendgewicht) mit		
7.9.1	9 000 oder mehr Plätzen,	X	
7.9.2	6 000 bis weniger als 9 000 Plätzen,		A

Nr.	Vorhaben	Sp. 1	Sp. 2
7.9.3	4 500 bis weniger als 6 000 Plätzen;		S
7.10	Errichtung und Betrieb einer Anlage zur Intensivhaltung oder -aufzucht von Pelztieren mit		
7.10.1	1 000 oder mehr Plätzen,		A
7.10.2	750 bis weniger als 1 000 Plätzen;		S
7.11	Errichtung und Betrieb einer Anlage zur Intensivhaltung oder -aufzucht von Tieren in gemischten Beständen, wenn		
7.11.1	die jeweils unter den Nummern 7.1.1, 7.2.1, 7.3.1, 7.4.1, 7.7.1, 7.8.1, 7.9.1 genannten Platzzahlen nicht erreicht werden, die Summe der Vom-Hundert-Anteile, bis zu denen die Platzzahlen ausgeschöpft werden, aber den Wert 100 erreicht oder überschreitet,	X	
7.11.2	die jeweils unter den Nummern 7.1.2, 7.2.2, 7.3.2, 7.4.2, 7.5.1, 7.6.1, 7.7.2, 7.8.2, 7.9.2 und 7.10.1 genannten Platzzahlen nicht erreicht werden, die Summe der Vom-Hundert-Anteile, bis zu denen die Platzzahlen ausgeschöpft werden, aber den Wert 100 erreicht oder überschreitet,		A
7.11.3	die jeweils unter den Nummern 7.1.3, 7.2.3, 7.3.3, 7.4.3, 7.5.2, 7.6.2, 7.7.3, 7.8.3, 7.9.3 und 7.10.2 genannten Platzzahlen nicht erreicht werden, die Summe der Vom-Hundert-Anteile, bis zu denen die Platzzahlen ausgeschöpft werden, aber den Wert 100 erreicht oder überschreitet;		S
7.12	(weggefallen)		
7.13	Errichtung und Betrieb einer Anlage zum Schlachten von Tieren mit einer Kapazität von		
7.13.1	50 t Lebendgewicht oder mehr je Tag,		A
7.13.2	0,5 t bis weniger als 50 t Lebendgewicht je Tag bei Geflügel oder 4 t bis weniger als 50 t Lebendgewicht je Tag bei sonstigen Tieren;		S
7.14	Errichtung und Betrieb einer Anlage zur Erzeugung von Speisefetten aus tierischen Rohstoffen, ausgenommen Milch, mit einer Produktionskapazität von		
7.14.1	75 t Fertigerzeugnissen oder mehr je Tag,		A
7.14.2	weniger als 75 t Fertigerzeugnissen je Tag, ausgenommen Anlagen zur Erzeugung von Speisefetten aus selbstgewonnenen tierischen Fetten in Fleischereien mit einer Kapazität von bis zu 200 kg Speisefett je Woche;		S
7.15	Errichtung und Betrieb einer Anlage zum Schmelzen von tierischen Fetten mit einer Produktionskapazität von		
7.15.1	75 t Fertigerzeugnissen oder mehr je Tag,		A
7.15.2	weniger als 75 t Fertigerzeugnissen je Tag, ausgenommen Anlagen zur Verarbeitung von selbstgewonnenen tierischen Fetten zu Speisefetten in Fleischereien mit einer Kapazität von bis zu 200 kg Speisefett je Woche;		S
7.16	Errichtung und Betrieb einer Anlage zur Herstellung von Fleischkonserven mit einer Produktionskapazität von		
7.16.1	75 t Konserven oder mehr je Tag,		A
7.16.2	1 t bis weniger als 75 t Konserven je Tag;		S
7.17	Errichtung und Betrieb einer Anlage zur Herstellung von Gemüsekonserven mit einer Produktionskapazität von		
7.17.1	600 t Konserven oder mehr je Tag, wenn die Anlage an nicht mehr als 90 aufeinanderfolgenden Tagen im Jahr in Betrieb ist,		A
7.17.2	300 t Konserven oder mehr je Tag, wenn die Anlage an mehr als 90 aufeinanderfolgenden Tagen im Jahr in Betrieb ist,		A
7.17.3	10 t bis weniger als den in den Nummern 7.17.1 oder 7.17.2 angegebenen Kapazitäten für Tonnen Konserven je Tag und unter den dort genannten Voraussetzungen im Übrigen, ausgenommen Anlagen zum		S

Nr.	Vorhaben	Sp. 1	Sp. 2
	Sterilisieren oder Pasteurisieren dieser Nahrungsmittel in geschlossenen Behältnissen;		
7.18	Errichtung und Betrieb einer Anlage zur Herstellung von Futtermittelerzeugnissen aus tierischen Rohstoffen, soweit in einer solchen Anlage eine fabrikmäßige Herstellung von Tierfutter durch Erwärmen der Bestandteile tierischer Herkunft erfolgt,		**A**
7.19	Errichtung und Betrieb einer Anlage zur Beseitigung oder Verwertung von Tierkörpern oder tierischen Abfällen mit einer Verarbeitungskapazität von		
7.19.1	10 t oder mehr je Tag,		**A**
7.19.2	weniger als 10 t je Tag;		**S**
7.20	Errichtung und Betrieb einer Anlage zum Gerben einschließlich Nachgerben von Tierhäuten oder Tierfellen mit einer Verarbeitungskapazität von		
7.20.1	12 t Fertigerzeugnissen oder mehr je Tag,		**A**
7.20.2	weniger als 12 t Fertigerzeugnissen je Tag, ausgenommen Anlagen, in denen weniger Tierhäute oder Tierfelle behandelt werden als beim Schlachten von weniger als 4 t sonstigen Tieren nach Nummer 7.13.2 anfallen;		**S**
7.21	Errichtung und Betrieb einer Anlage zur Herstellung von Fischmehl oder Fischöl;	**X**	
7.22	Errichtung und Betrieb einer Anlage zur Herstellung von Braumalz (Mälzerei) mit einer Produktionskapazität von		
7.22.1	600 t Darrmalz oder mehr je Tag, wenn die Anlage an nicht mehr als 90 aufeinanderfolgenden Tagen im Jahr in Betrieb ist,		**A**
7.22.2	300 t Darrmalz oder mehr je Tag, wenn die Anlage an mehr als 90 aufeinanderfolgenden Tagen im Jahr in Betrieb ist,		**A**
7.22.3	weniger als den in den Nummern 7.22.1 oder 7.22.2 angegebenen Kapazitäten für Tonnen Darrmalz je Tag und unter den dort genannten Voraussetzungen im Übrigen;		**S**
7.23	Errichtung und Betrieb einer Anlage zur Herstellung von Stärkemehlen mit einer Produktionskapazität von		
7.23.1	600 t Stärkemehlen oder mehr je Tag, wenn die Anlage an nicht mehr als 90 aufeinanderfolgenden Tagen im Jahr in Betrieb ist,		**A**
7.23.2	300 t Stärkemehlen oder mehr je Tag, wenn die Anlage an mehr als 90 aufeinanderfolgenden Tagen im Jahr in Betrieb ist,		**A**
7.23.3	1 t bis weniger als den in den Nummern 7.23.1 oder 7.23.2 angegebenen Kapazitäten für Tonnen Stärkemehle je Tag und unter den dort genannten Voraussetzungen im Übrigen;		**S**
7.24	Errichtung und Betrieb einer Anlage zur Herstellung oder Raffination von Ölen oder Fetten aus pflanzlichen Rohstoffen mit einer Produktionskapazität von		
7.24.1	600 t Fertigerzeugnissen oder mehr je Tag, wenn die Anlage an nicht mehr als 90 aufeinanderfolgenden Tagen im Jahr in Betrieb ist,		**A**
7.24.2	300 t Fertigerzeugnissen oder mehr je Tag, wenn die Anlage an mehr als 90 aufeinanderfolgenden Tagen im Jahr in Betrieb ist,		**A**
7.24.3	weniger als den in den Nummern 7.24.1 oder 7.24.2 angegebenen Kapazitäten für Tonnen Fertigerzeugnisse je Tag mit Hilfe von Extraktionsmitteln und unter den dort genannten Voraussetzungen im Übrigen, soweit die Menge des eingesetzten Extraktionsmittels 1 t oder mehr je Tag beträgt;		**S**
7.25	Errichtung und Betrieb einer Anlage zur Herstellung oder Raffination von Zucker unter Verwendung von Zuckerrüben oder Rohzucker;		**A**
7.26	*Errichtung und Betrieb einer Brauerei mit einer Produktionskapazität von*		
7.26.1	6 000 hl Bier oder mehr je Tag, wenn die Brauerei an nicht mehr als 90 aufeinanderfolgenden Tagen im Jahr in Betrieb ist,		**A**

Nr.	Vorhaben	Sp. 1	Sp. 2
7.26.2	3 000 hl Bier oder mehr je Tag, wenn die Brauerei an mehr als 90 aufeinanderfolgenden Tagen im Jahr in Betrieb ist,		A
7.26.3	200 hl bis weniger als den in den Nummern 7.26.1 oder 7.26.2 angegebenen Kapazitäten für Hektoliter Bier je Tag und unter den dort genannten Voraussetzungen im Übrigen;		S
7.27	Errichtung und Betrieb einer Anlage zur Herstellung von Süßwaren oder Sirup aus tierischen Rohstoffen, ausgenommen Milch, mit einer Produktionskapazität von		
7.27.1	75 t Süßwaren oder Sirup oder mehr je Tag,		A
7.27.2	50 kg bis weniger als 75 t Süßwaren oder Sirup je Tag bei Herstellung von Lakritz;		S
7.28	Errichtung und Betrieb einer Anlage zur Herstellung von Süßwaren oder Sirup aus pflanzlichen Rohstoffen mit einer Produktionskapazität von		
7.28.1	600 t oder mehr Süßwaren oder Sirup je Tag, wenn die Anlage an nicht mehr als 90 aufeinanderfolgenden Tagen im Jahr in Betrieb ist,		A
7.28.2	300 t oder mehr Süßwaren oder Sirup je Tag, wenn die Anlage an mehr als 90 aufeinanderfolgenden Tagen im Jahr in Betrieb ist,		A
7.28.3	50 kg bis weniger als den in den Nummern 7.28.1 oder 7.28.2 angegebenen Kapazitäten für Tonnen Süßwaren je Tag und unter den dort genannten Voraussetzungen im Übrigen bei Herstellung von Kakaomasse aus Rohkakao oder bei thermischer Veredelung von Kakao- oder Schokoladenmasse;		S
7.29	Errichtung und Betrieb einer Anlage zur Behandlung oder Verarbeitung von Milch, Milcherzeugnissen oder Milchbestandteilen mit einer Produktionskapazität als Jahresdurchschnittswert von		
7.29.1	200 t Milch oder mehr je Tag,		A
7.29.2	5 t bis weniger als 200 t Milch, Milcherzeugnissen oder Milchbestandteilen je Tag bei Sprühtrocknern;		S
8.	**Verwertung und Beseitigung von Abfällen und sonstigen Stoffen:**		
8.1	Errichtung und Betrieb einer Anlage zur Beseitigung oder Verwertung fester, flüssiger oder in Behältern gefasster gasförmiger Abfälle, Deponiegas oder anderer gasförmiger Stoffe mit brennbaren Bestandteilen durch		
8.1.1	thermische Verfahren, insbesondere Entgasung, Plasmaverfahren, Pyrolyse, Vergasung, Verbrennung oder eine Kombination dieser Verfahren		
8.1.1.1	bei gefährlichen Abfällen,	X	
8.1.1.2	bei nicht gefährlichen Abfällen mit einer Durchsatzkapazität von 3 t Abfällen oder mehr je Stunde,	X	
8.1.1.3	bei nicht gefährlichen Abfällen mit einer Durchsatzkapazität von weniger als 3 t Abfällen je Stunde,		A
8.1.2	Verbrennen von Altöl oder Deponiegas in einer Verbrennungsmotoranlage mit einer Feuerungswärmeleistung von		
8.1.2.1	50 MW oder mehr,		A
8.1.2.2	1 MW bis weniger als 50 MW,		A
8.1.2.3	*weniger als 1 MW,*		S
8.1.3	Abfackeln von Deponiegas oder anderen gasförmigen Stoffen, ausgenommen über Notfackeln, die für den nicht bestimmungsgemäßen Betrieb erforderlich sind;		S
8.2	Errichtung und Betrieb einer Anlage zur Erzeugung von Strom, Dampf, Warmwasser, Prozesswärme oder erhitztem Abgas in einer Verbrennungseinrichtung (wie Kraftwerk, Heizkraftwerk, Heizwerk, sonstige Feuerungsanlage), einschließlich zugehöriger Dampfkessel, durch den Einsatz von – gestrichenem, lackiertem oder beschichtetem Holz oder		

Nr.	Vorhaben	Sp. 1	Sp. 2
	– Sperrholz, Spanplatten, Faserplatten oder sonst verleimtem Holz sowie daraus anfallenden Resten, soweit keine Holzschutzmittel aufgetragen oder infolge einer Behandlung enthalten sind oder Beschichtungen keine halogenorganischen Verbindungen oder Schwermetalle enthalten, mit einer Feuerungswärmeleistung von		
8.2.1	50 MW oder mehr,	X	
8.2.2	1 MW bis weniger als 50 MW;		S
8.3	Errichtung und Betrieb einer Anlage zur biologischen Behandlung von gefährlichen Abfällen mit einer Durchsatzkapazität an Einsatzstoffen von		
8.3.1	10 t oder mehr je Tag,	X	
8.3.2	1 t bis weniger als 10 t je Tag;		S
8.4	Errichtung und Betrieb einer Anlage zur biologischen Behandlung von		
8.4.1	nicht gefährlichen Abfällen, soweit nicht durch Nummer 8.4.2 erfasst, mit einer Durchsatzkapazität an Einsatzstoffen von		
8.4.1.1	50 t oder mehr je Tag,		A
8.4.1.2	10 t bis weniger als 50 t je Tag,		S
8.4.2	Gülle, soweit die Behandlung ausschließlich durch anaerobe Vergärung (Biogaserzeugung) erfolgt, mit einer Durchsatzkapazität von		
8.4.2.1	50 t oder mehr je Tag,		A
8.4.2.2	weniger als 50 t je Tag, soweit die Produktionskapazität von Rohgas 1,2 Mio. Normkubikmeter je Jahr oder mehr beträgt;		S
8.5	Errichtung und Betrieb einer Anlage zur chemischen Behandlung, insbesondere zur chemischen Emulsionsspaltung, Fällung, Flockung, Neutralisation oder Oxidation, von gefährlichen Abfällen;	X	
8.6	Errichtung und Betrieb einer Anlage zur chemischen Behandlung, insbesondere zur chemischen Emulsionsspaltung, Fällung, Flockung, Neutralisation oder Oxidation, von nicht gefährlichen Abfällen mit einer Durchsatzkapazität an Einsatzstoffen von		
8.6.1	100 t oder mehr je Tag,	X	
8.6.2	50 t bis weniger als 100 t je Tag,		A
8.6.3	10 t bis weniger als 50 t je Tag;		S
8.7	Errichtung und Betrieb einer Anlage zur zeitweiligen Lagerung von Abfällen, ausgenommen die zeitweilige Lagerung bis zum Einsammeln auf dem Gelände der Entstehung der Abfälle, bei		
8.7.1	Eisen- oder Nichteisenschrotten, einschließlich Autowracks, mit einer Gesamtlagerkapazität von		
8.7.1.1	1 500 t oder mehr,		A
8.7.1.2	100 t bis weniger als 1 500 t,		S
8.7.2	gefährlichen Schlämmen mit einer Gesamtlagerkapazität von		
8.7.2.1	50 t oder mehr,		A
8.7.2.2	30 t bis weniger als 50 t;		S
8.8	(weggefallen)		
8.9	Errichtung und Betrieb einer Anlage zur Lagerung von Abfällen über einen Zeitraum von jeweils mehr als einem Jahr, bei		
8.9.1	gefährlichen Abfällen mit		
8.9.1.1	einer Aufnahmekapazität von 10 t je Tag oder mehr oder einer Gesamtlagerkapazität von 150 t oder mehr,	X	
8.9.1.2	geringeren Kapazitäten als in Nummer 8.9.1.1 angegeben,		A
8.9.2	nicht gefährlichen Abfällen mit		
8.9.2.1	einer Aufnahmekapazität von 10 t je Tag oder mehr oder einer Gesamtlagerkapazität von 150 t oder mehr,		A
8.9.2.2	geringeren Kapazitäten als in Nummer 8.9.2.1 angegeben;		S
9.	**Lagerung von Stoffen und Gemischen:**		

Nr.	Vorhaben	Sp. 1	Sp. 2
9.1	Errichtung und Betrieb einer Anlage, die der Lagerung von Stoffen oder Gemischen, die bei einer Temperatur von 293,15 Kelvin einen absoluten Dampfdruck von mindestens 101,3 Kilopascal und einen Explosionsbereich mit Luft haben (brennbare Gase), in Behältern oder von Erzeugnissen, die diese Stoffe oder Gemische z.B. als Treibmittel oder Brenngas enthalten, dient, ausgenommen Erdgasröhrenspeicher und Anlagen, die von Nummer 9.3 erfasst werden,		
9.1.1	soweit es sich nicht ausschließlich um Einzelbehältnisse mit einem Volumen von jeweils nicht mehr als 1 000 cm^3 handelt, mit einem Fassungsvermögen von		
9.1.1.1	200 000 t oder mehr,	X	
9.1.1.2	30 t bis weniger als 200 000 t,		A
9.1.1.3	3 t bis weniger als 30 t,		S
9.1.2	soweit es sich ausschließlich um Einzelbehältnisse mit einem Volumen von jeweils nicht mehr als 1 000 cm^3 handelt, mit einem Fassungsvermögen von		
9.1.2.1	200 000 t oder mehr,	X	
9.1.2.2	30 t bis weniger als 200 000 t;		S
9.2	Errichtung und Betrieb einer Anlage, die der Lagerung von Flüssigkeiten dient, ausgenommen Anlagen, die von Nummer 9.3 erfasst werden, soweit		
9.2.1	die Flüssigkeiten einen Flammpunkt von 373,15 Kelvin oder weniger haben, mit einem Fassungsvermögen von		
9.2.1.1	200 000 t oder mehr,	X	
9.2.1.2	50 000 t bis weniger als 200 000 t,		A
9.2.1.3	10 000 t bis weniger als 50 000 t,		S
9.2.2	die Flüssigkeiten einen Flammpunkt unter 294,15 Kelvin haben und deren Siedepunkt bei Normaldruck (101,3 Kilopascal) über 293,15 Kelvin liegt, mit einem Fassungsvermögen von 5 000 t bis weniger als 10 000 t;		S
9.3	Errichtung und Betrieb einer Anlage, die der Lagerung von im Anhang 2 (Stoffliste zu Nummer 9.3 Anhang 1) der Verordnung über genehmigungsbedürftige Anlagen in der jeweils geltenden Fassung genannten Stoffen dient, mit einer Lagerkapazität von		
9.3.1	200 000 t oder mehr,	X	
9.3.2	den in Spalte 4 des Anhangs 2 (Stoffliste zu Nummer 9.3 Anhang 1) der Verordnung über genehmigungsbedürftige Anlagen in der jeweils geltenden Fassung ausgewiesenen Mengen bis weniger als 200 000 t,		A
9.3.3	den in Spalte 3 bis weniger als den in Spalte 4 des Anhangs 2 (Stoffliste zu Nummer 9.3 Anhang 1) der Verordnung über genehmigungsbedürftige Anlagen in der jeweils geltenden Fassung ausgewiesenen Mengen;		S
9.4	Errichtung und Betrieb einer Anlage, die der Lagerung von Erdöl, petrochemischen oder chemischen Stoffen oder Erzeugnissen dient, ausgenommen Anlagen, die von den Nummern 9.1, 9.2 oder 9.3 erfasst werden, mit einem Fassungsvermögen von		
9.4.1	200 000 t oder mehr,	X	
9.4.2	25 000 t bis weniger als 200 000 t;		A
10.	**Sonstige Industrieanlagen:**		
10.1	Errichtung und Betrieb einer Anlage zur Herstellung, Bearbeitung oder Verarbeitung von explosionsgefährlichen Stoffen im Sinne des Sprengstoffgesetzes[1)], die zur Verwendung als Sprengstoffe, Zündstoffe, Treibstoffe, pyrotechnische Sätze oder zur Herstellung dieser Stoffe bestimmt sind; hierzu gehört auch eine Anlage zum Laden, Entladen	X	

[1)] **Sartorius ErgBd. Nr. 822.**

Nr.	Vorhaben	Sp. 1	Sp. 2
	oder Delaborieren von Munition oder sonstigen Sprengkörpern, ausgenommen Anlagen im handwerklichen Umfang oder zur Herstellung von Zündhölzern sowie ortsbewegliche Mischladegeräte;		
10.2	Errichtung und Betrieb einer Anlage zur Wiedergewinnung oder Vernichtung von explosionsgefährlichen Stoffen im Sinne des Sprengstoffgesetzes[1]);	**X**	
10.3	Errichtung und Betrieb einer Anlage zum Vulkanisieren von Natur- oder Synthesekautschuk unter Verwendung von Schwefel oder Schwefelverbindungen mit einem Einsatz von		
10.3.1	25 t Kautschuk oder mehr je Stunde,		**A**
10.3.2	weniger als 25 t Kautschuk je Stunde, ausgenommen Anlagen, in denen weniger als 50 kg Kautschuk je Stunde verarbeitet wird oder ausschließlich vorvulkanisierter Kautschuk eingesetzt wird;		**S**
10.4	Errichtung und Betrieb einer Anlage zur Vorbehandlung (Waschen, Bleichen, Mercerisieren) oder zum Färben von Fasern oder Textilien mit		
10.4.1	einer Verarbeitungskapazität von 10 t Fasern oder Textilien oder mehr je Tag,		**A**
10.4.2	einer Färbekapazität von 2 t bis weniger als 10 t Fasern oder Textilien je Tag bei Anlagen zum Färben von Fasern oder Textilien unter Verwendung von Färbebeschleunigern einschließlich Spannrahmenanlagen, ausgenommen Anlagen, die unter erhöhtem Druck betrieben werden,		**S**
10.4.3	einer Bleichkapazität von weniger als 10 t Fasern oder Textilien je Tag bei Anlagen zum Bleichen von Fasern oder Textilien unter Verwendung von Chlor oder Chlorverbindungen;		**S**
10.5	Errichtung und Betrieb eines Prüfstandes für oder mit Verbrennungsmotoren, ausgenommen – Rollenprüfstände, die in geschlossenen Räumen betrieben werden, und – Anlagen, in denen mit Katalysator oder Dieselrußfilter ausgerüstete Serienmotoren geprüft werden, mit einer Feuerungswärmeleistung von insgesamt		
10.5.1	10 MW oder mehr,		**A**
10.5.2	300 KW bis weniger als 10 MW;		**S**
10.6	Errichtung und Betrieb eines Prüfstandes für oder mit Gasturbinen oder Triebwerken mit einer Feuerungswärmeleistung von insgesamt		
10.6.1	mehr als 200 MW,	**X**	
10.6.2	100 MW bis 200 MW,		**A**
10.6.3	weniger als 100 MW;		**S**
10.7	Errichtung und Betrieb einer ständigen Renn- oder Teststrecke für Kraftfahrzeuge;		**A**
11.	**Kernenergie:**		
11.1	Errichtung und Betrieb einer ortsfesten Anlage zur Erzeugung oder zur Bearbeitung oder Verarbeitung oder zur Spaltung von Kernbrennstoffen oder zur Aufarbeitung bestrahlter Kernbrennstoffe sowie bei ortsfesten Anlagen zur Spaltung von Kernbrennstoffen die insgesamt geplanten Maßnahmen zur Stilllegung, zum sicheren Einschluss oder zum Abbau der Anlage oder von Anlagenteilen; ausgenommen sind ortsfeste Anlagen zur Spaltung von Kernbrennstoffen, deren Höchstleistung 1 KW thermische Dauerleistung nicht überschreitet; einzelne Maßnahmen zur Stilllegung, zum sicheren Einschluss oder zum Abbau der in Halbsatz 1 bezeichneten Anlagen oder von Anlagenteilen gelten *als Änderung im Sinne von § 9;*	**X**	

[1]) **Sartorius ErgBd. Nr. 822.**

Nr.	Vorhaben	Sp. 1	Sp. 2
11.2	Errichtung und Betrieb einer Anlage zur Sicherstellung oder zur Endlagerung radioaktiver Abfälle;	**X**	
11.3	außerhalb der in den Nummern 11.1 und 11.2 bezeichneten Anlagen Errichtung und Betrieb einer Anlage oder Einrichtung zur Bearbeitung oder Verarbeitung bestrahlter Kernbrennstoffe oder hochradioaktiver Abfälle oder zu dem ausschließlichen Zweck der für mehr als zehn Jahre geplanten Lagerung bestrahlter Kernbrennstoffe oder radioaktiver Abfälle an einem anderen Ort als dem Ort, an dem diese Stoffe angefallen sind;	**X**	
11.4	außerhalb der in den Nummern 11.1 und 11.2 bezeichneten Anlagen, soweit nicht Nummer 11.3 Anwendung findet, Errichtung und Betrieb einer Anlage oder Einrichtung zur Lagerung, Bearbeitung oder Verarbeitung radioaktiver Abfälle, deren Aktivitäten die Werte erreichen oder überschreiten, bei deren Unterschreiten es für den beantragten Umgang nach einer aufgrund des Strahlenschutzgesetzes erlassenen Rechtsverordnung keiner Vorbereitung der Schadensbekämpfung bei Abweichungen vom bestimmungsgemäßen Betrieb bedarf;		**A**
12.	**Abfalldeponien:**		
12.1	Errichtung und Betrieb einer Deponie zur Ablagerung von gefährlichen Abfällen im Sinne des Kreislaufwirtschaftsgesetzes[1];	**X**	
12.2	Errichtung und Betrieb einer Deponie zur Ablagerung von nicht gefährlichen Abfällen im Sinne des Kreislaufwirtschaftsgesetzes[1], mit Ausnahme der Deponien für Inertabfälle nach Nummer 12.3, mit einer Aufnahmekapazität von		
12.2.1	10 t oder mehr je Tag oder mit einer Gesamtkapazität von 25 000 t oder mehr,	**X**	
12.2.2	weniger als 10 t je Tag oder mit einer Gesamtkapazität von weniger als 25 000 t;		**S**
12.3	Errichtung und Betrieb einer Deponie zur Ablagerung von Inertabfällen im Sinne des Kreislaufwirtschaftsgesetzes[1];		**A**
13.	**Wasserwirtschaftliche Vorhaben mit Benutzung oder Ausbau eines Gewässers:**		
13.1	Errichtung und Betrieb einer Abwasserbehandlungsanlage, die ausgelegt ist für		
13.1.1	organisch belastetes Abwasser von 9 000 kg/d oder mehr biochemischen Sauerstoffbedarfs in fünf Tagen (roh) oder anorganisch belastetes Abwasser von 4 500 m^3 oder mehr Abwasser in zwei Stunden (ausgenommen Kühlwasser),	**X**	
13.1.2	organisch belastetes Abwasser von 600 kg/d bis weniger als 9 000 kg/d biochemischen Sauerstoffbedarfs in fünf Tagen (roh) oder anorganisch belastetes Abwasser von 900 m^3 bis weniger als 4 500 m^3 Abwasser in zwei Stunden (ausgenommen Kühlwasser),		**A**
13.1.3	organisch belastetes Abwasser von 120 kg/d bis weniger als 600 kg/d biochemischen Sauerstoffbedarfs in fünf Tagen (roh) oder anorganisch belastetes Abwasser von 10 m^3 bis weniger als 900 m^3 Abwasser in zwei Stunden (ausgenommen Kühlwasser);		**S**
13.2	Errichtung und Betrieb einer Anlage zur intensiven Fischzucht		
13.2.1	in oberirdischen Gewässern oder Küstengewässern oder verbunden mit dem Einbringen oder Einleiten von Stoffen in oberirdische Gewässer oder Küstengewässer mit einem Fischertrag je Jahr von		
13.2.1.1	1 000 t oder mehr, wenn dies durch Landesrecht vorgeschrieben ist,	**X**	
13.2.1.2	100 t oder mehr, soweit nicht von Nummer 13.2.1.1 erfasst,		**A**
13.2.1.3	50 t bis weniger als 100 t;		**S**
13.2.2	in der ausschließlichen Wirtschaftszone Deutschlands mit einem Fischertrag je Jahr von		

[1] Nr. **298**.

Nr.	Vorhaben	Sp. 1	Sp. 2
13.2.2.1	mehr als 2 500 t,	X	
13.2.2.2	500 t bis 2 500 t,		A
13.2.2.3	250 t bis weniger als 500 t;		S
13.3	Entnehmen, Zutagefördern oder Zutageleiten von Grundwasser oder Einleiten von Oberflächenwasser zum Zwecke der Grundwasseranreicherung, jeweils mit einem jährlichen Volumen an Wasser von		
13.3.1	10 Mio. m^3 oder mehr,	X	
13.3.2	100 000 m^3 bis weniger als 10 Mio. m^3,		A
13.3.3	5 000 m^3 bis weniger als 100 000 m^3, wenn durch die Gewässerbenutzung erhebliche nachteilige Auswirkungen auf grundwasserabhängige Ökosysteme zu erwarten sind;		S
13.4	Tiefbohrung zum Zweck der Wasserversorgung;		A
13.5	Wasserwirtschaftliches Projekt in der Landwirtschaft (sofern nicht von Nummer 13.3 oder Nummer 13.18 erfasst), einschließlich Bodenbewässerung oder Bodenentwässerung, mit einem jährlichen Volumen an Wasser von		
13.5.1	100 000 m^3 oder mehr,		A
13.5.2	5 000 m^3 bis weniger als 100 000 m^3, wenn durch die Gewässerbenutzung erhebliche nachteilige Auswirkungen auf grundwasserabhängige Ökosysteme zu erwarten sind;		S
13.6	Bau eines Stauwerkes oder einer sonstigen Anlage zur Zurückhaltung oder dauerhaften Speicherung von Wasser, wobei		
13.6.1	10 Mio. m^3 oder mehr Wasser zurückgehalten oder gespeichert werden,	X	
13.6.2	weniger als 10 Mio. m^3 Wasser zurückgehalten oder gespeichert werden;		A
13.7	Umleitung von Wasser von einem Flusseinzugsgebiet in ein anderes, ausgenommen Transport von Trinkwasser in Rohrleitungen, mit einem Volumen von		
13.7.1	– 100 Mio. oder mehr m^3 Wasser pro Jahr, wenn durch die Umleitung Wassermangel verhindert werden soll, oder – 5 % oder mehr des Durchflusses, wenn der langjährige durchschnittliche Wasserdurchfluss des Flusseinzugsgebietes, dem Wasser entnommen wird, 2 000 Mio. m^3 übersteigt,	X	
13.7.2	weniger als den in Nummer 13.7.1 angegebenen Werten;		A
13.8	Flusskanalisierungs- und Stromkorrekturarbeiten;		A
13.9	Bau eines Hafens für die Binnenschifffahrt, wenn der Hafen für Schiffe mit		
13.9.1	mehr als 1 350 t zugänglich ist,	X	
13.9.2	1 350 t oder weniger zugänglich ist;		A
13.10	Bau eines Binnen- oder Seehandelshafens für die Seeschifffahrt;	X	
13.11	Bau eines mit einem Binnen- oder Seehafen für die Seeschifffahrt verbundenen Landungssteges zum Laden und Löschen von Schiffen (ausgenommen Fährschiffe), der		
13.11.1	Schiffe mit mehr als 1 350 t aufnehmen kann,	X	
13.11.2	Schiffe mit 1 350 t oder weniger aufnehmen kann;		A
13.12	Bau eines sonstigen Hafens, einschließlich Fischereihafens oder Jachthafens, oder einer infrastrukturellen Hafenanlage;		A
13.13	Bau eines Deiches oder Dammes, der den Hochwasserabfluss beeinflusst (sofern nicht von Nummer 13.16 erfasst);		A
13.14	Errichtung und Betrieb einer Wasserkraftanlage;		A
13.15	Baggerung in Flüssen oder Seen zur Gewinnung von Mineralien;		A
13.16	Bauten des Küstenschutzes zur Bekämpfung der Erosion und meerestechnische Arbeiten, die geeignet sind, Veränderungen der Küste mit sich zu bringen (zum Beispiel Bau von Deichen, Molen, Hafendäm-		A

Nr.	Vorhaben	Sp. 1	Sp. 2
	men und sonstigen Küstenschutzbauten), mit Ausnahme der Unterhaltung und Wiederherstellung solcher Bauten, soweit nicht durch Landesrecht etwas anderes als in dieser Nummer bestimmt ist;		
13.17	Landgewinnung am Meer, soweit nicht durch Landesrecht etwas anderes bestimmt ist;		A
13.18	sonstige der Art nach nicht von den Nummern 13.1 bis 13.17 erfasste Ausbaumaßnahmen im Sinne des Wasserhaushaltsgesetzes[1]		
13.18.1	soweit die Ausbaumaßnahmen nicht von Nummer 13.18.2 erfasst sind,		A
13.18.2	naturnaher Ausbau von Bächen, Gräben, Rückhaltebecken und Teichen, kleinräumige naturnahe Umgestaltungen, wie die Beseitigung von Bach- und Grabenverrohrungen, Verlegung von Straßenseitengräben in der bebauten Ortslage und ihre kleinräumige Verrohrung, Umsetzung von Kiesbänken in Gewässern;		S
14.	**Verkehrsvorhaben:**		
14.1	Bau einer Bundeswasserstraße durch		
14.1.1	Vorhaben im Sinne der Nummern 13.6.1 und 13.7.1	X	
14.1.2	Vorhaben im Sinne der Nummern 13.6.2, 13.7.2, 13.8, 13.12 und 13.13 (unabhängig von einer Beeinflussung des Hochwasserabflusses);		A
14.2	Bau einer Bundeswasserstraße, die für Schiffe mit		
14.2.1	mehr als 1 350 t zugänglich ist,	X	
14.2.2	1 350 t oder weniger zugänglich ist;		A
14.3	Bau einer Bundesautobahn oder einer sonstigen Bundesstraße, wenn diese eine Schnellstraße im Sinne der Begriffsbestimmung des Europäischen Übereinkommens über die Hauptstraßen des internationalen Verkehrs vom 15. November 1975 ist;	X	
14.4	Bau einer neuen vier- oder mehrstreifigen Bundesstraße, wenn diese neue Straße eine durchgehende Länge von 5 km oder mehr aufweist;	X	
14.5	Bau einer vier- oder mehrstreifigen Bundesstraße durch Verlegung und/oder Ausbau einer bestehenden Bundesstraße, wenn dieser geänderte Bundesstraßenabschnitt eine durchgehende Länge von 10 km oder mehr aufweist;	X	
14.6	Bau einer sonstigen Bundesstraße;		A
14.7	Bau eines Schienenwegs von Eisenbahnen mit den dazugehörigen Betriebsanlagen sowie Bahnstromfernleitungen auf dem Gelände der Betriebsanlage oder entlang des Schienenwegs	X	
14.8	Soweit der Bau nicht Teil des Baus eines Schienenwegs nach Nummer 14.7 oder einer Bahnstromfernleitung nach Nummer 19.13 ist		
14.8.1	Bau von Gleisanschlüssen mit einer Länge bis 2 000 m		S
14.8.2	Bau von Zuführungs- und Industriestammgleisen mit einer Länge bis 3 000 m		S
14.8.3	Bau einer sonstigen Betriebsanlage von Eisenbahnen, insbesondere einer intermodalen Umschlaganlage oder eines Terminals für Eisenbahnen, wenn diese eine Fläche		
14.8.3.1	von 5 000 m² oder mehr in Anspruch nimmt,		A
14.8.3.2	von 2 000 m² bis weniger als 5 000 m² in Anspruch nimmt.		S
14.9	Bau einer Magnetschwebebahnstrecke mit den dazugehörenden Betriebsanlagen;	X	
14.10	Bau einer anderen Bahnstrecke für den öffentlichen spurgeführten Verkehr mit den dazugehörenden Betriebsanlagen;		A
14.11	Bau einer Bahnstrecke für Straßenbahnen, Stadtschnellbahnen in Hochlage, Untergrundbahnen oder Hängebahnen im Sinne des Personenbeförderungsgesetzes, jeweils mit den dazugehörenden Betriebsanlagen;		A

[1] Nr. **845**.

Nr.	Vorhaben	Sp. 1	Sp. 2
14.12	Bau eines Flugplatzes im Sinne der Begriffsbestimmungen des Abkommens von Chicago von 1944 zur Errichtung der Internationalen Zivilluftfahrt-Organisation (Anhang 14) mit einer Start- und Landebahngrundlänge von		
14.12.1	1 500 m oder mehr,	X	
14.12.2	weniger als 1 500 m;		A
15.	**Bergbau und dauerhafte Speicherung von Kohlendioxid:**		
15.1	bergbauliche Vorhaben, einschließlich der zu ihrer Durchführung erforderlichen betriebsplanpflichtigen Maßnahmen dieser Anlage, nur nach Maßgabe der aufgrund des § 57c Nummer 1 des Bundesberggesetzes[1] erlassenen Rechtsverordnung,		
15.2	Errichtung, Betrieb und Stilllegung von Kohlendioxidspeichern;	X	
16.	**Flurbereinigung:**		
16.1	Bau der gemeinschaftlichen und öffentlichen Anlagen im Sinne des Flurbereinigungsgesetzes[2];		A
17.	**Forstliche und landwirtschaftliche Vorhaben:**		
17.1	Erstaufforstung im Sinne des Bundeswaldgesetzes[3] mit		
17.1.1	50 ha oder mehr Wald,	X	
17.1.2	20 ha bis weniger als 50 ha Wald,		A
17.1.3	2 ha bis weniger als 20 ha Wald;		S
17.2	Rodung von Wald im Sinne des Bundeswaldgesetzes[3] zum Zwecke der Umwandlung in eine andere Nutzungsart mit		
17.2.1	10 ha oder mehr Wald,	X	
17.2.2	5 ha bis weniger als 10 ha Wald,		A
17.2.3	1 ha bis weniger als 5 ha Wald;		S
17.3	Projekte zur Verwendung von Ödland oder naturnahen Flächen zu intensiver Landwirtschaftsnutzung mit		
17.3.1	20 ha oder mehr,	X	
17.3.2	10 ha bis weniger als 20 ha,		A
17.3.3	1 ha bis weniger als 10 ha;		S
18.	**Bauvorhaben:**		
18.1	Bau eines Feriendorfes, eines Hotelkomplexes oder einer sonstigen großen Einrichtung für die Ferien- und Fremdenbeherbergung, für den im bisherigen Außenbereich im Sinne des § 35 des Baugesetzbuchs[4] ein Bebauungsplan aufgestellt wird, mit		
18.1.1	einer Bettenzahl von jeweils insgesamt 300 oder mehr oder mit einer Gästezimmerzahl von jeweils insgesamt 200 oder mehr,	X	
18.1.2	einer Bettenzahl von jeweils insgesamt 100 bis weniger als 300 oder mit einer Gästezimmerzahl von jeweils insgesamt 80 bis weniger als 200;		A
18.2	Bau eines ganzjährig betriebenen Campingplatzes, für den im bisherigen Außenbereich im Sinne des § 35 des Baugesetzbuchs[4] ein Bebauungsplan aufgestellt wird, mit einer Stellplatzzahl von		
18.2.1	200 oder mehr,	X	
18.2.2	50 bis weniger als 200;		A
18.3	Bau eines Freizeitparks, für den im bisherigen Außenbereich im Sinne des § 35 des Baugesetzbuchs[4] ein Bebauungsplan aufgestellt wird, mit einer Größe des Plangebiets von		
18.3.1	10 ha oder mehr,	X	
18.3.2	4 ha bis weniger als 10 ha;		A

[1] ***Sartorius III Nr. 460.***
[2] **Sartorius III Nr. 400.**
[3] Nr. **875**.
[4] Nr. **300**.

Nr.	Vorhaben	Sp. 1	Sp. 2
18.4	Bau eines Parkplatzes, für den im bisherigen Außenbereich im Sinne des § 35 des Baugesetzbuchs[1] ein Bebauungsplan aufgestellt wird, mit einer Größe von		
18.4.1	1 ha oder mehr,	X	
18.4.2	0,5 ha bis weniger als 1 ha;		A
18.5	Bau einer Industriezone für Industrieanlagen, für den im bisherigen Außenbereich im Sinne des § 35 des Baugesetzbuchs[1] ein Bebauungsplan aufgestellt wird, mit einer zulässigen Grundfläche im Sinne des § 19 Absatz 2 der Baunutzungsverordnung[2] oder einer festgesetzten Größe der Grundfläche von insgesamt		
18.5.1	100 000 m^2 oder mehr,	X	
18.5.2	20 000 m^2 bis weniger als 100 000 m^2;		A
18.6	Bau eines Einkaufszentrums, eines großflächigen Einzelhandelsbetriebes oder eines sonstigen großflächigen Handelsbetriebes im Sinne des § 11 Absatz 3 Satz 1 der Baunutzungsverordnung[2], für den im bisherigen Außenbereich im Sinne des § 35 des Baugesetzbuchs[1] ein Bebauungsplan aufgestellt wird, mit einer zulässigen Geschossfläche von		
18.6.1	5 000 m^2 oder mehr,	X	
18.6.2	1 200 m^2 bis weniger als 5 000 m^2;		A
18.7	Bau eines Städtebauprojektes für sonstige bauliche Anlagen, für den im bisherigen Außenbereich im Sinne des § 35 des Baugesetzbuchs[1] ein Bebauungsplan aufgestellt wird, mit einer zulässigen Grundfläche im Sinne des § 19 Absatz 2 der Baunutzungsverordnung[2] oder einer festgesetzten Größe der Grundfläche von insgesamt		
18.7.1	100 000 m^2 oder mehr,	X	
18.7.2	20 000 m^2 bis weniger als 100 000 m^2;		A
18.8	Bau eines Vorhabens der in den Nummern 18.1 bis 18.7 genannten Art, soweit der jeweilige Prüfwert für die Vorprüfung erreicht oder überschritten wird und für den in sonstigen Gebieten ein Bebauungsplan aufgestellt, geändert oder ergänzt wird;		A
18.9	Vorhaben, für das nach Landesrecht zur Umsetzung der Richtlinie 85/337/EWG des Rates über die Umweltverträglichkeitsprüfung bei bestimmten öffentlichen und privaten Projekten (ABl. EG Nr. L 175 S. 40) in der durch die Änderungsrichtlinie 97/11/EG des Rates (ABl. EG Nr. L 73 S. 5) geänderten Fassung eine Umweltverträglichkeitsprüfung vorgesehen ist, sofern dessen Zulässigkeit durch einen Bebauungsplan begründet wird oder ein Bebauungsplan einen Planfeststellungsbeschluss ersetzt;		
19.	**Leitungsanlagen und andere Anlagen:**		
19.1	Errichtung und Betrieb einer Hochspannungsfreileitung im Sinne des Energiewirtschaftsgesetzes[3] mit		
19.1.1	einer Länge von mehr als 15 km und mit einer Nennspannung von 220 kV oder mehr,	X	
19.1.2	einer Länge von mehr als 15 km und mit einer Nennspannung von 110 kV bis zu 220 kV,		A
19.1.3	einer Länge von 5 km bis 15 km und mit einer Nennspannung von 110 kV oder mehr,		A
19.1.4	einer Länge von weniger als 5 km und einer Nennspannung von 110 kV oder mehr;		S
19.2	Errichtung und Betrieb einer Gasversorgungsleitung im Sinne des Energiewirtschaftsgesetzes[3], ausgenommen Anlagen, die den Bereich eines Werksgeländes nicht überschreiten, mit		

[1] Nr. **300**.
[2] Nr. **311**.
[3] Nr. **830**.

Nr.	Vorhaben	Sp. 1	Sp. 2
19.2.1	einer Länge von mehr als 40 km und einem Durchmesser von mehr als 800 mm,	X	
19.2.2	einer Länge von mehr als 40 km und einem Durchmesser von 300 mm bis zu 800 mm,		A
19.2.3	einer Länge von 5 km bis 40 km und einem Durchmesser von mehr als 300 mm,		A
19.2.4	einer Länge von weniger als 5 km und einem Durchmesser von mehr als 300 mm;		S
19.3	Errichtung und Betrieb einer Rohrleitungsanlage zum Befördern wassergefährdender Stoffe im Sinne von § 66 Absatz 6 Satz 7 dieses Gesetzes, ausgenommen Rohrleitungsanlagen, die – den Bereich eines Werksgeländes nicht überschreiten, – Zubehör einer Anlage zum Umgang mit solchen Stoffen sind oder – Anlagen verbinden, die in engem räumlichen und betrieblichen Zusammenhang miteinander stehen und kurzräumig durch landgebundene öffentliche Verkehrswege getrennt sind, mit		
19.3.1	einer Länge von mehr als 40 km,	X	
19.3.2	einer Länge von 2 km bis 40 km und einem Durchmesser der Rohrleitung von mehr als 150 mm,		A
19.3.3	einer Länge von weniger als 2 km und einem Durchmesser der Rohrleitung von mehr als 150 mm;		S
19.4	Errichtung und Betrieb einer Rohrleitungsanlage, soweit sie nicht unter Nummer 19.3 fällt, zum Befördern von verflüssigten Gasen, ausgenommen Anlagen, die den Bereich eines Werksgeländes nicht überschreiten, mit		
19.4.1	einer Länge von mehr als 40 km und einem Durchmesser der Rohrleitung von mehr als 800 mm,	X	
19.4.2	einer Länge von mehr als 40 km und einem Durchmesser der Rohrleitung von 150 mm bis zu 800 mm,		A
19.4.3	einer Länge von 2 km bis 40 km und einem Durchmesser der Rohrleitung von mehr als 150 mm,		A
19.4.4	einer Länge von weniger als 2 km und einem Durchmesser der Rohrleitung von mehr als 150 mm;		S
19.5	Errichtung und Betrieb einer Rohrleitungsanlage, soweit sie nicht unter Nummer 19.3 oder als Energieanlage im Sinne des Energiewirtschaftsgesetzes[1] unter Nummer 19.2 fällt, zum Befördern von nichtverflüssigten Gasen, ausgenommen Anlagen, die den Bereich eines Werksgeländes nicht überschreiten, mit		
19.5.1	einer Länge von mehr als 40 km und einem Durchmesser der Rohrleitung von mehr als 800 mm,	X	
19.5.2	einer Länge von mehr als 40 km und einem Durchmesser der Rohrleitung von 300 mm bis zu 800 mm,		A
19.5.3	einer Länge von 5 km bis 40 km und einem Durchmesser der Rohrleitung von mehr als 300 mm,		A
19.5.4	einer Länge von weniger als 5 km und einem Durchmesser der Rohrleitung von mehr als 300 mm;		S
19.6	Errichtung und Betrieb einer Rohrleitungsanlage zum Befördern von Stoffen im Sinne von § 3a des Chemikaliengesetzes[2], soweit sie nicht unter eine der Nummern 19.2 bis 19.5 fällt und ausgenommen Abwasserleitungen sowie Anlagen, die den Bereich eines Werksgeländes nicht überschreiten oder Zubehör einer Anlage zum Lagern solcher Stoffe sind, mit		

[1] Nr. **830**.
[2] **Gewerberecht Nr. 600.**

Nr.	Vorhaben	Sp. 1	Sp. 2
19.6.1	einer Länge von mehr als 40 km und einem Durchmesser der Rohrleitung von mehr als 800 mm,	**X**	
19.6.2	einer Länge von mehr als 40 km und einem Durchmesser der Rohrleitung von 300 mm bis 800 mm,		**A**
19.6.3	einer Länge von 5 km bis 40 km und einem Durchmesser der Rohrleitung von mehr als 300 mm,		**A**
19.6.4	einer Länge von weniger als 5 km und einem Durchmesser der Rohrleitung von mehr als 300 mm;		**S**
19.7	Errichtung und Betrieb einer Rohrleitungsanlage zum Befördern von Dampf oder Warmwasser aus einer Anlage nach den Nummern 1 bis 10, die den Bereich des Werksgeländes überschreitet (Dampf- oder Warmwasserpipeline), mit		
19.7.1	einer Länge von 5 km oder mehr außerhalb des Werksgeländes,		**A**
19.7.2	einer Länge von weniger als 5 km im Außenbereich;		**S**
19.8	Errichtung und Betrieb einer Rohrleitungsanlage, soweit sie nicht unter Nummer 19.6 fällt, zum Befördern von Wasser, die das Gebiet einer Gemeinde überschreitet (Wasserfernleitung), mit		
19.8.1	einer Länge von 10 km oder mehr,		**A**
19.8.2	einer Länge von 2 km bis weniger als 10 km;		**S**
19.9	Errichtung und Betrieb eines künstlichen Wasserspeichers mit		
19.9.1	10 Mio. m^3 oder mehr Wasser,	**X**	
19.9.2	2 Mio. m^3 bis weniger als 10 Mio. m^3 Wasser,		**A**
19.9.3	5 000 m^3 bis weniger als 2 Mio. m^3 Wasser;		**S**
19.10	Errichtung und Betrieb einer Kohlendioxidleitung im Sinne des Kohlendioxid-Speicherungsgesetzes[1)], ausgenommen Anlagen, die den Bereich eines Werksgeländes nicht überschreiten, mit		
19.10.1	einer Länge von mehr als 40 km und einem Durchmesser der Rohrleitung von mehr als 800 mm,	**X**	
19.10.2	einer Länge von mehr als 40 km und einem Durchmesser der Rohrleitung von 150 mm bis zu 800 mm,		**A**
19.10.3	einer Länge von 2 km bis 40 km und einem Durchmesser der Rohrleitung von mehr als 150 mm,		**A**
19.10.4	einer Länge von weniger als 2 km und einem Durchmesser der Rohrleitung von mehr als 150 mm;		**S**
19.11	Errichtung und Betrieb eines Erdkabels nach § 2 Absatz 5 des Bundesbedarfsplangesetzes[2)]	X	
19.12	Errichtung und Betrieb einer Anbindungsleitung von LNG-Anlagen an das Fernleitungsnetz im Sinne des Energiewirtschaftsgesetzes[3)], ausgenommen Leitungsanlagen, die den Bereich eines Werksgeländes nicht überschreiten, mit		
19.12.1	einer Länge von mehr als 40 km und einem Durchmesser von mehr als 800 mm,	**X**	
19.12.2	einer Länge von mehr als 40 km und einem Durchmesser von 300 mm bis zu 800 mm,		**A**
19.12.3	einer Länge von 5 km bis 40 km und einem Durchmesser von mehr als 300 mm,		**A**
19.12.4	einer Länge von weniger als 5 km und einem Durchmesser von mehr als 300 mm;		**S**
19.13	Errichtung und Betrieb einer Bahnstromfernleitung mit einer Nennspannung von 110 kV bis weniger als 220 kV, soweit nicht von Nummer 14.7 erfasst,		

1) **Sartorius III Nr. 320.**
2) **Sartorius III Nr. 512.**
3) Nr. **830.**

Nr.	Vorhaben	Sp. 1	Sp. 2
19.13.1	mit einer Länge von 15 km oder mehr		A
19.13.2	mit einer Länge von weniger als 15 km		S

Anlage 2

Angaben des Vorhabenträgers zur Vorbereitung der Vorprüfung

1. Nachstehende Angaben sind nach § 7 Absatz 4 vom Vorhabenträger zu übermitteln, wenn nach § 7 Absatz 1 und 2, auch in Verbindung mit den §§ 8 bis 14, eine Vorprüfung durchzuführen ist.
   a) Eine Beschreibung des Vorhabens, insbesondere
      aa) der physischen Merkmale des gesamten Vorhabens und, soweit relevant, der Abrissarbeiten,
      bb) des Standorts des Vorhabens und der ökologischen Empfindlichkeit der Gebiete, die durch das Vorhaben beeinträchtigt werden können.
   b) Eine Beschreibung der Schutzgüter, die von dem Vorhaben erheblich beeinträchtigt werden können.
   c) Eine Beschreibung der möglichen erheblichen Auswirkungen des Vorhabens auf die betroffenen Schutzgüter infolge
      aa) der erwarteten Rückstände und Emissionen sowie gegebenenfalls der Abfallerzeugung,
      bb) der Nutzung der natürlichen Ressourcen, insbesondere Fläche, Boden, Wasser, Tiere, Pflanzen und biologische Vielfalt.
2. Bei der Zusammenstellung der Angaben für die Vorprüfung ist den Kriterien nach Anlage 3, die für das Vorhaben von Bedeutung sind, Rechnung zu tragen. Soweit der Vorhabenträger über Ergebnisse vorgelagerter Umweltprüfungen oder anderer rechtlich vorgeschriebener Untersuchungen zu den Umweltauswirkungen des Vorhabens verfügt, sind diese ebenfalls einzubeziehen.
3. Zusätzlich zu den Angaben nach Nummer 1 Buchstabe a kann der Vorhabenträger auch eine Beschreibung aller Merkmale des Vorhabens und des Standorts und aller Vorkehrungen vorlegen, mit denen erhebliche nachteilige Umweltauswirkungen ausgeschlossen werden sollen.
4. Wird eine standortbezogene Vorprüfung durchgeführt, können sich die Angaben des Vorhabenträgers in der ersten Stufe auf solche Angaben beschränken, die sich auf das Vorliegen besonderer örtlicher Gegebenheiten gemäß den in Anlage 3 Nummer 2.3 aufgeführten Schutzkriterien beziehen.

Anlage 3

Kriterien für die Vorprüfung im Rahmen einer Umweltverträglichkeitsprüfung

Nachstehende Kriterien sind anzuwenden, soweit in § 7 Absatz 1 und 2, auch in Verbindung mit den §§ 8 bis 14, auf Anlage 3 Bezug genommen wird.

1. Merkmale der Vorhaben

Die Merkmale eines Vorhabens sind insbesondere hinsichtlich folgender Kriterien zu beurteilen:

1.1 Größe und Ausgestaltung des gesamten Vorhabens und, soweit relevant, der Abrissarbeiten,

1.2 Zusammenwirken mit anderen bestehenden oder zugelassenen Vorhaben und Tätigkeiten,

1.3 Nutzung natürlicher Ressourcen, insbesondere Fläche, Boden, Wasser, Tiere, Pflanzen und biologische Vielfalt,

1.4 Erzeugung von Abfällen im Sinne von § 3 Absatz 1 und 8 des Kreislaufwirtschaftsgesetzes[1)],

1.5 Umweltverschmutzung und Belästigungen,

1.6 Risiken von Störfällen, Unfällen und Katastrophen, die für das Vorhaben von Bedeutung sind, einschließlich der Störfälle, Unfälle und Katastrophen, die wissenschaftlichen Erkenntnissen zufolge durch den Klimawandel bedingt sind, insbesondere mit Blick auf:

1.6.1 verwendete Stoffe und Technologien,

1.6.2 die Anfälligkeit des Vorhabens für Störfälle im Sinne des § 2 Nummer 7 der Störfall-Verordnung[2)], insbesondere aufgrund seiner Verwirklichung innerhalb des angemessenen Sicher-

[1)] Nr. **298**.
[2)] **Sartorius ErgBd. Nr. 296/12.**

heitsabstandes zu Betriebsbereichen im Sinne des § 3 Absatz 5a des Bundes-Immissionsschutzgesetzes[1)],

1.7 Risiken für die menschliche Gesundheit, z.B. durch Verunreinigung von Wasser oder Luft.

2. Standort der Vorhaben

Die ökologische Empfindlichkeit eines Gebiets, das durch ein Vorhaben möglicherweise beeinträchtigt wird, ist insbesondere hinsichtlich folgender Nutzungs- und Schutzkriterien unter Berücksichtigung des Zusammenwirkens mit anderen Vorhaben in ihrem gemeinsamen Einwirkungsbereich zu beurteilen:

2.1 bestehende Nutzung des Gebietes, insbesondere als Fläche für Siedlung und Erholung, für land-, forst- und fischereiwirtschaftliche Nutzungen, für sonstige wirtschaftliche und öffentliche Nutzungen, Verkehr, Ver- und Entsorgung (Nutzungskriterien),

2.2 Reichtum, Verfügbarkeit, Qualität und Regenerationsfähigkeit der natürlichen Ressourcen, insbesondere Fläche, Boden, Landschaft, Wasser, Tiere, Pflanzen, biologische Vielfalt, des Gebiets und seines Untergrunds (Qualitätskriterien),

2.3 Belastbarkeit der Schutzgüter unter besonderer Berücksichtigung folgender Gebiete und von Art und Umfang des ihnen jeweils zugewiesenen Schutzes (Schutzkriterien):

2.3.1 Natura 2000-Gebiete nach § 7 Absatz 1 Nummer 8 des Bundesnaturschutzgesetzes[1)],

2.3.2 Naturschutzgebiete nach § 23 des Bundesnaturschutzgesetzes[1)], soweit nicht bereits von Nummer 2.3.1 erfasst,

2.3.3 Nationalparke und Nationale Naturmonumente nach § 24 des Bundesnaturschutzgesetzes[1)], soweit nicht bereits von Nummer 2.3.1 erfasst,

2.3.4 Biosphärenreservate und Landschaftsschutzgebiete gemäß den §§ 25 und 26 des Bundesnaturschutzgesetzes[1)],

2.3.5 Naturdenkmäler nach § 28 des Bundesnaturschutzgesetzes[1)],

2.3.6 geschützte Landschaftsbestandteile, einschließlich Alleen, nach § 29 des Bundesnaturschutzgesetzes[1)],

2.3.7 gesetzlich geschützte Biotope nach § 30 des Bundesnaturschutzgesetzes[1)],

2.3.8 Wasserschutzgebiete nach § 51 des Wasserhaushaltsgesetzes[2)], Heilquellenschutzgebiete nach § 53 Absatz 4 des Wasserhaushaltsgesetzes[2)], Risikogebiete nach § 73 Absatz 1 des Wasserhaushaltsgesetzes[2)] sowie Überschwemmungsgebiete nach § 76 des Wasserhaushaltsgesetzes[2)],

2.3.9 Gebiete, in denen die in Vorschriften der Europäischen Union festgelegten Umweltqualitätsnormen bereits überschritten sind,

2.3.10 Gebiete mit hoher Bevölkerungsdichte, insbesondere Zentrale Orte im Sinne des § 2 Absatz 2 Nummer 2 des Raumordnungsgesetzes[3)],

2.3.11 in amtlichen Listen oder Karten verzeichnete Denkmäler, Denkmalensembles, Bodendenkmäler oder Gebiete, die von der durch die Länder bestimmten Denkmalschutzbehörde als archäologisch bedeutende Landschaften eingestuft worden sind.

3. Art und Merkmale der möglichen Auswirkungen

Die möglichen erheblichen Auswirkungen eines Vorhabens auf die Schutzgüter sind anhand der unter den Nummern 1 und 2 aufgeführten Kriterien zu beurteilen; dabei ist insbesondere folgenden Gesichtspunkten Rechnung zu tragen:

3.1 der Art und dem Ausmaß der Auswirkungen, insbesondere, welches geographische Gebiet betroffen ist und wie viele Personen von den Auswirkungen voraussichtlich betroffen sind,

3.2 dem etwaigen grenzüberschreitenden Charakter der Auswirkungen,

3.3 der Schwere und der Komplexität der Auswirkungen,

3.4 der Wahrscheinlichkeit von Auswirkungen,

3.5 dem voraussichtlichen Zeitpunkt des Eintretens sowie der Dauer, Häufigkeit und Umkehrbarkeit der Auswirkungen,

3.6 dem Zusammenwirken der Auswirkungen mit den Auswirkungen anderer bestehender oder zugelassener Vorhaben,

3.7 der Möglichkeit, die Auswirkungen wirksam zu vermindern.

[1)] Nr. **296**.
[1)] Nr. **880**.
[2)] Nr. **845**.
[3)] Nr. **340**.

Anlage 4

Angaben des UVP-Berichts für die Umweltverträglichkeitsprüfung

Soweit die nachfolgenden Aspekte über die in § 16 Absatz 1 Satz 1 genannten Mindestanforderungen hinausgehen und sie für das Vorhaben von Bedeutung sind, muss nach § 16 Absatz 3 der UVP-Bericht hierzu Angaben enthalten.

1. Eine Beschreibung des Vorhabens, insbesondere
   a) eine Beschreibung des Standorts,
   b) eine Beschreibung der physischen Merkmale des gesamten Vorhabens, einschließlich der erforderlichen Abrissarbeiten, soweit relevant, sowie des Flächenbedarfs während der Bau- und der Betriebsphase,
   c) eine Beschreibung der wichtigsten Merkmale der Betriebsphase des Vorhabens (insbesondere von Produktionsprozessen), z.B.
      aa) Energiebedarf und Energieverbrauch,
      bb) Art und Menge der verwendeten Rohstoffe und
      cc) Art und Menge der natürlichen Ressourcen (insbesondere Fläche, Boden, Wasser, Tiere, Pflanzen und biologische Vielfalt),
   d) eine Abschätzung, aufgeschlüsselt nach Art und Quantität,
      aa) der erwarteten Rückstände und Emissionen (z.B. Verunreinigung des Wassers, der Luft, des Bodens und Untergrunds, Lärm, Erschütterungen, Licht, Wärme, Strahlung) sowie
      bb) des während der Bau- und Betriebsphase erzeugten Abfalls.
2. Eine Beschreibung der vom Vorhabenträger geprüften vernünftigen Alternativen (z.B. in Bezug auf Ausgestaltung, Technologie, Standort, Größe und Umfang des Vorhabens), die für das Vorhaben und seine spezifischen Merkmale relevant sind, und Angabe der wesentlichen Gründe für die getroffene Wahl unter Berücksichtigung der jeweiligen Umweltauswirkungen.
3. Eine Beschreibung des aktuellen Zustands der Umwelt und ihrer Bestandteile im Einwirkungsbereich des Vorhabens und eine Übersicht über die voraussichtliche Entwicklung der Umwelt bei Nichtdurchführung des Vorhabens, soweit diese Entwicklung gegenüber dem aktuellen Zustand mit zumutbarem Aufwand auf der Grundlage der verfügbaren Umweltinformationen und wissenschaftlichen Erkenntnisse abgeschätzt werden kann.
4. Eine Beschreibung der möglichen erheblichen Umweltauswirkungen des Vorhabens;
   Die Darstellung der Umweltauswirkungen soll den Umweltschutzzielen Rechnung tragen, die nach den Rechtsvorschriften, einschließlich verbindlicher planerischer Vorgaben, maßgebend sind für die Zulassungsentscheidung. Die Darstellung soll sich auf die Art der Umweltauswirkungen nach Buchstabe a erstrecken. Anzugeben sind jeweils die Art, in der Schutzgüter betroffen sind nach Buchstabe b, und die Ursachen der Auswirkungen nach Buchstabe c.
   a) Art der Umweltauswirkungen
      Die Beschreibung der zu erwartenden erheblichen Umweltauswirkungen soll sich auf die direkten und die etwaigen indirekten, sekundären, kumulativen, grenzüberschreitenden, kurzfristigen, mittelfristigen und langfristigen, ständigen und vorübergehenden, positiven und negativen Auswirkungen des Vorhaben erstrecken.
   b) Art, in der Schutzgüter betroffen sind
      Bei der Angabe, in welcher Hinsicht die Schutzgüter von den Auswirkungen des Vorhabens betroffen sein können, sind in Bezug auf die nachfolgenden Schutzgüter insbesondere folgende Auswirkungen zu berücksichtigen:

Schutzgut (Auswahl)	mögliche Art der Betroffenheit
Menschen, insbesondere die menschliche Gesundheit	Auswirkungen sowohl auf einzelne Menschen als auch auf die Bevölkerung
Tiere, Pflanzen, biologische Vielfalt	Auswirkungen auf Flora und Fauna
Fläche	Flächenverbrauch
Boden	Veränderung der organischen Substanz, Bodenerosion, Bodenverdichtung, Bodenversiegelung
Wasser	hydromorphologische Veränderungen, Veränderungen von Quantität oder Qualität des Wassers

Schutzgut (Auswahl)	mögliche Art der Betroffenheit
Klima	Veränderungen des Klimas, z.B. durch Treibhausgasemissionen, Veränderung des Kleinklimas am Standort
kulturelles Erbe	Auswirkungen auf historisch, architektonisch oder archäologisch bedeutende Stätten und Bauwerke und auf Kulturlandschaften

c) Mögliche Ursachen der Umweltauswirkungen
Bei der Beschreibung der Umstände, die zu erheblichen Umweltauswirkungen des Vorhabens führen können, sind insbesondere folgende Gesichtspunkte zu berücksichtigen:

aa) die Durchführung baulicher Maßnahmen, einschließlich der Abrissarbeiten, soweit relevant, sowie die physische Anwesenheit der errichteten Anlagen oder Bauwerke,

bb) verwendete Techniken und eingesetzte Stoffe,

cc) die Nutzung natürlicher Ressourcen, insbesondere Fläche, Boden, Wasser, Tiere, Pflanzen und biologische Vielfalt, und, soweit möglich, jeweils auch auf die nachhaltige Verfügbarkeit der betroffenen Ressource einzugehen,

dd) Emissionen und Belästigungen sowie Verwertung oder Beseitigung von Abfällen,

ee) Risiken für die menschliche Gesundheit, für Natur und Landschaft sowie für das kulturelle Erbe, zum Beispiel durch schwere Unfälle oder Katastrophen,

ff) das Zusammenwirken mit den Auswirkungen anderer bestehender oder zugelassener Vorhaben oder Tätigkeiten; dabei ist auch auf Umweltprobleme einzugehen, die sich daraus ergeben, dass ökologisch empfindliche Gebiete nach Anlage 3 Nummer 2.3 betroffen sind oder die sich aus einer Nutzung natürlicher Ressourcen ergeben,

gg) Auswirkungen des Vorhabens auf das Klima, zum Beispiel durch Art und Ausmaß der mit dem Vorhaben verbundenen Treibhausgasemissionen,

hh) die Anfälligkeit des Vorhabens gegenüber den Folgen des Klimawandels (zum Beispiel durch erhöhte Hochwassergefahr am Standort),

ii) die Anfälligkeit des Vorhabens für die Risiken von schweren Unfällen oder Katastrophen, soweit solche Risiken nach der Art, den Merkmalen und dem Standort des Vorhabens von Bedeutung sind.

5. Die Beschreibung der grenzüberschreitenden Auswirkungen des Vorhabens soll in einem gesonderten Abschnitt erfolgen.

6. Eine Beschreibung und Erläuterung der Merkmale des Vorhabens und seines Standorts, mit denen das Auftreten erheblicher nachteiliger Umweltauswirkungen ausgeschlossen, vermindert, ausgeglichen werden soll.

7. Eine Beschreibung und Erläuterung der geplanten Maßnahmen, mit denen das Auftreten erheblicher nachteiliger Umweltauswirkungen ausgeschlossen, vermindert oder ausgeglichen werden soll, sowie geplanter Ersatzmaßnahmen und etwaiger Überwachungsmaßnahmen des Vorhabenträgers.

8. Soweit Auswirkungen aufgrund der Anfälligkeit des Vorhabens für die Risiken von schweren Unfällen oder Katastrophen zu erwarten sind, soll die Beschreibung, soweit möglich, auch auf vorgesehene Vorsorge- und Notfallmaßnahmen eingehen.

9. Die Beschreibung der Auswirkungen auf Natura 2000-Gebiete soll in einem gesonderten Abschnitt erfolgen.

10. Die Beschreibung der Auswirkungen auf besonders geschützte Arten soll in einem gesonderten Abschnitt erfolgen.

11. Eine Beschreibung der Methoden oder Nachweise, die zur Ermittlung der erheblichen Umweltauswirkungen genutzt wurden, einschließlich näherer Hinweise auf Schwierigkeiten und Unsicherheiten, die bei der Zusammenstellung der Angaben aufgetreten sind, zum Beispiel technische Lücken oder fehlende Kenntnisse.

12. Eine Referenzliste der Quellen, die für die im UVP-Bericht enthaltenen Angaben herangezogen wurden.

Anlage 5

Liste „SUP-pflichtiger Pläne und Programme"

Nachstehende Pläne und Programme fallen nach § 1 Absatz 1 Nummer 2, § 2 Absatz 7 in den Anwendungsbereich dieses Gesetzes.

Legende:

Nr. = Nummer des Plans oder Programms
Plan oder Programm = Art des Plans oder Programms

Nr.	Plan oder Programm
1.	**Obligatorische Strategische Umweltprüfung nach § 35 Absatz 1 Nummer 1**
1.1	Verkehrswegeplanungen auf Bundesebene einschließlich Bedarfspläne nach einem Verkehrswegeausbaugesetz des Bundes
1.2	Ausbaupläne nach § 12 Absatz 1 des Luftverkehrsgesetzes[1)], wenn diese bei ihrer Aufstellung oder Änderung über den Umfang der Entscheidungen nach § 8 Absatz 1 und 2 des Luftverkehrsgesetzes[1)] wesentlich hinausreichen
1.3	Risikomanagementpläne nach § 75 des Wasserhaushaltsgesetzes[2)] und die Aktualisierung der vergleichbaren Pläne nach § 75 Absatz 6 des Wasserhaushaltsgesetzes[2)].
1.4	Maßnahmenprogramme nach § 82 des Wasserhaushaltsgesetzes[2)]
1.5	Raumordnungsplanungen nach § 13 des Raumordnungsgesetzes[3)]
1.6	Raumordnungsplanungen des Bundes nach § 17 Absatz 1 und 2 des Raumordnungsgesetzes[3)]
1.7	(weggefallen)
1.8	Bauleitplanungen nach den §§ 6 und 10 des Baugesetzbuchs[4)]
1.9	Maßnahmenprogramme nach § 45h des Wasserhaushaltsgesetzes[2)]
1.10	Bundesbedarfspläne nach § 12e des Energiewirtschaftsgesetzes[5)]
1.11	Bundesfachplanungen nach den §§ 4 und 5 des Netzausbaubeschleunigungsgesetzes Übertragungsnetz[6)]
1.12	Nationale Aktionsprogramme nach Artikel 5 Absatz 1 der Richtlinie 91/676/EWG des Rates vom 12. Dezember 1991 zum Schutz der Gewässer vor Verunreinigung durch Nitrat aus landwirtschaftlichen Quellen (ABl. L 375 vom 31.12.1991, S. 1), die zuletzt durch die Verordnung (EG) Nr. 1137/2008 (ABl. L 311 vom 21.11.2008, S. 1) geändert worden ist
1.13	Das Nationale Entsorgungsprogramm nach § 2c des Atomgesetzes
1.14	Bundesfachpläne Offshore nach § 17a des Energiewirtschaftsgesetzes[5)]
1.15	Festlegung der Standortregionen für die übertägige Erkundung nach § 15 Absatz 3 des Standortauswahlgesetzes[7)]
1.16	Festlegung der Standorte für die untertägige Erkundung nach § 17 Absatz 2 des Standortauswahlgesetzes[7)]
1.17	Flächenentwicklungspläne nach § 5 des Windenergie-auf-See-Gesetzes
1.18	Feststellungen der Eignung einer Fläche und der installierbaren Leistung auf der Fläche nach § 12 Absatz 5 des Windenergie-auf-See-Gesetzes
2.	**Strategische Umweltprüfung bei Rahmensetzung nach § 35 Absatz 1 Nummer 2**
2.1	Lärmaktionspläne nach § 47d des Bundes-Immissionsschutzgesetzes[8)]
2.2	Luftreinhaltepläne nach § 47 Absatz 1 des Bundes-Immissionsschutzgesetzes[8)]
2.3	Abfallwirtschaftskonzepte nach § 21 des Kreislaufwirtschaftsgesetzes[9)]
2.4	Fortschreibung der Abfallwirtschaftskonzepte nach § 16 Absatz 3 Satz 4, 2. Alternative des Kreislaufwirtschafts- und Abfallgesetzes[10)] vom 27. September 1994 (BGBl. I S. 2705), das

[1)] **Sartorius ErgBd. Nr. 975.**
[2)] Nr. **845**.
[3)] Nr. **340**.
[4)] Nr. **300**.
[5)] Nr. **830**.
[6)] **Sartorius III Nr. 511.**
[7)] ***Sartorius III Nr. 480.***
[8)] Nr. **296**.
[9)] Nr. **298**.
[10)] **Gewerberecht Nr. 850.**

Nr.	Plan oder Programm
	zuletzt durch Artikel 5 des Gesetzes vom 6. Oktober 2011 (BGBl. I S. 1986) geändert worden ist,
2.5	Abfallwirtschaftspläne nach § 30 des Kreislaufwirtschaftsgesetzes[1)], einschließlich von besonderen Kapiteln oder gesonderten Teilplänen über die Entsorgung von gefährlichen Abfällen, Altbatterien und Akkumulatoren oder Verpackungen und Verpackungsabfällen
2.6	Abfallvermeidungsprogramme nach § 33 des Kreislaufwirtschaftsgesetzes[1)]
2.7	Operationelle Programme aus dem Europäischen Fonds für Regionale Entwicklung, dem Europäischen Sozialfonds, dem Kohäsionsfonds und dem Europäischen Meeres- und Fischereifonds sowie Entwicklungsprogramme für den ländlichen Raum aus dem Europäischen Landwirtschaftsfonds für die Entwicklung des ländlichen Raumes
2.8	Besondere Notfallpläne des Bundes oder der Länder nach § 99 Absatz 2 Nummer 9 oder § 100, jeweils auch in Verbindung mit § 103 Absatz 1 des Strahlenschutzgesetzes, für die Entsorgung von Abfällen bei möglichen Notfällen
2.9	Pläne des Bundes oder der Länder nach § 118 Absatz 2 oder 5, jeweils auch in Verbindung mit § 103 Absatz 1 des Strahlenschutzgesetzes, für die Entsorgung von Abfällen
2.10	Bestimmung von Maßnahmen durch Rechtsverordnung nach § 123 Satz 2 des Strahlenschutzgesetzes
2.11	Radonmaßnahmenplan nach § 122 Absatz 1 des Strahlenschutzgesetzes
2.12	Aktionspläne nach § 40d des Bundesnaturschutzgesetzes[2)]
2.13	Klimaschutzprogramme nach § 9 des Bundes-Klimaschutzgesetzes[3)]

Anlage 6

Kriterien für die Vorprüfung des Einzelfalls im Rahmen einer Strategischen Umweltprüfung

Nachstehende Kriterien sind anzuwenden, soweit auf Anlage 6 Bezug genommen wird.

1. Merkmale des Plans oder Programms, insbesondere in Bezug auf

1.1 das Ausmaß, in dem der Plan oder das Programm einen Rahmen setzen;

1.2 das Ausmaß, in dem der Plan oder das Programm andere Pläne und Programme beeinflusst;

1.3 die Bedeutung des Plans oder Programms für die Einbeziehung umweltbezogener, einschließlich gesundheitsbezogener Erwägungen, insbesondere im Hinblick auf die Förderung der nachhaltigen Entwicklung;

1.4 die für den Plan oder das Programm relevanten umweltbezogenen, einschließlich gesundheitsbezogener Probleme;

1.5 die Bedeutung des Plans oder Programms für die Durchführung nationaler und europäischer Umweltvorschriften.

2. Merkmale der möglichen Auswirkungen und der voraussichtlich betroffenen Gebiete, insbesondere in Bezug auf

2.1 die Wahrscheinlichkeit, Dauer, Häufigkeit und Umkehrbarkeit der Auswirkungen;

2.2 den kumulativen und grenzüberschreitenden Charakter der Auswirkungen;

2.3 die Risiken für die Umwelt, einschließlich der menschlichen Gesundheit (zum Beispiel bei Unfällen);

2.4 den Umfang und die räumliche Ausdehnung der Auswirkungen;

2.5 die Bedeutung und die Sensibilität des voraussichtlich betroffenen Gebiets aufgrund der besonderen natürlichen Merkmale, des kulturellen Erbes, der Intensität der Bodennutzung des Gebiets jeweils unter Berücksichtigung der Überschreitung von Umweltqualitätsnormen und Grenzwerten;

2.6 Gebiete nach Nummer 2.3 der Anlage 3.

---

1) Nr. **298**.
2) Nr. **880**.
3) Nr. **290**.

296a. Vierte Verordnung zur Durchführung des Bundes-Immissionsschutzgesetzes (Verordnung über genehmigungsbedürftige Anlagen – 4. BImSchV)

In der Fassung der Bekanntmachung vom 31. Mai 2017[1)]
(BGBl. I S. 1440)

FNA 2129-8-4-3

geänd. durch Art. 1 Erste ÄndVO v. 12.1.2021 (BGBl. I S. 69)

§ 1 Genehmigungsbedürftige Anlagen. (1) [1] Die Errichtung und der Betrieb der im Anhang 1 genannten Anlagen bedürfen einer Genehmigung, soweit den Umständen nach zu erwarten ist, dass sie länger als während der zwölf Monate, die auf die Inbetriebnahme folgen, an demselben Ort betrieben werden. [2] Für die in Nummer 8 des Anhangs 1 genannten Anlagen, ausgenommen Anlagen zur Behandlung am Entstehungsort, gilt Satz 1 auch, soweit sie weniger als während der zwölf Monate, die auf die Inbetriebnahme folgen, an demselben Ort betrieben werden sollen. [3] Für die in den Nummern 2.10.2, 7.4, 7.5, 7.25, 7.28, 9.1, 9.3 und 9.11 des Anhangs 1 genannten Anlagen gilt Satz 1 nur, soweit sie gewerblichen Zwecken dienen oder im Rahmen wirtschaftlicher Unternehmungen verwendet werden. [4] Hängt die Genehmigungsbedürftigkeit der im Anhang 1 genannten Anlagen vom Erreichen oder Überschreiten einer bestimmten Leistungsgrenze oder Anlagengröße ab, ist jeweils auf den rechtlich und tatsächlich möglichen Betriebsumfang der durch denselben Betreiber betriebenen Anlage abzustellen.

(2) Das Genehmigungserfordernis erstreckt sich auf alle vorgesehenen

1. Anlagenteile und Verfahrensschritte, die zum Betrieb notwendig sind, und
2. Nebeneinrichtungen, die mit den Anlagenteilen und Verfahrensschritten nach Nummer 1 in einem räumlichen und betriebstechnischen Zusammenhang stehen und die von Bedeutung sein können für
   a) das Entstehen schädlicher Umwelteinwirkungen,
   b) die Vorsorge gegen schädliche Umwelteinwirkungen oder
   c) das Entstehen sonstiger Gefahren, erheblicher Nachteile oder erheblicher Belästigungen.

(3) [1] Die im Anhang 1 bestimmten Voraussetzungen sind auch erfüllt, wenn mehrere Anlagen derselben Art in einem engen räumlichen und betrieblichen Zusammenhang stehen (gemeinsame Anlage) und zusammen die maßgebenden Leistungsgrenzen oder Anlagengrößen erreichen oder überschreiten werden. [2] Ein enger räumlicher und betrieblicher Zusammenhang ist gegeben, wenn die Anlagen

1. auf demselben Betriebsgelände liegen,
2. mit gemeinsamen Betriebseinrichtungen verbunden sind und
3. einem vergleichbaren technischen Zweck dienen.

(4) Gehören zu einer Anlage Teile oder Nebeneinrichtungen, die je gesondert genehmigungsbedürftig wären, so bedarf es lediglich einer Genehmigung.

[1)] Neubekanntmachung der 4. BImSchV v. 2.5.2013 (BGBl. I S. 973, ber. S. 3756) in der ab 14.1.2017 geltenden Fassung.

(5) Soll die für die Genehmigungsbedürftigkeit maßgebende Leistungsgrenze oder Anlagengröße durch die Erweiterung einer bestehenden Anlage erstmals überschritten werden, bedarf die gesamte Anlage der Genehmigung.

(6) Keiner Genehmigung bedürfen Anlagen, soweit sie der Forschung, Entwicklung oder Erprobung neuer Einsatzstoffe, Brennstoffe, Erzeugnisse oder Verfahren im Labor- oder Technikumsmaßstab dienen; hierunter fallen auch solche Anlagen im Labor- oder Technikumsmaßstab, in denen neue Erzeugnisse in der für die Erprobung ihrer Eigenschaften durch Dritte erforderlichen Menge vor der Markteinführung hergestellt werden, soweit die neuen Erzeugnisse noch weiter erforscht oder entwickelt werden.

(7) Keiner Genehmigung bedürfen Anlagen zur Lagerung von Stoffen, die eine Behörde in Erfüllung ihrer gesetzlichen Aufgabe zur Gefahrenabwehr sichergestellt hat.

§ 2 Zuordnung zu den Verfahrensarten. (1) [1]Das Genehmigungsverfahren wird durchgeführt nach

1. § 10 des Bundes-Immissionsschutzgesetzes[1)] für
   a) Anlagen, die in Spalte c des Anhangs 1 mit dem Buchstaben G gekennzeichnet sind,
   b) Anlagen, die sich aus in Spalte c des Anhangs 1 mit dem Buchstaben G und dem Buchstaben V gekennzeichneten Anlagen zusammensetzen,
   c) Anlagen, die in Spalte c des Anhangs 1 mit dem Buchstaben V gekennzeichnet sind und zu deren Genehmigung nach den *§§ 3a bis 3f*[2)] des Gesetzes über die Umweltverträglichkeitsprüfung[3)] eine Umweltverträglichkeitsprüfung durchzuführen ist,
2. § 19 des Bundes-Immissionsschutzgesetzes im vereinfachten Verfahren für in Spalte c des Anhangs 1 mit dem Buchstaben V gekennzeichnete Anlagen.

[2]Soweit die Zuordnung zu den Genehmigungsverfahren von der Leistungsgrenze oder Anlagengröße abhängt, gilt § 1 Absatz 1 Satz 4 entsprechend.

(2) Kann eine Anlage vollständig verschiedenen Anlagenbezeichnungen im Anhang 1 zugeordnet werden, so ist die speziellere Anlagenbezeichnung maßgebend.

(3) [1]Für in Spalte c des Anhangs 1 mit dem Buchstaben G gekennzeichnete Anlagen, die ausschließlich oder überwiegend der Entwicklung und Erprobung neuer Verfahren, Einsatzstoffe, Brennstoffe oder Erzeugnisse dienen (Versuchsanlagen), wird das vereinfachte Verfahren durchgeführt, wenn die Genehmigung für einen Zeitraum von höchstens drei Jahren nach Inbetriebnahme der Anlage erteilt werden soll; dieser Zeitraum kann auf Antrag um höchstens ein Jahr verlängert werden. [2]Satz 1 ist auf Anlagen der Anlage 1 („UVP-pflichtige Vorhaben") zum Gesetz über die Umweltverträglichkeitsprüfung nur anzuwenden, soweit nach den Vorschriften dieses Gesetzes

(Fortsetzung nächstes Blatt)

[1)] Nr. ***296***.

[2)] Der Verweis wurde amtlich noch nicht an die Änderung des UVPG durch G v. 20.7.2017 (BGBl. I S. 2808, ber. 2018 S. 472) angepasst.

[3)] Nr. **295**.

Nr.	Anlagenbeschreibung	Verfahrensart	Anlage gemäß Art. 10 der RL 2010/75/EU
a	b	c	d
	Treibstoffe, pyrotechnische Sätze oder zur Herstellung derselben, ausgenommen Anlagen im handwerklichen Umfang und zur Herstellung von Zündhölzern sowie ortsbewegliche Mischladegeräte, oder 2. Wiedergewinnung oder Vernichtung dieser Stoffe;	**G**	
10.2	(nicht besetzt)		
10.3	Eigenständig betriebene Anlagen zur Behandlung der Abgase (Verminderung von Luftschadstoffen) aus nach den Nummern dieses Anhangs genehmigungsbedürftigen Anlagen,		
10.3.1	soweit in Spalte d mit dem Buchstaben **E** gekennzeichnet,	**G**	**E**
10.3.2	soweit in Spalte d mit dem Buchstaben **E** nicht gekennzeichnet und		
10.3.2.1	in Spalte c mit dem Buchstaben **G** gekennzeichnet,	**G**	
10.3.2.2	in Spalte c mit dem Buchstaben **V** gekennzeichnet;	**V**	
10.4	Eigenständig betriebene Anlagen zur Abscheidung von Kohlendioxid-Strömen aus nach den Nummern dieses Anhangs genehmigungsbedürftiger Anlagen zum Zwecke der dauerhaften geologischen Speicherung, soweit in Spalte d mit dem Buchstaben **E** gekennzeichnet;	**G**	**E**
10.5	(nicht besetzt)		
10.6	Anlagen zur Herstellung von Klebemitteln, ausgenommen Anlagen, die diese Mittel ausschließlich unter Verwendung von Wasser als Verdünnungsmittel herstellen, mit einer Kapazität von 1 Tonne oder mehr je Tag;	**V**	
10.7	Anlagen zum Vulkanisieren von Natur- oder Synthesekautschuk unter Verwendung von		
10.7.1	Schwefel oder Schwefelverbindungen mit einem Einsatz von		
10.7.1.1	25 Tonnen oder mehr Kautschuk je Stunde,	**G**	
10.7.1.2	weniger als 25 Tonnen Kautschuk je Stunde, ausgenommen Anlagen, in denen weniger als 50 Kilogramm Kautschuk je Stunde verarbeitet werden oder ausschließlich vorvulkanisierter Kautschuk eingesetzt wird,	**V**	
10.7.2	halogenierten Peroxiden mit einem Einsatz von		
10.7.2.1	25 Tonnen oder mehr Kautschuk je Stunde,	**G**	
10.7.2.2	weniger als 25 Tonnen Kautschuk je Stunde, ausgenommen Anlagen, in denen weniger als 30 Kilogramm Kautschuk je Stunde verarbeitet werden;	**V**	
10.8	Anlagen zur Herstellung von Bautenschutz-, Reinigungs- oder Holzschutzmitteln, soweit diese Produkte organische Lösungsmittel enthalten und von diesen 20 Tonnen oder mehr je Tag eingesetzt werden;	**V**	
10.9	Anlagen zur Herstellung von Holzschutzmitteln unter Verwendung von halogenierten aromatischen Kohlenwasserstoffen;	**V**	
10.10	Anlagen zur Vorbehandlung (Waschen, Bleichen, Mercerisieren) oder zum Färben von Fasern oder Textilien mit		
10.10.1	einer Verarbeitungskapazität von 10 Tonnen oder mehr Fasern oder Textilien je Tag,	**G**	**E**
10.10.2	einer Färbekapazität von 2 Tonnen bis weniger als 10 Tonnen Fasern oder Textilien je Tag bei Anlagen zum Färben von Fasern oder Textilien unter Verwendung von Färbebeschleu-	**V**	

Nr.	Anlagenbeschreibung	Verfahrensart	Anlage gemäß Art. 10 der RL 2010/75/EU
a	b	c	d
	nigern einschließlich der Spannrahmenanlagen, ausgenommen Anlagen, die unter erhöhtem Druck betrieben werden,		
10.10.3	einer Bleichkapazität von weniger als 10 Tonnen Fasern oder Textilien je Tag bei Anlagen zum Bleichen von Fasern oder Textilien unter Verwendung von Chlor oder Chlorverbindungen;	V	
10.11 – 10.14	(nicht besetzt)		
10.15	Prüfstände für oder mit		
10.15.1	Verbrennungsmotoren, ausgenommen 1. Rollenprüfstände, die in geschlossenen Räumen betrieben werden, und 2. Anlagen, in denen mit Katalysator oder Dieselrußfilter ausgerüstete Serienmotoren geprüft werden, mit einer Feuerungswärmeleistung von insgesamt 300 Kilowatt oder mehr,	V	
10.15.2	Gasturbinen oder Triebwerken mit einer Feuerungswärmeleistung von insgesamt		
10.15.2.1	200 Megawatt oder mehr,	G	
10.15.2.2	weniger als 200 Megawatt;	V	
10.16	Prüfstände für oder mit Luftschrauben;	V	
10.17	Renn- oder Teststrecken für Kraftfahrzeuge,		
10.17.1	als ständige Anlagen,	G	
10.17.2	zur Übung oder Ausübung des Motorsports an fünf Tagen oder mehr je Jahr, ausgenommen Anlagen mit Elektromotorfahrzeugen und Anlagen in geschlossenen Hallen sowie Modellsportanlagen;	V	
10.18	Schießstände für Handfeuerwaffen, ausgenommen solche in geschlossenen Räumen und solche für Schusswaffen bis zu einem Kaliber von 5,6 mm lfB (.22 l.r.) für Munition mit Randfeuerzündung, wenn die Mündungsenergie der Geschosse höchstens 200 Joule (J) beträgt, (Kleinkaliberwaffen) und Schießplätze, ausgenommen solche für Kleinkaliberwaffen;	V	
10.19	(nicht besetzt)		
10.20	Anlagen zur Reinigung von Werkzeugen, Vorrichtungen oder sonstigen metallischen Gegenständen durch thermische Verfahren, soweit der Rauminhalt des Ofens 1 Kubikmeter oder mehr beträgt;	V	
10.21	Anlagen zur Innenreinigung von Eisenbahnkesselwagen, Straßentankfahrzeugen, Tankschiffen oder Tankcontainern sowie Anlagen zur automatischen Reinigung von Fässern einschließlich zugehöriger Aufarbeitungsanlagen, soweit die Behälter von organischen Stoffen gereinigt werden, ausgenommen Anlagen, in denen Behälter ausschließlich von Nahrungs-, Genuss- oder Futtermitteln gereinigt werden;	V	
10.22	Anlagen zur Begasung, Sterilisation oder Entgasung,		
10.22.1	mit einem Rauminhalt der Begasungs- oder Sterilisationskammer oder des zu begasenden Behälters von 1 Kubikmeter oder mehr, soweit Stoffe oder Gemische eingesetzt werden, *die gemäß der Verordnung (EG)* Nr. 1272/2008 des *Europäischen Parlaments und des Rates* vom 16. Dezember 2008 über die Einstufung, Kennzeichnung und Verpackung von Stoffen und Gemischen, zur Änderung und Aufhebung der	V	

Nr.	Anlagenbeschreibung	Verfahrensart	Anlage gemäß Art. 10 der RL 2010/75/EU
a	b	c	d
	Richtlinien 67/548/EWG und 1999/45/EG und zur Änderung der Verordnung (EG) Nr. 1907/2006 (ABl. L 353 vom 31.12.2008, S. 1), die zuletzt durch die Verordnung (EU) 2016/918 (ABl. L 156 vom 14.6.2016, S. 1) geändert worden ist, in die Gefahrenklassen „akute Toxizität" Kategorien 1, 2 oder 3, „spezifische Zielorgan-Toxizität (einmalige Exposition)" Kategorie 1 oder „spezifische Zielorgan-Toxizität (wiederholte Exposition)" Kategorie 1 einzustufen sind,		
10.22.2	soweit 40 Entgasungen oder mehr je Jahr gemäß TRGS 512 Nummer 5.4.3 durchzuführen sind;	**V**	
10.23	Anlagen zur Textilveredlung durch Sengen, Thermofixieren, Thermosolieren, Beschichten, Imprägnieren oder Appretieren, einschließlich der zugehörigen Trocknungsanlagen, ausgenommen Anlagen, in denen weniger als 500 Quadratmeter Textilien je Stunde behandelt werden;	**V**	
10.24	(nicht besetzt)		
10.25	Kälteanlagen mit einem Gesamtinhalt an Kältemittel von 3 Tonnen Ammoniak oder mehr.	**V**	

Anhang 2

Stoffliste zu Nr. 9.3 des Anhangs 1

Nr.	Stoffe	Mengenschwelle Nr. 9.3.2 Anhang 1 (Tonnen)	Mengenschwelle Nr. 9.3.1 Anhang 1 (Tonnen)
Spalte 1	Spalte 2	Spalte 3	Spalte 4
1	Acrylnitril	20	200
2	Chlor	10	75
3	Schwefeldioxid	20	250
4	Sauerstoff	200	2 000
5	Ammoniumnitrat oder ammoniumnitrathaltige Zubereitungen der Gruppe A nach Anhang I Nummer 5 der Gefahrstoffverordnung	25	500
6	Alkalichlorat	5	100
7	Schwefeltrioxid	15	100
8	ammoniumnitrathaltige Zubereitungen der Gruppe B nach Anhang I Nummer 5 der Gefahrstoffverordnung	100	2 500
9	Ammoniak	3	30
10	Phosgen	0,075	0,75
11	Schwefelwasserstoff	5	50
12	*Fluorwasserstoff*	5	50
13	Cyanwasserstoff	5	20
14	Schwefelkohlenstoff	20	200
15	Brom	20	200
16	Acetylen (Ethin)	5	50
17	Wasserstoff	3	30
18	Ethylenoxid	5	50
19	Propylenoxid	5	50
20	Acrolein	20	200

Nr.	Stoffe	Mengenschwelle Nr. 9.3.2 Anhang 1 (Tonnen)	Mengenschwelle Nr. 9.3.1 Anhang 1 (Tonnen)
Spalte 1	Spalte 2	Spalte 3	Spalte 4
21	Formaldehyd oder Paraformaldehyd (Konzentration ≥ 90 %)	5	50
22	Brommethan	20	200
23	Methylisocyanat	0,015	0,15
24	Tetraethylblei oder Tetramethylblei	5	50
25	1,2-Dibromethan	5	50
26	Chlorwasserstoff (verflüssigtes Gas)	20	200
27	Diphenylmethandiisocyanat (MDI)	20	200
28	Toluylendiisocyanat (TDI)	10	100
29	Stoffe oder Gemische, die gemäß der Verordnung (EG) Nr. 1272/2008 in die Gefahrenklasse „akute Toxizität" Kategorien 1 oder 2 einzustufen sind	2	20
30	1. Stoffe oder Gemische, die gemäß der Verordnung (EG) Nr. 1272/2008 in die Gefahrenklassen – „akute Toxizität" Kategorien 1, 2 oder 3, – „spezifische Zielorgan-Toxizität (einmalige Exposition)" Kategorie 1, – „spezifische Zielorgan-Toxizität (wiederholte Exposition)" Kategorie 1, – „explosive Stoffe, Gemische und Erzeugnisse mit Explosivstoff", – „selbstzersetzliche Stoffe und Gemische", – „organische Peroxide", – „oxidierende Gase", – „oxidierende Flüssigkeiten" oder – „oxidierende Feststoffe" einzustufen sind, ausgenommen Stoffe oder Gemische, die in die Gefahrenklassen – „explosive Stoffe, Gemische und Erzeugnisse mit Explosivstoff", Unterklasse 1.6, – „selbstzersetzliche Stoffe und Gemische", Typ G, oder – „organische Peroxide", Typ G, einzustufen sind, sowie 2. Stoffe und Gemische mit explosiven Eigenschaften nach Methode A.14 der Verordnung (EG) Nr. 440/2008 der Kommission vom 30. Mai 2008 zur Festlegung von Prüfmethoden gemäß der Verordnung (EG) Nr. 1907/2006 des Europäischen Parlaments und des Rates zur Registrierung, Bewertung, Zulassung und Beschränkung chemischer Stoffe (REACH) (ABl. L 142 vom 31.5.2008, S. 1), die zuletzt durch die Verordnung (EU) 2016/266 (ABl. L 54 vom 1.3.2016, S. 1) geändert worden ist, die nicht einzustufen sind in die Gefahrenklassen – „explosive Stoffe, Gemische und Erzeugnisse mit Explosivstoff", – „selbstzersetzliche Stoffe und Gemische" oder – „organische Peroxide" gemäß der Verordnung (EG) Nr. 1272/2008.	10	200

299. Gesetz zum Schutz vor schädlichen Bodenveränderungen und zur Sanierung von Altlasten (Bundes-Bodenschutzgesetz – BBodSchG)[1]

Vom 17. März 1998
(BGBl. I S. 502)

FNA 2129-32

geänd. durch Art. 17 Siebtes Euro-EinführungsG v. 9.9.2001 (BGBl. I S. 2331), Art. 3 G zur Anpassung von Verjährungsvorschriften an das SchuldrechtsmodernisierungsG v. 9.12.2004 (BGBl. I S. 3214), Art. 5 Abs. 30 G zur Neuordnung des Kreislaufwirtschafts- und Abfallrechts v. 24.2.2012 (BGBl. I S. 212), Art. 101 Zehnte ZuständigkeitsanpassungsVO v. 31.8.2015 (BGBl. I S. 1474), Art. 14 G zur Neuordnung des Rechts zum Schutz vor der schädlichen Wirkung ionisierender Strahlung v. 27.6.2017 (BGBl. I S. 1966), Art. 2 Abs. 5 G zur Modernisierung des Rechts der Umweltverträglichkeitsprüfung v. 20.7.2017 (BGBl. I S. 2808), Art. 3 Abs. 3 VO zur Neuordnung der Klärschlammverwertung v. 27.9.2017 (BGBl. I S. 3465) und Art. 7 G zur Änd. des UmweltschadensG, des UmweltinformationsG und weiterer umweltrechtlicher Vorschriften v. 25.2.2021 (BGBl. I S. 306)

Inhaltsübersicht

---

[1] Verkündet als Art. 1 BodenschutzG v. 17.3.1998 (BGBl. I S. 502); Inkrafttreten gem. Art. 4 Satz 2 dieses G am 1.3.1999 mit Ausnahme von § 20, der gem. Art. 4 Satz 1 dieses G am 25.3.1998 in Kraft getreten ist.

Erster Teil. Allgemeine Vorschriften

§ 1 Zweck und Grundsätze des Gesetzes. [1] Zweck dieses Gesetzes ist es, nachhaltig die Funktionen des Bodens zu sichern oder wiederherzustellen. [2] Hierzu sind schädliche Bodenveränderungen abzuwehren, der Boden und Altlasten sowie hierdurch verursachte Gewässerverunreinigungen zu sanieren und Vorsorge gegen nachteilige Einwirkungen auf den Boden zu treffen. [3] Bei Einwirkungen auf den Boden sollen Beeinträchtigungen seiner natürlichen Funktionen sowie seiner Funktion als Archiv der Natur- und Kulturgeschichte so weit wie möglich vermieden werden.

§ 2 Begriffsbestimmungen. (1) Boden im Sinne dieses Gesetzes ist die obere Schicht der Erdkruste, soweit sie Träger der in Absatz 2 genannten Bodenfunktionen ist, einschließlich der flüssigen Bestandteile (Bodenlösung) und der gasförmigen Bestandteile (Bodenluft), ohne Grundwasser und Gewässerbetten.

(2) Der Boden erfüllt im Sinne dieses Gesetzes

1. natürliche Funktionen als
   a) Lebensgrundlage und Lebensraum für Menschen, Tiere, Pflanzen und Bodenorganismen,
   b) Bestandteil des Naturhaushalts, insbesondere mit seinen Wasser- und Nährstoffkreisläufen,
   c) Abbau-, Ausgleichs- und Aufbaumedium für stoffliche Einwirkungen auf Grund der Filter-, Puffer- und Stoffumwandlungseigenschaften, insbesondere auch zum Schutz des Grundwassers,
2. Funktionen als Archiv der Natur- und Kulturgeschichte sowie
3. Nutzungsfunktionen als
   a) Rohstofflagerstätte,
   b) Fläche für Siedlung und Erholung,
   c) Standort für die land- und forstwirtschaftliche Nutzung,
   d) Standort für sonstige wirtschaftliche und öffentliche Nutzungen, Verkehr, Ver- und Entsorgung.

(3) Schädliche Bodenveränderungen im Sinne dieses Gesetzes sind Beeinträchtigungen der Bodenfunktionen, die geeignet sind, Gefahren, erhebliche Nachteile oder erhebliche Belästigungen für den einzelnen oder die Allgemeinheit herbeizuführen.

(4) Verdachtsflächen im Sinne dieses Gesetzes sind Grundstücke, bei denen der Verdacht schädlicher Bodenveränderungen besteht.

(5) Altlasten im Sinne dieses Gesetzes sind

1. stillgelegte Abfallbeseitigungsanlagen sowie sonstige Grundstücke, auf denen Abfälle behandelt, gelagert oder abgelagert worden sind (Altablagerungen), und
2. Grundstücke stillgelegter Anlagen und sonstige Grundstücke, auf denen mit umweltgefährdenden Stoffen umgegangen worden ist, ausgenommen Anlagen,

und die betroffene Nachbarschaft (Betroffenen) von der bevorstehenden Durchführung der geplanten Maßnahmen zu informieren. [2]Die zur Beurteilung der Maßnahmen wesentlichen vorhandenen Unterlagen sind zur Einsichtnahme zur Verfügung zu stellen. [3]Enthalten Unterlagen Geschäfts- oder Betriebsgeheimnisse, muß ihr Inhalt, soweit es ohne Preisgabe des Geheimnisses geschehen kann, so ausführlich dargestellt sein, daß es den Betroffenen möglich ist, die Auswirkungen der Maßnahmen auf ihre Belange zu beurteilen.

§ 13[1)] Sanierungsuntersuchungen und Sanierungsplanung. (1) [1]Bei Altlasten, bei denen wegen der Verschiedenartigkeit der nach § 4 erforderlichen Maßnahmen ein abgestimmtes Vorgehen notwendig ist oder von denen auf Grund von Art, Ausbreitung oder Menge der Schadstoffe in besonderem Maße schädliche Bodenveränderungen oder sonstige Gefahren für den einzelnen oder die Allgemeinheit ausgehen, soll die zuständige Behörde von einem nach § 4 Abs. 3, 5 oder 6 zur Sanierung Verpflichteten die notwendigen Untersuchungen zur Entscheidung über Art und Umfang der erforderlichen Maßnahmen (Sanierungsuntersuchungen) sowie die Vorlage eines Sanierungsplans verlangen, der insbesondere

1. eine Zusammenfassung der Gefährdungsabschätzung und der Sanierungsuntersuchungen,
2. Angaben über die bisherige und künftige Nutzung der zu sanierenden Grundstücke,
3. die Darstellung des Sanierungsziels und die hierzu erforderlichen Dekontaminations-, Sicherungs-, Schutz-, Beschränkungs- und Eigenkontrollmaßnahmen sowie die zeitliche Durchführung dieser Maßnahmen

enthält. [2]Die Bundesregierung wird ermächtigt, nach Anhörung der beteiligten Kreise (§ 20) durch Rechtsverordnung[2)] mit Zustimmung des Bundesrates Vorschriften über die Anforderungen an Sanierungsuntersuchungen sowie den Inhalt von Sanierungsplänen zu erlassen.

(2) Die zuständige Behörde kann verlangen, daß die Sanierungsuntersuchungen sowie der Sanierungsplan von einem Sachverständigen nach § 18 erstellt werden.

(3) [1]Wer nach Absatz 1 einen Sanierungsplan vorzulegen hat, hat die nach § 12 Betroffenen frühzeitig, in geeigneter Weise und unaufgefordert über die geplanten Maßnahmen zu informieren. [2]§ 12 Satz 2 und 3 gilt entsprechend.

(4) Mit dem Sanierungsplan kann der Entwurf eines Sanierungsvertrages über die Ausführung des Plans vorgelegt werden, der die Einbeziehung Dritter vorsehen kann.

(5) Soweit entnommenes Bodenmaterial im Bereich der von der Altlastensanierung betroffenen Fläche wieder eingebracht werden soll, gilt § 28 Absatz 1 Satz 1 des Kreislaufwirtschaftsgesetzes[3)] nicht, wenn durch einen für verbindlich erklärten Sanierungsplan oder eine Anordnung zur Durchsetzung der Pflichten nach § 4 *sicher*gestellt wird, daß das Wohl der Allgemeinheit nicht beeinträchtigt wird.

(6) [1]Die zuständige Behörde kann den Plan, auch unter Abänderungen oder mit Nebenbestimmungen, für verbindlich erklären. [2]Ein für verbindlich erklärter

---

[1)] § 13 Abs. 5 geänd. mWv 1.6.2012 durch G v. 24.2.2012 (BGBl. I S. 212); Abs. 6 Satz 2 geänd. mWv 29.7.2017 durch G v. 20.7.2017 (BGBl. I S. 2808); Abs. 6 Satz 2 geänd. mWv 4.3.2021 durch G v. 25.2.2021 (BGBl. I S. 306).

[2)] Siehe die Bundes-Bodenschutz-VO (Nr. **299a**) und die GefahrstoffVO v. 26.11.2010 (BGBl. I S. 1643, 1644), zuletzt geänd. durch G v. 29.3.2017 (BGBl. I S. 626).

[3)] Nr. **298**.

Plan schließt andere die Sanierung betreffende behördliche Entscheidungen mit Ausnahme von Zulassungsentscheidungen für Vorhaben, die nach § 1 in Verbindung mit der Anlage 1 des Gesetzes über die Umweltverträglichkeitsprüfung[1)] oder kraft Landesrechts einer Umweltverträglichkeitsprüfung unterliegen, mit ein, soweit sie im Einvernehmen mit der jeweils zuständigen Behörde erlassen und in dem für verbindlich erklärten Plan die miteingeschlossenen Entscheidungen aufgeführt werden.

§ 14 Behördliche Sanierungsplanung. [1] Die zuständige Behörde kann den Sanierungsplan nach § 13 Abs. 1 selbst erstellen oder ergänzen oder durch einen Sachverständigen nach § 18 erstellen oder ergänzen lassen, wenn

1. der Plan nicht, nicht innerhalb der von der Behörde gesetzten Frist oder fachlich unzureichend erstellt worden ist,
2. ein nach § 4 Abs. 3, 5 oder 6 Verpflichteter nicht oder nicht rechtzeitig herangezogen werden kann oder
3. auf Grund der großflächigen Ausdehnung der Altlast, der auf der Altlast beruhenden weiträumigen Verunreinigung eines Gewässers oder auf Grund der Anzahl der nach § 4 Abs. 3, 5 oder 6 Verpflichteten ein koordiniertes Vorgehen erforderlich ist.

[2] § 13 Abs. 3 bis 6 gilt entsprechend.

§ 15 Behördliche Überwachung, Eigenkontrolle. (1) [1] Altlasten und altlastverdächtige Flächen unterliegen, soweit erforderlich, der Überwachung durch die zuständige Behörde. [2] Bei Altstandorten und Altablagerungen bleibt die Wirksamkeit von behördlichen Zulassungsentscheidungen sowie von nachträglichen Anordnungen durch die Anwendung dieses Gesetzes unberührt.

(2) [1] Liegt eine Altlast vor, so kann die zuständige Behörde von den nach § 4 Abs. 3, 5 oder 6 Verpflichteten, soweit erforderlich, die Durchführung von Eigenkontrollmaßnahmen, insbesondere Boden- und Wasseruntersuchungen, sowie die Einrichtung und den Betrieb von Meßstellen verlangen. [2] Die Ergebnisse der Eigenkontrollmaßnahmen sind aufzuzeichnen und fünf Jahre lang aufzubewahren. [3] Die zuständige Behörde kann eine längerfristige Aufbewahrung anordnen, soweit dies im Einzelfall erforderlich ist. [4] Die zuständige Behörde kann Eigenkontrollmaßnahmen auch nach Durchführung von Dekontaminations-, Sicherungs- und Beschränkungsmaßnahmen anordnen. [5] Sie kann verlangen, daß die Eigenkontrollmaßnahmen von einem Sachverständigen nach § 18 durchgeführt werden.

(3) [1] Die Ergebnisse der Eigenkontrollmaßnahmen sind von den nach § 4 Abs. 3, 5 oder 6 Verpflichteten der zuständigen Behörde auf Verlangen mitzuteilen. [2] Sie hat diese Aufzeichnungen und die Ergebnisse ihrer Überwachungsmaßnahmen fünf Jahre lang aufzubewahren.

(Fortsetzung nächstes Blatt)

[1)] Nr. **295**.

340. Raumordnungsgesetz (ROG)[1) 2) 3) 4)]

Vom 22. Dezember 2008

(BGBl. I S. 2986)

FNA 2301-2

geänd. durch Art. 4 Drittes G zur Änd. des EnergieeinsparungsG v. 28.3.2009 (BGBl. I S. 643), Art. 9 G zur Neuregelung des Rechts des Naturschutzes und der Landschaftspflege v. 29.7.2009 (BGBl. I S. 2542), Art. 9 G zur Neuregelung des Wasserrechts v. 31.7.2009 (BGBl. I S. 2585), Art. 124 Zehnte ZuständigkeitsanpassungsVO v. 31.8.2015 (BGBl. I S. 1474), Art. 1, 5 Satz 2 G zur Änderung raumordnungsrechtlicher Vorschriften v. 23.5.2017 (BGBl. I S. 1245), Art. 2 Abs. 14a, 15 G zur Modernisierung des Rechts der Umweltverträglichkeitsprüfung v. 20.7.2017 (BGBl. I S. 2808), Art. 159 Elfte ZuständigkeitsanpassungsVO v. 19.6.2020 (BGBl. I S. 1328) und Art. 5 G zur Beschleunigung von Investitionen v. 3.12.2020 (BGBl. I S. 2694)

Inhaltsübersicht[5)]

[1)] **Amtl. Anm.:** Das Gesetz dient der Umsetzung folgender Rechtsakte des Gemeinschaftsrechts:

Richtlinie 79/409/EWG des Rates vom 2. April 1979 über die Erhaltung der wild lebenden Vogelarten (ABl. EG Nr. L 103 S. 1), zuletzt geändert durch Art. 1 der Änderungsrichtlinie 2006/105/EG vom 20. November 2006 (ABl. EU Nr. L 363 S. 368),

Richtlinie 92/43/EWG des Rates vom 21. Mai 1992 zur Erhaltung der natürlichen Lebensräume sowie der wild lebenden Tiere und Pflanzen (ABl. EG Nr. L 206 S. 7), zuletzt geändert durch Art. 1 der Änderungsrichtlinie 2006/105/EG vom 20. November 2006 (ABl. EU Nr. L 363 S. 368),

Richtlinie 2001/42/EG des europäischen Parlaments und des Rates vom 27. Juni 2001 über die Prüfung der Umweltauswirkungen bestimmter Pläne und Programme (ABl. EG Nr. L 197 S. 30).

[2)] Verkündet als Art. 1 G v. 22.12.2008 (BGBl. I S. 2986); Inkrafttreten von Abschnitt 3 (§§ 17–25) und § 29 gem. Art. 9 Nr. 1 Satz 1 dieses G am 31.12.2008; die übrigen Abschnitte und Paragraphen treten gem. Art. 9 Nr. 1 Satz 2 dieses G am 30.6.2009 in Kraft.

[3)] Beachte hierzu ua das Planungssicherstellungsgesetz v. 20.5.2020 (BGBl. I S. 1041).

[4)] Die Änderungen durch G v. 23.5.2017 (BGBl. I S. 1245) treten teilweise erst **mWv 1.10.2021** in Kraft und sind insoweit im Text noch nicht berücksichtigt.

[5)] Inhaltsübersicht neu gef. mWv 29.11.2017 durch G v. 23.5.2017 (BGBl. I S. 1245).

Abschnitt 1. Allgemeine Vorschriften

§ 1[1)] Aufgabe und Leitvorstellung der Raumordnung. (1) [1] Der Gesamtraum der Bundesrepublik Deutschland und seine Teilräume sind durch Raumordnungspläne, durch raumordnerische Zusammenarbeit und durch Abstimmung raumbedeutsamer Planungen und Maßnahmen zu entwickeln, zu ordnen und zu sichern. [2] Dabei sind

1. unterschiedliche Anforderungen an den Raum aufeinander abzustimmen und die auf der jeweiligen Planungsebene auftretenden Konflikte auszugleichen,
2. Vorsorge für einzelne Nutzungen und Funktionen des Raums zu treffen.

(2) Leitvorstellung bei der Erfüllung der Aufgabe nach Absatz 1 ist eine nachhaltige Raumentwicklung, die die sozialen und wirtschaftlichen Ansprüche an den Raum mit seinen ökologischen Funktionen in Einklang bringt und zu einer dauerhaften, großräumig ausgewogenen Ordnung mit gleichwertigen Lebensverhältnissen in den Teilräumen führt.

(3) Die Entwicklung, Ordnung und Sicherung der Teilräume soll sich in die Gegebenheiten und Erfordernisse des Gesamtraums einfügen; die Entwicklung, Ordnung und Sicherung des Gesamtraums soll die Gegebenheiten und Erfordernisse seiner Teilräume berücksichtigen (Gegenstromprinzip).

(4) Raumordnung findet im Rahmen der Vorgaben des Seerechtsübereinkommens der Vereinten Nationen vom 10. Dezember 1982 (BGBl. 1994 II S. 1798) auch in der deutschen ausschließlichen Wirtschaftszone statt.

§ 2[2)] Grundsätze der Raumordnung. (1) Die Grundsätze der Raumordnung sind im Sinne der Leitvorstellung einer nachhaltigen Raumentwicklung nach § 1 Abs. 2 anzuwenden und durch Festlegungen in Raumordnungsplänen zu konkretisieren, soweit dies erforderlich ist.

(Fortsetzung nächstes Blatt)

[1)] § 1 Abs. 1 Satz 1 geänd. mWv 29.11.2017 durch G v. 23.5.2017 (BGBl. I S. 1245).

[2)] § 2 Abs. 2 Nr. 1 Satz 4, Nr. 3 Satz 6, Nr. 5 Satz 2 geänd., Nr. 6 Satz 2 neu gef., Satz 3 geänd., Satz 9 angef. mWv 29.11.2017 durch G v. 23.5.2017 (BGBl. I S. 1245).

nalplanung mit den hierfür maßgeblichen öffentlichen Stellen und Personen des Privatrechts einschließlich Nichtregierungsorganisationen und der Wirtschaft zusammenarbeiten oder auf die Zusammenarbeit dieser Stellen und Personen hinwirken. [2] Die Zusammenarbeit nach Satz 1 kann sowohl zur Entwicklung einer Region als auch im Hinblick auf regionen- oder grenzübergreifende Belange erfolgen; die Zusammenarbeit von Gemeinden zur Stärkung teilräumlicher Entwicklungen (interkommunale Zusammenarbeit) ist zu unterstützen.

(2) [1] Formelle und informelle Arten der Zusammenarbeit nach Absatz 1 können insbesondere sein:

1. Vertragliche Vereinbarungen, insbesondere zur Koordinierung oder Verwirklichung von raumordnerischen Entwicklungskonzepten und zur Vorbereitung oder Verwirklichung von Raumordnungsplänen,
2. Maßnahmen wie regionale Entwicklungskonzepte, überregionale, regionale und interkommunale Netzwerke und Kooperationsstrukturen, regionale Foren und Aktionsprogramme zu aktuellen Handlungsanforderungen,
3. Durchführung einer Raumbeobachtung und Bereitstellung der Ergebnisse für regionale und kommunale Träger sowie für Träger der Fachplanung im Hinblick auf raumbedeutsame Planungen und Maßnahmen, sowie Beratung dieser Träger.

[2] Im Falle des Satzes 1 Nr. 1 kann Gegenstand der vertraglichen Vereinbarung auch die Übernahme von Kosten sein, die dem Träger der Landes- oder Regionalplanung bei der im Interesse des Vertragspartners liegenden Vorbereitung oder Verwirklichung von Raumordnungsplänen entstehen.

§ 15[1)] Raumordnungsverfahren. (1) [1] Die für Raumordnung zuständige Landesbehörde prüft nach Maßgabe der folgenden Absätze in einem besonderen Verfahren die Raumverträglichkeit raumbedeutsamer Planungen und Maßnahmen im Sinne von § 1 der Raumordnungsverordnung[2)] (Raumordnungsverfahren). [2] Hierbei sind die raumbedeutsamen Auswirkungen der Planung oder Maßnahme unter überörtlichen Gesichtspunkten zu prüfen; insbesondere werden die Übereinstimmung mit den Erfordernissen der Raumordnung und die Abstimmung mit anderen raumbedeutsamen Planungen und Maßnahmen geprüft. [3] Gegenstand der Prüfung nach Satz 2 sollen auch ernsthaft in Betracht kommende Standort- oder Trassenalternativen sein.

(2) [1] Der Träger der raumbedeutsamen Planung oder Maßnahme legt der für Raumordnung zuständigen Landesbehörde die Verfahrensunterlagen vor, die notwendig sind, um eine Bewertung der raumbedeutsamen Auswirkungen des Vorhabens zu ermöglichen. [2] Die Verfahrensunterlagen sollen in einem verkehrsüblichen elektronischen Format eingereicht werden. [3] Bei raumbedeutsamen Planungen und Maßnahmen der Verteidigung entscheidet das Bundesministerium der Verteidigung oder die von ihm bestimmte Stelle, bei raumbedeutsamen Planungen und Maßnahmen des Zivilschutzes die zuständige Stelle über Art und Umfang der Angaben für die Planung oder Maßnahme.

[1)] § 15 Abs. 1 Satz 3 neu gef., Satz 4 aufgeh., Abs. 3 Satz 1 geänd., Sätze 2–5 eingef., bish. Satz 2 wird Satz 6, bish. Satz 3 aufgeh., bish. Satz 4 wird Satz 7 mWv 29.11.2017 durch G v. 23.5.2017 (BGBl. I S. 1245); Abs. 1 Satz 1 geänd., Abs. 2 Satz 2 eingef., bish. Satz 2 wird Satz 3, Abs. 3 Satz 2 geänd., Sätze 3, 4 neu gef., Sätze 5–7 eingef., bish. Sätze 5–7 werden Sätze 8–10 und Satz 10 geänd., Abs. 4, 5 neu gef., Abs. 6 Satz 1 geänd., Abs. 7 angef. mWv 9.6.2021 durch G v. 3.12.2020 (BGBl. I S. 2694).

[2)] Nr. **340a**.

(3) [1]Die in ihren Belangen berührten öffentlichen Stellen und die Öffentlichkeit sind zu beteiligen. [2]Die Verfahrensunterlagen sind für die Dauer von mindestens einem Monat im Internet zu veröffentlichen. [3]Der Träger der raumbedeutsamen Planung oder Maßnahme hat Anspruch darauf, dass seine Betriebs- und Geschäftsgeheimnisse von der Behörde nicht unbefugt offenbart werden. [4]Ort und Dauer der Veröffentlichung sind mindestens eine Woche vor Beginn der Veröffentlichung öffentlich bekannt zu machen; dabei ist unter Angabe einer angemessenen Frist, die zumindest der Veröffentlichungsfrist entspricht, darauf hinzuweisen, dass Stellungnahmen abgegeben werden können und bei der Abgabe elektronische Informationstechnologien genutzt werden sollen. [5]In der Bekanntmachung nach Satz 4 ist darauf hinzuweisen, dass und wo die Veröffentlichung im Internet nach Satz 2 erfolgt. [6]Als zusätzliches Informationsangebot nach Satz 2 sind zusätzlich zur Veröffentlichung im Internet andere leicht zu erreichende Zugangsmöglichkeiten, etwa durch Versendung oder öffentlich zugängliche Lesegeräte, zur Verfügung zu stellen, soweit dies nach Feststellung der nach Absatz 2 Satz 1 zuständigen Behörde angemessen und zumutbar ist. [7]Auf diese Zugangsmöglichkeiten ist in der Bekanntmachung nach Satz 4 hinzuweisen. [8]§ 9 Absatz 2 Satz 6 gilt entsprechend. [9]Bei raumbedeutsamen Planungen und Maßnahmen, die erhebliche Auswirkungen auf Nachbarstaaten haben können, erfolgt die Beteiligung der betroffenen Nachbarstaaten im Raumordnungsverfahren nach den Grundsätzen der Gegenseitigkeit und Gleichwertigkeit. [10]Bei raumbedeutsamen Planungen und Maßnahmen nach Absatz 2 Satz 3 erfolgt die Entscheidung darüber, ob und in welchem Umfang die Öffentlichkeit einbezogen wird, im Einvernehmen mit den dort genannten Stellen.

(4) [1]Das Raumordnungsverfahren ist nach Vorliegen der vollständigen Unterlagen innerhalb einer Frist von sechs Monaten abzuschließen. [2]Hält der Vorhabenträger nach Abschluss des Raumordnungsverfahrens an der Realisierung der raumbedeutsamen Planung oder Maßnahme nach Absatz 1 Satz 1 fest, soll er zeitnah die Durchführung des hierfür erforderlichen Zulassungsverfahrens oder, sofern dies gesetzlich vorgesehen ist, des Verfahrens zur Bestimmung der Planung und Linienführung beantragen. [3]Die nach Absatz 2 Satz 1 zuständige Behörde soll der Zulassungsbehörde die Verfahrensunterlagen, die Gegenstand des Raumordnungsverfahrens waren, unverzüglich nach der Antragstellung des Vorhabenträgers in einem verkehrsüblichen elektronischen Format übermitteln. [4]Im Zulassungsverfahren soll die Prüfung auf Belange beschränkt werden, die nicht Gegenstand des Raumordnungsverfahrens waren. [5]Wird das Vorhaben abschnittsweise zugelassen, können das Raumordnungsverfahren sowie das Zulassungsverfahren oder, sofern dies gesetzlich vorgesehen ist, das Verfahren zur Bestimmung der Planung und Linienführung insoweit aufeinander abgestimmt werden.

(5) [1]Der Träger einer raumbedeutsamen Planung oder Maßnahme kann die Durchführung eines Raumordnungsverfahrens bei der für Raumordnung zuständigen Landesbehörde beantragen. [2]Stellt der Träger der raumbedeutsamen Planung oder Maßnahme keinen Antrag, zeigt er dies der für Raumordnung zuständigen Landesbehörde unter Beifügung der für die Raumverträglichkeitsprüfung erforderlichen Unterlagen vor Einleitung eines Zulassungsverfahrens oder, sofern dies gesetzlich vorgesehen ist, eines Verfahrens zur Bestimmung der Planung und Linienführung an. [3]In diesem Fall soll die für Raumordnung zuständige Landesbehörde ein Raumordnungsverfahren einleiten, wenn sie befürchtet, dass die Planung oder Maßnahme im Hinblick auf die in Absatz 1 Satz 2 zweiter Halbsatz genannten Kriterien zu raumbedeutsamen Konflikten führen wird. [4]Die für Raumordnung zuständige Landesbehörde teilt ihre Entscheidung dem

Träger der raumbedeutsamen Planung oder Maßnahme innerhalb von vier Wochen nach dessen Anzeige gemäß Satz 2 mit. [5]Bei raumbedeutsamen Planungen und Maßnahmen von öffentlichen Stellen des Bundes, von anderen öffentlichen Stellen, die im Auftrag des Bundes tätig sind, sowie von Personen des Privatrechts nach § 5 Absatz 1 trifft die für Raumordnung zuständige Landesbehörde die Entscheidung nach Satz 4 im Benehmen mit dieser Stelle oder Person.

(6) [1]Für die Länder Berlin, Bremen und Hamburg gilt Absatz 1 Satz 1 nicht. [2]Schaffen diese Länder allein oder gemeinsam mit anderen Ländern Rechtsgrundlagen für Raumordnungsverfahren, finden die Absätze 1 bis 5 Anwendung.

(7) Das Ergebnis des Raumordnungsverfahrens kann nur im Rahmen des Rechtsbehelfsverfahrens gegen die nachfolgende Zulassungsentscheidung überprüft werden.

§ 16[1)] Beschleunigtes Raumordnungsverfahren; Absehen von Raumordnungsverfahren. (1) [1]Bei der Prüfung der Raumverträglichkeit raumbedeutsamer Planungen und Maßnahmen kann, soweit keine anderen Rechtsvorschriften entgegenstehen, auf die Beteiligung einzelner öffentlicher Stellen nach § 15 Abs. 3 Satz 1 und 6 verzichtet werden, wenn die raumbedeutsamen Auswirkungen dieser Planungen und Maßnahmen gering sind oder wenn für die Prüfung der Raumverträglichkeit erforderliche Stellungnahmen schon in einem anderen Verfahren abgegeben wurden (beschleunigtes Raumordnungsverfahren). [2]Die Frist nach § 15 Abs. 4 Satz 2 beträgt beim beschleunigten Raumordnungsverfahren grundsätzlich drei Monate.

(2) [1]Von der Durchführung eines Raumordnungsverfahrens kann bei solchen Planungen und Maßnahmen abgesehen werden, für die sichergestellt ist, dass ihre Raumverträglichkeit anderweitig geprüft wird. [2]Die Landesregierungen können durch Rechtsverordnung regeln, welche Fälle die Durchführung eines Raumordnungsverfahrens erübrigen.

Abschnitt 3.[2)] Raumordnung im Bund

§ 17[3)] Raumordnungspläne für die deutsche ausschließliche Wirtschaftszone und für den Gesamtraum. (1) [1]Das Bundesministerium des Innern, für Bau und Heimat stellt im Einvernehmen mit den fachlich betroffenen Bundesministerien für die deutsche ausschließliche Wirtschaftszone einen Raumordnungsplan als Rechtsverordnung auf. [2]Der Raumordnungsplan soll unter Berücksichtigung etwaiger Wechselwirkungen zwischen Land und Meer sowie unter Berücksichtigung von Sicherheitsaspekten Festlegungen treffen

1. zur Gewährleistung der Sicherheit und Leichtigkeit des Schiffsverkehrs,
2. zu weiteren wirtschaftlichen Nutzungen,
3. zu wissenschaftlichen Nutzungen sowie
4. zum Schutz und zur Verbesserung der Meeresumwelt.

[3]Das Bundesamt für Seeschifffahrt und Hydrographie führt mit Zustimmung des Bundesministeriums des Innern, für Bau und Heimat die vorbereitenden Ver-

[1)] § 16 Überschrift neu gef., Abs. 1 Sätze 1 und 2 geänd., Abs. 2 angef. mWv 29.11.2017 durch G v. 23.5.2017 (BGBl. I S. 1245).

[2)] Abschnitt 3 (§§ 17–25) tritt gem. Art. 9 Nr. 1 Satz 1 G v. 22.12.2008 (BGBl. I S. 2986) am 31.12.2008 in Kraft.

[3)] § 17 neu gef. mWv 29.11.2017 durch G v. 23.5.2017 (BGBl. I S. 1245); Abs. 1 Sätze 1, 3, 4, Abs. 2 Sätze 1, 4, 5, Abs. 3 Sätze 1, 3, 4 geänd. mWv 27.6.2020 durch VO v. 19.6.2020 (BGBl. I S. 1328).

fahrensschritte zur Aufstellung des Raumordnungsplans durch. [4] Das Bundesministerium des Innern, für Bau und Heimat arbeitet mit den angrenzenden Staaten und Ländern zusammen, um die Abstimmung und Kohärenz des Raumordnungsplans mit den Raumplanungen der angrenzenden Staaten und Länder sicherzustellen.

(2) [1] Das Bundesministerium des Innern, für Bau und Heimat kann im Einvernehmen mit den fachlich betroffenen Bundesministerien länderübergreifende Raumordnungspläne für den Hochwasserschutz sowie zu Standortkonzepten für Häfen und Flughäfen als Grundlage für ihre verkehrliche Anbindung im Rahmen der Bundesverkehrswegeplanung als Rechtsverordnung aufstellen. [2] Voraussetzung ist, dass dies für die räumliche Entwicklung und Ordnung des Bundesgebietes unter nationalen oder europäischen Gesichtspunkten erforderlich ist. [3] Die Beratungs- und Unterrichtungspflicht nach § 24 Absatz 1 und 4 ist zu beachten. [4] Das Bundesamt für Bauwesen und Raumordnung führt mit Zustimmung des Bundesministeriums des Innern, für Bau und Heimat die vorbereitenden Verfahrensschritte zur Aufstellung der Raumordnungspläne durch. [5] Das Bundesministerium des Innern, für Bau und Heimat beteiligt bei der Planaufstellung die Bundesministerien und stellt das Benehmen mit den Ländern und den angrenzenden Staaten her.

(3) [1] Das Bundesministerium des Innern, für Bau und Heimat kann im Einvernehmen mit den fachlich betroffenen Bundesministerien für die räumliche Entwicklung des Bundesgebietes einzelne Grundsätze der Raumordnung nach § 2 Absatz 2 durch Grundsätze in einem Raumordnungsplan konkretisieren. [2] Die Beratungs- und Unterrichtungspflicht nach § 24 Absatz 1 und 4 ist zu beachten. [3] Das Bundesamt für Bauwesen und Raumordnung führt mit Zustimmung des Bundesministeriums des Innern, für Bau und Heimat die vorbereitenden Verfahrensschritte zur Aufstellung des Raumordnungsplans durch. [4] Das Bundesministerium des Innern, für Bau und Heimat beteiligt bei der Planaufstellung die Bundesministerien und stellt das Benehmen mit den Ländern und den angrenzenden Staaten her.

(4) Zur Vorbereitung oder Verwirklichung von Raumordnungsplänen nach den Absätzen 1 und 2 kann der Träger der Bundesraumordnung entsprechend § 14 Absatz 1 und Absatz 2 Satz 1 Nummer 1 vertragliche Vereinbarungen treffen; Gegenstand dieser Vereinbarungen kann auch die Übernahme von Kosten sein, die dem Träger der Bundesraumordnung bei der im Interesse des Vertragspartners liegenden Vorbereitung oder Verwirklichung von Raumordnungsplänen entstehen.

(5) [1] Auf den Raumordnungsplan nach Absatz 3 finden die §§ 8 und 10 keine Anwendung. [2] Der Raumordnungsplan nach Absatz 3 ist im Bundesanzeiger bekannt zu machen; mit der Bekanntmachung tritt er in Kraft. [3] Die Bekanntmachung kann auch dadurch bewirkt werden, dass der Raumordnungsplan bei der Bundesverwaltung zu jedermanns Einsicht ausgelegt und im Bundesanzeiger darauf hingewiesen wird, wo der Raumordnungsplan eingesehen werden kann. [4] Elektronische Informationstechnologien sollen ergänzend genutzt werden; § 9 Absatz 2 Satz 6 gilt entsprechend.

§ 18[1)] Beteiligung bei der Aufstellung von Raumordnungsplänen des Bundes. (1) Bei der Aufstellung des Raumordnungsplans nach § 17 Absatz 1 sind Ort und Dauer der Auslegung nach § 9 Absatz 2 mindestens eine Woche vor Beginn der Auslegung im Verkündungsblatt und auf der Internetseite der auslegenden Behörde nach § 17 Absatz 1 Satz 3 amtlich bekannt zu machen.

(2) Bei der Aufstellung der Raumordnungspläne nach § 17 Absatz 2 sind Ort und Dauer der Auslegung nach § 9 Absatz 2 mindestens eine Woche vor Beginn der Auslegung im Verkündungsblatt und auf der Internetseite der auslegenden Behörde nach § 17 Absatz 2 Satz 4 amtlich bekannt zu machen.

§ 19[2)] Zielabweichung bei Raumordnungsplänen des Bundes. [1] Hinsichtlich der Zielabweichung bei Raumordnungsplänen des Bundes gilt § 6 Abs. 2 mit der Maßgabe, dass über den Antrag auf Zielabweichung bei Raumordnungsplänen nach § 17 Absatz 1 das Bundesamt für Seeschifffahrt und Hydrographie und bei Raumordnungsplänen nach § 17 Absatz 2 das Bundesministerium des Innern, für Bau und Heimat entscheidet. [2] Wird über den Antrag auf Zielabweichung im Zulassungsverfahren über eine raumbedeutsame Planung oder Maßnahme oder in einem anderen Verfahren entschieden, ist das Benehmen mit dem Bundesministerium des Innern, für Bau und Heimat erforderlich.

§ 20[3)] Untersagung raumbedeutsamer Planungen und Maßnahmen bei Raumordnungsplänen des Bundes. Für die Untersagung raumbedeut-

(Fortsetzung nächstes Blatt)

[1)] § 18 neu gef. mWv 10.12.2020 durch G v. 3.12.2020 (BGBl. I S. 2694).

[2)] Früherer § 21 Sätze 1 und 2 geänd. mWv 8.9.2015 durch VO v. 31.8.2015 (BGBl. I S. 1474); § 19 aufgeh., bish. § 21 wird § 19 und Satz 1 geänd. mWv 29.11.2017 durch G v. 23.5.2017 (BGBl. I S. 1245); Sätze 1, 2 geänd. mWv 27.6.2020 durch VO v. 19.6.2020 (BGBl. I S. 1328).

[3)] Früherer § 22 geänd. mWv 8.9.2015 durch VO v. 31.8.2015 (BGBl. I S. 1474); § 20 aufgeh., bish. § 22 wird § 20 und geänd. mWv 29.11.2017 durch G v. 23.5.2017 (BGBl. I S. 1245); geänd. mWv 27.6.2020 durch VO v. 19.6.2020 (BGBl. I S. 1328).

340a. Raumordnungsverordnung (RoV)[1)]

Vom 13. Dezember 1990

(BGBl. I S. 2766)

FNA 2300-1-1

geänd. durch Art. 6 Abs. 34 EisenbahnneuordnungsG v. 27.12.1993 (BGBl. I S. 2378), Art. 1 ÄndVO v. 15.8. 1994 (BGBl. I S. 2116), Art. 2 MagnetschwebebahnplanungsG v. 23.11.1994 (BGBl. I S. 3486), Art. 4 Bau- und RaumordnungsG 1998 v. 18.8.1997 (BGBl. I S. 2081), Art. 22a UVP-ÄnderungsrichtlinienumsetzungsG v. 27.7.2001 (BGBl. I S. 1950), Art. 2b Siebtes G zur Änd. des WasserhaushaltsG v. 18.6.2002 (BGBl. I S. 1914), Art. 21 G zur Neuregelung des Wasserrechts v. 31.7.2009 (BGBl. I S. 2585), Art. 5 Abs. 35 G zur Neuordnung des Kreislaufwirtschafts- und Abfallrechts v. 24.2.2012 (BGBl. I S. 212), Art. 9 G zur Beschleunigung des Energieleitungsausbaus v. 13.5.2019 (BGBl. I S. 706) und Art. 6 Investitionen-BeschleunigungsG v. 3.12.2020 (BGBl. I S. 2694)

Auf Grund des § 6a Abs. 2 Satz 1 des Raumordnungsgesetzes[2)] in der Fassung der Bekanntmachung vom 19. Juli 1989 (BGBl. I S. 1461) verordnet die Bundesregierung:

§ 1[3)] Anwendungsbereich. [1] Die Durchführung eines Raumordnungsverfahrens erfolgt nur auf Grundlage eines Antrags nach § 15 Absatz 5 Satz 1 des Raumordnungsgesetzes[2)] oder auf Grundlage einer Entscheidung nach § 15 Absatz 5 Satz 3 des Raumordnungsgesetzes für die nachfolgend aufgeführten Planungen und Maßnahmen, wenn sie im Einzelfall raumbedeutsam sind und überörtliche Bedeutung haben. [2] Die Befugnis der für die Raumordnung zuständigen Landesbehörden, weitere raumbedeutsame Planungen und Maßnahmen von überörtlicher Bedeutung nach landesrechtlichen Vorschriften in einem Raumordnungsverfahren zu überprüfen, bleibt unberührt. [3]

1. Errichtung einer Anlage im Außenbereich im Sinne des § 35 des Baugesetzbuchs[4)], die der Genehmigung in einem Verfahren unter Einbeziehung der Öffentlichkeit nach § 4 des Bundes-Immissionsschutzgesetzes[5)] bedarf und die in den Nummern 1 bis 10 der Anlage 1 zum Gesetz über die Umweltverträglichkeitsprüfung aufgeführt ist; sachlich und räumlich miteinander im Verbund stehende Anlagen sind dabei als Einheit anzusehen;
2. Errichtung einer ortsfesten kerntechnischen Anlage, die der Genehmigung in einem Verfahren unter Einbeziehung der Öffentlichkeit nach § 7 des Atomgesetzes[6)] bedarf;
3. Errichtung einer Anlage zur Sicherstellung und zur Endlagerung radioaktiver Abfälle, die einer Planfeststellung nach § 9b des Atomgesetzes bedarf;
4. Errichtung einer Anlage zur Ablagerung von Abfällen (Deponie), die der Planfeststellung nach § 35 Absatz 2 des Kreislaufwirtschaftsgesetzes[7)] bedarf;

[1)] Überschr. neu gef. mWv 3.8.2001 durch G v. 27.7.2001 (BGBl. I S. 1950).

[2)] Nr. **340**.

[3)] § 1 Satz 3 Nr. 9 geänd. durch G v. 27.12.1993 (BGBl. I S. 2378); Satz 1 und Satz 3 Nr. 4 neu gef. durch VO v. 15.8.1994 (BGBl. I S. 2116); Satz 3 Nr. 17 geänd. und Nr. 18 angef. durch G v. 23.11.1994 (BGBl. I S. 3486); Sätze 1 und 2, Satz 3 Nrn. 1, 4 und 18 geänd. und Nr. 19 angef. durch G v. 18.8.1997 (BGBl. I S. 2081); Satz 3 Nr. 1 geänd., Nr. 13 aufgeh. und Nr. 14 neu gef. mWv 3.8.2001 durch G v. 27.7.2001 (BGBl. I S. 1950); Satz 3 Nr. 6 geänd. mWv 25.6.2002 durch G v. 18.6.2002 (BGBl. I S. 1914); Satz 3 Nr. 5–7 geänd. mWv 1.3.2010 durch G v. 31.7.2009 (BGBl. I S. 2585); Satz 3 Nr. 4 geänd. mWv 1.6.2012 durch G v. 24.2.2012 (BGBl. I S. 212); Satz 3 (nach BGBl. I wohl irrtümlich: „Satz 2") Nr. 14 geänd. mWv 17.5.2019 durch G v. 13.5.2019 (BGBl. I S. 706); Satz 1 neu gef. mWv 9.6.2021 durch G v. 3.12.2020 (BGBl. I S. 2694).

[4)] Nr. **300**.

[5)] Nr. **296**.

[6)] Nr. **835**.

[7)] Nr. **298**.

5. Bau einer Abwasserbehandlungsanlage, die einer Genehmigung nach § 60 Absatz 3 Satz 1 des Wasserhaushaltsgesetzes[1] bedarf;
6. Errichtung und wesentliche Trassenänderung einer Rohrleitungsanlage zum Befördern wassergefährdender Stoffe, die der Genehmigung nach § 20 des Gesetzes über die Umweltverträglichkeitsprüfung[2] bedarf;
7. Herstellung, Beseitigung und wesentliche Umgestaltung eines Gewässers oder seiner Ufer, die einer Planfeststellung nach § 68 Absatz 1 des Wasserhaushaltsgesetzes bedürfen, sowie von Häfen ab einer Größe von 100 ha, Deich- und Dammbauten und Anlagen zur Landgewinnung am Meer;
8. Bau einer Bundesfernstraße, die der Entscheidung nach § 16 des Bundesfernstraßengesetzes[3] bedarf;
9. Neubau und wesentliche Trassenänderung von Schienenstrecken der Eisenbahnen des Bundes sowie Neubau von Rangierbahnhöfen und von Umschlagseinrichtungen für den kombinierten Verkehr;
10. Errichtung einer Versuchsanlage nach dem Gesetz über den Bau und den Betrieb von Versuchsanlagen zur Erprobung von Techniken für den spurgeführten Verkehr;
11. Ausbau, Neubau und Beseitigung einer Bundeswasserstraße, die der Bestimmung der Planung und Linienführung nach § 13 des Bundeswasserstraßengesetzes[4] bedürfen;
12. Anlage und wesentliche Änderung eines Flugplatzes, die einer Planfeststellung nach § 8 des Luftverkehrsgesetzes[5] bedürfen;
13. *(aufgehoben)*
14. Errichtung von Hochspannungsfreileitungen mit einer Nennspannung von 110 kV oder mehr, ausgenommen Errichtungen in Bestandstrassen, unmittelbar neben Bestandstrassen oder unter weit überwiegender Nutzung von Bestandstrassen, und von Gasleitungen mit einem Durchmesser von mehr als 300 mm;
15. Errichtung von Feriendörfern, Hotelkomplexen und sonstigen großen Einrichtungen für die Ferien- und Fremdenbeherbergung sowie von großen Freizeitanlagen;
16. bergbauliche Vorhaben, soweit sie der Planfeststellung nach § 52 Abs. 2a bis 2c des Bundesberggesetzes[6] bedürfen;
17. andere als bergbauliche Vorhaben zum Abbau von oberflächennahen Rohstoffen mit einer vom Vorhaben beanspruchten Gesamtfläche von 10 ha oder mehr;
18. Neubau und wesentliche Trassenänderung von Magnetschwebebahnen;
19. Errichtung von Einkaufszentren, großflächigen Einzelhandelsbetrieben und sonstigen großflächigen Handelsbetrieben.

§ 2[7] *(aufgehoben)*

§ 3 Inkrafttreten. Diese Verordnung tritt am Tage nach der Verkündung[8] in Kraft.

---

[1] Nr. **845**.
[2] Nr. **295**.
[3] Nr. **932**.
[4] Nr. **971**.
[5] **Sartorius ErgBd. Nr. 975.**
[6] **Sartorius III Nr. 460.**
[7] § 2 aufgeh. durch G v. 18.8.1997 (BGBl. I S. 2081).
[8] Verkündet am 19.12.1990.

400. Jugendschutzgesetz (JuSchG)[1)]

Vom 23. Juli 2002

(BGBl. I S. 2730)

FNA 2161-6

geänd. durch Art. 7 Abs. 2 G zur Änd. der Vorschriften über die Straftaten gegen die sexuelle Selbstbestimmung und zur Änd. anderer Vorschriften v. 27.12.2003 (BGBl. I S. 3007), Art. 3 HaushaltsbegleitG 2004 v. 29.12.2003 (BGBl. I S. 3076), Art. 2 G zur Verbesserung des Schutzes junger Menschen vor Gefahren des Alkohol- und Tabakkonsums v. 23.7.2004 (BGBl. I S. 1857), Art. 2 Elektronischer-Geschäftsverkehr-VereinheitlichungsG v. 26.2.2007 (BGBl. I S. 179), Art. 3 Passivrauchen-SchutzG v. 20.7. 2007 (BGBl. I S. 1595), Art. 1 Erstes ÄndG v. 24.6.2008 (BGBl. I S. 1075), Art. 3 Abs. 1 G zur Umsetzung des Rahmenbeschlusses des Rates der Europäischen Union zur Bekämpfung der sexuellen Ausbeutung von Kindern und der Kinderpornographie v. 31.10.2008 (BGBl. I S. 2149), Art. 2 Abs. 55, Art. 4 Abs. 36 G zur Strukturreform des Gebührenrechts des Bundes v. 7.8.2013 (BGBl. I S. 3154, Art. 4 Abs. 36 dieses G aufgeh. durch Art. 2 G v. 18.7.2016, BGBl. I S. 1666), Art. 1 G zum Schutz von Kindern und Jugendlichen vor den Gefahren des Konsums von elektronischen Zigaretten und elektronischen Shishas v. 3.3.2016 (BGBl. I S. 369), Art. 4 Abs. 33 G zur Aktualisierung der Strukturreform des Gebührenrechts des Bundes v. 18.7.2016 (BGBl. I S. 1666), Art. 11 Branntweinmonopolverwaltung-AuflösungsG v. 10.3.2017 (BGBl. I S. 420), Art. 2 Zweites G zur Änd. des TabakerzeugnisG v. 23.10. 2020 (BGBl. I S. 2229) und Art. 1 Zweites G zur Änd. des JugendschutzG v. 9.4.2021 (BGBl. I S. 742)

Der Bundestag hat mit Zustimmung des Bundesrates das folgende Gesetz beschlossen:

Abschnitt 1. Allgemeines

§ 1[2)] Begriffsbestimmungen. (1) Im Sinne dieses Gesetzes

1. sind Kinder Personen, die noch nicht 14 Jahre alt sind,
2. sind Jugendliche Personen, die 14, aber noch nicht 18 Jahre alt sind,
3. ist personensorgeberechtigte Person, wem allein oder gemeinsam mit einer anderen Person nach den Vorschriften des Bürgerlichen Gesetzbuchs[3)] die Personensorge zusteht,
4. ist erziehungsbeauftragte Person, jede Person über 18 Jahren, soweit sie auf Dauer oder zeitweise aufgrund einer Vereinbarung mit der personensorgeberechtigten Person Erziehungsaufgaben wahrnimmt oder soweit sie ein Kind oder eine jugendliche Person im Rahmen der Ausbildung oder der Jugendhilfe betreut.

(1a) Medien im Sinne dieses Gesetzes sind Trägermedien und Telemedien.

(2) [1] Trägermedien im Sinne dieses Gesetzes sind Medien mit Texten, Bildern oder Tönen auf gegenständlichen Trägern, die zur Weitergabe geeignet, zur unmittelbaren Wahrnehmung bestimmt oder in einem Vorführ- oder Spielgerät eingebaut sind. [2] Dem gegenständlichen Verbreiten, Überlassen, Anbieten oder Zugänglichmachen von Trägermedien steht das elektronische Verbreiten, Überlassen, Anbieten oder Zugänglichmachen gleich, soweit es sich nicht um Rundfunk im Sinne des § 2 des Rundfunkstaatsvertrages[4)] handelt.

[1)] Die Änderung durch Art. 4 Abs. 33 G v. 18.7.2016 (BGBl. I S. 1666) tritt erst **mWv 1.10.2021** in Kraft und ist im Text noch nicht berücksichtigt.

[2)] § 1 Abs. 3 neu gef. mWv 1.3.2007 durch G v. 26.2.2007 (BGBl. I S. 179) iVm der Bek. v. 1.3.2006 (BGBl. I S. 251); Abs. 1a eingef., Abs. 6 angef. mWv 1.5.2021 durch G v. 9.4.2021 (BGBl. I S. 742).

[3)] **Schönfelder Nr. 20.**

[4)] **Sartorius III Nr. 791.**

(3) [1] Telemedien im Sinne dieses Gesetzes sind Medien, die nach dem Telemediengesetz[1)] übermittelt oder zugänglich gemacht werden. [2] Als Übermitteln oder Zugänglichmachen im Sinne von Satz 1 gilt das Bereithalten eigener oder fremder Inhalte.

(4) Versandhandel im Sinne dieses Gesetzes ist jedes entgeltliche Geschäft, das im Wege der Bestellung und Übersendung einer Ware durch Postversand oder elektronischen Versand ohne persönlichen Kontakt zwischen Lieferant und Besteller oder ohne dass durch technische oder sonstige Vorkehrungen sichergestellt ist, dass kein Versand an Kinder und Jugendliche erfolgt, vollzogen wird.

(5) Die Vorschriften der §§ 2 bis 14 dieses Gesetzes gelten nicht für verheiratete Jugendliche.

(6) Diensteanbieter im Sinne dieses Gesetzes sind Diensteanbieter nach dem Telemediengesetz vom 26. Februar 2007 (BGBl. I S. 179) in der jeweils geltenden Fassung.

§ 2 Prüfungs- und Nachweispflicht. (1) [1] Soweit es nach diesem Gesetz auf die Begleitung durch eine erziehungsbeauftragte Person ankommt, haben die in § 1 Abs. 1 Nr. 4 genannten Personen ihre Berechtigung auf Verlangen darzulegen. [2] Veranstalter und Gewerbetreibende haben in Zweifelsfällen die Berechtigung zu überprüfen.

(2) [1] Personen, bei denen nach diesem Gesetz Altersgrenzen zu beachten sind, haben ihr Lebensalter auf Verlangen in geeigneter Weise nachzuweisen. [2] Veranstalter und Gewerbetreibende haben in Zweifelsfällen das Lebensalter zu überprüfen.

§ 3[2)] Bekanntmachung der Vorschriften. (1) Veranstalter und Gewerbetreibende haben die nach den §§ 4 bis 13 für ihre Betriebseinrichtungen und Veranstaltungen geltenden Vorschriften sowie bei öffentlichen Filmveranstaltungen die Alterseinstufung von Filmen oder die Anbieterkennzeichnung nach § 14 Abs. 7 durch deutlich sichtbaren und gut lesbaren Aushang bekannt zu machen.

(2) [1] Zur Bekanntmachung der Alterseinstufung von Filmen und von Spielprogrammen dürfen Veranstalter und Gewerbetreibende nur die in § 14 Abs. 2 genannten Kennzeichnungen verwenden. [2] Wer einen Film für öffentliche Filmveranstaltungen weitergibt, ist verpflichtet, den Veranstalter bei der Weitergabe auf die Alterseinstufung oder die Anbieterkennzeichnung nach § 14 Abs. 7 hinzuweisen. [3] Für Filme und Spielprogramme, die nach § 14 Abs. 2 von der obersten Landesbehörde oder einer Organisation der freiwilligen Selbstkontrolle im Rahmen des Verfahrens nach § 14 Abs. 6 gekennzeichnet sind, darf bei der Ankündigung oder Werbung weder auf jugendbeeinträchtigende Inhalte hingewiesen werden noch darf die Ankündigung oder Werbung in jugendbeeinträchtigender Weise erfolgen.

Abschnitt 2. Jugendschutz in der Öffentlichkeit

§ 4 Gaststätten. (1) [1] Der Aufenthalt in Gaststätten darf Kindern und Jugendlichen unter 16 Jahren nur gestattet werden, wenn eine personensorgeberechtigte oder erziehungsbeauftragte Person sie begleitet oder wenn sie in der Zeit zwischen 5 Uhr und 23 Uhr eine Mahlzeit oder ein Getränk einnehmen. [2] Jugendlichen ab 16 Jahren darf der Aufenthalt in Gaststätten ohne Begleitung einer personensor-

[1)] **Sartorius ErgBd. Nr. 922.**
[2)] § 3 Abs. 2 Sätze 1, 3 geänd. mWv 1.5.2021 durch G v. 9.4.2021 (BGBl. I S. 742).

geberechtigten oder erziehungsbeauftragten Person in der Zeit von 24 Uhr und 5 Uhr morgens nicht gestattet werden.

(2) Absatz 1 gilt nicht, wenn Kinder oder Jugendliche an einer Veranstaltung eines anerkannten Trägers der Jugendhilfe teilnehmen oder sich auf Reisen befinden.

(3) Der Aufenthalt in Gaststätten, die als Nachtbar oder Nachtclub geführt werden, und in vergleichbaren Vergnügungsbetrieben darf Kindern und Jugendlichen nicht gestattet werden.

(4) Die zuständige Behörde kann Ausnahmen von Absatz 1 genehmigen.

§ 5 Tanzveranstaltungen. (1) Die Anwesenheit bei öffentlichen Tanzveranstaltungen ohne Begleitung einer personensorgeberechtigten oder erziehungsbeauftragten Person darf Kindern und Jugendlichen unter 16 Jahren nicht und Jugendlichen ab 16 Jahren längstens bis 24 Uhr gestattet werden.

(2) Abweichend von Absatz 1 darf die Anwesenheit Kindern bis 22 Uhr und Jugendlichen unter 16 Jahren bis 24 Uhr gestattet werden, wenn die Tanzveranstaltung von einem anerkannten Träger der Jugendhilfe durchgeführt wird oder der künstlerischen Betätigung oder der Brauchtumspflege dient.

(3) Die zuständige Behörde kann Ausnahmen genehmigen.

§ 6 Spielhallen, Glücksspiele. (1) Die Anwesenheit in öffentlichen Spielhallen oder ähnlichen vorwiegend dem Spielbetrieb dienenden Räumen darf Kindern und Jugendlichen nicht gestattet werden.

(2) Die Teilnahme an Spielen mit Gewinnmöglichkeit in der Öffentlichkeit darf Kindern und Jugendlichen nur auf Volksfesten, Schützenfesten, Jahrmärkten, Spezialmärkten oder ähnlichen Veranstaltungen und nur unter der Voraussetzung gestattet werden, dass der Gewinn in Waren von geringem Wert besteht.

§ 7 Jugendgefährdende Veranstaltungen und Betriebe. [1] Geht von einer öffentlichen Veranstaltung oder einem Gewerbebetrieb eine Gefährdung für das körperliche, geistige oder seelische Wohl von Kindern oder Jugendlichen aus, so kann die zuständige Behörde anordnen, dass der Veranstalter oder Gewerbetreibende Kindern und Jugendlichen die Anwesenheit nicht gestatten darf. [2] Die Anordnung kann Altersbegrenzungen, Zeitbegrenzungen oder andere Auflagen enthalten, wenn dadurch die Gefährdung ausgeschlossen oder wesentlich gemindert wird.

§ 8 Jugendgefährdende Orte. [1] Hält sich ein Kind oder eine jugendliche Person an einem Ort auf, an dem ihm oder ihr eine unmittelbare Gefahr für das körperliche, geistige oder seelische Wohl droht, so hat die zuständige Behörde oder Stelle die zur Abwendung der Gefahr erforderlichen Maßnahmen zu treffen. [2] Wenn nötig, hat sie das Kind oder die jugendliche Person

1. zum Verlassen des Ortes anzuhalten,
2. der erziehungsberechtigten Person im Sinne des § 7 Abs. 1 Nr. 6 des Achten Buches Sozialgesetzbuch[1)] zuzuführen oder, wenn keine erziehungsberechtigte Person erreichbar ist, in die Obhut des Jugendamtes zu bringen.

[3] In schwierigen Fällen hat die zuständige Behörde oder Stelle das Jugendamt über den jugendgefährdenden Ort zu unterrichten.

[1)] **Schönfelder ErgBd. Nr. 46.**

§ 9[1] **Alkoholische Getränke.** (1) In Gaststätten, Verkaufsstellen oder sonst in der Öffentlichkeit dürfen

1. Bier, Wein, weinähnliche Getränke oder Schaumwein oder Mischungen von Bier, Wein, weinähnlichen Getränken oder Schaumwein mit nichtalkoholischen Getränken an Kinder und Jugendliche unter 16 Jahren,
2. andere alkoholische Getränke oder Lebensmittel, die andere alkoholische Getränke in nicht nur geringfügiger Menge enthalten, an Kinder und Jugendliche

weder abgegeben noch darf ihnen der Verzehr gestattet werden.

(2) [1] Absatz 1 Nummer 1 gilt nicht, wenn Jugendliche von einer personensorgeberechtigten Person begleitet werden.

(3) [1] In der Öffentlichkeit dürfen alkoholische Getränke nicht in Automaten angeboten werden. [2] Dies gilt nicht, wenn ein Automat

1. an einem für Kinder und Jugendliche unzugänglichen Ort aufgestellt ist oder
2. in einem gewerblich genutzten Raum aufgestellt und durch technische Vorrichtungen oder durch ständige Aufsicht sichergestellt ist, dass Kinder und Jugendliche alkoholische Getränke nicht entnehmen können.

[3] § 20 Nr. 1 des Gaststättengesetzes[2] bleibt unberührt.

(4) [1] Alkoholhaltige Süßgetränke im Sinne des § 1 Abs. 2 und 3 des Alkopopsteuergesetzes dürfen gewerbsmäßig nur mit dem Hinweis „Abgabe an Personen unter 18 Jahren verboten, § 9 Jugendschutzgesetz" in den Verkehr gebracht werden. [2] Dieser Hinweis ist auf der Fertigpackung in der gleichen Schriftart und in der gleichen Größe und Farbe wie die Marken- oder Phantasienamen oder, soweit nicht vorhanden, wie die Verkehrsbezeichnung zu halten und bei Flaschen auf dem Frontetikett anzubringen.

§ 10[3] **Rauchen in der Öffentlichkeit, Tabakwaren.** (1) In Gaststätten, Verkaufsstellen oder sonst in der Öffentlichkeit dürfen Tabakwaren und andere nikotinhaltige Erzeugnisse und deren Behältnisse an Kinder oder Jugendliche weder abgegeben noch darf ihnen das Rauchen oder der Konsum nikotinhaltiger Produkte gestattet werden.

(2) [1] In der Öffentlichkeit dürfen Tabakwaren und andere nikotinhaltige Erzeugnisse und deren Behältnisse nicht in Automaten angeboten werden. [2] Dies gilt nicht, wenn ein Automat

1. an einem Kindern und Jugendlichen unzugänglichen Ort aufgestellt ist oder
2. durch technische Vorrichtungen oder durch ständige Aufsicht sichergestellt ist, dass Kinder und Jugendliche Tabakwaren und andere nikotinhaltige Erzeugnisse und deren Behältnisse nicht entnehmen können.

(3) Tabakwaren und andere nikotinhaltige Erzeugnisse und deren Behältnisse dürfen Kindern und Jugendlichen weder im Versandhandel angeboten noch an Kinder und Jugendliche im Wege des Versandhandels abgegeben werden.

---

[1] § 9 Abs. 4 angef. mWv 30.9.2004 durch G v. 23.7.2004 (BGBl. I S. 1857) iVm der Bek. v. 13.10. 2004 (BGBl. I S. 2600); Abs. 1 Nr. 1 und 2 neu gef., Abs. 2 geänd. mWv 1.1.2018 durch G v. 10.3.2017 (BGBl. I S. 420).

[2] *Nr. 810.*

[3] § 10 Abs. 1 geänd. mWv 1.9.2007, Abs. 2 Satz 2 Nr. 1 und 2 geänd. mWv 1.1.2009 durch G v. 20.7. 2007 (BGBl. I S. 1595); Abs. 1, Abs. 2 Sätze 1 und 2 Nr. 2 geänd., Abs. 3 und 4 angef. mWv 1.4.2016 durch G v. 3.3.2016 (BGBl. I S. 369).

(4) Die Absätze 1 bis 3 gelten auch für nikotinfreie Erzeugnisse, wie elektronische Zigaretten oder elektronische Shishas, in denen Flüssigkeit durch ein elektronisches Heizelement verdampft und die entstehenden Aerosole mit dem Mund eingeatmet werden, sowie für deren Behältnisse.

Abschnitt 3.[1] Jugendschutz im Bereich der Medien

§ 10a[2] **Schutzziele des Kinder- und Jugendmedienschutzes.** Zum Schutz im Bereich der Medien gehören

1. der Schutz vor Medien, die geeignet sind, die Entwicklung von Kindern oder Jugendlichen oder ihre Erziehung zu einer eigenverantwortlichen und gemeinschaftsfähigen Persönlichkeit zu beeinträchtigen (entwicklungsbeeinträchtigende Medien),
2. der Schutz vor Medien, die geeignet sind, die Entwicklung von Kindern oder Jugendlichen oder ihre Erziehung zu einer eigenverantwortlichen und gemeinschaftsfähigen Persönlichkeit zu gefährden (jugendgefährdende Medien),
3. der Schutz der persönlichen Integrität von Kindern und Jugendlichen bei der Mediennutzung und
4. die Förderung von Orientierung für Kinder, Jugendliche, personensorgeberechtigte Personen sowie pädagogische Fachkräfte bei der Mediennutzung und Medienerziehung; die Vorschriften des Achten Buches Sozialgesetzbuch[3] bleiben unberührt.

§ 10b[2] **Entwicklungsbeeinträchtigende Medien.** (1) Zu den entwicklungsbeeinträchtigenden Medien nach § 10a Nummer 1 zählen insbesondere übermäßig ängstigende, Gewalt befürwortende oder das sozialethische Wertebild beeinträchtigende Medien.

(2) Bei der Beurteilung der Entwicklungsbeeinträchtigung können auch außerhalb der medieninhaltlichen Wirkung liegende Umstände der jeweiligen Nutzung des Mediums berücksichtigt werden, wenn diese auf Dauer angelegter Bestandteil des Mediums sind und eine abweichende Gesamtbeurteilung über eine Kennzeichnung nach § 14 Absatz 2a hinaus rechtfertigen.

(3) [1] Insbesondere sind nach konkreter Gefahrenprognose als erheblich einzustufende Risiken für die persönliche Integrität von Kindern und Jugendlichen, die im Rahmen der Nutzung des Mediums auftreten können, unter Einbeziehung etwaiger Vorsorgemaßnahmen im Sinne des § 24a Absatz 1 und 2 angemessen zu berücksichtigen. [2] Hierzu zählen insbesondere Risiken durch Kommunikations- und Kontaktfunktionen, durch Kauffunktionen, durch glücksspielähnliche Mechanismen, durch Mechanismen zur Förderung eines exzessiven Mediennutzungsverhaltens, durch die Weitergabe von Bestands- und Nutzungsdaten ohne Einwilligung an Dritte sowie durch nicht altersgerechte Kaufappelle insbesondere durch werbende Verweise auf andere Medien.

---

[1] Unterabschnitt 1 (§§ 11–15) Überschrift und Unterabschnitt 2 (§ 16) Überschrift aufgeh. mWv 1.5. 2021 durch G v. 9.4.2021 (BGBl. I S. 742).

[2] §§ 10a, 10b eingef. mWv 1.5.2021 durch G v. 9.4.2021 (BGBl. I S. 742).

[3] **Schönfelder ErgBd. Nr. 46.**

§ 11[1)] Filmveranstaltungen. (1) Die Anwesenheit bei öffentlichen Filmveranstaltungen darf Kindern und Jugendlichen nur gestattet werden, wenn die Filme von der obersten Landesbehörde oder einer Organisation der freiwilligen Selbstkontrolle im Rahmen des Verfahrens nach § 14 Abs. 6 zur Vorführung vor ihnen freigegeben worden sind oder wenn es sich um Informations-, Instruktions- und Lehrfilme handelt, die vom Anbieter mit „Infoprogramm" oder „Lehrprogramm" gekennzeichnet sind.

(2) Abweichend von Absatz 1 darf die Anwesenheit bei öffentlichen Filmveranstaltungen mit Filmen, die für Kinder und Jugendliche ab zwölf Jahren freigegeben und gekennzeichnet sind, auch Kindern ab sechs Jahren gestattet werden, wenn sie von einer personensorgeberechtigten oder erziehungsbeauftragten Person begleitet sind.

(3) Unbeschadet der Voraussetzungen des Absatzes 1 darf die Anwesenheit bei öffentlichen Filmveranstaltungen nur mit Begleitung einer personensorgeberechtigten oder erziehungsbeauftragten Person gestattet werden

1. Kindern unter sechs Jahren,
2. Kindern ab sechs Jahren, wenn die Vorführung nach 20 Uhr beendet ist,
3. Jugendlichen unter 16 Jahren, wenn die Vorführung nach 22 Uhr beendet ist,
4. Jugendlichen ab 16 Jahren, wenn die Vorführung nach 24 Uhr beendet ist.

(4) [1]Die Absätze 1 bis 3 gelten für die öffentliche Vorführung von Filmen unabhängig von der Art der Aufzeichnung und Wiedergabe. [2]Sie gelten auch für Werbevorspanne und Beiprogramme. [3]Sie gelten nicht für Filme, die zu nichtgewerblichen Zwecken hergestellt werden, solange die Filme nicht gewerblich genutzt werden.

(5) Werbefilme oder Werbeprogramme, die für alkoholische Getränke werben, dürfen unbeschadet der Voraussetzungen der Absätze 1 bis 4 nur nach 18 Uhr vorgeführt werden.

(6) Werbefilme oder Werbeprogramme, die für Tabakerzeugnisse, elektronische Zigaretten oder Nachfüllbehälter im Sinne des § 1 Absatz 1 Nummer 1 des Tabakerzeugnisgesetzes[2)] werben, dürfen nur im Zusammenhang mit Filmen vorgeführt werden, die

1. von der obersten Landesbehörde oder einer Organisation der freiwilligen Selbstkontrolle im Rahmen des Verfahrens nach § 14 Absatz 6 mit „Keine Jugendfreigabe" nach § 14 Absatz 2 gekennzeichnet sind oder
2. nicht nach den Vorschriften dieses Gesetzes gekennzeichnet sind.

§ 12[3)] Bildträger mit Filmen oder Spielen. (1) Zur Weitergabe geeignete, für die Wiedergabe auf oder das Spiel an Bildschirmgeräten mit Filmen oder Spielen programmierte Datenträger (Bildträger) dürfen einem Kind oder einer jugendlichen Person in der Öffentlichkeit nur zugänglich gemacht werden, wenn die Programme von der obersten Landesbehörde oder einer Organisation der freiwilligen Selbstkontrolle im Rahmen des Verfahrens nach § 14 Abs. 6 für ihre Altersstufe freigegeben und gekennzeichnet worden sind oder wenn es sich um Informa-

---

[1)] § 11 Abs. 5 geänd., Abs. 6 angef. mWv 1.1.2021 durch G v. 23.10.2020 (BGBl. I S. 2229); Abs. 2 geänd. mWv 1.5.2021 durch G v. 9.4.2021 (BGBl. I S. 742).

[2)] ***Sartorius ErgBd. Nr. 861.***

[3)] § 12 Abs. 2 Satz 2 eingef., bish. Sätze 2 und 3 werden Sätze 3 und 4, Abs. 5 Satz 3 geänd. mWv 1.7.2008 durch G v. 24.6.2008 (BGBl. I S. 1075); Abs. 1, Abs. 2 Satz 4, Abs. 5 Satz 1 geänd. mWv 1.5.2021 durch G v. 9.4.2021 (BGBl. I S. 742).

tions-, Instruktions- und Lehrprogramme handelt, die vom Anbieter mit „Infoprogramm" oder „Lehrprogramm" gekennzeichnet sind.

(2) [1] Auf die Kennzeichnungen nach Absatz 1 ist auf dem Bildträger und der Hülle mit einem deutlich sichtbaren Zeichen hinzuweisen. [2] Das Zeichen ist auf der Frontseite der Hülle links unten auf einer Fläche von mindestens 1 200 Quadratmillimetern und dem Bildträger auf einer Fläche von mindestens 250 Quadratmillimetern anzubringen. [3] Die oberste Landesbehörde kann

1. Näheres über Inhalt, Größe, Form, Farbe und Anbringung der Zeichen anordnen und
2. Ausnahmen für die Anbringung auf dem Bildträger oder der Hülle genehmigen.

[4] Anbieter von Telemedien, die Filme und Spielprogramme verbreiten, müssen auf eine vorhandene Kennzeichnung in ihrem Angebot deutlich hinweisen.

(3) Bildträger, die nicht oder mit „Keine Jugendfreigabe" nach § 14 Abs. 2 von der obersten Landesbehörde oder einer Organisation der freiwilligen Selbstkontrolle im Rahmen des Verfahrens nach § 14 Abs. 6 oder nach § 14 Abs. 7 vom Anbieter gekennzeichnet sind, dürfen

1. einem Kind oder einer jugendlichen Person nicht angeboten, überlassen oder sonst zugänglich gemacht werden,
2. nicht im Einzelhandel außerhalb von Geschäftsräumen, in Kiosken oder anderen Verkaufsstellen, die Kunden nicht zu betreten pflegen, oder im Versandhandel angeboten oder überlassen werden.

(4) Automaten zur Abgabe bespielter Bildträger dürfen

1. auf Kindern oder Jugendlichen zugänglichen öffentlichen Verkehrsflächen,
2. außerhalb von gewerblich oder in sonstiger Weise beruflich oder geschäftlich genutzten Räumen oder
3. in deren unbeaufsichtigten Zugängen, Vorräumen oder Fluren

nur aufgestellt werden, wenn ausschließlich nach § 14 Abs. 2 Nr. 1 bis 4 gekennzeichnete Bildträger angeboten werden und durch technische Vorkehrungen gesichert ist, dass sie von Kindern und Jugendlichen, für deren Altersgruppe ihre Programme nicht nach § 14 Abs. 2 Nr. 1 bis 4 freigegeben sind, nicht bedient werden können.

(5) [1] Bildträger, die Auszüge von Filmen und Spielprogrammen enthalten, dürfen abweichend von den Absätzen 1 und 3 im Verbund mit periodischen Druckschriften nur vertrieben werden, wenn sie mit einem Hinweis des Anbieters versehen sind, der deutlich macht, dass eine Organisation der freiwilligen Selbstkontrolle festgestellt hat, dass diese Auszüge keine Jugendbeeinträchtigungen enthalten. [2] Der Hinweis ist sowohl auf der periodischen Druckschrift als auch auf dem Bildträger vor dem Vertrieb mit einem deutlich sichtbaren Zeichen anzubringen. [3] Absatz 2 Satz 1 bis 3 gilt entsprechend. [4] Die Berechtigung nach Satz 1 kann die oberste Landesbehörde für einzelne Anbieter ausschließen.

§ 13 Bildschirmspielgeräte. (1) Das Spielen an elektronischen Bildschirmspielgeräten ohne Gewinnmöglichkeit, die öffentlich aufgestellt sind, darf Kindern und Jugendlichen ohne Begleitung einer personensorgeberechtigten oder erziehungsbeauftragten Person nur gestattet werden, wenn die Programme von der obersten Landesbehörde oder einer Organisation der freiwilligen Selbstkontrolle im Rahmen des Verfahrens nach § 14 Abs. 6 für ihre Altersstufe freigegeben und gekennzeichnet worden sind oder wenn es sich um Informations-, Instruktions-

oder Lehrprogramme handelt, die vom Anbieter mit „Infoprogramm“ oder „Lehrprogramm“ gekennzeichnet sind.

(2) Elektronische Bildschirmspielgeräte dürfen

1. auf Kindern oder Jugendlichen zugänglichen öffentlichen Verkehrsflächen,
2. außerhalb von gewerblich oder in sonstiger Weise beruflich oder geschäftlich genutzten Räumen oder
3. in deren unbeaufsichtigten Zugängen, Vorräumen oder Fluren

nur aufgestellt werden, wenn ihre Programme für Kinder ab sechs Jahren freigegeben und gekennzeichnet oder nach § 14 Abs. 7 mit „Infoprogramm“ oder „Lehrprogramm“ gekennzeichnet sind.

(3) Auf das Anbringen der Kennzeichnungen auf Bildschirmspielgeräten findet § 12 Abs. 2 Satz 1 bis 3 entsprechende Anwendung.

§ 14[1)] Kennzeichnung von Filmen und Spielprogrammen. (1) Filme und Spielprogramme dürfen nicht für Kinder und Jugendliche freigegeben werden, wenn sie für Kinder und Jugendliche in der jeweiligen Altersstufe entwicklungsbeeinträchtigend sind.

(2) Die oberste Landesbehörde oder eine Organisation der freiwilligen Selbstkontrolle im Rahmen des Verfahrens nach Absatz 6 kennzeichnet die Filme und Spielprogramme mit

1. „Freigegeben ohne Altersbeschränkung“,
2. „Freigegeben ab sechs Jahren“,
3. „Freigegeben ab zwölf Jahren“,
4. „Freigegeben ab sechzehn Jahren“,
5. „Keine Jugendfreigabe“.

(2a) [1] Die oberste Landesbehörde oder eine Organisation der freiwilligen Selbstkontrolle soll im Rahmen des Verfahrens nach Absatz 6 über die Altersstufen des Absatzes 2 hinaus Filme und Spielprogramme mit Symbolen und weiteren Mitteln kennzeichnen, mit denen die wesentlichen Gründe für die Altersfreigabe des Mediums und dessen potenzielle Beeinträchtigung der persönlichen Integrität angegeben werden. [2] Die oberste Landesbehörde kann Näheres über die Ausgestaltung und Anbringung der Symbole und weiteren Mittel anordnen.

(3) [1] Hat ein Film oder ein Spielprogramm nach Einschätzung der obersten Landesbehörde oder einer Organisation der freiwilligen Selbstkontrolle im Rahmen des Verfahrens nach Absatz 6 einen der in § 15 Abs. 2 Nr. 1 bis 5 bezeichneten Inhalte oder ist es in die Liste nach § 18 aufgenommen, wird es nicht gekennzeichnet. [2] Die oberste Landesbehörde hat Tatsachen, die auf einen Verstoß gegen § 15 Abs. 1 schließen lassen, der zuständigen Strafverfolgungsbehörde mitzuteilen.

(4) [1] Ist ein Film oder ein Spielprogramm mit einem in die Liste nach § 18 aufgenommenen Medium ganz oder im Wesentlichen inhaltsgleich, ist die Kennzeichnung ausgeschlossen. [2] Über das Vorliegen einer Inhaltsgleichheit entscheidet die Prüfstelle für jugendgefährdende Medien. [3] Satz 1 gilt entsprechend, wenn die Voraussetzungen für eine Aufnahme in die Liste vorliegen. [4] In Zweifelsfällen führt die oberste Landesbehörde oder eine Organisation der freiwilligen Selbstkontrolle

---

1) § 14 Überschrift, Abs. 1 neu gef., Abs. 2 einl. Satzteil geänd., Abs. 2a eingef., Abs. 3 Satz 1 geänd., Abs. 4 neu gef., Abs. 4a eingef., Abs. 5 neu gef., Abs. 6 Satz 1 geänd., Satz 3 angef., Abs. 6a eingef., Abs. 7 Sätze 1, 3, Abs. 8 geänd., Abs. 9, 10 angef. mWv 1.5.2021 durch G v. 9.4.2021 (BGBl. I S. 742).

im Rahmen des Verfahrens nach Absatz 6 eine Entscheidung der Prüfstelle für jugendgefährdende Medien herbei.

(4a) Absatz 4 gilt nicht für Freigabeentscheidungen nach § 11 Absatz 1.

(5) [1] Die Kennzeichnungen von Filmen gelten auch für die Vorführung in öffentlichen Filmveranstaltungen von inhaltsgleichen Filmen, wenn und soweit die obersten Landesbehörden nicht in der Vereinbarung zum Verfahren nach Absatz 6 etwas Anderes bestimmen. [2] Die Kennzeichnung von Filmen für öffentliche Filmveranstaltungen können auf inhaltsgleiche Filme für Bildträger, Bildschirmspielgeräte und Telemedien übertragen werden; Absatz 4 gilt entsprechend.

(6) [1] Die obersten Landesbehörden können ein gemeinsames Verfahren für die Freigabe und Kennzeichnung der Filme sowie Spielprogramme auf der Grundlage der Ergebnisse der Prüfung durch von Verbänden der Wirtschaft getragene oder unterstützte Organisationen freiwilliger Selbstkontrolle vereinbaren. [2] Im Rahmen dieser Vereinbarung kann bestimmt werden, dass die Freigaben und Kennzeichnungen durch eine Organisation der freiwilligen Selbstkontrolle Freigaben und Kennzeichnungen der obersten Landesbehörden aller Länder sind, soweit nicht eine oberste Landesbehörde für ihren Bereich eine abweichende Entscheidung trifft. [3] Nach den Bestimmungen des Jugendmedienschutz-Staatsvertrages[1)] anerkannte Einrichtungen der freiwilligen Selbstkontrolle können nach den Sätzen 1 und 2 eine Vereinbarung mit den obersten Landesbehörden schließen.

(6a) [1] Das gemeinsame Verfahren nach Absatz 6 soll vorsehen, dass von der zentralen Aufsichtsstelle der Länder für den Jugendmedienschutz bestätigte Altersbewertungen nach dem Jugendmedienschutz-Staatsvertrag oder Altersbewertungen der Veranstalter des öffentlich-rechtlichen Rundfunks als Freigaben im Sinne des Absatzes 6 Satz 2 wirken, sofern dies mit der Spruchpraxis der obersten Landesbehörden nicht unvereinbar ist. [2] Die Absätze 3 und 4 bleiben unberührt.

(7) [1] Filme und Spielprogramme zu Informations-, Instruktions- oder Lehrzwecken dürfen vom Anbieter mit „Infoprogramm" oder „Lehrprogramm" nur gekennzeichnet werden, wenn sie offensichtlich nicht die Entwicklung oder Erziehung von Kindern und Jugendlichen beeinträchtigen. [2] Die Absätze 1 bis 5 finden keine Anwendung. [3] Die oberste Landesbehörde kann das Recht zur Anbieterkennzeichnung für einzelne Anbieter oder für besondere Filme und Spielprogramme ausschließen und durch den Anbieter vorgenommene Kennzeichnungen aufheben.

(8) Enthalten Filme, Bildträger oder Bildschirmspielgeräte neben den zu kennzeichnenden Filmen oder Spielprogrammen Titel, Zusätze oder weitere Darstellungen in Texten, Bildern oder Tönen, bei denen in Betracht kommt, dass sie die Entwicklung oder Erziehung von Kindern oder Jugendlichen beeinträchtigen, so sind diese bei der Entscheidung über die Kennzeichnung mit zu berücksichtigen.

(9) Die Absätze 1 bis 6 und 8 gelten für die Kennzeichnung von zur Verbreitung *in Telemedien bestimmten* und kennzeichnungsfähigen Filmen und Spielprogrammen entsprechend.

(10) Die oberste Landesbehörde kann Näheres über die Ausgestaltung und Anbringung der Kennzeichnung nach § 14a Absatz 1 mit den Einrichtungen der freiwilligen Selbstkontrolle vereinbaren.

[1)] **Sartorius III Nr. 796.**

§ 14a[1] Kennzeichnung bei Film- und Spielplattformen. (1) [1]Film- und Spielplattformen sind Diensteanbieter, die Filme oder Spielprogramme in einem Gesamtangebot zusammenfassen und mit Gewinnerzielungsabsicht als eigene Inhalte zum individuellen Abruf zu einem von den Nutzerinnen und Nutzern gewählten Zeitpunkt bereithalten. [2]Film- und Spielplattformen nach Satz 1 dürfen einen Film oder ein Spielprogramm nur bereithalten, wenn sie gemäß den Altersstufen des § 14 Absatz 2 mit einer entsprechenden deutlich wahrnehmbaren Kennzeichnung versehen sind, die

1. im Rahmen des Verfahrens des § 14 Absatz 6 oder
2. durch eine nach § 19 des Jugendmedienschutz-Staatsvertrages[2] anerkannte Einrichtung der freiwilligen Selbstkontrolle oder durch einen von einer Einrichtung der freiwilligen Selbstkontrolle zertifizierten Jugendschutzbeauftragten nach § 7 des Jugendmedienschutz-Staatsvertrages oder,
3. wenn keine Kennzeichnung im Sinne der Nummer 1 oder 2 gegeben ist, durch ein von den obersten Landesbehörden anerkanntes automatisiertes Bewertungssystem einer im Rahmen einer Vereinbarung nach § 14 Absatz 6 tätigen Einrichtung der freiwilligen Selbstkontrolle

vorgenommen wurde. [3]Die §§ 10b und 14 Absatz 2a gelten entsprechend.

(2) [1]Der Diensteanbieter ist von der Pflicht nach Absatz 1 Satz 2 befreit, wenn die Film- oder Spielplattform im Inland nachweislich weniger als eine Million Nutzerinnen und Nutzer hat. [2]Die Pflicht besteht zudem bei Filmen und Spielprogrammen nicht, bei denen sichergestellt ist, dass sie ausschließlich Erwachsenen zugänglich gemacht werden.

(3) [1]Die Vorschrift findet auch auf Diensteanbieter Anwendung, deren Sitzland nicht Deutschland ist. [2]Die §§ 2a und 3 des Telemediengesetzes[3] bleiben unberührt.

§ 15[4] Jugendgefährdende Medien. (1) Medien, deren Aufnahme in die Liste jugendgefährdender Medien nach § 24 Abs. 3 Satz 1 bekannt gemacht ist, dürfen als Trägermedien nicht

1. einem Kind oder einer jugendlichen Person angeboten, überlassen oder sonst zugänglich gemacht werden,
2. an einem Ort, der Kindern oder Jugendlichen zugänglich ist oder von ihnen eingesehen werden kann, ausgestellt, angeschlagen, vorgeführt oder sonst zugänglich gemacht werden,
3. im Einzelhandel außerhalb von Geschäftsräumen, in Kiosken oder anderen Verkaufsstellen, die Kunden nicht zu betreten pflegen, im Versandhandel oder in gewerblichen Leihbüchereien oder Lesezirkeln einer anderen Person angeboten oder überlassen werden,
4. im Wege gewerblicher Vermietung oder vergleichbarer gewerblicher Gewährung des Gebrauchs, ausgenommen in Ladengeschäften, die Kindern und Jugendlichen nicht zugänglich sind und von ihnen nicht eingesehen werden können, einer anderen Person angeboten oder überlassen werden,

---

[1] § 14a eingef. mWv 1.5.2021 durch G v. 9.4.2021 (BGBl. I S. 742).

[2] **Sartorius III Nr. 796.**

[3] **Sartorius ErgBd. Nr. 922.**

[4] § 15 Abs. 2 Nr. 1 geänd. mWv 1.4.2004 durch G v. 27.12.2003 (BGBl. I S. 3007); Abs. 2 Nr. 3a eingef. mWv 1.7.2008 durch G v. 24.6.2008 (BGBl. I S. 1075); Abs. 2 Nr. 1 geänd. mWv 5.11.2008 durch G v. 31.10.2008 (BGBl. I S. 2149); Überschrift, Abs. 1 einl. Satzteil geänd., Abs. 1a eingef., Abs. 3, 5 geänd. mWv 1.5.2021 durch G v. 9.4.2021 (BGBl. I S. 742).

5. im Wege des Versandhandels eingeführt werden,
6. öffentlich an einem Ort, der Kindern oder Jugendlichen zugänglich ist oder von ihnen eingesehen werden kann, oder durch Verbreiten von Träger- oder Telemedien außerhalb des Geschäftsverkehrs mit dem einschlägigen Handel angeboten, angekündigt oder angepriesen werden,
7. hergestellt, bezogen, geliefert, vorrätig gehalten oder eingeführt werden, um sie oder aus ihnen gewonnene Stücke im Sinne der Nummern 1 bis 6 zu verwenden oder einer anderen Person eine solche Verwendung zu ermöglichen.

(1a) Medien, deren Aufnahme in die Liste jugendgefährdender Medien nach § 24 Absatz 3 Satz 1 bekannt gemacht ist, dürfen als Telemedien nicht an einem Ort, der Kindern oder Jugendlichen zugänglich ist oder von ihnen eingesehen werden kann, vorgeführt werden.

(2) Den Beschränkungen des Absatzes 1 unterliegen, ohne dass es einer Aufnahme in die Liste und einer Bekanntmachung bedarf, schwer jugendgefährdende Trägermedien, die

1. einen der in § 86, § 130, § 130a, § 131, § 184, § 184a, § 184b oder § 184c des Strafgesetzbuches[1] bezeichneten Inhalte haben,
2. den Krieg verherrlichen,
3. Menschen, die sterben oder schweren körperlichen oder seelischen Leiden ausgesetzt sind oder waren, in einer die Menschenwürde verletzenden Weise darstellen und ein tatsächliches Geschehen wiedergeben, ohne dass ein überwiegendes berechtigtes Interesse gerade an dieser Form der Berichterstattung vorliegt,

3a. besonders realistische, grausame und reißerische Darstellungen selbstzweckhafter Gewalt beinhalten, die das Geschehen beherrschen,

4. Kinder oder Jugendliche in unnatürlicher, geschlechtsbetonter Körperhaltung darstellen oder
5. offensichtlich geeignet sind, die Entwicklung von Kindern oder Jugendlichen oder ihre Erziehung zu einer eigenverantwortlichen und gemeinschaftsfähigen Persönlichkeit schwer zu gefährden.

(3) Den Beschränkungen des Absatzes 1 unterliegen auch, ohne dass es einer Aufnahme in die Liste und einer Bekanntmachung bedarf, Trägermedien, die mit einem Medium, dessen Aufnahme in die Liste bekannt gemacht ist, ganz oder im Wesentlichen inhaltsgleich sind.

(4) Die Liste der jugendgefährdenden Medien darf nicht zum Zweck der geschäftlichen Werbung abgedruckt oder veröffentlicht werden.

(5) Bei geschäftlicher Werbung für Trägermedien darf nicht darauf hingewiesen werden, dass ein Verfahren zur Aufnahme des Mediums oder eines inhaltsgleichen Mediums in die Liste anhängig ist oder gewesen ist.

*(6) S*oweit *d*ie *L*ieferung erfolgen darf, haben Gewerbetreibende vor Abgabe an den Handel die Händler auf die Vertriebsbeschränkungen des Absatzes 1 Nr. 1 bis 6 hinzuweisen.

§ 16[2] Landesrecht. [1]Die Länder können im Bereich der Telemedien über dieses Gesetz hinausgehende Regelungen zum Jugendschutz treffen. [2]Die an die

[1] **Schönfelder Nr. 85.**
[2] § 16 neu gef. mWv 1.5.2021 durch G v. 9.4.2021 (BGBl. I S. 742).

Inhalte von Telemedien zu richtenden besonderen Anforderungen ergeben sich aus dem Jugendmedienschutz-Staatsvertrag[1].

Abschnitt 4.[2] Bundeszentrale für Kinder- und Jugendmedienschutz

§ 17[3] Zuständige Bundesbehörde und Leitung. (1) Zuständig für die Durchführung der Aufgaben, die nach diesem Gesetz in bundeseigener Verwaltung ausgeführt werden, ist die Bundesprüfstelle für jugendgefährdende Medien als selbstständige Bundesoberbehörde; sie erhält die Bezeichnung „Bundeszentrale für Kinder- und Jugendmedienschutz" (Bundeszentrale) und untersteht dem Bundesministerium für Familie, Senioren, Frauen und Jugend.

(2) Die Bundeszentrale wird von einer Direktorin oder einem Direktor geleitet (Behördenleitung).

§ 17a[3] Aufgaben. (1) Die Bundeszentrale unterhält eine Prüfstelle für jugendgefährdende Medien, die über die Aufnahme von Medien in die Liste jugendgefährdender Medien nach § 18 und über Streichungen aus dieser Liste entscheidet.

(2) [1]Die Bundeszentrale fördert durch geeignete Maßnahmen die Weiterentwicklung des Kinder- und Jugendmedienschutzes. [2]Hierzu gehören insbesondere

1. die Förderung einer gemeinsamen Verantwortungsübernahme von Staat, Wirtschaft und Zivilgesellschaft zur Koordinierung einer Gesamtstrategie zur Verwirklichung der Schutzziele des § 10a,
2. die Nutzbarmachung und Weiterentwicklung der aus der Gesamtheit der Spruchpraxis der Prüfstelle abzuleitenden Erkenntnisse hinsichtlich durch Medien verursachter sozialethischer Desorientierung von Kindern und Jugendlichen, insbesondere durch Orientierungshilfen für Kinder und Jugendliche, personensorgeberechtigte Personen, Fachkräfte und durch Förderung öffentlicher Diskurse sowie
3. ein regelmäßiger Informationsaustausch mit den im Bereich des Kinder- und Jugendmedienschutzes tätigen Institutionen hinsichtlich der jeweiligen Spruchpraxis.

(3) Die Bundeszentrale überprüft die von Diensteanbietern nach § 24a vorzuhaltenden Vorsorgemaßnahmen.

(4) Die Bundeszentrale kann zur Erfüllung ihrer Aufgabe aus Absatz 2 Maßnahmen, die von überregionaler Bedeutung sind, fördern oder selbst durchführen.

§ 17b[3] Beirat. [1]Die Bundeszentrale richtet einen Beirat ein, der sie bei der Erfüllung der Aufgaben nach § 17a Absatz 2 Satz 1 berät. [2]Dem Beirat gehören bis zu zwölf Personen an, die sich in besonderer Weise für die Verwirklichung der Rechte und den Schutz von Kindern und Jugendlichen einsetzen. [3]Vertretungen der Interessen von Kindern und Jugendlichen stehen drei Plätze zu. [4]Hiervon sind zwei Sitze mit Personen zu besetzen, die zum Zeitpunkt ihrer Berufung höchstens 17 Jahre alt sind und von auf Bundesebene tätigen Vertretungen der Interessen von Kindern und Jugendlichen vorgeschlagen wurden. [5]Die Berufung von Beiratsmitgliedern erfolgt durch die Bundeszentrale für eine Dauer von jeweils drei Jahren. [6]Das Nähere regelt eine Geschäftsordnung.

---

[1] **Sartorius III Nr. 796.**
[2] Abschnitt 4 Überschrift neu gef. mWv 1.5.2021 durch G v. 9.4.2021 (BGBl. I S. 742).
[3] § 17 neu gef., §§ 17a, 17b eingef. mWv 1.5.2021 durch G v. 9.4.2021 (BGBl. I S. 742).

§ 18[1)] Liste jugendgefährdender Medien. (1) [1] Medien, die geeignet sind, die Entwicklung von Kindern oder Jugendlichen oder ihre Erziehung zu einer eigenverantwortlichen und gemeinschaftsfähigen Persönlichkeit zu gefährden, sind von der Bundeszentrale nach Entscheidung der Prüfstelle für jugendgefährdende Medien in eine Liste (Liste jugendgefährdender Medien) aufzunehmen. [2] Dazu zählen vor allem unsittliche, verrohend wirkende, zu Gewalttätigkeit, Verbrechen oder Rassenhass anreizende Medien sowie Medien, in denen

1. Gewalthandlungen wie Mord- und Metzelszenen selbstzweckhaft und detailliert dargestellt werden oder
2. Selbstjustiz als einzig bewährtes Mittel zur Durchsetzung der vermeintlichen Gerechtigkeit nahe gelegt wird.

(2) *(aufgehoben)*

(3) Ein Medium darf nicht in die Liste aufgenommen werden

1. allein wegen seines politischen, sozialen, religiösen oder weltanschaulichen Inhalts,
2. wenn es der Kunst oder der Wissenschaft, der Forschung oder der Lehre dient,
3. wenn es im öffentlichen Interesse liegt, es sei denn, dass die Art der Darstellung zu beanstanden ist.

(4) In Fällen von geringer Bedeutung kann davon abgesehen werden, ein Medium in die Liste aufzunehmen.

(5) [1] Medien sind in die Liste aufzunehmen, wenn ein Gericht in einer rechtskräftigen Entscheidung festgestellt hat, dass das Medium einen der in § 86, § 130, § 130a, § 131, § 184, § 184a, § 184b oder § 184c des Strafgesetzbuches[2)] bezeichneten Inhalte hat. [2] § 21 Absatz 5 Nummer 2 bleibt unberührt.

(5a) Erlangt die Prüfstelle für jugendgefährdende Medien davon Kenntnis, dass eine den Listeneintrag auslösende Entscheidung nach Absatz 5 Satz 1 aufgehoben wurde, hat sie unverzüglich von Amts wegen zu prüfen, ob die Voraussetzungen für den Verbleib des Mediums in der Liste weiterhin vorliegen.

(6) [1] Die Prüfstelle für jugendgefährdende Medien schätzt in ihren Entscheidungen ein, ob ein Medium einen der in den §§ 86, 130, 130a, 131, 184, 184a, 184b oder 184c des Strafgesetzbuches genannten Inhalte hat. [2] Im Bejahungsfall hat sie ihre auch insoweit begründete Entscheidung der zuständigen Strafverfolgungsbehörde zuzuleiten.

(7) [1] Medien sind aus der Liste zu streichen, wenn die Voraussetzungen für eine Aufnahme nicht mehr vorliegen. [2] Nach Ablauf von 25 Jahren verliert eine Aufnahme in die Liste ihre Wirkung.

(8) [1] Auf Filme und Spielprogramme, die nach § 14 Abs. 2 Nr. 1 bis 5, auch in Verbindung mit § 14 Absatz 9 gekennzeichnet sind, findet Absatz 1 keine Anwendung. [2] Absatz 1 ist außerdem nicht anzuwenden, wenn die zentrale Aufsichtsstelle *der Länder für den Jugend*medienschutz über das Telemedium zuvor eine Entscheidung dahin gehend getroffen hat, dass die Voraussetzungen für die Aufnahme in die Liste jugendgefährdender Medien nach Absatz 1 nicht vorliegen. [3] Hat eine

---

[1)] § 18 Abs. 2 Nr. 2 und 4 sowie Abs. 5 geänd. mWv 1.4.2004 durch G v. 27.12.2003 (BGBl. I S. 3007); Abs. 1 Satz 2 geänd., Nr. 1 und 2 angef. mWv 1.7.2008 durch G v. 24.6.2008 (BGBl. I S. 1075); Abs. 2 Nr. 2 und 4, Abs. 5 geänd. mWv 5.11.2008 durch G v. 31.10.2008 (BGBl. I S. 2149); Abs. 1 Satz 1 neu gef., Abs. 2 aufgeh., Abs. 5 Satz 2 angef., Abs. 5a eingef., Abs. 6 neu gef., Abs. 8 Sätze 1, 3 geänd. mWv 1.5.2021 durch G v. 9.4.2021 (BGBl. I S. 742).

[2)] **Schönfelder Nr. 85.**

anerkannte Einrichtung der Selbstkontrolle das Telemedium zuvor bewertet, so findet Absatz 1 nur dann Anwendung, wenn die zentrale Aufsichtsstelle der Länder für den Jugendmedienschutz die Voraussetzungen für die Aufnahme in die Liste jugendgefährdender Medien nach Absatz 1 für gegeben hält oder eine Entscheidung der zentralen Aufsichtsstelle der Länder für den Jugendmedienschutz nicht vorliegt.

§ 19[1)] Personelle Besetzung der Prüfstelle für jugendgefährdende Medien. (1) [1]Die Prüfstelle für jugendgefährdende Medien besteht aus

1. der oder dem Vorsitzenden,
2. je einer oder einem von jeder Landesregierung zu ernennenden Beisitzerin oder Beisitzer und
3. weiteren von dem Bundesministerium für Familie, Senioren, Frauen und Jugend zu ernennenden Beisitzerinnen oder Beisitzern.

[2]Die oder der Vorsitzende wird vom Bundesministerium für Familie, Senioren, Frauen und Jugend ernannt. [3]Die Behördenleitung schlägt hierfür eine bei der Bundeszentrale beschäftigte Person vor, die die Befähigung zum Richteramt nach dem Deutschen Richtergesetz[2)] besitzt. [4]Die Behördenleitung kann den Vorsitz auch selbst ausüben. [5]Für die Vorsitzende oder den Vorsitzenden und die Beisitzerinnen oder Beisitzer ist mindestens je eine Stellvertreterin oder ein Stellvertreter zu ernennen. [6]Die jeweilige Landesregierung kann ihr Ernennungsrecht nach Satz 1 Nummer 2 auf eine oberste Landesbehörde übertragen.

(2) [1]Die von dem Bundesministerium für Familie, Senioren, Frauen und Jugend zu ernennenden Beisitzerinnen und Beisitzer sind den Kreisen

1. der Kunst,
2. der Literatur,
3. des Buchhandels und der Verlegerschaft,
4. der Anbieter von Bildträgern und von Telemedien,
5. der Träger der freien Jugendhilfe,
6. der Träger der öffentlichen Jugendhilfe,
7. der Lehrerschaft und
8. der Kirchen, der jüdischen Kultusgemeinden und anderer Religionsgemeinschaften, die Körperschaften des öffentlichen Rechts sind,

auf Vorschlag der genannten Gruppen zu entnehmen. [2]Dem Buchhandel und der Verlegerschaft sowie dem Anbieter von Bildträgern und von Telemedien stehen diejenigen Kreise gleich, die eine vergleichbare Tätigkeit bei der Auswertung und beim Vertrieb der Medien unabhängig von der Art der Aufzeichnung und der Wiedergabe ausüben.

(3) [1]Die oder der Vorsitzende und die Beisitzerinnen oder Beisitzer werden auf die Dauer von drei Jahren bestimmt. [2]Sie können von der Stelle, die sie bestimmt hat, vorzeitig abberufen werden, wenn sie der Verpflichtung zur Mitarbeit in der Bundesprüfstelle für jugendgefährdende Medien nicht nachkommen.

(4) Die Mitglieder der Prüfstelle für jugendgefährdende Medien sind bei ihren Entscheidungen an Weisungen nicht gebunden.

---

1) § 19 Überschrift geänd., Abs. 1 neu gef., Abs. 4, 5 Sätze 1, 2, Abs. 6 Satz 1 geänd. mWv 1.5.2021 durch G v. 9.4.2021 (BGBl. I S. 742).

2) **Schönfelder ErgBd. Nr. 97.**

(5) [1] Die Prüfstelle für jugendgefährdende Medien entscheidet in der Besetzung von zwölf Mitgliedern, die aus der oder dem Vorsitzenden, drei Beisitzerinnen oder Beisitzern der Länder und je einer Beisitzerin oder einem Beisitzer aus den in Absatz 2 genannten Gruppen bestehen. [2] Erscheinen zur Sitzung einberufene Beisitzerinnen oder Beisitzer oder ihre Stellvertreterinnen oder Stellvertreter nicht, so ist die Prüfstelle für jugendgefährdende Medien auch in einer Besetzung von mindestens neun Mitgliedern beschlussfähig, von denen mindestens zwei den in Absatz 2 Nr. 1 bis 4 genannten Gruppen angehören müssen.

(6) [1] Zur Anordnung der Aufnahme in die Liste bedarf es einer Mehrheit von zwei Dritteln der an der Entscheidung mitwirkenden Mitglieder der Prüfstelle für jugendgefährdende Medien. [2] In der Besetzung des Absatzes 5 Satz 2 ist für die Listenaufnahme eine Mindestzahl von sieben Stimmen erforderlich.

§ 20 Vorschlagsberechtigte Verbände. (1) [1] Das Vorschlagsrecht nach § 19 Abs. 2 wird innerhalb der nachfolgenden Kreise durch folgende Organisationen für je eine Beisitzerin oder einen Beisitzer und eine Stellvertreterin oder einen Stellvertreter ausgeübt:

1. für die Kreise der Kunst durch
   Deutscher Kulturrat,
   Bund Deutscher Kunsterzieher e.V.,
   Künstlergilde e.V.,
   Bund Deutscher Grafik-Designer,
2. für die Kreise der Literatur durch
   Verband deutscher Schriftsteller,
   Freier Deutscher Autorenverband,
   Deutscher Autorenverband e.V.,
   PEN-Zentrum,
3. für die Kreise des Buchhandels und der Verlegerschaft durch
   Börsenverein des Deutschen Buchhandels e.V.,
   Verband Deutscher Bahnhofsbuchhändler,
   Bundesverband Deutscher Buch-, Zeitungs- und Zeitschriftengrossisten e.V.,
   Bundesverband Deutscher Zeitungsverleger e.V.,
   Verband Deutscher Zeitschriftenverleger e.V.,
   Börsenverein des Deutschen Buchhandels e.V. – Verlegerausschuss,
   Arbeitsgemeinschaft der Zeitschriftenverlage (AGZV) im Börsenverein des Deutschen Buchhandels,
4. für die Kreise der Anbieter von Bildträgern und von Telemedien durch
   Bundesverband Video,
   Verband der Unterhaltungssoftware Deutschland e.V.,
   Spitzenorganisation der Filmwirtschaft e.V.,
   Bundesverband Informationswirtschaft, Telekommunikation und neue Medien e.V.,
   Deutscher Multimedia Verband e.V.,
   Electronic Commerce Organisation e.V.,
   Verband der Deutschen Automatenindustrie e.V.,
   IVD Interessengemeinschaft der Videothekare Deutschlands e.V.,
5. für die Kreise der Träger der freien Jugendhilfe durch
   Bundesarbeitsgemeinschaft der Freien Wohlfahrtspflege,
   Deutscher Bundesjugendring,
   Deutsche Sportjugend,
   Bundesarbeitsgemeinschaft Kinder- und Jugendschutz (BAJ) e.V.,

6. für die Kreise der Träger der öffentlichen Jugendhilfe durch
Deutscher Landkreistag,
Deutscher Städtetag,
Deutscher Städte- und Gemeindebund,
7. für die Kreise der Lehrerschaft durch
Gewerkschaft Erziehung u. Wissenschaft im Deutschen Gewerkschaftsbund,
Deutscher Lehrerverband,
Verband Bildung und Erziehung,
Verein Katholischer deutscher Lehrerinnen und
8. für die Kreise der in § 19 Abs. 2 Nr. 8 genannten Körperschaften des öffentlichen Rechts durch
Bevollmächtigter des Rates der EKD am Sitz der Bundesrepublik Deutschland,
Kommissariat der deutschen Bischöfe – Katholisches Büro in Berlin,
Zentralrat der Juden in Deutschland.

[2] Für jede Organisation, die ihr Vorschlagsrecht ausübt, ist eine Beisitzerin oder ein Beisitzer und eine stellvertretende Beisitzerin oder ein stellvertretender Beisitzer zu ernennen. [3] Reicht eine der in Satz 1 genannten Organisationen mehrere Vorschläge ein, wählt das Bundesministerium für Familie, Senioren, Frauen und Jugend eine Beisitzerin oder einen Beisitzer aus.

(2) [1] Für die in § 19 Abs. 2 genannten Gruppen können Beisitzerinnen oder Beisitzer und stellvertretende Beisitzerinnen und Beisitzer auch durch namentlich nicht bestimmte Organisationen vorgeschlagen werden. [2] Das Bundesministerium für Familie, Senioren, Frauen und Jugend fordert im Januar jedes Jahres im Bundesanzeiger dazu auf, innerhalb von sechs Wochen derartige Vorschläge einzureichen. [3] Aus den fristgerecht eingegangenen Vorschlägen hat es je Gruppe je eine zusätzliche Beisitzerin oder einen zusätzlichen Beisitzer und eine stellvertretende Beisitzerin oder einen stellvertretenden Beisitzer zu ernennen. [4] Vorschläge von Organisationen, die kein eigenes verbandliches Gewicht besitzen oder eine dauerhafte Tätigkeit nicht erwarten lassen, sind nicht zu berücksichtigen. [5] Zwischen den Vorschlägen mehrerer Interessenten entscheidet das Los, sofern diese sich nicht auf einen Vorschlag einigen; Absatz 1 Satz 3 gilt entsprechend. [6] Sofern es unter Berücksichtigung der Geschäftsbelastung der Bundesprüfstelle für jugendgefährdende Medien erforderlich erscheint und sofern die Vorschläge der innerhalb einer Gruppe namentlich bestimmten Organisationen zahlenmäßig nicht ausreichen, kann das Bundesministerium für Familie, Senioren, Frauen und Jugend auch mehrere Beisitzerinnen oder Beisitzer und stellvertretende Beisitzerinnen oder Beisitzer ernennen; Satz 5 gilt entsprechend.

§ 21[1)] Verfahren der Prüfstelle für jugendgefährdende Medien. (1) Die Prüfstelle für jugendgefährdende Medien wird in der Regel auf Antrag tätig.

(2) Antragsberechtigt sind das Bundesministerium für Familie, Senioren, Frauen und Jugend, die obersten Landesjugendbehörden, die zentrale Aufsichtsstelle der Länder für den Jugendmedienschutz, die Landesjugendämter, die Jugendämter, die anerkannten Einrichtungen der freiwilligen Selbstkontrolle, die aus Mitteln des Bundes, der Länder oder der Landesmedienanstalten geförderten Internet-Be-

[1)] § 21 Abs. 2 geänd., Abs. 10 angef. mWv 1.1.2004 durch G v. 29.12.2003 (BGBl. I S. 3076); Abs. 10 Satz 1 geänd., Satz 3 aufgeh. mWv 15.8.2013 durch G v. 7.8.2013 (BGBl. I S. 3154); Überschrift, Abs. 1, 2, 4 geänd., Abs. 4a eingef., Abs. 5 einl. Satzteil, Abs. 6 Satz 1 geänd, Satz 2 neu gef., Satz 3, Abs. 7, Abs. 8 Satz 1 Nr. 2, 3 geänd., Nr. 4 aufgeh., Satz 4 angef., Abs. 9, 10 Satz 1 geänd. mWv 1.5.2021 durch G v. 9.4.2021 (BGBl. I S. 742).

schwerdestellen sowie für den Antrag auf Streichung aus der Liste und für den Antrag auf Feststellung, dass ein Medium nicht mit einem bereits in die Liste aufgenommenen Medium ganz oder im Wesentlichen inhaltsgleich ist, auch die in Absatz 7 genannten Personen.

(3) Kommt eine Listenaufnahme oder eine Streichung aus der Liste offensichtlich nicht in Betracht, so kann die oder der Vorsitzende das Verfahren einstellen.

(4) Die Prüfstelle für jugendgefährdende Medien wird von Amts wegen tätig, wenn eine in Absatz 2 nicht genannte Behörde oder ein anerkannter Träger der freien Jugendhilfe dies anregt und die oder der Vorsitzende der Prüfstelle für jugendgefährdende Medien die Durchführung des Verfahrens im Interesse des Jugendschutzes für geboten hält.

(4a) Anträge und Anregungen, die sich auf Medien beziehen, die bei Kindern und Jugendlichen besonders verbreitet sind oder durch die die Belange des Jugendschutzes in besonderem Maße betroffen scheinen, können vorrangig behandelt werden.

(5) Die Prüfstelle für jugendgefährdende Medien wird auf Veranlassung der oder des Vorsitzenden von Amts wegen tätig,

1. wenn zweifelhaft ist, ob ein Medium mit einem bereits in die Liste aufgenommenen Medium ganz oder im Wesentlichen inhaltsgleich ist,
2. wenn bekannt wird, dass die Voraussetzungen für die Aufnahme eines Mediums in die Liste nach § 18 Abs. 7 Satz 1 nicht mehr vorliegen, oder
3. wenn die Aufnahme in die Liste nach § 18 Abs. 7 Satz 2 wirkungslos wird und weiterhin die Voraussetzungen für die Aufnahme in die Liste vorliegen.

(6) [1] Vor der Entscheidung über die Aufnahme eines Telemediums in die Liste hat die Prüfstelle für jugendgefährdende Medien der zentralen Aufsichtsstelle der Länder für den Jugendmedienschutz Gelegenheit zu geben, zu dem Telemedium unverzüglich Stellung zu nehmen. [2] Stellungnahmen und Anträge der zentralen Stelle der Länder für den Jugendmedienschutz hat die Prüfstelle für jugendgefährdende Medien bei ihren Entscheidungen maßgeblich zu berücksichtigen. [3] Soweit der Prüfstelle für jugendgefährdende Medien eine Stellungnahme der zentralen Aufsichtsstelle der Länder für den Jugendmedienschutz innerhalb von fünf Werktagen nach Aufforderung nicht vorliegt, kann sie ohne diese Stellungnahme entscheiden.

(7) Der Urheberin oder dem Urheber, der Inhaberin oder dem Inhaber der Nutzungsrechte sowie bei Telemedien dem Anbieter ist Gelegenheit zur Stellungnahme zu geben, soweit der Prüfstelle für jugendgefährdende Medien die Anschriften bekannt sind oder die Prüfstelle für jugendgefährdende Medien die Anschriften durch Angaben im Zusammenhang mit dem Medium unter zumutbarem Aufwand aus öffentlich zugänglichen Quellen ermitteln kann.

(8) [1] Die Entscheidungen sind

1. bei Trägermedien der Urheberin oder dem Urheber sowie der Inhaberin oder dem Inhaber der Nutzungsrechte,
2. bei Telemedien der Urheberin oder dem Urheber sowie dem Anbieter und
3. der antragstellenden Behörde

zuzustellen. [2] Sie hat die sich aus der Entscheidung ergebenden Verbreitungs- und Werbebeschränkungen im Einzelnen aufzuführen. [3] Die Begründung ist beizufügen oder innerhalb einer Woche durch Zustellung nachzureichen. [4] Dem Bundesministerium für Familie, Senioren, Frauen und Jugend, den obersten Landesjugendbehörden, der zentralen Aufsichtsstelle der Länder für den Jugendmedienschutz und der das Verfahren anregenden Behörde oder Einrichtung oder dem das Verfahren nach Absatz 4 anregenden Träger ist die Entscheidung zu übermitteln.

(9) Die Prüfstelle für jugendgefährdende Medien soll mit der zentralen Aufsichtsstelle der Länder für den Jugendmedienschutz zusammenarbeiten und einen regelmäßigen Informationsaustausch pflegen.

(10) [1] Die Prüfstelle für jugendgefährdende Medien kann ab dem 1. Januar 2004 für Verfahren, die auf Antrag der in Absatz 7 genannten Personen eingeleitet werden und die auf die Entscheidung gerichtet sind, dass ein Medium

1. nicht mit einem bereits in die Liste für jugendgefährdende Medien aufgenommenen Medium ganz oder im Wesentlichen inhaltsgleich ist oder
2. aus der Liste für jugendgefährdende Medien zu streichen ist,

Gebühren und Auslagen erheben. [2] Das Bundesministerium für Familie, Senioren, Frauen und Jugend wird ermächtigt, durch Rechtsverordnung mit Zustimmung des Bundesrates die gebührenpflichtigen Tatbestände und die Gebührensätze näher zu bestimmen.

§ 22[1)] Aufnahme periodisch erscheinender Medien in die Liste jugendgefährdender Medien. [1] Periodisch erscheinende Medien können auf die Dauer von drei bis zwölf Monaten in die Liste jugendgefährdender Medien aufgenommen werden, wenn innerhalb von zwölf Monaten mehr als zwei ihrer Folgen in die Liste aufgenommen worden sind. [2] Dies gilt nicht für Tageszeitungen und politische Zeitschriften sowie für deren digitale Ausgaben.

§ 23[2)] Vereinfachtes Verfahren. (1) [1] In einem vereinfachten Verfahren kann die Prüfstelle für jugendgefährdende Medien über die Aufnahme von Medien in die Liste jugendgefährdender Medien entscheiden, wenn

1. das Medium offensichtlich geeignet ist, die Entwicklung von Kindern oder Jugendlichen oder ihre Erziehung zu einer eigenverantwortlichen und gemeinschaftsfähigen Persönlichkeit zu gefährden oder
2. bei einem Telemedium auf Antrag oder nach einer Stellungnahme der zentralen Aufsichtsstelle der Länder für den Jugendmedienschutz entschieden wird.

[2] Im vereinfachten Verfahren treffen die oder der Vorsitzende und zwei weitere Mitglieder der Prüfstelle für jugendgefährdende Medien, von denen ein Mitglied einer der in § 19 Absatz 2 Nummer 1 bis 4 genannten Gruppen angehören muss, die Entscheidung. [3] Die Entscheidung kann im vereinfachten Verfahren nur einstimmig getroffen werden. [4] Kommt eine einstimmige Entscheidung nicht zustande, entscheidet die Prüfstelle für jugendgefährdende Medien in voller Besetzung (§ 19 Absatz 5).

(2) Eine Aufnahme in die Liste nach § 22 ist im vereinfachten Verfahren nicht möglich.

(3) Gegen die Entscheidung können die Betroffenen (§ 21 Abs. 7) innerhalb eines Monats nach Zustellung Antrag auf Entscheidung durch die Prüfstelle für jugendgefährdende Medien in voller Besetzung stellen.

(4) Nach Ablauf von zehn Jahren seit Aufnahme eines Mediums in die Liste kann die Prüfstelle für jugendgefährdende Medien die Streichung aus der Liste

---

[1)] § 22 Überschrift neu gef., Abs. 1 Sätze 1, 2 geänd., Abs. 2 aufgeh. mWv 1.5.2021 durch G v. 9.4. 2021 (BGBl. I S. 742).

[2)] § 23 Abs. 1 neu gef., Abs. 3, 4, 5 Satz 1, Abs. 6 Satz 1 geänd. mWv 1.5.2021 durch G v. 9.4.2021 (BGBl. I S. 742).

unter der Voraussetzung des § 21 Abs. 5 Nr. 2 im vereinfachten Verfahren beschließen.

(5) [1] Wenn die Gefahr besteht, dass ein Medium kurzfristig in großem Umfange vertrieben, verbreitet oder zugänglich gemacht wird und die endgültige Listenaufnahme offensichtlich zu erwarten ist, kann die Aufnahme in die Liste im vereinfachten Verfahren vorläufig angeordnet werden. [2] Absatz 2 gilt entsprechend.

(6) [1] Die vorläufige Anordnung ist mit der abschließenden Entscheidung der Prüfstelle für jugendgefährdende Medien, jedoch spätestens nach Ablauf eines Monats, aus der Liste zu streichen. [2] Die Frist des Satzes 1 kann vor ihrem Ablauf um höchstens einen Monat verlängert werden. [3] Absatz 1 gilt entsprechend. [4] Soweit die vorläufige Anordnung im Bundesanzeiger bekannt zu machen ist, gilt dies auch für die Verlängerung.

§ 24[1] Führung der Liste jugendgefährdender Medien. (1) Die Bundeszentrale führt die Liste jugendgefährdender Medien nach § 17a Absatz 1.

(2) [1] Entscheidungen über die Aufnahme in die Liste oder über Streichungen aus der Liste sind unverzüglich auszuführen. [2] Die Liste ist unverzüglich zu korrigieren, wenn Entscheidungen der Prüfstelle für jugendgefährdende Medien aufgehoben werden oder außer Kraft treten.

(2a) [1] Die Liste jugendgefährdender Medien ist als öffentliche Liste zu führen. [2] Würde die Bekanntmachung eines Mediums in der öffentlichen Liste jedoch der Wahrung des Kinder- und Jugendschutzes schaden, so ist dieses Medium in einem nichtöffentlichen Teil der Liste zu führen. [3] Ein solcher Schaden ist insbesondere dann anzunehmen, wenn eine Bezeichnung des Mediums in der öffentlichen Liste nur in der Weise erfolgen kann, dass durch die Bezeichnung für Kinder und Jugendliche zugleich der unmittelbare Zugang möglich wird.

(3) Wird ein Medium in den öffentlichen Teil der Liste aufgenommen oder aus ihm gestrichen, so ist dies unter Hinweis auf die zugrunde liegende Entscheidung im Bundesanzeiger bekannt zu machen.

(4) [1] Die Bundeszentrale kann die Liste der zentralen Aufsichtsstelle der Länder für den Jugendmedienschutz, den im Bereich der Telemedien anerkannten Einrichtungen der Selbstkontrolle und den aus Mitteln des Bundes, der Länder oder der Landesmedienanstalten geförderten Internet-Beschwerdestellen in geeigneter Form mitteilen, damit der Listeninhalt zum Abgleich von Angeboten in Telemedien mit in die Liste aufgenommenen Medien genutzt werden kann, um Kindern und Jugendlichen möglichst ungefährdeten Zugang zu Angeboten zu ermöglichen und die Bearbeitung von Hinweisen auf jugendgefährdende Inhalte zu vereinfachen. [2] Die Mitteilung umfasst einen Hinweis auf Einschätzungen nach § 18 Absatz 6.

(5) [1] In Bezug auf die vor Ablauf des 30. April 2021 in die Liste jugendgefährdender Medien aufgenommenen Träger- und Telemedien gelten § 18 Absatz 2 und § 24 Absatz 2 in der bis zu diesem Tag geltenden Fassung fort. [2] Die Trägermedien, deren Aufnahme in die Liste jugendgefährdender Medien bis zum 30. April 2021 bekannt gemacht worden ist, können unter Benennung der Listenteile A oder B in eine gemeinsame Listenstruktur mit der ab diesem Tag zu führenden Liste überführt werden.

---

[1] § 24 Abs. 1 neu gef., Abs. 2 Satz 2 geänd., Abs. 2a eingef., Abs. 3 neu gef., Abs. 4 aufgeh., bish. Abs. 5 wird Abs. 4 und neu gef., Abs. 5 angef. mWv 1.5.2021 durch G v. 9.4.2021 (BGBl. I S. 742).

§ 24a[1] Vorsorgemaßnahmen. (1) [1]Diensteanbieter, die fremde Informationen für Nutzerinnen und Nutzer mit Gewinnerzielungsabsicht speichern oder bereitstellen, haben unbeschadet des § 7 Absatz 2 und des § 10 des Telemediengesetzes[2] durch angemessene und wirksame strukturelle Vorsorgemaßnahmen dafür Sorge zu tragen, dass die Schutzziele des § 10a Nummer 1 bis 3 gewahrt werden. [2]Die Pflicht nach Satz 1 besteht nicht für Diensteanbieter, deren Angebote sich nicht an Kinder und Jugendliche richten und von diesen üblicherweise nicht genutzt werden sowie für journalistisch-redaktionell gestaltete Angebote, die vom Diensteanbieter selbst verantwortet werden.

(2) Als Vorsorgemaßnahmen kommen insbesondere in Betracht:

1. die Bereitstellung eines Melde- und Abhilfeverfahrens, mit dem Nutzerinnen und Nutzer Beschwerden über
   a) unzulässige Angebote nach § 4 des Jugendmedienschutz-Staatsvertrages[3] oder
   b) entwicklungsbeeinträchtigende Angebote nach § 5 Absatz 1 und 2 des Jugendmedienschutz-Staatsvertrages, die der Diensteanbieter der Allgemeinheit bereitstellt, ohne seiner Verpflichtung aus § 5 Absatz 1 des Jugendmedienschutz-Staatsvertrages durch Maßnahmen nach § 5 Absatz 3 bis 5 des Jugendmedienschutz-Staatsvertrages nachzukommen

   übermitteln können;
2. die Bereitstellung eines Melde- und Abhilfeverfahrens mit einer für Kinder und Jugendliche geeigneten Benutzerführung, im Rahmen dessen insbesondere minderjährige Nutzer und Nutzerinnen Beeinträchtigungen ihrer persönlichen Integrität durch nutzergenerierte Informationen dem Diensteanbieter melden können;
3. die Bereitstellung eines Einstufungssystems für nutzergenerierte audiovisuelle Inhalte, mit dem Nutzerinnen und Nutzer im Zusammenhang mit der Generierung standardmäßig insbesondere dazu aufgefordert werden, die Eignung eines Inhalts entsprechend der Altersstufe „ab 18 Jahren“ als nur für Erwachsene zu bewerten;
4. die Bereitstellung technischer Mittel zur Altersverifikation für nutzergenerierte audiovisuelle Inhalte, die die Nutzerin oder der Nutzer im Zusammenhang mit der Generierung entsprechend der Altersstufe „ab 18 Jahren“ als nur für Erwachsene geeignet bewertet hat;
5. der leicht auffindbare Hinweis auf anbieterunabhängige Beratungsangebote, Hilfe- und Meldemöglichkeiten;
6. die Bereitstellung technischer Mittel zur Steuerung und Begleitung der Nutzung der Angebote durch personensorgeberechtigte Personen;
7. die Einrichtung von Voreinstellungen, die Nutzungsrisiken für Kinder und Jugendliche unter Berücksichtigung ihres Alters begrenzen, indem insbesondere ohne ausdrückliche anderslautende Einwilligung
   a) Nutzerprofile weder durch Suchdienste aufgefunden werden können noch für nicht angemeldete Personen einsehbar sind,
   b) Standort- und Kontaktdaten und die Kommunikation mit anderen Nutzerinnen und Nutzern nicht veröffentlicht werden,

---

[1] § 24a eingef. mWv 1.5.2021 durch G v. 9.4.2021 (BGBl. I S. 742).
[2] **Sartorius ErgBd. Nr. 922.**
[3] **Sartorius III Nr. 796.**

c) die Kommunikation mit anderen Nutzerinnen und Nutzern auf einen von den Nutzerinnen und Nutzern vorab selbst gewählten Kreis eingeschränkt ist und

d) die Nutzung anonym oder unter Pseudonym erfolgt;

8. die Verwendung von Bestimmungen in den Allgemeinen Geschäftsbedingungen, die die für die Nutzung wesentlichen Bestimmungen der Allgemeinen Geschäftsbedingungen in kindgerechter Weise darstellen.

(3) Der Diensteanbieter ist von der Pflicht nach Absatz 1 befreit, wenn das Angebot im Inland nachweislich weniger als eine Million Nutzerinnen und Nutzer hat.

(4) [1] Die Vorschrift findet auch auf Diensteanbieter Anwendung, deren Sitzland nicht Deutschland ist. [2] Die Bestimmungen des Netzwerkdurchsetzungsgesetzes[1)] vom 1. September 2017 (BGBl. I S. 3352) in der jeweils geltenden Fassung gehen vor. [3] Weitergehende Anforderungen dieses Gesetzes zur Wahrung der Schutzziele des § 10a Nummer 1 bis 3 bleiben unberührt. [4] Die §§ 2a und 3 des Telemediengesetzes sowie die Bestimmungen der Verordnung (EU) 2016/679 des Europäischen Parlaments und des Rates vom 27. April 2016 zum Schutz natürlicher Personen bei der Verarbeitung personenbezogener Daten, zum freien Datenverkehr und zur Aufhebung der Richtlinie 95/46/EG (Datenschutz-Grundverordnung)[2)] (ABl. L 119 vom 4.5.2016, S. 1; L 314 vom 22.11.2016, S. 72; L 127 vom 23.5.2018, S. 2) bleiben unberührt.

§ 24b[3)] Überprüfung der Vorsorgemaßnahmen. (1) [1] Die Bundeszentrale überprüft die Umsetzung, die konkrete Ausgestaltung und die Angemessenheit der von Diensteanbietern nach § 24a Absatz 1 zu treffenden Vorsorgemaßnahmen. [2] Das gemeinsame Kompetenzzentrum von Bund und Ländern für den Jugendmedienschutz im Internet „jugendschutz.net" nimmt erste Einschätzungen der von den Diensteanbietern getroffenen Vorsorgemaßnahmen vor. „jugendschutz.net" unterrichtet die Bundeszentrale über seine ersten Einschätzungen nach Satz 2. [3] Im Rahmen der Prüfung nach Satz 1 berücksichtigt die Bundeszentrale die Stellungnahme der zentralen Aufsichtsstelle der Länder für den Jugendmedienschutz.

(2) Der Diensteanbieter kann die Pflicht nach § 24a Absatz 1 erfüllen, indem er in einer Leitlinie Maßnahmen festlegt und umsetzt, welche die Vorsorgemaßnahmen nach § 24a Absatz 1 für seinen Bereich konkretisieren und die Leitlinie

1. mit einer nach den Bestimmungen des Jugendmedienschutz-Staatsvertrages[4)] anerkannten Einrichtung der freiwilligen Selbstkontrolle, bei der der Diensteanbieter Mitglied ist, vereinbart wurde,
2. der Bundeszentrale zur Beurteilung der Angemessenheit gemäß § 24a Absatz 1 vorgelegt wurde und
3. nach Bestätigung der Angemessenheit durch die Bundeszentrale veröffentlicht wurde (§ 24c Absatz 2).

(3) Stellt die Bundeszentrale fest, dass ein Diensteanbieter keine oder nur unzureichende Vorsorgemaßnahmen nach § 24a Absatz 1 getroffen hat, gibt sie ihm Gelegenheit, Stellung zu nehmen und berät ihn über die erforderlichen Vorsor-

---

[1)] **Sartorius III Nr. 750.**
[2)] Nr. **246**.
[3)] § 24b eingef. mWv 1.5.2021 durch G v. 9.4.2021 (BGBl. I S. 742).
[4)] **Sartorius III Nr. 796.**

gemaßnahmen. Trifft der Diensteanbieter auch nach Abschluss der Beratung die erforderlichen Vorsorgemaßnahmen nicht, fordert die Bundeszentrale den Diensteanbieter unter angemessener Fristsetzung zur Abhilfe auf.

(4) Kommt der Diensteanbieter der Aufforderung nach Absatz 3 Satz 2 innerhalb der gesetzten Frist nicht oder nur unzureichend nach, kann die Bundeszentrale die erforderlichen Vorsorgemaßnahmen nach § 24a Absatz 1 unter erneuter angemessener Fristsetzung selbst anordnen. Vor der Anordnung gibt die Bundeszentrale der zentralen Aufsichtsstelle der Länder für den Jugendmedienschutz Gelegenheit zur Stellungnahme.

(5) Hat eine nach den Bestimmungen des Jugendmedienschutz-Staatsvertrages anerkannte Einrichtung der freiwilligen Selbstkontrolle eine Pflicht des Diensteanbieters gemäß § 24a Absatz 1 ausgeschlossen, ist der Prüfumfang der Bundeszentrale auf die Überschreitung der Grenzen des Beurteilungsspielraums durch die Einrichtung der freiwilligen Selbstkontrolle beschränkt.

§ 24c[1)] Leitlinie der freiwilligen Selbstkontrolle. (1) Bei der Erarbeitung einer Leitlinie nach § 24b Absatz 2 sind die Sichtweise von Kindern und Jugendlichen und deren Belange in geeigneter Weise angemessen zu berücksichtigen.

(2) [1] Die vereinbarte Leitlinie ist in deutscher Sprache im Bundesanzeiger, auf der Homepage des Diensteanbieters und der Homepage der Einrichtung der freiwilligen Selbstkontrolle spätestens einen Monat nach Ende des Quartals, in dem die Vereinbarung durch die Bundeszentrale als angemessen beurteilt wurde, zu veröffentlichen. [2] Die auf der Homepage veröffentlichte Leitlinie muss leicht erkennbar, unmittelbar erreichbar und ständig verfügbar sein.

§ 24d[1)] Inländischer Empfangsbevollmächtigter. [1] Diensteanbieter im Sinne des § 24a Absatz 1 Satz 1 in Verbindung mit Absatz 4 Satz 1 haben sicherzustellen, dass ein Empfangsbevollmächtigter im Inland benannt ist und auf ihn in ihrem Angebot in leicht erkennbarer und unmittelbar erreichbarer Weise aufmerksam gemacht wird. [2] An diesen Empfangsbevollmächtigten können unter Beachtung des § 24a Absatz 4 Bekanntgaben oder Zustellungen in Verfahren nach § 24b Absatz 3 und 4 bewirkt werden. [3] Das gilt auch für die Bekanntgabe oder die Zustellung von Schriftstücken, die solche Verfahren einleiten oder vorbereiten.

§ 25[2)] Rechtsweg. (1) Für Klagen gegen eine Entscheidung der Prüfstelle für jugendgefährdende Medien, ein Medium in die Liste jugendgefährdender Medien aufzunehmen oder einen Antrag auf Streichung aus der Liste abzulehnen, ist der Verwaltungsrechtsweg gegeben.

(2) Gegen eine Entscheidung der Prüfstelle für jugendgefährdende Medien, ein Medium nicht in die Liste jugendgefährdender Medien aufzunehmen, sowie gegen eine Einstellung des Verfahrens kann die antragstellende Behörde im Verwaltungsrechtsweg Klage erheben.

(3) Die Klage ist gegen den Bund, vertreten durch die Bundeszentrale für Kinder- und Jugendmedienschutz, zu richten.

(4) [1] Die Klage hat keine aufschiebende Wirkung. [2] Vor Erhebung der Klage bedarf es keiner Nachprüfung in einem Vorverfahren, bei einer Entscheidung im *vereinfachten Verfahren nach* § 23 ist jedoch zunächst eine Entscheidung der

---

1) §§ 24c, 24d eingef. mWv 1.5.2021 durch G v. 9.4.2021 (BGBl. I S. 742).
2) § 25 Abs. 1–3, 4 Satz 2 geänd. mWv 1.5.2021 durch G v. 9.4.2021 (BGBl. I S. 742).

Prüfstelle für jugendgefährdende Medien in der Besetzung nach § 19 Abs. 5 herbeizuführen.

Abschnitt 5. Verordnungsermächtigung

§ 26[1] **Verordnungsermächtigung.** Die Bundesregierung wird ermächtigt, durch Rechtsverordnung mit Zustimmung des Bundesrates Näheres über den Sitz und das Verfahren der Prüfstelle für jugendgefährdende Medien und die Führung der Liste jugendgefährdender Medien zu regeln.

Abschnitt 6. Ahndung von Verstößen

§ 27[2] **Strafvorschriften.** (1) Mit Freiheitsstrafe bis zu einem Jahr oder mit Geldstrafe wird bestraft, wer

1. entgegen § 15 Abs. 1 Nr. 1 bis 5 oder 6, jeweils auch in Verbindung mit Abs. 2, oder entgegen § 15 Absatz 1a ein dort genanntes Medium anbietet, überlässt, zugänglich macht, ausstellt, anschlägt, vorführt, einführt, ankündigt oder anpreist,
2. entgegen § 15 Abs. 1 Nr. 7, auch in Verbindung mit Abs. 2, ein Trägermedium herstellt, bezieht, liefert, vorrätig hält oder einführt,
3. entgegen § 15 Abs. 4 die Liste der jugendgefährdenden Medien abdruckt oder veröffentlicht,
4. entgegen § 15 Abs. 5 bei geschäftlicher Werbung einen dort genannten Hinweis gibt oder
5. einer vollziehbaren Entscheidung nach § 21 Abs. 8 Satz 1 Nr. 1 zuwiderhandelt.

(2) Ebenso wird bestraft, wer als Veranstalter oder Gewerbetreibender

1. eine in § 28 Abs. 1 Nr. 4 bis 18 oder 19 bezeichnete vorsätzliche Handlung begeht und dadurch wenigstens leichtfertig ein Kind oder eine jugendliche Person in der körperlichen, geistigen oder sittlichen Entwicklung schwer gefährdet oder
2. eine in § 28 Abs. 1 Nr. 4 bis 18 oder 19 bezeichnete vorsätzliche Handlung aus Gewinnsucht begeht oder beharrlich wiederholt.

(3) Wird die Tat in den Fällen

1. des Absatzes 1 Nr. 1 oder
2. des Absatzes 1 Nr. 3, 4 oder 5

fahrlässig begangen, so ist die Strafe Freiheitsstrafe bis zu sechs Monaten oder Geldstrafe bis zu hundertachtzig Tagessätzen.

(4) [1] Absatz 1 Nummer 1 und 2 und Absatz 3 Nummer 1 sind nicht anzuwenden, wenn eine personensorgeberechtigte Person oder eine Person, die im Einverständnis mit einer personensorgeberechtigten Person handelt, das Medium einem Kind oder einer jugendlichen Person anbietet, überlässt, zugänglich macht oder vorführt. [2] Dies gilt nicht, wenn die personensorgeberechtigte Person durch das Erteilen des Einverständnisses, das Anbieten, Überlassen, Zugänglichmachen oder Vorführen ihre Erziehungspflicht gröblich verletzt.

---

[1] § 26 geänd. mWv 1.5.2021 durch G v. 9.4.2021 (BGBl. I S. 742).
[2] § 27 Abs. 1 Nr. 1 geänd., Abs. 4 Satz 1 neu gef., Satz 2 geänd. mWv 1.5.2021 durch G v. 9.4.2021 (BGBl. I S. 742).

§ 28[1] **Bußgeldvorschriften.** (1) Ordnungswidrig handelt, wer als Veranstalter oder Gewerbetreibender vorsätzlich oder fahrlässig

1. entgegen § 3 Abs. 1 die für seine Betriebseinrichtung oder Veranstaltung geltenden Vorschriften nicht, nicht richtig oder nicht in der vorgeschriebenen Weise bekannt macht,
2. entgegen § 3 Abs. 2 Satz 1 eine Kennzeichnung verwendet,
3. entgegen § 3 Abs. 2 Satz 2 einen Hinweis nicht, nicht richtig oder nicht rechtzeitig gibt,
4. entgegen § 3 Abs. 2 Satz 3 einen Hinweis gibt, einen Film oder ein Spielprogramm ankündigt oder für einen Film oder ein Spielprogramm wirbt,
5. entgegen § 4 Abs. 1 oder 3 einem Kind oder einer jugendlichen Person den Aufenthalt in einer Gaststätte gestattet,
6. entgegen § 5 Abs. 1 einem Kind oder einer jugendlichen Person die Anwesenheit bei einer öffentlichen Tanzveranstaltung gestattet,
7. entgegen § 6 Abs. 1 einem Kind oder einer jugendlichen Person die Anwesenheit in einer öffentlichen Spielhalle oder einem dort genannten Raum gestattet,
8. entgegen § 6 Abs. 2 einem Kind oder einer jugendlichen Person die Teilnahme an einem Spiel mit Gewinnmöglichkeit gestattet,
9. einer vollziehbaren Anordnung nach § 7 Satz 1 zuwiderhandelt,
10. entgegen § 9 Abs. 1 ein alkoholisches Getränk an ein Kind oder eine jugendliche Person abgibt oder ihm oder ihr den Verzehr gestattet,
11. entgegen § 9 Abs. 3 Satz 1 ein alkoholisches Getränk in einem Automaten anbietet,

11a. entgegen § 9 Abs. 4 alkoholhaltige Süßgetränke in den Verkehr bringt,

12. entgegen § 10 Absatz 1, auch in Verbindung mit Absatz 4, ein dort genanntes Produkt an ein Kind oder eine jugendliche Person abgibt oder einem Kind oder einer jugendlichen Person das Rauchen oder den Konsum gestattet,
13. entgegen § 10 Absatz 2 Satz 1 oder Absatz 3, jeweils auch in Verbindung mit Absatz 4, ein dort genanntes Produkt anbietet oder abgibt,
14. entgegen § 11 Abs. 1 oder 3, jeweils auch in Verbindung mit Abs. 4 Satz 2, einem Kind oder einer jugendlichen Person die Anwesenheit bei einer öffentlichen Filmveranstaltung, einem Werbevorspann oder einem Beiprogramm gestattet,

14a. entgegen § 11 Absatz 5 oder 6 einen Werbefilm oder ein Werbeprogramm vorführt,

15. entgegen § 12 Abs. 1 einem Kind oder einer jugendlichen Person einen Bildträger zugänglich macht,
16. entgegen § 12 Abs. 3 Nr. 2 einen Bildträger anbietet oder überlässt,
17. entgegen § 12 Abs. 4 oder § 13 Abs. 2 einen Automaten oder ein Bildschirmspielgerät aufstellt,

---

[1] § 28 Abs. 1 Nr. 11a eingef. mWv 30.9.2004 durch G v. 23.7.2004 (BGBl. I S. 1857) iVm der Bek. v. 13.10.2004 (BGBl. I S. 2600); Abs. 2 Nr. 1 und 2 geänd. mWv 1.3.2007 durch G v. 26.2.2007 (BGBl. I S. 179) iVm der Bek. v. 1.3.2006 (BGBl. I S. 251); Abs. 1 Nr. 12 geänd. mWv 1.9.2007 durch G v. 20.7. 2007 (BGBl. I S. 1595); Abs. 2 Nr. 1, 2 und Abs. 3 Nr. 1 geänd. mWv 1.7.2008 durch G v. 24.6.2008 (BGBl. I S. 1075); Abs. 1 Nr. 12 und 13 neu gef. mWv 1.4.2016 durch G v. 3.3.2016 (BGBl. I S. 369); Abs. 1 Nr. 14a geänd. mWv 1.1.2021 durch G v. 23.10.2020 (BGBl. I S. 2229); Abs. 1 Nr. 4, Abs. 2 Nr. 4, Abs. 3 Nr. 1 geänd., Nr. 2 eingef., bish. Nr. 2 wird Nr. 3 und geänd., Nr. 4, 5 angef., Abs. 5 neu gef., Nr. 6, 7 angef. mWv 1.5.2021 durch G v. 9.4.2021 (BGBl. I S. 742).

18. entgegen § 12 Abs. 5 Satz 1 einen Bildträger vertreibt,
19. entgegen § 13 Abs. 1 einem Kind oder einer jugendlichen Person das Spielen an Bildschirmspielgeräten gestattet oder
20. entgegen § 15 Abs. 6 einen Hinweis nicht, nicht richtig oder nicht rechtzeitig gibt.

(2) Ordnungswidrig handelt, wer als Anbieter vorsätzlich oder fahrlässig

1. entgegen § 12 Abs. 2 Satz 1 und 2, auch in Verbindung mit Abs. 5 Satz 3 oder § 13 Abs. 3, einen Hinweis nicht, nicht richtig oder nicht in der vorgeschriebenen Weise gibt,
2. einer vollziehbaren Anordnung nach § 12 Abs. 2 Satz 3 Nr. 1, auch in Verbindung mit Abs. 5 Satz 3 oder § 13 Abs. 3, oder nach § 14 Abs. 7 Satz 3 zuwiderhandelt,
3. entgegen § 12 Abs. 5 Satz 2 einen Hinweis nicht, nicht richtig, nicht in der vorgeschriebenen Weise oder nicht rechtzeitig anbringt oder
4. entgegen § 14 Abs. 7 Satz 1 einen Film oder ein Spielprogramm mit „Infoprogramm" oder „Lehrprogramm" kennzeichnet.

(3) Ordnungswidrig handelt, wer vorsätzlich oder fahrlässig

1. entgegen § 12 Abs. 2 Satz 4 einen Hinweis nicht, nicht richtig oder nicht in der vorgeschriebenen Weise gibt,
2. entgegen § 14a Absatz 1 Satz 2 einen Film oder ein Spielprogramm bereithält,
3. entgegen § 24 Abs. 5 Satz 2 eine Mitteilung verwendet,
4. einer vollziehbaren Anordnung nach § 24b Absatz 4 Satz 1 zuwiderhandelt oder
5. entgegen § 24d Satz 1 nicht sicherstellt, dass ein Empfangsbevollmächtigter im Inland benannt ist.

(4) [1] Ordnungswidrig handelt, wer als Person über 18 Jahren ein Verhalten eines Kindes oder einer jugendlichen Person herbeiführt oder fördert, das durch ein in Absatz 1 Nr. 5 bis 8, 10, 12, 14 bis 16 oder 19 oder in § 27 Abs. 1 Nr. 1 oder 2 bezeichnetes oder in § 12 Abs. 3 Nr. 1 enthaltenes Verbot oder durch eine vollziehbare Anordnung nach § 7 Satz 1 verhindert werden soll. [2] Hinsichtlich des Verbots in § 12 Abs. 3 Nr. 1 gilt dies nicht für die personensorgeberechtigte Person und für eine Person, die im Einverständnis mit der personensorgeberechtigten Person handelt.

(5) [1] Die Ordnungswidrigkeit kann in den Fällen des Absatzes 3 Nummer 4 mit einer Geldbuße bis zu fünf Millionen Euro und in den übrigen Fällen mit einer Geldbuße bis zu fünfzigtausend Euro geahndet werden. [2] § 30 Absatz 2 Satz 3 des Gesetzes über Ordnungswidrigkeiten[1)] ist für die Fälle des Absatzes 3 Nummer 4 anzuwenden.

(6) In den Fällen des Absatzes 3 Nummer 2, 4 und 5 kann die Ordnungswidrigkeit auch dann geahndet werden, wenn sie nicht im Geltungsbereich dieses Gesetzes begangen wird.

(7) Verwaltungsbehörde im Sinne des § 36 Absatz 1 Nummer 1 des Gesetzes über Ordnungswidrigkeiten ist in den Fällen des Absatzes 3 Nummer 2, 4 und 5 die Bundeszentrale für Kinder- und Jugendmedienschutz.

[1)] **Schönfelder Nr. 94.**

Abschnitt 7. Schlussvorschriften

§ 29 Übergangsvorschriften. Auf die nach bisherigem Recht mit „Nicht freigegeben unter achtzehn Jahren" gekennzeichneten Filmprogramme für Bildträger findet § 18 Abs. 8 Satz 1 mit der Maßgabe Anwendung, dass an die Stelle der Angabe „§ 14 Abs. 2 Nr. 1 bis 5" die Angabe „§ 14 Abs. 2 Nr. 1 bis 4" tritt.

§ 29a[1] Weitere Übergangsregelung. Beisitzerinnen und Beisitzer der Bundesprüfstelle für jugendgefährdende Medien und ihre Vertreterinnen und Vertreter, die sich am 1. Mai 2021 im Amt befinden, können unabhängig von ihrer bisherigen Mitgliedschaft in der Bundesprüfstelle noch höchstens zweimal als Beisitzerin oder Beisitzer oder als Vertreterin oder Vertreter berufen werden.

§ 29b[1] Bericht und Evaluierung. [1] Dieses Gesetz wird drei Jahre nach Inkrafttreten evaluiert, um zu untersuchen, inwiefern die in § 10a niedergelegten Schutzziele erreicht wurden. [2] Die Bundesregierung unterrichtet den Deutschen Bundestag über das Ergebnis der Evaluation. [3] In der Folge wird alle zwei Jahre dem Beirat Bericht erstattet über die weitere Entwicklung bei dem Erreichen der Schutzziele des § 10a. [4] Alle vier Jahre ist dieser Bericht von der Bundesregierung dem Deutschen Bundestag vorzulegen.

§ 30 Inkrafttreten, Außerkrafttreten. (1) [1] Dieses Gesetz tritt an dem Tag in Kraft, an dem der Staatsvertrag der Länder über den Schutz der Menschenwürde und den Jugendschutz in Rundfunk und Telemedien[2] in Kraft[3] tritt. [2] Gleichzeitig treten das Gesetz zum Schutze der Jugend in der Öffentlichkeit vom 25. Februar 1985 (BGBl. I S. 425), zuletzt geändert durch Artikel 8a des Gesetzes vom 15. Dezember 2001 (BGBl. I S. 3762) und das Gesetz über die Verbreitung jugendgefährdender Schriften und Medieninhalte in der Fassung der Bekanntmachung vom 12. Juli 1985 (BGBl. I S. 1502), zuletzt geändert durch Artikel 8b des Gesetzes vom 15. Dezember 2001 (BGBl. I S. 3762) außer Kraft. [3] Das Bundesministerium für Familie, Senioren, Frauen und Jugend gibt das Datum des Inkrafttretens dieses Gesetzes im Bundesgesetzblatt bekannt[4].

(2) Abweichend von Absatz 1 Satz 1 treten § 10 Abs. 2 und § 28 Abs. 1 Nr. 13 am 1. Januar 2007 in Kraft.

---

[1] § 29a neu gef., § 29b eingef. mWv 1.5.2021 durch G v. 9.4.2021 (BGBl. I S. 742).

[2] ***Sartorius III Nr. 796.***

[3] Inkrafttreten des Jugendmedienschutz-StaatsV **(Sartorius III Nr. 796)** gem. seinem § 28 Abs. 1 am 1.4.2003.

[4] Siehe die Bek. v. 1.4.2003 (BGBl. I S. 476), wonach das JugendschutzG am 1.4.2003 in Kraft getreten ist.

450. Gesetz über das Bundeskriminalamt und die Zusammenarbeit des Bundes und der Länder in kriminalpolizeilichen Angelegenheiten (Bundeskriminalamtgesetz BKAG)[1) 2)]

Vom 1. Juni 2017

(BGBl. I S. 1354, ber. 2019 S. 400)

FNA 2190-3

geänd. durch Art. 152 Elfte ZuständigkeitsanpassungsVO v. 19.6.2020 (BGBl. I S. 1328), Nr. 1 Buchst. g Beschl. des BVerfG – 1 BvR 1873/13, 1 BvR 2618/13 - v. 27.5.2020 (BGBl. I S. 1931), Art. 5 G zur Stärkung der Sicherheit im Pass-, Ausweis- und ausländerrechtlichen Dokumentenwesen v. 3.12.2020 (BGBl. I S. 2744), Art. 5 Rechtsextremismus-BekämpfungsG v. 30.3.2021 (BGBl. I S. 441, aufgeh. durch Art. 15 Nr. 2 G v. 30.3.2021, BGBl. I S. 448) und Art. 7 G zur Anpassung der Regelungen über die Bestandsdatenauskunft an die Vorgaben aus der Entscheidung des BVerfG vom 27.5.2020 v. 30.3.2021 (BGBl. I S. 448)

Inhaltsübersicht[3)]

---

1) Verkündet als Art. 1 G v. 1.6.2017 (BGBl. I S. 1354, ber. 2019 S. 400); Inkrafttreten gem. Art. 13 Abs. 1 dieses G am 25.5.2018, mit Ausnahme des § 20, der am 9.6.2017 in Kraft tritt, vgl. Art. 13 Abs. 2 dieses G.

2) **Amtl. Anm. am Titel des ArtikelG:** Dieses Gesetz dient der Umsetzung der Richtlinie (EU) 2016/680 des Europäischen Parlaments und des Rates vom 27. April 2016 zum Schutz natürlicher Personen bei der Verarbeitung personenbezogener Daten durch die zuständigen Behörden zum Zwecke der Verhütung, Ermittlung, Aufdeckung oder Verfolgung von Straftaten oder der Strafvollstreckung sowie zum freien Datenverkehr und zur Aufhebung des Rahmenbeschlusses 2008/977/JI des Rates (ABl. L 119 vom 4.5.2016, S. 89).

3) Inhaltsübersicht geänd. mWv 2.4.2021 durch G v. 30.3.2021 (BGBl. I S. 448).

Abschnitt 9. Datenschutz und Datensicherheit, Rechte der betroffenen Person

(Fortsetzung nächstes Blatt)

§ 7 Zeugenschutz. (1) [1]In den Fällen des § 4 Absatz 1 und 2 Satz 1 obliegt dem Bundeskriminalamt der Schutz von Personen, deren Aussage zur Erforschung der Wahrheit von Bedeutung ist oder war. [2]Entsprechendes gilt für deren Angehörige und sonstige ihnen nahestehende Personen. [3]Das Bundeskriminalamt unterrichtet die zuständigen Landeskriminalämter unverzüglich von der Übernahme des Zeugenschutzes.

(2) [1]Das Bundeskriminalamt kann Zeugenschutzmaßnahmen aufgrund eines Ersuchens eines anderen Staates oder einer für die Verfolgung von Straftaten zuständigen zwischen- und überstaatlichen Stelle durchführen, soweit es sich um einen Fall von besonderer Bedeutung handelt. [2]Absatz 1 Satz 2 und 3 gilt entsprechend.

(3) [1]In Einzelfällen können Zeugenschutzmaßnahmen im Einvernehmen zwischen dem Bundeskriminalamt und einem Landeskriminalamt durch Polizeibeamtinnen und Polizeibeamte dieses Landes durchgeführt werden. [2]Die Verpflichtung anderer Polizeibehörden, die zur Abwehr von Gefahren erforderlichen unaufschiebbaren Maßnahmen zu treffen, bleibt unberührt.

§ 8 Sicherung des Bundeskriminalamtes, behördlicher Eigenschutz. (1) [1]Dem Bundeskriminalamt obliegt die Sicherung seiner behördlichen Liegenschaften, sonstigen Einrichtungen und eigenen Veranstaltungen gegen Gefahren, welche die Erfüllung seiner Aufgaben beeinträchtigen. [2]Die Sicherung beschränkt sich auf die in Satz 1 bezeichneten Liegenschaften und Einrichtungen sowie auf die Grundstücke, auf denen diese Liegenschaften und Einrichtungen untergebracht sind oder Veranstaltungen stattfinden.

(2) Dem Bundeskriminalamt obliegt die Sicherung seines Dienstbetriebs gegen Gefahren, die von Personen ausgehen, die für das Bundeskriminalamt tätig werden sollen.

Abschnitt 2. Allgemeine Befugnisse zur Datenverarbeitung

Unterabschnitt 1. Datenerhebung

§ 9 Allgemeine Datenerhebung durch und Datenübermittlung an das Bundeskriminalamt. (1) [1]Das Bundeskriminalamt kann, soweit dies zur Erfüllung seiner Aufgabe als Zentralstelle nach § 2 Absatz 2 Nummer 1 und Absatz 6 erforderlich ist, personenbezogene Daten zur Ergänzung vorhandener Sachverhalte oder sonst zu Zwecken der Auswertung mittels Auskünften oder Anfragen bei öffentlichen oder nichtöffentlichen Stellen erheben. [2]Das Bundeskriminalamt kann unter den Voraussetzungen des Satzes 1 auch Daten erheben

1. bei den in den §§ 26 und 27 genannten Behörden und Stellen anderer Staaten,
2. bei zwischen- und überstaatlichen Stellen, die mit der Verfolgung und Verhütung von Straftaten befasst sind, sowie
3. unter den Voraussetzungen des § 81 des Bundesdatenschutzgesetzes[1)] auch bei sonstigen öffentlichen und nichtöffentlichen Stellen im Ausland.

[3]In anhängigen Strafverfahren steht dem Bundeskriminalamt diese Befugnis nur im Einvernehmen mit der zuständigen Strafverfolgungsbehörde zu.

(2) [1]Das Bundeskriminalamt kann, soweit dies zur Erfüllung seiner Aufgaben nach den §§ 6 bis 8 erforderlich ist, personenbezogene Daten erheben. [2]Die

---

[1)] Nr. **245**.

personenbezogenen Daten sind offen und bei der betroffenen Person zu erheben. [3]Sie können bei anderen öffentlichen oder bei nichtöffentlichen Stellen erhoben werden, wenn die Erhebung bei der betroffenen Person nicht möglich ist oder durch sie die Erfüllung der dem Bundeskriminalamt obliegenden Aufgaben nach Satz 1 gefährdet oder erheblich erschwert würde. [4]Eine Datenerhebung, die nicht als Maßnahme des Bundeskriminalamtes erkennbar sein soll, ist nur zulässig, wenn auf andere Weise die Erfüllung der dem Bundeskriminalamt obliegenden Aufgaben nach Satz 1 erheblich gefährdet wird oder wenn anzunehmen ist, dass dies dem überwiegenden Interesse der betroffenen Person entspricht.

(3) [1]Soweit das Bundeskriminalamt für seine Aufgaben nach den §§ 6 bis 8 personenbezogene Daten bei der betroffenen Person oder bei nichtöffentlichen Stellen erhebt, sind diese auf Verlangen auf den Umfang ihrer Auskunftspflicht und auf die Rechtsgrundlage der Datenerhebung hinzuweisen. [2]Der Hinweis kann unterbleiben, wenn durch ihn die Erfüllung der jeweiligen Aufgabe des Bundeskriminalamtes nach Absatz 2 gefährdet oder erheblich erschwert würde. [3]Sofern eine Auskunftspflicht nicht besteht, ist auf die Freiwilligkeit der Auskunft hinzuweisen.

(4) [1]Öffentliche Stellen können von sich aus dem Bundeskriminalamt Informationen einschließlich personenbezogener Daten übermitteln, wenn tatsächliche Anhaltspunkte dafür bestehen, dass die Übermittlung für die Erfüllung der Aufgaben des Bundeskriminalamtes erforderlich ist. [2]Die Vorschriften der Strafprozessordnung[1)], des Artikel 10-Gesetzes[2)], des Bundesverfassungsschutzgesetzes[3)], des BND-Gesetzes[4)] und des MAD-Gesetzes[5)] bleiben unberührt. [3]Die Verantwortung für die Zulässigkeit der Übermittlung trägt die übermittelnde Stelle. [4]Erfolgt die Übermittlung auf Ersuchen des Bundeskriminalamtes, trägt dieses die Verantwortung.

(5) Eine Übermittlungspflicht besteht, wenn die Informationen zur Abwehr einer Gefahr für den Bestand oder die Sicherheit des Bundes oder eines Landes oder Leib, Leben oder Freiheit einer Person oder einer Sache von bedeutendem Wert, deren Erhaltung im öffentlichen Interesse liegt, erforderlich sind.

§ 10[6)] Bestandsdatenauskunft. (1) [1]Zur Erfüllung der Aufgabe als Zentralstelle nach § 2 Absatz 2 Nummer 1 und Absatz 6 darf nach Maßgabe der nachfolgenden Vorschriften Auskunft verlangt werden von demjenigen, der geschäftsmäßig

1. Telekommunikationsdienste erbringt oder daran mitwirkt, über die nach den §§ 95 und 111 des Telekommunikationsgesetzes[7)] erhobenen Daten (§ 113 Absatz 1 Satz 1 des Telekommunikationsgesetzes), oder
2. eigene oder fremde Telemedien zur Nutzung bereithält oder den Zugang zur Nutzung vermittelt, über die nach § 14 des Telemediengesetzes[8)] erhobenen Daten (§ 15a Absatz 1 Satz 1 des Telemediengesetzes).

[2]Die Auskunft nach Satz 1 darf nur verlangt werden, sofern im Einzelfall

---

[1)] **Schönfelder Nr. 90.**
[2)] Nr. **7.**
[3)] Nr. **80.**
[4)] **Sartorius III Nr. 805.**
[5)] **Sartorius III Nr. 806.**
[6)] § 10 Abs. 1, 2 neu gef., Abs. 3 eingef., bish. Abs. 3, 4 werden Abs. 4, 5 und jeweils Satz 1 geänd., bish. Abs. 5 wird Abs. 6 und neu gef., Abs. 7 angef. mWv 2.4.2021 durch G v. 30.3.2021 (BGBl. I S. 448).
[7)] **Sartorius ErgBd. Nr. 920.**
[8)] **Sartorius ErgBd. Nr. 922.**

1. zureichende tatsächliche Anhaltspunkte für eine Straftat im Sinne des § 2 Absatz 1 vorliegen und die zu erhebenden Daten erforderlich sind, um
   a) die zuständige Strafverfolgungsbehörde zu ermitteln, oder
   b) ein Auskunftsersuchen einer ausländischen Strafverfolgungsbehörde im Rahmen des polizeilichen Dienstverkehrs, das nach Maßgabe der Vorschriften über die internationale Rechtshilfe in Strafsachen bearbeitet wird, zu erledigen, oder
2. die zu erhebenden Daten im Rahmen der Strafvollstreckung erforderlich sind, um ein Auskunftsersuchen einer ausländischen Strafverfolgungsbehörde im Rahmen des polizeilichen Dienstverkehrs, das nach Maßgabe der Vorschriften über die internationale Rechtshilfe in Strafsachen bearbeitet wird, zu erledigen, oder
3. die Gefahr besteht, dass eine Person an der Begehung einer Straftat im Sinne des § 2 Absatz 1 beteiligt sein wird und die zu erhebenden Daten erforderlich sind, um
   a) die für die Verhütung der Straftat zuständige Polizeibehörde zu ermitteln, oder
   b) ein Auskunftsersuchen einer ausländischen Polizeibehörde im Rahmen des polizeilichen Dienstverkehrs zur Verhütung der Straftat zu erledigen, oder
4. Tatsachen die Annahme rechtfertigen, dass eine Person innerhalb eines übersehbaren Zeitraums auf eine zumindest ihrer Art nach konkretisierte Weise an einer Straftat von erheblicher Bedeutung beteiligt sein wird und die zu erhebenden Daten erforderlich sind, um
   a) die für die Verhütung der Straftat zuständige Polizeibehörde zu ermitteln, oder
   b) ein Auskunftsersuchen einer ausländischen Polizeibehörde im Rahmen des polizeilichen Dienstverkehrs zur Verhütung der Straftat zu erledigen, oder
5. das individuelle Verhalten einer Person die konkrete Wahrscheinlichkeit begründet, dass sie innerhalb eines übersehbaren Zeitraums eine schwere Straftat nach § 100a Absatz 2 der Strafprozessordnung[1)] begehen wird, und die zu erhebenden Daten erforderlich sind, um
   a) die für die Verhütung der Straftat zuständige Polizeibehörde zu ermitteln, oder
   b) ein Auskunftsersuchen einer ausländischen Polizeibehörde im Rahmen des polizeilichen Dienstverkehrs zur Verhütung der Straftat zu erledigen.

(2) Bezieht sich das Auskunftsverlangen nach Absatz 1 auf Daten, mittels derer der Zugriff auf Endgeräte oder auf Speichereinrichtungen, die in diesen Endgeräten oder hiervon räumlich getrennt eingesetzt werden, geschützt wird (§ 113 Absatz 1 Satz 2 des Telekommunikationsgesetzes), darf die Auskunft nur verlangt werden, wenn im Einzelfall die gesetzlichen Voraussetzungen für die Nutzung der Daten vorliegen.

(3) [1]Die Auskunft nach den Absätzen 1 und 2 darf auch anhand einer zu einem bestimmten Zeitpunkt zugewiesenen Internetprotokoll-Adresse verlangt werden (§ 113 Absatz 1 Satz 3, § 113c Absatz 1 Nummer 3 des Telekommunikationsgesetzes und § 15a Absatz 1 Satz 3 und 4 des Telemediengesetzes) mit der Maßgabe, dass sich das Auskunftsverlangen in den Fällen des Absatzes 1 Satz 2 Nummer 4 und 5 auf eine schwere Straftat nach § 100a Absatz 2 der Strafprozess-

---

1) **Schönfelder Nr. 90.**

ordnung bezieht. [2]Die Auskunft nach den Absätzen 1 und 2 anhand einer zu einem bestimmten Zeitpunkt zugewiesenen Internetprotokoll-Adresse nach § 15a Absatz 1 Satz 3 und 4 des Telemediengesetzes darf darüber hinaus nur verlangt werden, wenn tatsächliche Anhaltspunkte dafür vorliegen, dass die betroffene Person Nutzer des Telemediendienstes ist, bei dem die Daten erhoben werden sollen. [3]Die rechtlichen und tatsächlichen Grundlagen des Auskunftsverlangens sind aktenkundig zu machen.

(4) [1]Auskunftsverlangen nach Absatz 2 dürfen nur auf Antrag der Präsidentin oder des Präsidenten des Bundeskriminalamtes oder ihrer oder seiner Vertretung durch das Gericht angeordnet werden. [2]Bei Gefahr im Verzug kann die Anordnung durch die Präsidentin oder den Präsidenten des Bundeskriminalamtes oder ihre oder seine Vertretung getroffen werden. [3]In diesem Fall ist die gerichtliche Entscheidung unverzüglich nachzuholen. [4]Die Sätze 1 bis 3 finden keine Anwendung, wenn die betroffene Person vom Auskunftsverlangen bereits Kenntnis hat oder haben muss oder wenn die Nutzung der Daten bereits durch eine gerichtliche Entscheidung gestattet wird. [5]Das Vorliegen der Voraussetzungen nach Satz 4 ist aktenkundig zu machen.

(5) [1]Die betroffene Person ist in den Fällen der Absätze 2 und 3 über die Beauskunftung zu benachrichtigen. [2]Die Benachrichtigung erfolgt, soweit und sobald hierdurch der Zweck der Auskunft nicht vereitelt wird. [3]Sie unterbleibt, wenn ihr überwiegende schutzwürdige Belange Dritter oder der betroffenen Person selbst entgegenstehen. [4]Wird die Benachrichtigung nach Satz 2 zurückgestellt oder nach Satz 3 von ihr abgesehen, sind die Gründe aktenkundig zu machen.

(6) Der auf Grund eines Auskunftsverlangens Verpflichtete hat die zur Auskunftserteilung erforderlichen Daten unverzüglich und vollständig zu übermitteln.

(7) [1]Das Bundeskriminalamt hat den Verpflichteten für ihm erteilte Auskünfte eine Entschädigung zu gewähren. [2]Der Umfang der Entschädigung bemisst sich nach § 23 und Anlage 3 des Justizvergütungs- und -entschädigungsgesetzes; die Vorschriften über die Verjährung in § 2 Absatz 1 und 4 des Justizvergütungs- und -entschädigungsgesetzes[1)] finden entsprechend Anwendung.

§ 10a[2)] Erhebung von Nutzerdaten zur Identifizierung. (1) Das Bundeskriminalamt darf im Rahmen seiner Aufgaben als Zentralstelle nach § 2 Absatz 2 Nummer 1 und Absatz 6 von demjenigen, der geschäftsmäßig eigene oder fremde Telemedien zur Nutzung bereithält oder den Zugang zur Nutzung vermittelt, Auskunft über die nach § 15 Absatz 1 Satz 2 Nummer 1 des Telemediengesetzes[3)] erhobenen Daten (§ 15c Absatz 1 des Telemediengesetzes) verlangen, sofern im Einzelfall

1. dem Bundeskriminalamt der Inhalt der Nutzung des Telemediendienstes bereits bekannt ist,
2. eine erhebliche Gefahr für die öffentliche Sicherheit vorliegt oder zureichende tatsächliche Anhaltspunkte für eine Straftat vorliegen,
3. die hierauf bezogenen Daten im Sinne des § 15 Absatz 1 Satz 2 Nummer 1 des Telemediengesetzes zur Identifizierung des Nutzers erforderlich sind und

---

[1)] **Schönfelder Nr. 116.**
[2)] § 10a eingef. mWv 2.4.2021 durch G v. 30.3.2021 (BGBl. I S. 448).
[3)] **Sartorius ErgBd. Nr. 922.**

4. die Daten erforderlich sind, die zuständige Strafverfolgungsbehörde oder zuständige Polizeibehörde zu ermitteln, um zur Ermöglichung der Strafverfolgung oder zur Ermöglichung der Gefahrenabwehr die Identität des Nutzers und den Inhalt der Nutzung des Telemediendienstes an diese weiterzuleiten.

(2) § 62 gilt entsprechend.

(3) Der auf Grund eines Auskunftsverlangens Verpflichtete hat die zur Auskunftserteilung erforderlichen Daten unverzüglich und vollständig zu übermitteln.

(4) [1] Das Bundeskriminalamt hat den Verpflichteten für ihm erteilte Auskünfte eine Entschädigung zu gewähren. [2] Der Umfang der Entschädigung bemisst sich nach § 23 und Anlage 3 des Justizvergütungs- und -entschädigungsgesetzes; die Vorschriften über die Verjährung in § 2 Absatz 1 und 4 des Justizvergütungs- und -entschädigungsgesetzes finden entsprechend Anwendung.

§ 11 Aufzeichnung eingehender Telefonanrufe. [1] Das Bundeskriminalamt kann Telefonanrufe aufzeichnen, die über Rufnummern eingehen, die der Öffentlichkeit bekannt gegeben wurden

1. für die Entgegennahme sachdienlicher Hinweise im Zusammenhang mit der Erfüllung der Aufgaben nach den §§ 4 bis 8 oder
2. im Hinblick auf ein bestimmtes Ereignis,

soweit dies zur Erfüllung seiner Aufgaben erforderlich ist. [2] Die Aufzeichnungen sind sofort und spurenlos zu löschen, sobald sie nicht mehr zur Aufgabenerfüllung erforderlich sind, spätestens jedoch nach 30 Tagen, es sei denn, sie werden im Einzelfall zur Erfüllung der Aufgaben nach den §§ 4 bis 6 benötigt.

Unterabschnitt 2. Weiterverarbeitung von Daten

§ 12 Zweckbindung, Grundsatz der hypothetischen Datenneuerhebung.

(1) [1] Das Bundeskriminalamt kann personenbezogene Daten, die es selbst erhoben hat, weiterverarbeiten

1. zur Erfüllung derselben Aufgabe und
2. zum Schutz derselben Rechtsgüter oder zur Verfolgung oder Verhütung derselben Straftaten.

[2] Für die Weiterverarbeitung von personenbezogenen Daten, die aus Maßnahmen nach § 46 erlangt wurden, muss im Einzelfall eine dringende Gefahr im Sinne des § 46 Absatz 1 vorliegen, und für die Weiterverarbeitung von personenbezogenen Daten, die aus Maßnahmen nach § 49 erlangt wurden, muss im Einzelfall eine Gefahrenlage im Sinne des § 49 Absatz 1 vorliegen.

(2) [1] Das Bundeskriminalamt kann zur Erfüllung seiner Aufgaben personenbezogene Daten zu anderen Zwecken, als denjenigen, zu denen sie erhoben worden *sind, weiterverarbeiten,* wenn

1. mindestens
   a) vergleichbar schwerwiegende Straftaten verhütet, aufgedeckt oder verfolgt oder
   b) vergleichbar bedeutsame Rechtsgüter geschützt

   werden sollen und
2. sich im Einzelfall konkrete Ermittlungsansätze
   a) zur Verhütung, Aufdeckung oder Verfolgung solcher Straftaten ergeben oder

b) zur Abwehr von in einem übersehbaren Zeitraum drohenden Gefahren für mindestens vergleichbar bedeutsame Rechtsgüter erkennen lassen.

[2] Die §§ 21 und 22 bleiben unberührt.

(3) [1] Für die Weiterverarbeitung von personenbezogenen Daten, die durch einen verdeckten Einsatz technischer Mittel in oder aus Wohnungen oder verdeckten Eingriff in informationstechnische Systeme erlangt wurden, gilt Absatz 2 Satz 1 Nummer 2 Buchstabe b mit der Maßgabe entsprechend, dass

1. bei personenbezogenen Daten, die durch einen verdeckten Einsatz technischer Mittel in oder aus Wohnungen erlangt wurden, im Einzelfall eine dringende Gefahr im Sinne des § 46 Absatz 1 vorliegen muss und
2. bei personenbezogenen Daten, die durch einen verdeckten Eingriff in informationstechnische Systeme erlangt wurden, im Einzelfall eine Gefahrenlage im Sinne des § 49 Absatz 1 vorliegen muss.

[2] Personenbezogene Daten, die durch Herstellung von Lichtbildern oder Bildaufzeichnungen über eine Person im Wege eines verdeckten Einsatzes technischer Mittel in oder aus Wohnungen erlangt wurden, dürfen nicht zu Strafverfolgungszwecken weiterverarbeitet werden.

(4) Abweichend von Absatz 2 kann das Bundeskriminalamt die vorhandenen Grunddaten (§ 18 Absatz 2 Nummer 1 Buchstabe a) einer Person auch weiterverarbeiten, um diese Person zu identifizieren.

(5) Bei der Weiterverarbeitung von personenbezogenen Daten stellt das Bundeskriminalamt durch organisatorische und technische Vorkehrungen sicher, dass die Absätze 1 bis 4 beachtet werden.

(Fortsetzung nächstes Blatt)

der Zugriff auf Endgeräte oder auf Speichereinrichtungen, die in diesen Endgeräten oder hiervon räumlich getrennt eingesetzt werden, geschützt wird (§ 15b Absatz 1 Satz 1 des Telemediengesetzes), darf die Auskunft nur verlangt werden zur Abwehr einer konkreten Gefahr für Leib, Leben, Freiheit oder die sexuelle Selbstbestimmung einer Person oder für den Bestand des Bundes oder eines Landes sowie Güter der Allgemeinheit, deren Bedrohung die Grundlagen der Existenz der Menschen berührt, und wenn die gesetzlichen Voraussetzungen für die Nutzung der Daten vorliegen.

(4) [1] Die Auskunft nach den Absätzen 1 bis 3 darf auch anhand einer zu einem bestimmten Zeitpunkt zugewiesenen Internetprotokoll-Adresse verlangt werden (§ 113 Absatz 1 Satz 3 des Telekommunikationsgesetzes und § 15a Absatz 1 Satz 3 und 4 des Telemediengesetzes). [2] Die Auskunft nach den Absätzen 1 bis 3 anhand einer zu einem bestimmten Zeitpunkt zugewiesenen Internetprotokoll-Adresse nach § 15a Absatz 1 Satz 3 und 4 des Telemediengesetzes darf nur verlangt werden, wenn tatsächliche Anhaltspunkte dafür vorliegen, dass die betroffene Person Nutzer des Telemediendienstes ist, bei dem die Daten erhoben werden sollen. [3] Die rechtlichen und tatsächlichen Grundlagen des Auskunftsverlangens sind aktenkundig zu machen.

(5) [1] Auskunftsverlangen nach Absatz 3 dürfen nur auf Antrag der Präsidentin oder des Präsidenten des Bundeskriminalamtes oder ihrer oder seiner Vertretung durch das Gericht angeordnet werden. [2] Bei Gefahr im Verzug kann die Anordnung durch die Präsidentin oder den Präsidenten des Bundeskriminalamtes oder ihre oder seine Vertretung getroffen werden. [3] In diesem Fall ist die gerichtliche Entscheidung unverzüglich nachzuholen. [4] Die Sätze 1 bis 3 finden keine Anwendung, wenn die betroffene Person vom Auskunftsverlangen bereits Kenntnis hat oder haben muss oder wenn die Nutzung der Daten bereits durch eine gerichtliche Entscheidung gestattet wird. [5] Das Vorliegen der Voraussetzungen nach Satz 4 ist aktenkundig zu machen. [6] Die Sätze 2 bis 5 gelten nicht in den Fällen des Absatzes 3 Satz 2. [7] Werden dem Bundeskriminalamt aufgrund eines Auskunftsersuchens nach Absatz 3 Satz 2 Passwörter oder anderen Daten unverschlüsselt beauskunftet, so informiert das Bundeskriminalamt hierüber die jeweils zuständige Datenschutzaufsichtsbehörde.

(6) [1] Die betroffene Person ist in den Fällen der Absätze 3 und 4 über die Beauskunftung zu benachrichtigen. [2] Die Benachrichtigung erfolgt, soweit und sobald hierdurch der Zweck der Auskunft nicht vereitelt wird. [3] Sie unterbleibt, wenn ihr überwiegende schutzwürdige Belange Dritter oder der betroffenen Person selbst entgegenstehen. [4] Wird die Benachrichtigung nach Satz 2 zurückgestellt oder nach Satz 3 von ihr abgesehen, sind die Gründe aktenkundig zu machen.

(7) Der aufgrund eines Auskunftsverlangens Verpflichtete hat die zur Auskunftserteilung erforderlichen Daten unverzüglich und vollständig zu übermitteln.

(8) [1] Das Bundeskriminalamt hat den Verpflichteten für ihm erteilte Auskünfte eine Entschädigung zu gewähren. [2] Der Umfang der Entschädigung bemisst sich nach § 23 und Anlage 3 des Justizvergütungs- und -entschädigungsgesetzes; die Vorschriften über die Verjährung in § 2 Absatz 1 und 4 des Justizvergütungs- und -entschädigungsgesetzes finden entsprechend Anwendung.

§ 41 Befragung und Auskunftspflicht. (1) [1] Das Bundeskriminalamt kann eine Person befragen, wenn Tatsachen die Annahme rechtfertigen, dass die Person sachdienliche Angaben für die Erfüllung der dem Bundeskriminalamt nach § 5 Absatz 1 Satz 1 obliegenden Aufgabe machen kann. [2] Zum Zwecke der Befragung kann die Person angehalten werden. [3] Auf Verlangen hat die Person mitgeführte Ausweispapiere zur Prüfung auszuhändigen.

(2) [1] Die befragte Person ist verpflichtet, Namen, Vornamen, Tag und Ort der Geburt, Wohnanschrift und Staatsangehörigkeit anzugeben, soweit dies zur Erfüllung der dem Bundeskriminalamt nach § 5 Absatz 1 Satz 1 obliegenden Aufgabe erforderlich ist. [2] Eine weitergehende Auskunftspflicht besteht nur für die entsprechend den §§ 17 und 18 des Bundespolizeigesetzes[1)] Verantwortlichen und entsprechend den Voraussetzungen des § 20 Absatz 1 des Bundespolizeigesetzes für die dort bezeichneten Personen sowie für die Personen, für die gesetzliche Handlungspflichten bestehen, soweit die Auskunft zur Abwehr einer Gefahr erforderlich ist.

(3) [1] Unter den in den §§ 52 bis 55 der Strafprozessordnung[2)] bezeichneten Voraussetzungen ist die betroffene Person zur Verweigerung der Auskunft berechtigt. [2] Dies gilt nicht, soweit die Auskunft zur Abwehr einer Gefahr für den Bestand oder die Sicherheit des Bundes oder eines Landes oder Leib, Leben oder Freiheit einer Person erforderlich ist. [3] Eine in § 53 Absatz 1 Satz 1 Nummer 1, 2, 3 oder Nummer 4 der Strafprozessordnung genannte Person ist auch in den Fällen des Satzes 2 zur Verweigerung der Auskunft berechtigt. [4] Die betroffene Person ist über ihr Recht zur Verweigerung der Auskunft zu belehren. [5] Auskünfte, die nach Satz 2 erlangt wurden, dürfen nur für den dort bezeichneten Zweck verwendet werden. [6] Für Personen nach § 53 Absatz 1 Satz 1 Nummer 3 der Strafprozessordnung gilt Satz 3 nur, soweit es sich um Rechtsanwälte und Kammerrechtsbeistände handelt.

(4) [1] § 136a der Strafprozessordnung gilt entsprechend. [2] § 12 des Verwaltungsvollstreckungsgesetzes[3)] findet keine Anwendung.

(Fortsetzung nächstes Blatt)

[1)] Nr. 90.
[2)] **Schönfelder Nr. 90.**
[3)] Nr. 112.

(6) [1]Das Bundeskriminalamt kann zur Abwehr einer gegenwärtigen Gefahr für die zu schützenden Personen oder Räumlichkeiten eine Sache sicherstellen. [2]Die §§ 48 bis 50 des Bundespolizeigesetzes gelten entsprechend.

(7) [1]Das Bundeskriminalamt kann eine Wohnung ohne Einwilligung des Inhabers betreten und durchsuchen, wenn dies zur Abwehr einer gegenwärtigen Gefahr für Leib, Leben oder Freiheit einer zu schützenden Person unerlässlich ist. [2]Die Wohnung umfasst die Wohn- und Nebenräume, Arbeits-, Betriebs- und Geschäftsräume sowie anderes befriedetes Besitztum. [3]§ 46 des Bundespolizeigesetzes gilt entsprechend.

(8) [1]Das Bundeskriminalamt kann eine Person in Gewahrsam nehmen, wenn dies unerlässlich ist, um die unmittelbar bevorstehende Begehung einer Straftat gegen die zu schützenden Personen oder Räumlichkeiten zu verhindern. [2]§ 40 Absatz 1 und 2, die §§ 41 und 42 Absatz 1 Satz 1 und Absatz 2 des Bundespolizeigesetzes gelten entsprechend.

§ 63a[1] Bestandsdatenauskunft. (1) Das Bundeskriminalamt darf von demjenigen, der geschäftsmäßig Telekommunikationsdienste erbringt oder daran mitwirkt, Auskunft über die nach den §§ 95 und 111 des Telekommunikationsgesetzes[2] erhobenen Daten verlangen (§ 113 Absatz 1 Satz 1 des Telekommunikationsgesetzes), soweit die zu erhebenden Daten im Einzelfall erforderlich sind

1. zur Abwehr einer Gefahr für eine zu schützende Person oder für eine zu schützende Räumlichkeit nach § 6 oder
2. zum Schutz von Leib, Leben, Freiheit, sexueller Selbstbestimmung oder bedeutenden Sachwerten einer zu schützenden Person oder zum Schutz einer zu schützenden Räumlichkeit nach § 6, wenn Tatsachen den Schluss auf ein wenigstens seiner Art nach konkretisiertes und zeitlich absehbares Geschehen zulassen, an dem bestimmte Personen beteiligt sein werden, oder
3. zum Schutz von Leib, Leben, Freiheit oder sexueller Selbstbestimmung einer zu schützenden Person oder zum Schutz einer zu schützenden Räumlichkeit nach § 6, wenn das individuelle Verhalten einer Person die konkrete Wahrscheinlichkeit begründet, dass sie in einem übersehbaren Zeitraum eine Straftat gegen eines dieser Rechtsgüter der zu schützenden Person oder gegen eine zu schützende Räumlichkeit begehen wird.

(2) Unter den Voraussetzungen des Absatzes 1 darf von demjenigen, der geschäftsmäßig eigene oder fremde Telemedien zur Nutzung bereithält oder den Zugang zur Nutzung vermittelt, Auskunft über die nach § 14 des Telemediengesetzes[3] erhobenen Daten verlangt werden (§ 15a Absatz 1 Satz 1 und § 15b Absatz 1 Satz 1 des Telemediengesetzes).

(3) [1]Bezieht sich das Auskunftsverlangen nach Absatz 1 auf Daten, mittels derer der Zugriff auf Endgeräte oder auf Speichereinrichtungen, die in diesen Endgeräten oder hiervon räumlich getrennt eingesetzt werden, geschützt wird (§ 113 Absatz 1 Satz 2 des Telekommunikationsgesetzes), darf die Auskunft nur verlangt werden, wenn die gesetzlichen Voraussetzungen für die Nutzung der Daten vorliegen. [2]Bezieht sich das Auskunftsverlangen nach Absatz 2 auf nach § 14 Absatz 1 des Telemediengesetzes erhobene Passwörter oder auf andere Daten, mittels derer der Zugriff auf Endgeräte oder auf Speichereinrichtungen, die in diesen Endgerä-

---

[1] § 63a eingef. mWv 2.4.2021 durch G v. 30.3.2021 (BGBl. I S. 448).
[2] **Sartorius ErgBd. Nr. 920.**
[3] **Sartorius ErgBd. Nr. 922.**

ten oder hiervon räumlich getrennt eingesetzt werden, geschützt wird (§ 15b Absatz 1 Satz 1 des Telemediengesetzes), darf die Auskunft nur verlangt werden zur Abwehr einer konkreten Gefahr für Leib, Leben, Freiheit oder die sexuelle Selbstbestimmung der zu schützenden Person oder für den Bestand des Bundes oder eines Landes oder die freiheitlich demokratische Grundordnung und wenn die gesetzlichen Voraussetzungen für die Nutzung der Daten vorliegen. [3] Auskunftsverlangen nach den Sätzen 1 und 2 dürfen nur auf Antrag der Präsidentin oder des Präsidenten des Bundeskriminalamts oder ihrer oder seiner Vertretung durch das Gericht angeordnet werden. [4] In den Fällen des Satzes 1 ist Satz 3 nicht anzuwenden, wenn

1. die betroffene Person vom Auskunftsverlangen bereits Kenntnis hat oder haben muss, oder
2. die Verarbeitung der Daten bereits durch eine gerichtliche Entscheidung gestattet wird.

[5] Das Vorliegen der Voraussetzungen nach Satz 4 ist aktenkundig zu machen. [6] Zuständig ist das Amtsgericht, in dessen Bezirk das Bundeskriminalamt seinen Sitz hat. [7] Für das Verfahren gelten die Vorschriften des Gesetzes über das Verfahren in Familiensachen und in den Angelegenheiten der freiwilligen Gerichtsbarkeit entsprechend. [8] Werden dem Bundeskriminalamt aufgrund eines Auskunftsersuchens nach Satz 2 Passwörter oder andere Daten unverschlüsselt beauskunftet, so informiert das Bundeskriminalamt hierüber die jeweils zuständige Datenschutzaufsichtsbehörde.

(4) [1] Die Auskunft nach den Absätzen 1 und 2 darf auch anhand einer zu einem bestimmten Zeitpunkt zugewiesenen Internetprotokoll-Adresse verlangt werden (§ 113 Absatz 1 Satz 3 des Telekommunikationsgesetzes und § 15a Absatz 1 Satz 3 und 4 des Telemediengesetzes) in den Fällen von

1. Absatz 1 Nummer 1 bei Gefahr der Begehung einer Straftat oder
2. Absatz 1 Nummer 2 oder 3 zum Schutz eines in Absatz 1 Nummer 3 genannten Rechtsguts.

[2] Absatz 3 Satz 2 bleibt unberührt. [3] Die Auskunft nach den Absätzen 1 und 2 anhand einer zu einem bestimmten Zeitpunkt zugewiesenen Internetprotokoll-Adresse nach § 15a Absatz 1 Satz 3 und 4 des Telemediengesetzes darf darüber hinaus nur verlangt werden, wenn tatsächliche Anhaltspunkte dafür vorliegen, dass die betroffene Person Nutzer des Telemediendienstes ist, bei dem die Daten erhoben werden sollen. [4] Die rechtlichen und tatsächlichen Grundlagen des Auskunftsverlangens sind aktenkundig zu machen.

(5) § 10 Absatz 5 bis 7 gilt entsprechend.

§ 64 Besondere Mittel der Datenerhebung. (1) [1] Das Bundeskriminalamt kann personenbezogene Daten mit den besonderen Mitteln nach Absatz 2 erheben über

1. Personen, bei denen Tatsachen die Annahme rechtfertigen, dass von ihnen eine Straftat gegen Leib, Leben oder Freiheit einer zu schützenden Person oder eine gemeingefährliche Straftat gegen eine der in § 6 genannten Räumlichkeiten verübt werden soll, oder
2. Personen nach § 39 Absatz 2 Nummer 2

und die Abwehr der Gefahr oder die Verhütung der Straftat auf andere Weise aussichtslos ist oder wesentlich erschwert würde. [2] Die Erhebung kann auch durchgeführt werden, wenn Dritte unvermeidbar betroffen werden.

(2) Besondere Mittel der Datenerhebung sind:

1. die längerfristige Observation,
2. der Einsatz technischer Mittel außerhalb der Wohnung in einer für die betroffene Person nicht erkennbaren Weise
   a) zur Anfertigung von Bildaufnahmen oder -aufzeichnungen,
   b) zum Abhören oder Aufzeichnen des nicht öffentlich gesprochenen Wortes und
3. der Einsatz von Vertrauenspersonen.

(3) [1] Maßnahmen nach

1. Absatz 2 Nummer 1,
2. Absatz 2 Nummer 2 Buchstabe a, bei denen durchgehend länger als 24 Stunden oder an mehr als zwei Tagen Bildaufzeichnungen bestimmter Personen angefertigt werden sollen,
3. Absatz 2 Nummer 2 Buchstabe b,
4. Absatz 2 Nummer 3, die sich gegen eine bestimmte Person richten oder bei denen die Vertrauensperson eine Wohnung betritt, die nicht allgemein zugänglich ist,

dürfen nur auf Antrag der Leitung der für den Personenschutz zuständigen Abteilung des Bundeskriminalamtes oder deren Vertretung durch das Gericht angeordnet werden. [2] Bei Gefahr im Verzug kann die Anordnung einer Maßnahme nach Satz 1 durch die Leitung der für den Personenschutz zuständigen Abteilung des Bundeskriminalamtes oder deren Vertretung getroffen werden. [3] In diesem Fall ist die gerichtliche Entscheidung unverzüglich nachzuholen. [4] Soweit die Anordnung nicht binnen drei Tagen durch das Gericht bestätigt wird, tritt sie außer Kraft. [5] Die übrigen Maßnahmen nach Absatz 2 Nummer 1 bis 3 dürfen, außer bei Gefahr im Verzug, nur durch die Leitung der für den Personenschutz zuständigen Abteilung des Bundeskriminalamtes oder deren Vertretung angeordnet werden.

(4) § 45 Absatz 4, 5, 7 und 8 gilt entsprechend.

(5) Personenbezogene Daten, die durch Maßnahmen nach Absatz 2 erlangt worden sind, sind unverzüglich zu löschen, soweit sie für den der Anordnung zugrunde liegenden Zweck oder nach Maßgabe der Strafprozessordnung[1)] zur Verfolgung einer Straftat nicht oder nicht mehr erforderlich sind.

§ 65 Ausschreibung zur polizeilichen Beobachtung oder gezielten Kontrolle. (1) Das Bundeskriminalamt kann eine Ausschreibung zur polizeilichen Beobachtung oder eine Ausschreibung zur gezielten Kontrolle vornehmen, wenn

1. die Gesamtwürdigung der Person und ihre bisher begangenen Straftaten erwarten lassen, dass sie künftig Straftaten, durch die die zu schützenden Personen unmittelbar gefährdet sind, begehen wird,
2. Tatsachen die Annahme rechtfertigen, dass die Person Straftaten, durch die die zu schützenden Personen unmittelbar gefährdet sind, begehen wird oder
3. die Person mit einer Person nach den Nummern 1 und 2 nicht nur flüchtig oder in zufälligem Kontakt in Verbindung steht und tatsächliche Anhaltspunkte die Annahme rechtfertigen, dass sie von der Vorbereitung einer Straftat, durch die die zu schützenden Personen unmittelbar gefährdet sind, Kenntnis hat

und dies zur Verhütung der Straftaten erforderlich ist.

[1)] **Schönfelder Nr. 90.**

(2) § 47 Absatz 3 bis 5 gilt entsprechend.

Abschnitt 7. Zeugenschutz

§ 66 Befugnisse. (1) [1] Zur Erfüllung seiner Aufgabe nach § 7 kann das Bundeskriminalamt, soweit nicht dieses Gesetz oder das Zeugenschutz-Harmonisierungsgesetz[1)] die Befugnisse besonders regelt, die erforderlichen Maßnahmen treffen, um eine im Einzelfall bestehende Gefahr für Leib, Leben, Gesundheit, Freiheit der Willensentschließung und -betätigung oder wesentliche Vermögenswerte der in § 7 genannten Personen abzuwehren. [2] Die Maßnahmen können auch nach rechtskräftigem Abschluss des Strafverfahrens, in dem die Aussage erfolgt ist, fortgeführt werden; für den Fall, dass noch die Strafvollstreckung betrieben wird, sind die Maßnahmen im Einvernehmen mit der Strafvollstreckungsbehörde und im Falle fortdauernder Inhaftierung auch im Einvernehmen mit der Justizvollzugsbehörde durchzuführen. [3] § 63 Absatz 2 und 4 bis 8 und § 64 sowie die §§ 15 bis 20 des Bundespolizeigesetzes[2)] gelten entsprechend.

(2) [1] Von Maßnahmen des Bundeskriminalamtes, die nach Absatz 1 getroffen werden, sind die zuständigen Landeskriminalämter und die für die Strafverfolgung zuständige Staatsanwaltschaft unverzüglich zu unterrichten. [2] Nach Erhebung der öffentlichen Klage ist das Gericht unverzüglich zu unterrichten, ob das Bundeskriminalamt Maßnahmen nach Absatz 1 durchführt. [3] Sollen die Maßnahmen eingestellt werden, ist die Staatsanwaltschaft zu unterrichten.

§ 66a[3)] Bestandsdatenauskunft. (1) Das Bundeskriminalamt darf von demjenigen, der geschäftsmäßig Telekommunikationsdienste erbringt oder daran mitwirkt, Auskunft über die nach den §§ 95 und 111 des Telekommunikationsgesetzes[4)] erhobenen Daten verlangen (§ 113 Absatz 1 Satz 1 des Telekommunikationsgesetzes), soweit die zu erhebenden Daten im Einzelfall erforderlich sind

1. zur Abwehr einer Gefahr für eine der in § 7 genannten Personen oder
2. zum Schutz von Leib, Leben, sexueller Selbstbestimmung, Freiheit oder bedeutenden Sachwerten einer der in § 7 genannten Personen, wenn Tatsachen den Schluss auf ein wenigstens seiner Art nach konkretisiertes und zeitlich absehbares Geschehen zulassen, an dem bestimmte Personen beteiligt sein werden, oder
3. zum Schutz von Leib, Leben, Freiheit oder sexueller Selbstbestimmung einer der in § 7 genannten Personen, wenn das individuelle Verhalten einer Person die konkrete Wahrscheinlichkeit begründet, dass sie in einem übersehbaren Zeitraum eine Straftat gegen eines dieser Rechtsgüter der zu schützenden Person begehen wird.

(2) Unter den Voraussetzungen des Absatzes 1 darf von demjenigen, der geschäftsmäßig eigene oder fremde Telemedien zur Nutzung bereithält oder den Zugang zur Nutzung vermittelt, Auskunft über die nach § 14 des Telemediengesetzes[5)] erhobenen Daten verlangt werden (§ 15a Absatz 1 Satz 1 und § 15b Absatz 1 Satz 1 des Telemediengesetzes).

(3) [1] Bezieht sich das Auskunftsverlangen nach Absatz 1 auf Daten, mittels derer der Zugriff auf Endgeräte oder auf Speichereinrichtungen, die in diesen Endgerä-

---

[1)] **Schönfelder ErgBd. Nr. 90b.**
[2)] Nr. **90.**
[3)] § 66a eingef. mWv 2.4.2021 durch G v. 30.3.2021 (BGBl. I S. 448).
[4)] **Sartorius ErgBd. Nr. 920.**
[5)] **Sartorius ErgBd. Nr. 922.**

ten oder hiervon räumlich getrennt eingesetzt werden, geschützt wird (§ 113 Absatz 1 Satz 2 des Telekommunikationsgesetzes), darf die Auskunft nur verlangt werden, wenn die gesetzlichen Voraussetzungen für die Nutzung der Daten vorliegen. [2] Bezieht sich das Auskunftsverlangen nach Absatz 2 auf nach § 14 Absatz 1 des Telemediengesetzes erhobene Passwörter oder andere Daten, mittels derer der Zugriff auf Endgeräte oder auf Speichereinrichtungen, die in diesen Endgeräten oder hiervon räumlich getrennt eingesetzt werden, geschützt wird (§ 15b Absatz 1 Satz 1 des Telemediengesetzes), darf die Auskunft nur verlangt werden zur Abwehr einer konkreten Gefahr für Leib, Leben, Freiheit oder die sexuelle Selbstbestimmung einer der in § 7 genannten Personen und wenn die gesetzlichen Voraussetzungen für die Nutzung der Daten vorliegen. [3] Auskunftsverlangen nach den Sätzen 1 und 2 dürfen nur auf Antrag der Präsidentin oder des Präsidenten des Bundeskriminalamts oder ihrer oder seiner Vertretung durch das Gericht angeordnet werden. [4] In den Fällen des Satzes 1 ist Satz 3 nicht anzuwenden, wenn

1. die betroffene Person vom Auskunftsverlangen bereits Kenntnis hat oder haben muss, oder
2. die Verarbeitung der Daten bereits durch eine gerichtliche Entscheidung gestattet wird.

[5] Das Vorliegen der Voraussetzungen nach Satz 4 ist aktenkundig zu machen. [6] Zuständig ist das Amtsgericht, in dessen Bezirk das Bundeskriminalamt seinen Sitz hat. [7] Für das Verfahren gelten die Vorschriften des Gesetzes über das Verfahren in Familiensachen und in den Angelegenheiten der freiwilligen Gerichtsbarkeit entsprechend. [8] Werden dem Bundeskriminalamt aufgrund eines Auskunftsersuchens nach Satz 2 Passwörter oder anderen Daten unverschlüsselt beauskunftet, so informiert das Bundeskriminalamt hierüber die jeweils zuständige Datenschutzaufsichtsbehörde.

(4) [1] Die Auskunft nach den Absätzen 1 und 2 darf auch anhand einer zu einem bestimmten Zeitpunkt zugewiesenen Internetprotokoll-Adresse verlangt werden (§ 113 Absatz 1 Satz 3 des Telekommunikationsgesetzes und § 15a Absatz 1 Satz 3 des Telemediengesetzes) in den Fällen von

1. Absatz 1 Nummer 1 bei Gefahr der Begehung einer Straftat oder
2. Absatz 1 Nummer 2 oder 3 zum Schutz eines in Absatz 1 Nummer 3 genannten Rechtsguts.

[2] Absatz 3 Satz 2 bleibt unberührt. [3] Die Auskunft nach den Absätzen 1 und 2 anhand einer zu einem bestimmten Zeitpunkt zugewiesenen Internetprotokoll-Adresse nach § 15a Absatz 1 Satz 3 und 4 des Telemediengesetzes darf darüber hinaus nur verlangt werden, wenn tatsächliche Anhaltspunkte dafür vorliegen, dass die betroffene Person Nutzer des Telemediendienstes ist, bei dem die Daten erhoben werden sollen. [4] Die rechtlichen und tatsächlichen Grundlagen des Auskunftsverlangens sind aktenkundig zu machen.

(5) § *10* Absatz 5 bis 7 gilt entsprechend.

Abschnitt 8. Befugnisse zur Sicherung des Bundeskriminalamtes und zum behördlichen Eigenschutz

§ 67 Befugnisse zur Sicherung des Bundeskriminalamtes. [1] Das Bundeskriminalamt kann zur Erfüllung seiner Aufgabe nach § 8 Absatz 1 die erforderlichen Maßnahmen treffen, um Gefahren für seine behördlichen Liegenschaften, sonstigen Einrichtungen und Veranstaltungen abzuwehren. [2] § 63 Absatz 2, 4 bis 6 und 8 sowie die §§ 15 bis 20 des Bundespolizeigesetzes[1)] gelten entsprechend.

§ 68 Sicherheitsüberprüfung. [1] Für Personen, die für das Bundeskriminalamt tätig werden sollen, ist eine einfache Sicherheitsüberprüfung nach dem Sicherheitsüberprüfungsgesetz[2)] durchzuführen. [2] § 8 Absatz 2 Nummer 2 des Sicherheitsüberprüfungsgesetzes gilt entsprechend.

Abschnitt 9. Datenschutz und Datensicherheit, Rechte der betroffenen Person

Unterabschnitt 1. Datenschutzaufsicht

§ 69 Aufgaben und Befugnisse der oder des Bundesbeauftragten für den Datenschutz und die Informationsfreiheit. (1) [1] Die oder der Bundesbeauftragte für den Datenschutz und die Informationsfreiheit führt, unbeschadet ihrer oder seiner in § 14 des Bundesdatenschutzgesetzes[3)] genannten Aufgaben, auch im Hinblick auf die Datenverarbeitung im Informationssystem nach § 13 und im Informationsverbund nach § 29 Kontrollen bezüglich der Datenverarbeitung bei Maßnahmen nach Abschnitt 5, nach § 34 oder nach § 64 und von Übermittlungen nach § 27 mindestens alle zwei Jahre durch. [2] Sie oder er kontrolliert darüber hinaus mindestens alle zwei Jahre, dass Zugriffe auf personenbezogene Daten im Informationssystem und, im Rahmen ihrer oder seiner Zuständigkeit, im Informationsverbund nur innerhalb der Zugriffsberechtigungen nach § 15 Absatz 1 erfolgen.

(2) Sofern die oder der Bundesbeauftragte für den Datenschutz und die Informationsfreiheit Verstöße nach § 16 Absatz 2 des Bundesdatenschutzgesetzes beanstandet hat, kann sie oder er geeignete Maßnahmen anordnen, wenn dies zur Beseitigung eines erheblichen Verstoßes gegen datenschutzrechtliche Vorschriften erforderlich ist.

Unterabschnitt 2. Datenschutzbeauftragte oder Datenschutzbeauftragter

§ 70[4)] Benennung der oder des Datenschutzbeauftragten des Bundeskriminalamtes. [1] Unbeschadet des § 5 Absatz 1 des Bundesdatenschutzgesetzes[3)] benennt das Bundeskriminalamt im Einvernehmen mit dem Bundesministerium des Innern, für Bau und Heimat schriftlich eine oder einen Beauftragten für den Datenschutz (Datenschutzbeauftragte oder Datenschutzbeauftragter des Bundeskriminalamtes). [2] Die Abberufung kann nur in entsprechender Anwendung des § 626 des Bürgerlichen Gesetzbuchs[5)] erfolgen. [3] Über die Abberufung ist ferner das Einvernehmen mit dem Bundesministerium des Innern, für Bau und Heimat herzustellen.

§ 71 Aufgaben der oder des Datenschutzbeauftragten des Bundeskriminalamtes. (1) [1] Unbeschadet seiner in § 7 des Bundesdatenschutzgesetzes[3)] genannten Aufgaben arbeitet die oder der Datenschutzbeauftragte des Bundeskriminalamtes mit den Datenschutzbeauftragten der Landeskriminalämter, der Bundes-

---

[1)] Nr. **90**.
[2)] **Sartorius III Nr. *810*.**
[3)] Nr. **245**.
[4)] § 70 Sätze 1, 3 geänd. mWv 27.6.2020 durch VO v. 19.6.2020 (BGBl. I S. 1328).
[5)] **Schönfelder Nr. 20.**

polizei und des Zollkriminalamts zusammen. [2] Diese Zusammenarbeit umfasst insbesondere den Informations- und Erfahrungsaustausch über Fragen zur Datenverarbeitung grundsätzlicher Art.

(2) Die Tätigkeit der oder des Datenschutzbeauftragten des Bundeskriminalamtes erstreckt sich auch auf personenbezogene Daten, die einem Berufs- oder besonderen Amtsgeheimnis, insbesondere dem Steuergeheimnis nach § 30 der Abgabenordnung, unterliegen.

§ 72[1]) Stellung der oder des Datenschutzbeauftragten des Bundeskriminalamtes und Zusammenarbeit mit der oder dem Bundesbeauftragten für den Datenschutz und die Informationsfreiheit. (1) Die oder der Datenschutzbeauftragte des Bundeskriminalamtes ist der Leitung des Bundeskriminalamtes unmittelbar zu unterstellen.

(2) Zur Erfüllung ihrer oder seiner Aufgabe kann sich die oder der Datenschutzbeauftragte des Bundeskriminalamtes in Zweifelsfällen an die Bundesbeauftragte oder den Bundesbeauftragten für den Datenschutz und die Informationsfreiheit wenden, nachdem sie oder er das Benehmen mit der Leitung des Bundeskriminalamtes hergestellt hat; bei Unstimmigkeiten zwischen der oder dem Datenschutzbeauftragten des Bundeskriminalamtes und der Leitung des Bundeskriminalamtes entscheidet das Bundesministerium des Innern, für Bau und Heimat.

(Fortsetzung nächstes Blatt)

---

[1]) § 72 Abs. 2 geänd. mWv 27.6.2020 durch VO v. 19.6.2020 (BGBl. I S. 1328).

565. Gesetz über den Aufenthalt, die Erwerbstätigkeit und die Integration von Ausländern im Bundesgebiet (Aufenthaltsgesetz – AufenthG)[1) 2) 3)]

In der Fassung der Bekanntmachung vom 25. Februar 2008[4)]
(BGBl. I S. 162)

FNA 26-12

geänd. durch Art. 6 G zur Änd. des PassG und weiterer Vorschriften v. 20.7.2007 (BGBl. I S. 1566), Art. 1 G zur Umsetzung aufenthalts- und asylrechtlicher RL der EU v. 19.8.2007 (BGBl. I S. 1970), Art. 3 G zur Änd. des BundespolizeiG und anderer Gesetze v. 26.2.2008 (BGBl. I S. 215), Art. 2 Abs. 3 G zur Ergänzung des Rechts zur Anfechtung der Vaterschaft v. 13.3.2008 (BGBl. I S. 313), Art. 19 FGG-ReformG v. 17.12.2008 (BGBl. I S. 2586), Art. 1 ArbeitsmigrationssteuerungsG v. 20.12.2008 (BGBl. I S. 2846), Art. 1a Viertes G zur Änd. des StraßenverkehrsG v. 22.12.2008 (BGBl. I S. 2965), Art. 4 Abs. 22 G zur Reform der Sachaufklärung in der Zwangsvollstreckung v. 29.7.2009 (BGBl. I S. 2258), Art. 4 Abs. 5 G zur Verfolgung der Vorbereitung von schweren staatsgefährdenden Gewalttaten v. 30.7.2009 (BGBl. I S. 2437), Art. 1 G zur Anpassung des deutschen Rechts an die VO (EG) Nr. 380/2008 v. 12.4. 2011 (BGBl. I S. 610), Art. 1 G zur Bekämpfung der Zwangsheirat und zum besseren Schutz der Opfer

---

[1)] **Amtl. Anm.:** Dieses Gesetz dient der Umsetzung folgender Richtlinien:

1. Richtlinie 2001/40/EG des Rates vom 28. Mai 2001 über die gegenseitige Anerkennung von Entscheidungen über die Rückführung von Drittstaatsangehörigen (ABl. EG Nr. L 149 S. 34),
2. Richtlinie 2001/51/EG des Rates vom 28. Juni 2001 zur Ergänzung der Regelungen nach Artikel 26 des Übereinkommens zur Durchführung des Übereinkommens von Schengen vom 14. Juni 1985 (ABl. EG Nr. L 187 S. 45),
3. Richtlinie 2001/55/EG des Rates vom 20. Juli 2001 über Mindestnormen für die Gewährung vorübergehenden Schutzes im Falle eines Massenzustroms von Vertriebenen und Maßnahmen zur Förderung einer ausgewogenen Verteilung der Belastungen, die mit der Aufnahme dieser Personen und den Folgen dieser Aufnahme verbunden sind, auf die Mitgliedstaaten (ABl. EG Nr. L 212 S. 12),
4. Richtlinie 2002/90/EG des Rates vom 28. November 2002 zur Definition der Beihilfe zur unerlaubten Ein- und Durchreise und zum unerlaubten Aufenthalt (ABl. EG Nr. L 328 S. 17),
5. Richtlinie 2003/86/EG des Rates vom 22. September 2003 betreffend das Recht auf Familienzusammenführung (ABl. EU Nr. L 251 S. 12),
6. Richtlinie 2003/110/EG des Rates vom 25. November 2003 über die Unterstützung bei der Durchbeförderung im Rahmen von Rückführungsmaßnahmen auf dem Luftweg (ABl. EU Nr. L 321 S. 26),
7. Richtlinie 2003/109/EG des Rates vom 25. November 2003 betreffend die Rechtsstellung der langfristig aufenthaltsberechtigten Drittstaatsangehörigen (ABl. EU 2004 Nr. L 16 S. 44),
8. Richtlinie 2004/81/EG vom 29. April 2004 über die Erteilung von Aufenthaltstiteln für Drittstaatsangehörige, die Opfer des Menschenhandels sind oder denen Beihilfe zur illegalen Einwanderung geleistet wurde und die mit den zuständigen Behörden kooperieren (ABl. EU Nr. L 261 S. 19),
9. Richtlinie 2004/83/EG des Rates vom 29. April 2004 über Mindestnormen für die Anerkennung und den Status von Drittstaatsangehörigen oder Staatenlosen als Flüchtlinge oder als Personen, die anderweitig internationalen Schutz benötigen, und über den Inhalt des zu gewährenden Schutzes (ABl. EU Nr. L 304 S. 12),
10. Richtlinie 2004/114/EG des Rates vom 13. Dezember 2004 über die Bedingungen für die Zulassung von Drittstaatsangehörigen zwecks Absolvierung eines Studiums oder Teilnahme an einem Schüleraustausch, einer unbezahlten Ausbildungsmaßnahme oder einem Freiwilligendienst (ABl. EU Nr. L 375 S. 12),
11. Richtlinie 2005/71/EG des Rates vom 12. Oktober 2005 über ein besonderes Zulassungsverfahren für Drittstaatsangehörige zum Zwecke der wissenschaftlichen Forschung (ABl. EU Nr. L 289 S. 15).

[2)] Die Änderungen durch G v. 8.7.2019 (BGBl. I S. 1021) treten teilweise erst **mWv 1.1.2024**, die Änderungen durch G v. 15.8.2019 (BGBl. I S. 1294) treten teilweise erst **mWv 1.7.2022** und die Änderungen durch G v. 15.8.2019 (BGBl. I S. 1307) treten teilweise erst **mWv 2.3.2025** und sind insoweit im Text noch nicht berücksichtigt.

[3)] Siehe hierzu die AufenthaltsVO (Nr. **566**), das AusländerzentralregisterG **(Sartorius ErgBd. Nr. 569)** und die AZRG-DurchführungsVO v. 17.5.1995 (BGBl. I S. 695), zuletzt geänd. durch G v. 28.3.2021 (BGBl. I S. 591).

[4)] Neubekanntmachung des AufenthaltsG v. 30.7.2004 (BGBl. I S. 1950) in der ab 28.8.2007 geltenden Fassung.

von Zwangsheirat sowie zur Änd. weiterer aufenthalts- und asylrechtlicher Vorschriften v. 23.6.2011 (BGBl. I S. 1266), Art. 1 G zur Umsetzung aufenthaltsrechtlicher RL der EU und zur Anpassung nationaler Rechtsvorschriften an den EU-Visakodex v. 22.11.2011 (BGBl. I S. 2258), Art. 13 G zur Verbesserung der Eingliederungschancen am Arbeitsmarkt v. 20.12.2011 (BGBl. I S. 2854), Art. 2 G zur Errichtung einer Visa-Warndatei und zur Änd. des AufenthaltsG v. 22.12.2011 (BGBl. I S. 3037), Art. 2 Abs. 25 G zur Änd. von Vorschriften über Verkündung und Bekanntmachungen sowie der ZPO, des EGZPO und der AO v. 22.12.2011 (BGBl. I S. 3044), Art. 1 G zur Umsetzung der HochqualifiziertenRL der EU v. 1.6.2012 (BGBl. I S. 1224, geänd. durch G v. 27.7.2015, BGBl. I S. 1386), Art. 2 G zur Änd. des FreizügigkeitsG/EU und weiterer aufenthaltsrechtlicher Vorschriften v. 21.1.2013 (BGBl. I S. 86), Art. 2 Abs. 5 BetreuungsgeldG v. 15.2.2013 (BGBl. I S. 254), Art. 1, 7 G zur Anpassung von Rechtsvorschriften des Bundes infolge des Beitritts der Republik Kroatien zur EU v. 17.6.2013 (BGBl. I S. 1555 iVm Bek. v. 21.6.2013, BGBl. II S. 680), Art. 12 G zur Förderung der elektronischen Verwaltung sowie zur Änd. weiterer Vorschriften v. 25.7.2013 (BGBl. I S. 2749), Art. 2 Abs. 59 G zur Strukturreform des Gebührenrechts des Bundes v. 7.8.2013 (BGBl. I S. 3154), Art. 2 G zur Umsetzung der RL 2011/95/EU v. 28.8.2013 (BGBl. I S. 3474), Art. 1 G zur Verbesserung der Rechte von international Schutzberechtigten und ausländischen Arbeitnehmern v. 29.8.2013 (BGBl. I S. 3484, ber. S. 3899), Art. 3 G zur Änd. des BundeszentralregisterG und anderer registerrechtlicher Vorschriften v. 6.9.2013 (BGBl. I S. 3556), Art. 3 G zur Änd. des AntiterrordateiG und anderer Gesetze v. 18.12.2014 (BGBl. I S. 2318), Art. 1 G zur Verbesserung der Rechtsstellung von asylsuchenden und geduldeten Ausländern v. 23.12.2014 (BGBl. I S. 2439), Art. 1 G zur Neubestimmung des Bleiberechts und der Aufenthaltsbeendigung v. 27.7.2015 (BGBl. I S. 1386), Art. 128 Zehnte ZuständigkeitsanpassungsVO v. 31.8.2015 (BGBl. I S. 1474), Art. 3, 13 AsylverfahrensbeschleunigungsG v. 20.10.2015 (BGBl. I S. 1722), Art. 2 G zur Verbesserung der Unterbringung, Versorgung und Betreuung ausländischer Kinder und Jugendlicher v. 28.10.2015 (BGBl. I S. 1802), Art. 5 G zur Änd. des Zwölften Buches Sozialgesetzbuch und weiterer Vorschriften v. 21.12.2015 (BGBl. I S. 2557), Art. 6 DatenaustauschverbesserungsG v. 2.2.2016 (BGBl. I S. 130), Art. 2 Abs. 1 VergaberechtsmodernisierungsG v. 17.2.2016 (BGBl. I S. 203), Art. 2 G zur Einführung beschleunigter Asylverfahren v. 11.3.2016 (BGBl. I S. 390), Art. 1 G zur erleichterten Ausweisung von straffälligen Ausländern und zum erweiterten Ausschluss der Flüchtlingsanerkennung bei straffälligen Asylbewerbern v. 11.3.2016 (BGBl. I S. 394), Art. 50 Zweites G über die weitere Bereinigung von Bundesrecht v. 8.7. 2016 (BGBl. I S. 1594), Art. 5, 8 Abs. 5, 6 IntegrationsG v. 31.7.2016 (BGBl. I S. 1939, Art. 8 Abs. 5, 6 dieses G aufgeh. durch Art. 2 G v. 4.7.2019, BGBl. I S. 914), Art. 4 Abs. 2 G zur Verbesserung der Bekämpfung des Menschenhandels und zur Änd. des BundeszentralregisterG sowie des Achten Buches Sozialgesetzbuch v. 11.10.2016 (BGBl. I S. 2226), Art. 2 Abs. 3 50. G zur Änd des StGB v. 4.11.2016 (BGBl. I S. 2460), Art. 4 G zur Regelung von Ansprüchen ausländischer Personen in der Grundsicherung für Arbeitsuchende nach dem SGB II und in der Sozialhilfe nach dem SGB XII v. 22.12.2016 (BGBl. I S. 3155), Art. 6 Abs. 15 G zur Reform der strafrechtlichen Vermögensabschöpfung v. 13.4.2017 (BGBl. I S. 872), Art. 1 G zur Umsetzung aufenthaltsrechtlicher Richtlinien der EU zur Arbeitsmigration v. 12.5. 2017 (BGBl. I S. 1106), Art. 7 G zu bereichsspezifischen Regelungen der Gesichtsverhüllung und zur Änd. weiterer dienstrechtlicher Vorschriften v. 8.6.2017 (BGBl. I S. 1570), Art. 2 G zur Verbesserung der Sachaufklärung in der Verwaltungsvollstreckung v. 30.6.2017 (BGBl. I S. 2094), Art. 4 G zur Förderung des elektronischen Identitätsnachweises v. 7.7.2017 (BGBl. I S. 2310), Art. 1 G zur Änd. gebührenrechtlicher Regelungen im Aufenthaltsrecht v. 13.7.2017 (BGBl. I S. 2350), Art. 5 G zur Bekämpfung von Kinderehen v. 17.7.2017 (BGBl. I S. 2429), Art. 11 Abs. 13 eIDAS-DurchführungsG v. 18.7.2017 (BGBl. I S. 2745), Art. 1 G zur besseren Durchsetzung der Ausreisepflicht v. 20.7.2017 (BGBl. I S. 2780), Art. 10 Abs. 4 G zur Neuregelung des Schutzes von Geheimnissen bei der Mitwirkung Dritter an der Berufsausübung schweigepflichtiger Personen v. 30.10.2017 (BGBl.I S.3618), Art. 1 G zur Verlängerung der Aussetzung des Familiennachzugs zu subsidiär Schutzberechtigten v. 8.3.2018 (BGBl. I S. 342), Art. 1 FamiliennachzugsneuregelungsG v. 12.7.2018 (BGBl. I S. 1147), Art. 1 G zur Entfristung des IntegrationsG v. 4.7.2019 (BGBl. I S. 914), Art. 1, 3 G über Duldung bei Ausbildung und Beschäftigung v. 8.7. 2019 (BGBl. I S. 1021), Art. 3 AusländerbeschäftigungsförderungsG v. 8.7.2019 (BGBl. I S. 1029), Art. 4 G gegen illegale Beschäftigung und Sozialleistungsmissbrauch v. 11.7.2019 (BGBl. I S. 1066), Art. 3 Zweites DatenaustauschverbesserungsG v. 4.8.2019 (BGBl. I S. 1131), Art. 1, 6 Zweites G zur besseren Durchsetzung der Ausreisepflicht v. 15.8.2019 (BGBl. I S. 1294), Art. 1, 54 Abs. 2 FachkräfteeinwanderungsG v. 15.8.2019 (BGBl. I S. 1307), Art. 49 Zweites Datenschutz-Anpassungs- und UmsetzungsG EU v. 20.11.2019 (BGBl. I S. 1626), Art. 4b Drittes WaffenrechtsänderungsG v. 17.2.2020 (BGBl. I S. 166), Art. 16 Covid-19-G zur Förderung der beruflichen Weiterbildung im Strukturwandel und zur Weiterentwicklung der Ausbildungsförderung v. 20.5.2020 (BGBl. I S. 1044), Art. 3 G über die Errichtung eines Bundesamts für Auswärtige Angelegenheiten und zur Änd. des G über den Auswärtigen Dienst, des AufenthaltsG und zur Anpassung anderer Gesetze an die Errichtung des Bundesamts v. 12.6.2020 (BGBl. I S. 1241), Art. 26a Abs. 1 Siebtes G zur Änd. des SGB IV und anderer Gesetze v. 12.6.2020 (BGBl. I S. 1248), Art. 169 Elfte ZuständigkeitsanpassungsVO v. 19.6.2020 (BGBl. I S. 1328), Art. 3 G zur Verschiebung des Zensus in das Jahr 2022 und zur Änd. des AufenthaltsG v. 3.12.2020 (BGBl. I S. 2675), Art. 7 G zur Stärkung der Sicherheit im Pass-, Ausweis- und ausländerrechtlichen Dokumentenwesen

v. 3.12.2020 (BGBl. I S. 2744) und Art. 10 G zur Ermittlung der Regelbedarfe und zur Änd. des Zwölften Buches Sozialgesetzbuch sowie weiterer Gesetze v. 9.12.2020 (BGBl. I S. 2855)

Inhaltsübersicht[1)]

Kapitel 1. Allgemeine Bestimmungen

Kapitel 2. Einreise und Aufenthalt im Bundesgebiet

Abschnitt 1. Allgemeines

Abschnitt 2. Einreise

Abschnitt 3. Aufenthalt zum Zweck der Ausbildung

Abschnitt 4. Aufenthalt zum Zweck der Erwerbstätigkeit

[1)] Inhaltsübersicht geänd. mWv 1.1.2009 durch G v. 20.12.2008 (BGBl. I S. 2846); geänd. mWv 1.9. 2011 durch G v. 12.4.2011 (BGBl. I S. 610); geänd. mWv 1.7.2011 durch G v. 23.6.2011 (BGBl. I S. 1266); geänd. mWv 26.11.2011 durch G v. 22.11.2011 (BGBl. I S. 2258); geänd. mWv 1.6.2013 durch G v. 22.12.2011 (BGBl. I S. 3037); geänd. mWv 1.8.2012 durch G v. 1.6.2012 (BGBl. I S. 1224); geänd. mWv 6.9.2013 und mWv 2.12.2013 durch G v. 29.8.2013 (BGBl. I S. 3484); geänd. mWv 1.1.2015 durch G v. 23.12.2014 (BGBl. I S. 2439); geänd. mWv 1.8.2015 und mWv 1.1.2016 durch G v. 27.7. 2015 (BGBl. I S. 1386); geänd. mWv 24.10.2015 durch G v. 20.10.2015 (BGBl. I S. 1722); geänd. mWv 1.11.2015 durch G v. 28.10.2015 (BGBl. I S. 1802); geänd. mWv 5.2.2016 durch G v. 2.2.2016 (BGBl. I S. 130); geänd. mWv 6.8.2016 und mWv 6.8.2019 durch G v. 31.7.2016 (BGBl. I S. 1939); geänd. mWv 1.8.2017 durch G v. 12.5.2017 (BGBl. I S. 1106); geänd. mWv 15.6.2017 durch G v. 8.6.2017 (BGBl. I S. 1570); geänd. mWv 29.7.2017 durch G v. 20.7.2017 (BGBl. I S. 2780); geänd. mWv 1.8.2018 durch G v. 12.7.2018 (BGBl. I S. 1147); geänd. mWv 1.1.2020 durch G v. 8.7.2019 (BGBl. I S. 1021); geänd. mWv 9.8.2019 durch G v. 4.8.2019 (BGBl. I S. 1131); geänd. mWv 21.8.2019 durch G v. 15.8.2019 (BGBl. I S. 1294); geänd. mWv 1.3.2020 durch G v. 15.8.2019 (BGBl. I S. 1307); geänd. mWv 26.11. 2019 durch G v. 20.11.2019 (BGBl. I S. 1626); geänd. mWv 10.12.2020 durch G v. 3.12.2020 (BGBl. I S. 2675); sie wurde nichtamtlich an die nachträgliche Änderung mWv 15.7.2016 durch G v. 8.7.2016 (BGBl. I S. 1594) angepasst.

2. seinen Aufenthaltstitel oder eine Bescheinigung über die Aussetzung der Abschiebung

auf Verlangen den mit dem Vollzug des Ausländerrechts betrauten Behörden vorzulegen, auszuhändigen und vorübergehend zu überlassen, soweit dies zur Durchführung oder Sicherung von Maßnahmen nach diesem Gesetz erforderlich ist. [2] Ein deutscher Staatsangehöriger, der zugleich eine ausländische Staatsangehörigkeit besitzt, ist verpflichtet, seinen ausländischen Pass oder Passersatz auf Verlangen den mit dem Vollzug des Ausländerrechts betrauten Behörden vorzulegen, auszuhändigen und vorübergehend zu überlassen, wenn

1. ihm nach § 7 Absatz 1 des Passgesetzes[1)] der deutsche Pass versagt, nach § 8 des Passgesetzes der deutsche Pass entzogen worden ist oder gegen ihn eine Anordnung nach § 6 Absatz 7 des Personalausweisgesetzes[2)] ergangen ist, wenn Anhaltspunkte die Annahme rechtfertigen, dass der Ausländer beabsichtigt, das Bundesgebiet zu verlassen oder
2. die Voraussetzungen für eine Untersagung der Ausreise nach § 10 Absatz 1 des Passgesetzes vorliegen und die Vorlage, Aushändigung und vorübergehende Überlassung des ausländischen Passes oder Passersatzes zur Durchführung oder Sicherung des Ausreiseverbots erforderlich sind.

(2) Ein Ausländer, der einen Pass oder Passersatz weder besitzt noch in zumutbarer Weise erlangen kann, genügt der Ausweispflicht mit der Bescheinigung über einen Aufenthaltstitel oder die Aussetzung der Abschiebung, wenn sie mit den Angaben zur Person und einem Lichtbild versehen und als Ausweisersatz bezeichnet ist.

(3) [1] Besitzt der Ausländer keinen gültigen Pass oder Passersatz, ist er verpflichtet, an der Beschaffung des Identitätspapiers mitzuwirken sowie alle Urkunden, sonstigen Unterlagen und Datenträger, die für die Feststellung seiner Identität und Staatsangehörigkeit und für die Feststellung und Geltendmachung einer Rückführungsmöglichkeit in einen anderen Staat von Bedeutung sein können und in deren Besitz er ist, den mit der Ausführung dieses Gesetzes betrauten Behörden auf Verlangen vorzulegen, auszuhändigen und zu überlassen. [2] Kommt der Ausländer seiner Verpflichtung nicht nach und bestehen tatsächliche Anhaltspunkte, dass er im Besitz solcher Unterlagen oder Datenträger ist, können er und die von ihm mitgeführten Sachen durchsucht werden. [3] Der Ausländer hat die Maßnahme zu dulden.

(3a) [1] Die Auswertung von Datenträgern ist nur zulässig, soweit dies für die Feststellung der Identität und Staatsangehörigkeit des Ausländers und für die Feststellung und Geltendmachung einer Rückführungsmöglichkeit in einen anderen Staat nach Maßgabe von Absatz 3 erforderlich ist und der Zweck der Maßnahme nicht durch mildere Mittel erreicht werden kann. [2] Liegen tatsächliche Anhaltspunkte für die Annahme vor, dass durch die Auswertung von Datenträgern allein Erkenntnisse aus dem Kernbereich privater Lebensgestaltung erlangt würden, ist die Maßnahme unzulässig. [3] Der Ausländer hat die notwendigen Zugangsdaten für eine zulässige Auswertung von Datenträgern zur Verfügung zu stellen. [4] Die Datenträger dürfen nur von einem Bediensteten ausgewertet werden, der die Befähigung zum Richteramt hat. [5] Erkenntnisse aus dem Kernbereich privater Lebensgestaltung, die durch die Auswertung von Datenträgern erlangt werden,

---

[1)] Nr. **250**.
[2)] Nr. **255**.

dürfen nicht verwertet werden. [6] Aufzeichnungen hierüber sind unverzüglich zu löschen. [7] Die Tatsache ihrer Erlangung und Löschung ist aktenkundig zu machen.

(4) [1] Wird nach § 5 Abs. 3 oder § 33 von der Erfüllung der Passpflicht (§ 3 Abs. 1) abgesehen, wird ein Ausweisersatz ausgestellt. [2] Absatz 3 bleibt hiervon unberührt.

§ 48a[1)] Erhebung von Zugangsdaten. (1) Soweit der Ausländer die notwendigen Zugangsdaten für die Auswertung von Endgeräten, die er für telekommunikative Zwecke eingesetzt hat, nicht zur Verfügung stellt, darf von demjenigen, der geschäftsmäßig Telekommunikationsdienste erbringt oder daran mitwirkt, Auskunft über die Daten, mittels derer der Zugriff auf Endgeräte oder auf Speichereinrichtungen, die in diesen Endgeräten oder hiervon räumlich getrennt eingesetzt werden, geschützt wird (§ 113 Absatz 1 Satz 2 des Telekommunikationsgesetzes[2)]), verlangt werden, wenn die gesetzlichen Voraussetzungen für die Verarbeitung der Daten vorliegen.

(2) Der Ausländer ist von dem Auskunftsverlangen vorher in Kenntnis zu setzen.

(3) [1] Auf Grund eines Auskunftsverlangens nach Absatz 1 hat derjenige, der geschäftsmäßig Telekommunikationsdienste erbringt oder daran mitwirkt, die zur Auskunftserteilung erforderlichen Daten unverzüglich zu übermitteln. [2] Für die Entschädigung der Diensteanbieter ist § 23 Absatz 1 des Justizvergütungs- und -entschädigungsgesetzes[3)] entsprechend anzuwenden.

§ 49[4)] Überprüfung, Feststellung und Sicherung der Identität. (1) [1] Die mit dem Vollzug dieses Gesetzes betrauten Behörden dürfen unter den Voraussetzungen des § 48 Abs. 1 die auf dem elektronischen Speicher- und Verarbeitungsmedium eines Dokuments nach § 48 Abs. 1 Nr. 1 und 2 gespeicherten biometrischen und sonstigen Daten auslesen, die benötigten biometrischen Daten beim Inhaber des Dokuments erheben und die biometrischen Daten miteinander vergleichen. [2] Darüber hinaus sind auch alle anderen Behörden, an die Daten aus dem Ausländerzentralregister nach den §§ 15 bis 20 des AZR-Gesetzes[5)] übermittelt werden, und die Meldebehörden befugt, Maßnahmen nach Satz 1 zu treffen, soweit sie die Echtheit des Dokuments oder die Identität des Inhabers überprüfen dürfen. [3] Biometrische Daten nach Satz 1 sind nur die Fingerabdrücke und das Lichtbild.

(2) Jeder Ausländer ist verpflichtet, gegenüber den mit dem Vollzug des Ausländerrechts betrauten Behörden auf Verlangen die erforderlichen Angaben zu seinem Alter, seiner Identität und Staatsangehörigkeit zu machen und die von der Vertretung des Staates, dessen Staatsangehörigkeit er besitzt oder vermutlich be-

---

[1)] § 48a eingef. mWv 1.8.2015 durch G v. 27.7.2015 (BGBl. I S. 1386); Abs. 1 geänd. mWv 26.11.2019 durch G v. 20.11.2019 (BGBl. I S. 1626).

[2)] **Sartorius ErgBd. Nr. 920.**

[3)] **Schönfelder Nr. 116.**

[4)] § 49 Überschrift neu gef., Abs. 1 eingef., bish. Abs. 1, 2, 2a, 3 und 5 bis 7 werden Abs. 2, 3, 4, 5 und 7 bis 9, bish. Abs. 4 und 8 werden Abs. 6 und 10 und geänd. mWv 1.11.2007 durch G v. 20.7.2007 (BGBl. I S. 1566); Abs. 10 geänd. mWv 1.1.2009 durch G v. 20.12.2008 (BGBl. I S. 2846); Abs. 1 Satz 1 geänd. und Satz 3 neu gef. mWv 1.9.2011 durch G v. 12.4.2011 (BGBl. I S. 610); Abs. 9 geänd. mWv 26.11.2011 durch G v. 22.11.2011 (BGBl. I S. 2258); Abs. 5 Nr. 4 geänd., Abs. 8 und 9 neu gef. mWv *24.10.2015 durch G v. 20.10.2015 (BGBl. I S. 1722)*; Abs. 8 und 9 neu gef. mWv 5.2.2016 durch G v. 2.2.2016 (BGBl. I S. 130); Abs. 5 Nr. 6 neu gef. mWv 9.8.2019, Abs. 6 Satz 2 neu gef., Abs. 8 Satz 3, Abs. 9 Satz 3 geänd. mWv 1.4.2021 durch G v. 4.8.2019 (BGBl. I S. 1131).

[5)] **Sartorius ErgBd. Nr. 569.**

sitzt, geforderten und mit dem deutschen Recht in Einklang stehenden Erklärungen im Rahmen der Beschaffung von Heimreisedokumenten abzugeben.

(3) Bestehen Zweifel über die Person, das Lebensalter oder die Staatsangehörigkeit des Ausländers, so sind die zur Feststellung seiner Identität, seines Lebensalters oder seiner Staatsangehörigkeit erforderlichen Maßnahmen zu treffen, wenn

1. dem Ausländer die Einreise erlaubt, ein Aufenthaltstitel erteilt oder die Abschiebung ausgesetzt werden soll oder
2. es zur Durchführung anderer Maßnahmen nach diesem Gesetz erforderlich ist.

(4) Die Identität eines Ausländers ist durch erkennungsdienstliche Maßnahmen zu sichern, wenn eine Verteilung gemäß § 15a stattfindet.

(5) Zur Feststellung und Sicherung der Identität sollen die erforderlichen Maßnahmen durchgeführt werden,

1. wenn der Ausländer mit einem gefälschten oder verfälschten Pass oder Passersatz einreisen will oder eingereist ist;
2. wenn sonstige Anhaltspunkte den Verdacht begründen, dass der Ausländer nach einer Zurückweisung oder Beendigung des Aufenthalts erneut unerlaubt ins Bundesgebiet einreisen will;
3. bei Ausländern, die vollziehbar ausreisepflichtig sind, sofern die Zurückschiebung oder Abschiebung in Betracht kommt;
4. wenn der Ausländer in einen in § 26a Abs. 2 des Asylgesetzes[1)] genannten Drittstaat zurückgewiesen oder zurückgeschoben wird;
5. bei der Beantragung eines nationalen Visums;
6. bei Ausländern, die für ein Aufnahmeverfahren nach § 23, für die Gewährung von vorübergehendem Schutz nach § 24 oder für ein Umverteilungsverfahren auf Grund von Maßnahmen nach Artikel 78 Absatz 3 des Vertrags über die Arbeitsweise der Europäischen Union[2)] vorgeschlagen und vom Bundesamt für Migration und Flüchtlinge in die Prüfung über die Erteilung einer Aufnahmezusage einbezogen wurden, sowie in den Fällen des § 29 Absatz 3;
7. wenn ein Versagungsgrund nach § 5 Abs. 4 festgestellt worden ist.

(6) [1] Maßnahmen im Sinne der Absätze 3 bis 5 mit Ausnahme des Absatzes 5 Nr. 5 sind das Aufnehmen von Lichtbildern, das Abnehmen von Fingerabdrücken sowie Messungen und ähnliche Maßnahmen, einschließlich körperlicher Eingriffe, die von einem Arzt nach den Regeln der ärztlichen Kunst zum Zweck der Feststellung des Alters vorgenommen werden, wenn kein Nachteil für die Gesundheit des Ausländers zu befürchten ist. [2] Die Maßnahmen sind zulässig bei Ausländern, die das sechste Lebensjahr vollendet haben. [3] Zur Feststellung der Identität sind diese Maßnahmen nur zulässig, wenn die Identität in anderer Weise, insbesondere durch Anfragen bei anderen Behörden nicht oder nicht rechtzeitig oder nur unter erheblichen Schwierigkeiten festgestellt werden kann.

(6a) Maßnahmen im Sinne des Absatzes 5 Nr. 5 sind das Aufnehmen von Lichtbildern und das Abnehmen von Fingerabdrücken.

(7) [1] Zur Bestimmung des Herkunftsstaates oder der Herkunftsregion des Ausländers kann das gesprochene Wort des Ausländers auf Ton- oder Datenträger aufgezeichnet werden. [2] Diese Erhebung darf nur erfolgen, wenn der Ausländer vorher darüber in Kenntnis gesetzt wurde.

[1)] Nr. **567**.
[2)] Nr. **1001**.

(8) [1]Die Identität eines Ausländers, der in Verbindung mit der unerlaubten Einreise aufgegriffen und nicht zurückgewiesen wird, ist durch erkennungsdienstliche Maßnahmen zu sichern. [2]Nach Satz 1 dürfen nur Lichtbilder und Abdrucke aller zehn Finger aufgenommen werden. [3]Die Identität eines Ausländers, der das sechste Lebensjahr noch nicht vollendet hat, ist unter den Voraussetzungen des Satzes 1 nur durch das Aufnehmen eines Lichtbildes zu sichern.

(9) [1]Die Identität eines Ausländers, der sich ohne erforderlichen Aufenthaltstitel im Bundesgebiet aufhält, ist durch erkennungsdienstliche Maßnahmen zu sichern. [2]Nach Satz 1 dürfen nur Lichtbilder und Abdrucke aller zehn Finger aufgenommen werden. [3]Die Identität eines Ausländers, der das sechste Lebensjahr noch nicht vollendet hat, ist unter den Voraussetzungen des Satzes 1 nur durch das Aufnehmen eines Lichtbildes zu sichern.

(10) Der Ausländer hat die Maßnahmen nach den Absätzen 1 und 3 bis 9 zu dulden.

§§ 49a, 49b[1)] *(aufgehoben)*

Kapitel 5. Beendigung des Aufenthalts

Abschnitt 1. Begründung der Ausreisepflicht

§ 50[2)] **Ausreisepflicht.** (1) Ein Ausländer ist zur Ausreise verpflichtet, wenn er einen erforderlichen Aufenthaltstitel nicht oder nicht mehr besitzt und ein Aufenthaltsrecht nach dem Assoziationsabkommen EWG/Türkei nicht oder nicht mehr besteht.

(2) Der Ausländer hat das Bundesgebiet unverzüglich oder, wenn ihm eine Ausreisefrist gesetzt ist, bis zum Ablauf der Frist zu verlassen.

(3) [1]Durch die Einreise in einen anderen Mitgliedstaat der Europäischen Union oder in einen anderen Schengen-Staat genügt der Ausländer seiner Ausreisepflicht nur, wenn ihm Einreise und Aufenthalt dort erlaubt sind. [2]Liegen diese Voraussetzungen vor, ist der ausreisepflichtige Ausländer aufzufordern, sich unverzüglich in das Hoheitsgebiet dieses Staates zu begeben.

(4) Ein ausreisepflichtiger Ausländer, der seine Wohnung wechseln oder den Bezirk der Ausländerbehörde für mehr als drei Tage verlassen will, hat dies der Ausländerbehörde vorher anzuzeigen.

(Fortsetzung nächstes Blatt)

---

1) §§ 49a, 49b aufgeh. mWv 9.8.2019 durch G v. 4.8.2019 (BGBl. I S. 1131).

2) *§ 50 Abs. 2 Sätze 2, 3 aufgeh., Abs. 2a, 3* aufgeh, Abs. 4 wird Abs. 3, Satz 1 geänd., Satz 2 angef., bish. Abs. 5–7 werden Abs. 4–6 mWv 26.11.2011 durch G v. 22.11.2011 (BGBl. I S. 2258); Abs. 6 Satz 2 geänd. mWv 1.8.2015 durch G v. 27.7.2015 (BGBl. I S. 1386); Abs. 6 Satz 3 geänd. mWv 24.10.2015 durch G v. 20.10.2015 (BGBl. I S. 1722).

[2]Nach Satz 1 Nr. 1 werden erfasst die Personalien einschließlich der Staatsangehörigkeit und der Anschrift des Ausländers, Angaben zum Pass, über ausländerrechtliche Maßnahmen und über die Erfassung im Ausländerzentralregister sowie über frühere Anschriften des Ausländers, die zuständige Ausländerbehörde und die Abgabe von Akten an eine andere Ausländerbehörde. [3]Erfasst werden ferner Angaben zur lichtbildaufnehmenden Stelle und zur Nutzung eines Dokuments nach § 78 Absatz 1 zum elektronischen Identitätsnachweis einschließlich dessen Ein- und Ausschaltung sowie Sperrung und Entsperrung. [4]Die Befugnis der Ausländerbehörden, weitere personenbezogene Daten zu speichern, richtet sich nach der Verordnung (EU) 2016/679[1)] und nach den datenschutzrechtlichen Bestimmungen der Länder.

(3) Das Bundesministerium des Innern, für Bau und Heimat wird ermächtigt, durch Rechtsverordnung im Einvernehmen mit dem Auswärtigen Amt ohne Zustimmung des Bundesrates die zuständige Stelle im Sinne des § 73 Absatz 1 und des § 73a Absatz 1 zu bestimmen.

(3a) Das Bundesministerium des Innern, für Bau und Heimat wird ermächtigt, durch Rechtsverordnung im Einvernehmen mit dem Auswärtigen Amt ohne Zustimmung des Bundesrates nach Maßgabe von Artikel 3 Absatz 2 der Verordnung (EG) Nr. 810/2009 die Staaten festzulegen, deren Staatsangehörige zur Durchreise durch die internationalen Transitzonen deutscher Flughäfen im Besitz eines Visums für den Flughafentransit sein müssen.

(4) [1]Das Bundesministerium des Innern, für Bau und Heimat kann Rechtsverordnungen nach Absatz 1 Nr. 1 und 2, soweit es zur Erfüllung einer zwischenstaatlichen Vereinbarung oder zur Wahrung öffentlicher Interessen erforderlich ist, ohne Zustimmung des Bundesrates erlassen und ändern. [2]Eine Rechtsverordnung nach Satz 1 tritt spätestens drei Monate nach ihrem Inkrafttreten außer Kraft. [3]Ihre Geltungsdauer kann durch Rechtsverordnung mit Zustimmung des Bundesrates verlängert werden.

(5) Das Bundesministerium des Innern, für Bau und Heimat wird ferner ermächtigt, durch Rechtsverordnung zum beschleunigten Fachkräfteverfahren nach § 81a

1. mit Zustimmung des Bundesrates Näheres zum Verfahren bei den Ausländerbehörden sowie
2. im Einvernehmen mit dem Auswärtigen Amt ohne Zustimmung des Bundesrates Näheres zum Verfahren bei den Auslandsvertretungen

zu bestimmen.

(6) Die Bundesregierung wird ermächtigt, durch Rechtsverordnung mit Zustimmung des Bundesrates Staaten zu bestimmen, an deren Staatsangehörige bestimmte oder sämtliche Aufenthaltstitel nach Kapitel 2 Abschnitt 3 und 4 nicht erteilt werden, wenn bei diesen Staatsangehörigen ein erheblicher Anstieg der Zahl der als offensichtlich unbegründet abgelehnten Asylanträge im Zusammenhang mit einem Aufenthalt nach Kapitel 2 Abschnitt 3 oder 4 zu verzeichnen ist.

§ 100[2)] Sprachliche Anpassung. [1]Das Bundesministerium des Innern, für Bau und Heimat kann durch Rechtsverordnung ohne Zustimmung des Bundesrates die in diesem Gesetz verwendeten Personenbezeichnungen, soweit dies ohne Änderung des Regelungsinhalts möglich und sprachlich sachgerecht ist, durch geschlechtsneutrale oder durch maskuline und feminine Personenbezeichnungen ersetzen und die dadurch veranlassten sprachlichen Anpassungen vornehmen. [2]Das Bundesministeri-

---

[1)] Nr. **246**.

[2)] § 100 Sätze 1, 2 geänd. mWv 27.6.2020 durch VO v. 19.6.2020 (BGBl. I S. 1328).

um des Innern, für Bau und Heimat kann nach Erlass einer Verordnung nach Satz 1 den Wortlaut dieses Gesetzes im Bundesgesetzblatt bekannt machen.

§ 101[1)] Fortgeltung bisheriger Aufenthaltsrechte. (1) [1]Eine vor dem 1. Januar 2005 erteilte Aufenthaltsberechtigung oder unbefristete Aufenthaltserlaubnis gilt fort als Niederlassungserlaubnis entsprechend dem ihrer Erteilung zu Grunde liegenden Aufenthaltszweck und Sachverhalt. [2]Eine unbefristete Aufenthaltserlaubnis, die nach § 1 Abs. 3 des Gesetzes über Maßnahmen für im Rahmen humanitärer Hilfsaktionen aufgenommene Flüchtlinge vom 22. Juli 1980 (BGBl. I S. 1057) oder in entsprechender Anwendung des vorgenannten Gesetzes erteilt worden ist, und eine anschließend erteilte Aufenthaltsberechtigung gelten fort als Niederlassungserlaubnis nach § 23 Abs. 2.

(2) Die übrigen Aufenthaltsgenehmigungen gelten fort als Aufenthaltserlaubnisse entsprechend dem ihrer Erteilung zu Grunde liegenden Aufenthaltszweck und Sachverhalt.

(3) Ein Aufenthaltstitel, der vor dem 28. August 2007 mit dem Vermerk „Daueraufenthalt-EG" versehen wurde, gilt als Erlaubnis zum Daueraufenthalt – EU fort.

(4) Ein Aufenthaltstitel nach Kapitel 2 Abschnitt 3 und 4, der vor dem 1. März 2020 erteilt wurde, gilt mit den verfügten Nebenbestimmungen entsprechend dem der Erteilung zu Grunde liegenden Aufenthaltszweck und Sachverhalt im Rahmen seiner Gültigkeitsdauer fort.

§ 102 Fortgeltung ausländerrechtlicher Maßnahmen und Anrechnung.

(1) [1]Die vor dem 1. Januar 2005 getroffenen sonstigen ausländerrechtlichen Maßnahmen, insbesondere zeitliche und räumliche Beschränkungen, Bedingungen und Auflagen, Verbote und Beschränkungen der politischen Betätigung sowie Ausweisungen, Abschiebungsandrohungen, Aussetzungen der Abschiebung und Abschiebungen einschließlich ihrer Rechtsfolgen und der Befristung ihrer Wirkungen sowie begünstigende Maßnahmen, die Anerkennung von Pässen und Passersatzpapieren und Befreiungen von der Passpflicht, Entscheidungen über Kosten und Gebühren, bleiben wirksam. [2]Ebenso bleiben Maßnahmen und Vereinbarungen im Zusammenhang mit Sicherheitsleistungen wirksam, auch wenn sie sich ganz oder teilweise auf Zeiträume nach Inkrafttreten dieses Gesetzes beziehen. [3]Entsprechendes gilt für die kraft Gesetzes eingetretenen Wirkungen der Antragstellung nach § 69 des Ausländergesetzes.

(2) Auf die Frist für die Erteilung einer Niederlassungserlaubnis nach § 26 Abs. 4 wird die Zeit des Besitzes einer Aufenthaltsbefugnis oder einer Duldung vor dem 1. Januar 2005 angerechnet.

§ 103 Anwendung bisherigen Rechts. [1]Für Personen, die vor dem Inkrafttreten dieses Gesetzes gemäß § 1 des Gesetzes über Maßnahmen für im Rahmen humanitärer Hilfsaktionen aufgenommene Flüchtlinge vom 22. Juli 1980 (BGBl. I S. 1057) die Rechtsstellung nach den Artikeln 2 bis 34 des Abkommens über die Rechtsstellung der Flüchtlinge[2)] genießen, finden die §§ 2a und 2b des Gesetzes über Maßnahmen für im

(Fortsetzung nächstes Blatt)

[1)] § 101 Abs. 3 geänd. mWv 2.12.2013 durch G v. 29.8.2013 (BGBl. I S. 3484); Abs. 4 angef. mWv 1.3. 2020 durch G v. 15.8.2019 (BGBl. I S. 1307).

[2)] Nr. **568**.

566. Aufenthaltsverordnung (AufenthV)[1) 2)]

Vom 25. November 2004

(BGBl. I S. 2945)

FNA 26-12-1

geänd. durch Art. 7 Nr. 1 G zur Änd. des AufenthaltsG und weiterer Gesetze v. 14.3.2005 (BGBl. I S. 721), Art. 77 G zur Umbenennung des Bundesgrenzschutzes in Bundespolizei v. 21.6.2005 (BGBl. I S. 1818), Art. 1 ÄndVO v. 14.10.2005 (BGBl. I S. 2982), Art. 1 Erste ÄndVO v. 18.12.2006 (BGBl. I S. 3221), Art. 7 Abs. 4 EU-Aufenthalts- und AsylrechtsRL UmsetzungsG v. 19.8.2007 (BGBl. I S. 1970, ber. 2008 S. 992), Art. 1 Zweite ÄndVO v. 22.2.2008 (BGBl. I S. 252), Art. 1 Dritte ÄndVO v. 8.5.2008 (BGBl. I S. 806), Art. 3 ArbeitsmigrationssteuerungsG v. 20.12.2008 (BGBl. I S. 2846), Art. 1 Vierte ÄndVO v. 15.6.2009 (BGBl. I S. 1287), Art. 1 Fünfte ÄndVO v. 2.8.2010 (BGBl. I S. 1134), Art. 1 Sechste ÄndVO v. 22.7.2011 (BGBl. I S. 1530, ber. S. 2080), Art. 12 Abs. 1 G zur Umsetzung aufenthaltsrechtlicher RL der EU und zur Anpassung nationaler Rechtsvorschriften an den EU-Visakodex v. 22.11.2011 (BGBl. I S. 2258), Art. 1 Siebte ÄndVO v. 25.11.2011 (BGBl. I S. 2347), Art. 3 G zur Errichtung einer Visa-Warndatei und zur Änd. des AufenthaltsG v. 22.12.2011 (BGBl. I S. 3037), Art. 2 Abs. 26 G zur Änd. von Vorschriften über Verkündung und Bekanntmachungen sowie der ZPO, des EGZPO und der AO v. 22.12.2011 (BGBl. I S. 3044), Art. 5 Abs. 1 G zur Umsetzung der HochqualifiziertenRL der EU v. 1.6.2012 (BGBl. I S. 1224), Art. 3 G zur Änd. des FreizügigkeitsG/EU und weiterer aufenthaltsrechtlicher Vorschriften v. 21.1.2013 (BGBl. I S. 86), Art. 1 Achte ÄndVO v. 27.2. 2013 (BGBl. I S. 351), Art. 2 VO zur Änd. des Ausländerbeschäftigungsrechts v. 6.6.2013 (BGBl. I S. 1499), Art. 5 G zur Umsetzung der RL 2011/95/EU v. 28.8.2013 (BGBl. I S. 3474), Art. 6 Abs. 1 G zur Verbesserung der Rechte von international Schutzberechtigten und ausländischen Arbeitnehmern v. 29.8.2013 (BGBl. I S. 3484, ber. S. 3899), Art. 1 Neunte ÄndVO v. 23.9.2013 (BGBl. I S. 3707), Art. 1 Zehnte ÄndVO v. 6.5.2014 (BGBl. I S. 451), Art. 2 VO zur Änd. der PassVO sowie zur Änd. der AufenthaltsVO v. 3.3.2015 (BGBl. I S. 218, ber. S. 1110), Art. 1 Elfte ÄndVO v. 8.4.2015 (BGBl. I S. 599), Art. 14 Nr. 5 AsylverfahrensbeschleunigungsG v. 20.10.2015 (BGBl. I S. 1722), Art. 1 VO zur Änd. der AufenthaltsVO und der AZRG-DurchführungsVO v. 18.12.2015 (BGBl. I S. 2467), Art. 7 DatenaustauschverbesserungsG v. 2.2.2016 (BGBl. I S. 130), Art. 1 14. ÄndVO v. 20.12.2016 (BGBl. I S. 3074), Art. 2 Zweite VO zur Änd. der PassVO sowie zur Änd. der AufenthaltsVO v. 15.2.2017 (BGBl. I S. 162), Art. 83 G zum Abbau verzichtbarer Anordnungen der Schriftform im Verwaltungsrecht des Bundes v. 29.3.2017 (BGBl. I S. 626), Art. 1 15. ÄndVO v. 3.4.2017 (BGBl. I S. 690), Art. 2 G zur Änd. gebührenrechtlicher Regelungen im Aufenthaltsrecht v. 13.7.2017 (BGBl. I S. 2350), Art. 1 16. ÄndVO v. 14.7.2017 (BGBl. I S. 2650), Art. 1 VO zur Umsetzung aufenthaltsrechtlicher Richtlinien der EU zur Arbeitsmigration v. 1.8.2017 (BGBl. I S. 3066), Art. 1 17. ÄndVO v. 14.1.2019 (BGBl. I S. 10), Art. 4 Zweites DatenaustauschverbesserungsG v. 4.8.2019 (BGBl. I S. 1131), Art. 50 FachkräfteeinwanderungsG v. 15.8.2019 (BGBl. I S. 1307), Art. 1 VO zur Anpassung von aufenthalts- und personalausweisrechtlichen Vorschriften v. 13.12.2019 (BGBl. I S. 2585), Art. 3 VO zur Änd. der BeschäftigungsVO und der AufenthaltsVO v. 23.3.2020 (BGBl. I S. 655), Art. 4 G über die Errichtung eines Bundesamts für Auswärtige Angelegenheiten und zur Änd. des G über den Auswärtigen Dienst, des AufenthaltsG und zur Anpassung anderer Gesetze an die Errichtung des Bundesamts v. 12.6.2020 (BGBl. I S. 1241), Art. 170 Elfte ZuständigkeitsanpassungsVO v. 19.6.2020 (BGBl. I S. 1328), Art. 2 G zur aktuellen Anpassung des FreizügigkeitsG/EU und weiterer Vorschriften an das Unionsrecht v. 12.11.2020 (BGBl. I S. 2416), Art. 1 18. VO zur Änd. der AufenthaltsVO v. 26.11.2020 (BGBl. I S. 2606), Art. 8, 14 G zur Stärkung der Sicherheit im Pass-, Ausweis- und ausländerrechtlichen Dokumentenwesen v. 3.12.2020 (BGBl. I S. 2744), Art. 2 Zweite VO zur Änd. der BeschäftigungsVO und der AufenthaltsVO v. 18.12.2020 (BGBl. I S. 3046) und Art. 20a RegistermodernisierungsG v. 28.3.2021 (BGBl. I S. 591)

[1)] Verkündet als Art. 1 VO zur Durchführung des ZuwanderungsG v. 25.11.2004 (BGBl. I S. 2945); Inkrafttreten gem. Art. 3 erster Halbs. dieser VO am 1.1.2005. Diese VO wurde ua erlassen auf Grund von § 69 Abs. 2, 3, 5 und 6 sowie § 99 Abs. 1 und 2 AufenthG iVm § 11 Abs. 1 FreizügG/EU.

[2)] Die Änderungen durch VO v. 23.3.2020 (BGBl. I S. 655) treten teilweise erst **mWv 2.3.2025**, die Änderungen durch G v. 3.12.2020 (BGBl. I S. 2744) treten teilweise erst **mWv 1.5.2025** in Kraft und sind insoweit im Text noch nicht berücksichtigt.

Inhaltsübersicht[1)]

[1)] Inhaltsübersicht geänd. mWv 18.3.2005 durch G v. 14.3.2005 (BGBl. I S. 721); geänd. mWv 28.8.2007 durch G v. 19.8.2007 (BGBl. I S. 1970); geänd. mWv 29.6.2009 durch VO v. 15.6.2009 (BGBl. I S. 1287); geänd. mWv 1.9.2011 durch VO v. 22.7.2011 (BGBl. I S. 1530); geänd. mWv 1.11.2011 durch VO v. 22.7.2011 (BGBl. I S. 1530); geänd. mWv 26.11.2011 durch G v. 22.11.2011 (BGBl. I S. 2258); geänd. mWv 3.12.2011 durch VO v. 25.11.2011 (BGBl. I S. 2347); geänd. mWv 1.8.2012 durch G v. 1.6.2012 (BGBl. I S. 1224); geänd. mWv 2.12.2013 durch G v. 29.8.2013 (BGBl. I S. 3484); geänd. mWv 10.5.2014 durch VO v. 6.5.2014 (BGBl. I S. 451); geänd. mWv 1.11.2014 durch VO v. 3.3.2015 (BGBl. I S. 218); geänd. mWv 1.3.2017 durch VO v. 15.2.2017 (BGBl. I S. 162); geänd. mWv 5.8.2017 durch VO v. 1.8.2017 (BGBl. I S. 3066); geänd. mWv 23.1.2019 durch VO v. 14.1.2019 (BGBl. I S. 10); geänd. mWv 9.8.2019 durch VO v. 4.8.2019 (BGBl. I S. 1131); geänd. mWv 4.12.2020 durch VO v. 26.11.2020 *(BGBl. I S. 2606).*

*Die Inhalts*übersicht wurde nichtamtlich an die Änderungen mWv 1.7.2013 durch VO v. 6.6.2013 (BGBl. I S. 1499); mWv 28.9.2013 durch VO v. 23.9.2013 (BGBl. I S. 3707); mWv 5.2.2016 durch G v. 2.2.2016 (BGBl. I S. 130); mWv 1.3.2020 durch G v. 15.8.2019 (BGBl. I S. 1307) angepasst.

Kapitel 5. Verfahrensvorschriften

Abschnitt 1. Muster für Aufenthaltstitel, Pass- und Ausweisersatz und sonstige Dokumente

§ 58[1)] **Vordruckmuster.** [1] Für die Ausstellung der Vordrucke sind als Vordruckmuster zu verwenden:

1. für den Ausweisersatz (§ 78a Absatz 4 des Aufenthaltsgesetzes[2)]) das in Anlage D1 abgedruckte Muster,
2. für die Bescheinigung über die Aussetzung der Abschiebung (Duldung; § 60a Abs. 4 des Aufenthaltsgesetzes) das in Anlage D2a abgedruckte Muster (Klebeetikett), sofern ein anerkannter und gültiger Pass oder Passersatz nicht vorhanden ist und die Voraussetzungen für die Ausstellung eines Ausweisersatzes nach § 55 nicht vorliegen, in Verbindung mit dem in Anlage D2b abgedruckten Muster (Trägervordruck),
3. für die Fiktionsbescheinigung (§ 81 Abs. 5 des Aufenthaltsgesetzes) das in Anlage D3 abgedruckte Muster,
4. für den Reiseausweis für Ausländer (§ 4 Abs. 1 Satz 1 Nr. 1)
   a) das in Anlage D4c abgedruckte Muster,
   b) für die Ausstellung als vorläufiges Dokument (§ 4 Abs. 1 Satz 2) das in Anlage D4d abgedruckte Muster,
5. für die Grenzgängerkarte (§ 12) das in Anlage D5a abgedruckte Muster,
6. für den Notreiseausweis (§ 4 Abs. 1 Nr. 2) das in Anlage D6 abgedruckte Muster,
7. für den Reiseausweis für Flüchtlinge (§ 4 Abs. 1 Satz 1 Nr. 3)
   a) das in Anlage D7a abgedruckte Muster,
   b) für die Ausstellung als vorläufiges Dokument (§ 4 Abs. 1 Satz 2) das in Anlage D7b abgedruckte Muster,
8. für den Reiseausweis für Staatenlose (§ 4 Abs. 1 Satz 1 Nr. 4)
   a) das in Anlage D8a abgedruckte Muster,
   b) für die Ausstellung als vorläufiges Dokument (§ 4 Abs. 1 Satz 2) das in Anlage D8b abgedruckte Muster,
9. für die Bescheinigung über die Wohnsitzverlegung (§ 4 Abs. 1 Nr. 6) das in Anlage D9 abgedruckte Muster,
10. für das Europäische Reisedokument für die Rückkehr (§ 4 Abs. 1 Nr. 7) das in Anlage D10 abgedruckte Muster,
11. für das Zusatzblatt
    a) zur Bescheinigung der Aussetzung der Abschiebung das in Anlage D11 abgedruckte Muster,

---

[1)] § 58 Satz 1 Nrn. 5, 6, 9, 10, 11, 12 geänd., Nrn. 4, 7, 8 neu gef., Nrn. 13 und 14 sowie Satz 2 angef. mWv 28.8.2007 durch G v. 19.8.2007 (BGBl. I S. 1970); Satz 1 Nr. 1 geänd., Nr. 11 neu gef., Nr. 13 und 14 geänd., Nr. 15 angef. mWv 1.9.2011 durch VO v. 22.7.2011 (BGBl. I S. 1530); Satz 1 Nr. 13 und 14 geänd. mWv 29.1.2013 durch G v. 21.1.2013 (BGBl. I S. 86); Satz 1 Nr. 12 geänd. mWv 24.10. 2015 durch G v. 20.10.2015 (BGBl. I S. 1722); Satz 1 Nr. 10 geänd. mWv 8.4.2017 durch VO v. 3.4.2017 (BGBl. I S. 690); Satz 1 Nr. 13 und 14 geänd. mWv 24.11.2020 durch G v. 12.11.2020 (BGBl. I S. 2416); Nr. 13 aufgeh., bish. Nr. 14 wird 13 und geänd., bish. Nr. 15 wird 14 und geänd. mWv 4.12.2020 durch VO v. 26.11.2020 (BGBl. I S. 2606).

[2)] Nr. **565**.

b) zum Aufenthaltstitel in Ausnahmefällen (§ 78a Absatz 1 des Aufenthaltsgesetzes) das in Anlage D11 abgedruckte Muster,

c) zum Aufenthaltstitel mit elektronischem Speicher- und Verarbeitungsmedium (§ 78 Absatz 1 des Aufenthaltsgesetzes) das in Anlage D11a abgedruckte Muster,

12. für die Bescheinigung über die Aufenthaltsgestattung (§ 63 des Asylgesetzes[1)]) das in Anlage D12 abgedruckte Muster,
13. für die Bescheinigung des Daueraufenthalts für Unionsbürger oder Staatsangehörige eines EWR-Staates das in Anlage D15 abgedruckte Muster und
14. für die Änderung der Anschrift auf Dokumenten mit elektronischem Speicher- und Verarbeitungsmedium (§ 78 Absatz 7 Satz 2 des Aufenthaltsgesetzes) das in Anlage D16 abgedruckte Muster.

[2] Die nach den Mustern in den Anlagen D4c, D7a, D8a ausgestellten Passersatzpapiere werden nicht verlängert.

§ 59[2)] Muster der Aufenthaltstitel. (1) [1] Das Muster des Aufenthaltstitels nach § 4 Abs. 1 Satz 2 Nr. 1 des Aufenthaltsgesetzes[3)] (Visum) richtet sich nach der Verordnung (EG) Nr. 1683/95 des Rates vom 29. Mai 1995 über eine einheitliche Visagestaltung (ABl. EG Nr. L 164 S. 1), zuletzt geändert durch die Verordnung (EG) Nr. 856/2008 (ABl. L 235 vom 2.9.2008, S. 1), in der jeweils geltenden Fassung. [2] Es ist in Anlage D13a abgedruckt. [3] Für die Verlängerung im Inland ist das in Anlage D13b abgedruckte Muster zu verwenden.

(2) [1] Die Muster der Aufenthaltstitel, die nach § 78 Absatz 1 des Aufenthaltsgesetzes als eigenständige Dokumente mit elektronischem Speicher- und Verarbeitungsmedium auszustellen sind, sowie die Muster der Aufenthalts- und Daueraufenthaltskarten, Aufenthaltsdokumente-GB und Aufenthaltsdokumente für Grenzgänger-GB, die nach § 11 Absatz 3 Satz 1 des Freizügigkeitsgesetzes/EU[4)] in Verbindung mit § 78 Absatz 1 des Aufenthaltsgesetzes als Dokumente mit elektronischem Speicher- und Verarbeitungsmedium auszustellen sind, richten sich nach der Verordnung (EG) Nr. 1030/2002 des Rates zur einheitlichen Gestaltung des Aufenthaltstitels für Drittstaatenangehörige (ABl. L 157 vom 15.6.2002, S. 1) in der jeweils geltenden Fassung. [2] Gleiches gilt für Aufenthaltserlaubnisse, die nach Maßgabe des Abkommens vom 21. Juni 1999 zwischen der Europäischen Gemeinschaft und ihren Mitgliedstaaten einerseits und der Schweizerischen Eidgenossenschaft andererseits auf Antrag als Dokumente mit elektronischem Speicher- und Verarbeitungsmedium ausgestellt werden. [3] Die Muster für Dokumente nach den Sätzen 1 und 2 sind in Anlage D14a abgedruckt. [4] Aufenthaltstitel nach § 78 Absatz 1 in Verbindung mit § 4 Absatz 1 Satz 2 Nummer 4 des Aufenthaltsgesetzes,

---

[1)] Nr. **567**.

[2)] § 59 Abs. 2 Satz 1, Abs. 3 geänd., Abs. 4–6 angef. mWv 28.8.2007 durch G v. 19.8.2007 (BGBl. I S. 1970); Abs. 2 und 3 neu gef., Abs. 4 geänd. mWv 1.9.2011 durch VO v. 22.7.2011 (BGBl. I S. 1530); Abs. 3 Satz 3 geänd. und Satz 4 angef. mWv 1.8.2012 durch G v. 1.6.2012 (BGBl. I S. 1224); Abs. 1 Satz 1 geänd. mWv 5.3.2013 durch VO v. 27.2.2013 (BGBl. I S. 351); Abs. 2 Satz 4 angef., Abs. 3 Sätze 3 und 4 geänd., Satz 5 angef. mWv 2.12.2013 durch G v. 29.8.2013 (BGBl. I S. 3484); Abs. 3 Satz 3, Abs. 4 Satz 1 geänd., Satz 2 angef., Abs. 4a–4e angef. mWv 5.8.2017 durch VO v. 1.8.2017 (BGBl. I S. 3066); Abs. 2 Satz 1, Abs. 3 Satz 1 geänd. mWv 19.12.2019 durch VO v. 13.12.2019 (BGBl. I S. 2585); Abs. 4 Sätze 1, 2, Abs. 4a–4d geänd., Abs. 7 angef. mWv 1.4.2020 durch VO v. 23.3.2020 (BGBl. I S. 655); Abs. 2 Satz 1 *geänd. mWv 24.11.2020 durch G v. 12.11.2020* (BGBl. I S. 2416); Abs. 2 Satz 1 geänd., Abs. 8 angef. mWv 4.12.2020 durch VO v. 26.11.2020 (BGBl. I S. 2606).

[3)] Nr. **565**.

[4)] Nr. **560**.

die gemäß dem bis zum 1. Dezember 2013 zu verwendenden Muster der Anlage D14a ausgestellt wurden, behalten ihre Gültigkeit.

(3) [1] Die Muster für Vordrucke der Aufenthaltstitel nach § 4 Absatz 1 Nummer 2 bis 4 des Aufenthaltsgesetzes richten sich im Fall des § 78a Absatz 1 Satz 1 des Aufenthaltsgesetzes nach der Verordnung (EG) Nr. 1030/2002. [2] Sie sind in Anlage D14 abgedruckt. [3] Bei der Niederlassungserlaubnis, der Erlaubnis zum Daueraufenthalt – EU, der Blauen Karte EU, der ICT-Karte, der Mobiler-ICT-Karte und der Aufenthaltserlaubnis ist im Feld für Anmerkungen die für die Erteilung maßgebliche Rechtsgrundlage einzutragen. [4] Bei Inhabern der Blauen Karte EU ist bei Erteilung der Erlaubnis zum Daueraufenthalt – EU im Feld für Anmerkungen „Ehem. Inh. der Blauen Karte EU" einzutragen. [5] Für die Erlaubnis zum Daueraufenthalt – EU kann im Falle des § 78a Absatz 1 Satz 1 des Aufenthaltsgesetzes der Vordruck der Anlage D14 mit der Bezeichnung „Daueraufenthalt-EG" weiterverwendet werden.

(4) [1] In einer Aufenthaltserlaubnis, die nach § 18d Absatz 1 des Aufenthaltsgesetzes erteilt wird, oder in einem zu dieser Aufenthaltserlaubnis gehörenden Zusatzblatt nach den Anlagen D11 und D11a oder in dem Trägervordruck nach der Anlage D1 wird der Vermerk „Forscher" eingetragen. [2] In einer Aufenthaltserlaubnis, die nach § 18f des Aufenthaltsgesetzes erteilt wird, oder in einem zu dieser Aufenthaltserlaubnis gehörenden Zusatzblatt nach den Anlagen D11 und D11a oder in dem Trägervordruck nach der Anlage D1 wird der Vermerk „Forscher-Mobilität" eingetragen.

(4a) In einer Aufenthaltserlaubnis, die nach § 16b Absatz 1 des Aufenthaltsgesetzes erteilt wird, oder in einem zu dieser Aufenthaltserlaubnis gehörenden Zusatzblatt nach den Anlagen D11 und D11a oder in dem Trägervordruck nach der Anlage D1 wird der Vermerk „Student" eingetragen.

(4b) In einer Aufenthaltserlaubnis, die nach § 16e des Aufenthaltsgesetzes erteilt wird, oder in einem zu dieser Aufenthaltserlaubnis gehörenden Zusatzblatt nach den Anlagen D11 und D11a oder in dem Trägervordruck nach der Anlage D1 wird der Vermerk „Praktikant" eingetragen.

(4c) In einer Aufenthaltserlaubnis, die nach § 19e des Aufenthaltsgesetzes erteilt wird, oder in einem zu dieser Aufenthaltserlaubnis gehörenden Zusatzblatt nach den Anlagen D11 und D11a oder in dem Trägervordruck nach der Anlage D1 wird der Vermerk „Freiwilliger" eingetragen.

(4d) Bei Forschern oder Studenten, die im Rahmen eines bestimmten Programms mit Mobilitätsmaßnahmen oder im Rahmen einer Vereinbarung zwischen zwei oder mehr anerkannten Hochschuleinrichtungen in die Europäische Union reisen, wird das betreffende Programm oder die Vereinbarung auf der Aufenthaltserlaubnis oder in einem zu dieser Aufenthaltserlaubnis gehörenden Zusatzblatt nach den Anlagen D11 und D11a oder in dem Trägervordruck nach der Anlage D1 angegeben.

(4e) In einem Aufenthaltstitel, der für eine Saisonbeschäftigung gemäß § 15a der Beschäftigungsverordnung[1)] erteilt wird, oder in einem zu diesem Aufenthaltstitel gehörenden Zusatzblatt nach Anlage D11 oder in dem Trägervordruck nach Anlage D13a wird im Feld Anmerkungen der Vermerk „Saisonbeschäftigung" eingetragen.

(5) Ist in einem Aufenthaltstitel die Nebenbestimmung eingetragen, wonach die Ausübung einer Erwerbstätigkeit nicht gestattet ist, bezieht sich diese Neben-

---

[1)] **Sartorius ErgBd. Nr. 566a.**

bestimmung nicht auf die in § 17 Abs. 2 genannten Tätigkeiten, sofern im Aufenthaltstitel nicht ausdrücklich etwas anderes bestimmt ist.

(6) Wenn die Grenzbehörde die Einreise nach § 60a Abs. 2a Satz 1 des Aufenthaltsgesetzes zulässt und eine Duldung ausstellt, vermerkt sie dies auf dem nach § 58 Nr. 2 vorgesehenen Vordruck.

(7) Sofern ein Aufenthaltstitel für Zwecke der Aufnahme oder Ausübung einer Erwerbstätigkeit nach § 84 Absatz 2 Satz 2 des Aufenthaltsgesetzes als fortbestehend gilt, dokumentiert die Ausländerbehörde dies auf Antrag des Ausländers in einem Vordruck nach Anlage D11 oder D11a; ist dem Ausländer ein Dokument entsprechend einem in Anlage D1 bis D3 vorgesehenen Muster ausgestellt worden oder wird ihm ein solches Dokument ausgestellt, ist die Eintragung in diesem Dokument vorzunehmen.

(8) Sofern die Ausländerbehörde auf Antrag des Inhabers feststellt, dass er ein Recht auf Daueraufenthalt nach Artikel 15 des Abkommens über den Austritt des Vereinigten Königreichs Großbritannien und Nordirland aus der Europäischen Union und der Europäischen Atomgemeinschaft (ABl. L 29 vom 31.1.2020, S. 7) besitzt, wird dieses Recht auf Daueraufenthalt dadurch bescheinigt, dass die Ausländerbehörde das Wort „Daueraufenthalt" in der zweiten Zeile des Anmerkungsfeldes 1 auf der Rückseite des Aufenthaltsdokuments-GB einträgt.

§ 59a[1] Hinweis auf Gewährung internationalen Schutzes. (1) Wird einem Ausländer, dem in der Bundesrepublik Deutschland die Rechtsstellung eines international Schutzberechtigten im Sinne von § 2 Absatz 13 des Aufenthaltsgesetzes[2] zuerkannt wurde, eine Erlaubnis zum Daueraufenthalt – EU nach § 9a des Aufenthaltsgesetzes erteilt, so ist in dem Feld für Anmerkungen folgender Hinweis aufzunehmen: „Durch DEU am [Datum] internationaler Schutz gewährt".

(2) [1] Wird einem Ausländer, der im Besitz einer langfristigen Aufenthaltsberechtigung – EU eines anderen Mitgliedstaates der Europäischen Union ist, die den Hinweis enthält, dass dieser Staat dieser Person internationalen Schutz gewährt, eine Erlaubnis zum Daueraufenthalt – EU nach § 9a des Aufenthaltsgesetzes erteilt, so ist in dem Feld für Anmerkungen der Erlaubnis zum Daueraufenthalt – EU ein entsprechender Hinweis aufzunehmen. [2] Vor Aufnahme des Hinweises ist der betreffende Mitgliedstaat in dem Verfahren nach § 91c Absatz 1a des Aufenthaltsgesetzes um Auskunft darüber zu ersuchen, ob der Ausländer dort weiterhin internationalen Schutz genießt. [3] Wurde der internationale Schutz in dem anderen Mitgliedstaat durch eine rechtskräftige Entscheidung aberkannt, wird der Hinweis nach Satz 1 nicht aufgenommen.

(3) [1] Ist ein Ausländer im Besitz einer Erlaubnis zum Daueraufenthalt – EU nach § 9a des Aufenthaltsgesetzes, die den Hinweis nach Absatz 2 Satz 1 enthält, und ist die Verantwortung für den internationalen Schutz im Sinne von § 2 Absatz 13 des Aufenthaltsgesetzes nach Maßgabe der einschlägigen Rechtsvorschriften auf Deutschland übergegangen, so ist der Hinweis durch den in Absatz 1 genannten Hinweis zu ersetzen. [2] Die Aufnahme dieses Hinweises hat spätestens drei Monate nach Übergang der Verantwortung auf Deutschland zu erfolgen.

(4) [1] Ist der Ausländer im Besitz einer Erlaubnis zum Daueraufenthalt – EU nach § 9a des Aufenthaltsgesetzes und wird ihm in einem anderen Mitgliedstaat der Europäischen Union internationaler Schutz im Sinne von § 2 Absatz 13 des

[1] § 59a eingef. mWv 6.9.2013 durch G v. 29.8.2013 (BGBl. I S. 3484).
[2] Nr. **565**.

Aufenthaltsgesetzes gewährt, bevor er dort eine langfristige Aufenthaltsberechtigung – EU erhält, so ist durch die zuständige Ausländerbehörde in das Feld für Anmerkungen der Erlaubnis zum Daueraufenthalt – EU folgender Hinweis aufzunehmen: „Durch [Abkürzung des Mitgliedstaates] am [Datum] internationaler Schutz gewährt". [2]Die Aufnahme dieses Hinweises hat spätestens drei Monate nachdem ein entsprechendes Ersuchen der zuständigen Stelle des anderen Mitgliedstaates beim Bundesamt für Migration und Flüchtlinge eingegangen ist zu erfolgen.

§ 60[1)] Lichtbild. (1) [1]Lichtbilder müssen den in § 5 der Passverordnung[2)] vom 19. Oktober 2007 in der jeweils geltenden Fassung festgelegten Anforderungen entsprechen und den Ausländer zweifelsfrei erkennen lassen. [2]Sie müssen die Person ohne Gesichts- und Kopfbedeckung zeigen. [3]Die zuständige Behörde kann hinsichtlich der Kopfbedeckung Ausnahmen zulassen oder anordnen, sofern gewährleistet ist, dass die Person hinreichend identifiziert werden kann.

(2) Der Ausländer, für den ein Dokument nach § 58 oder § 59 ausgestellt werden soll, hat der zuständigen Behörde auf Verlangen ein aktuelles Lichtbild nach Absatz 1 vorzulegen oder bei der Anfertigung eines Lichtbildes mitzuwirken.

(3) Das Lichtbild darf von den zuständigen Behörden zum Zweck des Einbringens in ein Dokument nach § 58 oder § 59 und zum späteren Abgleich mit dem tatsächlichen Aussehen des Dokumenteninhabers verarbeitet werden.

§ 61[3)] Sicherheitsstandard, Ausstellungstechnik. (1) [1]Die produktions- und sicherheitstechnischen Spezifikationen für die nach dieser Verordnung bestimmten Vordruckmuster werden vom Bundesministerium des Innern, für Bau und Heimat festgelegt. [2]Sie werden nicht veröffentlicht.

(2) Einzelheiten zum technischen Verfahren für das Ausfüllen der bundeseinheitlichen Vordrucke werden vom Bundesministerium des Innern, für Bau und Heimat festgelegt und bekannt gemacht.

Abschnitt 2.[4)] Datenerfassung, Datenverarbeitung und Datenschutz

Unterabschnitt 1.[5)] Erfassung und Übermittlung von Antragsdaten zur Herstellung von Dokumenten mit elektronischem Speicher- und Verarbeitungsmedium nach § 4 sowie nach § 78 des Aufenthaltsgesetzes[6)]

§ 61a[7)] Fingerabdruckerfassung bei der Beantragung von Dokumenten mit elektronischem Speicher- und Verarbeitungsmedium. (1) [1]Die Fingerabdrücke werden in Form des flachen Abdrucks des linken und rechten Zeigefingers des Antragstellers im elektronischen Speicher- und Verarbeitungsmedium des Dokuments gespeichert. [2]Bei Fehlen eines Zeigefingers, ungenügender Qualität des Fingerabdrucks oder Verletzungen der Fingerkuppe wird ersatzweise der flache Abdruck entweder des Daumens, des Mittelfingers oder des Ringfingers gespei-

---

1) § 60 neu gef. mWv 28.8.2007 durch G v. 19.8.2007 (BGBl. I S. 1970, ber. 2008 S. 992); Abs. 3 geänd. mWv 23.1.2019 durch VO v. 14.1.2019 (BGBl. I S. 10).

2) Nr. **251**.

3) § 61 Abs. 1 Satz 1, Abs. 2 geänd. mWv 27.6.2020 durch VO v. 19.6.2020 (BGBl. I S. 1328).

4) Abschnitt 2 Überschrift neu gef. mWv 29.6.2009 durch VO v. 15.6.2009 (BGBl. I S. 1287).

5) UAbschnitt 1 eingef. mWv 29.6.2009 durch VO v. 15.6.2009 (BGBl. I S. 1287); Überschrift neu gef. mWv 1.9.2011 durch VO v. 22.7.2011 (BGBl. I S. 1530).

6) Nr. **565**.

7) § 61a eingef. mWv 29.6.2009 durch VO v. 15.6.2009 (BGBl. I S. 1287); Überschrift, Abs. 1 Satz 1 geänd. mWv 1.9.2011 durch VO v. 22.7.2011 (BGBl. I S. 1530).

chert. [3] Fingerabdrücke sind nicht zu speichern, wenn die Abnahme der Fingerabdrücke aus medizinischen Gründen, die nicht nur vorübergehender Art sind, unmöglich ist.

(2) [1] Auf Verlangen hat die Ausländerbehörde dem Dokumenteninhaber Einsicht in die im elektronischen Speicher- und Verarbeitungsmedium gespeicherten Daten zu gewähren. [2] Die bei der Ausländerbehörde gespeicherten Fingerabdrücke sind spätestens nach Aushändigung des Dokuments zu löschen.

§ 61b[1)] Form und Verfahren der Datenerfassung, -prüfung sowie der dezentralen Qualitätssicherung. (1) Die Ausländerbehörde hat durch technische und organisatorische Maßnahmen die erforderliche Qualität der Erfassung des Lichtbildes und der Fingerabdrücke sicherzustellen.

(2) Zur elektronischen Erfassung des Lichtbildes und der Fingerabdrücke sowie zu deren Qualitätssicherung dürfen ausschließlich solche technischen Systeme und Bestandteile eingesetzt werden, die dem Stand der Technik entsprechen.

(3) [1] Die Einhaltung des Standes der Technik wird vermutet, wenn die eingesetzten Systeme und Bestandteile den für die Produktionsdatenerfassung, -qualitätsprüfung und -übermittlung maßgeblichen Technischen Richtlinien des Bundesamtes für Sicherheit in der Informationstechnik in der jeweils geltenden Fassung entsprechen. [2] Diese Technischen Richtlinien sind vom Bundesamt für Sicherheit in der Informationstechnik im Bundesanzeiger zu veröffentlichen.

(4) [1] Beantragung, Ausstellung und Ausgabe von Dokumenten mit elektronischem Speicher- und Verarbeitungsmedium dürfen nicht zum Anlass genommen werden, die dafür erforderlichen Angaben und die biometrischen Merkmale außer bei den zuständigen Ausländerbehörden zu speichern. [2] Entsprechendes gilt für die zur Ausstellung erforderlichen Antragsunterlagen sowie für personenbezogene fotografische Datenträger (Mikrofilme).

(5) [1] Eine zentrale, alle Seriennummern umfassende Speicherung darf nur bei dem Dokumentenhersteller und ausschließlich zum Nachweis des Verbleibs der Dokumente mit elektronischem Speicher- und Verarbeitungsmedium erfolgen. [2] Die Speicherung weiterer Angaben einschließlich der biometrischen Daten bei dem Dokumentenhersteller ist unzulässig, soweit sie nicht ausschließlich und vorübergehend der Herstellung der Dokumente dient; die Angaben sind anschließend zu löschen.

(6) [1] Die Seriennummern dürfen nicht so verwendet werden, dass mit ihrer Hilfe ein Abruf personenbezogener Daten aus Dateisystemen oder eine Verknüpfung von Dateisystemen möglich ist. [2] Abweichend von Satz 1 dürfen die Seriennummern verwendet werden:

1. durch die Ausländerbehörden für den Abruf personenbezogener Daten aus ihren Dateisystemen,
2. durch die Polizeibehörden und -dienststellen des Bundes und der Länder für den Abruf der in Dateisystemen gespeicherten Seriennummern solcher Dokumente mit elektronischem Speicher- und Verarbeitungsmedium, die für ungültig erklärt worden sind, abhanden gekommen sind oder bei denen der Verdacht einer Benutzung durch Nichtberechtigte besteht.

---

1) *§ 61b eingef. mWv 29.6.2009 durch VO v. 15.6.2009* (BGBl. I S. 1287); Abs. 4 Sätze 1 und 2, Abs. 5 Satz 1 geänd., Abs. 5 Satz 2 neu gef., Abs. 6 Satz 2 Nr. 2 geänd. mWv 1.9.2011 durch VO v. 22.7.2011 (BGBl. I S. 1530); Abs. 3 Satz 2 geänd. mWv 1.4.2012 durch G v. 22.12.2011 (BGBl. I S. 3044); Abs. 6 Satz 1 und Satz 2 Nr. 1 und 2 geänd. mWv 23.1.2019 durch VO v. 14.1.2019 (BGBl. I S. 10).

(7) Die Absätze 4 bis 6 sowie § 4 Absatz 3 Satz 2und 3 und § 61a Absatz 2 Satz 2 gelten entsprechend für alle übrigen, durch deutsche Behörden ausgestellten Passersatzpapiere für Ausländer.

§ 61c[1] Übermittlung der Daten an den Dokumentenhersteller. (1) [1] Nach der Erfassung werden sämtliche Antragsdaten in den Ausländerbehörden zu einem digitalen Datensatz zusammengeführt und an den Dokumentenhersteller übermittelt. [2] Die Datenübermittlung umfasst auch die Qualitätswerte zu den erhobenen Fingerabdrücken und – soweit vorhanden – zu den Lichtbildern, die Behördenkennzahl, die Versionsnummern der Qualitätssicherungssoftware und der Qualitätssollwerte, den Zeitstempel des Antrags sowie die Speichergröße der biometrischen Daten. [3] Die Datenübermittlung erfolgt durch elektronische Datenübertragung über verwaltungseigene Kommunikationsnetze oder über das Internet. [4] Sie erfolgt unmittelbar zwischen Ausländerbehörde und Dokumentenhersteller oder über Vermittlungsstellen. [5] Die zu übermittelnden Daten sind mittels geeigneter technischer und organisatorischer Maßnahmen nach Artikel 24, 25 und 32 der Verordnung (EU) 2016/679[2] elektronisch zu signieren und zu verschlüsseln.

(2) [1] Zum Signieren und Verschlüsseln der nach Absatz 1 zu übermittelnden Daten sind gültige Zertifikate nach den Anforderungen der vom Bundesamt für Sicherheit in der Informationstechnik erstellten Sicherheitsleitlinien der Wurzelzertifizierungsinstanz der Verwaltung zu nutzen. [2] Der Dokumentenhersteller hat geeignete technische und organisatorische Regelungen zu treffen, die eine Weiterverarbeitung von ungültig signierten Antragsdaten ausschließen.

(3) [1] Die Datenübertragung nach Absatz 1 Satz 3 erfolgt unter Verwendung eines XML-basierten Datenaustauschformats gemäß den für die Produktionsdatenerfassung, -qualitätsprüfung und -übermittlung maßgeblichen Technischen Richtlinien des Bundesamtes für Sicherheit in der Informationstechnik und auf der Grundlage des Übermittlungsprotokolls OSCI-Transport in der jeweils gültigen Fassung. [2] § 61b Absatz 3 Satz 2 gilt entsprechend.

(4) [1] Soweit die Datenübermittlung über Vermittlungsstellen erfolgt, finden die Absätze 1 bis 3 auf die Datenübermittlung zwischen Vermittlungsstelle und Dokumentenhersteller entsprechende Anwendung. [2] Die Datenübermittlung zwischen Ausländerbehörde und Vermittlungsstelle muss hinsichtlich Datensicherheit und Datenschutz ein den in Absatz 1 Satz 5 genannten Anforderungen entsprechendes Niveau aufweisen. [3] Die Anforderungen an das Verfahren zur Datenübermittlung zwischen Ausländerbehörde und Vermittlungsstelle richten sich nach dem jeweiligen Landesrecht.

§ 61d[3] Nachweis der Erfüllung der Anforderungen. (1) [1] Die Einhaltung der Anforderungen nach den Technischen Richtlinien ist vom Bundesamt für Sicherheit in der Informationstechnik vor dem Einsatz der Systeme und Bestandteile festzustellen (Konformitätsbescheid). [2] Hersteller und Lieferanten von technischen Systemen und Bestandteilen, die in den Ausländerbehörden zum Einsatz bei den in § 61b Absatz 1 und 2 geregelten Verfahren bestimmt sind, beantragen

[1] § 61c eingef. mWv 29.6.2009 durch VO v. 15.6.2009 (BGBl. I S. 1287); Abs. 1 Satz 2 geänd. mWv 1.9.2011 durch VO v. 22.7.2011 (BGBl. I S. 1530); Abs. 1 Satz 5 geänd. mWv 23.1.2019 durch VO v. 14.1.2019 (BGBl. I S. 10).

[2] Nr. **246**.

[3] § 61d eingef. mWv 29.6.2009 durch VO v. 15.6.2009 (BGBl. I S. 1287).

spätestens drei Monate vor der voraussichtlichen Inbetriebnahme beim Bundesamt für Sicherheit in der Informationstechnik einen Konformitätsbescheid nach Satz 1.

(2) [1]Die Prüfung der Konformität erfolgt durch eine vom Bundesamt für Sicherheit in der Informationstechnik anerkannte und für das Verfahren nach dieser Vorschrift speziell autorisierte Prüfstelle. [2]Die Prüfstelle dokumentiert Ablauf und Ergebnis der Prüfung in einem Prüfbericht. [3]Das Bundesamt für Sicherheit in der Informationstechnik stellt auf Grundlage des Prüfberichtes einen Konformitätsbescheid aus. [4]Die Kosten des Verfahrens, die sich nach der BSI-Kostenverordnung vom 3. März 2005 (BGBl. I S. 519) in der jeweils gültigen Fassung richten, und die Kosten, die von der jeweiligen Prüfstelle erhoben werden, trägt der Antragsteller.

§ 61e[1)] Qualitätsstatistik. [1]Der Dokumentenhersteller erstellt eine Qualitätsstatistik. [2]Sie enthält anonymisierte Qualitätswerte zu Lichtbildern und Fingerabdrücken, die sowohl in der Ausländerbehörde als auch beim Dokumentenhersteller ermittelt und vom Dokumentenhersteller ausgewertet werden. [3]Der Dokumentenhersteller stellt die Ergebnisse der Auswertung dem Bundesministerium des Innern, für Bau und Heimat und dem Bundesamt für Sicherheit in der Informationstechnik zur Verfügung. [4]Die Einzelheiten der Auswertung der Statistikdaten bestimmen sich nach den Technischen Richtlinien des Bundesamtes für Sicherheit in der Informationstechnik hinsichtlich der Vorgaben zur zentralen Qualitätssicherungsstatistik.

§ 61f[2)] Automatischer Abruf aus Dateisystemen und automatische Speicherung im öffentlichen Bereich. (1) [1]Behörden und sonstige öffentliche Stellen dürfen Dokumente mit elektronischem Speicher- und Verarbeitungsmedium nicht zum automatischen Abruf personenbezogener Daten verwenden. [2]Abweichend von Satz 1 dürfen die Polizeibehörden und -dienststellen des Bundes und der Länder sowie, soweit sie Aufgaben der Grenzkontrolle wahrnehmen, die Zollbehörden Dokumente mit elektronischem Speicher- und Verarbeitungsmedium im Rahmen ihrer Aufgaben und Befugnisse zum automatischen Abruf personenbezogener Daten verwenden, die für Zwecke

1. der Grenzkontrolle,
2. der Fahndung oder Aufenthaltsfeststellung aus Gründen der Strafverfolgung, Strafvollstreckung oder der Abwehr von Gefahren für die öffentliche Sicherheit

im polizeilichen Fahndungsbestand geführt werden. [3]Über Abrufe, die zu keiner Feststellung geführt haben, dürfen vorbehaltlich gesetzlicher Regelungen nach Absatz 2 keine personenbezogenen Aufzeichnungen gefertigt werden.

(2) Personenbezogene Daten dürfen, soweit gesetzlich nichts anderes bestimmt ist, beim automatischen Lesen des Dokuments mit elektronischem Speicher- und Verarbeitungsmedium nicht in Dateisystemen gespeichert werden; dies gilt auch für Abrufe aus dem polizeilichen Fahndungsbestand, die zu einer Feststellung geführt haben.

---

1) § 61e eingef. mWv 29.6.2009 durch VO v. 15.6.2009 (BGBl. I S. 1287); Satz 3 geänd. mWv 27.6. *2020 durch VO v. 19.6.2020 (BGBl. I S. 1328).*

2) § 61f eingef. mWv 29.6.2009 durch VO v. 15.6.2009 (BGBl. I S. 1287); Abs. 1 Sätze 1, 2 und Abs. 2 geänd. mWv 1.9.2011 durch VO v. 22.7.2011 (BGBl. I S. 1530); Überschrift, Abs. 2 geänd. mWv 23.1. 2019 durch VO v. 14.1.2019 (BGBl. I S. 10).

§ 61g[1] Verwendung im nichtöffentlichen Bereich. (1) Das Passersatzpapier kann auch im nichtöffentlichen Bereich als Ausweis und Legitimationspapier benutzt werden.

(2) Die Seriennummern dürfen nicht so verwendet werden, dass mit ihrer Hilfe ein Abruf personenbezogener Daten aus Dateisystemen oder eine Verknüpfung von Dateisystemen möglich ist.

(3) Das Passersatzpapier darf weder zum automatischen Abruf personenbezogener Daten noch zur automatischen Speicherung personenbezogener Daten verwendet werden.

(4) [1] Beförderungsunternehmen dürfen personenbezogene Daten aus der maschinenlesbaren Zone des Passersatzes elektronisch nur verarbeiten, soweit sie auf Grund internationaler Abkommen oder Einreisebestimmungen zur Mitwirkung an Kontrolltätigkeiten im internationalen Reiseverkehr und zur Übermittlung personenbezogener Daten verpflichtet sind. [2] Biometrische Daten dürfen nicht ausgelesen werden. [3] Die Daten sind unverzüglich zu löschen, wenn sie für die Erfüllung dieser Pflichten nicht mehr erforderlich sind.

§ 61h[2] Anwendung der Personalausweisverordnung. (1) Hinsichtlich des elektronischen Identitätsnachweises gemäß § 78 Absatz 5 des Aufenthaltsgesetzes[3] sind die §§ 1 bis 4, 5 Absatz 2, 3 und 4 Satz 1 bis 4, die §§ 10, 13 bis 17, 18 Absatz 1, 2 und 4, die §§ 20, 21, 22 Absatz 1 Satz 1, Absatz 2 Satz 1 und 4, Absatz 3, die §§ 23, 24, 25 Absatz 1, 2 Satz 1, Absatz 3, § 26 Absatz 1 und 3 sowie die §§ 27 bis 36 der Personalausweisverordnung mit der Maßgabe entsprechend anzuwenden, dass die Ausländerbehörde an die Stelle der Personalausweisbehörde tritt.

(2) Die Nutzung des elektronischen Identitätsnachweises ist ausgeschlossen, wenn die Identität des Ausländers durch die Ausländerbehörde nicht zweifelsfrei festgestellt ist.

Unterabschnitt 2.[4] Führung von Ausländerdateien durch die Ausländerbehörden und die Auslandsvertretungen

§ 62[5] Dateisystemführungspflicht der Ausländerbehörden. Die Ausländerbehörden führen zwei Dateisysteme unter den Bezeichnungen „Ausländerdatei A" und „Ausländerdatei B".

§ 63[6] Ausländerdatei A. (1) In die Ausländerdatei A werden die Daten eines Ausländers aufgenommen,

1. der bei der Ausländerbehörde
   a) die Erteilung oder Verlängerung eines Aufenthaltstitels beantragt oder
   b) einen Asylantrag einreicht,
2. dessen Aufenthalt der Ausländerbehörde von der Meldebehörde oder einer sonstigen Behörde mitgeteilt wird oder

---

[1] § 61g eingef. mWv 29.6.2009 durch VO v. 15.6.2009 (BGBl. I S. 1287); Abs. 2 und Abs. 4 Satz 1 geänd. mWv 23.1.2019 durch VO v. 14.1.2019 (BGBl. I S. 10).

[2] § 61h neu gef. mWv 1.9.2011 durch VO v. 22.7.2011 (BGBl. I S. 1530).

[3] Nr. **565**.

[4] Bish. UAbschnitt 1 wird UAbschnitt 2 mWv 29.6.2009 durch VO v. 15.6.2009 (BGBl. I S. 1287).

[5] § 62 Überschrift und Wortlaut geänd. mWv 23.1.2019 durch VO v. 14.1.2019 (BGBl. I S. 10).

[6] § 63 Abs. 1 Nr. 2 geänd. mWv 1.9.2011 durch VO v. 22.7.2011 (BGBl. I S. 1530); Abs. 2 geänd. mWv 23.1.2019 durch VO v. 14.1.2019 (BGBl. I S. 10).

3. für oder gegen den die Ausländerbehörde eine ausländerrechtliche Maßnahme oder Entscheidung trifft.

(2) Die Daten sind unverzüglich in dem Dateisystem zu speichern, sobald die Ausländerbehörde mit dem Ausländer befasst wird oder ihr eine Mitteilung über den Ausländer zugeht.

§ 64[1)] Datensatz der Ausländerdatei A. (1) In die Ausländerdatei A sind über jeden Ausländer, der in dem Dateisystem geführt wird, folgende Daten aufzunehmen:

1. Familienname,
2. Geburtsname,
3. Vornamen,
4. Tag und Ort mit Angabe des Staates der Geburt,
5. Geschlecht,
6. Doktorgrad,
7. Staatsangehörigkeiten,
8. Aktenzeichen der Ausländerakte,
9. Hinweis auf andere Datensätze, unter denen der Ausländer in dem Dateisystem geführt wird,
10. das Sperrkennwort und die Sperrsumme für die Sperrung oder Entsperrung des elektronischen Identitätsnachweises eines Dokuments nach § 78 Absatz 1 des Aufenthaltsgesetzes[2)] und
11. Angaben zur Ausschaltung und Einschaltung sowie Sperrung und Entsperrung des elektronischen Identitätsnachweises eines Dokuments nach § 78 Absatz 1 des Aufenthaltsgesetzes.

(2) Aufzunehmen sind ferner frühere Namen, abweichende Namensschreibweisen, Aliaspersonalien und andere von dem Ausländer geführte Namen wie Ordens- oder Künstlernamen oder der Familienname nach deutschem Recht, der von dem im Pass eingetragenen Familiennamen abweicht.

(3) Die Ausländerbehörde kann den Datensatz auf die in Absatz 1 genannten Daten beschränken und für die in Absatz 2 genannten Daten jeweils einen zusätzlichen Datensatz nach Maßgabe des Absatzes 1 einrichten.

§ 65[3)] Erweiterter Datensatz. In die Ausländerdatei A sollen, soweit die dafür erforderlichen technischen Einrichtungen bei der Ausländerbehörde vorhanden sind, zusätzlich zu den in § 64 genannten Daten folgende Daten aufgenommen werden:

1. Familienstand,

[1)] § 64 Abs. 1 Nr. 8 geänd., Nr. 9 und 10 angef. mWv 1.9.2011 durch VO v. 22.7.2011 (BGBl. I S. 1530); Abs. 1 Nr. 6 eingef., bish. Nr. 6–10 werden Nr. 7–11 mWv 1.2.2017 durch VO v. 20.12.2016 (BGBl. I S. 3074); Abs. 1 einl. Satzteil und Nr. 9 geänd. mWv 23.1.2019 durch VO v. 14.1.2019 (BGBl. I S. 10).

[2)] Nr. **565**.

[3)] § 65 Nr. 9 Buchst. a und i geänd. mWv 29.1.2013 durch G v. 21.1.2013 (BGBl. I S. 86); Nr. 9 Buchst. d und f geänd. mWv 1.12.2013 durch G v. 28.8.2013 (BGBl. I S. 3474); Nr. 9 geänd., Nr. 10 *angef. mWv 6.9.2013 durch G v. 29.8.2013* (BGBl. I S. 3484); Nr. 9 Buchst. j und r geänd. mWv 1.1. 2016, Buchst. u und v geänd. mWv 29.12.2015 durch VO v. 18.12.2015 (BGBl. I S. 2467); Nr. 2, 3 und Nr. 5 Buchst. c geänd. mWv 1.2.2017 durch VO v. 20.12.2016 (BGBl. I S. 3074); Nr. 3a eingef. mWv 20.4.2021 durch G v. 28.3.2021 (BGBl. I S. 591).

2. gegenwärtige Anschrift und Einzugsdatum,
3. frühere Anschriften und Auszugsdatum,
3a. die Identifikationsnummer nach dem Identifikationsnummerngesetz,
4. Ausländerzentralregister-Nummer,
5. Angaben zum Pass, Passersatz oder Ausweisersatz:
   a) Art des Dokuments,
   b) Seriennummer,
   c) ausstellender Staat und ausstellende Behörde,
   d) Gültigkeitsdauer,
6. freiwillig gemachte Angaben zur Religionszugehörigkeit,
7. Lichtbild,
8. Visadatei-Nummer,
9. folgende ausländerrechtliche Maßnahmen jeweils mit Erlassdatum:
   a) Erteilung und Verlängerung eines Aufenthaltstitels unter Angabe der Rechtsgrundlage des Aufenthaltstitels und einer Befristung,
   b) Ablehnung eines Antrages auf Erteilung oder Verlängerung eines Aufenthaltstitels,
   c) Erteilung einer Bescheinigung über die Aufenthaltsgestattung unter Angabe der Befristung,
   d) Anerkennung als Asylberechtigter oder die Feststellung, dass die Voraussetzungen des § 25 Abs. 2 des Aufenthaltsgesetzes[1] vorliegen, sowie Angaben zur Bestandskraft,
   e) Ablehnung eines Asylantrags oder eines Antrages auf Anerkennung als heimatloser Ausländer und Angaben zur Bestandskraft,
   f) Widerruf und Rücknahme der Anerkennung als Asylberechtigter oder der Feststellung, dass die Voraussetzungen des § 25 Abs. 2 des Aufenthaltsgesetzes vorliegen,
   g) Bedingungen, Auflagen und räumliche Beschränkungen,
   h) nachträgliche zeitliche Beschränkungen,
   i) Widerruf und Rücknahme eines Aufenthaltstitels oder Feststellung des Verlusts des Freizügigkeitsrechts nach § 2 Absatz 7, § 5 Absatz 4 oder § 6 Abs. 1 des Freizügigkeitsgesetzes/EU[2],
   j) sicherheitsrechtliche Befragung nach § 54 Absatz 2 Nummer 7 des Aufenthaltsgesetzes,
   k) Ausweisung,
   l) Ausreiseaufforderung unter Angabe der Ausreisefrist,
   m) Androhung der Abschiebung unter Angabe der Ausreisefrist,
   n) Anordnung und Vollzug der Abschiebung einschließlich der Abschiebungsanordnung nach § 58a des Aufenthaltsgesetzes,
   o) Verlängerung der Ausreisefrist,
   p) Erteilung und Erneuerung einer Bescheinigung über die Aussetzung der Abschiebung (Duldung) nach § 60a des Aufenthaltsgesetzes unter Angabe der Befristung,

---

[1] Nr. **565**.
[2] Nr. **560**.

q) Untersagung oder Beschränkung der politischen Betätigung unter Angabe einer Befristung,

r) Überwachungsmaßnahmen nach § 56 des Aufenthaltsgesetzes,

s) Erlass eines Ausreiseverbots,

t) Zustimmung der Ausländerbehörde zur Visumserteilung,

u) Befristung nach § 11 Absatz 2 des Aufenthaltsgesetzes,

v) Erteilung einer Betretenserlaubnis nach § 11 Absatz 8 des Aufenthaltsgesetzes unter Angabe der Befristung,

w) Übermittlung von Einreisebedenken im Hinblick auf § 5 des Aufenthaltsgesetzes an das Ausländerzentralregister,

x) Übermittlung einer Verurteilung nach § 95 Abs. 1 Nr. 3 oder Abs. 2 Nr. 1 des Aufenthaltsgesetzes,

y) Berechtigung oder Verpflichtung zur Teilnahme an Integrationskursen nach den §§ 43 bis 44a des Aufenthaltsgesetzes, Beginn und erfolgreicher Abschluss der Teilnahme an Integrationskursen nach den §§ 43 bis 44a des Aufenthaltsgesetzes sowie, bis zum Abschluss des Kurses, gemeldete Fehlzeiten, Abgabe eines Hinweises nach § 44a Abs. 3 Satz 1 des Aufenthaltsgesetzes sowie Kennziffern, die von der Ausländerbehörde für die anonymisierte Mitteilung der vorstehend genannten Ereignisse an das Bundesamt für Migration und Flüchtlinge zur Erfüllung seiner Koordinierungs- und Steuerungsfunktion verwendet werden,

567. Asylgesetz (AsylG)[1) 2)]

In der Fassung der Bekanntmachung vom 2. September 2008[3)]
(BGBl. I S. 1798)

FNA 26-7

geänd. durch Art. 18 FGG-ReformG v. 17.12.2008 (BGBl. I S. 2586), Art. 3 G zur Anpassung des deutschen Rechts an die VO (EG) Nr. 380/2008 v. 12.4.2011 (BGBl. I S. 610), Art. 3 G zur Bekämpfung der Zwangsheirat und zum besseren Schutz der Opfer von Zwangsheirat sowie zur Änd. weiterer aufenthalts- und asylrechtlicher Vorschriften v. 23.6.2011 (BGBl. I S. 1266), Art. 4 G zur Umsetzung aufenthaltsrechtlicher RL der EU und zur Anpassung nationaler Rechtsvorschriften an den EU-Visakodex v. 22.11.2011 (BGBl. I S. 2258), Art. 1 G zur Umsetzung der RL 2011/95/EU v. 28.8.2013 (BGBl. I S. 3474), Art. 1 G zur Einstufung weiterer Staaten als sichere Herkunftsstaaten und zur Erleichterung des Arbeitsmarktzugangs für Asylbewerber und geduldete Ausländer v. 31.10.2014 (BGBl. I S. 1649), Art. 2 G zur Verbesserung der Rechtsstellung von asylsuchenden und geduldeten Ausländern v. 23.12.2014 (BGBl. I S. 2439), Art. 1 AsylverfahrensbeschleunigungsG v. 20.10.2015 (BGBl. I S. 1722), Art. 12 G zur Bereinigung des Rechts der Lebenspartner v. 20.11.2015 (BGBl. I S. 2010), Art. 1 DatenaustauschverbesserungsG v. 2.2.2016 (BGBl. I S. 130), Art. 1 G zur Einführung beschleunigter Asylverfahren v. 11.3. 2016 (BGBl. I S. 390), Art. 2 G zur erleichterten Ausweisung von straffälligen Ausländern und zum erweiterten Ausschluss der Flüchtlingsanerkennung bei straffälligen Asylbewerbern v. 11.3.2016 (BGBl. I S. 394), Art. 6 IntegrationsG v. 31.7.2016 (BGBl. I S. 1939), Art. 2 Abs. 2 50. G zur Änd des StGB v. 4.11.2016 (BGBl. I S. 2460), Art. 6 Abs. 14 G zur Reform der strafrechtlichen Vermögensabschöpfung v. 13.4.2017 (BGBl. I S. 872), Art. 4 G zur Bekämpfung von Kinderehen v. 17.7.2017 (BGBl. I S. 2429), Art. 2 G zur besseren Durchsetzung der Ausreisepflicht v. 20.7.2017 (BGBl. I S. 2780), Art. 1 Drittes ÄndG v. 4.12.2018 (BGBl. I S. 2250), Art. 5 Zweites DatenaustauschverbesserungsG v. 4.8.2019 (BGBl. I S. 1131), Art. 3 Zweites G zur besseren Durchsetzung der Ausreisepflicht v. 15.8.2019 (BGBl. I S. 1294), Art. 45 FachkräfteeinwanderungsG v. 15.8.2019 (BGBl. I S. 1307), Art. 48 Zweites Datenschutz-Anpassungs- und UmsetzungsG EU v. 20.11.2019 (BGBl. I S. 1626), Art. 165 Elfte Zuständigkeitsanpassungs-VO v. 19.6.2020 (BGBl. I S. 1328) und Art. 3 Abs. 1 59. G zur Änd. des StGB v. 9.10.2020 (BGBl. I S. 2075)

---

1) **Amtl. Anm.:** Dieses Gesetz dient der Umsetzung folgender Richtlinien:

1. Richtlinie 2003/9/EG des Rates vom 27. Januar 2003 zur Festlegung von Mindestnormen für die Aufnahme von Asylbewerbern in den Mitgliedstaaten der Europäischen Union (ABl. EU Nr. L 31 S. 18),
2. *Richtlinie 2004/83/EG* des Rates vom 29. April 2004 über Mindestnormen für die Anerkennung und den Status von Drittstaatsangehörigen oder Staatenlosen als Flüchtlinge oder als Personen, die anderweitig internationalen Schutz benötigen, und über den Inhalt des zu gewährenden Schutzes (ABl. EU Nr. L 304 S. 12),
3. Richtlinie 2005/85/EG des Rates vom 1. Dezember 2005 über Mindestnormen für Verfahren in den Mitgliedstaaten zur Zuerkennung und Aberkennung der Flüchtlingseigenschaft (ABl. EU Nr. L 326 S. 13).

2) Gesetzestitel neu gef. mWv 24.10.2015 durch G v. 20.10.2015 (BGBl. I S. 1722); bis 23.10.2015: „Asylverfahrensgesetz (AsylVfG)".

3) Neubekanntmachung des AsylVfG (ab 24.10.2015: AsylG) idF der Bek. v. 27.7.1993 (BGBl. I S. 1361) in der ab 1.11.2007 geltenden Fassung.

Inhaltsübersicht[1)]

[1)] Inhaltsübersicht geänd. mWv 1.12.2013 durch G v. 28.8.2013 (BGBl. I S. 3474); geänd. mWv 1.1. *2015 durch G v. 23.12.2014 (BGBl. I S. 2439)*; geänd. mWv 24.10.2015 durch G v. 20.10.2015 (BGBl. I S. 1722); geänd. mWv 17.3.2016 durch G v. 11.3.2016 (BGBl. I S. 390); geänd. mWv 6.8.2016 durch G v. 31.7.2016 (BGBl. I S. 1939); geänd. mWv 29.7.2017 durch G v. 20.7.2017 (BGBl. I S. 2780); geänd. mWv 21.8.2019 durch G v. 15.8.2019 (BGBl. I S. 1294).

im Besitz solcher Unterlagen oder Datenträger ist. [2]Der Ausländer darf nur von einer Person gleichen Geschlechts durchsucht werden.

(5) Durch die Rücknahme des Asylantrags werden die Mitwirkungspflichten des Ausländers nicht beendet.

§ 15a[1)] Auswertung von Datenträgern. (1) [1]Die Auswertung von Datenträgern ist nur zulässig, soweit dies für die Feststellung der Identität und Staatsangehörigkeit des Ausländers nach § 15 Absatz 2 Nummer 6 erforderlich ist und der Zweck der Maßnahme nicht durch mildere Mittel erreicht werden kann. [2]§ 48 Absatz 3a Satz 2 bis 7 und § 48a des Aufenthaltsgesetzes[2)] gelten entsprechend.

(2) Für die in Absatz 1 genannten Maßnahmen ist das Bundesamt zuständig.

§ 16[3)] Sicherung, Feststellung und Überprüfung der Identität. (1) [1]Die Identität eines Ausländers, der um Asyl nachsucht, ist durch erkennungsdienstliche Maßnahmen zu sichern. [2]Nach Satz 1 dürfen nur Lichtbilder und Abdrucke aller zehn Finger aufgenommen werden; soweit ein Ausländer noch nicht das sechste Lebensjahr vollendet hat, dürfen nach Satz 1 nur Lichtbilder aufgenommen werden. [3]Zur Bestimmung des Herkunftsstaates oder der Herkunftsregion des Ausländers kann das gesprochene Wort außerhalb der förmlichen Anhörung des Ausländers auf Ton- oder Datenträger aufgezeichnet werden. [4]Diese Erhebung darf nur erfolgen, wenn der Ausländer vorher darüber in Kenntnis gesetzt wurde. [5]Die Sprachaufzeichnungen werden beim Bundesamt gespeichert.

(1a) [1]Zur Prüfung der Echtheit des Dokumentes oder der Identität des Ausländers dürfen die auf dem elektronischen Speichermedium eines Passes, anerkannten Passersatzes oder sonstigen Identitätspapiers gespeicherten biometrischen und sonstigen Daten ausgelesen, die benötigten biometrischen Daten erhoben und die biometrischen Daten miteinander verglichen werden. [2]Biometrische Daten nach Satz 1 sind nur die Fingerabdrücke, das Lichtbild und die Irisbilder.

(2) Zuständig für die Maßnahmen nach den Absätzen 1 und 1a sind das Bundesamt und, sofern der Ausländer dort um Asyl nachsucht, auch die in den §§ 18 und 19 bezeichneten Behörden sowie die Aufnahmeeinrichtung, bei der sich der Ausländer meldet.

(3) [1]Das Bundeskriminalamt leistet Amtshilfe bei der Auswertung der nach Absatz 1 Satz 1 erhobenen Daten zum Zwecke der Identitätsfeststellung. [2]Es darf hierfür auch von ihm zur Erfüllung seiner Aufgaben gespeicherte erkennungsdienstliche Daten verarbeiten. [3]Das Bundeskriminalamt darf den in Absatz 2 bezeichneten Behörden den Grund der Speicherung dieser Daten nicht mitteilen, soweit dies nicht nach anderen Rechtsvorschriften zulässig ist.

(3a) [1]Im Rahmen seiner Amtshilfe nach Absatz 3 Satz 1 darf das Bundeskriminalamt die nach Absatz 1 Satz 1 erhobenen Daten auch an die für die Überprüfung der Identität von Personen zuständigen öffentlichen Stellen von Drittstaaten mit Ausnahme des Herkunftsstaates der betroffenen Person sowie von Drittstaaten, in

[1)] § 15a eingef. mWv 29.7.2017 durch G v. 20.7.2017 (BGBl. I S. 2780); Abs. 1 Satz 2 geänd. mWv 26.11.2019 durch G v. 20.11.2019 (BGBl. I S. 1626).

[2)] Nr. **565**.

[3)] § 16 Abs. 1 Sätze 1 und 2 geänd. mWv 5.2.2016 durch G v. 2.2.2016 (BGBl. I S. 130); Abs. 3a eingef. mWv 29.7.2017 durch G v. 20.7.2017 (BGBl. I S. 2780); Abs. 4a aufgeh. mWv 9.8.2019, Abs. 1 Satz 2 geänd. mWv 1.4.2021 durch G v. 4.8.2019 (BGBl. I S. 1131); Abs. 1 Satz 5, Abs. 3 Satz 2, Abs. 3a Sätze 4 und 6 Nr. 2, Abs. 5 Sätze 1 und 2 geänd. mWv 26.11.2019 durch G v. 20.11.2019 (BGBl. I S. 1626).

denen die betroffene Person eine Verfolgung oder einen ernsthaften Schaden zu befürchten hat, übermitteln. [2]Die Verantwortung für die Zulässigkeit der Übermittlung trägt das Bundeskriminalamt. [3]Das Bundeskriminalamt hat die Übermittlung und ihren Anlass aufzuzeichnen. [4]Die empfangende Stelle personenbezogener Daten ist darauf hinzuweisen, dass sie nur zu dem Zweck verarbeitet werden dürfen, zu dem sie übermittelt worden sind. [5]Ferner ist ihr der beim Bundeskriminalamt vorgesehene Löschungszeitpunkt mitzuteilen. [6]Die Übermittlung unterbleibt, wenn tatsächliche Anhaltspunkte dafür vorliegen, dass

1. unter Berücksichtigung der Art der Daten und ihrer Erhebung die schutzwürdigen Interessen der betroffenen Person, insbesondere ihr Interesse, Schutz vor Verfolgung zu erhalten, das Allgemeininteresse an der Übermittlung überwiegen oder
2. die Übermittlung der Daten zu den Grundrechten, dem Abkommen vom 28. Juli 1951 über die Rechtsstellung der Flüchtlinge[1)] sowie der Konvention zum Schutz der Menschenrechte und Grundfreiheiten[2)] in Widerspruch stünde, insbesondere dadurch, dass durch die Verarbeitung der übermittelten Daten im Empfängerstaat Verletzungen von elementaren rechtsstaatlichen Grundsätzen oder Menschenrechtsverletzungen drohen.

(4) Die nach Absatz 1 Satz 1 erhobenen Daten werden vom Bundeskriminalamt getrennt von anderen erkennungsdienstlichen Daten gespeichert.

(5) [1]Die Verarbeitung der nach Absatz 1 erhobenen Daten ist auch zulässig zur Feststellung der Identität oder Zuordnung von Beweismitteln für Zwecke des Strafverfahrens oder zur Gefahrenabwehr. [2]Die Daten dürfen ferner für die Identifizierung unbekannter oder vermisster Personen verarbeitet werden.

(6) Die nach Absatz 1 erhobenen Daten sind zehn Jahre nach unanfechtbarem Abschluss des Asylverfahrens, die nach Absatz 1a erhobenen Daten unverzüglich nach Beendigung der Prüfung der Echtheit des Dokumentes oder der Identität des Ausländers zu löschen.

§ 17 Sprachmittler. (1) Ist der Ausländer der deutschen Sprache nicht hinreichend kundig, so ist von Amts wegen bei der Anhörung ein Dolmetscher, Übersetzer oder sonstiger Sprachmittler hinzuzuziehen, der in die Muttersprache des Ausländers oder in eine andere Sprache zu übersetzen hat, deren Kenntnis vernünftigerweise vorausgesetzt werden kann und in der er sich verständigen kann.

(2) Der Ausländer ist berechtigt, auf seine Kosten auch einen geeigneten Sprachmittler seiner Wahl hinzuzuziehen.

(Fortsetzung nächstes Blatt)

[1)] Nr. **568**.
[2)] Nr. **1003**.

1. die Rechtssache grundsätzliche Bedeutung hat oder
2. das Urteil von einer Entscheidung des Oberverwaltungsgerichts, des Bundesverwaltungsgerichts, des Gemeinsamen Senats der obersten Gerichtshöfe des Bundes oder des Bundesverfassungsgerichts abweicht und auf dieser Abweichung beruht oder
3. ein in § 138 der Verwaltungsgerichtsordnung[1)] bezeichneter Verfahrensmangel geltend gemacht wird und vorliegt.

(4) [1] Die Zulassung der Berufung ist innerhalb eines Monats nach Zustellung des Urteils zu beantragen. [2] Der Antrag ist bei dem Verwaltungsgericht zu stellen. [3] Er muss das angefochtene Urteil bezeichnen. [4] In dem Antrag sind die Gründe, aus denen die Berufung zuzulassen ist, darzulegen. [5] Die Stellung des Antrags hemmt die Rechtskraft des Urteils.

(5) [1] Über den Antrag entscheidet das Oberverwaltungsgericht durch Beschluss, der keiner Begründung bedarf. [2] Mit der Ablehnung des Antrags wird das Urteil rechtskräftig. [3] Lässt das Oberverwaltungsgericht die Berufung zu, wird das Antragsverfahren als Berufungsverfahren fortgesetzt; der Einlegung einer Berufung bedarf es nicht.

(6) § 134 der Verwaltungsgerichtsordnung findet keine Anwendung, wenn das Urteil des Verwaltungsgerichts nach Absatz 1 unanfechtbar ist.

(7) Ein Rechtsbehelf nach § 84 Abs. 2 der Verwaltungsgerichtsordnung ist innerhalb von zwei Wochen nach Zustellung des Gerichtsbescheids zu erheben.

§ 79 Besondere Vorschriften für das Berufungsverfahren. (1) In dem Verfahren vor dem Oberverwaltungsgericht gilt in Bezug auf Erklärungen und Beweismittel, die der Kläger nicht innerhalb der Frist des § 74 Abs. 2 Satz 1 vorgebracht hat, § 128a der Verwaltungsgerichtsordnung[1)] entsprechend.

(2) § 130 Abs. 2 und 3 der Verwaltungsgerichtsordnung findet keine Anwendung.

§ 80 Ausschluss der Beschwerde. Entscheidungen in Rechtsstreitigkeiten nach diesem Gesetz können vorbehaltlich des § 133 Abs. 1 der Verwaltungsgerichtsordnung[1)] nicht mit der Beschwerde angefochten werden.

§ 80a Ruhen des Verfahrens. (1) [1] Für das Klageverfahren gilt § 32a Abs. 1 entsprechend. [2] Das Ruhen hat auf den Lauf von Fristen für die Einlegung oder Begründung von Rechtsbehelfen keinen Einfluss.

(2) Die Klage gilt als zurückgenommen, wenn der Kläger nicht innerhalb eines Monats nach Ablauf der Geltungsdauer der Aufenthaltserlaubnis nach § 24 des Aufenthaltsgesetzes[2)] dem Gericht anzeigt, dass er das Klageverfahren fortführen will.

(3) Das Bundesamt unterrichtet das Gericht unverzüglich über die Erteilung und den Ablauf der Geltungsdauer der Aufenthaltserlaubnis nach § 24 des Aufenthaltsgesetzes.

§ 81 Nichtbetreiben des Verfahrens. [1] Die Klage gilt in einem gerichtlichen Verfahren nach diesem Gesetz als zurückgenommen, wenn der Kläger das Verfahren trotz Aufforderung des Gerichts länger als einen Monat nicht betreibt.

[1)] Nr. **600**.
[2)] Nr. **565**.

[2]Der Kläger trägt die Kosten des Verfahrens. [3]In der Aufforderung ist der Kläger auf die nach Satz 1 und 2 eintretenden Folgen hinzuweisen.

§ 82 Akteneinsicht in Verfahren des vorläufigen Rechtsschutzes. [1]In Verfahren des vorläufigen Rechtsschutzes wird Akteneinsicht auf der Geschäftsstelle des Gerichts gewährt. [2]Die Akten können dem bevollmächtigten Rechtsanwalt zur Mitnahme in seine Wohnung oder Geschäftsräume übergeben werden, wenn ausgeschlossen werden kann, dass sich das Verfahren dadurch verzögert. [3]Für die Versendung von Akten gilt Satz 2 entsprechend.

§ 83[1)] Besondere Spruchkörper. (1) Streitigkeiten nach diesem Gesetz sollen in besonderen Spruchkörpern zusammengefasst werden.

(2) [1]Die Landesregierungen können bei den Verwaltungsgerichten für Streitigkeiten nach diesem Gesetz durch Rechtsverordnung besondere Spruchkörper bilden und deren Sitz bestimmen. [2]Die Landesregierungen können die Ermächtigung auf andere Stellen übertragen. [3]Die nach Satz 1 gebildeten Spruchkörper sollen ihren Sitz in räumlicher Nähe zu den Aufnahmeeinrichtungen haben.

(3) [1]Die Landesregierungen werden ermächtigt, durch Rechtsverordnung einem Verwaltungsgericht für die Bezirke mehrerer Verwaltungsgerichte Streitigkeiten nach diesem Gesetz hinsichtlich bestimmter Herkunftsstaaten zuzuweisen, sofern dies für die Verfahrensförderung dieser Streitigkeiten sachdienlich ist. [2]Die Landesregierungen können die Ermächtigung auf andere Stellen übertragen.

§ 83a[2)] Unterrichtung der Ausländerbehörde. [1]Das Gericht darf der Ausländerbehörde das Ergebnis eines Verfahrens formlos mitteilen. [2]Das Gericht hat der Ausländerbehörde das Ergebnis mitzuteilen, wenn das Verfahren die Rechtmäßigkeit einer Abschiebungsandrohung oder einer Abschiebungsanordnung nach diesem Gesetz zum Gegenstand hat.

§ 83b Gerichtskosten, Gegenstandswert. Gerichtskosten (Gebühren und Auslagen) werden in Streitigkeiten nach diesem Gesetz nicht erhoben.

§ 83c[3)] Anwendbares Verfahren für die Anordnung und Befristung von Einreise- und Aufenthaltsverboten. Die Bestimmungen dieses Abschnitts sowie § 52 Nummer 2 Satz 3 der Verwaltungsgerichtsordnung[4)] gelten auch für Rechtsbehelfe gegen die Entscheidungen des Bundesamtes nach § 75 Nummer 12 des Aufenthaltsgesetzes[5)].

(Fortsetzung nächstes Blatt)

[1)] § 83 Abs. 3 angef. mWv 24.10.2015 durch G v. 20.10.2015 (BGBl. I S. 1722).
[2)] *§ 83a Satz 2 angef. mWv 24.10.2015 durch G* v. *20.10.*2015 (BGBl. I S. 1722).
[3)] § 83c eingef. mWv 24.10.2015 durch G v. 20.10.2015 (BGBl. I S. 1722).
[4)] Nr. **600**.
[5)] Nr. **565**.

800. Gewerbeordnung[1)]

In der Fassung der Bekanntmachung vom 22. Februar 1999[2)]

(BGBl. I S. 202)

FNA 7100-1

geänd. durch Art. 2 Zweites Euro-EinführungsG v. 24.3.1999 (BGBl. I S. 385), Art. 26 Viertes Euro-EinführungsG v. 21.12.2000 (BGBl. I S. 1983), Art. 4 Zweites G zur Änd. reiserechtl. Vorschriften v. 23.7.2001 (BGBl. I S. 1658), Art. 131 Siebente ZuständigkeitsanpassungsVO v. 29.10.2001 (BGBl. I S. 2785), Art. 8 Neuntes Euro-EinführungsG v. 10.11.2001 (BGBl. I S. 2992), Art. 2 GaststättenG-GewerbeO-ÄndG v. 13.12.2001 (BGBl. I S. 3584), Art. 3 Viertes G zur Änd. des BundeszentralregisterG v. 23.4.2002 (BGBl. I S. 1406), Art. 3 WirtschaftsnummervorbereitungsG v. 22.5.2002 (BGBl. I S. 1644), Art. 11 Nr. 17 ZuwanderungsG v. 20.6.2002 (BGBl. I S. 1946, nichtig gem. Urt. des BVerfG v. 18.12. 2002 - 2 BvF 1/02 -), Art. 1 Bewachungsgewerberechts-ÄndG v. 23.7.2002 (BGBl. I S. 2724), Art. 11 Schwarzarbeit-Bekämpfungs-ErleichterungsG v. 23.7.2002 (BGBl. I S. 2787), Art. 1 Drittes Gewerberechts-ÄndG v. 24.8.2002 (BGBl. I S. 3412), Art. 9 Waffenrechts-NeuregelungsG v. 11.10.2002 (BGBl. I S. 3970), Art. 108 Achte ZuständigkeitsanpassungsVO v. 25.11.2003 (BGBl. I S. 2304), Art. 67 Drittes G für moderne Dienstleistungen am Arbeitsmarkt v. 23.12.2003 (BGBl. I S. 2848), Art. 4 Drittes G zur Änd. der Handwerksordnung und and. handwerksrechtlicher Vorschriften v. 24.12.2003 (BGBl. I S. 2934), Art. 35a Viertes G für moderne Dienstleistungen am Arbeitsmarkt v. 24.12.2003 (BGBl. I S. 2954), Art. 10 G zur Intensivierung der Bekämpfung der Schwarzarbeit und damit zusammenhängender Steuerhinterziehung v. 23.7.2004 (BGBl. I S. 1842), Art. 11 Nr. 18 ZuwanderungsG v. 30.7.2004 (BGBl. I S. 1950), Art. 12 Kommunales OptionsG v. 30.7.2004 (BGBl. I S. 2014), Art. 9 Bürokratieabbau- und DeregulierungsG v. 21.6.2005 (BGBl. I S. 1666), Art. 2 Abs. 2 Siebtes ÄndG v. 7.7.2005 (BGBl. I S. 1954), Art. 3a G zur Änd. des GemeindefinanzreformG und and. G v. 6.9.2005 (BGBl. I S. 2725), Art. 11 Erstes G zum Abbau bürokratischer Hemmnisse insbesondere in der mittelständischen Wirtschaft v. 22.8.2006 (BGBl. I S. 1970), Art. 144 Neunte ZuständigkeitsanpassungsVO v. 31.10.2006 (BGBl. I S. 2407), Art. 3 G zur Errichtung und zur Regelung der Aufgaben des BfJ v. 17.12.2006 (BGBl. I S. 3171), Art. 1 G zur Neuregelung des Versicherungsvermittlerrechts v. 19.12.2006 (BGBl. I S. 3232), Art. 3 G zur Ausführung des UNESCO-Übk über Maßnahmen zum Verbot und zur Verhütung der rechtswidrigen Einfuhr, Ausfuhr und Übereignung von Kulturgut v. 18.5.2007 (BGBl. I S. 757, ber. S. 2547, iVm Bek. v. 28.3.2008, BGBl. II S. 235), Art. 5 Finanzmarktrichtlinie-UmsetzungsG v. 16.7. 2007 (BGBl. I S. 1330), Art. 9 Zweites BürokratieabbauG v. 7.9.2007 (BGBl. I S. 2246), Art. 14 G zur Änd. des SGB IV und and. Gesetze v. 19.12.2007 (BGBl. I S. 3024), Art. 9 InvestmentänderungsG v. 21.12.2007 (BGBl. 2007 I S. 3089), Art. 9 G zur Vereinfachung und Anpassung statistischer Rechtsvorschriften v. 17.3.2008 (BGBl. I S. 399), Art. 11 Abs. 5 UnfallversicherungsmodernisierungsG v. 30.10. 2008 (BGBl. I S. 2130), Art. 1 G zur Umsetzung der RL 2005/36/EG über die Anerkennung von Berufsqualifikationen in der GewerbeO v. 12.12.2008 (BGBl. I S. 2423), Art. 92 FGG-ReformG v. 17.12.2008 (BGBl. I S. 2586), Art. 9 Drittes MittelstandsentlastungsG v. 17.3.2009 (BGBl. I S. 550), Art. 7 ELENA-VerfahrensG v. 28.3.2009 (BGBl. I S. 634), Art. 3 Erstes G zur Änd. des G über die Festsetzung von Mindestarbeitsbedingungen v. 22.4.2009 (BGBl. I S. 818), Art. 1 G zur Umsetzung der DienstleistungsRL im Gewerberecht und in weiteren Rechtsvorschriften v. 17.7.2009 (BGBl. I S. 2091), Art. 4 Abs. 14 G zur Reform der Sachaufklärung in der Zwangsvollstreckung v. 29.7.2009 (BGBl. I S. 2258), Art. 1 G zur Änd. gewerberechtl. Vorschriften v. 11.7.2011 (BGBl. I S. 1341), Art. 8 G zur Änd. des BeherbergungsstatistikG und des HandelsstatistikG sowie zur Aufhebung von Vorschriften zum Verfahren des elektronischen Entgeltnachweises v. 23.11.2011 (BGBl. I S. 2298), Art. 7 G zur Umsetzung der RL 2010/78/EU im Hinblick auf die Errichtung des Europäischen Finanzaufsichtssystems v. 4.12. 2011 (BGBl. I S. 2427), Art. 5 G zur Novellierung des Finanzanlagenvermittler- und Vermögensanlagenrechts v. 6.12.2011 (BGBl. I S. 2481), Art. 4 G zur Verbesserung der Feststellung und Anerkennung im Ausland erworbener Berufsqualifikationen v. 6.12.2011 (BGBl. I S. 2515), Art. 3 G zur Verbesserung des Austauschs von strafregisterrechtl. Daten zwischen den Mitgliedstaaten der Europäischen Union und zur Änd. registerrechtl. Vorschriften v. 15.12.2011 (BGBl. I S. 2714), Art. 1 G zur Änd. der Gewerbeordnung und anderer G v. 5.12.2012 (BGBl. I S. 2415), Art. 1 G zur Einführung eines Zulassungs-

[1)] Die Änderungen durch G v. 18.7.2016 (BGBl. I S. 1666) und die Änderungen durch VO v. 19.6. 2020 (BGBl. I S. 1328) treten teilweise erst **mWv 1.10.2021**, die Änderungen durch G v. 18.7.2017 (BGBl. I S. 2739, geänd. durch Art. 11 G v. 18.1.2021, BGBl. I S. 2) treten erst **mit noch unbestimmtem Datum** in Kraft und sind insoweit im Text noch nicht berücksichtigt.

[2)] Neubekanntmachung der GewO idF der Bek. v. 1.1.1987 (BGBl. I S. 425) in der ab 1.1.1999 geltenden Fassung.

verfahrens für Bewachungsunternehmen auf Seeschiffen v. 4.3.2013 (BGBl. I S. 362, geänd. durch Art. 2 G v. 24.4.2013, BGBl. I S. 930), Art. 3 G über konjunkturstatistische Erhebungen in bestimmten Dienstleistungsbereichen und zur Änd. von Vorschriften des Zulassungsverfahrens für Bewachungsunternehmen auf Seeschiffen v. 24.4.2013 (BGBl. I S. 930), Art. 5 Abs. 6 Achtes G zur Änd. des GWB v. 26.6.2013 (BGBl. I S. 1738), Art. 17 AIFM-UmsetzungsG v. 4.7.2013 (BGBl. I S. 1981), Art. 3 HonoraranlageberatungsG v. 15.7.2013 (BGBl. I S. 2390), Art. 9 G zur Neuregelung des gesetzlichen Messwesens v. 25.7.2013 (BGBl. I S. 2722), Art. 18 G zur Förderung der elektronischen Verwaltung sowie zur Änd. weiterer Vorschriften v. 25.7.2013 (BGBl. I S. 2749), Art. 2 Abs. 79, Art. 3 Abs. 11 und Art. 4 Abs. 61 G zur Strukturreform des Gebührenrechts des Bundes v. 7.8.2013 (BGBl. I S. 3154, geänd. durch G v. 18.7. 2016, BGBl. I S. 1666), Art. 6 Fünftes G zur Änd. des StraßenverkehrsG und anderer Gesetze v. 28.8.2013 (BGBl. I S. 3313), Art. 2 G zur Änd. des BundeszentralregisterG und anderer registerrechtlicher Vorschriften v. 6.9.2013 (BGBl. I S. 3556), Art. 11 G zur Anpassung von Gesetzen auf dem Gebiet des Finanzmarktes v. 15.7.2014 (BGBl. I S. 934), Art. 11 TarifautonomiestärkungsG v. 11.8.2014 (BGBl. I S. 1348), Art. 2 G zur Änd. des StraßenverkehrsG, der GewerbeO und des BundeszentralregisterG v. 28.11.2014 (BGBl. I S. 1802), Art. 2 Abs. 33 G zur Modernisierung der Finanzaufsicht über Versicherungen v. 1.4.2015 (BGBl. I S. 434), Art. 10 Fünftes G zur Änd. des Vierten Buches Sozialgesetzbuch und anderer G v. 15.4.2015 (BGBl. I S. 583), Art. 11 KleinanlegerschutzG v. 3.7.2015 (BGBl. I S. 1114), Art. 275, Art. 625 und Art. 626 Abs. 3 Zehnte ZuständigkeitsanpassungsVO v. 31.8.2015 (BGBl. I S. 1474, geänd. durch G v. 18.7.2016, BGBl. I S. 1666), Art. 2 G zur Änd. des BerufsqualifikationsfeststellungsG und anderer Gesetze v. 22.12.2015 (BGBl. I S. 2572), Art. 2 Abs. 7 VergaberechtsmodernisierungsG v. 17.2.2016 (BGBl. I S. 203), Art. 10 G zur Umsetzung der WohnimmobilienkreditRL und zur Änd. handelsrechtlicher Vorschriften v. 11.3.2016 (BGBl. I S. 396), Art. 13 Erstes FinanzmarktnovellierungsG v. 30.6.2016 (BGBl. I S. 1514), Art. 2, Art. 3 Abs. 10, Art. 4 Abs. 58, Art. 5 Abs. 9 G zur Aktualisierung der Strukturreform des Gebührenrechts des Bundes v. 18.7.2016 (BGBl. I S. 1666), Art. 9 G zur Neuregelung des Kulturgutschutzrechts v. 31.7.2016 (BGBl. I S. 1914), Art. 5 G zur Regulierung des Prostitutionsgewerbes v. 21.10.2016 (BGBl. I S. 2372), Art. 1 G zur Änd. bewachungsrechtlicher Vorschriften v. 4.11.2016 (BGBl. I S. 2456, geänd. durch G v. 29.11.2018, BGBl. I S. 2666), Art. 16 6. SGB IV-ÄnderungsG v. 11.11.2016 (BGBl. I S. 2500), Art. 97 G zum Abbau verzichtbarer Anordnungen der Schriftform im Verwaltungsrecht des Bundes v. 29.3.2017 (BGBl. I S. 626), Art. 2 Abs. 3 52. G zur Änd. des StGB – Stärkung des Schutzes von Vollstreckungsbeamten und Rettungskräften v. 23.5.2017 (BGBl. I S. 1226), Art. 20 Zweites FinanzmarktnovellierungsG v. 23.6.2017 (BGBl. I S. 1693), Art. 16 G zur Umsetzung der Vierten EU-GeldwäscheRL, zur Ausführung der EU-GeldtransferVO und zur Neuorganisation der Zentralstelle für Finanztransaktionsuntersuchungen v. 23.6. 2017 (BGBl. I S. 1822), Art. 4 Drittes G zur Änd. reiserechtlicher Vorschriften v. 17.7.2017 (BGBl. I S. 2394), Art. 3 Siebtes G zur Änd. des BundeszentralregisterG v. 18.7.2017 (BGBl. I S. 2732, ber. S. 3431, geänd. durch Art. 53 G v. 20.11.2019, BGBl. I S. 1626), Art. 2 Abs. 3 G zur Einführung eines Wettbewerbsregisters und zur Änd. des G gegen Wettbewerbsbeschränkungen v. 18.7.2017 (BGBl. I S. 2739, geänd. durch G v. 18.1.2021, BGBl. I S. 2)), Art. 1 G zur Umsetzung der Richtlinie (EU) 2016/97 über Versicherungsvertrieb und zur Änd. weiterer Gesetze v. 20.7.2017 (BGBl. I S. 2789), Art. 1 G zur Einführung einer Berufszulassungsregelung für gewerbliche Immobilienmakler und Wohnimmobilienverwalter v. 17.10.2017 (BGBl. I S. 3562), Art. 2 G zur Änd. des AkkreditierungsstellenG und der GewerbeO v. 11.12.2018 (BGBl. I S. 2354), Art. 1, 2 Zweites G zur Änd. bewachungsrechtlicher Vorschriften v. 29.11.2018 (BGBl. I S. 2666), Art. 5 Abs. 11 G zur Einführung einer Karte für Unionsbürger und Angehörige des Europäischen Wirtschaftsraums mit Funktion zum elektronischen Identitätsnachweis sowie zur Änd. des PersonalausweisG und weiterer Vorschriften[1] v. 21.6.2019 (BGBl. I S. 846), Art. 81 Zweites Datenschutz-Anpassungs- und UmsetzungsG EU v. 20.11.2019 (BGBl. I S. 1626), Art. 15 Drittes BürokratieentlastungsG v. 22.11.2019 (BGBl. I S. 1746), Art. 19 Siebtes G zur Änd. des Vierten Buches SGB und anderer Gesetze v. 12.6.2020 (BGBl. I S. 1248), Art. 222, 360 Abs. 3 Elfte ZuständigkeitsanpassungsVO v. 19.6.2020 (BGBl. I S. 1328), Art. 5 G zur Umsetzung der VerhältnismäßigkeitsRL (RL (EU) 2018/958) im Bereich öffentlich-rechtlicher Körperschaften v. 19.6.2020 (BGBl. I S. 1403), Art. 20 Sanierungs- und InsolvenzrechtsfortentwicklungsG v. 22.12.2020 (BGBl. I S. 3256), Art. 9 G zur Verbesserung des Verbraucherschutzes im Inkassorecht und zur Änd. weiterer Vorschriften v. 22.12.2020 (BGBl. I S. 3320), Art. 13 G zur weiteren Verkürzung des Restschuldbefreiungsverfahrens und zur Anpassung pandemiebedingter Vorschriften im Gesellschafts-, Genossenschafts-, Vereins- und Stiftungsrecht sowie im Miet- und Pachtrecht v. 22.12.2020 (BGBl. I S. 3328), Art. 9b ArbeitsschutzkontrollG v. 22.12.2020 (BGBl. I S. 3334), Art. 3 GWB-DigitalisierungsG v. 18.1.2021 (BGBl. I S. 2) und Art. 5 Abs. 4 G zur Verbesserung der strafrechtlichen Bekämpfung der Geldwäsche v. 9.3.2021 (BGBl. I S. 327)

---

[1] Die Änd. des Inkrafttretens dieses G durch Art. 154a G v. 20.11.2019 (BGBl. I S. 1626) ist unbeachtlich, da das G bei Erlass des ÄndG bereits in Kraft getreten war.

3. das Verfahren des Prüfungsausschusses, insbesondere über die Beschlussfassung und den Ausschluss von der Mitwirkung,
4. die Dauer der Prüfung,
5. die Zulassung zum praktischen Teil der Prüfung,
6. den Gegenstand und die Dauer der spezifischen Sachkundeprüfung nach § 13c Absatz 2 Satz 1,
7. den Nachteilsausgleich für Menschen mit Behinderung,
8. die Bewertung der Prüfungsleistungen,
9. die Folgen von Verstößen gegen Prüfungsvorschriften,
10. die Wiederholungsprüfung sowie
11. die Niederschrift über die Prüfung.

(2) [1] Soweit in Rechtsverordnungen nach diesem Abschnitt für die Auswahl von Prüfungsfragen für Sachkundeprüfungen die Bildung von Aufgabenauswahlausschüssen vorgesehen ist, obliegt die Errichtung der Aufgabenauswahlausschüsse nach Maßgabe des Satzes 2 den Industrie- und Handelskammern, die sich dabei der in § 32 Absatz 2 des Umweltauditgesetzes[1] bezeichneten Stelle (gemeinsame Stelle) bedienen. [2] In den Rechtsverordnungen sind Einzelheiten zur Errichtung der Aufgabenauswahlausschüsse, insbesondere hinsichtlich der Zusammensetzung, zu bestimmen.

§ 33 (weggefallen)

§ 33a Schaustellungen von Personen. (1) [1] Wer gewerbsmäßig Schaustellungen von Personen in seinen Geschäftsräumen veranstalten oder für deren Veranstaltung seine Geschäftsräume zur Verfügung stellen will, bedarf der Erlaubnis der zuständigen Behörde. [2] Dies gilt nicht für Darbietungen mit überwiegend künstlerischem, sportlichem, akrobatischem oder ähnlichem Charakter. [3] Die Erlaubnis kann mit einer Befristung erteilt und mit Auflagen verbunden werden, soweit dies zum Schutze der Allgemeinheit, der Gäste oder der Bewohner des Betriebsgrundstücks oder der Nachbargrundstücke vor Gefahren, erheblichen Nachteilen oder erheblichen Belästigungen erforderlich ist; unter denselben Voraussetzungen ist auch die nachträgliche Aufnahme, Änderung und Ergänzung von Auflagen zulässig.

(2) Die Erlaubnis ist zu versagen, wenn
1. Tatsachen die Annahme rechtfertigen, daß der Antragsteller die für den Gewerbebetrieb erforderliche Zuverlässigkeit nicht besitzt,
2. zu erwarten ist, daß die Schaustellungen den guten Sitten zuwiderlaufen werden oder
3. der Gewerbebetrieb im Hinblick auf seine örtliche Lage oder auf die Verwendung der Räume dem öffentlichen Interesse widerspricht, insbesondere schädliche Umwelteinwirkungen im Sinne des Bundes-Immissionsschutzgesetzes[2] oder sonst erhebliche Nachteile, Gefahren oder Belästigungen für die Allgemeinheit befürchten läßt.

§ 33b Tanzlustbarkeiten. Die Abhaltung von Tanzlustbarkeiten richtet sich nach den landesrechtlichen Bestimmungen.

---

[1] **Gewerberecht Nr. 810.**
[2] Nr. **296.**

§ 33c[1] Spielgeräte mit Gewinnmöglichkeit. (1) [1]Wer gewerbsmäßig Spielgeräte, die mit einer den Spielausgang beeinflussenden technischen Vorrichtung ausgestattet sind, und die die Möglichkeit eines Gewinnes bieten, aufstellen will, bedarf der Erlaubnis der zuständigen Behörde. [2]Die Erlaubnis berechtigt nur zur Aufstellung von Spielgeräten, deren Bauart von der Physikalisch-Technischen Bundesanstalt zugelassen ist. [3]Sie kann mit Auflagen, auch im Hinblick auf den Aufstellungsort, verbunden werden, soweit dies zum Schutze der Allgemeinheit, der Gäste oder der Bewohner des jeweiligen Betriebsgrundstücks oder der Nachbargrundstücke oder im Interesse des Jugendschutzes erforderlich ist; unter denselben Voraussetzungen ist auch die nachträgliche Aufnahme, Änderung und Ergänzung von Auflagen zulässig.

(2) Die Erlaubnis ist zu versagen, wenn

1. Tatsachen die Annahme rechtfertigen, dass der Antragsteller die für die Aufstellung von Spielgeräten erforderliche Zuverlässigkeit nicht besitzt; die erforderliche Zuverlässigkeit besitzt in der Regel nicht, wer in den letzten drei Jahren vor Stellung des Antrages wegen eines Verbrechens, wegen Diebstahls, Unterschlagung, Erpressung, Hehlerei, Geldwäsche, Betruges, Untreue, unerlaubter Veranstaltung eines Glücksspiels, Beteiligung am unerlaubten Glücksspiel oder wegen eines Vergehens nach § 27 des Jugendschutzgesetzes[2] rechtskräftig verurteilt worden ist,
2. der Antragsteller nicht durch eine Bescheinigung einer Industrie- und Handelskammer nachweist, dass er über die für die Ausübung des Gewerbes notwendigen Kenntnisse zum Spieler- und Jugendschutz unterrichtet worden ist, oder
3. der Antragsteller nicht nachweist, dass er über ein Sozialkonzept einer öffentlich anerkannten Institution verfügt, in dem dargelegt wird, mit welchen Maßnahmen den sozialschädlichen Auswirkungen des Glücksspiels vorgebeugt werden soll.

(3) [1]Der Gewerbetreibende darf Spielgeräte im Sinne des Absatzes 1 nur aufstellen, wenn ihm die zuständige Behörde schriftlich bestätigt hat, daß der Aufstellungsort den auf der Grundlage des § 33f Abs. 1 Nr. 1 erlassenen Durchführungsvorschriften entspricht. [2]Sollen Spielgeräte in einer Gaststätte aufgestellt werden, so ist in der Bestätigung anzugeben, ob dies in einer Schank- oder Speisewirtschaft oder in einem Beherbergungsbetrieb erfolgen soll. [3]Gegenüber dem Gewerbetreibenden und demjenigen, in dessen Betrieb ein Spielgerät aufgestellt worden ist, können von der zuständigen Behörde, in deren Bezirk das Spielgerät aufgestellt worden ist, Anordnungen nach Maßgabe des Absatzes 1 Satz 3 erlassen werden. [4]Der Aufsteller darf mit der Aufstellung von Spielgeräten nur Personen beschäftigen, die die Voraussetzungen nach Absatz 2 Nummer 2 erfüllen.

§ 33d[3] Andere Spiele mit Gewinnmöglichkeit. (1) [1]Wer gewerbsmäßig ein anderes Spiel mit Gewinnmöglichkeit veranstalten will, bedarf der Erlaubnis der zuständigen Behörde. [2]Die Erlaubnis kann mit einer Befristung erteilt und mit Auflagen verbunden werden, soweit dies zum Schutze der Allgemeinheit, der Gäste oder der Bewohner des Betriebsgrundstücks oder der Nachbargrundstücke oder im Interesse des Jugendschutzes erforderlich ist; unter denselben Voraussett-

---

[1] § 33c Abs. 2 neu gef., Abs. 3 Satz 4 angef. mWv 1.9.2013 durch G v. 5.12.2012 (BGBl. I S. 2415); *Abs. 2 Nr. 1 geänd. mWv 18.3.2021 durch G v. 9.3.2021* (BGBl. I S. 327).

[2] Nr. **400**.

[3] § 33d Abs. 5 geänd. mWv 12.12.2012, Abs. 3 Satz 2 geänd. mWv 1.9.2013 durch G v. 5.12.2012 (BGBl. I S. 2415).

zungen ist auch die nachträgliche Aufnahme, Änderung und Ergänzung von Auflagen zulässig.

(2) Die Erlaubnis darf nur erteilt werden, wenn der Antragsteller im Besitz einer von dem Bundeskriminalamt erteilten Unbedenklichkeitsbescheinigung oder eines Abdruckes der Unbedenklichkeitsbescheinigung ist.

(3) [1] Die Erlaubnis ist zu versagen, wenn Tatsachen die Annahme rechtfertigen, daß der Antragsteller oder der Gewerbetreibende, in dessen Betrieb das Spiel veranstaltet werden soll, die für die Veranstaltung von anderen Spielen erforderliche Zuverlässigkeit nicht besitzt. [2] § 33c Absatz 2 Nummer 1 zweiter Halbsatz gilt entsprechend.

(4) [1] Die Erlaubnis ist zurückzunehmen, wenn bei ihrer Erteilung nicht bekannt war, daß Tatsachen der in Absatz 3 bezeichneten Art vorlagen. [2] Die Erlaubnis ist zu widerrufen, wenn

1. nach ihrer Erteilung Tatsachen der in Absatz 3 bezeichneten Art eingetreten sind,
2. das Spiel abweichend von den genehmigten Bedingungen veranstaltet wird oder
3. die Unbedenklichkeitsbescheinigung zurückgenommen oder widerrufen worden ist.

(5) Die Erlaubnis kann widerrufen werden, wenn bei der Veranstaltung des Spieles eine der in der Erlaubnis enthaltenen Auflagen nicht beachtet oder gegen § 6 des Jugendschutzgesetzes[1)] verstoßen worden ist.

§ 33e[2)] Bauartzulassung und Unbedenklichkeitsbescheinigung.

(1) [1] Die Zulassung der Bauart eines Spielgerätes oder ihrer Nachbaugeräte und die Unbedenklichkeitsbescheinigung für andere Spiele (§§ 33c und 33d) sind zu versagen, wenn die Gefahr besteht, daß der Spieler unangemessen hohe Verluste in kurzer Zeit erleidet. [2] Für andere Spiele im Sinne des § 33d kann die Unbedenklichkeitsbescheinigung auch versagt werden, wenn das Spiel durch Veränderung der Spielbedingungen oder durch Veränderung der Spieleinrichtung mit einfachen Mitteln als Glücksspiel im Sinne des § 284 des Strafgesetzbuches[3)] veranstaltet werden kann. [3] Ein Versagungsgrund im Sinne des Satzes 2 liegt insbesondere dann vor, wenn

1. es sich um ein Karten-, Würfel- oder Kugelspiel handelt, das von einem Glücksspiel im Sinne des § 284 des Strafgesetzbuches abgeleitet ist, oder
2. das Spiel nach den zur Prüfung eingereichten Bedingungen nicht wirtschaftlich betrieben werden kann.

(2) Die Zulassung ist ganz oder teilweise, die Unbedenklichkeitsbescheinigung ist ganz zurückzunehmen oder zu widerrufen, wenn Tatsachen bekannt werden, die ihre Versagung rechtfertigen würden, oder wenn der Antragsteller zugelassene *Spielgeräte an den in* dem Zulassungsschein bezeichneten Merkmalen verändert oder ein für unbedenklich erklärtes Spiel unter nicht genehmigten Bedingungen veranstaltet.

(3) Die Zulassung und die Unbedenklichkeitsbescheinigung können mit einer Befristung erteilt und mit Auflagen verbunden werden.

[1)] Nr. **400**.
[2)] § 33e Abs. 2 geänd. mWv 12.12.2012 durch G v. 5.12.2012 (BGBl. I S. 2415).
[3)] **Schönfelder Nr. 85.**

(4) Bei serienmäßig hergestellten Spielen nach § 33d genügt es, wenn die Unbedenklichkeitsbescheinigung für das eingereichte Spiel und für Nachbauten ein Abdruck der Unbedenklichkeitsbescheinigung erteilt wird.

§ 33f[1)] Ermächtigung zum Erlaß von Durchführungsvorschriften.

(1) Das Bundesministerium für Wirtschaft und Energie kann zur Durchführung der §§ 33c, 33d, 33e und 33i im Einvernehmen mit dem Bundesministerium des Innern, für Bau und Heimat, dem Bundesministerium für Gesundheit und dem Bundesministerium für Familie, Senioren, Frauen und Jugend und mit Zustimmung des Bundesrates durch Rechtsverordnung[2)] zur Eindämmung der Betätigung des Spieltriebs, zum Schutze der Allgemeinheit und der Spieler sowie im Interesse des Jugendschutzes

1. die Aufstellung von Spielgeräten oder die Veranstaltung von anderen Spielen auf bestimmte Gewerbezweige, Betriebe oder Veranstaltungen beschränken und die Zahl der jeweils in einem Betrieb aufgestellten Spielgeräte oder veranstalteten anderen Spiele begrenzen,
2. Vorschriften über den Umfang der Befugnisse und Verpflichtungen bei der Ausübung des Gewerbes erlassen,
3. für die Zulassung oder die Erteilung der Unbedenklichkeitsbescheinigung bestimmte Anforderungen stellen an
   a) die Art und Weise des Spielvorgangs,
   b) die Art des Gewinns,
   c) den Höchsteinsatz und den Höchstgewinn,
   d) das Verhältnis der Anzahl der gewonnenen Spiele zur Anzahl der verlorenen Spiele,
   e) das Verhältnis des Einsatzes zum Gewinn bei einer bestimmten Anzahl von Spielen,
   f) die Mindestdauer eines Spiels,
   g) die technische Konstruktion und die Kennzeichnung der Spielgeräte,
   h) personenungebundene Identifikationsmittel, die der Spieler einsetzen muss, um den Spielbetrieb an einem Spielgerät zu ermöglichen, insbesondere an deren Ausgabe, Aktivierung, Gültigkeit und Sicherheitsmerkmale,
   i) die Bekanntgabe der Spielregeln und des Gewinnplans sowie die Bereithaltung des Zulassungsscheines oder des Abdruckes des Zulassungsscheines, des Zulassungsbeleges, der Unbedenklichkeitsbescheinigung oder des Abdruckes der Unbedenklichkeitsbescheinigung,
4. Vorschriften über den Umfang der Verpflichtungen des Gewerbetreibenden erlassen, in dessen Betrieb das Spielgerät aufgestellt oder das Spiel veranstaltet werden soll,

---

[1)] § 33f Abs. 1, Abs. 2 Nr. 1 und 2 geänd. mWv 7.11.2001 durch VO v. 29.10.2001 (BGBl. I S. 2785); Abs. 1 und Abs. 2 Nr. 1 und 2 geänd. mWv 28.11.2003 durch VO v. 25.11.2003 (BGBl. I S. 2304); Abs. 1, Abs. 2 Nr. 1 und 2 geänd. mWv 8.11.2006 durch VO v. 31.10.2006 (BGBl. I S. 2407); Abs. 1 einl. Satzteil und Nr. 4 geänd., Nr. 3 neu gef., Nr. 5 angef. mWv 12.12.2012 durch G v. 5.12.2012 (BGBl. I S. 2415); Abs. 2 Nr. 1 Buchst. b, Nr. 2 Buchst. b neu gef. mWv 15.8.2013 durch G v. 7.8.2013 (BGBl. I S. 3154, geänd. durch G v. 18.7.2016, BGBl. I S. 1666); Abs. 1 einl. Satzteil, Abs. 2 Nr. 1 und 2 geänd. *mWv 8.9.2015 durch VO v. 31.8.2015 (BGBl. I S. 1474*, geänd. durch G v. 18.7.2016, BGBl. I S. 1666); Abs. 2 Nr. 2 neu gef. mWv 1.10.2019 durch G v. 18.7.2016 (BGBl. I S. 1666); Abs. 1 einl. Satzteil, Abs. 2 Nr. 1 einl. Satzteil und Nr. 2 geänd. mWv 27.6.2020 durch VO v. 19.6.2020 (BGBl. I S. 1328).

[2)] Siehe die SpielVO (**Gewerberecht Nr. 20**).

5. die Anforderungen an den Unterrichtungsnachweis nach § 33c Absatz 2 Nummer 2 und das Verfahren für diesen Nachweis sowie Ausnahmen von der Nachweispflicht festlegen.

(2) Durch Rechtsverordnung[1] können ferner

1. das Bundesministerium für Wirtschaft und Energie im Einvernehmen mit dem Bundesministerium des Innern, für Bau und Heimat und mit Zustimmung des Bundesrates
   a) das Verfahren der Physikalisch-Technischen Bundesanstalt bei der Prüfung und Zulassung der Bauart von Spielgeräten sowie bei der Verlängerung der Aufstelldauer von Warenspielgeräten, die auf Volksfesten, Schützenfesten oder ähnlichen Veranstaltungen aufgestellt werden sollen, und die ihrer Konstruktion nach keine statistischen Prüfmethoden erforderlich machen, regeln und
   b) Vorschriften über die Gebühren und Auslagen für Amtshandlungen der Physikalisch-Technischen Bundesanstalt erlassen;
2. das Bundesministerium des Innern, für Bau und Heimat im Einvernehmen mit dem Bundesministerium für Wirtschaft und Energie und mit Zustimmung des Bundesrates das Verfahren des Bundeskriminalamtes bei der Erteilung von Unbedenklichkeitsbescheinigungen regeln.

§ 33g[2] Einschränkung und Ausdehnung der Erlaubnispflicht. Das Bundesministerium für Wirtschaft und Energie kann im Einvernehmen mit den Bundesministerien des Innern, für Bau und Heimat und für Familie, Senioren, Frauen und Jugend mit Zustimmung des Bundesrates durch Rechtsverordnung bestimmen, daß

1. für die Veranstaltung bestimmter anderer Spiele im Sinne des § 33d Abs. 1 Satz 1 eine Erlaubnis nicht erforderlich ist, wenn diese Spiele überwiegend der Unterhaltung dienen und kein öffentliches Interesse an einer Erlaubnispflicht besteht,
2. die Vorschriften der §§ 33c und 33d auch für die nicht gewerbsmäßige Aufstellung von Spielgeräten und für die nicht gewerbsmäßige Veranstaltung anderer Spiele in Vereinen und geschlossenen Gesellschaften gelten, in denen gewohnheitsmäßig gespielt wird, wenn für eine solche Regelung ein öffentliches Interesse besteht.

§ 33h Spielbanken, Lotterien, Glücksspiele. Die §§ 33c bis 33g finden keine Anwendung auf

1. die Zulassung und den Betrieb von Spielbanken,
2. die Veranstaltung von Lotterien und Ausspielungen, mit Ausnahme der gewerbsmäßig betriebenen Ausspielungen auf Volksfesten, Schützenfesten oder ähnlichen Veranstaltungen, bei denen der Gewinn in geringwertigen Gegenständen besteht,
3. die Veranstaltung anderer Spiele im Sinne des § 33d Abs. 1 Satz 1, die Glücksspiele im Sinne des § 284 des Strafgesetzbuches[3] sind.

---

[1] Siehe die VO zur Erteilung von Unbedenklichkeitsbescheinigungen **(Gewerberecht Nr. 21)**.

[2] § 33g geänd. mWv 7.11.2001 durch VO v. 29.10.2001 (BGBl. I S. 2785); geänd. mWv 28.11.2003 durch VO v. 25.11.2003 (BGBl. I S. 2304); geänd. mWv 8.11.2006 durch VO v. 31.10.2006 (BGBl. I S. 2407); geänd. mWv 8.9.2015 durch VO v. 31.8.2015 (BGBl. I S. 1474); einl. Satzteil geänd. mWv 27.6.2020 durch VO v. 19.6.2020 (BGBl. I S. 1328).

[3] **Schönfelder Nr. 85.**

§ 33i[1) 2)] **Spielhallen und ähnliche Unternehmen.** (1) [1] Wer gewerbsmäßig eine Spielhalle oder ein ähnliches Unternehmen betreiben will, das ausschließlich oder überwiegend der Aufstellung von Spielgeräten oder der Veranstaltung anderer Spiele im Sinne des § 33c Abs. 1 Satz 1 oder des § 33d Abs. 1 Satz 1 dient, bedarf der Erlaubnis der zuständigen Behörde. [2] Die Erlaubnis kann mit einer Befristung erteilt und mit Auflagen verbunden werden, soweit dies zum Schutze der Allgemeinheit, der Gäste oder der Bewohner des Betriebsgrundstücks oder der Nachbargrundstücke vor Gefahren, erheblichen Nachteilen oder erheblichen Belästigungen erforderlich ist; unter denselben Voraussetzungen ist auch die nachträgliche Aufnahme, Änderung und Ergänzung von Auflagen zulässig.

(Fortsetzung nächstes Blatt)

---

1) § 33i Abs. 1 Satz 1 geänd. mWv 12.12.2012, Abs. 2 Nr. 1 geänd. mWv 1.9.2013 durch G v. 5.12.2012 (BGBl. I S. 2415).

2) Das Recht der Spielhallen ist seit der am 1.9.2006 in Kraft getretenen Förderalismusreform Gegenstand der Gesetzgebungskompetenz der Länder. Ua haben folgende Länder hierzu eigene Regelungen erlassen:

Baden-Württemberg: Landesglücksspielgesetz (LGlüG) v. 20.11.2012 (GBl. S. 604), zuletzt geänd. durch G v. 4.2.2021 (GBl. S. 174),

Berlin: G zur Regelung des Rechts der Spielhallen im Land Berlin (SpielhallenG Berlin – SpielhG Bln) v. 20.5.2011 (GVBl. S. 223), zuletzt geänd. durch G v. 12.10.2020 (GVBl. S. 807),

Brandenburg: Brandenburgisches SpielhallenG (BbgSpielhG) v. 4.4.2013 (GVBl. I Nr. 10),

Bremen: Bremisches SpielhallenG (BremSpielhG) v. 17.5.2011 (Brem.GBl. S. 327), zuletzt geänd. durch Bek. v. 20.10.2020 (Brem.GBl. S. 1172),

Hamburg: Gesetz zur Regelung des Rechts der Spielhallen im Land Hamburg (Hamburgisches Spielhallengesetz – HmbSpielhG) v. 4.12.2012 (HmbGVBl. S. 505), zuletzt geänd. durch G v. 17.2.2021 (HmbGVBl. S. 75),

Hessen: Hessisches SpielhallenG v. 28.6.2012 (GVBl. S. 213), zuletzt geänd. durch G v. 3.5.2018 (GVBl. S. 82),

Saarland: Saarländisches SpielhallenG (SSpielhG) v. 20.6.2012 (Amtsbl. I S. 156),

Sachsen-Anhalt: G zur Regelung des Rechts der Spielhallen im Land Sachsen-Anhalt (SpielhallenG Sachsen-Anhalt – SpielhG LSA) v. 25.6.2012 (GVBl. LSA S. 204), geänd. durch G v. 23.9.2020 (GVBl. LSA S. 541),

Schleswig-Holstein: *G zur Errichtung und zum Betrieb* von Spielhallen (SpielhallenG – SpielhG) v. 17.4.2012 (GVOBl. Schl.-H. S. 431), zuletzt geänd. durch G v. 12.11.2014 (GVOBl. Schl.-H. S. 328),

Thüringen: Thüringer G zur Regelung des gewerblichen Spiels (Thüringer SpielhallenG – ThürSpielhallenG –) v. 21.6.2012 (GVBl. S. 159).

II.[1] Meistertitel

§ 133[2] Befugnis zur Führung des Baumeistertitels. Die Befugnis zur Führung des Meistertitels in Verbindung mit einer anderen Bezeichnung, die auf eine Tätigkeit im Baugewerbe hinweist, insbesondere des Titels Baumeister und Baugewerksmeister, wird durch Rechtsverordnung der Bundesregierung[3] mit Zustimmung des Bundesrates geregelt.

§§ 133a bis 133d (weggefallen)

§§ 133e–139aa[4] *(aufgehoben)*

III.[5] Aufsicht

§ 139b[6] Gewerbeaufsichtsbehörde. (1) [1]Die Aufsicht über die Ausführung der Bestimmungen der auf Grund des § 120e oder des § 139h erlassenen Rechtsverordnungen ist ausschließlich oder neben den ordentlichen Polizeibehörden besonderen von den Landesregierungen zu ernennenden Beamten zu übertragen. [2]Denselben stehen bei Ausübung dieser Aufsicht alle amtlichen Befugnisse der Ortspolizeibehörden, insbesondere das Recht zur jederzeitigen Besichtigung und Prüfung der Anlagen zu. [3]Die amtlich zu ihrer Kenntnis gelangenden Geschäfts- und Betriebsverhältnisse der ihrer Besichtigung und Prüfung unterliegenden Anlagen dürfen sie nur zur Verfolgung von Gesetzwidrigkeiten und zur Erfüllung von gesetzlich geregelten Aufgaben zum Schutz der Umwelt den dafür zuständigen Behörden offenbaren. [4]Soweit es sich bei Geschäfts- und Betriebsverhältnissen um Informationen über die Umwelt im Sinne des Umweltinformationsgesetzes[7] handelt, richtet sich die Befugnis zu ihrer Offenbarung nach dem Umweltinformationsgesetz.

(2) Die Ordnung der Zuständigkeitsverhältnisse zwischen diesen Beamten und den ordentlichen Polizeibehörden bleibt der verfassungsmäßigen Regelung in den einzelnen Ländern vorbehalten.

(3) [1]Die erwähnten Beamten haben Jahresberichte über ihre amtliche Tätigkeit zu erstatten. [2]Diese Jahresberichte oder Auszüge aus denselben sind dem *Bundesrat* und dem Deutschen Bundestag vorzulegen.

(4) Die auf Grund der Bestimmungen der auf Grund des § 120e oder des § 139h erlassenen Rechtsverordnungen auszuführenden amtlichen Besichtigungen und Prüfungen müssen die Arbeitgeber zu jeder Zeit, namentlich auch in der Nacht, während des Betriebs gestatten.

(5) Die Arbeitgeber sind ferner verpflichtet, den genannten Beamten oder der Polizeibehörde diejenigen statistischen Mitteilungen über die Verhältnisse ihrer

---

[1] Bish. Abschnitt IIIa. wird Abschnitt II. mWv 1.1.2003 durch G v. 24.8.2002 (BGBl. I S. 3412).

[2] § 133 neu gef. mWv 1.1.2003 durch G v. 24.8.2002 (BGBl. I S. 3412).

[3] ***Amtl. Anm.:*** *Zuständige* Stelle gemäß Artikel 129 Abs. 1 Satz 1 des Grundgesetzes [Nr. **1**].

[4] §§ 133e bis 139aa aufgeh. mWv 1.1.2003 durch G v. 24.8.2002 (BGBl. I S. 3412).

[5] Bish. Abschn. V. wird Abschn. III. mWv 1.1.2003 durch G v. 24.8.2002 (BGBl. I S. 3412).

[6] § 139b Abs. 8 Nr. 7 neu gef. mWv 1.8.2002 durch G v. 23.7.2002 (BGBl. I S. 2787); Abs. 1 Satz 1, Abs. 3 Satz 2, Abs. 4 und 6 Satz 1 geänd. mWv 1.1.2003 durch G v. 24.8.2002 (BGBl. I S. 3412); Abs. 5 geänd. mWv 28.11.2003 durch VO v. 25.11.2003 (BGBl. I S. 2304); Abs. 7 Nr. 2, Abs. 8 Nr. 1 geänd. mWv 1.1.2004 durch G v. 23.12.2003 (BGBl. I S. 2848); Abs. 7 Nr. 1, 6 und letzer Satzteil sowie Abs. 8 Nr. 5 geänd. mWv 1.1.2005 durch G v. 30.7.2004 (BGBl. I S. 1950); Abs. 5 geänd. mWv 8.11.2006 durch VO v. 31.10.2006 (BGBl. I S. 2407); Abs. 6 Satz 1 geänd. mWv 1.1.2021 durch G v. 22.12.2020 (BGBl. I S. 3334).

[7] Nr. **294**.

Arbeitnehmer zu machen, welche vom Bundesministerium für Arbeit und Soziales[1)] durch Rechtsverordnung mit Zustimmung des Bundesrates oder von der Landesregierung unter Festsetzung der dabei zu beobachtenden Fristen und Formen vorgeschrieben werden.

(5a) (weggefallen)

(6) [1] Die Beauftragten der zuständigen Behörden sind befugt, die Unterkünfte, auf die sich die Pflichten der Arbeitgeber nach der Arbeitsstättenverordnung[2)] beziehen, zu betreten und zu besichtigen. [2] Gegen den Willen der Unterkunftsinhaber ist dies jedoch nur zur Verhütung dringender Gefahren für die öffentliche Sicherheit oder Ordnung zulässig. [3] Das Grundrecht der Unverletzlichkeit der Wohnung (Artikel 13 des Grundgesetzes[3)]) wird insoweit eingeschränkt.

(7) Ergeben sich im Einzelfall für die für den Arbeitsschutz zuständigen Landesbehörden konkrete Anhaltspunkte für

1. eine Beschäftigung oder Tätigkeit von Ausländern ohne erforderlichen Aufenthaltstitel nach § 4 Abs. 3 des Aufenthaltsgesetzes[4)], eine Aufenthaltsgestattung oder eine Duldung, die zur Ausübung der Beschäftigung berechtigen, oder eine Genehmigung nach § 284 Abs. 1 des Dritten Buches Sozialgesetzbuch[5)],
2. Verstöße gegen die Mitwirkungspflicht nach § 60 Abs. 1 Satz 1 Nr. 2 des Ersten Buches Sozialgesetzbuch[6)] gegenüber einer Dienststelle der Bundesagentur für Arbeit, einem Träger der gesetzlichen Kranken-, Pflege-, Unfall- oder Rentenversicherung oder einem Träger der Sozialhilfe oder gegen die Meldepflicht nach § 8a des Asylbewerberleistungsgesetzes[7)],
3. Verstöße gegen das Gesetz zur Bekämpfung der Schwarzarbeit[8)],
4. Verstöße gegen das Arbeitnehmerüberlassungsgesetz[9)],
5. Verstöße gegen Vorschriften des Vierten[10)] und Siebten Buches Sozialgesetzbuch[11)] über die Verpflichtung zur Zahlung von Sozialversicherungsbeiträgen,
6. Verstöße gegen das Aufenthaltsgesetz,
7. Verstöße gegen die Steuergesetze,

unterrichten sie die für die Verfolgung und Ahndung der Verstöße nach den Nummern 1 bis 7 zuständigen Behörden, die Träger der Sozialhilfe sowie die Behörden nach § 71 des Aufenthaltsgesetzes.

(Fortsetzung nächstes Blatt)

---

1) **Amtl. Anm.:** Zuständige Stelle gemäß Artikel 129 Abs. 1 Satz 1 des Grundgesetzes *[Nr. 1]*.
2) **Sartorius ErgBd. Nr. 801a.**
3) Nr. **1**.
4) Nr. **565**.
5) **Gewerberecht Nr. 790.**
6) **Sartorius ErgBd. Nr. 401.**
7) **Sartorius ErgBd. Nr. 418.**
8) ***Gewerberecht Nr. 982.***
9) **Schönfelder ErgBd. Nr. 84a.**
10) **Aichberger, SGB Nr. 4.**
11) **Aichberger, SGB Nr. 7.**

810. Gaststättengesetz[1] [2]

In der Fassung der Bekanntmachung vom 20. November 1998[3]

(BGBl. I S. 3418)

FNA 7130-1

geänd. durch Art. 137 7. ZuständigkeitsanpassungsVO v. 29.10.2001 (BGBl. I S. 2785), Art. 16 9. Euro-EinführungsG v. 10.11.2001 (BGBl. I S. 2992), Art. 1 GaststättenG-GewerbeO-ÄnderungsG v. 13.12. 2001 (BGBl. I S. 3584), Art. 41 Behindertengleichstellungs-EinführungsG v. 27.4.2002 (BGBl. I S. 1467), Art. 2 3. Gewerberechts-ÄnderungsG v. 24.8.2002 (BGBl. I S. 3412), Art. 112 8. ZuständigkeitsanpassungsVO v. 25.11.2003 (BGBl. I S. 2304), Art. 8 Bürokratieabbau- und DeregulierungsG v. 21.6.2005 (BGBl. I S. 1666), Art. 33 G zur Umbenennung des Bundesgrenzschutzes in Bundespolizei v. 21.6.2005 (BGBl. I S. 1818), Art. 149 9. ZuständigkeitsanpassungsVO v. 31.10.2006 (BGBl. I S. 2407), Art. 10 2. BürokratieabbauG v. 7.9.2007 (BGBl. I S. 2246), Art. 286 Zehnte ZuständigkeitsanpassungsVO v. 31.8. 2015 (BGBl. I S. 1474) und Art. 14 Branntweinmonopolverwaltung-Auflösungsgesetz v. 10.3.2017 (BGBl. I S. 420)

---

[1] Zum GaststättenG haben die **Länder** ua folgende Vorschriften erlassen:
- **Baden-Württemberg:** GaststättenVO idF der Bek. v. 18.2.1991 (GBl. S. 195, ber. 1992 S. 227), zuletzt geänd. durch VO v. 23.2.2017 (GBl. S. 99),
- **Bayern:** GaststättenVO v. 23.2.2016 (GVBl. S. 39), zuletzt geänd. durch V v. 26.3.2019 (GVBl. S. 98),
- **Berlin:** GaststättenVO v. 10.9.1971 (GVBl. S. 1778), zuletzt geänd. durch VO v. 1.9.2020 (GVBl. S. 683),
- **Hamburg:** GaststättenVO v. 27.4.1971 (HmbGVBl. S. 81), zuletzt geänd. durch VO v. 21.12.2010 (HmbGVBl. S. 655); SperrzeitVO v. 2.12.2003 (HmbGVBl. S. 553, 554), zuletzt geänd. durch VO v. 16.7.2013 (HmbGVBl. S. 333),
- **Hessen:** Gewerberecht-ZuständigkeitsVO v. 20.6.2002 (GVBl. I S. 395), zuletzt geänd. durch G v. 7.5. 2020 (GVBl. S. 318); VO über die Sperrzeit v. 10.12.2012 (GVBl. S. 669), geänd. durch VO v. 4.12. 2017 (GVBl. S. 396),
- **Mecklenburg-Vorpommern:** GaststättenG-AusführungsVO v. 17.6.1994 (GVOBl. M-V S. 679), zuletzt geänd. durch G v. 1.8.2006 (GVOBl. M-V S. 634),
- **Nordrhein-Westfalen:** GewerberechtsVO v. 17.11.2009 (GV. NRW. S. 626), zuletzt geänd. durch VO v. 9.7.2019 (GV. NRW. S. 366),
- **Rheinland-Pfalz:** GaststättenVO v. 2.12.1971 (GVBl. S. 274), zuletzt geänd. durch G v. 18.12.2017 (GVBl. S. 333),
- **Schleswig-Holstein:** GaststättenVO v. 1.4.2003 (GVOBl. Schl.-H. S. 185), geänd. durch VO v. 7.10. 2009 (GVOBl. Schl.-H. S. 681).

[2] Ua für folgende Länder wurde das GaststättenG durch **Landesgesetze** ersetzt:
- **Baden-Württemberg:** Gaststättengesetz für Baden-Württemberg (Landesgaststättengesetz – LGastG) v. 10.11.2009 (GBl. S. 628),
- **Brandenburg:** Brandenburgisches Gaststättengesetz – BbgGastG v. 2.10.2008 (GVBl. I S. 218), geänd. durch G v. 7.7.2009 (GVBl. I S. 262),
- **Bremen:** Bremisches Gaststättengesetz (BremGastG) v. 24.2.2009 (Brem.GBl. S. 45), zuletzt geänd. durch Bek. v. 20.10.2020 (Brem.GBl. S. 1172); Bremische GaststättenVO v. 13.3.2009 (Brem.GBl. S. 64), zuletzt geänd. durch Bek. v. 20.10.2020 (Brem.GBl. S. 1172),
- **Hessen:** Hessisches Gaststättengesetz (HGastG) v. 28.3.2012 (GVBl. S. 50), zuletzt geänd. durch G v. 15.12.2016 (GVBl. S. 294); siehe hierzu die Übergangsvorschrift in § 17 HGastG,
- **Niedersachsen:** Niedersächsisches Gaststättengesetz (NGastG) v. 10.11.2011 (Nds. GVBl. S. 415), geänd. durch G v. 15.12.2015 (Nds. GVBl. S. 412),
- ***Saarland:*** *Saarländisches* Gaststättengesetz (SGastG) v. 13.4.2011 (Amtsbl. I S. 206), zuletzt geänd. durch G v. 11.11.2020 (Amtsbl. I S. 1262),
- **Sachsen:** Sächsisches Gaststättengesetz v. 3.7.2011 (SächsGVBl. S. 198), zuletzt geänd. durch G v. 26.4. 2018 (SächsGVBl. S. 198),
- **Sachsen-Anhalt:** Gaststättengesetz des Landes Sachsen-Anhalt (GastG LSA) v. 7.8.2014 (GVBl. LSA S. 386, ber. S. 443), zuletzt geänd. durch G v. 8.12.2016 (GVBl. LSA S. 360); siehe hierzu die Übergangsvorschrift in § 14 GastG LSA,
- **Thüringen:** Thüringer Gaststättengesetz (ThürGastG) v. 9.10.2008 (GVBl. S. 367), zuletzt geänd. durch G v. 16.10.2017 (GVBl. S. 198).

[3] Neubekanntmachung des GaststättenG idF der Bek. v. 5.5.1970 (BGBl. I S. 465) in der ab 1.10.1998 geltenden Fassung.

§ 1[1)] Gaststättengewerbe. (1) Ein Gaststättengewerbe im Sinne dieses Gesetzes betreibt, wer im stehenden Gewerbe

1. Getränke zum Verzehr an Ort und Stelle verabreicht (Schankwirtschaft) oder
2. zubereitete Speisen zum Verzehr an Ort und Stelle verabreicht (Speisewirtschaft),

wenn der Betrieb jedermann oder bestimmten Personenkreisen zugänglich ist.

(2) Ein Gaststättengewerbe im Sinne dieses Gesetzes betreibt ferner, wer als selbständiger Gewerbetreibender im Reisegewerbe von einer für die Dauer der Veranstaltung ortsfesten Betriebsstätte aus Getränke oder zubereitete Speisen zum Verzehr an Ort und Stelle verabreicht, wenn der Betrieb jedermann oder bestimmten Personenkreisen zugänglich ist.

§ 2[2)] Erlaubnis. (1) [1]Wer ein Gaststättengewerbe betreiben will, bedarf der Erlaubnis. [2]Die Erlaubnis kann auch nichtrechtsfähigen Vereinen erteilt werden.

(2) Der Erlaubnis bedarf nicht, wer

1. alkoholfreie Getränke,
2. unentgeltliche Kostproben,
3. zubereitete Speisen oder
4. in Verbindung mit einem Beherbergungsbetrieb Getränke und zubereitete Speisen an Hausgäste

verabreicht.

§ 3[3)] Inhalt der Erlaubnis. (1) [1]Die Erlaubnis ist für eine bestimmte Betriebsart und für bestimmte Räume zu erteilen. [2]Die Betriebsart ist in der Erlaubnisurkunde zu bezeichnen; sie bestimmt sich nach der Art und Weise der Betriebsgestaltung, insbesondere nach den Betriebszeiten und der Art der Getränke, der zubereiteten Speisen, der Beherbergung oder der Darbietungen.

(2) Die Erlaubnis darf auf Zeit erteilt werden, soweit dieses Gesetz es zuläßt oder der Antragsteller es beantragt.

§ 4[4)] Versagungsgründe. (1) [1]Die Erlaubnis ist zu versagen, wenn

1. Tatsachen die Annahme rechtfertigen, daß der Antragsteller die für den Gewerbebetrieb erforderliche Zuverlässigkeit nicht besitzt, insbesondere dem Trunke ergeben ist oder befürchten läßt, daß er Unerfahrene, Leichtsinnige oder Willensschwache ausbeuten wird oder dem Alkoholmißbrauch, verbotenem Glücksspiel, der Hehlerei oder der Unsittlichkeit Vorschub leisten wird oder die Vorschriften

(Fortsetzung nächstes Blatt)

[1)] § 1 Abs. 1 Nr. 1, 2 geänd., Nr. 3 aufgeh. mWv 1.7.2005 durch G v. 21.6.2005 (BGBl. I S. 1666).

[2)] *§ 2 Abs. 2 neu gef., Abs. 3, 4 aufgeh. mWv 1.7.2005* durch G v. 21.6.2005 (BGBl. I S. 1666).

[3)] § 3 Abs. 3 aufgeh. mWv 1.7.2005 durch G v. 21.6.2005 (BGBl. I S. 1666).

[4)] § 4 Abs. 1 Satz 1 Nr. 2a eingef., Abs. 1 Satz 2 angef., Abs. 3 Satz 2 eingef., bish. Satz 2 wird Satz 3 mWv 1.5.2002 durch G v. 27.4.2002 (BGBl. I S. 1467).

815. Gesetz zur Ordnung des Handwerks (Handwerksordnung)[1)]

In der Fassung der Bekanntmachung vom 24. September 1998[2)]
(BGBl. I S. 3074, ber. 2006 I S. 2095)

FNA 7110-1

geänd. durch Art. 33 SGB IX – Rehabilitation und Teilhabe behinderter Menschen – v. 19.6.2001 (BGBl. I S. 1046), Art. 135 Siebente ZuständigkeitsanpassungsVO v. 29.10.2001 (BGBl. I S. 2785), Art. 13 Neuntes Euro-EinführungsG v. 10.11.2001 (BGBl. I S. 2992), Art. 69 Drittes G für moderne Dienstleistungen am Arbeitsmarkt v. 23.12.2003 (BGBl. I S. 2848), Art. 1 ÄndG v. 24.12.2003 (BGBl. I S. 2933), Art. 1 Drittes ÄndG v. 24.12.2003 (BGBl. I S. 2934), Art. 35b Viertes G für moderne Dienstleistungen am Arbeitsmarkt v. 24.12.2003 (BGBl. I S. 2954), Art. 2, Art. 2a Nr. 2, Art. 8 Abs. 2 BerufsbildungsreformG v. 23.3.2005 (BGBl. I S. 931), Art. 5 G zur Änd. des StatistikregisterG und sonstiger StatistikG v. 9.6.2005 (BGBl. I S. 1534), Art. 3b G zur Änd. des GemeindefinanzreformG und and. G v. 6.9.2005 (BGBl. I S. 2725), Art. 146 Neunte ZuständigkeitsanpassungsVO v. 31.10.2006 (BGBl. I S. 2407), Art. 9a Zweites BürokratieabbauG v. 7.9.2007 (BGBl. I S. 2246), Art. 8 Viertes G zur Änd. verwaltungsverfahrensrechtl. Vorschriften v. 11.12.2008 (BGBl. I S. 2418), Art. 6 G zur Neuausrichtung der arbeitsmarktpolitischen Instrumente v. 21.12.2008 (BGBl. I S. 2917), Art. 2 G zur Umsetzung der DienstleistungsRL im Gewerberecht und in weiteren Rechtsvorschriften v. 17.7.2009 (BGBl. I S. 2091), Art. 2 VO zur Änd. der Kehr- und ÜberprüfungsO und der HandwerksO v. 14.6.2011 (BGBl. I S. 1077), Art. 3 G zur Änd. gewerberechtl. Vorschriften v. 11.7.2011 (BGBl. I S. 1341), Art. 3 G zur Verbesserung der Feststellung und Anerkennung im Ausland erworbener Berufsqualifikationen v. 6.12.2011 (BGBl. I S. 2515), Art. 33 G zur Verbesserung der Eingliederungschancen am Arbeitsmarkt v. 20.12.2011 (BGBl. I S. 2854), Art. 2 G zur Änd. der Gewerbeordnung und anderer G v. 5.12.2012 (BGBl. I S. 2415), Art. 19 G zur Förderung der elektronischen Verwaltung sowie zur Änd. weiterer Vorschriften v. 25.7.2013 (BGBl. I S. 2749), Art. 283 Zehnte ZuständigkeitsanpassungsVO v. 31.8.2015 (BGBl. I S. 1474), Art. 104 G zum Abbau verzichtbarer Anordnungen der Schriftform im Verwaltungsrecht des Bundes v. 29.3.2017 (BGBl. I S. 626), Art. 6 Zweites BürokratieentlastungsG v. 30.6.2017 (BGBl. I S. 2143), Art. 84 Zweites Datenschutz-Anpassungs- und Umsetzungsgesetz EU v. 20.11.2019 (BGBl. I S. 1626), Art. 2 Gesetz zur Modernisierung und Stärkung der beruflichen Bildung v. 12.12.2019 (BGBl. I S. 2522), Art. 1 Viertes G zur Änd. der HandwerksO und anderer handwerksrechtl. Vorschriften v. 6.2.2020 (BGBl. I S. 142), Art. 3 G zur Abmilderung der Folgen der COVID-19-Pandemie im Wettbewerbsrecht und für den Bereich der Selbstverwaltungsorganisationen der gewerbl. Wirtschaft v. 25.5.2020 (BGBl. I S. 1067), Art. 6 G zur Umsetzung der VerhältnismäßigkeitsRL (RL (EU) 2018/958) im Bereich öffentlich-rechtl. Körperschaften v. 19.6.2020 (BGBl. I S. 1403), Art. 21 Sanierungs- und InsolvenzrechtsfortentwicklungsG v. 22.12. 2020 (BGBl. I S. 3256) und Art. 18 RegistermodernisierungsG v. 28.3.2021 (BGBl. I S. 591)

Inhaltsübersicht[3)]

---

1) Die Änderungen durch G v. 28.3.2021 (BGBl. I S. 591) treten **mit noch unbestimmtem Datum** in Kraft und sind im Text noch nicht berücksichtigt.

2) Neubekanntmachung der HandwerksO idF der Bek. v. 28.12.1965 (BGBl. 1966 I S. 1) in der ab 1.4. 1998 geltenden Fassung.

3) Inhaltsübersicht neu gef. mWv 1.1.2004 durch G v. 24.12.2003 (BGBl. I S. 2934); geänd. mWv 1.4. 2005 durch G v. 23.3.2005 (BGBl. I S. 931); geänd. mWv 18.12.2008 durch G v. 11.12.2008 (BGBl. I S. 2418); geänd. mWv 1.4.2012 durch G v. 6.12.2011 (BGBl. I S. 2515); geänd. mWv 14.2.2020 durch G v. 6.2.2020 (BGBl. I S. 142); geänd. mWv 29.5.2020 durch G v. 25.5.2020 (BGBl. I S. 1067).

818. Gesetz zur vorläufigen Regelung des Rechts der Industrie- und Handelskammern[1) 2)]

Vom 18. Dezember 1956
(BGBl. I S. 920)

BGBl. III/FNA 701-1

geänd. durch Art. 22 SteuerÄndG 1961 v. 13.7.1961 (BGBl. I S. 981), § 103 BerufsbildungsG v. 14.8. 1969 (BGBl. I S. 1112), Art. 9 Nr. 1 G zur Neuregelung des Volljährigkeitsalters v. 31.7.1974 (BGBl. I S. 1713), Art. 95 Nr. 5 EinführungsG zur Abgabenordnung v. 14.12.1976 (BGBl. I S. 3341), Art. 2 G zur Änd. von Gesetzen auf dem Gebiet des Rechts der Wirtschaft v. 21.12.1992 (BGBl. I S. 2133), Art. 4 G zur Änd. der GewerbeO und sonstiger gewerberechtlicher Vorschriften v. 23.11.1994 (BGBl. I S. 3475), Art. 1 ÄndG v. 23.7.1998 (BGBl. I S. 1887, ber. S. 3158), Art. 118 Siebente ZuständigkeitsanpassungsVO v. 29.10.2001 (BGBl. I S. 2785), Art. 6 Neuntes Euro-EinführungsG v. 10.11.2001 (BGBl. I S. 2992), Art. 95 Achte ZuständigkeitsanpassungsVO v. 25.11.2003 (BGBl. I S. 2304), Art. 5 Drittes G zur Änd. der HandwerksO und anderer handwerksrechtlicher Vorschriften v. 24.12.2003 (BGBl. I S. 2934), Art. 4 Nr. 5 BerufsbildungsreformG v. 23.3.2005 (BGBl. I S. 931), Art. 130 Neunte Zuständigkeitsanpassungs-VO v. 31.10.2006 (BGBl. I S. 2407), Art. 7 Zweites BürokratieabbauG v. 7.9.2007 (BGBl. I S. 2246), Art. 7 Viertes G zur Änd. verwaltungsverfahrensrechtlicher Vorschriften v. 11.12.2008 (BGBl. I S. 2418), Art. 2 G zur Änd. gewerberechtl. Vorschriften v. 11.7.2011 (BGBl. I S. 1341), Art. 2 Abs. 61 G zur Änd. von Vorschriften über Verkündung und Bekanntmachungen sowie der ZPO, des EGZPO und der AO v. 22.12.2011 (BGBl. I S. 3044), Art. 17 G zur Förderung der elektronischen Verwaltung sowie zur Änd. weiterer Vorschriften v. 25.7.2013 (BGBl. I S. 2749), Art. 254 Zehnte ZuständigkeitsanpassungsVO v. 31.8.2015 (BGBl. I S. 1474), Art. 93 G zum Abbau verzichtbarer Anordnungen der Schriftform im Verwaltungsrecht des Bundes v. 29.3.2017 (BGBl. I S. 626), Art. 82 Zweites Datenschutz-Anpassungs-

---

[1)] Die Änderungen durch G v. 28.3.2021 (BGBl. I S. 591) treten **mit noch unbestimmtem Datum** in Kraft und sind im Text noch nicht berücksichtigt.

[2)] Zum Industrie- und HandelskammernG haben die Länder ua folgende Vorschriften erlassen:
- **Baden-Württemberg:** Industrie- und HandelskammernG v. 27.1.1958 (GBl. S. 77), zuletzt geänd. durch VO v. 23.2.2017 (GBl. S. 99)
- **Bayern:** Industrie- und Handelskammern-AusführungsG – AGIHKG v. 25.3.1958 (BayRS V S. 3), zuletzt geänd. durch V v. 26.3.2019 (GVBl. S. 98); VO über die Abgrenzung der Bezirke der Industrie- und Handelskammern – BezVIHK v. 15.12.1972 (BayRS V S. 4), zuletzt geänd. durch V v. 28.11.2012 (GVBl S. 656)
- **Berlin:** Industrie- und HandelskammernG – IHKG idF der Bek. v. 21.3.1967 (GVBl. S. 511), zuletzt geänd. durch G v. 22.6.1983 (GVBl. S. 933)
- **Brandenburg:** Industrie- und Handelskammern-AusführungsG – AGIHKG v. 13.9.1991 (GVBl. S. 440), geänd. durch G v. 26.11.1998 (GVBl. I S. 218)
- **Bremen:** Industrie- und HandelskammernG v. 6.5.1958 (Brem.GBl. S. 47), zuletzt geänd. durch Bek. v. 20.10.2020 (Brem.GBl. S. 1172)
- **Hessen:** Hessisches Industrie- und HandelskammernG v. 6.11.1957 (GVBl. I S. 147), zuletzt geänd. durch G v. 28.9.2014 (GVBl. S. 218)
- **Mecklenburg-Vorpommern:** Industrie- und HandelskammernG – IHKG v. 18.2.1992 (GVOBl. M-V S. 98)
- **Niedersachsen:** Industrie- und Handelskammern-AusführungsG v. 9.5.2012 (Nds. GVBl. S. 98)
- **Nordrhein-Westfalen:** Industrie- und HandelskammernG – IHKG v. 23.7.1957 (GV. NRW. S. 187, ber. S. 228), zuletzt geänd. durch G v. 22.3.2018 (GV. NRW. S. 172)
- **Rheinland-Pfalz:** Industrie- und Handelskammern-AusführungsG v. 24.2.1958 (GVBl. S. 43), zuletzt geänd. durch G v. 12.10.1999 (GVBl. S. 325)
- **Saarland:** Industrie- und HandelskammernG v. 23.3.1960 (Amtsbl. S. 261), zuletzt geänd. durch G v. 15.2.2006 (Amtsbl. S. 474)
- **Sachsen:** Industrie- und Handelskammern-AusführungsG – SächsIHKG v. 18.11.1991 (SächsGVBl. S. 380), zuletzt geänd. durch G v. 5.12.2017 (SächsGVBl. S. 658)
- **Sachsen-Anhalt:** Industrie- und HandelskammernG – AGIHKG v. 10.6.1991 (GVBl. LSA S. 103), zuletzt geänd. durch G v. 18.11.2005 (GVBl. LSA S. 698)
- **Schleswig-Holstein:** Industrie- und HandelskammernG v. 11.11.2020 (GVOBl. Schl.-H. S. 806)
- **Thüringen:** Industrie- und Handelskammern-AusführungsG – ThürAGIHKG v. 7.12.1993 (GVBl. S. 757), geänd. durch G v. 4.4.2019 (GVBl. S. 61); VO zur Einteilung der Kammerbezirke der Industrie- und Handelskammern v. 30.6.1994 (GVBl. S. 937).

und UmsetzungsG EU v. 20.11.2019 (BGBl. I S. 1626), Art. 2 G zur Abmilderung der Folgen der COVID-19-Pandemie im Wettbewerbsrecht und für den Bereich der Selbstverwaltungsorganisationen der gewerblichen Wirtschaft v. 25.5.2020 (BGBl. I S. 1067), Art. 19 Sanierungs- und InsolvenzrechtsfortentwicklungsG v. 22.12.2020 (BGBl. I S. 3256) und Art. 17 RegistermodernisierungsG v. 28.3.2021 (BGBl. I S. 591)

Der Bundestag hat mit Zustimmung des Bundesrates das folgende Gesetz beschlossen:

§ 1[1)] [Aufgaben und Befugnisse] (1) Die Industrie- und Handelskammern haben, soweit nicht die Zuständigkeit der Organisationen des Handwerks nach Maßgabe des Gesetzes zur Ordnung des Handwerks (Handwerksordnung)[2)] vom 17. September 1953 (Bundesgesetzbl. I S. 1411) gegeben ist, die Aufgabe, das Gesamtinteresse der ihnen zugehörigen Gewerbetreibenden ihres Bezirkes wahrzunehmen, für die Förderung der gewerblichen Wirtschaft zu wirken und dabei die wirtschaftlichen Interessen einzelner Gewerbezweige oder Betriebe abwägend und ausgleichend zu berücksichtigen; dabei obliegt es ihnen insbesondere, durch Vorschläge, Gutachten und Berichte die Behörden zu unterstützen und zu beraten sowie für Wahrung von Anstand und Sitte des ehrbaren Kaufmanns zu wirken.

(2) [1]Die Industrie- und Handelskammern können Anlagen und Einrichtungen, die der Förderung der gewerblichen Wirtschaft oder einzelner Gewerbezweige dienen, begründen, unterhalten und unterstützen sowie Maßnahmen zur Förderung und Durchführung der kaufmännischen und gewerblichen Berufsbildung unter Beachtung der geltenden Rechtsvorschriften, insbesondere des Berufsbildungsgesetzes[3)], treffen. [2]Sie können die ihnen zugehörigen Gewerbetreibenden ihres Bezirks zu Fragen der Früherkennung von Unternehmenskrisen und deren Bewältigung beraten.

(3) Den Industrie- und Handelskammern obliegt die Ausstellung von Ursprungszeugnissen und anderen dem Wirtschaftsverkehr dienenden Bescheinigungen, soweit nicht Rechtsvorschriften diese Aufgaben anderen Stellen zuweisen.

(3a) [1]Die Länder können durch Gesetz den Industrie- und Handelskammern die Aufgaben einer einheitlichen Stelle im Sinne des Verwaltungsverfahrensgesetzes[4)] übertragen. [2]Das Gesetz regelt, welche Aufgabenbereiche von der Zuweisung erfasst sind. [3]Dabei kann das Gesetz vorsehen, dass die Industrie- und Handelskammern auch für nicht Kammerzugehörige tätig werden. [4]Das Gesetz regelt auch die Aufsicht.

(3b) Die Länder können den Industrie- und Handelskammern durch Gesetz ermöglichen, sich an Einrichtungen zu beteiligen, die die Aufgaben einer einheitlichen Stelle im Sinne des Verwaltungsverfahrensgesetzes erfüllen.

(4) Weitere Aufgaben können den Industrie- und Handelskammern durch Gesetz oder Rechtsverordnung übertragen werden.

(4a) *(aufgehoben)*

(5) Nicht zu den Aufgaben der Industrie- und Handelskammern gehört die Wahrnehmung sozialpolitischer und arbeitsrechtlicher Interessen.

[1)] § 1 Abs. 2 neu gef. durch G v. 14.8.1969 (BGBl. I S. 1112); Abs. 4a eingef. durch G v. 23.7.1998 (BGBl. I S. 1887); Abs. 3a, 3b eingef., Abs. 4a aufgeh. mWv 18.12.2008 durch G v. 11.12.2008 (BGBl. I S. 2418); Abs. 2 Satz 2 angef. mWv 1.1.2021 durch G v. 22.12.2020 (BGBl. I S. 3256).

[2)] Nr. **815**.

[3)] **Sartorius ErgBd. Nr. 422.**

[4)] Nr. **100**.

830. Gesetz über die Elektrizitäts- und Gasversorgung (Energiewirtschaftsgesetz – EnWG)[1] [2] [3]

Vom 7. Juli 2005

(BGBl. I S. 1970, ber. S. 3621)

FNA 752-6

geänd. durch Art. 7 G zur Beschleunigung von Planungsverfahren für Infrastrukturvorhaben v. 9.12.2006 (BGBl. I S. 2833), Art. 7 Abs. 14 G zur Stärkung der Selbstverwaltung der Rechtsanwaltschaft v. 26.3. 2007 (BGBl. I S. 358), Art. 2 G zur Bekämpfung von Preismissbrauch im Bereich der Energieversorgung und des Lebensmittelhandels v. 18.12.2007 (BGBl. I S. 2966), Art. 1 G zur Öffnung des Messwesens bei Strom und Gas für Wettbewerb v. 29.8.2008 (BGBl. I S. 1790), Art. 3 G zur Neuregelung des Rechts der Erneuerbaren Energien im Strombereich und zur Änd. damit zusammenhängender Vorschriften v. 25.10. 2008 (BGBl. I S. 2074), Art. 2 G zur Förderung der Kraft-Wärme-Kopplung v. 25.10.2008 (BGBl. I S. 2101), Art. 10 G zur Neuregelung des Rechts des Naturschutzes und der Landschaftspflege v. 29.7.2009 (BGBl. I S. 2542), Art. 2 G zur Beschleunigung des Ausbaus der Höchstspannungsnetze v. 21.8.2009 (BGBl. I S. 2870), Art. 2 G zur Umsetzung der RL des Europäischen Parlaments und des Rates über Endenergieeffizienz und Energiedienstleistungen v. 4.11.2010 (BGBl. I S. 1483), Art. 4 G zur Umsetzung der DienstleistungsRL im EichG sowie im Geräte- und ProduktsicherheitsG und zur Änd. des Verwaltungskosten G, des EnergiewirtschaftsG und des EnergieleitungsausbauG v. 7.3.2011 (BGBl. I S. 338), Art. 1 G zur Neuregelung energiewirtschaftsrechtlicher Vorschriften v. 26.7.2011 (BGBl. I S. 1554), Art. 8 G zur Neuregelung des Rechtsrahmens für die Förderung der Stromerzeugung aus erneuerbaren Energien v. 28.7.2011 (BGBl. I S. 1634), Art. 2 G über Maßnahmen zur Beschleunigung des Netzausbaus Elektrizitätsnetze v. 28.7.2011 (BGBl. I S. 1690), Art. 22 G über den Rechtsschutz bei überlangen Gerichtsverfahren und strafrechtlichen Ermittlungsverfahren v. 24.11.2011 (BGBl. I S. 2302), Art. 1 Zweites G zur Neuregelung energiewirtschaftsrechtlicher Vorschriften v. 22.12.2011 (BGBl. I S. 3034), Art. 2 Abs. 66 G zur Änd. von Vorschriften über Verkündung und Bekanntmachungen sowie der ZPO, des EGZPO und der AO v. 22.12.2011 (BGBl. I S. 3044), Art. 3 G zur Neufassung des ErdölbevorratungsG, zur Änderung des MineralöldatenG und zur Änderung des EnergiewirtschaftsG v. 16.1.2012 (BGBl. I S. 74), Art. 2 G zur Einrichtung einer Markttransparenzstelle für den Großhandel mit Strom und Gas v. 5.12.2012 (BGBl. I S. 2403), Art. 1, 2 Drittes G zur Neuregelung energiewirtschaftsrechtlicher Vorschriften v. 20.12.2012 (BGBl. I S. 2730, geänd. durch G v. 26.7.2016, BGBl. I S. 1786), Art. 1 ÄndG v. 21.2.2013 (BGBl. I S. 346), Art. 4 Planfeststellungsverfahren-VereinheitlichungsG v. 31.5.2013 (BGBl. I S. 1388, geänd. durch G v. 24.5.2014, BGBl. I S. 538), Art. 5 Abs. 1 Achtes G zur Änd. des GWB v. 26.6.2013 (BGBl. I S. 1738), Art. 2 Zweites G über Maßnahmen zur Beschleunigung des Netzausbaus Elektrizitätsnetze v. 23.7.2013 (BGBl. I S. 2543), Art. 2 Abs. 97 G zur Strukturreform des Gebührenrechts des Bundes v. 7.8.2013 (BGBl. I S. 3154), Art. 3 Abs. 4 G zur Änd. des HGB v. 4.10.2013 (BGBl. I S. 3746), Art. 6 G zur grundlegenden Reform des EEG und zur Änd. weiterer Bestimmungen des Energiewirtschaftsrechts v. 21.7.2014 (BGBl. I S. 1066), Art. 3 IT-SicherheitsG v. 17.7.2015 (BGBl. I S. 1324), Art. 15 BürokratieentlastungsG v. 28.7.2015 (BGBl. I S. 1400), Art. 311 Zehnte ZuständigkeitsanpassungsVO v. 31.8.2015 (BGBl. I S. 1474), Art. 2 Erstes G zur Änd. des EnergieverbrauchskennzeichnungsG und zur Änd. weiterer Bestimmungen des Energiewirtschaftsrechts v. 10.12.2015 (BGBl. I S. 2194), Art. 1 G zur Änd. von Bestimmungen des Rechts des Energieleitungsbaus v. 21.12.2015 (BGBl. I S. 2490), Art. 2 Abs. 3 G zur Neuregelung des Kraft-Wärme-KopplungsG v. 21.12.2015 (BGBl. I S. 2498), Art. 9 G zur

---

[1] **Amtl. Anm.:** Dieses Gesetz dient der Umsetzung der Richtlinie 2003/54/EG des Europäischen Parlaments und des Rates vom 26. Juni 2003 über gemeinsame Vorschriften für den Elektrizitätsbinnenmarkt und zur Aufhebung der Richtlinie 96/92/EG (ABl. EU Nr. L 176 S. 37), der Richtlinie 2003/55/ EG des Europäischen Parlaments und des Rates vom 26. Juni 2003 über gemeinsame Vorschriften für den Erdgasbinnenmarkt und zur Aufhebung der Richtlinie 98/30/EG (ABl. EU Nr. L 176 S. 57), der Richtlinie 2004/67/EG des Rates vom 26. April 2004 über Maßnahmen zur Gewährleistung der sicheren Erdgasversorgung (ABl. EU Nr. L 127 S. 92) und der Richtlinie 2006/32/EG des Europäischen Parlaments und des Rates vom 5. April 2006 über Endenergieeffizienz und Energiedienstleistungen und zur Aufhebung der Richtlinie 93/76/EWG des Rates (ABl. EU Nr. L 114 S. 64).

[2] Verkündet als Art. 1 Zweites G zur Neuregelung des Energiewirtschaftsrechts v. 7.7.2005 (BGBl. I S. 1970); Inkrafttreten gem. Art. 5 Abs. 1 dieses G am 13.7.2005.

[3] Die Änderungen durch G v. 13.10.2016 (BGBl. I S. 2258) treten teilweise erst **mWv 1.1.2026**, die Änderungen durch G v. 13.5.2019 (BGBl. I S. 706, geänd. durch G v. 21.12.2020, BGBl. I S. 3138) treten teilweise erst **mWv 1.10.2021** in Kraft und sind insoweit im Text noch nicht berücksichtigt.

Umsetzung der RL über alternative Streitbeilegung in Verbraucherangelegenheiten und zur Durchführung der VO über Online-Streitbeilegung in Verbraucherangelegenheiten v. 19.2.2016 (BGBl. I S. 254), Art. 78 Zweites G über die weitere Bereinigung von Bundesrecht v. 8.7.2016 (BGBl. I S. 1594), Art. 1, 11 StrommarktG v. 26.7.2016 (BGBl. I S. 1786), Art. 3 G zur Digitalisierung der Energiewende v. 29.8. 2016 (BGBl. I S. 2034), Art. 6, 25 Abs. 3 G zur Einführung von Ausschreibungen für Strom aus erneuerbaren Energien und zu weiteren Änd. des Rechts der erneuerbaren Energien v. 13.10.2016 (BGBl. I S. 2258), Art. 3 G zur Änd. von Vorschriften zur Bevorratung von Erdöl, zur Erhebung von Mineralöldaten und zur Umstellung auf hochkalorisches Erdgas v. 14.12.2016 (BGBl. I S. 2874), Art. 3 G zur Änd. der Bestimmungen zur Stromerzeugung aus Kraft-Wärme-Kopplung und zur Eigenversorgung v. 22.12.2016 (BGBl. I S. 3106), Art. 1 G zur Änd. der Vorschriften zur Vergabe von Wegenutzungsrechten zur leitungsgebundenen Energieversorgung v. 27.1.2017 (BGBl. I S. 130), Art. 117 G zum Abbau verzichtbarer Anordnungen der Schriftform im Verwaltungsrecht des Bundes v. 29.3.2017 (BGBl. I S. 626), Art. 6 Abs. 36 G zur Reform der strafrechtlichen Vermögensabschöpfung v. 13.4.2017 (BGBl. I S. 872), Art. 13 G zur Anpassung des Umwelt-RechtsbehelfsG und anderer Vorschriften an europa- und völkerrechtliche Vorgaben v. 29.5.2017 (BGBl. I S. 1298), Art. 24 Abs. 28 Zweites FinanzmarktnovellierungsG v. 23.6.2017 (BGBl. I S. 1693), Art. 3 G zur Umsetzung der RL (EU) 2016/1148 des Europäischen Parlaments und des Rates vom 6. Juli 2016 über Maßnahmen zur Gewährleistung eines hohen gemeinsamen Sicherheitsniveaus von Netz- und Informationssystemen in der Union v. 23.6.2017 (BGBl. I S. 1885), Art. 1 NetzentgeltmodernisierungsG v. 17.7.2017 (BGBl. I S. 2503, ber. S. 3343, geänd. durch G v. 17.12.2018, BGBl. I S. 2549), Art. 2 G zur Förderung von Mieterstrom und zur Änd. weiterer Vorschriften des Erneuerbare-Energien-G v. 17.7.2017 (BGBl. I S. 2532), Art. 2 Abs. 6 G zur Modernisierung des Rechts der Umweltverträglichkeitsprüfung v. 20.7.2017 (BGBl. I S. 2808, ber. 2018 S. 472), Art. 3, 14 G zur Änd. des Erneuerbare-Energien-G, des Kraft-Wärme-KopplungsG, des EnergiewirtschaftsG und weiterer energierechtlicher Vorschriften v. 17.12.2018 (BGBl. I S. 2549), Art. 1 G zur Beschleunigung des Energieleitungsausbaus v. 13.5.2019 (BGBl. I S. 706, geänd. durch G v. 21.12.2020, BGBl. I S. 3138), Art. 89 Zweites Datenschutz-Anpassungs- und Umsetzungsgesetz EU v. 20.11.2019 (BGBl. I S. 1626), Art. 2 G zur Änd. des G über Energiedienstleistungen und andere Energieeffizienzmaßnahmen v. 20.11.2019 (BGBl. I S. 1719), Art. 5 G zur Änd. von Vorschriften über die außergerichtliche Streitbeilegung in Verbrauchersachen und zur Änd. weiterer Gesetze v. 30.11.2019 (BGBl. I S. 1942), Art. 1 G zur Änd. des EnergiewirtschaftsG zur Umsetzung der RL (EU) 2019/692 des Europäischen Parlamentes und des Rates über gemeinsame Vorschriften für den Erdgasbinnenmarkt v. 5.12.2019 (BGBl. I S. 2002), Art. 5 G zur Änd. des Erneuerbare-Energien-G 2017 und weiterer energierechtl. Bestimmungen v. 25.5.2020 (BGBl. I S. 1070), Art. 249 Elfte ZuständigkeitsanpassungsVO v. 19.6.2020 (BGBl. I S. 1328), Art. 4 G zur Vereinheitlichung des Energieeinsparrechts für Gebäude und zur Änd. weiterer Gesetze v. 8.8.2020 (BGBl. I S. 1728), Art. 4 KohleausstiegsG v. 8.8.2020 (BGBl. I S. 1818), Art. 1 G zur Änd. des EnergiewirtschaftsG zur marktgestützten Beschaffung von Systemdienstleistungen v. 22.11.2020 (BGBl. I S. 2464), Art. 2 G zur Änd. des Windenergie-auf-See-G und anderer Vorschriften v. 3.12.2020 (BGBl. I S. 2682), Art. 2 G zur Änd. des Erneuerbare-Energien-G und weiterer energierechtlicher Vorschriften v. 21.12.2020 (BGBl. I S. 3138) und Art. 2 G zur Änd. des BundesbedarfsplanG und anderer Vorschriften v. 25.2.2021 (BGBl. I S. 298)

Zum EnWG wurden ua folgende Vorschriften erlassen:

– AnreizregulierungsVO – ARegV v. 29.10.2007 (BGBl. I S. 2529), zuletzt geänd. durch VO v. 23.12. 2019 (BGBl. I S. 2935)
– Elektrotechnische-Eigenschaften-Nachweis-Verordnung – NELEV v. 12.6.2017 (BGBl. I S. 1651)
– EnergiewirtschaftskostenVO – EnWGKostV v. 14.3.2006 (BGBl. I S. 540), zuletzt geänd. durch VO v. 6.11.2020 (BGBl. I S. 2345)
– GasnetzentgeltVO – GasNEV v. 25.7.2005 (BGBl. I S. 2197), zuletzt geänd. durch VO v. 23.12.2019 (BGBl. I S. 2935)
– GasnetzzugangsVO – GasNZV v. 3.9.2010 (BGBl. I S. 1261), zuletzt geänd. durch VO v. 13.6.2019 (BGBl. I S. 786)
– KonzessionsabgabenVO – KAV v. 9.1.1992 (BGBl. I S. 12), zuletzt geänd. durch VO v. 1.11.2006 (BGBl. I S. 2477)
– Kraftwerks-NetzanschlussVO – KraftNAV v. 26.6.2007 (BGBl. I S. 1187)
– Marktstammdatenregisterverordnung – MaStRV v. 10.4.2017 (BGBl. I S. 842), zuletzt geänd. durch G v. 21.12.2020 (BGBl. I S. 3138)
– NetzreserveVO – NetzResV v. 27.6.2013 (BGBl. I S. 1947), zuletzt geänd. durch G v. 13.5.2019 (BGBl. I S. 706)
– SINTEG-Verordnung – SINTEG-V v. 14.6.2017 (BGBl. I S. 1653), geänd. durch G v. 13.5.2019 *(BGBl. I S. 706)*
– StromnetzentgeltVO – StromNEV v. 25.7.2005 (BGBl. I S. 2225), zuletzt geänd. durch VO v. 30.10. 2020 (BGBl. I S. 2269)

– StromnetzzugangsVO – StromNZV v. 25.7.2005 (BGBl. I S. 2243), zuletzt geänd. durch G v. 21.12. 2020 (BGBl. I S. 3138)
– VO zu abschaltbaren Lasten v. 28.12.2012 (BGBl. I S. 2998), zuletzt geänd. durch VO v. 16.6.2016 (BGBl. I S. 1359)
– VO zum Schutz von Übertragungsnetzen v. 6.1.2012 (BGBl. I S. 69), geänd. durch VO v. 31.8.2015 (BGBl. I S. 1474)

Inhaltsübersicht[1)]

[1)] Inhaltsübersicht geänd. mWv 17.12.2006 durch G v. 9.12.2006 (BGBl. I S. 2833); geänd. mWv 22.12.2007 durch G v. 18.12.2007 (BGBl. I S. 2966); geänd. mWv 26.8.2009 durch G v. 21.8.2009 (BGBl. I S. 2870); geänd. mWv 12.3.2011 durch G v. 7.3.2011 (BGBl. I S. 338); geänd. mWv 4.8.2011 durch G v. 26.7.2011 (BGBl. I S. 1554); geänd. mWv 3.12.2011 durch G v. 24.11.2011 (BGBl. I S. 2302); geänd. mWv 12.12.2012 durch G v. 5.12.2012 (BGBl. I S. 2403); geänd. mWv 28.12.2012 durch G v. 20.12.2012 (BGBl. I S. 2730); geänd. mWv 8.9.2015 durch VO v. 31.8.2015 (BGBl. I S. 1474); geänd. mWv 1.1.2016 durch G v. 10.12.2015 (BGBl. I S. 2194); geänd. mWv 15.7.2016 durch G v. 8.7.2016 *(BGBl. I S. 1594); geänd.* mWv 30.7.2016 durch G v. 26.7.2016 (BGBl. I S. 1786); geänd. mWv 2.9.2016 durch G v. 29.8.2016 (BGBl. I S. 2034); geänd. mWv 1.1.2017 durch G v. 13.10.2016 (BGBl. I S. 2258); geänd. mWv 1.1.2017 durch G v. 14.12.2016 (BGBl. I S. 2874); geänd. mWv 3.2.2017 durch G v. 27.1. 2017 (BGBl. I S. 130); geänd. mWv 22.7.2017 durch G v. 17.7.2017 (BGBl. I S. 2503); geänd. mWv 25.7.2017 durch G v. 17.7.2017 (BGBl. I S. 2532); geänd. mWv 21.12.2018 durch G v. 17.12.2018 (BGBl. I S. 2549); geänd. mWv 17.5.2019 durch G v. 13.5.2019 (BGBl. I S. 706); geänd. mWv 12.12. 2019 durch G v. 5.12.2019 (BGBl. I S. 2002); geänd. mWv 14.8.2020 durch G v. 8.8.2020 (BGBl. I S. 1818); geänd. mWv 27.11.2020 durch G v. 22.11.2020 (BGBl. I S. 2464); geänd. mWv 1.1.2021 durch G v. 21.12.2020 (BGBl. I S. 3138) *[Änd. nicht ausführbar]*; mWv 4.3.2021 durch G v. 25.2.2021 (BGBl. I S. 298); sie wurde nichtamtlich an die Änderungen durch G v. 28.7.2011 (BGBl. I S. 1690), durch G v. 22.12.2016 (BGBl. I S. 3106) und durch G v. 20.7.2017 (BGBl. I S. 2808) angepasst.

Abschnitt 4. Gemeinsame Bestimmungen

Abschnitt 5. Sanktionen, Bußgeldverfahren

Abschnitt 6. Bürgerliche Rechtsstreitigkeiten

Abschnitt 7. Gemeinsame Bestimmungen für das gerichtliche Verfahren

Teil 9. Sonstige Vorschriften

Teil 9a. Transparenz

Teil 10. Evaluierung, Schlussvorschriften

Teil 1. Allgemeine Vorschriften

§ 1[1)] Zweck und Ziele des Gesetzes. (1) Zweck des Gesetzes ist eine möglichst sichere, preisgünstige, verbraucherfreundliche, effiziente und umweltverträgliche leitungsgebundene Versorgung der Allgemeinheit mit Elektrizität und Gas, die zunehmend auf erneuerbaren Energien beruht.

(2) Die Regulierung der Elektrizitäts- und Gasversorgungsnetze dient den Zielen der Sicherstellung eines wirksamen und unverfälschten Wettbewerbs bei der Versorgung mit Elektrizität und Gas und der Sicherung eines langfristig angelegten leistungsfähigen und zuverlässigen Betriebs von Energieversorgungsnetzen.

(3) Zweck dieses Gesetzes ist ferner die Umsetzung und Durchführung des Europäischen Gemeinschaftsrechts auf dem Gebiet der leitungsgebundenen Energieversorgung.

(4) Um den Zweck des Absatzes 1 auf dem Gebiet der leitungsgebundenen Versorgung der Allgemeinheit mit Elektrizität zu erreichen, verfolgt dieses Gesetz insbesondere die Ziele,

1. die freie Preisbildung für Elektrizität durch wettbewerbliche Marktmechanismen zu stärken,
2. den Ausgleich von Angebot und Nachfrage nach Elektrizität an den Strommärkten jederzeit zu ermöglichen,
3. dass Erzeugungsanlagen, Anlagen zur Speicherung elektrischer Energie und Lasten insbesondere möglichst umweltverträglich, netzverträglich, effizient und flexibel in dem Umfang eingesetzt werden, der erforderlich ist, um die Sicherheit und Zuverlässigkeit des Elektrizitätsversorgungssystems zu gewährleisten, und
4. den Elektrizitätsbinnenmarkt zu stärken sowie die Zusammenarbeit insbesondere mit den an das Gebiet der Bundesrepublik Deutschland angrenzenden Staaten sowie mit dem Königreich Norwegen und dem Königreich Schweden zu intensivieren.

§ 1a[2)] Grundsätze des Strommarktes. (1) [1]Der Preis für Elektrizität bildet sich nach wettbewerblichen Grundsätzen frei am Markt. [2]Die Höhe der Preise für Elektrizität am Großhandelsmarkt wird regulatorisch nicht beschränkt.

(2) [1]Das Bilanzkreis- und Ausgleichsenergiesystem hat eine zentrale Bedeutung für die Gewährleistung der Elektrizitätsversorgungssicherheit. [2]Daher sollen die Bilanzkreistreue der Bilanzkreisverantwortlichen und eine ordnungsgemäße Bewirtschaftung der Bilanzkreise sichergestellt werden.

(Fortsetzung nächstes Blatt)

[1)] § 1 Abs. 1 geänd. mWv 4.8.2011 durch G v. 26.7.2011 (BGBl. I S. 1554); Überschrift neu gef., Abs. 4 angef. mWv 30.7.2016 durch G v. 26.7.2016 (BGBl. I S. 1786).

[2)] § 1a eingef. mWv 30.7.2016 durch G v. 26.7.2016 (BGBl. I S. 1786); Abs. 4 geänd. mWv 1.1.2017 durch G v. 22.12.2016 (BGBl. I S. 3106).

§ 12c[1)] Prüfung und Bestätigung des Netzentwicklungsplans durch die Regulierungsbehörde. (1) [1]Die Regulierungsbehörde prüft die Übereinstimmung des Netzentwicklungsplans mit den Anforderungen gemäß § 12b Absatz 1, 2 und 4. [2]Sie kann Änderungen des Entwurfs des Netzentwicklungsplans durch die Betreiber von Übertragungsnetzen mit Regelzonenverantwortung verlangen. [3]Die Betreiber von Übertragungsnetzen mit Regelzonenverantwortung stellen der Regulierungsbehörde auf Verlangen die für ihre Prüfungen erforderlichen Informationen zur Verfügung. [4]Bestehen Zweifel, ob der Netzentwicklungsplan mit dem gemeinschaftsweit geltenden Netzentwicklungsplan in Einklang steht, konsultiert die Regulierungsbehörde die Agentur für die Zusammenarbeit der Energieregulierungsbehörden.

(2) [1]Zur Vorbereitung eines Bedarfsplans nach § 12e erstellt die Regulierungsbehörde frühzeitig während des Verfahrens zur Erstellung des Netzentwicklungsplans nach § 12b einen Umweltbericht, der den Anforderungen des § 40 des Gesetzes über die Umweltverträglichkeitsprüfung[2)] entsprechen muss. [2]Der Umweltbericht nach Satz 1 bezieht den Umweltbericht zum Flächenentwicklungsplan nach § 6 Absatz 4 des Windenergie-auf-See-Gesetzes ein und kann auf zusätzliche oder andere als im Umweltbericht zum Flächenentwicklungsplan nach § 6 Absatz 4 des Windenergie-auf-See-Gesetzes enthaltene erhebliche Umweltauswirkungen beschränkt werden. [3]Der Umweltbericht nach Satz 1 kann sich auf den Bereich des Festlands und des Küstenmeeres beschränken. [4]Die Betreiber von Übertragungsnetzen mit Regelzonenverantwortung stellen der Regulierungsbehörde die hierzu erforderlichen Informationen zur Verfügung.

(3) [1]Nach Abschluss der Prüfung nach Absatz 1 beteiligt die Regulierungsbehörde unverzüglich die Behörden, deren Aufgabenbereich berührt wird, und die Öffentlichkeit. [2]Maßgeblich sind die Bestimmungen des Gesetzes über die Umweltverträglichkeitsprüfung, soweit sich aus den nachfolgenden Vorschriften nicht etwas anderes ergibt. [3]Gegenstand der Beteiligung ist der Entwurf des Netzentwicklungsplans und in den Fällen des § 12e zugleich der Umweltbericht. [4]Die Unterlagen für die Strategische Umweltprüfung sowie der Entwurf des Netzentwicklungsplans sind für eine Frist von sechs Wochen am Sitz der Regulierungsbehörde auszulegen und darüber hinaus auf ihrer Internetseite öffentlich bekannt zu machen. [5]Die betroffene Öffentlichkeit kann sich zum Entwurf des Netzentwicklungsplans und zum Umweltbericht bis einen Monat nach Ende der Auslegung äußern.

(4) [1]Die Regulierungsbehörde soll den Netzentwicklungsplan unter Berücksichtigung des Ergebnisses der Behörden- und Öffentlichkeitsbeteiligung mit Wirkung für die Betreiber von Übertragungsnetzen spätestens bis zum 31. Dezember eines jeden ungeraden Kalenderjahres, beginnend mit dem Jahr 2017, bestätigen. [2]Die Bestätigung ist nicht selbstständig durch Dritte anfechtbar.

(5) Die Betreiber von Übertragungsnetzen mit Regelzonenverantwortung sind verpflichtet, den entsprechend Absatz 1 Satz 2 geänderten Netzentwicklungsplan der Regulierungsbehörde unverzüglich vorzulegen.

[1)] § 12c eingef. mWv 4.8.2011 durch G v. 26.7.2011 (BGBl. I S. 1554); Abs. 2 Satz 1 geänd., Satz 2 eingef., bish. Satz 2 wird Satz 3, Abs. 6 geänd. mWv 28.12.2012 durch G v. 20.12.2012 (BGBl. I S. 2730); Überschrift und Abs. 4 Satz 1 neu gef., Abs. 6 eingef., bish. Abs. 6 wird Abs. 7 mWv 1.1.2016 durch G v. 10.12.2015 (BGBl. I S. 2194); Abs. 2 Satz 1 und Abs. 3 Satz 5 geänd. mWv 29.7.2017 durch G v. 20.7. 2017 (BGBl. I S. 2808); Abs. 1 Sätze 2 und 3, Abs. 2 Satz 3 geänd., Abs. 4 Satz 3 aufgeh., Abs. 5 geänd., Abs. 8 angef. mWv 17.5.2019 durch G v. 13.5.2019 (BGBl. I S. 706); Abs. 2 Satz 1 geänd., Satz 2 neu gef., Satz 3 eingef., bish. Satz 3 wird Satz 4 mWv 4.3.2021 durch G v. 25.2.2021 (BGBl. I S. 298).

[2)] Nr. **295**.

(6) [1]Bei Fortschreibung des Netzentwicklungsplans kann sich die Beteiligung der Öffentlichkeit, einschließlich tatsächlicher und potenzieller Netznutzer, der nachgelagerten Netzbetreiber sowie der Träger öffentlicher Belange nach § 12a Absatz 2, § 12b Absatz 3 und § 12c Absatz 3 auf Änderungen gegenüber dem zuletzt genehmigten Szenariorahmen oder dem zuletzt bestätigten Netzentwicklungsplan beschränken. [2]Ein vollständiges Verfahren nach den §§ 12a bis 12c Absatz 1 bis 5 muss mindestens alle vier Jahre sowie in den Fällen des § 12e Absatz 1 Satz 3 durchgeführt werden.

(7) Die Regulierungsbehörde kann durch Festlegung nach § 29 Absatz 1 nähere Bestimmungen zu Inhalt und Verfahren der Erstellung des Netzentwicklungsplans sowie zur Ausgestaltung des nach Absatz 3, § 12a Absatz 2 und § 12b Absatz 3 durchzuführenden Verfahrens zur Beteiligung der Öffentlichkeit treffen.

(8) [1]Die Regulierungsbehörde kann bestimmen, wer für die Durchführung einer im Netzentwicklungsplan enthaltenen Maßnahme als Vorhabenträger verantwortlich ist. [2]Hierbei berücksichtigt die Regulierungsbehörde ausschließlich Belange, die im öffentlichen Interesse eine möglichst zügige, effiziente und umweltschonende Durchführung der Maßnahmen erwarten lassen; insbesondere berücksichtigt die Regulierungsbehörde, ob

1. ein Vorhabenträger bereits für ein Vorhaben nach dem Energieleitungsausbaugesetz[1)] oder dem Bundesbedarfsplangesetz[2)] verantwortlich ist und die bestätigte Maßnahme mit diesem Vorhaben gemeinsam realisiert werden soll oder
2. durch die Durchführung einer Maßnahme durch einen Vorhabenträger oder durch eine gemeinsame Durchführung der Maßnahme durch mehrere Vorhabenträger diese Ziele besser erreicht werden können.

§ 12d[3)] Umsetzungsbericht der Übertragungsnetzbetreiber und Monitoring durch die Regulierungsbehörde. (1) [1]Die Betreiber von Übertragungsnetzen mit Regelzonenverantwortung legen der Regulierungsbehörde jeweils spätestens bis zum 30. September eines jeden geraden Kalenderjahres, beginnend mit dem Jahr 2018, einen gemeinsamen Umsetzungsbericht vor, den diese prüft. [2]Der Umsetzungsbericht muss folgende Angaben enthalten:

1. Angaben zum Stand der Umsetzung des zuletzt bestätigten Netzentwicklungsplans,
2. im Fall von Verzögerungen der Umsetzung die dafür maßgeblichen Gründe,
3. Angaben zu den Risiken, die Verzögerungen hervorrufen können, und Vorschläge für Maßnahmen, um diese Risiken zu verringern, und
4. Angaben zu Möglichkeiten, um die Umsetzung zu beschleunigen, und Vorschläge für Maßnahmen, um diese Möglichkeiten zu nutzen.

[3]Die Regulierungsbehörde veröffentlicht den Umsetzungsbericht und gibt allen tatsächlichen und potenziellen Netznutzern Gelegenheit zur Äußerung.

(2) [1]Die Regulierungsbehörde führt fortlaufend ein Monitoring über die Planung und den Stand der Umsetzung der Maßnahmen zur Optimierung, zur Verstärkung und zum Ausbau des Übertragungsnetzes durch und informiert hierüber regelmäßig die Öffentlichkeit. [2]Die Betreiber von Übertragungsnetzen und

---

[1)] **Sartorius III Nr. 510.**

[2)] **Sartorius III Nr. 512.**

[3)] § 12d neu gef. mWv 1.1.2016 durch G v. 10.12.2015 (BGBl. I S. 2194); Überschrift und Abs. 1 Satz 1 geänd., Satz 2 neu gef., Abs. 2 angef. mWv 17.5.2019 durch G v. 13.5.2019 (BGBl. I S. 706).

die Behörden stellen der Regulierungsbehörde die für das Monitoring notwendigen Informationen in geeigneter Form zur Verfügung.

§ 12e[1] Bundesbedarfsplan. (1) [1] Die Regulierungsbehörde übermittelt den Netzentwicklungsplan mindestens alle vier Jahre der Bundesregierung als Entwurf für einen Bundesbedarfsplan. [2] Die Bundesregierung legt den Entwurf des Bundesbedarfsplans mindestens alle vier Jahre dem Bundesgesetzgeber vor. [3] Die Regulierungsbehörde hat auch bei wesentlichen Änderungen des Netzentwicklungsplans gemäß Satz 1 zu verfahren.

(2) [1] Die Regulierungsbehörde kennzeichnet in ihrem Entwurf für einen Bundesbedarfsplan die länderübergreifenden und grenzüberschreitenden Höchstspannungsleitungen sowie die Anbindungsleitungen von den Offshore-Windpark-Umspannwerken zu den Netzverknüpfungspunkten an Land. [2] Dem Entwurf ist eine Begründung beizufügen. [3] Die Vorhaben des Bundesbedarfsplans entsprechen den Zielsetzungen des § 1 dieses Gesetzes.

(3) *(aufgehoben)*

(4) [1] Mit Erlass des Bundesbedarfsplans durch den Bundesgesetzgeber wird für die darin enthaltenen Vorhaben die energiewirtschaftliche Notwendigkeit und der vordringliche Bedarf festgestellt. [2] Die Feststellungen sind für die Betreiber von Übertragungsnetzen sowie für die Planfeststellung und die Plangenehmigung nach den §§ 43 bis 43d und §§ 18 bis 24 des Netzausbaubeschleunigungsgesetzes Übertragungsnetz[2] verbindlich.

(5) [1] Für die Änderung von Bundesbedarfsplänen gilt § 37 Satz 1 des Gesetzes über die Umweltverträglichkeitsprüfung[3]. [2] Soweit danach keine Pflicht zur Durchführung einer Strategischen Umweltprüfung besteht, findet § 12c Absatz 2 keine Anwendung.

§ 12f[4] Herausgabe von Daten. (1) Die Regulierungsbehörde stellt dem Bundesministerium für Wirtschaft und Energie sowie dem Umweltbundesamt Daten, die für digitale Netzberechnungen erforderlich sind, insbesondere Einspeise- und Lastdaten sowie Impedanzen und Kapazitäten von Leitungen und Transformatoren, einschließlich unternehmensbezogener Daten und Betriebs- und Geschäftsgeheimnisse zur Verfügung, soweit dies zur Erfüllung ihrer jeweiligen Aufgaben erforderlich ist.

(2) [1] Die Regulierungsbehörde gibt auf Antrag insbesondere netzknotenpunktscharfe Einspeise- und Lastdaten sowie Informationen zu Impedanzen und Kapazitäten von Leitungen und Transformatoren an Dritte heraus, die die Fachkunde zur Überprüfung der Netzplanung und ein berechtigtes Interesse gegenüber der Regulierungsbehörde nachweisen sowie die vertrauliche Behandlung der Informationen zusichern oder die Berechtigung zum Umgang mit Verschlusssachen mit einem Geheimhaltungsgrad nach § 12g Absatz 4 in Verbindung mit § 4 des

---

[1] § 12e eingef. mWv 4.8.2011 durch G v. 26.7.2011 (BGBl. I S. 1554); Abs. 4 Satz 2 geänd. mWv 5.8. 2011 durch G v. 28.7.2011 (BGBl. I S. 1690); Abs. 1 Satz 1 geänd. mWv 28.12.2012 durch G v. 20.12. 2012 (BGBl. I S. 2730); Abs. 3 Satz 1 geänd. mWv 27.7.2013 durch G v. 23.7.2013 (BGBl. I S. 2543); Abs. 3 aufgeh. mWv 1.8.2014 durch G v. 21.7.2014 (BGBl. I S. 1066); Abs. 1 Sätze 1–3 geänd. mWv 1.1. 2016 durch G v. 10.12.2015 (BGBl. I S. 2194); Abs. 5 Satz 1 geänd. mWv 29.7.2017 durch G v. 20.7. 2017 (BGBl. I S. 2808); Abs. 1 Satz 1 geänd. mWv 4.3.2021 durch G v. 25.2.2021 (BGBl. I S. 298).

[2] **Sartorius III Nr. 511.**

[3] Nr. **295.**

[4] § 12f eingef. mWv 4.8.2011 durch G v. 26.7.2011 (BGBl. I S. 1554); Abs. 1 geänd. mWv 1.8.2014 durch G v. 21.7.2014 (BGBl. I S. 1066).

Sicherheitsüberprüfungsgesetzes[1)] haben. [2]Die Daten sind in einem standardisierten, elektronisch verarbeitbaren Format zur Verfügung zu stellen. [3]Daten, die Betriebs- und Geschäftsgeheimnisse darstellen, dürfen von der Regulierungsbehörde nicht herausgegeben werden. [4]In diesem Fall hat die Regulierungsbehörde typisierte und anonymisierte Datensätze an den Antragsteller herauszugeben.

§ 12g[2)] Schutz europäisch kritischer Anlagen, Verordnungsermächtigung. (1) [1]Zum Schutz des Übertragungsnetzes bestimmt die Regulierungsbehörde alle zwei Jahre diejenigen Anlagen oder Teile von Anlagen des Übertragungsnetzes, deren Störung oder Zerstörung erhebliche Auswirkungen in mindestens zwei Mitgliedstaaten der Europäischen Union haben kann (europäisch kritische Anlage). [2]Die Bestimmung erfolgt durch Festlegung nach dem Verfahren des § 29. [3]Zur Vorbereitung der Festlegung haben die Betreiber von Übertragungsnetzen der Regulierungsbehörde einen Bericht vorzulegen, in dem Anlagen ihres Netzes, deren Störung oder Zerstörung erhebliche Auswirkungen in mindestens zwei Mitgliedstaaten haben kann, vorgeschlagen werden und dies begründet wird. [4]Der Bericht kann auch von allen Betreibern gemeinsam erstellt und vorgelegt werden.

(2) Betreiber von Übertragungsnetzen haben zum Schutz ihrer gemäß Absatz 1 Satz 1 bestimmten Anlagen Sicherheitspläne zu erstellen sowie Sicherheitsbeauftragte zu bestimmen und der Regulierungsbehörde nachzuweisen.

(3) Die Bundesregierung wird ermächtigt, durch Rechtsverordnung[3)] ohne Zustimmung des Bundesrates Einzelheiten zu dem Verfahren der Festlegung und zum Bericht gemäß Absatz 1 sowie zu den Sicherheitsplänen und Sicherheitsbeauftragten nach Absatz 2 zu regeln.

(4) Die für die Festlegung gemäß Absatz 1 Satz 2 erforderlichen Informationen, der Bericht der Betreiber nach Absatz 1 Satz 3 sowie die Sicherheitspläne nach Absatz 2 sind als Verschlusssache mit dem geeigneten Geheimhaltungsgrad im Sinne von § 4 des Sicherheitsüberprüfungsgesetzes[1)] einzustufen.

§ 12h[4)] Marktgestützte Beschaffung nicht frequenzgebundener Systemdienstleistungen. (1) [1]Betreiber von Übertragungsnetzen mit Regelzonenverantwortung und Betreiber von Elektrizitätsverteilernetzen sind verpflichtet, für ihr jeweiliges Netz in einem transparenten, diskriminierungsfreien und marktgestützten Verfahren folgende Systemdienstleistungen zu beschaffen:

1. Dienstleistungen zur Spannungsregelung,
2. Trägheit der lokalen Netzstabilität,
3. Kurzschlussstrom,
4. dynamische Blindstromstützung,
5. Schwarzstartfähigkeit und
6. Inselbetriebsfähigkeit.

[1)] ***Sartorius III Nr. 810.***
[2)] § 12g eingef. mWv 4.8.2011 durch G v. 26.7.2011 (BGBl. I S. 1554).
[3)] Siehe die VO zum Schutz von Übertragungsnetzen v. 6.1.2012 (BGBl. I S. 69), geänd. durch VO v. 31.8.2015 (BGBl. I S. 1474).
[4)] § 12h eingef. mWv 27.11.2020 durch G v. 22.11.2020 (BGBl. I S. 2464).

die Öffentlichkeit einschließlich der Vereinigungen im Sinne von § 73 Absatz 4 Satz 5 des Verwaltungsverfahrensgesetzes ausschließlich entsprechend § 18 Absatz 2 des Gesetzes über die Umweltverträglichkeitsprüfung[1] mit der Maßgabe einbezogen, dass die Gelegenheit zur Äußerung einschließlich Einwendungen und Stellungnahmen innerhalb eines Monats nach der Einreichung des vollständigen Plans für eine Frist von sechs Wochen zu gewähren ist.

2. Verfahren zur Planfeststellung oder Plangenehmigung bei Vorhaben, deren Auswirkungen über das Gebiet eines Landes hinausgehen, sind zwischen den zuständigen Behörden der beteiligten Länder abzustimmen.

§ 43c[2] Rechtswirkungen der Planfeststellung und Plangenehmigung.

Für die Rechtswirkungen der Planfeststellung und Plangenehmigung gilt § 75 des Verwaltungsverfahrensgesetzes[3] mit folgenden Maßgaben:

1. Wird mit der Durchführung des Plans nicht innerhalb von zehn Jahren nach Eintritt der Unanfechtbarkeit begonnen, so tritt er außer Kraft, es sei denn, er wird vorher auf Antrag des Trägers des Vorhabens von der Planfeststellungsbehörde um höchstens fünf Jahre verlängert.
2. Vor der Entscheidung nach Nummer 1 ist eine auf den Antrag begrenzte Anhörung nach den für die Planfeststellung oder für die Plangenehmigung vorgeschriebenen Verfahren durchzuführen.
3. Für die Zustellung und Auslegung sowie die Anfechtung der Entscheidung über die Verlängerung sind die Bestimmungen über den Planfeststellungsbeschluss entsprechend anzuwenden.

§ 43d[4] Planänderung vor Fertigstellung des Vorhabens. [1] Für die Planergänzung und das ergänzende Verfahren im Sinne des § 75 Abs. 1a Satz 2 des Verwaltungsverfahrensgesetzes[3] und für die Planänderung vor Fertigstellung des Vorhabens gilt § 76 des Verwaltungsverfahrensgesetzes mit der Maßgabe, dass im Falle des § 76 Abs. 1 des Verwaltungsverfahrensgesetzes von einer Erörterung im Sinne des § 73 Abs. 6 des Verwaltungsverfahrensgesetzes und des § 18 Absatz 1 Satz 4 des Gesetzes über die Umweltverträglichkeitsprüfung[1] abgesehen werden kann. [2] Im Übrigen gelten für das neue Verfahren die Vorschriften dieses Gesetzes.

§ 43e[5] Rechtsbehelfe. (1) [1] Die Anfechtungsklage gegen einen Planfeststellungsbeschluss oder eine Plangenehmigung hat keine aufschiebende Wirkung. [2] Der Antrag auf Anordnung der aufschiebenden Wirkung der Anfechtungsklage gegen einen Planfeststellungsbeschluss oder eine Plangenehmigung nach § 80 Abs. 5 Satz 1 der Verwaltungsgerichtsordnung[6] kann nur innerhalb eines Monats nach der Zustellung des Planfeststellungsbeschlusses oder der Plangenehmigung

---

[1] *Nr.* **295**.

[2] § 43c eingef. mWv 17.12.2006 durch G v. 9.12.2006 (BGBl. I S. 2833); Nr. 4 aufgeh. mWv 1.6.2015 durch G v. 31.5.2013 (BGBl. I S. 1388, geänd. durch G v. 24.5.2014, BGBl. I S. 538).

[3] Nr. **100**.

[4] § 43d eingef. mWv 17.12.2006 durch G v. 9.12.2006 (BGBl. I S. 2833); Satz 1 geänd. mWv 2.6.2017 durch G v. 29.5.2017 (BGBl. I S. 1298); Satz 1 geänd. mWv 29.7.2017 durch G v. 20.7.2017 (BGBl. I S. 2808, ber. 2018 S. 472).

[5] § 43e eingef. mWv 17.12.2006 durch G v. 9.12.2006 (BGBl. I S. 2833); Abs. 1 Satz 1 geänd., Abs. 4 aufgeh. mWv 1.6.2015 durch G v. 31.5.2013 (BGBl. I S. 1388, geänd. durch G v. 24.5.2014, BGBl. I S. 538); Abs. 4 angef. mWv 10.12.2020 durch G v. 3.12.2020 (BGBl. I S. 2682).

[6] Nr. **600**.

gestellt und begründet werden. [3]Darauf ist in der Rechtsbehelfsbelehrung hinzuweisen. [4]§ 58 der Verwaltungsgerichtsordnung gilt entsprechend.

(2) [1]Treten später Tatsachen ein, die die Anordnung der aufschiebenden Wirkung rechtfertigen, so kann der durch den Planfeststellungsbeschluss oder die Plangenehmigung Beschwerte einen hierauf gestützten Antrag nach § 80 Abs. 5 Satz 1 der Verwaltungsgerichtsordnung innerhalb einer Frist von einem Monat stellen und begründen. [2]Die Frist beginnt mit dem Zeitpunkt, in dem der Beschwerte von den Tatsachen Kenntnis erlangt.

(3) [1]Der Kläger hat innerhalb einer Frist von sechs Wochen die zur Begründung seiner Klage dienenden Tatsachen und Beweismittel anzugeben. [2]§ 87b Abs. 3 der Verwaltungsgerichtsordnung gilt entsprechend.

(4) [1]Für Energieleitungen, die nach § 43 Absatz 1 Satz 1 Nummer 2 planfestgestellt werden, sowie für Anlagen, die für den Betrieb dieser Energieleitungen notwendig sind und die nach § 43 Absatz 2 Satz 1 Nummer 1 planfestgestellt werden, ist § 50 Absatz 1 Nummer 6 der Verwaltungsgerichtsordnung anzuwenden. [2]§ 50 Absatz 1 Nummer 6 der Verwaltungsgerichtsordnung ist auch anzuwenden für auf diese Energieleitungen und auf für deren Betrieb notwendige Anlagen bezogene Zulassungen des vorzeitigen Baubeginns und Anzeigeverfahren sowie für Genehmigungen nach dem Bundes-Immissionsschutzgesetz[1)] für Anlagen, die für den Betrieb dieser Energieleitungen notwendig sind.

§ 43f[2)] Änderungen im Anzeigeverfahren. (1) [1]Unwesentliche Änderungen oder Erweiterungen können anstelle des Planfeststellungsverfahrens durch ein Anzeigeverfahren zugelassen werden. [2]Eine Änderung oder Erweiterung ist nur dann unwesentlich, wenn

1. nach dem Gesetz über die Umweltverträglichkeitsprüfung[3)] oder nach Absatz 2 hierfür keine Umweltverträglichkeitsprüfung durchzuführen ist,
2. andere öffentliche Belange nicht berührt sind oder die erforderlichen behördlichen Entscheidungen vorliegen und sie dem Plan nicht entgegenstehen und
3. Rechte anderer nicht beeinträchtigt werden oder mit den vom Plan Betroffenen entsprechende Vereinbarungen getroffen werden.

(2) [1]Abweichend von den Vorschriften des Gesetzes über die Umweltverträglichkeitsprüfung ist eine Umweltverträglichkeitsprüfung für die Änderung oder Erweiterung nicht durchzuführen bei

1. Änderungen des Betriebskonzepts,
2. Umbeseilungen oder
3. Zubeseilungen.

[2]Satz 1 ist nur anzuwenden, wenn die nach Landesrecht zuständige Behörde feststellt, dass die Vorgaben der §§ 3, 3a und 4 der Verordnung über elektromagnetische Felder[4)] und die Vorgaben der Technischen Anleitung zum Schutz gegen Lärm[5)] vom 26. August 1998 (GMBl S. 503) in der jeweils geltenden Fassung eingehalten sind. [3]Satz 1 Nummer 2 und 3 ist ferner jeweils nur anzuwenden, sofern einzeln oder im Zusammenwirken mit anderen Vorhaben eine erhebliche

---

[1)] Nr. **296**.
[2)] *§ 43f neu gef.* mWv 17.5.2019 durch G v. 13.5.2019 (BGBl. I S. 706); Abs. 2 Satz 2 und Abs. 3 geänd. mWv 4.3.2021 durch G v. 25.2.2021 (BGBl. I S. 298).
[3)] Nr. **295**.
[4)] **Sartorius ErgBd. Nr. 296/26.**
[5)] **Sartorius ErgBd. Nr. 296/100.**

Beeinträchtigung eines Natura 2000-Gebiets oder eines bedeutenden Brut- oder Rastgebiets geschützter Vogelarten nicht zu erwarten ist. [4] Satz 1 Nummer 3 ist bei Höchstspannungsfreileitungen mit einer Nennspannung von 220 Kilovolt oder mehr ferner nur anzuwenden, wenn die Zubeseilung eine Länge von höchstens 15 Kilometern hat.

(3) Abweichend von Absatz 1 Satz 2 Nummer 2 kann eine Änderung oder Erweiterung auch dann im Anzeigeverfahren zugelassen werden, wenn die nach Landesrecht zuständige Behörde im Einvernehmen mit der zuständigen Immissionsschutzbehörde feststellt, dass die Vorgaben nach den §§ 3, 3a und 4 der Verordnung über elektromagnetische Felder und die Vorgaben der Technischen Anleitung zum Schutz gegen Lärm vom 26. August 1998 (GMBl S. 503) in der jeweils geltenden Fassung eingehalten sind, und wenn weitere öffentliche Belange nicht berührt sind oder die hierfür erforderlichen behördlichen Entscheidungen vorliegen und sie dem Plan nicht entgegenstehen.

(4) [1] Der Vorhabenträger zeigt gegenüber der nach Landesrecht zuständigen Behörde die von ihm geplante Maßnahme an. [2] Der Anzeige sind in ausreichender Weise Erläuterungen beizufügen, aus denen sich ergibt, dass die geplante Änderung oder Erweiterung den Voraussetzungen der Absätze 1 bis 3 genügt. [3] Insbesondere bedarf es einer Darstellung zu den zu erwartenden Umweltauswirkungen. [4] Die nach Landesrecht zuständige Behörde entscheidet innerhalb eines Monats, ob anstelle des Anzeigeverfahrens ein Plangenehmigungs- oder Planfeststellungsverfahren durchzuführen ist oder die Maßnahme von einem förmlichen Verfahren freigestellt ist. [5] Prüfgegenstand ist nur die jeweils angezeigte Änderung oder Erweiterung; im Falle des Absatzes 2 Satz 1 Nummer 1 bedarf es keiner Prüfung der dinglichen Rechte anderer. [6] Die Entscheidung ist dem Vorhabenträger bekannt zu machen.

(5) Für die Zwecke dieses Paragrafen sind die Begriffsbestimmungen des § 3 Nummer 1 des Netzausbaubeschleunigungsgesetzes Übertragungsnetz[1)] entsprechend anzuwenden.

§ 43g[2)] Projektmanager. [1] Die nach Landesrecht zuständige Behörde kann einen Dritten, der als Verwaltungshelfer beschäftigt werden kann, mit der Vorbereitung und Durchführung von Verfahrensschritten wie

1. der Erstellung von Verfahrensleitplänen unter Bestimmung von Verfahrensabschnitten und Zwischenterminen,
2. der Fristenkontrolle,
3. der Koordinierung von erforderlichen Sachverständigengutachten,
4. dem Qualitätsmanagement der Anträge und Unterlagen der Vorhabenträger,
5. der Koordinierung der Enteignungs- und Entschädigungsverfahren nach den §§ 45 und 45a,
6. *dem Entwurf eines Anhörungsberichtes,*
7. der ersten Auswertung der eingereichten Stellungnahmen,
8. der organisatorischen Vorbereitung eines Erörterungstermins und
9. der Leitung des Erörterungstermins

[1)] **Sartorius III Nr. 511.**

[2)] § 43g eingef. mWv 5.8.2011 durch G v. 28.7.2011 (BGBl. I S. 1690); Satz 1 einl. Satzteil geänd., Nr. 4 und 5 eingef., bish. Nr. 4–7 werden Nr. 6–9 mWv 17.5.2019 durch G v. 13.5.2019 (BGBl. I S. 706).

auf Vorschlag oder mit Zustimmung des Trägers des Vorhabens und auf dessen Kosten beauftragen. [2]Die Entscheidung über den Planfeststellungsantrag liegt allein bei der zuständigen Behörde.

§ 43h[1] Ausbau des Hochspannungsnetzes. [1]Hochspannungsleitungen auf neuen Trassen mit einer Nennspannung von 110 Kilovolt oder weniger sind als Erdkabel auszuführen, soweit die Gesamtkosten für Errichtung und Betrieb des Erdkabels die Gesamtkosten der technisch vergleichbaren Freileitung den Faktor 2,75 nicht überschreiten und naturschutzfachliche Belange nicht entgegenstehen; die für die Zulassung des Vorhabens zuständige Behörde kann auf Antrag des Vorhabenträgers die Errichtung als Freileitung zulassen, wenn öffentliche Interessen nicht entgegenstehen. [2]Soll der Neubau einer Hochspannungsleitung weit überwiegend in oder unmittelbar neben einer Bestandstrasse durchgeführt werden, handelt es sich nicht um eine neue Trasse im Sinne des Satzes 1.

§ 43i[2] Überwachung. (1) [1]Die für die Zulassung des Vorhabens zuständige Behörde hat durch geeignete Überwachungsmaßnahmen sicherzustellen, dass das Vorhaben im Einklang mit den umweltbezogenen Bestimmungen des Planfeststellungsbeschlusses oder der Plangenehmigung durchgeführt wird; dies gilt insbesondere für Bestimmungen zu umweltbezogenen Merkmalen des Vorhabens, dem Standort des Vorhabens, für Maßnahmen, mit denen erhebliche nachteilige Umweltauswirkungen ausgeschlossen, vermindert oder ausgeglichen werden sollen, für bodenschonende Maßnahmen sowie für Ersatzmaßnahmen bei Eingriffen in Natur und Landschaft. [2]Die Überwachung nach diesem Absatz kann dem Vorhabenträger aufgegeben werden. [3]Bereits bestehende Überwachungsmechanismen, Daten und Informationsquellen können für die Überwachungsmaßnahmen genutzt werden.

(2) Die für die Zulassung des Vorhabens zuständige Behörde kann die erforderlichen Maßnahmen treffen, um sicherzustellen, dass das Vorhaben im Einklang mit den umweltbezogenen Bestimmungen des Planfeststellungsbeschlusses oder der Plangenehmigung durchgeführt wird.

(3) § 28 des Gesetzes über die Umweltverträglichkeitsprüfung[3] ist nicht anzuwenden.

§ 43j[4] Leerrohre für Hochspannungsleitungen. [1]Bei Vorhaben im Sinne von § 43 Absatz 1 Satz 1 Nummer 2 bis 4 oder Absatz 2 Satz 1 Nummer 2 bis 4 können Leerrohre nach § 43 Absatz 2 Satz 1 Nummer 6 in ein Planfeststellungsverfahren einbezogen werden, wenn

1. die Leerrohre im räumlichen und zeitlichen Zusammenhang mit der Baumaßnahme eines Erdkabels verlegt werden und
2. die zuständige Behörde anhand der Umstände des Einzelfalls davon ausgehen kann, dass die Leerrohre innerhalb von 15 Jahren nach der Planfeststellung zur Durchführung einer Stromleitung im Sinne von § 43 Absatz 1 Satz 1 Nummer 2 bis 4 oder Absatz 2 Satz 1 Nummer 2 bis 4 genutzt werden.

---

[1] § 43h eingef. mWv 5.8.2011 durch G v. 28.7.2011 (BGBl. I S. 1690); Satz 2 angef. mWv 17.5.2019 *durch G v. 13.5.2019* (BGBl. I S. 706).

[2] § 43i eingef. mWv 29.7.2017 durch G v. 20.7.2017 (BGBl. I S. 2808); Abs. 1 Satz 1 geänd. mWv 17.5.2019 durch G v. 13.5.2019 (BGBl. I S. 706).

[3] Nr. **295**.

[4] § 43j eingef. mWv 17.5.2019 durch G v. 13.5.2019 (BGBl. I S. 706).

[2]Gegenstand des Planfeststellungsverfahrens und des Planfeststellungsbeschlusses sind die Verlegung der Leerrohre, die spätere Durchführung der Stromleitung und deren anschließender Betrieb. [3]Für die Nutzung der Leerrohre zur Durchführung einer Stromleitung und zu deren anschließendem Betrieb bedarf es keines weiteren Genehmigungsverfahrens, wenn mit der Durchführung der Stromleitung innerhalb der Frist des § 43c Nummer 1 begonnen wird und sich die im Planfeststellungsverfahren zugrunde gelegten Merkmale des Vorhabens nicht geändert haben. [4]Die Einbeziehung von Leerrohren nach Satz 1 kann auf einzelne Abschnitte des betroffenen Vorhabens beschränkt werden.

§ 43k[1)] Zurverfügungstellung von Geodaten. [1]Soweit für die Planfeststellung, die Plangenehmigung oder das Anzeigeverfahren Geodaten, die bei einer Behörde oder einem Dritten zur Erfüllung öffentlicher Aufgaben vorhanden sind, benötigt werden, sind diese Daten auf Verlangen dem Vorhabenträger, den von ihm Beauftragten oder den zuständigen Planfeststellungsbehörden der Länder für die Zwecke der Planfeststellung, der Plangenehmigung oder des Anzeigeverfahrens zur Verfügung zu stellen. [2]Der Betreiber von Einheiten Kritischer Infrastrukturen im Sinne von § 2 Absatz 5 der Verordnung zur Bestimmung Kritischer Infrastrukturen nach dem BSI-Gesetz[2)] kann die Herausgabe von Geodaten verweigern, wenn diese Daten besonders schutzbedürftig sind. [3]Der Betreiber kann in diesem Fall die Geodaten über ein geeignetes Verfahren zur Verfügung stellen, wenn ihm die Datenhoheit über seine Geodaten garantiert wird. [4]Die §§ 8 und 9 des Umweltinformationsgesetzes[3)] und entsprechende Regelungen des Landesrechts bleiben unberührt.

§ 44[4)] Vorarbeiten. (1) [1]Eigentümer und sonstige Nutzungsberechtigte haben zur Vorbereitung der Planung und der Baudurchführung eines Vorhabens oder von Unterhaltungsmaßnahmen notwendige Vermessungen, Boden- und Grundwasseruntersuchungen einschließlich der vorübergehenden Anbringung von Markierungszeichen, bauvorbereitende Maßnahmen zur bodenschonenden Bauausführung, Kampfmitteluntersuchungen und archäologische Voruntersuchungen sowie sonstige Vorarbeiten durch den Träger des Vorhabens oder von ihm Beauftragte zu dulden. [2]Weigert sich der Verpflichtete, Maßnahmen nach Satz 1 zu dulden, so kann die nach Landesrecht zuständige Behörde auf Antrag des Trägers des Vorhabens gegenüber dem Eigentümer und sonstigen Nutzungsberechtigten die Duldung dieser Maßnahmen anordnen.

(2) Die Absicht, solche Arbeiten auszuführen, ist dem Eigentümer oder sonstigen Nutzungsberechtigten mindestens zwei Wochen vor dem vorgesehenen Zeitpunkt unmittelbar oder durch ortsübliche Bekanntmachung in den Gemeinden, in denen die Vorarbeiten durchzuführen sind, durch den Träger des Vorhabens bekannt zu geben.

(3) [1]Entstehen durch eine Maßnahme nach Absatz 1 einem Eigentümer oder sonstigen Nutzungsberechtigten unmittelbare Vermögensnachteile, so hat der Träger des Vorhabens eine angemessene Entschädigung in Geld zu leisten. [2]Kommt eine Einigung über die Geldentschädigung nicht zustande, so setzt die nach Landesrecht zuständige Behörde auf Antrag des Trägers des Vorhabens oder des

---

[1)] § 43k eingef. mWv 17.5.2019 durch G v. 13.5.2019 (BGBl. I S. 706).
[2)] **Sartorius III Nr. 710b.**
[3)] Nr. **294**.
[4)] § 44 neu gef. mWv 17.12.2006 durch G v. 9.12.2006 (BGBl. I S. 2833); Abs. 1 Satz 1 geänd. mWv 17.5.2019 durch G v. 13.5.2019 (BGBl. I S. 706).

Berechtigten die Entschädigung fest. [3] Vor der Entscheidung sind die Beteiligten zu hören.

§ 44a[1)] Veränderungssperre, Vorkaufsrecht. (1) [1] Vom Beginn der Auslegung der Pläne im Planfeststellungsverfahren oder von dem Zeitpunkt an, zu dem den Betroffenen Gelegenheit gegeben wird, den Plan einzusehen, dürfen auf den vom Plan betroffenen Flächen bis zu ihrer Inanspruchnahme wesentlich wertsteigernde oder die geplante Baumaßnahmen erheblich erschwerende Veränderungen nicht vorgenommen werden (Veränderungssperre). [2] Veränderungen, die in rechtlich zulässiger Weise vorher begonnen worden sind, Unterhaltungsarbeiten und die Fortführung einer bisher ausgeübten Nutzung werden davon nicht berührt. [3] Unzulässige Veränderungen bleiben bei Anordnungen nach § 74 Abs. 2 Satz 2 des Verwaltungsverfahrensgesetzes[2)] und im Entschädigungsverfahren unberücksichtigt.

(2) [1] Dauert die Veränderungssperre über vier Jahre, im Falle von Hochspannungsleitungen über fünf Jahre, können die Eigentümer für die dadurch entstandenen Vermögensnachteile Entschädigung verlangen. [2] Sie können ferner die Vereinbarung einer beschränkt persönlichen Dienstbarkeit für die vom Plan betroffenen Flächen verlangen, wenn es ihnen mit Rücksicht auf die Veränderungssperre wirtschaftlich nicht zuzumuten ist, die Grundstücke in der bisherigen oder einer anderen zulässigen Art zu benutzen. [3] Kommt keine Vereinbarung nach Satz 2 zustande, so können die Eigentümer die entsprechende Beschränkung des Eigentums an den Flächen verlangen. [4] Im Übrigen gilt § 45.

(3) In den Fällen des Absatzes 1 Satz 1 steht dem Träger des Vorhabens an den betroffenen Flächen ein Vorkaufsrecht zu.

§ 44b[3)] Vorzeitige Besitzeinweisung. (1) [1] Ist der sofortige Beginn von Bauarbeiten geboten und weigert sich der Eigentümer oder Besitzer, den Besitz eines für den Bau, die Änderung oder Betriebsänderung von Hochspannungsfreileitungen, Erdkabeln oder Gasversorgungsleitungen im Sinne des § 43 benötigten Grundstücks durch Vereinbarung unter Vorbehalt aller Entschädigungsansprüche zu überlassen, so hat die Enteignungsbehörde den Träger des Vorhabens auf Antrag nach Feststellung des Plans oder Erteilung der Plangenehmigung in den Besitz einzuweisen. [2] Der Planfeststellungsbeschluss oder die Plangenehmigung müssen vollziehbar sein. [3] Weiterer Voraussetzungen bedarf es nicht.

(1a) [1] Der Träger des Vorhabens kann verlangen, dass nach Abschluss des Anhörungsverfahrens gemäß § 43a eine vorzeitige Besitzeinweisung durchgeführt wird. [2] In diesem Fall ist der nach dem Verfahrensstand zu erwartende Planfeststellungsbeschluss dem vorzeitigen Besitzeinweisungsverfahren zugrunde zu legen. [3] Der Besitzeinweisungsbeschluss ist mit der aufschiebenden Bedingung zu erlassen, dass sein Ergebnis durch den Planfeststellungsbeschluss bestätigt wird. [4] Anderenfalls ist das vorzeitige Besitzeinweisungsverfahren auf der Grundlage des ergangenen Planfeststellungsbeschlusses zu ergänzen.

(2) [1] Die Enteignungsbehörde hat spätestens sechs Wochen nach Eingang des Antrags auf Besitzeinweisung mit den Beteiligten mündlich zu verhandeln. [2] Hierzu sind der Antragsteller und die Betroffenen zu laden. [3] Dabei ist den Betroffenen

---

[1)] *§ 44a eingef.* mWv 17.12.2006 durch G v. 9.12.2006 (BGBl. I S. 2833); Abs. 2 Satz 1 geänd. mWv 4.3.2021 durch G v. *25.2.2021 (BGBl. I S. 298).*

[2)] Nr. **100**.

[3)] § 44b eingef. mWv 17.12.2006 durch G v. 9.12.2006 (BGBl. I S. 2833); Abs. 1a eingef. mWv 5.8. 2011 durch G v. 28.7.2011 (BGBl. I S. 1690).

der Antrag auf Besitzeinweisung mitzuteilen. [4] Die Ladungsfrist beträgt drei Wochen. [5] Mit der Ladung sind die Betroffenen aufzufordern, etwaige Einwendungen gegen den Antrag vor der mündlichen Verhandlung bei der Enteignungsbehörde einzureichen. [6] Die Betroffenen sind außerdem darauf hinzuweisen, dass auch bei Nichterscheinen über den Antrag auf Besitzeinweisung und andere im Verfahren zu erledigende Anträge entschieden werden kann.

(3) [1] Soweit der Zustand des Grundstücks von Bedeutung ist, hat die Enteignungsbehörde diesen bis zum Beginn der mündlichen Verhandlung in einer Niederschrift festzustellen oder durch einen Sachverständigen ermitteln zu lassen. [2] Den Beteiligten ist eine Abschrift der Niederschrift oder des Ermittlungsergebnisses zu übersenden.

(4) [1] Der Beschluss über die Besitzeinweisung ist dem Antragsteller und den Betroffenen spätestens zwei Wochen nach der mündlichen Verhandlung zuzustellen. [2] Die Besitzeinweisung wird in dem von der Enteignungsbehörde bezeichneten Zeitpunkt wirksam. [3] Dieser Zeitpunkt soll auf höchstens zwei Wochen nach Zustellung der Anordnung über die vorzeitige Besitzeinweisung an den unmittelbaren Besitzer festgesetzt werden. [4] Durch die Besitzeinweisung wird dem Besitzer der Besitz entzogen und der Träger des Vorhabens Besitzer. [5] Der Träger des Vorhabens darf auf dem Grundstück das im Antrag auf Besitzeinweisung bezeichnete Bauvorhaben durchführen und die dafür erforderlichen Maßnahmen treffen.

(5) [1] Der Träger des Vorhabens hat für die durch die vorzeitige Besitzeinweisung entstehenden Vermögensnachteile Entschädigung zu leisten, soweit die Nachteile nicht durch die Verzinsung der Geldentschädigung für die Entziehung oder Beschränkung des Eigentums oder eines anderen Rechts ausgeglichen werden. [2] Art und Höhe der Entschädigung sind von der Enteignungsbehörde in einem Beschluss festzusetzen.

(6) [1] Wird der festgestellte Plan oder die Plangenehmigung aufgehoben, so sind auch die vorzeitige Besitzeinweisung aufzuheben und der vorherige Besitzer wieder in den Besitz einzuweisen. [2] Der Träger des Vorhabens hat für alle durch die Besitzeinweisung entstandenen besonderen Nachteile Entschädigung zu leisten.

(7) [1] Ein Rechtsbehelf gegen eine vorzeitige Besitzeinweisung hat keine aufschiebende Wirkung. [2] Der Antrag auf Anordnung der aufschiebenden Wirkung nach § 80 Abs. 5 Satz 1 der Verwaltungsgerichtsordnung[1)] kann nur innerhalb eines Monats nach der Zustellung des Besitzeinweisungsbeschlusses gestellt und begründet werden.

§ 44c[2)] Zulassung des vorzeitigen Baubeginns. (1) [1] In einem Planfeststellungs- oder Plangenehmigungsverfahren kann die für die Feststellung des Plans oder für die Erteilung der Plangenehmigung zuständige Behörde vorläufig zulassen, dass bereits vor Feststellung des Plans oder der Erteilung der Plangenehmigung *in Teilen mit der Errichtung* oder Änderung eines Vorhabens im Sinne des § 43 Absatz 1 Satz 1 Nummer 1 bis 6 und Absatz 2 einschließlich der Vorarbeiten begonnen wird, wenn

1. unter Berücksichtigung der Stellungnahmen der Träger öffentlicher Belange einschließlich der Gebietskörperschaften mit einer Entscheidung im Planfest-

---

[1)] Nr. **600**.

[2)] § 44c eingef. mWv 17.5.2019 durch G v. 13.5.2019 (BGBl. I S. 706); Abs. 1 Satz 1 einl. Satzteil geänd. mWv 4.3.2021 durch G v. 25.2.2021 (BGBl. I S. 298).

stellungs- oder Plangenehmigungsverfahren zugunsten des Vorhabenträgers gerechnet werden kann,
2. der Vorhabenträger ein berechtigtes oder ein öffentliches Interesse an der Zulassung des vorzeitigen Baubeginns darlegt,
3. der Vorhabenträger nur Maßnahmen durchführt, die reversibel sind,
4. der Vorhabenträger über die für die Maßnahmen notwendigen privaten Rechte verfügt und
5. der Vorhabenträger sich verpflichtet,
   a) alle Schäden zu ersetzen, die bis zur Entscheidung im Planfeststellungs- oder Plangenehmigungsverfahren durch die Maßnahmen verursacht worden sind, und
   b) sofern kein Planfeststellungsbeschluss oder keine Plangenehmigung erfolgt, den früheren Zustand wiederherzustellen.

[2] Ausnahmsweise können irreversible Maßnahmen zugelassen werden, wenn sie nur wirtschaftliche Schäden verursachen und für diese Schäden eine Entschädigung in Geld geleistet wird. [3] Die Zulassung des vorzeitigen Baubeginns erfolgt auf Antrag des Vorhabenträgers und unter dem Vorbehalt des Widerrufs. [4] § 44 bleibt unberührt.

(2) [1] Die für die Feststellung des Plans oder für die Erteilung der Plangenehmigung zuständige Behörde kann die Leistung einer Sicherheit verlangen, soweit dies erforderlich ist, um die Erfüllung der Verpflichtungen des Vorhabenträgers nach Absatz 1 Satz 1 Nummer 5 sowie Absatz 1 Satz 2 zu sichern. [2] Soweit die zugelassenen Maßnahmen durch die Planfeststellung oder Plangenehmigung für unzulässig erklärt sind, ordnet die Behörde gegenüber dem Träger des Vorhabens an, den früheren Zustand wiederherzustellen. [3] Dies gilt auch, wenn der Antrag auf Planfeststellung oder Plangenehmigung zurückgenommen wurde.

(3) Die Entscheidung über die Zulassung des vorzeitigen Baubeginns ist den anliegenden Gemeinden und den Beteiligten zuzustellen.

(4) Widerspruch und Anfechtungsklage gegen die Zulassung des vorzeitigen Baubeginns haben keine aufschiebende Wirkung.

§ 45[1] Enteignung. (1) Die Entziehung oder die Beschränkung von Grundeigentum oder von Rechten am Grundeigentum im Wege der Enteignung ist zulässig, soweit sie zur Durchführung

1. eines Vorhabens nach § 43 oder § 43b Nr. 1, für das der Plan festgestellt oder genehmigt ist, oder
2. eines sonstigen Vorhabens zum Zwecke der Energieversorgung

erforderlich ist.

(2) [1] Einer weiteren Feststellung der Zulässigkeit der Enteignung bedarf es in den Fällen des Absatzes 1 Nummer 1 nicht; der festgestellte oder genehmigte

---

[1] § 45 neu gef. mWv 17.12.2006 durch G v. 9.12.2006 (BGBl. I S. 2833); Abs. 2 Satz 1 Halbs. 1 neu gef. mWv 4.8.2011 durch G v. 26.7.2011 (BGBl. I S. 1554); Abs. 1 Nr. 1 geänd. mWv 1.6.2015 durch G v. 31.5.2013 (BGBl. I S. 1388, geänd. durch G v. 24.5.2014, BGBl. I S. 538).

Abschnitt 2. Bundesbehörden

§ 59[1)] Organisation. (1) [1]Die Entscheidungen der Bundesnetzagentur nach diesem Gesetz werden von den Beschlusskammern getroffen. [2]Satz 1 gilt nicht für

1. die Erstellung und Überprüfung von Katalogen von Sicherheitsanforderungen nach § 11 Absatz 1a und 1b,
2. die Aufgaben nach § 11 Absatz 2,

2a. die Anforderung der Berichte und die Überwachung der Berichtspflichten nach § 12 Absatz 3b und 3c,

3. die Datenerhebung zur Erfüllung von Berichtspflichten einschließlich der Anforderung von Angaben nach § 12 Absatz 5 Satz 1 Nummer 4,
4. die Aufgaben nach den §§ 12a bis 12f,

4a. die Überwachung der Vorgaben nach § 13 Absatz 3 Satz 4 und 5,

5. Entscheidungen nach § 13b Absatz 5, § 13e Absatz 5, § 13f Absatz 1, § 13g Absatz 6, auf Grund einer Verordnung nach § 13h Absatz 1 Nummer 1 bis 8, 10 und 11 sowie 12 bis 23, Festlegungen auf Grund § 13h Absatz 2 zur näheren Bestimmung der Regelungen nach § 13h Absatz 1 Nummer 1 bis 8, 10 und 11 sowie 12 bis 20,
6. Entscheidungen, die auf Grund von Verordnungen nach § 13i Absatz 3 Nummer 1 Buchstabe a, b, c, f sowie Nummer 2 und Absatz 4 getroffen werden, mit Ausnahme der Kriterien einer angemessenen Vergütung,
7. Festlegungen nach § 13j Absatz 2 Nummer 3, 5 bis 7 und 9, Absatz 3 Satz 1 in Verbindung mit § 13i Absatz 3 Nummer 1 Buchstabe a, b, c und f, § 13j Absatz 3 Satz 2 hinsichtlich des § 13b sowie nach § 13j Absatz 4 und 5,
8. die Vorgaben zu den Berichten nach § 14 Absatz 1a Satz 5 und Absatz 1b Satz 2,
9. die Aufgaben nach den §§ 15a, 15b,
10. die Aufgaben nach den §§ 17a bis 17c,
11. die Durchführung des Vergleichsverfahrens nach § 21 Absatz 3,
12. Datenerhebungen zur Wahrnehmung der Aufgaben nach § 54a Absatz 2, Entscheidungen im Zusammenhang mit dem Ausbau bidirektionaler Gasflüsse nach § 54a Absatz 2 in Verbindung mit Artikel 5 Absatz 4 und 8 Unterabsatz 1 sowie Anhang III der Verordnung (EU) 2017/1938 sowie Festlegungen gemäß § 54a Absatz 3 Satz 2 mit Ausnahme von Festlegungen zur Kostenaufteilung,
13. Entscheidungen im Zusammenhang mit der Überwachung der Energiegroßhandelsmärkte nach § 56 Absatz 1 Satz 1 Nummer 4 in Verbindung mit der Verordnung (EU) Nr. 1227/2011 sowie Festlegungen gemäß § 5b Absatz 1 Satz 2 und § 58a Absatz 4,

---

[1)] § 59 Abs. 1 Satz 3 geänd. mWv 17.12.2006 durch G v. 9.12.2006 (BGBl. I S. 2833); Abs. 1 Satz 2 neu gef., Abs. 3 geänd. mWv 4.8.2011 durch G v. 26.7.2011 (BGBl. I S. 1554); Abs. 1 Satz 2 geänd. mWv 12.12.2012 durch G v. 5.12.2012 (BGBl. I S. 2403); Abs. 1 Satz 2 geänd. mWv 28.12.2012 durch G v. 20.12.2012 (BGBl. I S. 2730); Abs. 1 Satz 2 geänd. mWv 27.7.2013 durch G v. 23.7.2013 (BGBl. I S. 2543); Abs. 1 Satz 2 geänd. mWv 25.7.2015 durch G v. 17.7.2015 (BGBl. I S. 1324); Abs. 1 Satz 3 geänd. mWv 8.9.2015 durch VO v. 31.8.2015 (BGBl. I S. 1474); Abs. 1 Satz 2 geänd. mWv 1.1.2016 durch G v. 10.12.2015 (BGBl. I S. 2194); Abs. 1 neu gef. mWv 30.7.2016 durch G v. 26.7.2016 (BGBl. I S. 1786); Abs. 1 Satz 2 Nr. 5 und 7 geänd. mWv 1.1.2017 durch G v. 13.10.2016 (BGBl. I S. 2258); Abs. 1 Satz 2 Nr. 17 und 18 geänd., Nr. 19 angef. mWv 1.1.2017 durch G v. 22.12.2016 (BGBl. I S. 3106); Abs. 1 Satz 2 Nr. 5 geänd. mWv 22.7.2017 durch G v. 17.7.2017 (BGBl. I S. 2503); Abs. 1 Satz 2 Nr. 4a eingef., Nr. 5 und 12 geänd. mWv 21.12.2018 durch G v. 17.12.2018 (BGBl. I S. 2549); Abs. 1 Satz 2 Nr. 2a eingef. mWv 17.5.2019 durch G v. 13.5.2019 (BGBl. I S. 706); Abs. 1 Satz 2 Nr. 14 neu gef., Nr. 18 und 19 geänd., Nr. 20–25 angef. mWv 4.3.2021 durch G v. 25.2.2021 (BGBl. I S. 298).

14. Entscheidungen auf der Grundlage der Artikel 9, 65 und 68 der Verordnung (EU) 2015/1222 der Kommission vom 24. Juli 2015 zur Festlegung einer Leitlinie für die Kapazitätsvergabe und das Engpassmanagement (ABl. L 197 vom 25.7.2015, S. 24),
15. Entscheidungen zur Durchsetzung der Verpflichtungen für Datenlieferanten nach Artikel 4 Absatz 6 der Verordnung (EU) Nr. 543/2013,
16. die Erhebung von Gebühren nach § 91,
17. Vollstreckungsmaßnahmen nach § 94,
18. die Aufgaben und Festlegungen im Zusammenhang mit der nationalen Informationsplattform nach § 111d,
19. die Aufgaben im Zusammenhang mit dem Marktstammdatenregister nach den §§ 111e und 111f,
20. Entscheidungen auf der Grundlage der Artikel 4, 30 und 36 der Verordnung (EU) 2016/1719 der Kommission vom 26. September 2016 zur Festlegung einer Leitlinie für die Vergabe langfristiger Kapazität (ABl. L 259 vom 27.9. 2016, S. 42; L 267 vom 18.10.2017, S. 17),
21. Entscheidungen auf der Grundlage der Artikel 6 und 7 der Verordnung (EU) 2017/1485 der Kommission vom 2. August 2017 zur Festlegung einer Leitlinie für den Übertragungsnetzbetrieb (ABl. L 220 vom 25.8.2017, S. 1), mit Ausnahme der Durchführung von Streitbeilegungsverfahren gemäß Artikel 6 Absatz 10 der Verordnung (EU) 2017/1485,
22. Entscheidungen auf der Grundlage des Artikels 4 der Verordnung (EU) 2017/2196 der Kommission vom 24. November 2017 zur Festlegung eines Netzkodex über den Notzustand und den Netzwiederaufbau des Übertragungsnetzes (ABl. L 312 vom 28.11. 2017, S. 54; L 31 vom 1.2.2019, S. 108), mit Ausnahme der Durchführung von Streitbeilegungsverfahren gemäß Artikel 4 Absatz 8 der Verordnung (EU) 2017/2196,
23. Entscheidungen auf der Grundlage der Artikel 11, 13, 15, 16, 17 und 35 der Verordnung (EU) 2019/943,
24. die Überprüfung der Einhaltung der Vorgaben, die sich aus einer Verordnung aufgrund von § 49 Absatz 4 hinsichtlich der technischen Sicherheit und Interoperabilität von Ladepunkten ergeben, und
25. Entscheidungen nach den §§ 118a und 118b.

[3] Die Beschlusskammern werden nach Bestimmung des Bundesministeriums für Wirtschaft und Energie gebildet.

(2) [1] Die Beschlusskammern entscheiden in der Besetzung mit einem oder einer Vorsitzenden und zwei Beisitzenden. [2] Vorsitzende und Beisitzende müssen Beamte sein und die Befähigung zum Richteramt oder für eine Laufbahn des höheren Dienstes haben.

(3) Die Mitglieder der Beschlusskammern dürfen weder ein Unternehmen der Energiewirtschaft innehaben oder leiten noch dürfen sie Mitglied des Vorstandes oder Aufsichtsrates eines Unternehmens der Energiewirtschaft sein oder einer Regierung oder einer gesetzgebenden Körperschaft des Bundes oder eines Landes *angehören.*

§ 60[1] Aufgaben des Beirates. [1]Der Beirat nach § 5 des Gesetzes über die Bundesnetzagentur für Elektrizität, Gas, Telekommunikation, Post und Eisenbahnen[2] hat die Aufgabe, die Bundesnetzagentur bei der Erstellung der Berichte nach § 63 Absatz 3 zu beraten. [2]Er ist gegenüber der Bundesnetzagentur berechtigt, Auskünfte und Stellungnahmen einzuholen. [3]Die Bundesnetzagentur ist insoweit auskunftspflichtig.

§ 60a[3] Aufgaben des Länderausschusses. (1) Der Länderausschuss nach § 8 des Gesetzes über die Bundesnetzagentur für Elektrizität, Gas, Telekommunikation, Post und Eisenbahnen[2] (Länderausschuss) dient der Abstimmung zwischen der Bundesnetzagentur und den Landesregulierungsbehörden mit dem Ziel der Sicherstellung eines bundeseinheitlichen Vollzugs.

(2) [1]Vor dem Erlass von Allgemeinverfügungen, insbesondere von Festlegungen nach § 29 Abs. 1, und Verwaltungsvorschriften, Leitfäden und vergleichbaren informellen Regelungen durch die Bundesnetzagentur nach den Teilen 2 und 3 ist dem Länderausschuss Gelegenheit zur Stellungnahme zu geben. [2]In dringlichen Fällen können Allgemeinverfügungen erlassen werden, ohne dass dem Länderausschuss Gelegenheit zur Stellungnahme gegeben worden ist; in solchen Fällen ist der Länderausschuss nachträglich zu unterrichten.

(Fortsetzung nächstes Blatt)

[1] § 60 Satz 1 geänd. mWv 4.8.2011 durch G v. 26.7.2011 (BGBl. I S. 1554).
[2] **Sartorius ErgBd. Nr. 901.**
[3] § 60a Abs. 2 Satz 1 geänd. mWv 4.8.2011 durch G v. 26.7.2011 (BGBl. I S. 1554).

diese Feststellungen zulässige und begründete Rechtsbeschwerdegründe vorgebracht sind.

(5) [1] Für die Rechtsbeschwerde gelten im Übrigen die §§ 76, 78 Abs. 3, 4 Nr. 1 und Abs. 5, §§ 79 bis 81 sowie §§ 83 bis 85 entsprechend. [2] Für den Erlass einstweiliger Anordnungen ist das Beschwerdegericht zuständig.

Abschnitt 4. Gemeinsame Bestimmungen

§ 89 Beteiligtenfähigkeit. Fähig, am Verfahren vor der Regulierungsbehörde, am Beschwerdeverfahren und am Rechtsbeschwerdeverfahren beteiligt zu sein, sind außer natürlichen und juristischen Personen auch nichtrechtsfähige Personenvereinigungen.

§ 90 Kostentragung und -festsetzung. [1] Im Beschwerdeverfahren und im Rechtsbeschwerdeverfahren kann das Gericht anordnen, dass die Kosten, die zur zweckentsprechenden Erledigung der Angelegenheit notwendig waren, von einem Beteiligten ganz oder teilweise zu erstatten sind, wenn dies der Billigkeit entspricht. [2] Hat ein Beteiligter Kosten durch ein unbegründetes Rechtsmittel oder durch grobes Verschulden veranlasst, so sind ihm die Kosten aufzuerlegen. [3] Im Übrigen gelten die Vorschriften der Zivilprozessordnung[1)] über das Kostenfestsetzungsverfahren und die Zwangsvollstreckung aus Kostenfestsetzungsbeschlüssen entsprechend.

§ 90a[2)] *(aufgehoben)*

§ 91[3)] **Gebührenpflichtige Handlungen.** (1) [1] Die Regulierungsbehörde erhebt Kosten (Gebühren und Auslagen) für folgende gebührenpflichtige Leistungen:

1. Zertifizierungen nach § 4a Absatz 1;
2. Untersagungen nach § 5 Satz 4;
3. Amtshandlungen auf Grund von § 33 Absatz 1 und § 36 Absatz 2 Satz 3;
4. Amtshandlungen auf Grund der §§ 12a, 12c, 12d, 15a, 15b, 17c, 17d, 19a Absatz 2, 21a, 23a, 28a Absatz 3, § 28b Absatz 1 und 5,[4)] der §§ 29, 30

[1)] **Schönfelder Nr. 100.**

[2)] § 90a aufgeh. mWv 22.7.2017 durch G v. 17.7.2017 (BGBl. I S. 2503).

[3)] § 91 Abs. 8 Satz 1 und Abs. 9 geänd. mWv 17.12.2006 durch G v. 9.12.2006 (BGBl. I S. 2833); Abs. 1 Satz 1 Nr. 3a eingef. mWv 22.12.2007 durch G v. 18.12.2007 (BGBl. I S. 2966); Abs. 6 Satz 1 Nr. 1 aufgeh. mWv 1.11.2008 durch G v. 25.10.2008 (BGBl. I S. 2101); Abs. 1 neu gef., Abs. 2 Satz 2 und Abs. 3 Satz 2 geänd., Abs. 6 Satz 1 Nr. 2a eingef., Abs. 8 Satz 2 neu gef., Satz 3 angef. mWv 4.8.2011 durch G v. 26.7.2011 (BGBl. I S. 1554); Abs. 1 Satz 1 Nr. 8 geänd., Nr. 9 angef. mWv 12.12.2012 durch G v. 5.12.2012 (BGBl. I S. 2403); Abs. 1 Satz 1 Nr. 8 und Abs. 6 Satz 1 Nr. 2 und 3 geänd. mWv 28.12.2012 durch G v. 20.12.2012 (BGBl. I S. 2730); Abs. 7 Satz 4 geänd. mWv 15.8.2013 durch G v. 7.8.2013 *(BGBl. I S. 3154)*; Abs. 1 Satz 1 Nr. 4 geänd., Abs. 10 angef. mWv 1.8.2014 durch G v. 21.7.2014 (BGBl. I S. 1066); Abs. 8 Satz 1 und Abs. 9 geänd. mWv 8.9.2015 durch VO v. 31.8.2015 (BGBl. I S. 1474); Abs. 1 Satz 1 Nr. 4 geänd. mWv 1.1.2016 durch G v. 10.12.2015 (BGBl. I S. 2194); Abs. 1 Satz 1 Nr. 4 geänd., Nr. 7 neu gef., Sätze 3 und 4 angef., Abs. 6 Nr. 3 geänd., Nr. 4 angef. mWv 30.7.2016 durch G v. 26.7.2016 (BGBl. I S. 1786); Abs. 1 Satz 1 Nr. 6 geänd., Nr. 7 eingef., bish. Nr. 7–9 werden Nr. 8–10 mWv 2.9.2016 durch G v. 29.8.2016 (BGBl. I S. 2034); Abs. 1 Satz 1 Nr. 4, Abs. 6 Satz 1 Nr. 2 und 3 geänd. mWv 22.7.2017 durch G v. 17.7.2017 (BGBl. I S. 2503); Abs. 2a eingef., Abs. 6 Satz 1 Nr. 4 geänd., Nr. 5 angef. mWv 21.12.2018 durch G v. 17.12.2018 (BGBl. I S. 2549); Abs. 1 Satz 1 Nr. 4 geänd. mWv 12.12.2019 durch G v. 5.12.2019 (BGBl. I S. 2002); Abs. 1 Satz 1 Nr. 4 geänd. mWv 4.3.2021 durch G v. 25.2.2021 (BGBl. I S. 298).

[4)] Zeichensetzung nichtamtlich.

Absatz 2, § 57 Absatz 2 Satz 2 und 4, der §§ 65, 110 Absatz 2 und 4 sowie von § 118b;

5. Amtshandlungen auf Grund des § 31 Absatz 2 und 3;
6. Amtshandlungen auf Grund einer Rechtsverordnung nach § 12g Absatz 3 und § 24 Satz 1 Nummer 3;
7. Amtshandlungen auf Grund des Messstellenbetriebsgesetzes, die das Verfahren zur Übertragung der Grundzuständigkeit für den Messstellenbetrieb betreffen;
8. Amtshandlungen auf Grund des § 56;
9. Erteilung von beglaubigten Abschriften aus den Akten der Regulierungsbehörde und die Herausgabe von Daten nach § 12f Absatz 2;
10. Registrierung der Marktteilnehmer nach Artikel 9 Absatz 1 der Verordnung (EU) Nr. 1227/2011.

[2] Daneben werden als Auslagen die Kosten für weitere Ausfertigungen, Kopien und Auszüge sowie die in entsprechender Anwendung des Justizvergütungs- und -entschädigungsgesetzes[1)] zu zahlenden Beträge erhoben. [3] Für Entscheidungen, die durch öffentliche Bekanntmachung nach § 73 Absatz 1a zugestellt werden, werden keine Gebühren erhoben. [4] Abweichend von Satz 3 kann eine Gebühr erhoben werden, wenn die Entscheidung zu einem überwiegenden Anteil an einen bestimmten Adressatenkreis gerichtet ist und die Regulierungsbehörde diesem die Entscheidung oder einen schriftlichen Hinweis auf die öffentliche Bekanntmachung förmlich zustellt.

(2) [1] Gebühren und Auslagen werden auch erhoben, wenn ein Antrag auf Vornahme einer in Absatz 1 bezeichneten Amtshandlung abgelehnt wird. [2] Wird ein Antrag zurückgenommen oder im Falle des Absatzes 1 Satz 1 Nummer 5 beiderseitig für erledigt erklärt, bevor darüber entschieden ist, so ist die Hälfte der Gebühr zu entrichten.

(2a) Tritt nach Einleitung eines Missbrauchsverfahrens nach § 30 Absatz 2 dadurch Erledigung ein, dass die Zuwiderhandlung abgestellt wird, bevor eine Verfügung der Regulierungsbehörde ergangen ist, so ist die Hälfte der Gebühr zu entrichten.

(3) [1] Die Gebührensätze sind so zu bemessen, dass die mit den Amtshandlungen verbundenen Kosten gedeckt sind. [2] Darüber hinaus kann der wirtschaftliche Wert, den der Gegenstand der gebührenpflichtigen Handlung hat, berücksichtigt werden. [3] Ist der Betrag nach Satz 1 im Einzelfall außergewöhnlich hoch, kann die Gebühr aus Gründen der Billigkeit ermäßigt werden.

(4) Zur Abgeltung mehrfacher gleichartiger Amtshandlungen können Pauschalgebührensätze, die den geringen Umfang des Verwaltungsaufwandes berücksichtigen, vorgesehen werden.

(5) Gebühren dürfen nicht erhoben werden

1. für mündliche und schriftliche Auskünfte und Anregungen;
2. wenn sie bei richtiger Behandlung der Sache nicht entstanden wären.

(6) [1] Kostenschuldner ist

1. *(aufgehoben)*

[1)] **Schönfelder Nr. 116.**

(21) Für Windenergieanlagen auf See, die eine unbedingte Netzanbindungszusage nach Absatz 12 oder eine Kapazitätszuweisung nach § 17d Absatz 3 Satz 1 in der am 31. Dezember 2016 geltenden Fassung erhalten haben, sind die §§ 17d und 17e in der am 31. Dezember 2016 geltenden Fassung anzuwenden.

(22) [1] § 13 Absatz 6a ist nach dem 31. Dezember 2023 nicht mehr anzuwenden. [2] Zuvor nach § 13 Absatz 6a geschlossene Verträge laufen bis zum Ende der vereinbarten Vertragslaufzeit weiter.

(23) § 47 ist auf Verfahren zur Vergabe von Wegenutzungsrechten zur leitungsgebundenen Energieversorgung, in denen am 3. Februar 2017 von der Gemeinde bereits Auswahlkriterien samt Gewichtung im Sinne des § 46 Absatz 4 Satz 4 bekannt gegeben wurden, mit der Maßgabe anwendbar, dass die in § 47 Absatz 2 Satz 1 bis 3 genannten Fristen mit Zugang einer Aufforderung zur Rüge beim jeweiligen Unternehmen beginnen.

(24) § 17f Absatz 5 Satz 2 darf erst nach der beihilferechtlichen Genehmigung durch die Europäische Kommission und für die Dauer der Genehmigung angewendet werden.

(25) [1] Stromerzeugungsanlagen im Sinne der Verordnung (EU) 2016/631 sind als bestehend anzusehen, sofern sie bis zum 31. Dezember 2020 in Betrieb genommen wurden und für sie vor dem 27. April 2019

1. eine Baugenehmigung oder eine Genehmigung nach dem Bundes-Immissionsschutzgesetz[1)] erteilt wurde oder
2. der Anschluss an das Netz begehrt wurde und eine Baugenehmigung oder eine Genehmigung nach dem Bundes-Immissionsschutzgesetz nicht erforderlich ist.

[2] Der Betreiber der Anlage kann auf die Einstufung als Bestandsanlage verzichten. [3] Der Verzicht ist schriftlich gegenüber dem Netzbetreiber zu erklären.

(26) Bis zum 31. Dezember 2023 ist in dem Netzentwicklungsplan nach § 12b höchstens eine Testfeld-Anbindungsleitung mit einer Anschlusskapazität von höchstens 300 Megawatt erforderlich.

(27) Auf Anträge nach § 28a Absatz 3 Satz 1, die vor dem 12. Dezember 2019 bei der Regulierungsbehörde eingegangen sind, sind die bis zum Ablauf des 11. Dezember 2019 geltenden Vorschriften weiter anzuwenden.

§ 118a[2)] Übergangsregelung zur Ausschreibung von Batteriespeicheranlagen, Festlegungskompetenz. (1) [1] Der Betreiber eines Übertragungsnetzes kann die Errichtung und den Betrieb einer Batteriespeicheranlage in einem offenen, transparenten und diskriminierungsfreien Verfahren ausschreiben, wenn die Batteriespeicheranlage notwendig ist, damit der Übertragungsnetzbetreiber seinen Verpflichtungen nach § 11 Absatz 1 Satz 1 in effizienter Weise nachkommen kann. [2] Der Übertragungsnetzbetreiber darf einen Zuschlag in einem nach Satz 1 durchgeführten Ausschreibungsverfahren nicht an einen Dritten erteilen, wenn dieser die mit der Batteriespeicheranlage angebotene vertragliche Leistung unter Berücksichtigung der Anforderungen für die Gewährleistung der Sicherheit und Zuverlässigkeit des Elektrizitätsversorgungssystems nicht zu angemessenen Kosten oder nicht rechtzeitig erbringen kann. [3] Angemessen sind die Kosten, wenn sie die Kosten für die Errichtung und den Betrieb einer vergleichbaren Anlage im Eigentum eines Übertragungsnetzbetreibers nicht übersteigen. [4] Die Leistung oder

---

[1)] Nr. **296**.
[2)] § 118a neu gef. mWv 4.3.2021 durch G v. 25.2.2021 (BGBl. I S. 298).

Arbeit der Batteriespeicheranlage darf weder ganz noch teilweise auf den Strommärkten veräußert werden.

(2) Die Regulierungsbehörde wird ermächtigt, im Wege einer Festlegung nach § 29 Absatz 1 dem Übertragungsnetzbetreiber Vorgaben zur näheren Ausgestaltung des Ausschreibungsverfahrens nach Absatz 1 zu machen.

§ 118b[1] Übergangsregelung zur Genehmigung von Batteriespeicheranlagen im Eigentum eines Betreibers von Übertragungsnetzen, Festlegungskompetenz. (1) Der Betreiber eines Übertragungsnetzes darf abweichend von Teil 2 Abschnitt 3 ausnahmsweise Eigentümer von Batteriespeicheranlagen sein oder Batteriespeicheranlagen errichten oder betreiben, wenn er dies bei der Regulierungsbehörde beantragt hat und diese ihre Genehmigung erteilt hat.

(2) [1] Die Regulierungsbehörde erteilt ihre Genehmigung, wenn

1. der Übertragungsnetzbetreiber nachgewiesen hat, dass die Batteriespeicheranlage
   a) notwendig ist, damit er seinen Verpflichtungen nach § 11 Absatz 1 Satz 1 in effizienter Weise nachkommen kann,
   b) neben der bestimmungsgemäßen Nutzung nach Buchstabe a nicht verwendet wird, um Leistung oder Arbeit ganz oder teilweise auf den Strommärkten zu kaufen oder zu verkaufen,
2. der Übertragungsnetzbetreiber ein offenes, transparentes und diskriminierungsfreies Ausschreibungsverfahren nach § 118a durchgeführt und abgeschlossen hat, dessen Bedingungen die Regulierungsbehörde im Hinblick auf das technische Einsatzkonzept der Batteriespeicheranlage geprüft hat, und
   a) der Übertragungsnetzbetreiber den Zuschlag nach § 118a Absatz 1 zur Errichtung und zum Betrieb der Batteriespeicheranlage nicht an einen Dritten erteilt hat oder
   b) sich nach Erteilung des Zuschlags an einen Dritten herausgestellt hat, dass dieser die mit der Batteriespeicheranlage angebotene Leistung nicht oder nicht rechtzeitig erbringen kann,
3. die Batteriespeicheranlage ausschließlich der reaktiven unmittelbaren Wiederherstellung des sicheren und zuverlässigen Netzbetriebs durch netzbezogene Maßnahmen nach § 13 Absatz 1 Nummer 1 dient, wobei die Wiederherstellungsmaßnahme unmittelbar nach Eintritt der Störung beginnt und endet, sobald das Problem durch Maßnahmen nach § 13 Absatz 1 Nummer 2 und 3 behoben werden kann.

[2] Die Genehmigung ist auf den üblichen kalkulatorischen Abschreibungszeitraum der Batteriespeicheranlage zu befristen. [3] Sie wird mit Anschluss der Batteriespeicheranlage an das Elektrizitätsversorgungsnetz wirksam, wenn die Investitionsentscheidung des Übertragungsnetzbetreibers für die Batteriespeicheranlage bis zum 31. Dezember 2024 getroffen wurde und der Anschluss spätestens zwei Jahre danach erfolgt ist.

(3) Die Regulierungsbehörde wird ermächtigt, im Wege einer Festlegung nach § 29 Absatz 1 Vorgaben in Bezug auf die nähere Ausgestaltung des Genehmigungsverfahrens nach Absatz 2 zu machen.

---

[1] § 118b neu gef. mWv 4.3.2021 durch G v. 25.2.2021 (BGBl. I S. 298).

§ 119[1] Verordnungsermächtigung für das Forschungs- und Entwicklungsprogramm „Schaufenster intelligente Energie – Digitale Agenda für die Energiewende". (1) [1] Die Bundesregierung wird ermächtigt, durch Rechtsverordnung[2] ohne Zustimmung des Bundesrates für Teilnehmer an dem von der Bundesregierung geförderten Forschungs- und Entwicklungsprogramm „Schaufenster intelligente Energie – Digitale Agenda für die Energiewende" Regelungen zu treffen, die von den in Absatz 2 Nummer 1 bis 3 genannten Vorschriften abweichen oder Zahlungen im Rahmen

(Fortsetzung nächstes Blatt)

[1] § 119 angef. mWv 1.1.2017 durch G v. 22.12.2016 (BGBl. I S. 3106).
[2] Siehe die SINTEG-Verordnung v. 14.6.2017 (BGBl. I S. 1653), geänd. durch G v. 13.5.2019 (BGBl. I S. 706).

835. Gesetz über die friedliche Verwendung der Kernenergie und den Schutz gegen ihre Gefahren (Atomgesetz)[1) 2)]

In der Fassung der Bekanntmachung vom 15. Juli 1985[3)]
(BGBl. I S. 1565)

FNA 751-1

geänd. durch Art. 9 Erstes G zur Bereinigung des Verwaltungsverfahrensrechts v. 18.2.1986 (BGBl. I S. 265), Art. 2 Bundesamt für Strahlenschutz-G v. 9.10.1989 (BGBl. I S. 1830), Art. 3 G zur Umsetzung der Richtlinie über die Umweltverträglichkeitsprüfung bei bestimmten öffentlichen und privaten Projekten (85/337/EWG) v. 12.2.1990 (BGBl. I S. 205), Art. 4 BGB-ÄndG v. 14.3.1990 (BGBl. I S. 478), Anl. I Kap. XII Sachgeb. B Abschn. II Nr. 1 Einigungsvertrag v. 31.8.1990 (BGBl. II S. 889), Art. 1 G zur Verbesserung der Überwachung des Außenwirtschaftsverkehrs und zum Verbot von Atomwaffen, biologischen und chemischen Waffen v. 5.11.1990 (BGBl. I S. 2428), Art. 5 G Bundesamt für Wirtschaft und AusfuhrkontrolleG v. 28.2.1992 (BGBl. I S. 376), Art. 5 Zweites GerätesicherheitsG-ÄndG v. 26.8.1992 (BGBl. I S. 1564), Art. 22 Verbrauchsteuer-BinnenmarktG v. 21.12.1992 (BGBl. I S. 2150), Art. 6 Abs. 77 EisenbahnneuordnungsG v. 27.12.1993 (BGBl. I S. 2378), Art. 4 Steinkohleeinsatz-SicherungsG v. 19.7.1994 (BGBl. I S. 1618), § 14 Abs. 8 Allgemeines MagnetschwebebahnG v. 19.7.1996 (BGBl. I S. 1019), Art. 7 GenehmigungsverfahrensbeschleunigungsG v. 12.9.1996 (BGBl. I S. 1354), Art. 13 3. WahlrechtsverbesserungsG v. 29.4.1997 (BGBl. I S. 968), Art. 1 ÄndG v. 6.4.1998 (BGBl. I S. 694), Art. 1 G zur Änd. atomrechtlicher Vorschriften für die Umsetzung von EURATOM-Richtlinien zum Strahlenschutz v. 3.5.2000 (BGBl. I S. 636, ber. S. 1350), Art. 19 EingliederungsG für das Bundesamt für Wirtschaft v. 21.12.2000 (BGBl. I S. 1956), Art. 3 G zur Änd. des GerätesicherheitsG und des ChemikalienG v. 27.12.2000 (BGBl. I S. 2048), Art. 1 Neuntes ÄndG v. 5.3.2001 (BGBl. I S. 326), Art. 9 UVP-ÄnderungsrichtlinienumsetzungsG v. 27.7.2001 (BGBl. I S. 1950), Art. 27 Siebtes Euro-EinführungsG v. 9.9.2001 (BGBl. I S. 2331), Art. 151 Siebente ZuständigkeitsanpassungsVO v. 29.10.2001 (BGBl. I S. 2785, ber. 2002 I S. 2972), Art. 5 Zweites Medizinprodukte-ÄndG v. 13.12.2001 (BGBl. I S. 3586), Art. 1 Kernenergienutzung-BeendigungsG v. 22.4.2002 (BGBl. I S. 1351), Art. 10 Abs. 4 Zweites Schadensersatzrechts-ÄndG v. 19.7.2002 (BGBl. I S. 2674), Art. 70 Drittes Verwaltungsverfahrensrechts-ÄndG v. 21.8.2002 (BGBl. I S. 3322), Art. 125 Achte ZuständigkeitsanpassungsVO v. 25.11.2003 (BGBl. I S. 2304), Art. 8 Geräte- und Produktsicherheits-NeuordnungsG v. 6.1.2004 (BGBl. I S. 2), Art. 1 G zur Kontrolle hochradioaktiver Strahlenquellen v. 12.8.2005 (BGBl. I S. 2365), Art. 161 Neunte ZuständigkeitsanpassungsVO v. 31.10.2006 (BGBl. I S. 2407), Art. 9 Abs. 11 Versicherungsvertrags-

---

[1)] Siehe auch das G zur Errichtung eines Sondervermögens „Energie- und Klimafonds" v. 8.12.2010 (BGBl. I S. 1807), zuletzt geänd. durch G v. 14.7.2020 (BGBl. I S. 1683), das Pariser Atomhaftungs-Übereinkommen idF der Bek. v. 15.7.1985 (BGBl. II S. 964), geänd. durch Prot. v. 12.2.2004 (BGBl. 2008 II S. 902, 904), das Brüsseler Zusatzübereinkommen idF der Bek. v. 15.7.1985 (BGBl. II S. 963, 970), geänd. durch Prot. v. 12.2.2004 (BGBl. 2008 II S. 902, 920), und das G zu dem IAEO-Benachrichtigungsübereinkommen und zu dem IAEO-Hilfeleistungsübereinkommen v. 16.5.1989 (BGBl. II S. 434) sowie das StandortauswahlG v. 5.5.2017 (BGBl. I S. 1074), zuletzt geänd. durch G v. 7.12.2020 (BGBl. I S. 2760) und das BfE-ErrichtungsG v. 23.7.2013 (BGBl. I S. 2553, 2563), zuletzt geänd. durch VO v. 19.6.2020 (BGBl. I S. 1328) und siehe auch das StrahlenschutzG v. 27.6.2017 (BGBl. I S. 1966), zuletzt geänd. durch G v. 25.2.2021 (BGBl. I S. 306), und die IMIS-ZuständigkeitsVO v. 5.10.2017 (BGBl. I S. 3536) sowie das gem. Bek. v. 16.6.2017 (BGBl. I S. 1676) am 16.6.2017 in Kraft getretene MantelG zur Neuordnung der Verantwortung in der kerntechnischen Entsorgung v. 27.1.2017 (BGBl. I S. 114) mit dem EntsorgungsfondsG v. 27.1.2017 (BGBl. I S. 114), zuletzt geänd. durch VO v. 19.6.2020 (BGBl. I S. 1328), und der VO über die Vereinnahmung von Zahlungen nach dem EntsorgungsfondsG v. 16.6.2017 (BGBl. I S. 1674), dem EntsorgungsübergangsG v. 27.1.2017 (BGBl. I S. 114, 120), zuletzt geänd. durch VO v. 19.6.2020 (BGBl. I S. 1328), dem TransparenzG v. 27.1.2017 (BGBl. I S. 114, 125), zuletzt geänd. durch VO v. 19.6.2020 (BGBl. I S. 1328) und dem NachhaftungsG v. 27.1.2017 (BGBl. I S. 114, 127), geänd. durch G v. 5.5.2017 (BGBl. I S. 1074).

[2)] Die Änd. durch Art. 1 G v. 29.8.2008 (BGBl. I S. 1793) treten gem. Art. 5 Abs. 1 Satz 1 dieses G an dem Tag in Kraft, an dem das Protokoll v. 12.2.2004 zur Änd. des Pariser Übereinkommens vom 29.7.1960 idF des Zusatzprotokolls v. 28.1.1964 und des Protokolls vom 16.11.1982 nach seinem Art. 20 in Kraft tritt. Der Tag des Inkrafttretens wurde bisher nicht im BGBl. bekannt gegeben; die Änderungen sind im Text noch nicht berücksichtigt.

[3)] Neubekanntmachung des AtG idF der Bek. v. 31.10.1976 (BGBl. I S. 3053) in der ab 1.8.1985 geltenden Fassung.

Fehler in der Beschaffenheit der Schutzeinrichtung noch auf einem Versagen ihrer Verrichtungen beruht.

(1a) Absatz 1 Satz 2 findet keine Anwendung auf Schäden, die durch radioaktive Stoffe entstehen, die bei Anwendung des Pariser Übereinkommens, des Brüsseler Reaktorschiff-Übereinkommens oder des Wiener Übereinkommens in Verbindung mit dem Gemeinsamen Protokoll unter die Begriffsbestimmungen Kernbrennstoffe sowie radioaktive Erzeugnisse und Abfälle dieser Übereinkommen fallen würden.

(2) Absatz 1 gilt entsprechend in Fällen, in denen ein Schaden der in Absatz 1 bezeichneten Art durch die Wirkung eines Kernvereinigungsvorgangs verursacht wird.

(3) In gleicher Weise wie der Besitzer haftet derjenige, der den Besitz des Stoffes verloren hat, ohne ihn auf eine Person zu übertragen, die nach diesem Gesetz oder nach einer auf Grund dieses Gesetzes erlassenen Rechtsverordnung zum Besitz berechtigt ist.

(4) Die Vorschriften der Absätze 1 bis 3 gelten nicht,

1. wenn die radioaktiven Stoffe oder die Anlagen zur Erzeugung ionisierender Strahlen gegenüber dem Verletzten von einem Arzt oder Zahnarzt oder unter der Aufsicht eines Arztes oder Zahnarztes bei der Ausübung der Heilkunde angewendet worden sind und die verwendeten Stoffe oder Anlagen zur Erzeugung ionisierender Strahlen sowie die notwendigen Messgeräte nach den Regelungen einer Rechtsverordnung den jeweils geltenden Anforderungen der Verordnung (EU) 2017/745 des Europäischen Parlaments und des Rates vom 5. April 2017 über Medizinprodukte, zur Änderung der Richtlinie 2001/83/EG, der Verordnung (EG) Nr. 178/2002 und der Verordnung (EG) Nr. 1223/2009 und zur Aufhebung der Richtlinien 90/385/EWG und 93/42/EWG des Rates (ABl. L 117 vom 5.5.2017, S. 1; L 117 vom 3.5.2019, S. 9; L 334 vom 27.12.2019, S. 165) oder, soweit solche fehlen, dem jeweiligen Stand von Wissenschaft und Technik entsprochen haben und der Schaden nicht darauf zurückzuführen ist, dass die Stoffe, Anlagen zur Erzeugung ionisierender Strahlen oder Messgeräte nicht oder nicht ausreichend gewartet worden sind,
2. wenn zwischen dem Besitzer und dem Verletzten ein Rechtsverhältnis besteht, auf Grund dessen dieser die von dem Stoff oder von der Anlage zur Erzeugung ionisierender Strahlen ausgehende Gefahr in Kauf genommen hat.

(5) [1] Absatz 1 Satz 2 und Absatz 4 Nr. 2 gelten nicht für die Anwendung von radioaktiven Stoffen oder ionisierenden Strahlen am Menschen in der medizinischen Forschung. [2] Bestreitet der Besitzer des radioaktiven Stoffes oder der Anlage zur Erzeugung ionisierender Strahlen den ursächlichen Zusammenhang zwischen der Anwendung der radioaktiven Stoffe oder der ionisierenden Strahlen und einem aufgetretenen Schaden, so hat er zu beweisen, dass nach dem Stand der medizinischen Wissenschaft keine hinreichende Wahrscheinlichkeit eines ursächlichen Zusammenhangs besteht.

(6) [1] Nach den Vorschriften der Absätze 1 bis 3 ist nicht ersatzpflichtig, wer die Stoffe für einen anderen befördert. [2] Die Ersatzpflicht nach diesen Vorschriften trifft, solange nicht der Empfänger die Stoffe übernommen hat, den Absender, ohne Rücksicht darauf, ob er Besitzer der Stoffe ist.

880. Gesetz über Naturschutz und Landschaftspflege (Bundesnaturschutzgesetz – BNatSchG)[1) 2) 3)]

Vom 29. Juli 2009

(BGBl. I S. 2542)

FNA 791-9

geänd. durch Art. 3 G über Maßnahmen zur Beschleunigung des Netzausbaus Elektrizitätsnetze v. 28.7. 2011 (BGBl. I S. 1690), Art. 2 G zur Umsetzung der Meeresstrategie-RahmenRL sowie zur Änd. des WaStrG und des KrW-/AbfG v. 6.10.2011 (BGBl. I S. 1986), Art. 2 45. StrafrechtsänderungsG zur Umsetzung der RL des Europäischen Parlaments und des Rates über den strafrechtlichen Schutz der Umwelt v. 6.12.2011 (BGBl. I S. 2557), Art. 5 Pflanzenschutz-NeuordnungsG v. 6.2.2012 (BGBl. I S. 148), Art. 7 G zur Änd. des Umwelt-RechtsbehelfsG und anderer umweltrechtlicher Vorschriften v. 21.1.2013 (BGBl. I S. 95), Art. 2 Abs. 24 G zur Modernisierung des Außenwirtschaftsrechts v. 6.6.2013 (BGBl. I S. 1482), Art. 2 Abs. 124, Art. 4 Abs. 100 G zur Strukturreform des Gebührenrechts des Bundes v. 7.8.2013 (BGBl. I S. 3154, geänd. durch G v. 18.7.2016, BGBl. I S. 1666), Art. 421 Zehnte ZuständigkeitsanpassungsVO v. 31.8.2015 (BGBl. I S. 1474), Art. 4 Abs. 96 G zur Aktualisierung der Strukturreform des Gebührenrechts des Bundes v. 18.7.2016 (BGBl. I S. 1666), Art. 2 G zur Änd. wasser- und naturschutzrechtlicher Vorschriften zur Untersagung und zur Risikominimierung bei den Verfahren der Fracking-Technologie v. 4.8.2016 (BGBl. I S. 1972), Art. 19 G zur Einführung von Ausschreibungen für Strom aus erneuerbaren Energien und zu weiteren Änd. des Rechts der erneuerbaren Energien v. 13.10. 2016 (BGBl. I S. 2258), Art. 4 G zur Anpassung des Umwelt-RechtsbehelfsG und anderer Vorschriften an europa- und völkerrechtliche Vorgaben v. 29.5.2017 (BGBl. I S. 1298), Art. 3 HochwasserschutzG II v. 30.6.2017 (BGBl. I S. 2193), Art. 7 G zur effektiveren und praxistauglicheren Ausgestaltung des Strafverfahrens v. 17.8.2017 (BGBl. I S. 3202), Art. 1 G zur Durchführung der VO (EU) Nr. 1143/2014 über invasive gebietsfremde Arten v. 8.9.2017 (BGBl. I S. 3370), Art. 1 ÄndG v. 15.9.2017 (BGBl. I S. 3434), Art. 8 G zur Beschleunigung des Energieleitungsausbaus v. 13.5.2019 (BGBl. I S. 706), Art. 1 Zweites ÄndG v. 4.3.2020 (BGBl. I S. 440), Art. 290 Elfte ZuständigkeitsanpassungsVO v. 19.6.2020 (BGBl. I S. 1328) und Art. 5 G zur Änd. des UmweltschadensG, des UmweltinformationsG und weiterer umweltrechtlicher Vorschriften v. 25.2.2021 (BGBl. I S. 306)

Zur Ausführung und Durchführung des BNatSchG haben die **Länder** ua folgende Vorschriften erlassen:

- **Baden-Württemberg:** NaturschutzG v. 23.6.2015 (GBl. S. 585), zuletzt geänd. durch G v. 17.12.2020 (GBl. S. 1233)
- **Bayern:** Bayerisches NaturschutzG v. 23.2.2011 (GVBl. S. 82), zuletzt geänd. durch G v. 23.11.2020 (GVBl. S. 598)
- **Berlin:** Berliner NaturschutzG v. 29.5.2013 (GVBl. S. 140), geänd. durch G v. 25.9.2019 (GVBl. S. 612)
- **Brandenburg:** Brandenburgisches NaturschutzausführungsG v. 21.1.2013 (GVBl. I Nr. 3, ber. Nr. 21), zuletzt geänd. durch G v. 25.9.2020 (GVBl. I Nr. 28)

[1)] Verkündet als Art. 1 G zur Neuregelung des Rechts des Naturschutzes und der Landschaftspflege v. 29.7.2009 (BGBl. I S. 2542); Inkrafttreten gem. Art. 27 dieses G am 1.3.2010.

[2)] **Amtl. Anm. zum ArtikelG:** Dieses Gesetz dient der Umsetzung der

- Richtlinie 79/409/EWG des Rates vom 2. April 1979 über die Erhaltung der wildlebenden Vogelarten (ABl. L 103 vom 25.4.1979, S. 1), die zuletzt durch die Richtlinie 2008/102/EG (ABl. L 323 vom 3.12. 2008, S. 31) geändert worden ist,
- Richtlinie 83/129/EWG des Rates vom 28. März 1983 betreffend die Einfuhr in die Mitgliedstaaten von Fellen bestimmter Jungrobben und Waren daraus (ABl. L 91 vom 9. 4.1983, S. 30), die zuletzt durch die Richtlinie 89/370/EWG (ABl. L 163 vom 14.6.1989, S. 37) geändert worden ist,
- Richtlinie 92/43/EWG des Rates vom 21. Mai 1992 zur Erhaltung der natürlichen Lebensräume sowie der wildlebenden Tiere und Pflanzen (ABl. L 206 vom 22.7.1992, S. 7), die zuletzt durch die Richtlinie 2006/105/EG (ABl. L 363 vom 20.12.2006, S. 368) geändert worden ist,
- Richtlinie 1999/22/EG des Rates vom 29. März 1999 über die Haltung von Wildtieren in Zoos (ABl. L 94 vom 9.4.1999, S. 24).

[3)] Die Änderungen durch G v. 18.7.2016 (BGBl. I S. 1666) treten erst **mWv 1.10.2021**, die Änderung durch G v. 25.2.2021 (BGBl. I S. 306) tritt erst **mWv 1.9.2021** in Kraft und sind im Text noch nicht berücksichtigt.

– **Bremen:** Bremisches G über Naturschutz und Landschaftspflege v. 27.4.2010 (Brem.GBl. S. 315), zuletzt geänd. durch G v. 30.3.2021 (Brem.GBl. S. 300)
– **Hamburg:** Hamburgisches AusführungsG des BundesnaturschutzG v. 11.5.2010 (HmbGVBl. S. 350), zuletzt geänd. durch G v. 24.1.2020 (HmbGVBl. S. 92)
– **Hessen:** Hessisches NaturschutzG v. 20.12.2010 (GVBl. I S. 629), zuletzt geänd. durch G v. 7.5.2020 (GVBl. S. 318)
– **Mecklenburg-Vorpommern:** NaturschutzausführungsG v. 23.2.2010 (GVOBl. M-V S. 66), zuletzt geänd. durch G v. 5.7.2018 (GVOBl. M-V S. 221)
– **Niedersachsen:** Nds. AusführungsG zum Bundesnaturschutzgesetz v. 19.2.2010 (Nds. GVBl. S. 104), zuletzt geänd. durch G v. 11.11.2020 (Nds. GVBl. S. 451)
– **Nordrhein-Westfalen:** LandschaftsG idF der Bek. v. 21.7.2000 (GV. NRW. S. 568), zuletzt geänd. durch G v. 26.3.2019 (GV. NRW. S. 193)
– **Rheinland-Pfalz:** LandesnaturschutzG v. 6.10.2015 (GVBl. S. 283), zuletzt geänd. durch G v. 26.6.2020 (GVBl. S. 287)
– **Saarland:** Saarländisches NaturschutzG v. 5.4.2006 (Amtsbl. S. 726), zuletzt geänd. durch G v. 13.2.2019 (Amtsbl. I S. 324)
– **Sachsen:** Sächsisches NaturschutzG v. 6.6.2013 (SächsGVBl. S. 451), zuletzt geänd. durch G v. 9.2.2021 (SächsGVBl. S. 243)
– **Sachsen-Anhalt:** NaturschutzG des Landes Sachsen-Anhalt v. 10.12.2010 (GVBl. LSA S. 569), zuletzt geänd. durch G v. 28.10.2019 (GVBl. LSA S. 346)
– **Schleswig-Holstein:** LandesnaturschutzG v. 24.2.2010 (GVOBl. Schl.-H. S. 301, ber. S. 486), zuletzt geänd. durch G v. 13.11.2019 (GVOBl. Schl.-H. S. 425)
– **Thüringen:** Thüringer NaturschutzG v. 30.7.2019 (GVBl. S. 323), geänd. durch G v. 30.7.2019 (GVBl. S. 323).

Inhaltsübersicht[1]

Kapitel 1. Allgemeine Vorschriften

Kapitel 2. Landschaftsplanung

Kapitel 3. Allgemeiner Schutz von Natur und Landschaft

[1] Inhaltsübersicht geänd. mWv 5.2.2012 durch G v. 28.7.2011 (BGBl. I S. 1690); geänd. mWv 13.6.2012 durch G v. 6.12.2011 (BGBl. I S. 2557); geänd. mWv 16.9.2017 durch G v. 8.9.2017 (BGBl. I S. 3370); geänd. mWv 29.9.2017 durch G v. 15.9.2017 (BGBl. I S. 3434); geänd. mWv 13.3.2020 durch G v. 4.3.2020 (BGBl. I S. 440).

950. Personenbeförderungsgesetz (PBefG)[1)]

In der Fassung der Bekanntmachung vom 8. August 1990[2)]
(BGBl. I S. 1690)

FNA 9240-1

geänd. durch Art. 4 HaushaltsbegleitG 1991 v. 24.6.1991 (BGBl. I S. 1314), Art. 1 G zur Festlegung des Anwendungsbereiches und zur Durchführung der VO (EWG) Nr. 1191/69 idF der VO (EWG) Nr. 1893/91 v. 23.7.1992 (BGBl. I S. 1379), Art. 5 PlanungsvereinfachungsG v. 17.12.1993 (BGBl. I S. 2123), Art. 6 Abs. 116 EisenbahnneuordnungsG v. 27.12.1993 (BGBl. I S. 2378), Art. 7 G zur Änd. des StraßenverkehrsG und anderer Gesetze v. 24.4.1998 (BGBl. I S. 747), Art. 8 GüterkraftverkehrsreformG v. 22.6.1998 (BGBl. I S. 1485), Art. 2 Abs. 4 Sechstes G zur Änd. des G gegen Wettbewerbsbeschränkungen v. 26.8.1998 (BGBl. I S. 2521), Art. 1 ÄndG v. 16.1.2001 (BGBl. I S. 122), Art. 4 ÄndG v. 19.3.2001 (BGBl. I S. 386), Art. 15 G UVP-ÄnderungsrichtlinienumsetzungsG v. 27.7.2001 (BGBl. I S. 1950), Art. 248 Siebente ZuständigkeitsanpassungsVO v. 29.10.2001 (BGBl. I S. 2785), Art. 14 Zehntes Euro-EinführungsG v. 15.12.2001 (BGBl. I S. 3762), Art. 51 Behindertengleichstellungs-EinführungsG v. 27.4.2002 (BGBl. I S. 1467), Art. 1 ÄndG v. 19.7.2002 (BGBl. I S. 2691), Art. 49 Drittes Verwaltungsverfahrensrechts-ÄndG v. 21.8.2002 (BGBl. I S. 3322), Art. 24 HaushaltsbegleitG 2004 v. 29.12.2003 (BGBl. I S. 3076), Art. 7 Bürokratieabbau- und DeregulierungsG v. 21.6. 2005 (BGBl. I S. 1666), Art. 2 Abs. 7 Siebtes G zur Änd. des G gegen Wettbewerbsbeschränkungen v. 7.7.2005 (BGBl. I S. 1954), Art. 1 und 2 G zur Änd. personenbeförderungsrechtlicher Vorschriften v. 14.8.2006 (BGBl. I S. 1962), Art. 14 Erstes G zum Abbau bürokratischer Hemmnisse insbesondere in der mittelständischen Wirtschaft v. 22.8.2006 (BGBl. I S. 1970), Art. 292 Neunte ZuständigkeitsanpassungsVO v. 31.10.2006 (BGBl. I S. 2407), Art. 27 Zweites G zum Abbau bürokratischer Hemmnisse insbesondere in der mittelständischen Wirtschaft v. 7.9.2007 (BGBl. I S. 2246), Art. 4 Abs. 21 G zur Reform der Sachaufklärung in der Zwangsvollstreckung v. 29.7.2009 (BGBl. I S. 2258), Art. 100 Bundesrecht-BereinigungsG v. 8.12.2010 (BGBl. I S. 1864), Art. 4 G zur bestätigenden Regelung verschiedener steuerlicher und verkehrsrechtlicher Vorschriften des HaushaltsbegleitG 2004 v. 5.4.2011 (BGBl. I S. 554), Art. 2 G zur Änd. des GüterkraftverkehrsG und des PersonenbeförderungsG v. 22.11. 2011 (BGBl. I S. 2272), Art. 1 G zur Änd. personenbeförderungsrechtlicher Vorschriften v. 14.12.2012 (BGBl. I S. 2598), Art. 5 Abs. 5 Achtes G zur Änd. des GWB v. 26.6.2013 (BGBl. I S. 1738), Art. 2 Abs. 147 G zur Strukturreform des Gebührenrechts des Bundes v. 7.8.2013 (BGBl. I S. 3154), Art. 482 Zehnte ZuständigkeitsanpassungsVO v. 31.8.2015 (BGBl. I S. 1474), Art. 2 Abs. 14 VergaberechtsmodernisierungsG v. 17.2.2016 (BGBl. I S. 203), Art. 5 G zur Stärkung des Wettbewerbs im Eisenbahnbereich v. 29.8.2016 (BGBl. I S. 2082), Art. 2 Abs. 14 G zur Modernisierung des Rechts der Umweltverträglichkeitsprüfung v. 20.7.2017 (BGBl. I S. 2808), Art. 5 G zur Umsetzung des Klimaschutzprogramms 2030 im Steuerrecht v. 21.12.2019 (BGBl. I S. 2886), Art. 4 G zur weiteren Beschleunigung von Planungs- und Genehmigungsverfahren im Verkehrsbereich v. 3.3.2020 (BGBl. I S. 433), Art. 329 Elfte ZuständigkeitsanpassungsVO v. 19.6.2020 (BGBl. I S. 1328), Art. 10 Investitionen-Beschleunigungsgesetz v. 3.12.2020 (BGBl. I S. 2694) und Art. 1 G zur Modernisierung des Personenbeförderungsrechts v. 16.4.2021 (BGBl. I S. 822)

I. Allgemeine Vorschriften

§ 1[3)] Sachlicher Geltungsbereich. (1) [1] Den Vorschriften dieses Gesetzes unterliegt die entgeltliche oder geschäftsmäßige Beförderung von Personen mit Straßenbahnen, mit Oberleitungsomnibussen (Obussen) und mit Kraftfahrzeugen. [2] Als Entgelt sind auch wirtschaftliche Vorteile anzusehen, die mittelbar für die Wirtschaftlichkeit einer auf diese Weise geförderten Erwerbstätigkeit erstrebt werden.

(2) [1] Diesem Gesetz unterliegen nicht Beförderungen

[1)] Die Änderungen durch G v. 16.4.2021 (BGBl. I S. 822) treten erst **mWv 1.8.2021**, **mWv 1.9.2021**, **mWv 1.1.2022** bzw. **mWv 1.7.2022** in Kraft und sind im Text noch nicht berücksichtigt.

[2)] Neubekanntmachung des PBefG v. 21.3.1961 (BGBl. I S. 241) in der ab 1.7.1990 geltenden Fassung.

[3)] § 1 Abs. 2 neu gef. mWv 1.1.2013 durch G v. 14.12.2012 (BGBl. I S. 2598).

1. mit Personenkraftwagen, wenn diese unentgeltlich sind oder das Gesamtentgelt die Betriebskosten der Fahrt nicht übersteigt;
2. mit Krankenkraftwagen, wenn damit kranke, verletzte oder sonstige hilfsbedürftige Personen befördert werden, die während der Fahrt einer medizinisch fachlichen Betreuung oder der besonderen Einrichtung des Krankenkraftwagens bedürfen oder bei denen solches auf Grund ihres Zustandes zu erwarten ist.

[2] Satz 1 Nummer 1 gilt auch, wenn die Beförderungen geschäftsmäßig sind.

§ 2[1)] Genehmigungspflicht. (1) [1] Wer im Sinne des § 1 Abs. 1

1. mit Straßenbahnen,
2. mit Obussen,
3. mit Kraftfahrzeugen im Linienverkehr (§§ 42 und 43) oder
4. mit Kraftfahrzeugen im Gelegenheitsverkehr (§ 46)

Personen befördert, muß im Besitz einer Genehmigung sein. [2] Er ist Unternehmer im Sinne dieses Gesetzes.

(2) Der Genehmigung bedarf auch

1. jede Erweiterung oder wesentliche Änderung des Unternehmens,
2. die Übertragung der aus der Genehmigung erwachsenden Rechte und Pflichten (Genehmigungsübertragung) sowie
3. die Übertragung der Betriebsführung auf einen anderen.

(3) Abweichend von Absatz 2 Nr. 2 dürfen im Verkehr mit Taxen die aus der Genehmigung erwachsenden Rechte und Pflichten nur übertragen werden, wenn gleichzeitig das ganze Unternehmen oder wesentliche selbständige und abgrenzbare Teile des Unternehmens übertragen werden.

(4) Die Genehmigungsbehörde kann bei einem Linienverkehr nach § 43 dieses Gesetzes und bei Beförderungen nach § 1 Nr. 4 Buchstaben d und i der Freistellungs-Verordnung[2)] Befreiung vom Verbot der Mitnahme anderer Fahrgäste erteilen, wenn dies im öffentlichen Verkehrsinteresse geboten und mit Rücksicht auf bestehende öffentliche Verkehrseinrichtungen wirtschaftlich vertretbar ist.

(5) [1] Einer Genehmigung bedarf es nicht zum vorübergehenden Einsatz von Kraftfahrzeugen bei Notständen und Betriebsstörungen im Verkehr, insbesondere im Schienen-, Bergbahn- oder Obusverkehr. [2] Wenn die Störungen länger als 72 Stunden dauern, haben die Unternehmer der von der Störung betroffenen Betriebe der Genehmigungsbehörde (§ 11) Art, Umfang und voraussichtliche Dauer eines solchen vorübergehenden Einsatzes von Kraftfahrzeugen unverzüglich mitzuteilen.

(5a) Wer Gelegenheitsverkehre in der Form der Ausflugsfahrt (§ 48 Abs. 1) oder der Ferienziel-Reise (§ 48 Abs. 2) plant, organisiert und anbietet, dabei gegenüber den Teilnehmern jedoch eindeutig zum Ausdruck bringt, dass die Beförderungen nicht von ihm selbst, sondern von einem bestimmten Unternehmer, der Inhaber einer Genehmigung nach diesem Gesetz ist, durchgeführt werden, muss selbst nicht im Besitz einer Genehmigung sein.

---

1) § 2 Abs. 3 geänd. und Abs. 5a eingef. mWv 26.7.2002 durch G v. 19.7.2002 (BGBl. I S. 2691); Abs. 6 neu gef. mWv 1.1.2013 durch G v. 14.12.2012 (BGBl. I S. 2598).

2) Nr. **951**.

(6) Anstelle der Ablehnung einer Genehmigung kann im Fall einer Beförderung, die nicht alle Merkmale einer Verkehrsart oder Verkehrsform erfüllt, eine Genehmigung nach denjenigen Vorschriften dieses Gesetzes erteilt werden, denen diese Beförderung am meisten entspricht, soweit öffentliche Verkehrsinteressen nicht entgegenstehen.

(7) Zur praktischen Erprobung neuer Verkehrsarten oder Verkehrsmittel kann die Genehmigungsbehörde auf Antrag im Einzelfall Abweichungen von Vorschriften dieses Gesetzes oder von auf Grund dieses Gesetzes erlassenen

(Fortsetzung nächstes Blatt)

(6) Anstelle der Ablehnung einer Genehmigung kann im Fall einer Beförderung, die nicht alle Merkmale einer Verkehrsart oder Verkehrsform erfüllt, eine Genehmigung nach denjenigen Vorschriften dieses Gesetzes erteilt werden, denen diese Beförderung am meisten entspricht, soweit öffentliche Verkehrsinteressen nicht entgegenstehen.

(7) Zur praktischen Erprobung neuer Verkehrsarten oder Verkehrsmittel kann die Genehmigungsbehörde auf Antrag im Einzelfall Abweichungen von Vorschriften dieses Gesetzes oder von auf Grund dieses Gesetzes erlassenen

(Fortsetzung nächstes Blatt)

Für handschriftliche Notizen

Für handschriftliche Notizen

Für handschriftliche Notizen

Für handschriftliche Notizen

Für handschriftliche Notizen

Für handschriftliche Notizen

Für handschriftliche Notizen

Für handschriftliche Notizen

Für handschriftliche Notizen

Für handschriftliche Notizen

Für handschriftliche Notizen

Für handschriftliche Notizen

Für handschriftliche Notizen

Für handschriftliche Notizen

Für handschriftliche Notizen

Für handschriftliche Notizen

Für handschriftliche Notizen

Für handschriftliche Notizen

Für handschriftliche Notizen

Für handschriftliche Notizen